Linz
Reiseführer
mit Kremsmünster, St. Florian und Wilhering

Eckhard Oberklammer

Umschlagfotos: Eckhard Oberklammer
Druck: TRAUNER Druck GmbH & Co KG, Linz
ISBN 978-3-99033-018-0

Inhalt Seite

Linzer Altstadt, gesehen vom Neuen Rathaus am Donau-Nordufer

Linzer Hauptplatz bei Nacht.

Aussicht von der Stadtpfarrkirche: Hauptplatz, Schloss und Urfahr-West

Kelten, Römer, Bayern

ca. 750 v. Chr. Siedlungsgebiet der **Kelten** in der **Hallstatt-Zeit** (grün), Ausbreitung nach Westen ab 500 v. Chr. (gelb), Gebrauch der **keltischen Sprache** im 4. Jh. v. Chr. (rot)

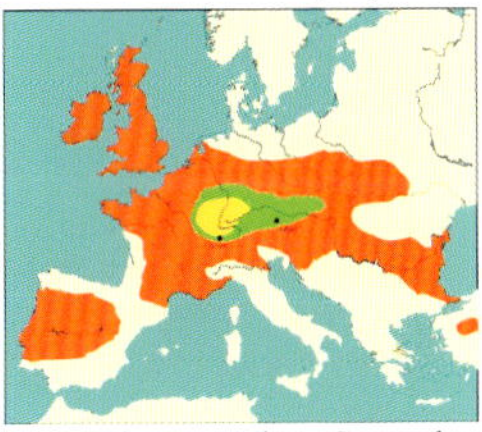

Ein zentraler „Staat der Kelten“ existiert nicht.

ca. 180 v. Chr. Unter Führung der **Noriker** schließen sich **Helvetier** und **weitere elf Stämme** zum **Königreich Noricum** zusammen. Es reicht von Kärnten bis zur oberen Moldau.

120 v. Chr. Die germanischen Stämme **Kimbern**, **Teutonen** und **Ambronen** dringen ins Noriker-Reich ein. 113 vor Chr. vernichten sie eine große römische Armee. Sie werden 101 von Marius, einem Onkel Caesars, vernichtet.

15 v. Chr. **Noricum** wird unter Kaiser **Augustus** (63/27 v. Chr. – 14 n. Chr.) von seinen Stiefsöhnen **Drusus** und **Tiberius** für Rom friedlich besetzt.

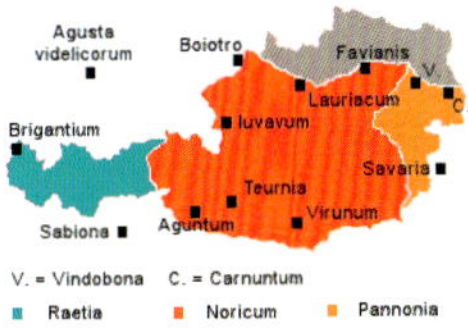

40 n. Chr. Unter Kaiser **Claudius** wird **Noricum** römische Provinz. Hauptstadt ist **Virunum** auf dem Zollfeld im heutigen Kärnten.

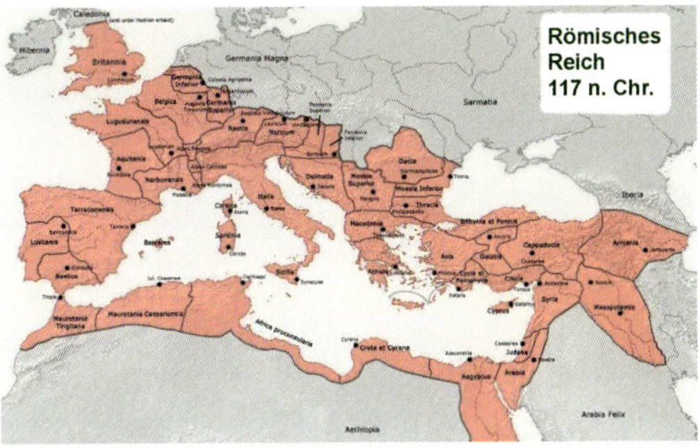

117 Beim Tod von Kaiser **Trajan** (58/98–117) erreicht das **Römische Reich** seine **größte Ausdehnung**.

191 Bau des festen Legionslagers in **Lauriacum**.

284-305 Regierungszeit von Kaiser **Diokletian**. Er teilt die Provinz Noricum: Binnen-Noricum südlich der Alpen und **Ufer-Noricum** mit der Hauptstadt **Ovilava** (**Wels**) im Norden.

375 Die **Hunnen** dringen in **Osteuropa** ein. Das löst eine **Völkerwanderung** aus.

406 Auf der Flucht vor den **Hunnen** dringen die **Vandalen** in Gallien ein. 429 werden sie unter König **Geiserich** in Nordafrika sesshaft. **430** belagern sie **Hippo** im heutigen Algerien. Dabei stirbt der dortige Bischof **Augustinus**.

Augustinus, Hochaltar der Kirche in Mauthausen.

455 Vandalen plündern Rom

476 **Untergang Westroms**.

496 Remigius **tauft** den **Frankenkönig Chlodwig** zusammen mit ca. 3 000 Adeligen. Damit wird der erste Germanenstamm **katholisch**. Die anderen Germanen bleiben **arianische Christen**.

Taufe Chlodwigs, Kirchentor in Ried in der Riedmark.

526 Der Ostgotenkönig **Theoderich stirbt**. Danach gewinnt das **Frankenreich** Einfluss im Donauraum. Die **Bayern** besiedeln von **Regensburg** aus das heutige Oberösterreich südlich der Donau bis zur Enns.

ca. 600 **Awaren** und **Slawen** wandern in **Binnen-Noricum** ein. Das erste unabhängige slawische Staatsgebilde Europas bildet sich in **Karantanien** (Kärnten) mit dem Zentrum **Zollfeld**.

622 Der Prophet **Mohammed** flieht von Mekka nach Medina. Damit beginnt die **islamische Zeitrechnung**.

732 **Karl Martell**, Hausmeier der schwachen **Merowinger**-Könige, stoppt bei **Tours** und **Poitiers** den Vor-

marsch der islamischen Mauren.

vor 743 Herzog **Odilo von Bayern** herrscht auch über das ehemalige Noricum. Er hilft den Karantaniern gegen die Awaren, allerdings gegen Anerkennung der bayerischen bzw. fränkischen Hoheit.

748 **Odilo von Bayern** gründet das **Kloster Mondsee**. 1791 wird das Kloster unter Kaiser Leopold II. aufgehoben.

Mondsee: Stich 1674 von Georg Matthäus Vischer.

774 Die **Franken** unter **Karl d. Gr.** (742?/768–814, Kaiser ab 800), besiegen die **Langobarden** unter **Desiderius**. Karl verstieß 772 Desideria (?), Desiderius' Tochter. Das Langobarden-Reich wird Teil des Frankenreichs.

Karl d. Gr. auf einer Silbermünze Denarius, Cabinet des Médailles Paris

777 Bayern-Herzog **Tassilo III.**, Sohn Odilos, gründet das **Benediktinerstift Kremsmünster** zur Sicherung seiner Macht im Ostland. Tassilo und seine **Gattin Liutperga** stiften wohl zur Klostergründung den **Tassilokelch**. Liutperga ist die Tochter vom letzten **Langobarden-König Desiderius**.

788 König **Karl I.** verbannt seinen Cousin und kurzzeitigen Schwager **Tassilo** nach Rebellion ins Kloster.

791 Karl I., später der Große, siegt über die Awaren. Er richtet **2 Grenzmarken** ein. **Awaren-Mark** (das heutige Niederösterreich) und **Karantanien**.

ca. 800 Vom Kloster in **St. Florian** gibt es erste schriftliche Berichte.

843 **Aufteilung des Frankenreichs** auf die Söhne Ludwigs I. im Vertrag von Verdun: Das östliche Drittel mit Bayern inkl. Ostland geht an **Ludwig II.**

900 Bau der **Ennsburg**.

907 Das **Ostland** (weitgehend die heutigen Bundesländer Ober-, Niederösterreich und Steiermark) geht nach der Niederlage der Bayern bei Pressburg an die Ungarn verloren.

Heiliges Römisches Reich 962–1806

955 **Otto I.** (912/36–973) schlägt auf dem **Lechfeld** bei Augsburg die **Ungarn**. Das **Ostland** wird durch Bayern besiedelt.

962 **Otto I.** wird in Rom zum **Kaiser** gekrönt.

976 **Otto II.** ernennt den **Babenberger Leopold I.** zum **Grafen der Marchia orientalis**. Die Grenze zum Kaiserreich bildet im Mühlviertel der Haselgraben. Die **Babenberger** vergrößern bis 1246 stetig ihr Gebiet. **Kärnten** wird vom Herzogtum Bayern getrennt und eigenes Herzogtum. Kärnten erhält die **Markgrafschaft Verona**.

985 Die **Styraburg** (Steyr) wird erstmals urkundlich erwähnt.

Unteres Tor zur Burggasse mit Darstellung der alten Burg.

996 Kaiser **Otto III.** schenkt dem Bischof von Freising 30 Hufen bei **Neuhofen a. d. Ybbs** in „**Ostarrichi**". Österreich wird als Landesname gebräuchlich.

Römisch-deutsches Reich: Zugewinne von Kaiser **Otto I.** (912/36–973)

1035 Die **Grafen von Lambach** übernehmen die Markgrafschaft **Steyrmark** und damit auch den **Traungau**.

1054 Kirchen-Trennung: **Orthodoxe** im Osten, **Katholiken** im Westen.

1056 **Ottokar I. von Steyr**, Verwandter der Lambacher, wird Markgraf. Hauptsitz der **Traungauer** ist Steyr. Davon erhält die **Steiermark** ihren Namen.
Bischof **Adalbero** von Würzburg gründet auf der Stammburg seiner Familie Formbach das **Stift Lambach**.

1071 Im **Stift St. Florian** werden die **Augustiner-Chorherren** durch Bischof Altmann von Passau eingeführt.

1082 **Ottokar II.**, Markgraf der Steiermark und Schwager des Babenbergers Leopold III., gründet **Stift Garsten**.

1084 **Dietburga** und **Werner** wandeln nach dem Tod ihres einzigen Sohnes ihre **Burg Reichersberg** am Inn in ein **Augustiner-Chorherren-Stift** um.

1096 Markgraf **Leopold III.** heiratet in erster Ehe **Adelheid von Perg**.

Leopold III., der Heilige, Pöstlingberg-Kirche in Linz, (fast immer) falsch dargestellt mit Herzogshut.

Erster Herzog von Österreich wurde erst **1156** sein Sohn **Heinrich II. Jasomirgott**.

1099 Im **1. Kreuzzug** erobern die Christen **Jerusalem**. Sie errichten nach einem fürchterlichen Blutbad das Königreich Jerusalem.

1105 **Leopold III.** fällt von Kaiser **Heinrich IV.** aus dem Geschlecht der **Salier** ab und wechselt zu dessen Sohn, dem späteren Kaiser **Heinrich V.** Dafür erhält Leopold **Agnes**, die verwitwete Schwester von Heinrich V., zur Frau.

1113 Leopold III. errichtet seine Residenz in **Klosterneuburg**.

1122 Trennung der **Markgrafschaft Steiermark** nach dem Aussterben der **Eppensteiner** vom Herzogtum Kärnten.

1129 Gründung von **Stift Rein** bei Graz durch den **Traungauer Leopold I.**

1139 **Leopold IV.**, Markgraf von Österreich, wird unter seinem Halbbruder Kaiser **Konrad III.** (erster **Staufer**) auch Herzog von Bayern.

1142 **Otto von Machland** und seine Frau **Jeuta von Peilstein** gründen das **Stift Baumgartenberg**. Sie stellen ihre Burg auf dem Ulrichsberg den **Zisterziensern aus Morimond** in Burgund zur Verfügung.

1146 Die **Herren von Wilhering** übersiedeln in die von ihnen neu gebaute **Burg Waxenberg** im Mühlviertel. Die aufgelassene **Burg Wilhering** stiften sie für die Errichtung eines **Zisterzienserstiftes**.

1147 **Otto II. von Machland** und seine Frau **Jeuta** gründen in Säbnich (**Sarmingstein** an der Donau) ein **Augustiner-Chorherren-Kloster**. 1161 übersiedeln die letzten Chorherren von Säbnich nach **Waldhausen**.

ca. 1150 Heinrich von Schaunberg lässt in der heutigen Gemeinde Hartkirchen die **Schaunburg** erbauen. Die größte Burg Oberösterreichs verfällt nach 1650 zur Ruine.

Ansicht 1674 von Georg Matthäus Vischer.

1155 **Heinrich II. Jasomirgott** verlegt seine **Residenz** von Klosterneuburg nach **Wien**.

Heinrich II. Jasomirgott, ehem. Stiftskirche Waldhausen, Gewölbe im Chor.

1156 Kaiser **Friedrich I. Barbarossa** söhnt sich in Regensburg mit den **Welfen** aus. Bayern geht zurück an **Heinrich den Löwen**. Im **Privilegium minus** wird Markgraf **Heinrich II. Jasomirgott** ein von Bayern unabhängiger **Herzog** von **Österreich**. Das heutige **Oberösterreich** bleibt bei **Bayern**. Das untere Mühlviertel (Machland) gehört zu Österreich.

1159 Bischof Konrad von Passau gibt an die Bürger von **St. Pölten** besondere Rechte.

ca. 1180 Die Landesherren bevorzugen immer mehr ihre Dienstleute (**Ministerialen**). Dadurch sinkt die Bedeutung des alten hochfreien Adels.

1186 Auf dem **Georgenberg in Enns** wird eine **Handfeste** ausgestellt: Der kranke und kinderlose **Herzog Ottokar IV. von Steiermark** setzt als seinen Erben den Babenberger **Leopold V.** ein.

1187 **Sultan Saladin** vertreibt die Kreuzritter aus **Jerusalem**. Die Übergabe der Stadt erfolgt ohne Blutbad.

1190 Bischof **Otto II. von Bamberg** gründet das „**Spital am Pyhrn**“.

1189–1192 Die Rückeroberung von Jerusalem im **3. Kreuzzug** scheitert. Kaiser **Friedrich I. Barbarossa stirbt** 1190 in Südanatolien.

Leopold V. kniet vor **Kaiser Heinrich VI.** und erhält das rot-weiß-rote Banner. Babenberger Stammbaum, Stift Klosterneuburg.

1192 Herzog **Leopold V.** nimmt in Wien den vom Kreuzzug heimziehenden König **Richard I. Löwenherz** von England gefangen. Bei der Eroberung von **Akkon** in Palästina fühlte sich Leopold von Richard schwer beleidigt. Das immense **Lösegeld** teilen sich Leopold und Kaiser **Heinrich VI.**

1192 Der **Traungauer Ottokar IV.** von Steiermark stirbt. Aufgrund der **Georgenberger Handfeste** kommen die **Steiermark**, die Gegend um **Wels** und **Steyr**, der **Traungau** und die Grafschaft **Pitten** (die heutigen Bezirke **Wiener Neustadt** und **Neunkirchen**) an den Babenberger-Herzog **Leopold V.**

1198 Der **Babenberger-Herzog Friedrich I.**, der Sohn Leopolds V., stirbt bei der Heimreise vom 3. Kreuzzug.

Überführung des Leichnams von Friedrich I., Babenberger Stammbaum, Stift Klosterneuburg.

1202 Herzog **Leopold VI.** gründet Stift **Lilienfeld** als Tochterkloster von Heiligenkreuz.

Leopold VI., Grab in der Stiftskirche Lilienfeld.

1203 Der **Passauer Bischof Wolfger von Erla** gründet das **Zisterzienser-Kloster Schlägl**. Mit der Errichtung beauftragt er seinen Ministerialen **Kalhoch II. von Falkenstein**.

Die Zisterzienser geben das Kloster auf. 1218 übergibt Kalhoch seine Stiftung den **Prämonstratensern**.

1212 **Leopold VI.** verleiht **Enns** das **Stadtrecht**.

Stadtturm in Enns mit Datum 22. 4. 1212, Foto: Gerhard Anzinger.

ca. 1220 Die **Polhamer** aus Grieskirchen erwerben in **Wels** großen Besitz. Ab 1280 wird dort ihre Burg gebaut. 1989–92 wird sie restauriert.

1221 Leopold VI. verleiht **Wien** das **Stadtrecht**.

ca. 1225 **Freistadt** wird von Leopold VI. planmäßig angelegt.

Linzertor der später entstandenen Stadtbefestigung in Freistadt.

1246 Herzog **Friedrich II.**, **letzter** männlicher **Babenberger**, stirbt in der Schlacht an der Leitha gegen die Ungarn. **Hermann VI. von Baden**, Gatte von Friedrichs Nichte Gertrud, setzt sich in Österreich nicht durch.

1251 Mit Zustimmung der Stände wird König **Ottokar II. von Böhmen** (1232?/53–1278) Herzog in Österreich.

1252 **Ottokar heiratet** die 27 Jahre ältere **Margarete**, Schwester von Herzog Friedrich II. Ottokars Reich geht von Schlesien bis zur Adria. In Böhmen gründet Ottokar 20 Reichsstädte, u. a. Budweis.
In Österreich gründet er die Städte **Bruck** a. d. Mur, **Leoben** und **Marchegg**.

1254 Ottokar II. trennt den **Traungau** von der Steiermark.

1261 Ottokar II. **siegt über die Ungarn**. Das sichert ihm die **Herzogswürde der Steiermark**. Er lässt sich von Margarete scheiden und heiratet **Kunigunde von Halitsch**, Enkeltochter von **Bela IV. von Ungarn**. (Bela erlaubt 1245 dem heutigen Mittelburgenland den Anbau von Wein. So kommt 2001 der Qualitätswein „Bela Rex“ in Deutschkreutz zu seinem Namen.)

1264 Der Landrichter **Konrad von Sumerau** gilt als **erster Landeshauptmann** von OÖ.

ca. 1266 Erstmals steht in einer Urkunde neben Österreich das **„Land ob der Enns“**.

Wien, Grillparzerdenkmal aus 1889, Relief König Ottokars Glück und Ende von Rudolf Weyr, Foto: 2009 Andreas Praefke.

1268 **Friedrich**, Sohn von **Hermann VI.** von Baden und der Babenbergerin **Gertrud** wird in **Neapel** zusammen mit dem letzten Staufer **Konradin** im Auftrag von **Karl von Anjou geköpft**. Damit scheitert der Versuch der Staufer, Süditalien zurückzuerobern.

1269 **Otto III. von Kärnten stirbt** kinderlos. Erbe ist Ottokar II.

1273 Ottokar II. bewirbt sich vergeblich bei der Wahl zum römisch-deutschen König. **Rudolf von Habsburg** wird König.

Das Reich von **Ottokar II.**, König von Böhmen (1232?/1253–1278), Herzog von Österreich ab 1251:

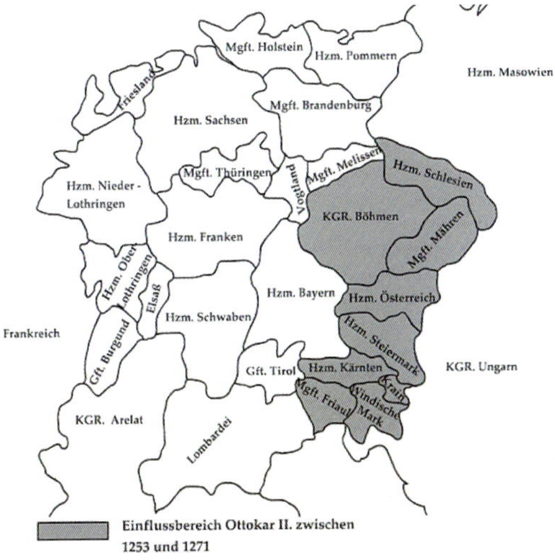

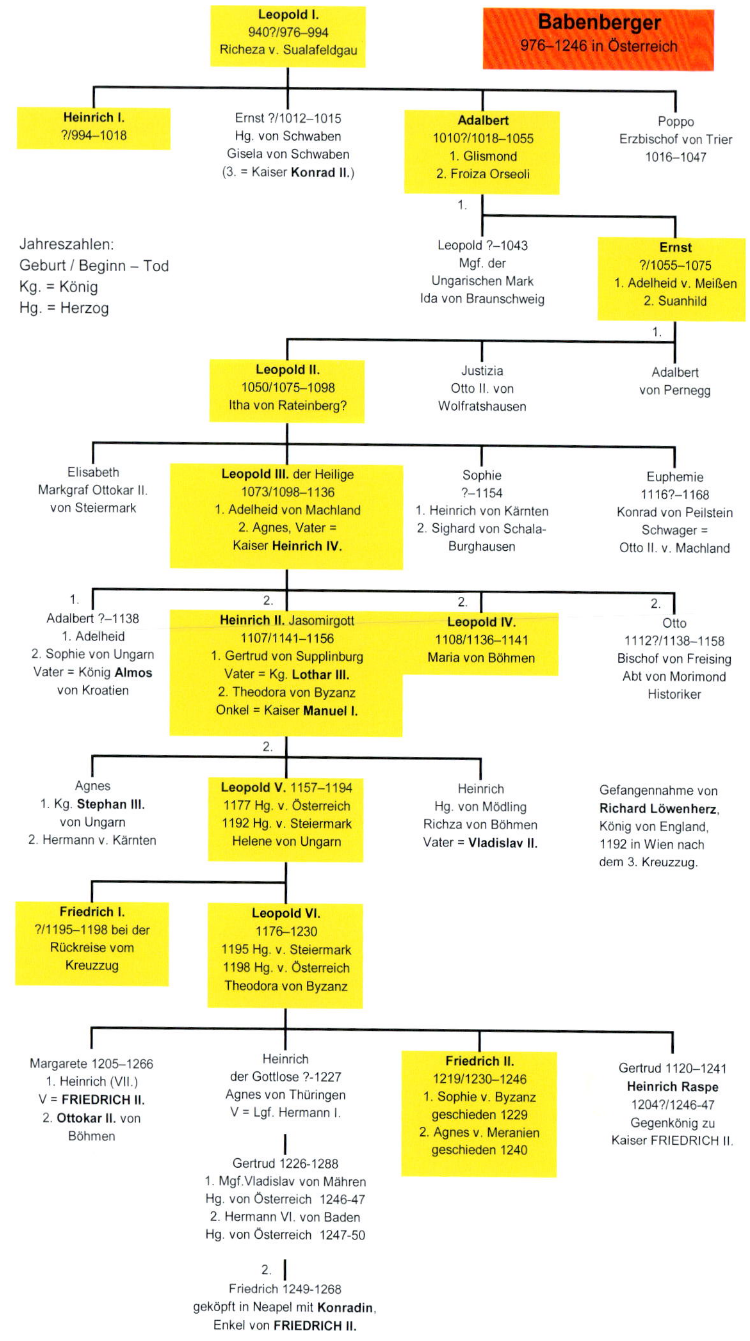

Leopold I.
940?/976–994
Richeza v. Sualafeldgau
Babenberger
976–1246 in Österreich
Heinrich I.
?/994–1018
Ernst ?/1012–1015
Hg. von Schwaben
Gisela von Schwaben
(3. = Kaiser Konrad II.)
Adalbert
1010?/1018–1055
1. Glismond
2. Froiza Orseoli
Poppo
Erzbischof von Trier
1016–1047
Jahreszahlen:
Geburt / Beginn – Tod
Kg. = König
Hg. = Herzog
1.
Leopold ?–1043
Mgf. der
Ungarischen Mark
Ida von Braunschweig
Ernst
?/1055–1075
1. Adelheid v. Meißen
2. Suanhild
1.
Leopold II.
1050/1075–1098
Itha von Rateinberg?
Justizia
Otto II. von
Wolfratshausen
Adalbert
von Pernegg
Elisabeth
Markgraf Ottokar II.
von Steiermark
Leopold III. der Heilige
1073/1098–1136
1. Adelheid von Machland
2. Agnes, Vater =
Kaiser Heinrich IV.
Sophie
?–1154
1. Heinrich von Kärnten
2. Sighard von Schala-
Burghausen
Euphemie
1116?–1168
Konrad von Peilstein
Schwager =
Otto II. v. Machland
1.
Adalbert ?–1138
1. Adelheid
2. Sophie von Ungarn
Vater = König Almos
von Kroatien
2.
Heinrich II. Jasomirgott
1107/1141–1156
1. Gertrud von Supplinburg
Vater = Kg. Lothar III.
2. Theodora von Byzanz
Onkel = Kaiser Manuel I.
2.
Leopold IV.
1108/1136–1141
Maria von Böhmen
2.
Otto
1112?/1138–1158
Bischof von Freising
Abt von Morimond
Historiker
2.
Agnes
1. Kg. Stephan III.
von Ungarn
2. Hermann v. Kärnten
Leopold V. 1157–1194
1177 Hg. v. Österreich
1192 Hg. v. Steiermark
Helene von Ungarn
Heinrich
Hg. von Mödling
Richza von Böhmen
Vater = Vladislav II.
Gefangennahme von
Richard Löwenherz,
König von England,
1192 in Wien nach
dem 3. Kreuzzug.
Friedrich I.
?/1195–1198 bei der
Rückreise vom
Kreuzzug
Leopold VI.
1176–1230
1195 Hg. v. Steiermark
1198 Hg. v. Österreich
Theodora von Byzanz
Margarete 1205–1266
1. Heinrich (VII.)
V = FRIEDRICH II.
2. Ottokar II. von
Böhmen
Heinrich
der Gottlose ?-1227
Agnes von Thüringen
V = Lgf. Hermann I.
Friedrich II.
1219/1230–1246
1. Sophie v. Byzanz
geschieden 1229
2. Agnes v. Meranien
geschieden 1240
Gertrud 1120–1241
Heinrich Raspe
1204?/1246-47
Gegenkönig zu
Kaiser FRIEDRICH II.
Gertrud 1226-1288
1. Mgf.Vladislav von Mähren
Hg. von Österreich 1246-47
2. Hermann VI. von Baden
Hg. von Österreich 1247-50
2.
Friedrich 1249-1268
geköpft in Neapel mit Konradin,
Enkel von FRIEDRICH II.

Habsburger 1273–1918

1273 Wahl von **Rudolf von Habsburg** zum **römisch-deutschen König**. Ende der kaiserlosen Zeit.

1278 **Rudolf I.** schlägt **Ottokar II.** bei **Dürnkrut**. Ottokar fällt.

1282 **Rudolf belehnt seine Söhne mit Österreich**. **Bis 1918** herrschen die **Habsburger** über Österreich. Mit Rudolf kommt **Eberhard von Wallsee** aus Schwaben. Bis zu ihrem Aussterben 1483 üben die Wallseer großen Einfluss in Österreich aus.

1308 **Albrecht I.**, Sohn von Rudolf I., stirbt. Heinrich von Lützelburg (**Luxemburg**) wird als **Heinrich VII.** zum römisch-deutschen König gewählt.

1347–1352 Ein Drittel der ca. 60 Millionen Menschen Europas stirbt durch die **Pest**.

1354 **Karl IV.** (1316/46–78) regelt in der **Goldenen Bulle** die Wahl des römisch-deutschen Königs: **3 geistliche** und **4 weltliche Kurfürsten** sind **wahlberechtigt**.

Karls Schwiegersohn ist Herzog **Rudolf IV.** von Österreich. Dieser fühlt sich bei der Kurfürsten-Auswahl zurückgesetzt. Deshalb lässt er das **Privilegium minus aus 1156 fälschen**, womit angeblich Kaiser Friedrich I. Barbarossa den höheren Rang des Herzogs von Österreich bestätigte.

Herzog Rudolf IV., der Stifter (1339/58–1365), Erzbisch. Museum Wien.

1355 **Eberhard III. von Wallsee**, Landeshauptmann und u. a. Besitzer der Herrschaft Pernstein, und seine Gattin übergeben das 1352 gekaufte **Schloss Schlierbach an Zisterzienser-Schwestern** zur Errichtung eines Klosters.

1364 Herzog **Rudolf IV.** der Stifter erwirbt von **Margarete Maultasch** die Grafschaft **Tirol**.

1365 Nach dem Vorbild seines Schwiegervaters **Karls IV.** in Prag gründet Rudolf die **Universität Wien** und beginnt mit dem **Bau des Stephansdoms**.

Stephansplatz Wien, 1609 Jacob Höfnagl, Historisches Museum Stadt Wien.

1386 Herzog **Albrecht III.** zwingt die Grafen von **Schaunberg**, die Lehenshoheit der Habsburger anzuerkennen.

1395–97 Ein **Inquisitions-Gericht** verhört in **Steyr** über 1 000 Personen. Über 100 werden verbrannt.

1408 **Erster** obderennsische **Landtag in Enns**.

1421 In **Wien** werden **Juden** blutig **verfolgt**.

1443 Bau der **Stadtpfarrkirche Steyr** im Stil der Spätgotik.

Foto: Pfarre.

1453 Kaiser **Friedrich III.** erhebt Österreich im **Privilegium maius** zum **Erzherzogtum**.

Friedrich III. wird 1452 in Siena von Bischof Enea Silvio Piccolomini, zuvor sein Sekretär und 1458–64 Papst **Pius II.**, seiner Braut **Eleonore von Portugal** zugeführt. Fresko Pinturicchios 1505 im Dom Sienas

1458 **Albrecht VI.**, Bruder Friedrichs III., wird Landesherr des **neuen Fürstentums Österreich ob der Enns**.

1462 Kaiser Friedrich III. wird von Albrecht VI. aus Wien vertrieben.

1469 **Wien** und **Wiener Neustadt** werden als kleine eigene **Bistümer** von Passau gelöst. Vorarbeiten leistete Papst **Pius II.**

1478 Österreich ob der Enns wird in **4 Viertel** eingeteilt: Traun-, Mühl-, Hausruck- und Machlandviertel.

1485 Vor König **Matthias Corvinus** von Ungarn (1443/58–1490) flieht Friedrich III. nach Graz, dann nach Linz.

1485 Die Ungarn besetzen Österreich bis zur Enns.

1487 Friedrich III. lässt die Befestigungen von Linz und Enns verstärken.

1492 **Christoph Kolumbus** landet auf der **Bahamas**-Insel Guanahani. Bis zu seinem Tod glaubt er, die Westpassage nach Indien entdeckt zu haben.

Santa Maria, Flaggschiff von Kolumbus, Nachbau in Madeira, Foto: Leo Setä

1493 **Friedrich III. stirbt** im Linzer Schloss.

1503 In der neuen Landeshauptstadt Linz tagt der Landtag.

1506 Kaiser **Maximilian I.** gewinnt das bayerische Mondsee- und St.- Wolfgang-Land.

1516 König **Ferdinand II. von Aragon** stirbt. Sein Enkel Karl, der spätere **Kaiser Karl V.**, wird als Karl I. König in Spanien. Dessen jüngerer **Bruder Ferdinand** kommt von Spanien nach Österreich.

1517 **Martin Luther** schlägt an der Kirche in Wittenberg **95 Thesen** zur Reform der Katholischen Kirche an.

Martin Luther (1483–1546), Lucas Cranach d. Ä., Kupferstichkabinett Berlin.

1519 **Maximilian I. stirbt**. Neuer König wird sein Enkel **Karl V.** (1500/ 1519–56/1558). Die **Fugger** in Augsburg finanzieren die riesigen Bestechungsgelder an die Kurfürsten. Die Könige **Franz I. von Frankreich** und **Heinrich VIII. von England** scheitern mit ihren Bewerbungen.

Kaiser **Karl V.**, Bild von Christoph Amberger (1505?–1561?), Gemäldegalerie Staatliche Museen zu Berlin. Die vorstehende Unterlippe bringt **Zymburgis von Masowien** in die Habsburger-Familie, Gattin von Ernst dem Eisernen, beide Ururgroßeltern von Karl V.

1520–1648 Zeit der **Glaubenskämpfe** und der Ständemacht.

1521 Karl V. überlässt seinem **Bruder Ferdinand** die Herrschaft in den **österreichischen Ländern** ohne die Vorlande, Tirol und die oberitalienischen Besitzungen. Papst **Leo X. exkommuniziert Luther**.

1522 Ferdinand erhält auch Tirol, Würthemberg und die Vorlande. Nach einem **Aufstand** gegen den neuen Herzog Ferdinand erfolgt das **Wiener Neustädter Blutgericht**: Hans von Puchheim, der Wiener Bürgermeister Martin Siebenbürger und 6 weitere Ratsherren werden hingerichtet. **Oberösterreich** wird **Erzherzogtum** und damit Niederösterreich gleichgestellt.

1526 **Ludwig II. von Ungarn** fällt in der Schlacht von Mohács gegen die Türken unter Sultan **Süleyman I.**

Sultan **Süleyman der Prächtige** (1495?/1520–1566), Bild aus dem Umkreis Tizians, Kunsthistorisches Museum Wien.

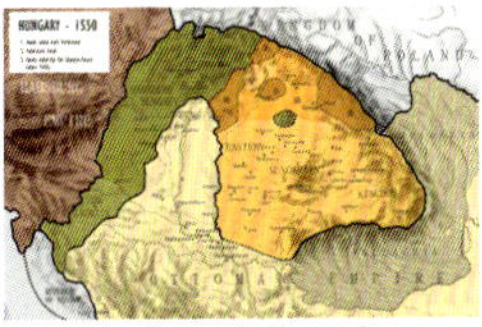

Aufgrund der Erbverträge fallen **Böhmen** und der nordwestliche Teil von **Ungarn** an den Habsburger **Ferdinand**, den späteren Kaiser. Zentralungarn wird türkisch. **Siebenbürgen** wird ein vom Sultanat abhängiges Fürstentum.

1529 Die **erste Türkenbelagerung von Wien** unter Sultan Süleyman wird von Graf Philipp von Pfalz-Neuburg und von Graf Niklas Salm abgewehrt.

1530 Im Zuge der **Reformation** werden weite Teile Österreichs evangelisch.
In Bologna findet die **letzte Krönung** eines Kaisers durch den Papst statt: **Papst Clemens VII.** (Giulio de' Medici, Cousin von Papst Leo X.) krönt **Karl V.**

1531 Kaiser Karl V. lässt seinen **Bruder Ferdinand** in Köln zum **römisch-deutschen König** wählen.

Ferdinand I. (1503/1531–1564), Rittersaal der Greinburg.

1555 **Augsburger Religionsfriede**: Die protestantischen Stände erhalten die volle Religionsfreiheit. Der Landesfürst bestimmt die Religion seiner Bürger.

1556 Kaiser **Karl V.** dankt ab. Spanien, die Niederlande und die Kolonien gehen an **Sohn Philipp II.** Kaiser wird Karls Bruder **Ferdinand I.** Er ist seit 1521 Herzog von Österreich und seit 1531 römisch-deutscher König.

1566 **Osmanisches Reich** beim Tod Süleymans:

1615 Die Landstände in Oberösterreich geben die **erste Druckerei-Konzession** an Johann Planck. Er wurde von Johannes Kepler nach Linz geholt.

1618 Mit dem **30-jährigen Krieg** beginnt eine Periode schrecklicher Zerstörung.

1620 Die **Protestanten** aus Oberösterreich und Böhmen werden von den Katholiken unter Kaiser **Ferdinand II. am Weißen Berg** bei Prag **besiegt**.

1622 **Stift Baumgartenberg** wird neu gebaut. 1784 hebt Kaiser Joseph II. das Kloster auf.

1624 **Reformationspatent** von Kaiser **Ferdinand II.**: Alle protestantischen Schulmeister müssen Österreich verlassen.

1624 Die romanisch-gotische Anlage von **Stift Reichersberg** vernichtet ein Brand. Bis 1697 erfolgt der Wiederaufbau im barocken Stil.

1626 Der **Bauernaufstand** in Oberösterreich richtet sich gegen Unterdrückung und Gegenreformation. Die Bauern unter **Stefan Fadinger** und Christoph Zeller werden vom bayerischen Grafen **Pappenheim** geschlagen.

1631 Protestantische Städte und Fürsten vereinigen sich im **Schmalkaldischen Bund**.

1634 **Albrecht Wenzel von Wallenstein** wird in Eger mit Wissen von Kaiser **Ferdinand II.** ermordet.

Albrecht Wenzel von Wallenstein 1583–1634, Stich von Hondius 1625.

Als **Oberbefehlshaber** der kaiserlichen Truppen ab 1625 konnte Wallenstein verlorenes Areal wieder gewinnen.

1640 Neubau des Klosters **Lambach**.

1647 Neubau des Klosters **Waldhausen** unter **Carlo Canevale**. 1800 Abbruch des Klosters. Die Stiftskirche bleibt.

1648 Der **Westfälische Frieden** beendet den **30-jährigen Krieg**. Das Deutsche Reich wird zu einem lockeren Staatenbund mit vielen Teilstaaten und machtlosem Kaiser.

1674–1712 Neubau des Klosters **Schlierbach** durch die **Künstlerfamilie Carlone**.

1681 **Giovanni Battista Barberini** vollendet die Westfassade der Kirche von Stift Kremsmünster.

1683 Eva Magdalena lässt das neue Schloss ihres Vaters Joachim Enzmilner in Windhaag abreißen. Aus dem Baumaterial wird das neue Dominikanerinnen-**Kloster Windhaag** gebaut. Die Bibliothek mit über 10 000 Büchern kommt nach Wien und bildet den Grundstock der späteren **Österreichischen Nationalbibliothek**.

Windhaag, altes Schloss links, neues Mitte; Ansicht nach der Topographia Windhagiana von Clemens Beuttler 1656, im Privatbesitz von Hans Haslinger.

1683 Die **zweite Türkenbelagerung Wiens** wird mithilfe von König **Jan Sobieski** von Polen abgewehrt. Wien war mit dem erpressten Lösegeld aus der Gefangennahme von Richard Löwenherz 1192 befestigt worden. **Ernst Rüdiger von Starhemberg** verteidigt mit 20 000 Mann Wien gegen 300 000 Türken unter dem Großwesir **Kara Mustafa**.

Ab 1683 schrumpft das Osmanische Reich bis zum Untergang 1922.

1685 Der Neubau von **Stift Garsten** nach Plänen von Pietro Francesco Carlone wird vom Sohn **Carlo Antonio Carlone** fertiggestellt. 1787 wird das Kloster unter Kaiser Joseph II. aufgehoben. Seit 1851 ist es ein Gefängnis.

1686 Der barocke Neubau von **Stift St. Florian** beginnt unter dem Architekten **Antonio Carlone**.

1697 Bei Zenta in der Vojvodina schlägt **Prinz Eugen von Savoyen** (1663–1736) die Türken entscheidend.

Prinz **Eugen von Savoyen**, 1718 von Jacob van Schuppen, Belvedere Wien, Dauerleihgabe Rijksmuseum Amsterdam.

Schlacht von Wien 1683.

1699 **Friede von Karlowitz**: Österreich nimmt den Türken Rest-Ungarn, Siebenbürgen und Slawonien ab.

1700 **Karl II. von Spanien**, der letzte Habsburger dieser Linie, stirbt kinderlos. Daraufhin kämpfen bis 1714 die Bourbonen Frankreichs und die österreichischen Habsburger um Spanien.

1712–32 **Jakob Prandtauer** baut den Südflügel mit dem Marmorsaal im Stift St. Florian.

1712 **Thomas Newcomen** erfindet die erste verwendbare atmosphärische **Dampfmaschine**. Damit werden Bergwerken in **England** ausgepumpt.

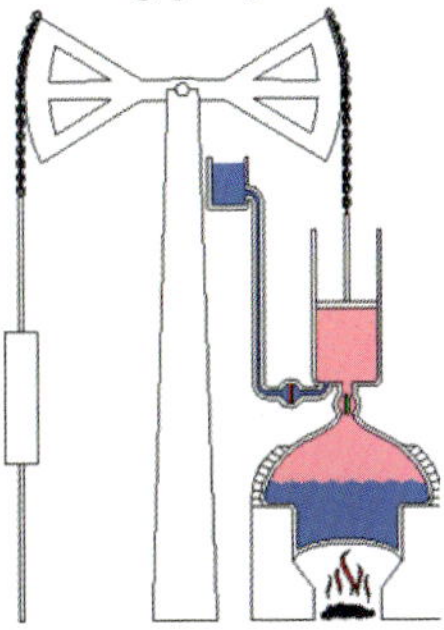

1713 Kaiser **Karl VI.** erlässt die **Pragmatische Sanktion**: Erbberechtigt ist nunmehr (auch) die älteste Tochter. Damit wird das alte **salische Erbrecht aufgehoben**, das nur eine männliche Erbfolge vorsah.

1713 Der **Friede von Utrecht** beendet den Krieg Frankreichs mit den Seemächten England und Niederlande.

1714 Der **Friede von Rastatt** beendet den **Spanischen Erbfolgekrieg**. **Österreich** erhält die **Niederlande** und das Königreich **Neapel**. **Spanien** geht an den **Bourbonen** Philipp V., Enkelsohn von Ludwig XIV. von Frankreich.

1714 **Prinz Eugen** verwendet einen Teil seiner großen Einkünfte aus den Türkenkriegen zum Bau von **Schloss Belvedere** in Wien durch **Lukas von Hildebrandt**.

Schloss Belvedere, Bild von Canaletto um 1760, Kunsthistorisches Museum Wien.

1714–24 Abt Maximilian Pangl von Lambach lässt nach der Pestepidemie die **Dreifaltigkeitskirche** in **Stadl Paura** von Architekt **Johann Michael Prunner** bauen.

1714–30 Durch **Johann Michael Prunner** erfolgt eine prächtige Erweiterung von **Stift Spital am Pyhrn**. Die Fresken stammen von Bartolomeo Altomonte. Vier Altarbilder liefert Martin Johann Schmidt, genannt Kremser Schmidt.

Foto: Bruno Sulzbacher

1716–37 Kaiser **Karl VI.** lässt nach der Pestepidemie die **Karlskirche** bauen. **Johann Bernhard Fischer von Erlach** ist bis zu seinem Tod 1723 der Architekt, dann sein Sohn **Joseph Emanuel**.

Foto: Patrick Hesse.

1718 Im **Frieden von Passarowitz** kommen Banat, Temesvar, die Kleine Walachei und der Nordsaum Serbiens zu Österreich. Es ist der **weiteste Vorstoß** der Habsburger Monarchie **gegenüber der Türkei**.

1729–31 Eine Großmutter wird von ihrer Enkelin der **Hexerei** angeklagt. Die Landgerichte Prandegg, Schwertberg und Ruttenstein lassen sieben Familienmitglieder foltern und hinrichten.

1733 Nach einem Brand wird **Stift Wilhering** von Baumeister **Johann Haslinger** neu errichtet.

1735 **Karl VI.** gibt das Königreich Neapel an die Bourbonen von Spanien und erhält dafür das Herzogtum **Parma und Piacenza**.

1740 Nach dem Tod von Kaiser **Karl VI.** folgt seine Tochter **Maria Theresia**. Die Erzherzogin von Österreich, Königin von Böhmen, Königin von Ungarn ist niemals Kaiserin.

Denkmal Maria Theresias in Wien, 1890 von Caspar Zumbusch, Foto 2006: von Georges Jansoone.

1741 Kaiser **Karl VII.**, Kurfürst von **Bayern**, Gatte der Cousine Maria Theresias, anerkennt den Erbantritt Maria Theresias nicht. Bayerns Truppen marschieren in Oberösterreich ein. Marschall **Khevenhüller** vertreibt die Bayern und besetzt das bisher bayerische Innviertel und 1742 sogar München.

Ludwig Andreas Graf Khevenhüller (1683 in Linz – 1744 in Wien), dargestellt am Denkmal von Maria Theresia in Wien neben den Generälen Daun, Laudon und Abensberg-Traun.

1742 Maria Theresia beginnt mit **umfangreichen Reformen**. Die neue **Haus-, Hof- und Staatskanzlei** ist alleine zuständig für die Außenpolitik. Wenig später erfolgt die Zentralisierung der Militärverwaltung im **Hofkriegsrat**.

1749 Große Reformen unter Maria Theresia folgen: **Friedrich Wilhelm von Haugwitz** ordnet die **Finanzen**.

Joseph von Sonnenfels reformiert die Justiz, die **Folter wird abgeschafft**.
Gerard van Swieten reformiert die medizinische Fachausbildung. Er gilt als Begründer der **Wiener Medizinischen Schule**.

Gerard van Swieten, im Hintergrund der junge Wolfgang Amadeus **Mozart**, von van Swieten sehr gefördert. Maria-Theresia-Denkmal, Wien.

1765 Das Fürstbistum Passau und Österreich einigen sich auf die heutige Westgrenze des Mühlviertels.

1769 **James Watt** lässt den Dampf auf beiden Seiten des Kolbens seiner **Dampfmaschine** wirken. Damit beginnt das **Industriezeitalter**.

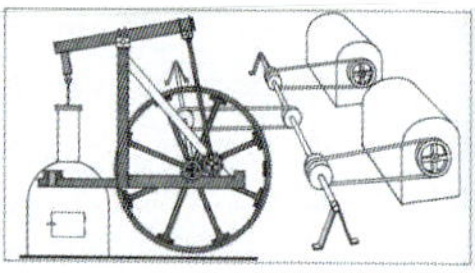

1770 Das **Grundbuch** als öffentliches Verzeichnis aller Grundstücke samt Eigentumsverhältnissen und sonstigen Rechten wird eingeführt.

1770 **Marie Antoinette**, jüngste Tochter von Maria Theresia und Franz Stefan von Lothringen, heiratet in Paris den späteren König **Ludwig XVI.** (1754/1774–1793).

Marie Antoinette (1755–1793) mit ihren Kindern Marie Therese, Ludwig Karl und Ludwig Joseph. Bild von Elisabeth Vigée-Lebrun (1755-1842), Schloss Versailles.

1771 **Ortschaftsbezeichnungen** und Hausnummern werden in Österreich eingeführt.

1777–79 Am Ende des **Bayerischen Erbfolgekrieges** kommt das **Innviertel** zum Land ob der Enns. Oberösterreich hat nun ein „fünftes Viertel".

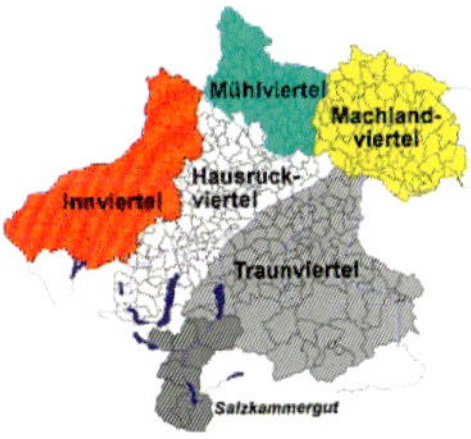

Danach wird das ganze Gebiet nördlich der Donau als **Mühlviertel** bezeichnet. Die Bezeichnung **Machlandviertel** geht unter.

1780 **Maria Theresia stirbt**. Auf sie folgt Sohn **Joseph II.**

1781 **Toleranzpatent**: Die **Nichtkatholiken** erhalten die **volle Gleichberechtigung**. Die staatliche Eheschließung wird obligatorisch, die eigene Gerichtsbarkeit für den Klerus wird aufgehoben. **750 Klöster** werden **aufgelassen**.

Großherzog Leopold von der Toskana, der spätere Kaiser **Leopold II.** (1747/1790–92) und sein Bruder, Kaiser **Joseph II.** (1741/1764–1790); Bild Pompeo Batoni aus 1769, Kunsthistorisches Museum Wien.

1783 Kaiser **Joseph II.** befiehlt eigenmächtig die Errichtung der **Bistümer Linz** und **St. Pölten** zulasten von Passau. Das Bistum Passau muss auf Pfarren in Ober- und Niederösterreich verzichten.

1785 Papst **Pius VI. bestätigt** diese Bistümer.

1786 **Leoben** wird Bistum.

1789 Nach Missernten und Brotpreis-Steigerungen kommt es nach dem **Sturm der Bastille** zur **Französischen Revolution**. Anfangs wird noch eine konstitutionelle Monarchie angestrebt.

Sturm auf die Bastille, Bild von Jean-Pierre Houël (1735-1813), Bibliothèque Nationale de France.

1790 **Joseph II. stirbt** ohne Nachkommen. Sein Bruder **Leopold II.**, seit 1765 Großherzog der Toskana, folgt als Kaiser.

1792 **Leopold II. stirbt** im März. Auf ihn folgt sein Sohn **Franz II.**

1792 Der Nationalkonvent setzt im August König Ludwig XVI. von Frankreich ab.

1793-01-21 In Paris wird **Ludwig XVI.** auf der **Guillotine** (Fallbeil) hingerichtet. Der Nationalkonvent entschied mit **361 zu 360 Stimmen** für die Todesstrafe. Im Oktober 1793 erleidet Ludwigs **Gattin Marie Antoinette** das gleiche Schicksal.

Guillotine, links Modell 1792, rechts 1872, Nachbauten, Foto: Wikipedia

1793 **Maximilian Robespierre** und **Saint-Just** beherrschen den **Wohlfahrtsausschuss**. Gnadenlos werden alle Gegner vernichtet.

1796 **Napoleon** Bonaparte **besiegt** als kommandierender General der Italien-Armee die **Österreicher** bei Lodi.

1799 Napoleon wird nach einem Staatsstreich als **Erster Konsul** praktisch Alleinherrscher.

1800 Im Spätwinter zieht Napoleon **über die Alpen** nach Piemont. Er besiegt die überraschten Österreicher am 14. 6. bei **Marengo**.

Napoleon 1800 am St.-Bernhard-Pass, Gemälde von Jaques-Louis David.

1800 Erstbesteigung des 3 798 m hohen **Großglockners**.

1802 Ferdinand III. von Habsburg-Toskana, Bruder von Kaiser Franz II., erhält nach dem Verlust der Toskana das Fürstbistum **Salzburg**.

Deutsche KAISER und Könige

Heinrich I.
876?/919–936
2. Mathilde von England

Ottonen 919–1024

Herrscher anderer Länder

Jahreszahlen:
Geburt / Beginn – Tod
Kg. = König
Hg. = Herzog
Mgf = Markgraf

OTTO I.
912/936–973
929 Edgith von England
951 Adelheid v. Burgund

Hadwig
916–959?
Hugo der Große
Hg. von Franzien

Heinrich
919?/947–955
Hg. von Bayern
Judith von Bayern

1.
Luitgard 931–953
Konrad der Rote
Hg. von Lothringen

2.
OTTO II.
955/973–983
Theophanu von Byzanz

Hugo Capet
Kg. von Frankreich
939/987–996

Heinrich II. der Zänker
951–955, Hg. v. Bayern
Gisela von Burgund

Otto von Kärnten
948?–1004
Judith von Kärnten

OTTO III.
980/983–1002

Mathilde 978–1025
Ezzo von Lothringen
954–1034

HEINRICH II.
973?/1002–1024
Kunigunde von Luxemburg

Heinrich von Speyer
970?–998?
Adelheid von Matfriede

Brun(o) von Kärnten
Papst Gregor V.
972/996–999

Richeza
Mieszko II.
Kg. von Polen
990/1025–1034

KONRAD II.
990?/1024–1039
Gisela von Schwaben

Salier
1024–1125

HEINRICH III.
1017/1039–1056
1036 Kunigunde von Däne.
1043 Agnes von Poitou

955 Otto I. schlägt die Ungarn auf dem Lechfeld bei Augsburg entscheidend.
976 Otto II. trennt die neuen Herzogtümer Kärnten und Österreich von Bayern.
1054 Trennung Ost- und Westkirche: Orthodoxe und Katholiken
1066 Eroberung von England durch die Normannen von Frankreich.
1077 Heinrich IV. kniet vor Papst Gregor VII. in Canossa.
1099 Eroberung von Jerusalem im 1. Kreuzzug.

2.
Mathilde ?–1060
Rudolf von Rheinfelden
Gegenkönig
1025/1277–1280

2.
Judith 1047–1093?
1. **Salomon** von Ungarn
1053/63–74/1081?
2. Wladislaw von Polen

2.
HEINRICH IV.
1050/1056–1105/1106
1066 Bertha von Turin
1089 Praxedis von Kiew

Heinrich IV. wird 1105 von seinem Sohn Heinrich V. abgesetzt und stirbt 1106.

1.
Agnes 1072–1143
1089? Friedrich I.
Hg. von Schwaben
1106 Leopold III.
Mgf. von Österreich

1.
Konrad
König von Italien
1074/1087–1098/1101
Maximilla von Sizilien
Vater = Roger I.

1.
HEINRICH V.
1086/1098–1125
Mathilde von England
(in 2. Ehe Gottfried Plantagenet)

Lothar III.
von Supplinburg
1075/1125–1137
Richenza von Northeim

1.
Friedrich II.
Herzog von Schwaben
1. Judith von Bayern
2. Agnes v.Saarbrücken

1.
Konrad III.
1083/1138–1152
1. Gertrud von Comburg
2. Gertrud von Sulzbach

2.
Leopold IV.
1108/11361141
MGf. von Österreich
1139–41 Hg. von Bayern
Maria von Böhmen

2.
Heinrich II. Jasomirgott
1107–1177
1141–56 MGf v.Österreich
1143–56 Hg. von Bayern
1156–77 Hg. v.Österreich
1. Gertrud v.Supplinburg
2. Theodora Komnena

Agnes 1072–1143
1. Friedrich I.
Hg. von Schwaben
2. Leopold III. von Österr.
(1. Adelheid von Machland)

Staufer 1138–1254

Babenberger 976–1246

1. Friedrich II.
Herzog von Schwaben
1. Judith von Bayern
2. Agnes von Saarbrücken

1. **KONRAD III.**
1083/1138–1152
1. Gertrud von Comburg
2. Gertrud von Sulzbach

2. Leopold IV.
1108/1136–1141
Mgf. von Österreich
1139–41 Hg. von Bayern
Maria von Böhmen

2. Heinrich II. Jasomirgott
von Österreich
1107–1177
1141–56 Mgf. v.Österreich
1156–77 Hg. v.Österreich
1. Gertrud v. Supplinburg
2. Theodora von Byzanz

1. **FRIEDRICH I.**
Barbarossa
1122/1152–1190
1147? Adela v. Vohburg
1156 Beatrix v. Burgund

1139 Kaiser Konrad III. entzieht Bayern den Welfen und belehnt damit seinen Halbbruder Leopold IV. **1156** Kaiser Friedrich I. Barbarossa gibt Bayern den Welfen zurück. Von Bayern trennt er Österreich als eigenes Herzogtum unter Heinrich II. ab.

2. Jutta 1133?–1191
Ludwig 1128–1172
Landgraf von Thüringen

2. **HEINRICH VI.**
1165/1190–1197
Konstanze von Sizilien
Vater = **Roger II.**

2. **Philipp**
1176?/1198–1208
Irene von Byzanz
Vater = **ISAAK II.**

Hermann I. 1155?–1217
Landgraf von Thüringen
Sophie von Bayern

FRIEDRICH II.
1194/1212–1250
1. Konstanze von Aragon
2. Isabella von Brienne
3. Bianca Lancia
4. Isabella von England
Bruder = Richard v. Cornw.
Deutscher Kg. 1257–1272

Kunigunde
Wenzel I. von Böhmen
1205?/1230–1253

Isabella
Ferdinand III.
von Kastilien & Leon

Heinrich Raspe
1204?/1246–1247
1. Elisabeth v. Brandenbg.
2. Gertrud v. Österreich
3. Beatrix von Brabant

Ottokar II.
von Böhmen
1232?/1253–1278
1. Margarete v.Österreich

Alfons X. der Weise
von Kastilien
Deutscher Kg. 1257–1273

Habsburger 1273–1740

1. **Heinrich (VII.)**
1211/20–35/1242
vom Vater abgesetzt
Margarethe v. Österreich

2. **Konrad IV.**
1228/1237–1254
Elisabeth von Bayern

3. **Manfred**
1232/1254–1266
Kg. von Sizilien

Rudolf I.
1218/1273–1291
1. Gertrud von Hohenberg
2. Agnes von Burgund

Mathilde 1253?–1304
Ludwig II. 1229–1294
Herzog von Bayern

Albrecht I.
1255/1298–1308
Elisabeth von Görz

Rudolf II.
1270–1290
Agnes von Böhmen

Jutta 1271–1297
Wenzel II. von Böhmen
1271/1278–1305

LUDWIG IV.
1282/1314–1347
(Wittelsbacher)

Rudolf III.
1282/1306–1307
Kg. von Böhmen

Friedrich III.
1289/1314–1330
Elisabeth von Aragon

Albrecht II. 1298–1358
Herzog von Österreich
Johanna von Pfirt

Rudolf IV. 1339–1365
Katharina von Luxembg.
Vater = **KARL IV.**

Margarethe 1346–1366
1. Meinhard von Tirol
2. Heinrich von Böhmen

Albrecht III. 1348–1395
1. Elisabeth v. Luxemb.
Vater = **KARL IV.**

Leopold III. 1351–1386
(Sempach-Schlacht)
Viridis Visconti

Luxemburger
1308–1313 **HEINRICH VII.**
1346–1378 **KARL IV.**
1376–1400 **Wenzel**
1411–1437 **SIGISMUND**

1292–1298 **Adolf** von Nassau
1400–1410 **Ruprecht**

Albrecht IV.
1377–1404
Johanna von Bayern

Ernst der Eiserne
1377–1424
Zymburga v. Masowien

Margarethe
Heinrich der Reiche
von Bayern

Albrecht II.
1397/1438–1439
Elisabeth von Böhmen
Vater = **SIGISMUND**

FRIEDRICH III.
1415/1440–1493
Eleonore von Portugal
Vater = **Eduard**

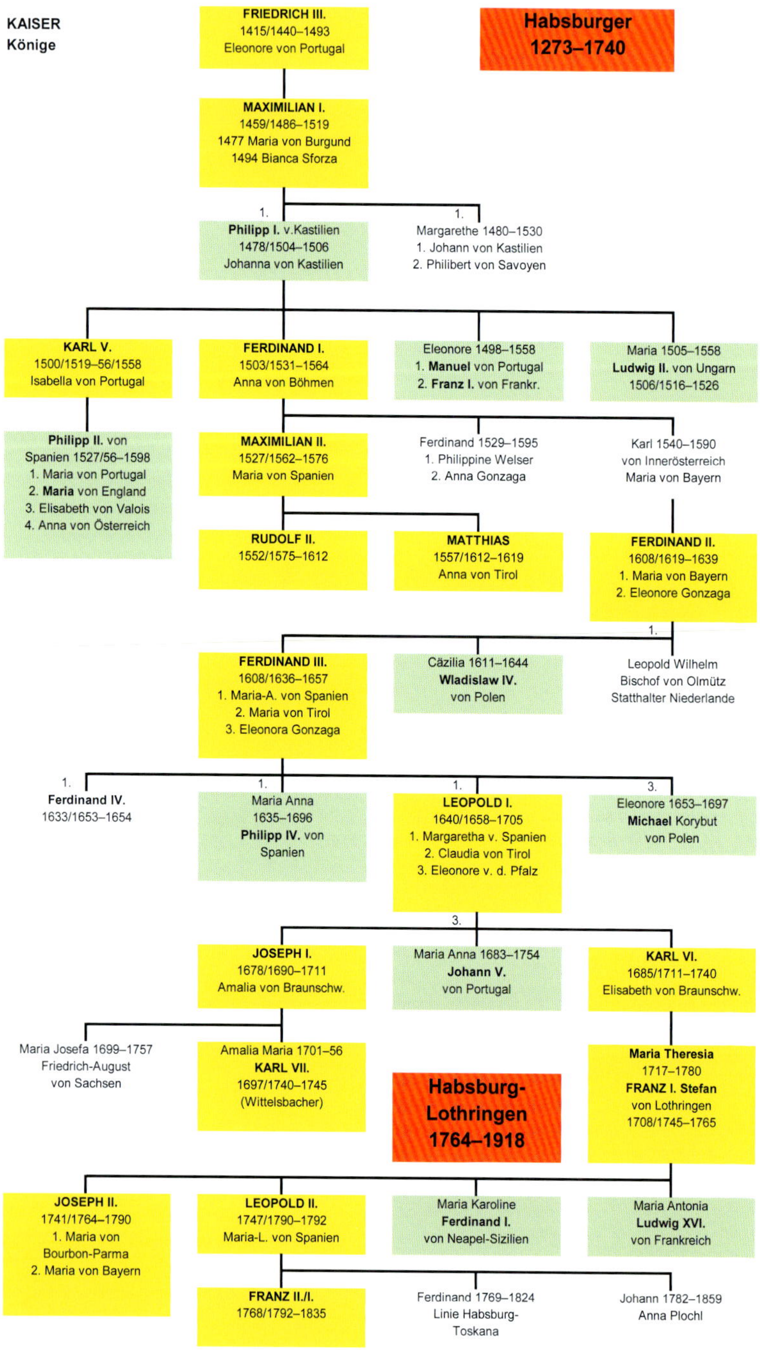
KAISER
Könige
Habsburger 1273–1740
FRIEDRICH III. 1415/1440–1493 Eleonore von Portugal
MAXIMILIAN I. 1459/1486–1519 1477 Maria von Burgund 1494 Bianca Sforza
1.
Philipp I. v.Kastilien 1478/1504–1506 Johanna von Kastilien
1.
Margarethe 1480–1530 1. Johann von Kastilien 2. Philibert von Savoyen
KARL V. 1500/1519–56/1558 Isabella von Portugal
FERDINAND I. 1503/1531–1564 Anna von Böhmen
Eleonore 1498–1558 1. Manuel von Portugal 2. Franz I. von Frankr.
Maria 1505–1558 Ludwig II. von Ungarn 1506/1516–1526
Philipp II. von Spanien 1527/56–1598 1. Maria von Portugal 2. Maria von England 3. Elisabeth von Valois 4. Anna von Österreich
MAXIMILIAN II. 1527/1562–1576 Maria von Spanien
Ferdinand 1529–1595 1. Philippine Welser 2. Anna Gonzaga
Karl 1540–1590 von Innerösterreich Maria von Bayern
RUDOLF II. 1552/1575–1612
MATTHIAS 1557/1612–1619 Anna von Tirol
FERDINAND II. 1608/1619–1639 1. Maria von Bayern 2. Eleonore Gonzaga
1.
FERDINAND III. 1608/1636–1657 1. Maria-A. von Spanien 2. Maria von Tirol 3. Eleonora Gonzaga
Cäzilia 1611–1644 Wladislaw IV. von Polen
Leopold Wilhelm Bischof von Olmütz Statthalter Niederlande
1.
Ferdinand IV. 1633/1653–1654
1.
Maria Anna 1635–1696 Philipp IV. von Spanien
1.
LEOPOLD I. 1640/1658–1705 1. Margaretha v. Spanien 2. Claudia von Tirol 3. Eleonore v. d. Pfalz
3.
Eleonore 1653–1697 Michael Korybut von Polen
3.
JOSEPH I. 1678/1690–1711 Amalia von Braunschw.
Maria Anna 1683–1754 Johann V. von Portugal
KARL VI. 1685/1711–1740 Elisabeth von Braunschw.
Maria Josefa 1699–1757 Friedrich-August von Sachsen
Amalia Maria 1701–56 KARL VII. 1697/1740–1745 (Wittelsbacher)
Habsburg-Lothringen 1764–1918
Maria Theresia 1717–1780 FRANZ I. Stefan von Lothringen 1708/1745–1765
JOSEPH II. 1741/1764–1790 1. Maria von Bourbon-Parma 2. Maria von Bayern
LEOPOLD II. 1747/1790–1792 Maria-L. von Spanien
Maria Karoline Ferdinand I. von Neapel-Sizilien
Maria Antonia Ludwig XVI. von Frankreich
FRANZ II./I. 1768/1792–1835
Ferdinand 1769–1824 Linie Habsburg-Toskana
Johann 1782–1859 Anna Plochl

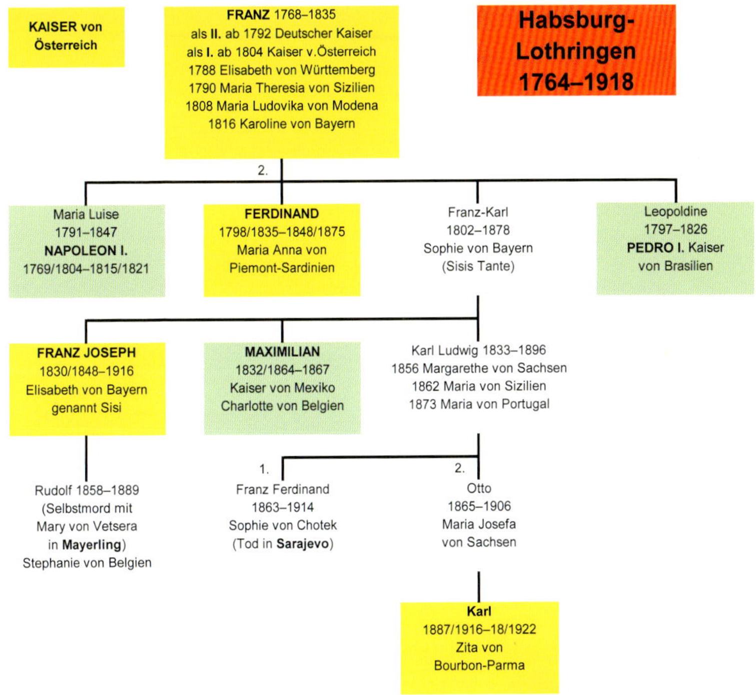

Kaiserreich ab 1804

1804-05-18 **Napoleon I.** ernennt sich selbst zum **Kaiser der Franzosen.**

1804-08-11 Franz II. proklamiert das **Kaisertum Österreich**, um seine Ranggleichheit mit Napoleon zu wahren. Als Kaiser von Österreich wird er **Franz I.**

Franz I., Kupferstich von Josef Axmann 1793–1873.

1804-12-02 **Napoleon I. krönt** sich in Paris in Anwesenheit von Papst **Pius VII.** zum **Kaiser.**

1805 Napoleon besetzt Wien.

1806 Über Druck von Napoleon I. erklärt Kaiser Franz II./I. das **Heilige Römische Reich**, entstanden **962** unter Kaiser **Otto I.** (912/936–973), für **aufgelöst**.

1809 **Napoleon** siegt im März in **Ebelsberg**. Im Mai verliert er in **Aspern** gegen Karl von Lothringen. Im Juni siegt er gegen die Österreicher bei **Wagram**. Österreich muss Gebiete an Bayern, Italien, Sachsen und Russland abtreten, u. a. Tirol an Bayern.

1809 **Andreas Hofer** besiegt die mit Napoleon verbündeten Bayern. Im Jänner 1810 wird er gefangen, am 20. Februar in Mantua erschossen.

Andreas Hofer 1767–1810 Kaiserjäger-Museum Tirol

1810 **Maria Luise**, Tochter von Kaiser Franz II./I., muss Napoleon heiraten, der bei der Hochzeit vertreten wird. **Kanzler** wird Klemens Fürst von **Metternich** (1773–1859).

Metternich, Bild Thomas Lawrence, Kunsthistorisches Museum Wien.

1812 Das Allgemeine Bürgerliche Gesetzbuch

(**ABGB**) tritt in Kraft. Verfasser ist der Wiener Universitätsprofessor **Franz von Zeiller**. In großem Umfang gilt es noch heute.

1813-10-19 **Napoleon I.** wird bei **Leipzig** vernichtend geschlagen. Die vereinten Armeen von Österreich, Preußen und Russland kommandiert Karl Philipp Fürst zu **Schwarzenberg**. Sein Generalstabschef ist Johann Graf **Radetzky**.

1814-09-18 Am **Wiener Kongress** wird bis zum 9. 6. 1815 Europa auf die Grenzen vor Napoleon I. zurückgeführt. Diese **Restauration** beseitigt auch alle bürgerlichen Rechte, die Napoleon einführte.

1815-06-08 Am vorletzten Tag des Wiener Kongresses wird der **Deutsche Bund** geschaffen. Dieser losen Verbindung selbstständiger deutscher Staaten steht – nur formal – Österreich als Präsidialmacht vor.
Die Habsburger-Gebiete **Ungarn**, **Kroatien**, **Galizien** gehören **nie zum Heiligen Römischen Reich** und auch jetzt nicht zum Deutschen Bund.

1815 **Napoleon I.** flieht von seiner Verbannung auf der **Insel Elba**. Er wird bei **Waterloo** endgültig besiegt und auf die Insel **St. Helena** im Südatlantik verbannt. Dort stirbt er 1821.

1816-04-14 Das **Land Salzburg** kommt endgültig von Bayern nach Österreich. Bis 1854 wird es von Linz aus verwaltet.

1816-06-01 Kaiser Franz I. gründet die privilegierte österreichische **Nationalbank**.

1818 Die **ersten Dampfschiffe** befahren die Donau. Am 25. 12. erklingt in Oberndorf bei Salzburg erstmals das Lied **Stille Nacht**.

1820 In Neubruck bei Scheibbs startet Andreas Töpper das **erste Eisen-, Stahl- und Walzblechwerk** in Österreich.

1824 Am **Kärntnertor-Theater**, Vorgänger der Wiener Staatsoper, wird die **9. Symphonie** von **Ludwig van Beethoven** (1770–1827) uraufgeführt. Der Komponist ist zu diesem Zeitpunkt bereits vollkommen taub. Der **vierte Satz** ist die Vertonung von **Schillers Ode an die Freude**. **1972** wird diese Melodie die offizielle **Hymne des Europarates**.

Kärntnertor-Theater, anonyme Ansicht aus 1830.

1825 In Nordengland wird die **erste öffentliche Eisenbahn** der Welt mit einer **Lokomotive** von **George Stephenson** eröffnet.

Lokomotive The Rocket von George Stephenson, Londoner Science Museum, Foto: William M. Collonney.

1832 Start der **Pferdeeisenbahn Linz–Budweis**.

1835 Kaiser **Franz I. stirbt**. Nachfolger wird trotz körperlicher und geistiger Schwächen sein ältester Sohn **Ferdinand** der Gütige (1793/1835–48/1875). Kanzler Metternich herrscht unter einem schwachen Kaiser.

Ferdinand I., Bild im Schloss-Museum Linz.

1848-02 Die Verzögerung der Wahlrechtsreform führt in **Paris** zur **Revolution**. König **Louis Philippe** geht ins Exil. **Karl Marx** und **Friedrich Engels** veröffentlichen das **Kommunistische Manifest**. Der Funken der Revolution springt in die deutschen Länder über.

1848-03 Kanzler **Metternich** muss **zurücktreten**. In **Ungarn** beginnt der **Aufstand**. **Straßenschlachten in Berlin** fordern 187 Tote.
König **Ludwig I. von Bayern** tritt wegen der Affäre mit der Tänzerin **Lola Montez** zugunsten seines Sohnes Maximilian II. zurück.
Daniele Manin besetzt mit seinen Revolutionären das Arsenal in **Venedig**.

1848-07 Der Unternehmer August Zang gründet in Wien die **Zeitung „Die Presse“.**
Am 25. 7. siegt Feldmarschall Graf **Radetzky** bei **Custozza** über König **Karl Albert von Piemont**.

Die Lombardei bleibt bei Österreich.

Johann Josef Wenzel Graf **Radetzky** von Radetz (1766–1859), Bild um 1850 von G. Decker, Heeresgeschichtliches Museum Wien.

1848-10-06 Österreichische Truppen sollen von Wien aus gegen die aufständischen Ungarn ziehen. Von Arbeitern und Studenten werden sie daran gehindert. Kriegsminister **Graf Baillet von Latour** wird von der Menge **gelyncht**. Kaiser **Ferdinand flieht** mit seinem Hof am nächsten Tag nach **Olmütz** in Mähren.

1848-10-31 Fürst **Alfred von Windischgrätz** und der Ban von Kroatien, **Joseph Graf Jellacic**, erobern Wien zurück.

Joseph Jellacic 1801–1859, Bild auf dem 20-Kunar-Schein Kroatiens.

1848-12-02 Kaiser **Ferdinand I. entsagt** über Druck des Hofs seinem Thron. Sein Bruder Franz Karl verzichtet auf die Thronfolge. Dessen 18-jähriger Sohn **Franz Joseph** wird neuer Kaiser.

Kaiser Franz Joseph

1848-12 König **Friedrich Wilhelm IV.** setzt in Preußen eine **reaktionäre Verfassung** durch. **Louis Napoleon** Bonaparte, ein Neffe Napoleons I., wird zum französischen Staatspräsidenten gewählt. Die Regierung Ungarns unter **Lajos Kossuth** (1802–1894) erklärt die Thronfolge von Franz Joseph für ungültig. Daraufhin marschieren österreichische Truppen unter Windischgrätz in Ungarn ein.

1849-06 In Österreich wird die **Gendarmerie** gegründet. Das **Gemeindegesetz** definiert die freie Gemeinde als Basis des Staates. **Justiz** und **Verwaltung** werden **getrennt**.

1849-08 Die **ungarische Revolution** wird von den Heeren von **Zar Nikolaus I.** von Russland, **Ban Joseph Jellacic** und den Österreichern unter **Julius Freiherr von Haynau** besiegt. **Kossuth flieht** über die Türkei und England nach Turin. Radetzky zieht siegreich in Venedig ein.

1849-10 Die 14 Führer des ungarischen Aufstandes werden in Arad gehängt, weitere 114 Todesurteile vollstreckt.

1850 **Ungarn wird neu geordnet**: Siebenbürgen, Kroatien, Slawonien und die Vojvodina werden eigene Kronländer.
Der Wiener **Adolf Ignaz Mautner** und der gebürtige Westfale **Julius Reininghaus** erfinden eine brauchbare **Backhefe**. In Wien tagt das **erste Geschworenen-Gericht**. Franz Joseph setzt den **Reichsrat** ein. Der beratenden Körperschaft gehören 6 Österreicher und 2 Ungarn an. Die Minister sind nur mehr dem Kaiser unterstellt.

1850 Nach einem Brand wird **Stift Schlägl** im Mühlviertel unter **Abt Dominik Lepschy** wieder aufgebaut.

Stift Schlägl, Foto: Roman Klementschitz

1852 Im **Silvester-Patent** wird die **absolute Monarchie** wieder hergestellt. **Erzherzog Johann** und **Franz Grillparzer protestieren** vergeblich.
In Frankreich erhebt sich der bisherige Präsident zum **Kaiser Napoleon III**.

1859-06-24 Nach der Niederlage am 4. bei **Magenta** verlieren die Österreicher auch bei **Solferino** gegen die Truppen Piemonts und Frankreichs.

1859-11-10 Im **Frieden von Zürich** muss Österreich die **Lombardei** ohne die Festungen Peschiera und Mantua **an Frankreich** abtreten. Frankreich gibt die Lombardei weiter an **Piemont-Sardinien**.

1860 **Volksabstimmungen** im März bringen **Parma**, **Modena** und die **Toskana** zum **Königreich Piemont-Sardinien**. Frankreich erhält Nizza und Savoyen als Dank für die Unterstützung gegen Österreich.

1861 **Oberösterreich** erhält eine Landesverfassung und wird als autonomes Erzherzogtum anerkannt. **Erster Landeshauptmann** wird bis 1868 **Dominik Lepschy**, Abt von Schlägl.

1863-04-10 **Erzherzog Maximilian**, der Bruder von Franz Joseph, wird mit Unterstützung von Napoleon III. von Frankreich **Kaiser von Mexiko**.

Schloss Miramare bei Triest, Wohnsitz von Erzherzog Maximilian.

1864 **Dänemark** verliert den Krieg gegen **Preußen** und **Österreich**. Es muss Schleswig, Holstein und Lauenburg mit Kiel an die Sieger abtreten. Diese vereinbaren eine gemeinsame Regierung.

1866 Wegen **Holstein** kommt es zum **Krieg Österreich gegen Preußen und Italien**. In Wahrheit geht es um den Vorrang in Deutschland und um die Einigung Italiens. Am 24. 6. besiegt Feldmarschall Erzherzog Albrecht, Enkel von Leopold II., die Italiener bei **Custozza**. Am 3. 7. siegen die Preußen in **Königgrätz** im Norden von Böhmen. Den Ausschlag gibt das neue **preußische Zündnadelgewehr**. Österreich versucht danach, die Unterstützung Frankreichs zu bekommen. Dafür wird **Venetien** an Napoleon III. und von ihm an **Italien** abgetreten.

Königgrätz, Foto: Prazak.

Am 20. 7. siegt Admiral **Wilhelm Freiherr von Tegetthoff** vor der Insel **Lissa** (Vis) gegen die Italiener. Der Krieg ist trotzdem für Österreich verloren.

Das österreichische Schiff „Erzhg. Ferdinand Max" rammt das italienische Flaggschiff „Re d'Italia", Bild 1908 von Kappler.

1866 Die Truppen Frankreichs ziehen aus Mexiko ab. **Präsident Benito Juarez** (1806/61–1872) siegt mehrmals gegen Maximilian.

1867-03-15 Der **Ausgleich mit Ungarn** führt zur **Doppelmonarchie**: Österreich und Ungarn sind gleichberechtigte und selbstständige Staatsgebilde. Sie sind nur durch die Person des Herrschers und gemeinsame Angelegenheiten (Äußeres, Heer und Finanzen) verbunden. Dafür bringen **Österreich 70 %** und **Ungarn 30 %** der Mittel auf. Ministerpräsident Ungarns wird **Gyula Graf Andrássy** (1823–1890). Maßgeblichen Anteil am Ausgleich hat auch Sisi, die den Ungarn stets wohlgesonnen ist.

Kaiserin „Sisi" Elisabeth von Bayern, 1837–1898, Bild von Franz Xaver Winterhalter 1805–73, Hofburg Wien.

1867-06-19 **Maximilian** und seine Generäle Miramon und Mejia werden in Queretaro in Zentralmexiko **erschossen**. **Charlotte von Belgien** (1840–1927), Gattin Maximilians, verfällt dem Wahnsinn. Sie lebt noch 60 Jahre.

Erschießung von Maximilian, Bild 1868 von Edouard Manet, Kunsthalle Mannheim.

1867-12-21 **Erstes Staatsgrundgesetz** Österreichs:

2. Vor dem Gesetz sind alle Staatsbürger gleich.
3. Die öffentlichen Ämter sind für alle Staatsbürger gleich zugänglich …
4. Die Freizügigkeit der Person und des Vermögens innerhalb des Staatsgebietes unterliegt keiner Beschränkung.
5. Das Eigentum ist unverletzlich …
7. Jeder Untertänigkeits- und Hörigkeitsverband ist für immer aufgehoben …

8. Die Freiheit der Person ist gewährleistet …
10. Das Briefgeheimnis darf nicht … verletzt werden.
13. Jedermann hat das Recht, durch Wort, Schrift, Druck … seine Meinung innerhalb der gesetzlichen Schranken frei zu äußern …
14. Die volle Glaubens- und Gewissensfreiheit ist jedermann gewährleistet …
17. Die Wissenschaft und ihre Lehre ist frei …

1868 **Oberösterreich** erhält **12 Bezirkshauptmannschaften** im heutigen Sinn: Linz, Freistadt, Perg, Rohrbach, Vöcklabruck, Wels, Steyr, Kirchdorf, Gmunden, Braunau, Ried und Schärding.

1869-05-25 Das neue **Hofopernhaus** wird mit Mozarts Don Giovanni (damals noch Don Juan) eröffnet. Wegen der unberechtigten Kritik am Gebäude nimmt sich am 3. 4. 1868 der Architekt **Eduard van der Nüll** das Leben. Am 11. 6. 1868 stirbt der zweite Architekt der Staatsoper **Sicard von Sicardsburg**, der den Freitod seines Partners und Freundes nicht überwinden kann.

Staatsoper, Foto: Markus Leupold-Löwenthal.

1870-09-02 Deutsche Truppen unter **Helmuth Graf von Moltke** besiegen die Franzosen bei **Sedan** entscheidend. **Napoleon III.** wird gefangen genommen. **Österreich** bleibt in diesem Krieg **neutral**.

1870–77 In **Gmunden** lässt **Maria Antonia von Neapel-Sizilien** die **Villa Toscana** erbauen. 1859 hat sie nach der Abdankung ihres Gatten **Leopold II. von Habsburg-Toskana** Florenz verlassen. Der Bauplan stammt vom jüngsten Kind Marias, **Johann Salvator von Habsburg-Toskana**.

1871-01-18 In **Versailles** wird über Initiative von **Kanzler Otto von Bismarck** (1815/62–90/1898) **Wilhelm I. deutscher Kaiser**.

1871-07-23 Österreich-Ungarn führt neue Maße ein: **Meter** und **Kilogramm**.

1872–88 In Wien werden die beiden Hofmuseen, Parlament, Burgtheater und neue Universität gebaut.

Parlament in Wien, errichtet ab 1873 von **Theophil Hansen**.

1878 Bosnien wird der österreichischen Verwaltung unterstellt. Formal bleibt es bis 1908 noch unter osmanischer Herrschaft.

1887-03-07 Gegründet werden der **Christlichsoziale Verein** unter Ludwig Psenner und die **Vereinigten Christen** unter **Karl Lueger** (1844–1910), Wiener Bürgermeister 1897–1910.

1888 Unter Ministerpräsident **Eduard Graf Taaffe** wird das **Arbeiter-Krankenversicherungs-Gesetz** beschlossen. Das Burgtheater wird eröffnet.

1889-01-01 In Hainfeld wird die **Sozialdemokratische Partei** Österreichs gegründet. Dr. **Viktor Adler** (1852–1918) wird Vorsitzender.

1889-01-30 **Kronprinz Rudolf** begeht zusammen mit seiner Geliebten Mary Vetsera in **Mayerling** Selbstmord.

Zuerst wird Rudolfs Selbstmord vertuscht.

Mary Vetsera
19. 3. 1871 – 30. 1. 1889

1898-09-10 In **Genf** wird **Kaiserin Elisabeth** vom italienischen Anarchisten **Luigi Lucheni ermordet**. Lucheni erhängt sich am 19.10. in der Zelle.

1900-01-01 **Krone und Heller**, gültig bereits seit 1892, ersetzen Gulden und Kreuzer.

1900-07-01 Der **Thronfolger Franz Ferdinand**, Neffe von Franz Joseph, heiratet nicht standesgemäß Gräfin **Sophie Chotek**. Zuvor muss Franz Ferdinand für seine möglichen Kinder auf die Thronfolge verzichten.

1905 **Bertha von Suttner** erhält den **Friedens-Nobelpreis**. Sie ist die erste weibliche Preisträgerin.
Russland verliert den Krieg gegen Japan.

1907 **Wahlrechts-Reform** des neuen Ministerpräsidenten **Max von Beck**: Die Wahl nach Kurien wird ersetzt durch das allgemeine aktive **Wahlrecht aller Männer** ab vollendetem 24. Lebensjahr.

1908-10 **Österreich-Ungarn annektiert Bosnien-Herzegowina**.

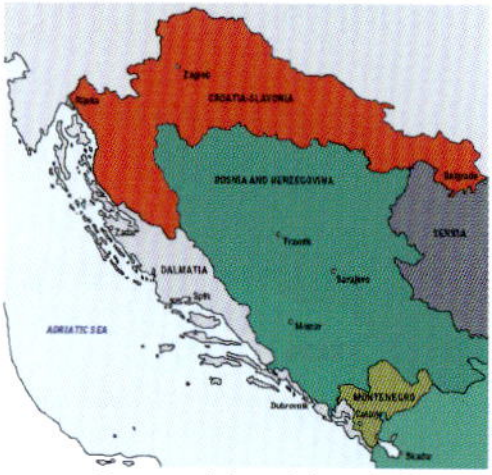

Deutschland ist dafür. Die Türkei wird mit 56 Mill. Kronen besänftigt. Russland ist anfänglich dafür, nach der bleibenden Sperre der Dardanellen für die russische Kriegsflotte dagegen. Frankreich, Großbritannien und vor allem Serbien sind strikt dagegen. Der Keim für den 1. Weltkrieg entsteht.

1910 **Wien** ist mit seinen **2 Millionen** Einwohnern nach London, New York und Paris die **viertgrößte Stadt der Welt**. 2010 liegt Wien mit 1 712 000 Einwohnern an **139.** Stelle.

1911 Der seit 1906 amtierende Chef des Generalstabes **Conrad von Hötzendorf** (1852–1925) wird wegen seiner andauernden Forderung nach Präventivkriegen gegen Italien und Serbien entlassen.

1912-10 **1. Balkankrieg**: Bulgarien, Griechenland, Montenegro und Serbien gegen das Osmanische Reich. Mazedonien, Altserbien und Albanien sollen frei werden.

1912-11-28 **Albanien** wird unabhängig. **Hötzendorf** wird wieder Generalstabschef. Bis 1914 fordert er 14 x Krieg gegen Serbien.

Österreich-Ungarn 1910:

Deutsche	12,011.081	23,6 %
Ungarn	10,067.917	19,8 %
Tschechen	6,643.059	13,0 %
Slowaken	1,967.520	3,8 %
Polen	4,977.643	9,8 %
Ruthenen	3,999.100	7,9 %
Rumänen	3,224.728	6,3 %
Kroaten	2,888.171	5,7 %
Serben	2,041.899	4,0 %
Slowenen	1,371.256	2,7 %
Italiener	771.054	1,5 %
Islam.Slawen	612.137	1,2 %
Sonstige	367.853	0,7 %
	50,943.418	

Ruthenen = Ostslawen (Ukrainer und deren verwandte Völker) in Galizien und Bukowina.

Doppelmonarchie ab 1867
Cisleithanien (Österreich)
1 Böhmen
2 Bukowina
3 Kärnten
4 Krain
5 Dalmatien
6 Galizien, Lodomerien
7 Küstenland (Istrien)
8 Österreich unter der Enns
9 Mähren
10 Salzburg
11 Österreichisch Schlesien
12 Steiermark
13 Tirol
14 Österreich ob der Enns
15 Vorarlberg

Transleithanien (Ungarn)
16 Ungarn mit Vojvodina und Siebenbürgen
17 Kroatien und Slawonien

Okkupation 1878
18 Bosnien & Herzegowina (Annexion 1908)

1914-06-28 **Franz Ferdinand** und seine Gattin werden in **Sarajevo** vom 19-jährigen Schüler **Gavrilo Princip** erschossen. Der Thronfolger verabscheut den Ausgleich mit Ungarn von 1867. Zu deren Schwächung spekuliert er mit der Trennung Kroatiens, Bosniens und Dalmatiens von Ungarn zum eigenen Reichsteil Südslawien (**Trialismus**). Das bringt ihm den Hass der Serben, die ein Südslawien unter ihrer Führung errichten wollen. Franz Ferdinand lehnt Präventivkriege gegen Serbien stets ab.

1914-07-28 **Kriegserklärung Österreich-Ungarns an Serbien**. In den nächsten 4 Wochen stehen folgende Länder im Krieg: **Achsen-Mächte** rosa, **Entente** gelb; Anzahl der Soldaten:

Deutschland	13,250.000
Österreich-Ungarn	9,000.000
Bulgarien	500.000
Türkei	1,500.000
Achsenmächte:	24.250.000
Frankreich	8,200.000
Großbritannien	8,200.000
Russland	15,000.000
Belgien	380.000
Serbien	1,000.000
Italien ab 1915	5,250.000
USA ab 1917	3,800.000
Entente:	41,830.000

1916-11-21 Kaiser **Franz Joseph stirbt** 68 Jahre nach Thronantritt.

Nachfolger wird sein Großneffe **Karl I.** (1887/1916–18/1922).

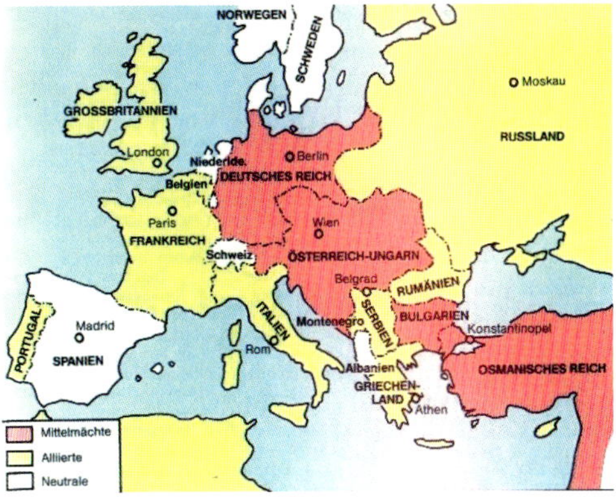

1917-03-15 Zar **Nikolaus II.** dankt ab. Am 17. Juli wird er zusammen mit seiner Familie in Jekaterinburg erschossen.

1917-04-06 Kriegserklärung der **USA** an Deutschland, im Dezember an Österreich-Ungarn.

1917-11-07 Erfolgreicher Putsch der **Bolschewisten** unter **Lenin** (1870–1924) in Petrograd.

Tafel für Wladimir Iljitsch Uljanow (Lenin) in der Spiegelgasse 14 in Zürich.

1918-03-03 Die Achsenmächte schließen mit **Russland Frieden**. Mit den im Osten frei gewordenen Soldaten gelingt im Westen ein großer Vorstoß. Erst dann einigen sich die Entente-Mächte auf einen Oberkommandierenden, den französischen Marschall **Ferdinand Foch**.

1918 Seit 1914 steigt die Geldmenge von 3,4 Milliarden Kronen auf 42,6 Milliarden. Die Preise steigen auf das Sechzehnfache.

1918-09 Zusammenbruch der Armeen Bulgariens, Österreichs und der Türkei.

1918-10-16 Karl I. erlässt für **Cisleithanien** das **Völkermanifest**: Die österreichische Reichshälfte soll unter dem Kaiser eine **Konföderation** freier Völker werden. Aufforderung der Nationen, **Nationalräte** zu bilden. Die Nationalitäten gründen jedoch eigene Nationalstaaten.

1918-10-21 Die deutschen Abgeordneten im Reichsrat bilden die Provisorische Nationalversammlung von **Deutschösterreich**.

1918-10-28 Die **Tschechoslowakische Republik** entsteht. **Galizien** schließt sich Polen an.

1918-10-29 **Slowenen** und **Kroaten** werden Mitbegründer des südslawischen Staates.

1918-10-31 **Ungarn** kündigt die Realunion mit Österreich auf.

1918-11-11 Kaiser **Karl I. verzichtet** auf jeden Anteil an den Staatsgeschäften. Eine förmliche Abdankung lehnt er ab. 1922 stirbt Karl im **Exil in Madeira**.

1918-11-19 Die Provisorische Nationalversammlung beschließt, **Deutschösterreich** ist eine **Republik**.

Republik seit 1918

1918-01-08 US-Präsident **Woodrow Wilson** (1856/1913–21/1924) veröffentlicht sein **14-Punkte-Programm** (verkürzt):

1. Offene Friedensverträge
2. Freiheit der Schifffahrt auf den Meeren.
3. Beseitigung aller wirtschaftlichen Schranken.
4. Rüstungsbeschränkung.
5. Freier Ausgleich aller kolonialen Ansprüche.
6. Räumung des ganzen russischen Gebietes.
7. Wiederherstellung von Belgien.
8. Rückgabe von Elsass-Lothringen an Frankreich.
9. Berichtigung der Grenzen Italiens nach Volkszugehörigkeiten.
10. Die Völker Österreich-Ungarns haben das Recht, Nationalstaaten zu bilden.
11. Räumung von Rumänien, Serbien und Montenegro.
12. Der türkische Teil des osmanischen Reiches soll selbstständig bleiben. Den übrigen Nationalitäten steht Selbstständigkeit zu.
13. Ein unabhängiger polnischer Staat ist zu errichten.
14. Ein allgemeiner Verband der Nationen muss gegründet werden.

1918-11-12 Die **Nationalversammlung** beschließt für den neuen Staat **Deutschösterreich** die Form der demokratischen Republik. Das Land soll Teil der am 9. 11. ausgerufenen deutschen Republik sein. Die Namen werden von **Österreich ob** und **unter der Enns** auf **Oberösterreich** und **Niederösterreich** geändert.
Die **Frauen** erhalten das **Wahlrecht**. Erster **Staatskanzler** wird **Dr. Karl Renner**. Deutsch-Österreich beansprucht die oben angeführten Gebiete.

1918–20 Staatskanzler
1920–34 NR-Mandatar
1931–33 NR-Präsident
1945–50 Bundespräsident
Statue von Alfred Hrdlicka im Rathauspark in Wien, Foto: Manfred Werner.

1919-01 Die zu **85 %** von **Slowenen** bewohnte **Südsteiermark** kommt an das spätere Jugoslawien.

1919-02 **Wahl** zum österreichischen **Nationalrat**, erstmals Proportional-Wahlrecht, erstmals sind Frauen wahlberechtigt. **Mandate**:
72 Sozialdemokraten
69 Christlichsoziale
26 Großdeutsche
1 Tscheche
1 Demokrat
1 Zionist

1919-04 **Kommunisten** versuchen vergeblich, in Österreich eine **Räterepublik** zu errichten.

1919-05 Die **Mehrheit der Vorarlberger** votiert für den Anschluss an die **Schweiz**. Die Schweizer Bundesregierung verlangt dazu die Zustimmung der Regierung Österreichs, die verwehrt wird.

1919-06-23 Das Deutsche Parlament nimmt mit Mehrheit den **Friedensvertrag von Versailles** an. Damit wird in letzter Minute die angedrohte Invasion alliierter Truppen in Deutschland abgewehrt. Vor allem der französische Ministerpräsident **Georges Clemenceau** sorgt für äußerst harte Bedingungen. Der Keim für den 2. Weltkrieg beginnt zu gedeihen.

Versailles 1919: Lloyd George (Großbritannien), Vittorio Orlando (Italien), Georges Clemenceau (Frankreich) und Woodrow Wilson (USA).

1919-09-10 **Friedensvertrag von St. Germain**: Österreich verliert Böhmen, Galizien, Slowenien und Südtirol. Der Anschluss an Deutschland wird verboten. Deutsch-Westungarn, das heutige **Burgenland**, kommt zu Österreich.

1920-01-10 Der **Völkerbund** mit Sitz in **Genf** soll dauernden Frieden schaffen. Basis sind die 14 Punkte von Präsident Woodrow Wilson.

1920-05 Gründung der ersten **Heimwehr** in Tirol durch Richard Steidle.

1920-06-04 Im **Vertrag von Trianon** bei Paris schrumpft **Ungarn** von 325 000 km² auf 93 000 km².

1920-10-01 Der Österreichische Nationalrat beschließt die neue **Bundesverfassung** von **Hans Kelsen**. Keine Einigung wird bei der Definition der Grundrechte und bei der Aufteilung der Kompetenzen Bund-Länder erzielt. Deshalb wird das **Staatsgrundgesetz von 1867** als Teil in die neue Verfassung übernommen.

1920-10-10 Nach einer **Volksabstimmung** bleibt **Kärnten südlich der Drau** bei **Österreich**.

Die Abstimmungsgebiete in Kärnten.

1) vollendetes 20. Lebensjahr am 1. Jänner 1919
2) ständiger Wohnsitz am 1. Jänner 1919 in der Zone, in der die Volksabstimmung stattfindet
3) Geburt in der genannten Zone oder ständiger Wohnsitz seit wenigstens 1. Jänner 1912 oder Zuständigkeit dortselbst.

Abgetrennter Gebiet.
Zone I. (A)
Zone II. (B)

Die eingetragenen Namen sind die Namen der Gemeinden.

Die Truppen des neuen Königreichs Jugoslawien müssen abziehen.

1920-10-17 **NR-Wahlen**: Die **Christlichsozialen** lösen die Sozialdemokraten als führende Partei ab:

Christlichsoziale	41,8 %
Sozialdemokraten	36,0 %
Deutschnationale	17,3 %
Sonstige	5,0 %

1921-12 Nach einer Volksabstimmung bleibt **Ödenburg** (Sopron) bei **Ungarn**. Das restliche **Burgenland** bleibt nach Kampfhandlungen gemäß dem Vertrag von Saint Germain bei Österreich.

1922-01-01 **Wien** wird eigenes **Bundesland**.

1922-05-21 Prälat **Ignaz Seipel** (1876–1932) wird **Bundeskanzler**.

Ignaz Seipel:
1921 Obmann der Christlichsozialen Partei
1922–24 Bundeskanzler
1926–29 Bundeskanzler
1930–30 Außenminister
Büste in der Universität Wien, Foto: Kurt Anton.

1922-09 **Hyperinflation** in Österreich. Geldnoten über 500 000 Kronen müssen gedruckt werden.

1922-10 **Benito Mussolini** (1883–1945) wird Ministerpräsident Italiens.

1923 Als Gegengewicht zur rechten Heimwehr wird in Wien der **linke** republikanische **Schutzbund** gegründet.

1923-07 Mussolini ändert das **Wahlgesetz**: Die stimmenstärkste Partei (mindestens 25 %) erhält automatisch 2/3 der Parlamentssitze.

1925-03-01 Die Währungsreform stoppt die Hyperinflation in Österreich. **10 000 Kronen** werden in **1 Schilling** umgetauscht.

1925-10-01 Eine Änderung der **Bundesverfassung** regelt die **Kompetenzen** von **Bund** und **Ländern**.

1926-11 Die **Sozialdemokraten** beschließen das **Linzer Programm**, Hauptdokument des **Austromarxismus**. Neben dem klaren Bekenntnis zur **parlamentarischen Demokratie** wird beschlossen, nach Erhalt der Macht die **Produktionsmittel** zu **vergesellschaften**.

1927-01-30 In **Schattendorf** im Burgenland demonstrieren sozialdemokratische **Schutzbündler** gegen rechte **Frontkämpfer**. Ein Schutzbündler und ein Kind werden von den Rechten erschossen, fünf weitere verletzt.

1927-07-14 Die **Täter von Schattendorf** werden **freigesprochen**. Daraufhin wird der **Justizpalast in Brand** gesteckt. Die folgenden Unruhen bringen **89 Tote**, davon 84 Demonstranten.

1928 Zur **Wahl in Italien** sind nur mehr Kandidaten der **Faschisten** zugelassen. Der Weg in die **Diktatur** ist vollendet.

1929-10-24 Billige Kredite haben die **Aktien-Spekulationen** in ungeahnte Höhen getrieben. Nun platzt in den USA die Spekulations-Blase und löst eine **Weltwirtschaftskrise** aus.

1929-12-07 Zweite Novellierung der Bundesverfassung: Direktwahl des **Bundespräsidenten**. Dieser wird Heeres-Oberbefehlshaber. Er ernennt die Regierung.

1930-05-18 Der **Heimwehr**-Führer Richard Steidle lässt bei der Landesversammlung NÖ alle Delegierten, darunter auch der späteren Bundeskanzler **Julius Raab**, den **Korneuburger Eid** schwören: … Wir wollen nach der Macht im Staate greifen … Wir verwerfen den westlichen Parlamentarismus und den Parteienstaat. … Wir bekennen uns zu den Grundsätzen des Faschismus.

1930-10 Ernst Rüdiger **Starhemberg** wird neuer **Bundesführer** der **Heimwehr**. Wenig später wird er Innenminister. Innerhalb der Heimwehr führen die Landesorganisationen der Steiermark und Kärntens ein starkes Eigenleben.

Ernst Rüdiger (Fürst von) Starhemberg (1899–1956).

1930-10 In Innsbruck werden die **Ostmärkischen Sturmscharen** als katholische, antisemitische Kulturorganisation gegründet. Bundesobmann wird bald der christlichsoziale NR-Abgeordnete **Kurt Schuschnigg**.

1931-05 Die **Credit-Anstalt** ist nach Börsenspekulationen **zahlungsunfähig**. Der Staat befriedigt die Gläubiger. Die Sozialdemokraten können die gewollte Verstaatlichung nicht durchsetzen.

1931-12 Die **Weltwirtschaftskrise** trifft die **Steyr-Werke** voll. Rund 50 % der Bevölkerung von Steyr sind auf Arbeitslosenunterstützung und andere soziale Transfers angewiesen.

1932 Auch die Ostmärkischen Sturmscharen beginnen mit der Aufstellung bewaffneter Verbände.

1932-05-10 Neuer Bundeskanzler wird **Engelbert Dollfuß** (1892–1934). Die Sozialdemokraten lehnen ein Koalitions-Angebot ab.

Dollfuß-Relief in der Wiener Michaeler-Kirche, Foto: Andreas Praefcke.

1932-11 Trotz Verlust von 37,3 % auf **33,1 %** bleiben die **Nationalsozialisten** in Deutschland die stärkste Partei.

1933-01-30 Präsident **Paul Hindenburg** (1847–1934) ernennt **Adolf Hitler** (1889–1945) zum Reichskanzler.

1933-02-28 Der **Brand des Reichstags** in Berlin wird den Kommunisten in die Schuhe geschoben. **Hitler** erreicht von Hindenburg den Erlass von **Notverordnungen** gemäß der Weimarer Verfassung.

1933-03-04 Eine **Abstimmung** im österreichischen **Parlament** über die Eisenbahner-Gehälter endet **unentschieden**. Der erste Präsident des Nationalrates **Karl Renner** tritt zurück, um seiner Partei eine zusätzliche Stimme zu verschaffen. Daraufhin tritt auch der zweite Präsident **Rudolf Ramek** und der dritte **Sepp Straffner** zurück.
Die Regierung verhindert am 15. 3. mit Waffengewalt die

Eröffnung der Parlamentssitzung, weil sich das „Parlament durch die Rücktritte der Vorsitzenden selbst ausgeschaltet hat".

1933-03-05 Wahl zum deutschen **Reichstag**:

NSDAP	43,9 %	+10,8 %
SPD	18,3 %	-2,1 %
KPD	12,3 %	-4,6 %

Drei rechte Parteien erreichen zusammen 22 %. Für eine 2/3-Mehrheit mit der NSDAP reicht es nicht.

Minister **Hermann Göring** (1893–1946), zugleich Leiter der Preußischen Polizei, hindert Abgeordnete der SPD und KPD an der Teilnahme zur Reichstagssitzung. Das **Rumpfparlament** beschließt die **Ermächtigungsgesetze** statt der befristeten Notverordnungen. Der Weg in die **Diktatur** beginnt.

1933 Über **23 %** beträgt die **Arbeitslosenrate** in Österreich. Dazu kommen einige **Hunderttausende Ausgesteuerte**, die wegen langer Arbeitslosigkeit keine Unterstützung mehr bekommen. Erst 1939 sinkt die Arbeitslosigkeit auf unter 4 %.

1933-03-07 Österreichs Kanzler **Dollfuß** nützt das **Kriegswirtschaftliche Ermächtigungsgesetz** von 1917 zum Regieren ohne Parlament. Versammlungen werden verboten, die Zensur wird wieder eingeführt. Der Rückzug der christlichsozialen Mitglieder lähmt den **Obersten Gerichtshof**.

1933-03-15 Die Wiener Polizei verhindert den Zusammentritt des Parlaments. **Bundespräsident Wilhelm Miklas** (1872/1928–38/1956) schaut tatenlos zu.

1933-03-25 Der Republikanische **Schutzbund** wird **verboten**.

1933-04-07 **Nicht-Arier** werden aus dem deutschen Staatsdienst entfernt. Damit beginnt die **Juden-Verfolgung**.

1933-05 Die Dollfuß-Regierung verordnet die **Aussetzung aller Wahlen** auf Bundes-, Landes- und Gemeindeebene. Verbot der Kommunistischen Partei. Im Juni folgt das Verbot der Sozialdemokraten.

1933-05-20 Dollfuß gründet die **Vaterländische Front** als faschistische **Einheitspartei**.

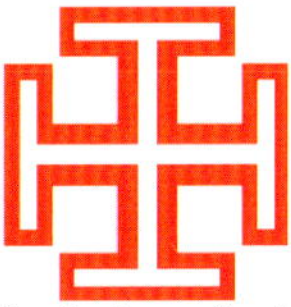

Kruckenkreuz, Symbol der Vaterländischen Front und des Ständestaates.

1933-11-11 Über Antrag von **Justizminister Kurt Schuschnigg** führt die Regierung mit dem **Standrecht** die 1920 abgeschaffte **Todesstrafe** wieder ein.

1934-02-12 Die Polizei will die Parteizentrale der Sozialdemokraten im **Hotel Schiff** in Linz nach Waffen durchsuchen. Die dortigen Schutzbündler wehren sich mit ihren Waffen. Der **Bürgerkrieg** fordert rund 200 Tote. Etliche „Rote" werden hingerichtet. Die Dollfuß-Regierung löst die **SDAP** und alle ihre Organisationen auf, ebenso Gewerkschaften und den Verfassungsgerichtshof.

1934-04-30 Das Rumpfparlament (bereits ohne Sozialdemokraten) beschließt die Übertragung aller **Rechte des Parlaments an die Regierung**.

1934-05-01 Neuer **Vizekanzler** wird der Heimwehr-Führer Ernst R. **Starhemberg**. Der bisherige Vizekanzler **Emil Fey** muss am 11. 7. das Sicherheitsministerium abgeben und bleibt Minister ohne Geschäftsbereich. Fey nähert sich dadurch noch mehr den Nationalsozialisten an.

1934-07-25 Kanzler **Dollfuß** wird beim **Putsch der Nationalsozialisten** im Kanzleramt in Wien von Otto Planetta angeschossen. Dollfuß verblutet, weil ihm die ärztliche Hilfe verweigert wird. **Kanzler** wird **Kurt Schuschnigg** (1897–1977).

Kurt Schuschnigg
1927 Abgeordneter der CS
1932 Justizminister
1933 Unterrichtsminister zusätzlich zum Just.Min.
1934–38 Bundeskanzler

1934-10 Die neue **Verfassung** tritt in Kraft. Österreich ist ein Ständestaat. Das Parlament hat (fast) keine Rechte.

1935-01-26 **Erster Opernball** in der Wiener Staatsoper.

1935-08-03 Eröffnung der **Großglockner-Hochalpenstraße**.

1935-09-15 **Nürnberger Rassengesetze**: Mit dem **Reichsbürgergesetz** verlieren alle Juden Deutschlands die Bürgerrechte. Das sogenannte **Blutschutzgesetz** verbietet die Ehe von Nicht-Juden mit Juden.

1936-02 Bei der Autoausstellung in Berlin wird erstmals der **Steyr Typ 50** vorgestellt.

Schlossmuseum Linz.

1936-04 Sämtliche **Wehrverbände** Österreichs werden **aufgelöst**. Die **Heimwehr** geht in der **Vaterländischen Front** auf.

1936-07 Österreich schließt **mit Deutschland** ein nichtssagendes Verständigungsabkommen. Zuvor muss **Starhemberg**, stets ein Feind Deutschlands und Anhänger des Duce, **zurücktreten**. Schuschnigg muss in einem geheimen Zusatzabkommen **2 Nationalsozialisten** in die Regierung aufnehmen: Innenminister Edmund Glaise-Horstenau und im Außenamt Staatssekretär Guido Schmidt.

1938-02 Über Druck Hitlers hebt Schuschnigg das Verbot der NSDAP in Österreich auf. Dafür kündigt der Kanzler eine Volksabstimmung über „ein freies Österreich" für den 13. 3. an.

1938-03-11 Schuschnigg tritt als Kanzler zurück. Neuer Bundeskanzler Österreichs wird der Nationalsozialist **Arthur Seyß-Inquart**.

Arthur Seyß-Inquart, Adolf Hitler, SS-Führer Heinrich Himmler und Reinhard Heydrich.

1938-03-12 **Deutsche Truppen marschieren in Österreich ein**.

1938-03-13 Die von den Nationalsozialisten beherrschte Bundesregierung beschließt den Anschluss Österreichs an Deutschland. Es beginnt sofort eine wilde Arisierung.

1938-04-10 **Volksabstimmung** über den **Anschluss Österreichs** an Deutschland. Kardinal Innitzer und Sozialisten-Führer Karl Renner befürworten den Anschluss.

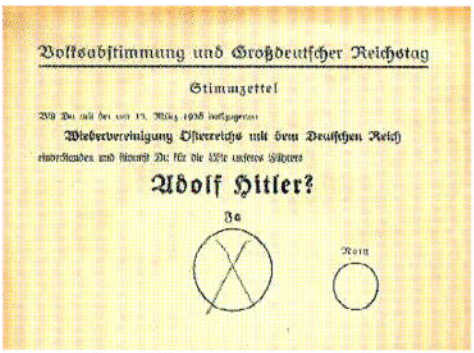

Volksabstimmung und Großdeutscher Reichstag

Stimmzettel

Wiedervereinigung Österreichs mit dem Deutschen Reich

Adolf Hitler?

Ja

Nein

Am Stimmzettel ist das JA-Feld deutlich größer als das für NEIN. In vielen Gemeinden wird vor den Wahlzellen abgestimmt. 8 % der Wahlberechtigten sind bereits vorher von der Wahl ausgeschlossen. Offiziell stimmen **99,73 %** für Ja.

1938-05-01 Im **Ostmarkgesetz** werden aus neun Bundesländern **sieben Reichsgaue**: Vorarlberg kommt zu Tirol. Burgenland wird auf NÖ. und die Steiermark aufgeteilt.

1938-08 Das **Konzentrationslager** in **Mauthausen** wird gebaut.

ehem. KZ Mauthausen, Denkmal der DDR.

1938-09-28 **Münchner Abkommen**: England, Frankreich und Italien akzeptieren die **Sudetenland-Annektion** durch Deutschland.

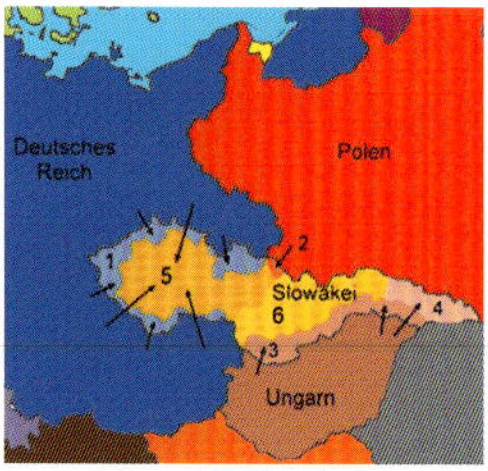

Die südböhmischen Gebiete kommen zum Reichsgau **Oberdonau**. Im November besetzt Ungarn den Süden der Slowakei.

München 1938: Unterschrift Mussolinis, rechts der deutsche Außenminister Ribbentrop.

1938-11-09/10 **Reichskristallnacht**: Über 1 400 Synagogen bzw. jüdische Bethäuser und Tausende Wohnungen werden in Deutschland zerstört. 30 000 Juden kommen in die KZs.

1939-03-15 Deutschland macht den Rest der Tschechoslowakei zum **Protektorat Böhmen und Mähren**. Ungarn vereinnahmt die Karpato Ukraine.

Die **Slowakei** wird unter dem ehemaligen Priester **Josef Tiso** ein Vasallen-Staat Deutschlands.

1939-08-23 **Deutschland** und **Russland** schließen einen **Nichtangriffspakt**.

1939-09-01 Mit dem **deutschen Einmarsch** in **Westpolen** beginnt der **2. Weltkrieg.**

1940-06-16 **Paris** wird von deutschen Truppen erobert. Die angestrebte Invasion Großbritanniens scheitert.

1940-05 Nächtliche Ausgangssperre für Juden im Deutschen Reich.

1941-06-22 Deutschland beginnt den **Krieg gegen Russland**.

1941-12-07 Japanische Flieger bombardieren **Pearl Harbor** auf **Hawaii**. Am nächsten Tag erklären die **USA** an **Japan** den Krieg. Am 11. erklären Deutschland und Italien den USA den Krieg.

1941-12 Erste größere Ermordung von Juden durch Vergasung in Eisenbahn-Waggons.

1942-01 Bei der **Wannsee-Konferenz** wird die **Endlösung** der Judenvernichtung beschlossen. Im März nimmt das **KZ Belzec** in Ostpolen seinen **Gaskammerbetrieb** auf.

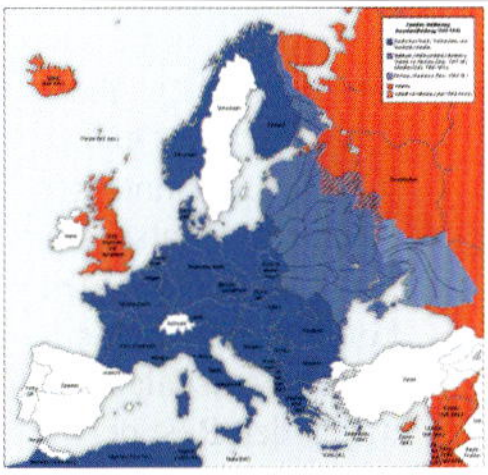

1943-02-02 Die restlichen deutschen Truppen kapitulieren im eingekesselten **Stalingrad**. Deutschlands Eroberungen haben ihren Zenit überschritten.

1943-07 Briten und Amerikaner erobern Sizilien. Mussolini wird vom Faschistischen Großrat abgesetzt und gefangen genommen.

1943-09 **Italien** schließt **Waffenstillstand** mit den Alliierten. Mussolini, inzwischen befreit, errichtet in Norditalien unter SS-Aufsicht die **„Republik von Salo"**.

1944-06-06 Alliierte Landung in der Normandie in Frankreich.

1945-04-13 Die Russen erobern Wien.

1945-04-27 Kriegsende in **Österreich**. Opfer von ÖsterreicherInnen:

Soldaten	170 800
Vermisste	76 200
tote Zivilisten	24 300
getötete Juden	65 500
Hingerichtete	2 700
Tote in Haft	16 100
Tote im KZ	16 500

Opfer weltweit:
(Zahlenangaben streuen)

gesamt	**55 000 000**
Russen	19 600 000
Chinesen	13 500 000
Deutsche	6 900 000
Polen	6 200 000
Japaner	2 100 000
Jugoslawen	1 600 000
Juden	5 700 000
- in Auschwitz	1 000 000
- in Treblinka	700 000
- in Belzec	600 000

1945-04-27 SPÖ, ÖVP und KPÖ unterzeichnen die **Unabhängigkeitserklärung** zur Errichtung der (zweiten) **Republik Österreich**.

1945-05 Österreich wird von den Alliierten in **vier Besatzungszonen** eingeteilt:

Franzosen: Vorarlberg, Tirol;
Amerikaner: Salzburg, OÖ außer Mühlviertel;
Russen: Mühlviertel, NÖ, Burgenland;
Engländer: Osttirol, Kärnten, Steiermark;
Wien aufgeteilt auf alle 4.

1945-04-28 Partisanen erschießen Mussolini auf der Flucht.

1945-04-30 Selbstmord von Adolf Hitler in Berlin.

1945-05-07 Bedingungslose **Kapitulation Deutschlands** im US-Hauptquartier in **Reims** in Frankreich.

1945-08-06 Die **USA** zünden über **Hiroshima** in Japan die **erste Atombombe**. Am 9. folgt die zweite über Nagasaki.

1945-08-15 Kaiser Hirohito verkündet über Rundfunk die **Kapitulation Japans**. Damit endet der 2. Weltkrieg.

1945-11-25 In Österreich finden **Wahlen zum Nationalrat** statt:

Partei		Mandate
ÖVP	49,8 %	85
SPÖ	44,6 %	76
KPÖ	5,5 %	4

1945-11-30 **Währungsreform** in Österreich: Umtausch von Reichsmark in Schilling im Verhältnis 1:1. Maximal 150 öS, der Rest kommt aufs Sparbuch.

1945-12-20 Die österreichische Bundesversammlung wählt **Karl Renner** zum Bundespräsidenten:

Bundeskanzler wird **Leopold Figl** (ÖVP, 1902–1965):
1945-04 Staatssekretär
1945-12 Bundeskanzler
1953 Außenminister
1959 NR-Präsident

1962 Landeshauptmann von Niederösterreich

1946-09-05 Der österreichische Außenminister **Karl Gruber** und der italienische Ministerpräsident **Alcide de Gasperi** schließen das **Südtirol-Abkommen**. Damit erhalten die deutschsprachigen Südtiroler Gleichberechtigung und eine gewisse Autonomie.

1947-02 Einführung der neuen österreichischen **Bundeshymne**. Der Text stammt von Paula von Preradovic. Als Melodie wird das Freimaurer-Bundeslied „Brüder, reicht die Hand zum Bunde“ genommen, lange Zeit W. A. Mozart zugeschrieben.

1947-12-10 Neuerliche **Währungsreform** als Voraussetzung für die Teilnahme am **Marshall-Plan**: Drei alte Schilling werden in einen neuen umgetauscht. Ein Teil der Sparguthaben wird abgeschöpft. Damit wird die überhöhte Geldmenge der Warenmenge angeglichen. Eine neuerliche Inflation wird damit vermieden.

1948-04-02 Der **Marshallplan** tritt in Kraft. **18 Länder** in Süd- und Westeuropa, darunter auch Österreich, erhalten von den **USA** bis 1951 Investitionsgüter im Gegenwart von 12 Milliarden US-$. Die Investitionsgüter werden von den nationalen Regierungen den Investoren zu günstigen Krediten zur Verfügung gestellt. Dadurch wird – anders als bei der Sanierung Österreichs in der Zwischenkriegszeit – die **Geldmenge** bei gleichzeitig geringer Warenmenge **nicht aufgebläht**.

George Marshall, 1880–1959, 1939–45 Chef des US-Generalstabs, Initiator des Marshall-Plans, Friedensnobelpreis 1953.

1950-05-27 Der bisherige Wiener Bürgermeister **Theodor Körner** (1873–1957) wird der erste vom Volk gewählte **Bundespräsident**.

1950-10-07 Der von den **Kommunisten** inszenierte **Streik** wird vor allem von der Gewerkschaft der Bauarbeiter unter **Franz Ohla** niedergeschlagen.

1952-04 Der nach einem Bombenschaden wieder aufgebaute Wiener **Stephansdom** wird eröffnet. Die **Glocke Pummerin** stiftet das Land Oberösterreich.

Ring vor dem OÖ. Landhaus an der Stelle des Abtransportes der Pummerin von Linz nach Wien.

1953-03-05 Der sowjetische Diktator **Josef Stalin** stirbt.

1953-04-02 Bundeskanzler Österreichs wird **Julius Raab** (1891–1964):
1927–34 NR-Mandatar
1938 Handelsminister
1945–64 NR-Mandatar
1953–61 Bundeskanzler

50-Schilling-Münze 1971

1955-03 Russland unter Ministerpräsident **Georgi Malenkow** gibt die Zustimmung zum **Staatsvertrag**. **Österreich** wird **neutral „nach Schweizer Muster“**. Die österreichische Delegation bilden Kanzler **Julius Raab** und Außenminister **Leopold Figl** von der ÖVP sowie Vizekanzler **Adolf Schärf** und Staatssekretär **Bruno Kreisky** von der SPÖ.

Die trinkfesten Figl und Raab sollen die Russen mit Heurigen-Liedern zum Weinen gebracht haben.

1955-05-15 Unterfertigung des **Staatsvertrags**: Ende der alliierten Besatzung.

Außenminister Leopold Figl zeigt im Schloss Belvedere in Wien den unterschriebenen Staatsvertrag mit dem Ruf „**Österreich ist frei**".

1955-11-05 Mit der Oper **Fidelio** von Ludwig van **Beethoven** wird die im Krieg zerstörte **Wiener Staatsoper** wieder eröffnet.

5.000-Schilling-Note 1989

1956 **Wien** wird Sitz der Internationalen **Atom-Energie-Kommission**.

1956-10-23 **Ungarn-Aufstand**: Die Mehrparteien-Regierung unter **Imre Nagy** löst die kommunistische Alleinregierung ab. Ab 4. 11. erfolgt die blutige Niederschlagung durch russische Truppen. Knapp **200 000 Flüchtlinge** kommen nach Österreich.

1957-03 In Rom wird die **Europäische Wirtschafts-Gemeinschaft** (**EWG**) gegründet: Beneluxländer, Deutschland, Frankreich und Italien.

1957–65 Bundespräsident ist der vorherige Vizekanzler **Dr. Adolf Schärf** (1890–1965).

1959 **Franz Ohla** wird Präsident des Österreichischen Gewerkschaftsbundes. Illegal und im Geheimen stellt er Gewerkschaftsgelder für die Gründung der **Kronen-Zeitung** zur Verfügung.

1960-01 Gründung der **Freihandelszone EFTA** durch Dänemark, Großbritannien, Norwegen, Österreich, Portugal, Schweden und Schweiz.

1961-06-03 In Wien verhandeln US-Präsident **John F. Kennedy** und der sowjetische Parteichef **Nikita Chruschtschow** über die Abrüstung und über den Status von Berlin.

Kennedy, Schärf und Chruschtschow in Wien.

1964 **Franz Ohla**, Innenminister seit 1963, wird aus der **SPÖ ausgeschlossen**, weil er, wieder illegal, der FPÖ Gelder zukommen ließ. 1965 gründet Ohla die Demokratisch Fortschrittliche Partei (**DFP**).

1965-05 Der Wiener Bürgermeister **Franz Jonas** von der SPÖ gewinnt die Wahl zum Bundespräsidenten gegen Altkanzler **Alfons Gorbach** (ÖVP).

1966-03-06 Die **ÖVP** erreicht bei der NR-Wahl mit **48,35 %** der Stimmen die absolute Mehrheit der Mandate. Die DFP Ohlas gewinnt 3 % und schwächt dadurch die SPÖ. Bundeskanzler **Dr. Josef Klaus** bildet eine **ÖVP-Alleinregierung**.

1967 **Wien** wird Sitz der **UNIDO** (United Nations Industrial Development Organization: UNO-Organisation für industrielle Entwicklung) und damit nach New York und Genf die dritte UNO-Stadt.

1968 **Prager Frühling**: Der neue KP-Parteichef **Alexander Dubcek** leitet Wirtschafts- und Gesellschaftsreformen ein. Im August beenden 500 000 Soldaten des Warschauer Paktes diese Öffnung. **Rudolf Kirchschläger**, Österreichs Gesandter in Prag, hilft den Flüchtenden trotz gegenteiliger Weisung durch **Außenminister Kurt Waldheim**.

1969-01-01 Mit dem Neujahrskonzert beginnt das **Farbfernsehen** in Österreich.

1970-03-01 Bei der **Nationalratswahl** gewinnt die **SPÖ** unter **Bruno Kreisky** 48,4 % der Stimmen und 81 Mandate. Die ÖVP sinkt auf 44,7 % bzw. 71 Mandate. Kreisky bildet mit Duldung der FPÖ eine **Minderheiten-Regierung**.

Bruno Kreisky 1911–90
1938–50 Exil in Schweden
1953–59 Staatssekretär
1959–66 Außenminister
1967 SPÖ-Vorsitzender
1970–83 Bundeskanzler

1971-10-10 Bei der **NR-Wahl** erreicht die SPÖ 50,04 % der Stimmen. Danach kommt ein **Reformschub**: u. a. Gleichstellung von Mann und Frau, 40-Stunden-Woche, Erhöhung des Mindesturlaubs, Fristenlösung, Aussöhnung der SPÖ mit der Kirche, Justizreform.

1971-12 Kurt Waldheim wird Generalsekretär der UNO.

1973-01 Über Beschluss der ÖIAG werden die Stahlfirmen **VÖEST** und **Alpine** fusioniert und **Böhler** und **Schöller-Bleckmann** als Tochtergesellschaften angeschlossen.

1973–79 Bau der **UNO-City** in Wien.

1974-06 **Bundespräsident** wird als Kandidat der SPÖ der parteilose **Rudolf Kirchschläger**.

1947–54 Richter
1954 Außenministerium
1967–70 Gesandter
1970–74 Außenminister
1974–86 Bundespräsident

1978-11 Die **Volksabstimmung** über das geplante **Kernkraftwerk Zwentendorf** geht mit **50,47 %** Gegenstimmen aus.

Amtlicher Stimmzettel
für die
Volksabstimmung am 5. November 1978
Soll der Gesetzesbeschluß des Nationalrates vom 7. Juli 1978 über die friedliche Nutzung der Kernenergie in Österreich (Inbetriebnahme des Kernkraftwerkes Zwentendorf) Gesetzeskraft erlangen?

Ja ◯ **Nein** ◯

Der bereits fertig gebaute Siedewasser-Reaktor dient heute als **Ersatzteillager** für die baugleichen deutschen Kraftwerke Isar 1, Brunsbüttel und Philippsburg 1.

2005 kauft die EVN AG das Gelände und errichtet eine **Fotovoltaik-Anlage**. Im Endausbau wird sie pro Jahr **180 000 kWh** bringen.

1979-06-18 In Wien unterfertigen US-Präsident **Jimmy Carter** und der sowjetische Parteichef **Leonid Breschnew** das Salt II-Abkommen zur Begrenzung der strategischen Rüstung.

1983-04 Bei der NR-Wahl verliert die SPÖ die absolute Mehrheit. **Kreisky tritt zurück**. Bundeskanzler **Fred Sinowatz** bildet eine **kleine Koalition** mit der **FPÖ** unter **Norbert Steger**.

Fred Sinowatz 1929–2008

1985–91 **Michail Gorbatschow** leitet als Generalsekretär der Kommunisten der UdSSR mit seiner Politik der **Glasnost** (Offenheit) und **Peristroika** (Umbau) das Ende des Kalten Krieges ein.

Michail Gorbatschow und US-Präsident Ronald Reagan 1987 in Washington.

1986-06 **Bundespräsident** wird **Kurt Waldheim**. Im Wahlkampf wird dessen SA-Mitgliedschaft bekannt.

Dr. Kurt Waldheim:
1958–68 Botschafter
1968–70 Außenminister
1972–81 UNO-Gen.-Sekr.
1986–92 Bundespräsident

Sinowatz tritt nach der Wahl Waldheims sofort zurück. **Neuer Bundeskanzler** wird der bisherige Finanzminister **Dr. Franz Vranitzky**.

F. Vranitzky, geb. 1937:
1976 GD-Stv. Ca-Bv
1981 GD Länderbank
1984 Finanzminister
1986–97 Bundeskanzler
Foto: Bundeskanzleramt

1986-09 Der Rechtspopulist **Jörg Haider** wird Obmann der **FPÖ**. Vranitzky kündigt die Koalition mit der FPÖ. Nach der NR-Wahl am 23. 11. koaliert die SPÖ mit der ÖVP unter **Alois Mock**. Die **Grünen** kommen erstmals ins Parlament.

1987 Bei der UNO-City in Wien wird das **Konferenz-Zentrum** gebaut.

Austria Center rechts vorne, dahinter UNO-City, Foto: Konstantin Knoll

1989-05-02 **Ungarn** baut seine Grenzsperren zu Österreich ab.

1989-06-04 In **Polen** gewinnt bei der ersten demokratischen Parlamentswahl das **Bürgerkomitee**. Damit beginnt die politische Wende im Ostblock.

1989-09-11 **Ungarn öffnet seine Grenzen** zu Österreich. DDR-Bürger fliehen von Ungarn in den Westen.

1989-11-09 **Öffnung der Berliner** Mauer und der DDR-Grenzen.

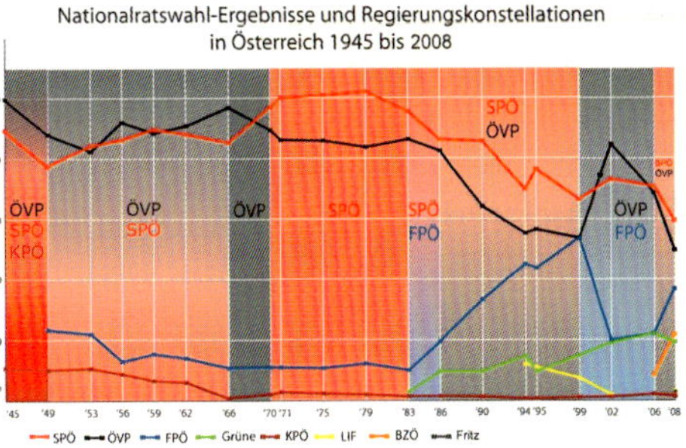

1990-10-03 **Wiedervereinigung Deutschlands**.

1991-07 Krieg zwischen Kroaten und Serben. **Jugoslawien zerfällt**.

1992–2004 **Bundespräsident** Österreichs ist der Diplomat **Dr. Thomas Klestil** (1932–2004).

1993-01-01 **Tschechen** und **Slowaken** bilden friedlich getrennte Staaten.

1993-02 Das **Liberale Forum** spaltet sich von der FPÖ ab.

1994-06-12 Für den **Beitritt Österreichs zur EU** stimmen **66,6 %**.

1995-01-01 Österreich wird **EU-Mitglied**.

1997–2000 Bundeskanzler ist **Viktor Klima** (SPÖ), seit 1992 Verkehrsminister, seit 1996 Finanzminister.

1999-10-03 NR-Wahl: **Wolfgang Schüssel** von der drittplatzierten ÖVP bildet mit der **FPÖ** im Februar 2000 eine Koalition.

Dr. Wolfgang Schüssel:
1989 Wirtschaftsminister
1995 Vizekanzler und Außenminister
2000–06 Bundeskanzler

2002-01-01 Der **Euro** ersetzt den seit **1925** gültigen **Schilling** auch als Bargeld.

2002-07 Im Tumult nach dem Delegiertentag der **FPÖ** in Knittelfeld verlassen Vize-Kanzlerin Riess-Passer, Finanzminister Karl Heinz Grasser und andere die FPÖ.

2002-11-24 **NR-Wahl**: Die **ÖVP** koaliert mit der **FPÖ**. Für international tätige Konzerne wird die **Gruppenbesteuerung** eingeführt: Gewinne in Österreich kompensieren Verluste der Auslandstöchter.

2004-07-08 **Bundespräsident** wird **Dr. Heinz Fischer**, geb. 1938.

Dr. Heinz Fischer:
1971–2004 Nationalrat
1975 SPÖ-Klubobmann
1983–87 Wissenschaftsminister
1987 SPÖ-Klubobmann
1990–2002 1. Präsident des Nationalrates
2002 2. Präsident des NR
2004 Bundespräsident
2010 Wiederwahl

2005-04 Jörg Haider wird Obmann des **BZÖ** (Bündnis Zukunft Österreich), großteils Nachfolgerin der FPÖ.

2006-10-01 NR-Wahl: 35,3 % SPÖ, 34,3 % ÖVP. Ab Jänner koaliert die SPÖ unter **Alfred Gusenbauer** mit der ÖVP unter **Wilhelm Molterer**.

Dr. Alfred Gusenbauer

2007-03 Eine zu lockere Vergabe von Hausbau-Krediten mit völlig überhöhter Bewertung der belehnten Grundstücke führt zur **US-Immobilienkrise**.

2008-09-15 **Konkurs** der Bank **Lehmann Brothers** Inc. in den USA. Mit Kunden-Geldern wurden kleine **Kreditforderungen anderer Banken** von Finanzdienstleistern gekauft, **neu gebündelt** und diese Pakete an andere Banken verkauft. **Rating-Agenturen bewerten** diese Pakete **viel zu hoch**. Der Lehmann-Konkurs reißt viele Banken auch in Europa in den Abgrund. Zur Rettung der Banken starten die **Staaten Europas Milliarden-Hilfen**. Trotzdem führt die Finanzkrise zu einer **Krise der Realwirtschaft**. Das zeigt die Entwicklung des Außenhandels von Österreich oder der

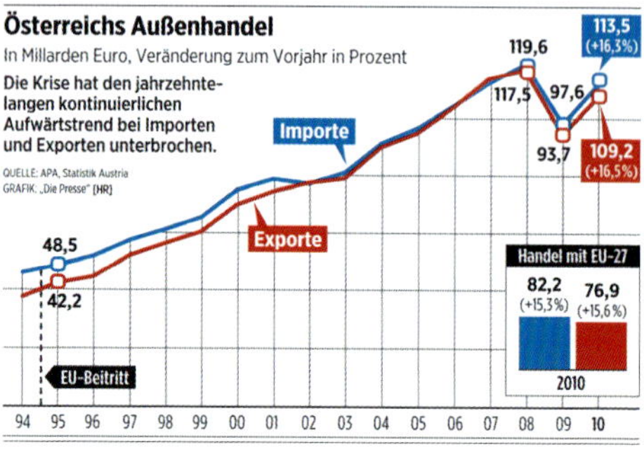

BIP-Rückgang 2009. Eine mit der Staatshilfe verbundene eiserne **Knebelung** der mit Kunden-Geldern spekulierenden Banken **unterbleibt** leider **auch in Österreich**. Viel zu sehr sind die Staaten bereits in Geiselhaft „ihrer Banken".

2008-09-28 **SPÖ** und **ÖVP** bilden eine Koalition. Kanzler wird **Werner Faymann**, Vizekanzler **Josef Pröll**.

Dr. Werner Faymann:
1994 Stadtrat in Wien
2006 Infrastrukturminister
2008 Bundeskanzler
Foto: Christian Jansky

Einkommens-Gerechtigkeit, Integration der Immigranten, das Bildungsproblem und die Bändigung der spekulierenden Banken harren auf Lösungen.

2008-11-03 Die **Kommunalkreditbank** wird nach riesigen Spekulations-Verlusten zwangsverstaatlicht.

2009-12-14 Die **Hypo Group Alpe Adria**, zuvor Spielwiese dilettantischer Politiker Kärntens, muss durch Verstaatlichung vor dem Konkurs gerettet werden. Diese „Rettungsgelder" fehlen an anderen Stellen.

2010-04 **Heinz Fischer** wird als **Bundespräsident** wiedergewählt.

2011-04 **Josef Spindelegger** wird Vizekanzler.

2011 Trotz €-Krise erreicht **Österreich** eine **BIP-Steigerung** von **3%** (2010 = 2,3 %).

BIP-Veränderung pro Jahr real, also ohne Preissteigerungen:

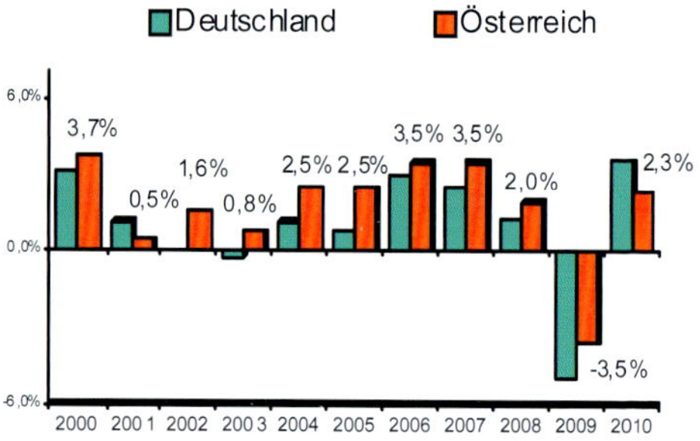

Geschichte von Linz

4. Jahrtausend v. Chr. Erste dauerhafte Besiedelung im Raum Linz.

ca. 800 v. Chr. An der Donau, am Freinberg und am Gründberg in Urfahr entstehen **befestigte Fluchtburgen**.

ca. 500 v. Chr. Die Fluchtburg am Freinberg trägt wahrscheinlich den keltischen Namen **Lentos**. Das bedeutet biegsam, gekrümmt: Lentos liegt an einer Biegung der Donau.

ca. 200 v. Chr. Unter Führung der **Noriker** schließen sich 13 Stämme zum **Königreich Noricum** zusammen.

15 v. Chr. Noricum wird unter Kaiser **Augustus** tributpflichtiges Fürstentum unter der losen Oberherrschaft Roms.

41–54 n. Chr. Römischer Kaiser ist **Claudius**. Unter ihm wird Noricum römische Provinz.

Kaiser **Claudius**, Vatikanische Museen, Foto: Jastrow

161–180 Regierungszeit von Kaiser **Marc Aurel**. Die **Römer** errichten beim heutigen Theater an der Promenade ein Kastell. Es dient in den **Markomannen-Kriegen** zur Verteidigung von **Lauriacum** (Lorch bei Enns), der Hauptstadt der **Provinz Noricum**.

Kaiser Marc Aurel beschreibt seine Zeit in den **Selbstbetrachtungen**. Foto einer Ausgabe von 1727 von Gerd Thiele.

410 Im römischen Staatshandbuch wird die Stadt erstmals als **Lentia** erwähnt.

451 Die **Hunnen** vernichten die Städte Ovilava (**Wels**) und Lauriacum (**Lorch**).

7. Jh. Die **Bajuwaren** siedeln vorwiegend am linken Mündungswinkel der **Traun** in die Donau, heute Voest-Gelände.

799 Auf der Synode in Traismauer in NÖ belehnt **Bischof Waltrich von Passau** den **Grafen Gerold** mit der **Martinskirche** in Linz. Gerold ist Präfekt des karolingischen Ostlandes und Schwager von Kaiser Karl d. Gr.

903 Die **Raffelstetter Zollordnung** regelt den Handel im Donauraum. Daraus geht hervor, dass Linz bereits ein bedeutender Handels- und Marktort ist.

ca. 1000 Der Siedlungsschwerpunkt verlagert sich vom Berg westlich der Martinskirche hinab an den Fuß des Schlossberges, heute der Alte Markt.

1098 Der Alte Markt ist bereits ummauert.

1156 Kaiser **Friedrich I. Barbarossa** trennt **Österreich** als **eigenes Herzogtum** unter dem Babenberger **Heinrich II. Jasomirgott** von Bayern. **Linz** bleibt noch bei Bayern.

1159 **Ebelsberg** ist Verwaltungssitz der zahlreichen Güter des Bischofs von Passau in dieser Gegend.

ca. 1165 Die Kapelle der **Hl. Magdalena** wird dem Kloster Garsten als Eigenkirche übergeben.

Heutiger Bau der Pfarrkirche in St. Magdalena in **Urfahr** vom Ende des 15. Jh.

1205 oder 1206 Herzog **Leopold VI. kauft** vom letzten **Haunsperger Gottschalk II.** die Städte **Linz** und **Wels**.

1. Hälfte 13. Jh. Der **Hauptplatz** wird östlich der Stadtmauer angelegt.

1228 Die Bewohner von Linz werden als **cives** bezeichnet. Die Bezeichnung als **Bürger** deutet auf die Eigenschaft von **Linz als Stadt** hin.

1235 Die Adeligen von Österreich ob der Donau trennen sich vom steirischen Adel und schließen sich dem österreichischen an.

1236 Die **Minoriten** kommen nach Linz.

1242 Ein **damaliges Siegelbild** führt später zum

Stadtwappen. Ein mit Türmen bewehrtes **Stadttor** steht auf den **Donauwellen**. Der **österreichische Bindenschild** über dem geöffneten Tor zeigt, dass Linz eine landesfürstliche Stadt ist.

1276 **Rudolf I.** (1218/73–1291), **erster Habsburger** auf dem deutschen Königsthron, zieht in Linz ein.

1286 Die Kirche am Pfarrplatz wird nach der Martinskirche **Pfarrkirche** von Linz.

1329 Ein **eigener Landeshauptmann** regiert von Linz aus das Land Österreich ob der Enns. Es gibt **7 landesfürstlichen Städte**: Enns, Freistadt, Gmunden, Linz, Steyr, Wels und Vöcklabruck.

1362 Der Stadt Linz wird das **Meilen- und Pfändungsrecht** gewährt.

1381 Die Kirche zur **hl. Margaretha** am zur Donau abfallenden **Freinberg** wird erstmals urkundlich erwähnt. 1654–88 erfolgt der Bau der heutigen Kirche.

1408 Erster Landtag in Enns. Stände:
1. Hohe Geistlichkeit
2. Hoher Adel
3. Ritter (niederer Adel)
4. Sieben Städte

1409 Einen **Großbrand** in Linz überleben nur sieben Häuser.

1452 **Landtag** in **Wels**.

1453 Linz erhält die **Blutgerichtsbarkeit.** Die peinliche Gerichtsbarkeit (lat. poena = Strafe) erlaubt die Verhängung der Todesstrafe bzw. Verstümmelung.

1457 **Landtag** im Schloss von **Linz**.

1458 Herzog **Albrecht VI.** wird von seinem Bruder, Kaiser Friedrich III., mit dem kleinen Österreich ob der Enns abgespeist.

Albrecht VI., verheiratet mit Mechthild von der Pfalz, vor der von ihm 1457 gegründeten Universität Freiburg.

1463 **Albrecht VI.** stirbt. In Österreich ob der Enns folgt ihm Kaiser **Friedrich III.** (1415/1440–1493) als Landesherr. Er lässt ab 1477 das **Linzer Schloss** umbauen. Erhalten sind heute noch die Bastionen, die Befestigungsmauern und das **Friedrichstor**:

1485 Friedrich III. flieht vor **König Matthias Corvinius** von Ungarn aus Wien nach Graz.

1489 Friedrich übersiedelt von Graz nach **Linz**.

1490-03-10 Friedrich ernennt Linz zur **Landeshauptstadt**. Die Bürger erhalten das Recht zur freien Bürgermeister-Wahl.

1493-06-08 Friedrich leidet an Altersbrand. In Linz wird ihm das linke **Bein amputiert**.

Friedrich III., Bild in der Albertina in Wien.

1493-08-19 **Friedrich III. stirbt in Linz**, angeblich im Kremsmünsterer-Haus, eher wohl im Schloss. **Seit 1440** war er deutscher **König**. Seine Krönung **1452** zum deutschen **Kaiser** war die letzte in Rom. Sein Herz und seine Eingeweide werden in der **Linzer Pfarrkirche** bestattet, sein Körper im Stephansdom in Wien (siehe S. 133).

Kaiser Friedrich III. (1415/1440–1493), Bild Schlossmuseum Linz

1497 Kaiser **Maximilian I.** (1459/1486–1519) gestattet den Linzer Bürgern den Bau der dritten **Donaubrücke** nach Wien und Krems.

Oben links: **Maximilian I.**, Sohn **Philipp der Schöne** (König von Spanien 1504–1506), **Maria von Burgund**, Gattin Maximilians. Unten Enkelkinder **Ferdinand I.** und **Karl V.** Rechts **Ludwig II. von Ungarn**. Er heiratet 1522 Philipps Tochter Maria. Bild nach 1515 von Bernhard Strigel, Wien, Kunsthistorisches Museum.

1501 Die **Holzbrücke** von Linz nach Urfahr wird in Betrieb genommen.

1503 Linz wird ständiger Sitz der Landesstände.

1520 Die **Reformation** erreicht nach dem Thesen-Anschlag 1517 durch **Martin Luther** in Wittenberg auch Österreich ob der Donau.

1521 In der **Linzer Minoriten-Kirche heiraten** der spätere Kaiser **Ferdinand I.** (1503/31–1564, Enkel von Kaiser Maximilian I.), und **Anna von Böhmen und Ungarn**, Tochter von König Ladislaus II.

Fenster im Linzer Dom: **Anna von Ungarn** und **Ferdinand** von Habsburg vor dem Linzer Dom. Rechts mit Fernrohr **Johannes Kepler**. Unter Kepler **Johann Adam Pruner**, Großkaufmann und Bürgermeister von Linz. Rechts oben im Harnisch **Sebastian von Losenstein**, Sieger gegen einen Spanier im Turnier während der Hochzeit.

1526 Erzherzog Ferdinand genehmigt die Errichtung einer **Münzstätte** in Linz.

1542 **Zwei Drittel** der Bewohner von **Linz** sind bereits **protestantisch**. Die **Lutheraner** stellen in Linz erstmals den **Bürgermeister**. Die Macht liegt vorwiegend in den Händen der Stände.

1542 Die **Schallenberger** richten in ihrer Burg in **Luftenberg** östlich von Linz für den protestantischen Adel eine Schule ein. Namhafte Lehrer werden u. a. aus Wittenberg geholt. 1545 übersiedelt die Landschaftsschule nach **Enns**.

Schloss Luftenberg, Ansicht 1674 von Georg Matthäus Vischer. Heute steht nur mehr der Wirtschaftstrakt (links), der als Schloss bezeichnet wird.

1552 In Linz verhandeln Protestanten und Katholiken. Das führt 1555 zum **Augsburger Religionsfrieden**.

1562 Kaiser Ferdinand I. flieht vor der Pest von Wien nach Linz. Die **Stände** erhalten das in der Reformationszeit untergegangene **Minoriten-Kloster**.

1564–71 Die Stände errichten auf dem Gelände des früheren Minoriten-Klosters das **Landhaus**.

1574 Die **Landschaftsschule** wird **von Enns ins** Linzer **Landhaus** verlegt. 1629 übernehmen die Jesuiten die Schule. Aus ihr wird 1872 das **Akademische Gymnasium** auf der Spittelwiese.

1593 **Matthias**, jüngerer Bruder von Kaiser **Rudolf II.** (1552/1575–1612), wird Statthalter in Österreich ob und unter der Enns.

1600 Rudolf II. verbietet vergeblich die protestantische Religionsausübung. Er holt **Jesuiten nach Linz**, um die Gegenreformation voranzutreiben.

Rudolf II., aus „200 deutsche Männer", 1854 Hrsg. Ludwig Bechstein

1601 Rudolf II. beginnt, in Linz ein **neues Schloss** zu errichten. Die Pläne stammen vom Niederländer **Anton Muys**.

1603 Abriss der alten Burg.

1604 Auf der Nordostseite des Linzer Schlosses wird das prächtige **Rudolfstor** gebaut.

1605 Der **Jesuit Georg Scherer** ist eifriger Verfechter der Gegenreformation. Während einer Predigt zur Hexenverfolgung trifft ihn auf der Kanzel der Schlag und er stirbt.

1605 Im Linzer Schloss beginnt die **Verschwörung** mehrerer Erzherzöge **gegen Kaiser Rudolf II.**

1606 Erzherzog **Matthias**, Kaiser ab 1612, weist den **Kapuzinern** ein Grundstück für die Kloster-Errichtung zu. Weihe der Kirche zum hl. Matthias 1662.

1608 Aus dem „**Bruderzwist im Hause Habsburg**“ (Grillparzer 1848) geht **Matthias als Sieger** hervor. Rudolf muss an ihn die Herrscherrechte in Österreich, Ungarn und Mähren abtreten.

Treffen von Rudolf II. und Matthias in Prag, der Residenzstadt Rudolfs.

Matthias war von den Ständen gegen Rudolf unterstützt worden. Deshalb werden die protestantischen Prediger wieder nach Linz zurückgeholt und die Landschaftsschule wieder eröffnet.

1612 **Johannes Kepler** (1571–1630), evangelischer Mathematiker und Astronom, übersiedelt von Prag nach Linz. Tübingen hatte eine Professur Keplers abgelehnt. Er unterrichtet bis 1626 in der Landschaftsschule in Linz (siehe Seite 134).

Johannes Kepler, Kopie eines verlorenen Originals aus 1610 vom Benediktiner-Kloster in Göttweig.

1618 Mit dem Prager Fenstersturz beginnt der **30-jährige Krieg**.

1619 Kaiser **Matthias** (1557/1612–1619) **stirbt**. Nachfolger wird sein Cousin **Ferdinand II.** (1578/1619–1637), ein strammer Katholik. Die **protestantischen Stände** in Österreich ob der Donau verbünden sich mit den **böhmischen Ländern**. Damit soll der Druck der Gegenreformation aufgehalten werden.

1620–28 **Oberösterreich** samt **Linz** wird aus finanziellen Gründen von Kaiser **Ferdinand II.** an seinen Schwager, Herzog **Maximilian I. von Bayern**, **verpfändet**. Adam Graf von **Herberstorff** wird ungeliebter bayerischer Statthalter.

1626 Der Oberösterreichische **Bauernkrieg** bricht aus. Nach anfänglichen Erfolgen der Bauern wird am 28. 6. der Bauernführer **Stefan Fadinger** aus dem Linzer Landhaus angeschossen. Am 5. 7. erliegt er seiner Verwundung in Ebelsberg (siehe Seite 333).

Bauernkriegsmuseum in Peuerbach, Foto: Gerhard Anzinger.

Stefan Fadinger (ca. 1585 in St. Agatha –1626 in Ebelsberg), Bild Schlossmuseum Linz.

1626 Die Bibliothek des Lutheraners Kepler wird mehrmals beschlagnahmt. Seine Kinder werden zur Teilnahme am katholischen Gottesdienst gezwungen. Johannes **Kepler flieht** samt Familie zuerst nach **Ulm** und 1630 nach **Regensburg**. Dort stirbt er nach wenigen Monaten.

Linz 1629.

1627-03-26 Am **Linzer Hauptplatz** werden **acht Hauptleute** der Bauern zum Teil grausam **hingerichtet**.

1630 Erstmals erscheint die **Linzer Zeitung**. Es ist heute das älteste regelmäßig erscheinende Periodikum der Welt, Vorgängerin der heutigen **Amtlichen Linzer Zeitung**.

1637 Gründung der Städtischen Brauerei.

1642 Linz in der Topographia provinciarum Austriacarum des **Matthäus Merian**.

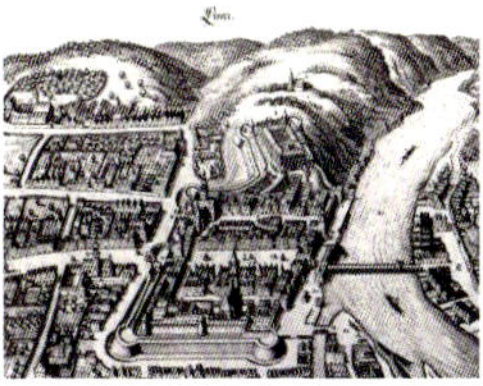

1648 Der **Westfälische Friede** beendet den **30-jährigen Krieg**. Im Land ob der Donau beginnt die **Gegenreformation** samt Kirchenneubauten.

1648 Kaiser **Ferdinand III. heiratet** in Linz seine Cousine Maria Leopoldina von Tirol.

1649–56 Die heutige **Stadtpfarrkirche** wird auf den Grundmauern der spätgotischen Vorgänger-Kirche gebaut.

1669–78 Bau der **Ignatius-Kirche** (heute Alter Dom) durch (?) Pietro Francesco Carlone unter Mitarbeit seines Sohnes Carlo Antonio.

1669 Die ersten **Ursulinen** kommen von Wien nach Linz. Ab 1679 Bau der Kirche auf der Landstraße. 1772 Vollendung des zweiten Baus.

1672 Christian Sint gründet in Linz die **Wollzeugmanufactur**. Sie wächst in den nächsten 100 Jahren zu einem der größten Industriebetriebe Europas.

Wollzeugfabrik, Ansicht 1890 von der Donau.

1674 Linz-Ansicht von Georg Matthäus Vischer (1628–1696).

1680 In Linz stirbt **Raimondo Graf Montecuccoli**, geb. 1608 bei Modena. Er ist Schöpfer des ersten stehenden Heeres in Österreich. **1664** siegt er über die Türken bei **Mogersdorf** an der Raab (siehe Seite 72).

Raimondo Graf Montecuccoli (1608?–1680)

1683 Kaiser **Leopold I.** flieht vor den **Türken** unter Großwesir **Kara Mustafa** von Wien nach Linz und weiter nach Passau. In Linz wird am 7. 9. seine **Tochter Maria Anna** geboren.

Maria Anna von Habsburg heiratet 1708 König **Johann V. von Portugal**.

1683-09-12 Wien wird bei der **2. Türkenbelagerung** u. a. vom **Polenkönig Jan Sobieski** befreit.

1689–1961 **Schloss Auhof** ist im Besitz der Familie **Starhemberg**.

1690–94 Die **Kapuziner** errichten in **Urfahr** am **Donau-Ufer** ein Kloster. Es wird 1785 aufgehoben. Die Klosterkirche (neben dem heutigen Ars Electronica Center) wird zur **Pfarrkirche**.

1690–1726 **Die Karmeliten** errichten unter **Architekt Johann Martin Raas** ihre Kirche auf der Landstraße. Die Fassade wird 1722 von **Johann Michael Prunner** (1679–1739) vollendet.

1696 In Linz stirbt der Priester **Georg Matthäus Vischer**. In seinem Werk „Burgen und Schlösser im Erzherzogtum Österreich ob der Enns“ überliefert er uns wertvolle Ansichten.

1713 Der Linzer Großkaufmann **Johann Adam Pruner** (1678–1734, mit einem „n“ geschrieben), jüngerer **Bruder von** Architekt **Johann Michael Prunner**, wird erstmals Stadtrichter. 1719–34 ist er Bürgermeister von Linz.

Johann Adam Pruner, 1672–1734, Landes-Chronik OÖ von Rudolf Lehr, S. 160, unbekannter Maler; Stadtmuseum Nordico, Foto: Michalek.

1713–16 **Johann Michael Prunner** baut für die Karmelitinnen in der Herrenstraße ein Kloster. 1787 werden Kloster und Kirche an die **Barmherzigen Brüder** übergeben.

1717 Errichtung der **Dreifaltigkeits-Säule**. Vorher wandert der Pranger vom Hauptplatz auf den Taubenmarkt.

1718–25 Bau der **Priesterseminar-Kirche** durch **Johann Michael Prunner** nach Plänen von **Johann Lucas von Hildebrandt**.

1720 Zum Bildwerk der Schmerzhaften Muttergottes an einem Wetterkreuz auf dem 537 m hohen **Pöstlingberg** beginnt eine rege **Wallfahrt**.

1732 Ansicht von Schloss und Landhaus auf einem Kupferstich von Martin Engelbrecht nach B. F. Weber:

1730 Ein Handelsschiff von **Johann Adam Pruner** gilt als verloren. Es kommt sehr verspätet **an einem 27.** im Hafen an. Pruner verfügt testamentarisch, ein Armenhaus für 27 Männer, 27 Frauen und 27 Waisenknaben zu stiften. 1734–41 wird das **Prunerstift** (heute Fabrikstraße 10) gebaut.

1740 Nach dem **Tod** von Kaiser **Karl VI.** übernimmt seine Tochter **Maria Theresia** mangels männlicher Erben das **Erzherzogtum Österreich**. Kurfürst **Karl Albrecht von Bayern**, Gatte von Maria Theresias Cousine Maria Amalia, anerkennt diese Erbfolge nicht.

Maria Theresia (1717/40–1780), Bild von Martin van Meytens im Rathaus von Gent.

1741-09-15 Die **Bayern besetzen Linz**. Karl Albrecht von Bayern lässt sich von den Ständen als Herzog von Österreich huldigen.

1742-01-24 Linz wird von **Ludwig Graf Khevenhüller** für

Habsburg zurückerobert. Am selben Tag wird Karl Albrecht in Frankfurt a. M. zum **römisch-deutschen Kaiser** als **Karl VII.** gewählt. Zwei Tage später besetzen die Österreicher München.

1742–74 Die **Pöstlingberg-Kirche** wird nach Plänen von Johann Haslinger und Johann Matthias Krinner im Auftrag von **Joseph Gundomar von Starhemberg** gebaut.

1745–49 Kloster und Krankenhaus der **Elisabethinen** werden nach Plänen von **Johann Matthias Krinner** errichtet. Den Bau ermöglicht eine Stiftung der Apothekerstochter **Ernestine von Sternegg**, ebenfalls eine Elisabethinerin.

1751–58 Der Linzer Baumeister **Johann Matthias Krinner** errichtet die **Minoriten-Kirche** im heutigen Landhaus.

1764–68 Bau der **Elisabethinen-Kirche** nach dem Vorbild der Wiener Karlskirche durch **Paul Ulrich Trienti** nach einer Stiftung durch **Anna von Baumbach**.

1772 Die **Ursulinen-Kirche** an der Landstraße wird nach Plänen von **Johann Haslinger** (siehe auch Stift Wilhering) fertig gebaut.

1782-04-24 **Papst Pius VI.** weilt auf der Heimfahrt von Wien nach Rom in Linz. Vergeblich versuchte der Papst, Kaiser **Joseph II.** zur Rücknahme seiner **Kloster-Aufhebungen** zu bewegen. Alleine in Linz und Oberösterreich löst Joseph 22 Orden und Klöster auf.

1783 Wolfgang Amadeus **Mozart** ist in Linz Gast von Graf **Johann Joseph von Thun**. Für ihn komponiert er in wenigen Tagen die Symphonie Nr. 36, die **Linzer Symphonie**.

1783 **Kaiser Joseph II.** (1741/1764–1790) schafft eigenmächtig die **Bistümer Linz** und **St. Pölten**, losgelöst von der Diözese Passau. Damit gleicht Joseph die Diözesangrenzen den Landesgrenzen an. Zum **ersten Bischof** bestellt der Kaiser (!) **Ernest Johann von Herberstein** (1731–1788), zuvor Weihbischof von Freising und Generalvikar Passaus für Niederösterreich.

Bischof **Herberstein**, Bild aus der Landeschronik OÖ von Rudolf Lehr.

1785 Der **Friedhof** rund um die **Pfarrkirche** wird **aufgelassen**.
Papst Pius VI. bestätigt die „Gründung" des Bistums Linz durch Kaiser Joseph II. Die **Ignatius-Kirche** wird zum **Dom**.

1800 Das Linzer Schloss wird Militärlager. Die Unachtsamkeit eines Soldaten führt zum **großen Stadtbrand**. Der zerstörte **Südflügel** wird danach **abgetragen**. Im Dezember besetzen erstmals französische Truppen die Stadt Linz.

Ölbild von Thomas Dialer, Stadtmuseum Nordico

1802 Das abgebrannte **Landhaus** wird im Stil des **Klassizismus** wieder aufgebaut.

1803-10-04 Das neue **Landestheater** an der oberen Promenade wird eröffnet.

1808 **Franz Josef Ritter von Gerstner** plant eine Pferdeeisenbahn von Budweis nach Mauthausen.

1808 Urfahr erhält Marktrechte.

1809-05-03 **Napoleon I.** besiegt in **Ebelsberg** im Südteil des heutigen Stadtgebietes die Truppen von **Kaiser Franz I./II.** unter **Johann Freiherr von Hiller**. Die Kirche von Ebelsberg und viele Häuser werden ein Raub der Flammen.
Am 21. 5. erleidet Napoleon bei **Aspern** nahe Wien gegen Karl von Lothringen seine erste Niederlage. Am 5. 6. besiegt Napoleon bei **Wagram** die Österreicher entscheidend.

Napoleon I. (1769–1821), Bild von Andrea Appiani, Heeresgeschichtliches Museum in Wien.

1812 **Johann van Beethoven**, Besitzer der Wasser-Apotheke, heiratet seine Haushälterin Theresia. Sein **Bruder Ludwig** wettert bei seinem Besuch in Linz vergeblich dagegen, weil Theresia eine ledige Tochter hat. Ludwig vollendet in Linz seine **achte Sinfonie**.

1814–1854 Von Linz aus wird das Salzburger Land mitverwaltet.

1817 **Urfahr** erhält die Genehmigung für zwei Jahrmärkte.

1818–20 **Joseph Fouché**, Polizeiminister unter Robespierre, Barras, Napoleon I. und Ludwig XVIII., lebt in Linz im **Palais Weissenwolff** neben dem (Alten) Dom im Exil.

1820 **Anton von Spaun** gründet den **Oö. Musealverein**. Als Forscher legt er den Grundstock zum Oö. Landesmuseum.

Anton Ritter von Spaun (1790–1849), Bild von Leopold Kupelwieser, aus Landeschronik OÖ von Rudolf Lehr 2004.

1822 **Johann Konrad Vogel** (1796–1883) kommt von Mittelfranken nach Linz. Er beginnt bei der Zuckerbäckerwitwe Katharina Kreß zu arbeiten. 1823 heiraten die beiden. Vogel beginnt mit der Vermarktung der **Linzer Torte**.

Foto: Konditorei Leo Jindrak in Linz.

1825 **Franz Anton Ritter von Gerstner**, Sohn von Franz Josef von Gerstner, beginnt mit dem Bau der **Pferdeeisenbahn** von **Budweis nach Linz** statt nach Mauthausen. Franz Anton wird wegen Kostenüberschreitung 1829 entmachtet.

1828 Der **Schmidtor-Turm** am südlichen Ende des Linzer Hauptplatzes wird abgerissen.

Schmidtor-Turm, Zeichnung Oskar Sachsperger.

1828 **Maximilian von Habsburg-Este** beginnt am **Freinberg** mit dem Bau des **Probeturms** zur Stadtbefestigung. Damit sollen die bei den Besetzungen der Franzosen 1800, 1805 und 1809 aufgezeigten militärischen Schwächen reduziert werden.

1829 Der italienisch-österreichische Eisenbahn-Ingenieur **Franz Zola** (eigentlich Zolla), Vater des Schriftstellers **Émile Zola** (1840–1902) erwirbt das Privileg für den Bahnbau **Linz–Gmunden**. Er plant die Trasse auf eigene Kosten. Nachdem er keine Geldgeber findet, zieht er nach **Aix-en-Provence**.

1829 Die 1809 bei der Schlacht gegen die Franzosen zerstörte **Kirche in Ebelsberg** wird wieder aufgebaut.

1830 Die **Brüder Rädler** aus Vorarlberg errichten in **Kleinmünchen** die erste **mechanische Spinnerei**.

1831–37 Die **Türme** der Linzer Stadtbefestigung werden weiter **stadtauswärts** gebaut. Insgesamt werden **32 Türme** gebaut.

Der Normalturm ist in die Erde abgesenkt, von einem Graben umgeben und über eine Zugbrücke erreichbar.

1832 In St. Magdalena im heutigen Stadtteil Urfahr wird die **Pferdeeisenbahn Linz–Budweis** eröffnet. Kaiser **Franz I.** (1768/92–1835) und seine **vierte Gattin Karoline Auguste** sind anwesend.

Es ist die erste Eisenbahn auf dem europäischen Kontinent. Die Strecke vollendet **Mathias Schönerer**, Vater des deutschnationalen österreichischen Politikers **Georg von Schönerer**.

1833 Eröffnung des **Vereinsmuseums**, später Landesmuseum Francisco Carolinum.

1837 Den **Probeturm** am Freinberg lässt Maximilian aufstocken. Er schenkt ihn den **Jesuiten**. Diese errichten daneben eine Studienanstalt für Philosophie.

1842–44 Die **Martin-Luther-Kirche** wird an der Landstraße unter dem Vorsteher der evangelischen Gemeinde in Linz **Johann Konrad Vogel**, dem Zuckerbäcker, gebaut. Der Turm wird erst 1862 vollendet.

1849 Der Dichter **Adalbert Stifter** (1805 in Oberplan an der Moldau – 1868 in Linz) zieht nach Linz.

Arbeitszimmer im **Stifterhaus** an der Donaulände in Linz mit Portraits von Adalbert Stifter und seiner Gattin Amalia Mohaupt, Foto: Gerhard Anzinger.

1849 Unter Führung von Adolf Ludwig Graf Barth von Barthenheim wird die **Allgemeine Sparkasse Linz** gegründet.

1850–54 Bürgermeister ist der Liberale **Reinhold Körner** (1803–73).

Foto: Stadtarchiv Linz

1851 Im **Schloss** wird eine **Kaserne** eingerichtet. Gründung der **OÖ Handelskammer** in Linz. Erster Sekretär wird **Ignaz Karl Figuly von Szep** (1807–1875). Figuly setzt sich für den Bau des Allgemeinen Krankenhauses, des Landesmuseums und der Realschule ein. 1845 gründet er den **Linzer Männergesangverein**.

Ignaz Karl Figuly v. Szep

1854 Kaiser **Franz Joseph** begrüßt in Linz seine aus Bayern kommende **Braut Elisabeth**, genannt Sisi (1837–98). Hochzeit am 24. 4. in Wien.

1854 Kurzzeit-Bürgermeister ist Heinrich Jungwirth.

1854–56 Provisorischer Gemeindevorstand von Linz ist der Liberale **Josef Dierzer Ritter von Traunthal** (1800–57).

Foto: Stadtarchiv Linz

1855 **Anton Bruckner** (1824 –96) gewinnt den Wettbewerb und wird **Domorganist** in Linz.

1856 **Bruckner** bezieht das alte **Mesnerhäusl** neben der Linzer Pfarrkirche, wo er auch Organist ist.

Bruckner-Gedenktafel, Westwand der Pfarrkirche

1856–61 Provisorischer Gemeindevorstand ist der Liberale **Vinzenz Fink** (1807–1877).

Foto: Stadtarchiv Linz

1858 Das System der Linzer **Turm-Befestigung** wird **aufgegeben**. Größere Kanonen machen die Türme wertlos. Etliche Türme werden verkauft.

1858-12 Eröffnung der neuen **Kaiserin-Elisabeth-Bahn** von **Wien** nach **Linz**. Hauptbahnhof Linz:

1860 Vom **Taubenmarkt** wird die Schmidtorstraße zum **Hauptplatz** durchgebrochen.

Taubenmarkt am nördlichen Ende der inneren Landstraße vor dem Durchbruch von 1860.

1860-08 Betriebsaufnahme der **Eisenbahn Linz–Salzburg**. Bau der Hauptwerkstätte Linz.

1861–67 Zweite Amtsperiode von Bürgermeister **Reinhold Körner**.

1862 Baubeginn am **Neuen Dom** unter Bischof Rudigier.

1865 Erstmals erscheint die Zeitung **„Tages-Post“**. Die Landes-Irrenanstalt Niedernhart wird gebaut, heute das Wagner-Jauregg-Krankenhaus. Das **Allgemeine Krankenhaus** nimmt mit 4 Mitarbeitern, darunter ein Arzt, seinen Betrieb auf.

1867–73 Bürgermeister ist der Liberale **Viktor Drouot** (1811–1897).

Foto: Stadtarchiv Linz

1868 Anton **Bruckner zieht nach Wien**. Er bekommt die Professorenstelle seines verstorbenen Lehrers **Simon Sechter** am Konservatorium der

Gesellschaft der Musikfreunde in Wien.

1000-Schilling-Schein von 1954 mit dem Portrait von Anton Bruckner.

1868 **Adalbert Stifter stirbt** in Linz. **Adolf Titze** gründet die **Feigenkaffee-Fabrik**.

1870–72 Die Holz-Donaubrücke wird durch eine **Eisenbrücke** ersetzt. Der nördliche Brückenkopf ist nicht mehr am Urfahraner Platzl, sondern in der **Hauptstraße**.

Holzbrücke vom Platzl in Urfahr nach Linz. Ansichtskarte von 1830.

1869 Gründung der katholischen Tageszeitung **„Linzer Volksblatt“**. Umwandlung der aus dem Handelsgeschäft der Schiffmeisterfamilie Scheibenpogen entstandenen Privatbank in die **Bank für Oberösterreich und Salzburg** durch Plank von Plankburg.

1870 Ein 1798 gebautes Wohnhaus am heutigen Friedensplatz gegenüber dem Krankenhaus der Barmherzigen Brüder wird zur **Kirche der Marienschwestern** umgebaut.

1873–85 Bürgermeister ist der Liberale Dr. **Carl Wiser** (1800–1889).

Foto: Stadtarchiv Linz

1873 **Lustenau** und **Waldegg** kommen zu Linz. (Weitere Eingemeindungen siehe 1938.) Eröffnung des **Akademischen Gymnasiums Spittelwiese**.

1880 Die erste **Pferde-Tramway** führt vom Linzer Hauptbahnhof über die neue Eisenbrücke zum Hinsenkampplatz in Urfahr. Der Münchner **Lokomotivenerzeuger Krauß** errichtet einen Zweigbetrieb in Linz.

1882 Eröffnung der **Handelsakademie** auf dem Hofberg. **Urfahr** wird **Stadt**.

1884 Die **Zündholzfabrik Solo** baut in der Unionstraße eine Produktionsstätte.

1885–94 Bürgermeister ist der Liberale **Johann Wimhölzel** (1833–1900).

Foto: Stadtarchiv Linz

1888 Eröffnung der **Mühlkreisbahn** von Urfahr nach Aigen-Schlägl.

1889 Eröffnung der **Bundeslehranstalt für Maschinenbau, Elektrotechnik und Hochbau** in der Goethestraße.

1892 Die Gebrüder **Hatschek** gründen die **Linzer Schiffswerft** und die „Actien-Brauerei und Malzfabrik“. **Kleinmünchen** wird **eigene Pfarre**.

1893 Erste städtische Wasserversorgung.

1894–1900 Bürgermeister ist der Liberale **Franz Poche** (1833–1916).

Foto: Stadtarchiv Linz

1895-05-29 Das **Museum Francisco-Carolinum** wird in Anwesenheit von Kaiser Franz Joseph eröffnet.

1897 Die **Linzer Straßenbahn** wird auf **elektrischen Betrieb** umgestellt. Baubeginn der Eisenbahn-Brücke Linz–Urfahr.

1898 Die **Pöstlingberg-Bahn** wird eröffnet. Die Trasse plant **Josef Urbanski**. Seine geplante dampfgetriebene Zahnrad-Bahn wird verworfen. Die Strecke von **2 900 m** überwindet **255 Höhenmeter** mit **Steigungen bis zu 10,5 %**. Sie ist die steilste Räderhaftungs-Bahn (**Adhäsionsbahn** = ohne Zahnrad) der Welt. Das Bergbahn-Hotel wird eröffnet, das heutige Pöstlingberg-Schlössl. Bergstation im Turm IV der alten Befestigung aus 1831:

1900–07 Bürgermeister ist der Deutschnationale **Gustav Eder** (1861–1909).

Foto: Stadtarchiv Linz

1901–03 Die Redemptoristen errichten in der Wiener Straße/Ecke Lissagasse die **Herz-Jesu-Kirche** im Stil der **Neoromanik**. Nach Plan von **Raimund Jeblinger**.

1905–06 Dombaumeister **Matthäus Schlager** baut in **Kleinmünchen** die **Kirche St. Quirinus** im Stil der Spätrenaissance.

1906 Eröffnung der **Grottenbahn** im **Turm II** der alten Befestigungsanlage auf dem Pöstlingberg.

1907–18 Bürgermeister ist der Deutschnationale **Dr. Franz Dinghofer** (1873–1956).

Foto: Stadtarchiv Linz

1911–18 ist Dinghofer auch Abgeordneter zum Reichsrat. 1919 ist er Präsident der provisorischen Nationalversammlung. 1919 gründet er die Großdeutsche Vereinigung. Aus dieser geht 1920 die antisemitische **Großdeutsche Volkspartei** hervor, deren Obmann er wird. 1920–28 ist er **Dritter Präsident des Nationalrats**.

1907–08 Die **Linzer Tuchfabrik** wird in **Kleinmünchen gebaut**. Die Nachfolgegesellschaft geht 1985 in Konkurs. Die darauffolgende Wohnungsgesellschaft endet 1997 auch im Konkurs. Stift St. Florian lässt 1998/99 die **Pfarrkirche Marcel Callo** in die Fabrik „hineinbauen".

1907-12 **Matthäus Schlager**, Dombaumeister 1909–59, baut die **Pfarrkirche zur Hl. Familie** an der Kreuzung Dinghoferstraße/ Bürgerstraße im Stil der Spätrenaissance.

1908 Der Linzer Sportklub (LSK, später **LASK**) wird gegründet.

1909 **Kathedrale** wird der **Neue Dom**. Der Alte Dom wird wieder zur Ignatius-Kirche der Jesuiten. Die **k. k. Staats-Realschule** in der Fadingerstraße wird eröffnet.

1912 Inbetriebnahme der **Lokalbahn Linz–Eferding**.

1912–1913 Dombaumeister **Matthäus Schlager** errichtet im Krankenhaushof die **Kirche der Barmherzigen Schwestern** im Stil der Spätrenaissance.

1915 Das **Petrinum** in Urfahr wird **Militär-Spital**. **St. Peter-Zizlau** wird eingemeindet.

1918–19 Provisorischer Bürgermeister ist der Deutschnationale **Karl Sadleder** (1883–1933).

Foto: Stadtarchiv Linz

1919–27 Bürgermeister ist der Sozialdemokrat **Josef Dametz** (1868–1927).

Foto: Stadtarchiv Linz

1921–25 Erste Wohnbauten im Wimhölzel-Hinterland. 1930-31 erfolgt die erste Erweiterung, während der NS-Zeit die zweite, die dritte in den 1950er-Jahren.

1922 Wegen Lebensmittel-Knappheit kommt es zu **Aufständen** in den Kleinmünchner Betrieben.

1924 Der nunmehr fertige **Dom Maria Empfängnis**, Baubeginn 1862, wird **geweiht**.

1926-11-03 In Linz beschließen die **Sozialdemokraten** das **Linzer Programm**: Ausdrücklich mit **demokratischen Mitteln** soll die Herrschaft der Bourgeoisie gebrochen werden. Beschlossen werden auch die **Gleichstellung der Frau** und der **Anschluss** (!) Österreichs **an Deutschland**.

1927–29 Bürgermeister ist der Sozialdemokrat **Robert Mehr** (1866–1935):

Foto: Stadtarchiv Linz

1927 In Traun bei Linz erfindet **Eduard Haas** das **PEZ-Bonbon** mit **P**fefferminz-Geschmack. Damit soll Rauchern eine gesunde Alternative geboten werden. Die PEZ-Box mit Knips-Ausgabe-Mechanismus folgt 1951. Der **Name PEZ** kommt vom ersten, mittleren und letzten Buchstaben von Pfefferminz.

1929–30 Bürgermeister ist der Sozialdemokrat **Eduard Euller** (1874–1934).

Foto: Stadtarchiv Linz

1930 Wirtschaftliche Depression. Die Lokomotiven-Baufirma Krauß muss zusperren. Errichtung der **Linzer Tabakfabrik** nahe der Eisenbahnbrücke.

Foto: Wikipedia

1930–34 Bürgermeister ist der Sozialdemokrat **Josef Gruber** (1857–45).

Foto: Stadtarchiv Linz

1931 Die **Diesterwegschule** wird als modernste Schule Österreichs eröffnet.

1933-05-01 Bei der **verbotenen Maifeier** kommt es in der Südbahnhofhalle zu blutigen Zusammenstößen.

1934-02-12 Die Polizei will das Hauptquartier der Linzer Sozialdemokraten im **Hotel Schiff**, heute Landstraße 36, nach Waffen durchsuchen. **Schutzbündler** unter **Richard Bernaschek** widersetzen sich. Daraus entsteht ein **Bürgerkrieg** mit 200 Toten in Österreich.

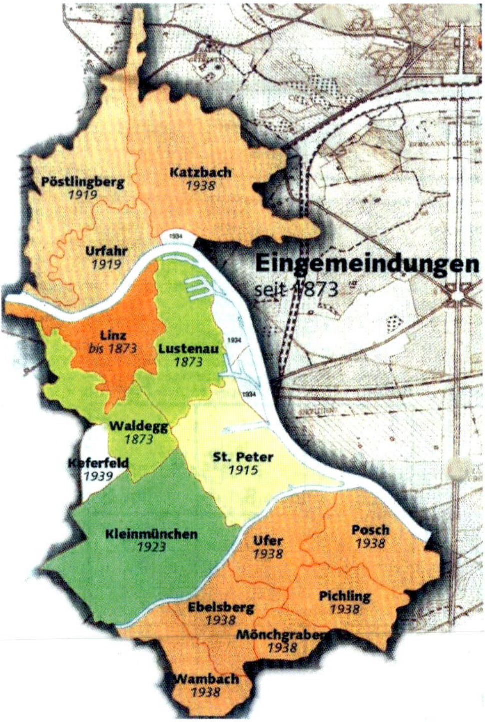

1934 Regierungskommissär nach dem abgesetzten Bürgermeister Gruber ist 7 Monate **Dr. Franz Nusko** (1891–1945).

Foto: Stadtarchiv Linz

1934–38 Bürgermeister ist **Dr. Wilhelm Bock** (1895–1966).

1935 Beim Linzer Hafen wird die **Kirche St. Severin** nach Plänen von Hans Feichtbauer gebaut.

1936 Am Freinberg entsteht mit 165 m der höchste Sendeturm Österreichs. Davor das Seniorenheim Sonnenhof:

1938-03-12 **Adolf Hitler** (1889–1945) verkündet nach dem Einmarsch deutscher Truppen vom Balkon des Linzer Rathauses den **Anschluss Österreichs** an das **Deutsche Reich**.

1938 **Katzbach** im Norden, **Ebelsberg**, **Pichling** und weitere Gemeinden im Süden kommen zu Linz. Damit entsteht das heutige Stadtgebiet von Linz.

1938 **Dr. Rudolf Lonauer** wird Leiter der **Landesirrenanstalt Niedernhart** in Linz, 1940 Leiter der **NS-Tötungsanstalt Schloss Hartheim** in Alkoven. „Unwertes Leben" wird im Krankenhaus selektiert und vor allem in Hartheim getötet.

1938–39 Erster Bürgermeister in der NS-Diktatur ist **Sepp Wolkerstorfer** (1905–1966).

Foto: Stadtarchiv Linz

1938-05-13 Spatenstich zum Bau der **Hermann-Göring-Werke** in Linz durch Generalfeldmarschall Hermann Göring (1893–1946).

Umsiedelung der Bewohner der Ortschaft **St. Peter/Zizlau** in die neu errichteten Wohnbauten im **Keferfeld**, am **Bindermichl** und **Spallerhof**.

1938–40 Bau der **Nibelungenbrücke** nach Plänen von Tamms und Schaechterle: 330 m lang, 29 m breit (alt 250 x 9 m).
Bau der beiden **Brückenkopf-Gebäude**.

1939-05-01 Linz wird die Hauptstadt im Reichsgau **Oberdonau**.
Der Gerichtsbezirk Bad

Aussee und Gebiete in Südböhmen werden Oberdonau angeschlossen.

1940 Der erste **Erzzug** kommt nach Linz.

1940–43 Oberbürgermeister ist **Dr. Leo Sturma** (1896–1966).

Foto: Stadtarchiv Linz

1943-02 Das **Nebenlager I des KZ Mauthausen** wird in Linz errichtet. Später folgen zwei weitere. **KZ-Häftlinge** werden als Arbeitskräfte eingesetzt. ZwangsarbeiterInnen und Kriegsgefangene reichen für die **Stahl- und Panzerproduktion** in Linz nicht mehr aus.

1944–45 Oberbürgermeister ist **Franz Langoth** (1877–1953).

Foto: Stadtarchiv Linz

1944/45 Linz erlebt **22 Fliegerangriffe** mit großen Zerstörungen.

1945-05-06 **Kriegsende**. Durch Flüchtlinge stieg die Einwohnerzahl bis Kriegsende auf 250 000. Die Amerikaner beschlagnahmen die Reichswerke Linz. **ZwangsarbeiterInnen** in **77 Lagern** in Linz werden befreit.

1945–62 Bürgermeister ist der Sozialdemokrat **Dr. Ernst Koref** (1891–1988).

Foto: Stadtarchiv Linz

1945–1955 Besetzung durch alliierte Truppen: **Amerikaner** südlich der Donau, **Sowjets** in Urfahr. Dort wird von den Russen **Ferdinand Markl** (1898–1960) als eigener Bürgermeister eingesetzt.

Gemälde im Ferdinand-Markl-Heim im Stadtteil Steg in Urfahr.

1945-10-06 Die Zeitungen **Tagblatt**, **Volksblatt** und **Neue Zeit** erscheinen wieder, allerdings nicht im von Russen besetzten Mühlviertel samt Urfahr.

1946/47 Die 1944 durch Bomben zerstörte **Don-Bosco-Kirche** nahe dem südlichen Ende der Franckstraße wird nach Plänen von Adolf Litschel neu errichtet:

1946-07-26 **Erstes Verstaatlichungsgesetz**: Die **VÖEST** wird Eigentum des österreichischen Staates. Der Einspruch der Russen ist wirkungslos, da das Werksgelände in der von Amerikanern besetzten Zone liegt.

1947-05-31 Die erste **Kubin-Ausstellung** wird inmitten der schwierigen Wiederaufbau-Zeit in Linz eröffnet. Einige Jahre später wird die Sammlung von der Stadt Linz angekauft.

Herrensitz Alfred Kubins in Zwickledt in **Wernstein** im Innviertel, Foto: JNM.

1949-06 Der **VÖEST** gelingt das **L**inz-**D**onawitz-**Verfahren**:

LD (Linz-Donawitz)-Tiegel aus 1952, Technisches Museum Wien

Flüssiges Roheisen wird mit **Schrott** und von oben mit **reinem Sauerstoff** versetzt. Damit wird kohlenstoffreiches Roheisen zum **kohlenstoffarmen Stahl**. Ab 1952 beginnt die industrielle Nutzung.

1950 In den Linzer Großbetrieben kommt es wegen des vierten Lohn- und Preisabkommens zu Streiks.

1951 Die **Friedenskirche** in Urfahr wird nach langer Bauzeit vollendet.

1953 Die Sowjets heben die Brückenkontrolle auf.

1953 Die Stadt Linz kauft die **Neue Galerie**. Die Basis bilden 120 Kunstwerke aus der Sammlung des Berliner Kunsthändlers **Wolfgang Gurlitt** (1888–1965), darunter Gemälde und Grafiken von Gustav Klimt, Egon Schiele, Oskar Kokoschka, Emil Nolde, Lovis Corinth und Max Pechstein. Gurlitt leitet bis 1962 die Neue Galerie.

1954 Das **Kellertheater** wird gegründet. Spielstätte ist das Haus **Hauptplatz** Nr. 21, das **Elefanten-Haus**.

1955 **Urfahr** kommt dank der Politik von Ferdinand Markl wieder zu **Linz**.

1957 Die **Kirche St. Michael** am **Bindermichl** vollendet der VÖEST-Architekt **Friedrich Reischl**.

1958 Die **Kunsteisbahn** wird neu eröffnet.
Das **Landestheater** wird wieder eröffnet.

1959–61 Neubau der **Pfarrkirche St. Konrad** in der Johann-Sebastian-Bach-Straße auf dem Froschberg nach Plänen von Gottfried Nobl und Othmar Kainz.

Das **Oberlandesgericht** samt Oberstaatsanwaltschaft in der **Gruberstraße** wird fertiggestellt. 1975 erfolgt eine Erweiterung.

1959–62 Auf dem **Keferfeld** entsteht mit der **Kirche St. Theresia** eines der architektonisch bedeutendsten Werke des 20. Jh. in Linz.

Architekt **Rudolf Schwarz** stirbt 1961. Danach vollendet seine **Gattin Maria** den Bau.

1961 Die neue **Kirche der Kreuzschwestern** in der Wurmstraße ersetzt den neugotischen Vorgängerbau aus 1882.
Die letzten Güter, die laut Staatsvertrag an Russland zu liefern sind, verlassen die VÖEST.

1962–68 Bürgermeister ist der Sozialdemokrat **Edmund Aigner** (1900–1968).

Foto: Stadtarchiv Linz

1962 Die **Karmelitinnen** bauen in der Langgasse nach Plänen von Hans Feichtlbauer zum dritten Mal ihre Kirche.

1965 Der Linzer Fußballklub **LASK** wird **österreichischer Meister**. Erstmals gewinnt eine Mannschaft aus den Bundesländern.

1966 Die **Johanneskirche** in der Salzburger Straße wird eingeweiht. Architekt ist **Hubert Taferner**.

Foto: Linz Kultur

1966-10-08 Die **Hochschule für Sozial- und Wirtschaftswissenschaften** wird in Linz-Auhof eröffnet. Ludwig Fröhler wird erster Rektor.

1967 Der **Römerbergtunnel** wird eröffnet. Jahrelang verzögert der damalige Präsident der OÖ Wirtschaftskammer als Grundeigentümer den Bau.

1968–69 Bürgermeister ist der Sozialdemokrat **Theodor Grill** (1902–86).

Foto: Stadtarchiv Linz

1968 Die **Pfarrkirche St. Severin** in der Lederergasse wird nach Plänen von **Franz Wiesmayr** fertiggestellt. Linz erhält ein neues **Einbahnsystem**. Neues Verwaltungszentrum der **Oö. Gebietskrankenkasse** in der **Gruberstraße**.

1978 erhält das Haus eine isolierende Alu-Fassade.

1969–84 Bürgermeister ist der Sozialdemokrat **Franz Hillinger** (1921–91).

Foto: Stadtarchiv Linz

1969 Das Fabrikgebäude der 1672 gegründeten **Wollzeugfabrik** wird **abgetragen**.

1971 Dombaumeister **Gottfried Nobl** errichtet am Auberg in Urfahr die **Kirche St. Leopold** im Stil des Brutalismus (franz. beton brut = Sichtbeton).

In der **Anzengruberstraße** wird das **Landesarchiv** eröffnet.

1972 Eröffnung der dritten Linzer Donaubrücke, der Vöest-Brücke.

1973 Einstellung der **Lokalbahn** von Ebelsberg nach **St. Florian**.

1974-03-23 Das **Brucknerhaus** an der Donaulände wird eröffnet.

1975 Die Hochschule für Sozial- und Wirtschaftswissenschaften wird zur **Johannes-Kepler-Universität**. Gelehrt werden heute die Fächer Wirtschaft, Jus, Technik (Technische Mathematik, Informatik, Physik, Chemie, Mechatronik).

1977 Das Land OÖ eröffnet das **Landeskulturzentrum** im ehemaligen **Ursulinenkloster**.

1979 Die Neue Galerie übersiedelt nach Urfahr in den zweiten Stock des Lentia 2000. Die **Sparkasse** eröffnet ihr **Verwaltungsgebäude** in Urfahr. Eröffnung der **Steyregger-Brücke**.

1980 Ein Brand vernichtet die Ringbrotwerke. Die **Oberbank** bezieht ihr neues **Verwaltungszentrum** an der **Donaulände**.

1981/82 **Erich Wulz** schafft mit der Innengestaltung der Kirche **St. Markus** ein Gesamtkunstwerk.

1982 Das **Glockenspiel** im **Feichtinger-Haus** am Hauptplatz 18 wird eingebaut. Um- bzw. Neubau **Allgemeines Krankenhaus**.

1984–88 Bürgermeister ist der Sozialdemokrat Prof. **Hugo Schanovsky** (1927–heute).

Foto: Stadtarchiv Linz

1984 Der alte **Posthof** im Hafen wird zu einer Kleinkunst- und Musikbühne umgebaut.

1985 Eröffnung **Neues Rathaus** nach Plänen von **Rupert Falkner** neben der Nibelungen-Brücke in **Urfahr**.

Weihe der **Kirche St. Franziskus** in der **Neuen Heimat**, geplant von **Hans Riener** und **Franz Josef Kranl**.

Foto: Pfarre St. Franziskus

1986 Linz deklariert sich als Friedensstadt.

1988– heute Bürgermeister ist der Sozialdemokrat Dr. **Franz Dobusch**, geboren 1951.

Foto: Stadtarchiv Linz

1988 Bau von Tiefgaragen
1988 Hauptplatz
1990 Südbahnhof
1991 Hessenplatz
1991 Seilerstätte
Einführung von Tempo 30 in Wohngebieten.

1989 Die erste **Ars Electronica** findet als Kooperations-Projekt von ORF und Brucknerhaus statt. Das Festival stellt die Auswirkungen der neuen Medien und der elektronischen Revolution auf die Kunst dar.

1989–90 Bau der **Kirche St. Paul zu Pichling** nach Plänen von Anton Zemann aus Freistadt.

1990 Der Anbau **Posthof 2** wird als Theater mit 600 Sitzplätzen eröffnet. Die Stadt Linz startet mit dem Bau des ersten modernen **Seniorenzentrums**. Bis 2010 folgen 8 weitere. Einführung des Studienzweiges **Mechatronik** an der Kepler-Universität.
Der **Industriepark Pichling** entsteht.

1991 Die **Serbisch-orthodoxe Gemeinde** übernimmt die ehemals katholische **Kirche St. Severin** in der Posthofstraße.

1992 Eröffnung der **Taubenmarkt-Arkade** als Einkaufszentrum.

Eingang zur Arkade vom Taubenmarkt.

1992–1994 Planung der **Solarcity in Pichling** als neuer Stadtteil mit 1 300 Wohnungen, errichtet in Niedrigenergie-Bauweise.

1994 Eröffnung **Design Center** als Ausstellungs- und Kongresshaus.

Foto: SPÖ O.Ö.

1995–2005 Errichtung der **Solarcity** in **Pichling**.

Plan Dehio Linz ©BDA

Schulzentrum der Solarcity, geplant von Michael Loudon:

1995 Die **Gießhallen-Entstaubung** beim Hochofen A in der VOEST reduziert die Staubkonzentration **auf ein Zehntel**.

1996 Eröffnung **Ars Electronica Center** als Museum der Zukunft am Urfahrer Brückenkopf.

1997 In der Neuen Heimat und in Dornach-Auhof werden neue Senioren-Zentren eröffnet. Linz erhält in Brüssel den „Preis für besondere Fortschritte auf dem Gebiet der nachhaltigen Stadtentwicklung“.

1998–2002 Das **Allgemeine Krankenhaus** wird erweitert und erneuert.

Foto: Jürgen Möstl

2000 Eröffnung der **Umfahrung Ebelsberg**.
Der **Pfarrplatz** wird neu gestaltet.

2001 Abschluss des Projekts „Nationalsozialismus in Linz“. Inbetriebnahme **ÖBB-Logistikzentrum** in der Turmstraße.

2001–2004 Bau des **Landes-Dienstleistungszentrums** beim Hauptbahnhof Linz.

2001–2005 Die **Lenaupark-City** wird gebaut.

2002–07 Eröffnung des **Techcenters** im Linzer **Winterhafen**.

2003-03 Eröffnung der **Intersportarena** am Froschberg neben dem Stadion.

2003-05-18 Das **LENTOS Kunstmuseum** Linz wird als Nachfolger der Neuen Galerie an der **Donaulände** eröffnet.

2003-08 Die **zweitgrößte** innerstädtische **Parkanlage** wird zwischen Huemer-, Museums-, Nossberger- und Körnerstraße eröffnet.

2004 Der hl. **Florian** wird zusätzlich zum heiligen Leopold (Markgraf Leopold III.) **zweiter Landespatron von Oberösterreich**.

Hl. Florian, Bischofspalast, Eingangshalle.

2004-08 Die **Straßenbahn** verläuft **unterirdisch** nach der **Goethekreuzung** zum Hauptbahnhof. Im Süden erreicht sie vor dem **Bulgariplatz** wieder Straßenniveau. Bis dahin geht der Verlauf vom Blumauer Platz durch die Bahn-Unterführung in die Wiener Straße.

Foto: Stadt Linz.

2004-12 Der **neue Hauptbahnhof Linz** wird eröffnet. Die Pläne liefert Architekt Wilhelm Holzbauer.

2005-09 Die **Straßenbahn** wird von der Wiener Straße in Kleinmünchen in die **Solarcity** in Pichling verlängert.

2005-11 Die **Lokalbahn Peuerbach–Eferding–Linz** wird in den **Hauptbahnhof** eingebunden. Bis dahin endete sie gegenüber dem Gebäude der Arbeiterkammer:

Foto: Stadt Linz.

2005-11 Der **Bindermichl-Tunnel** der Mühlkreisautobahn wird eröffnet.

2007-06 Eröffnung des **Landschaftsparks Bindermichl-Spallerhof** über der Einhausung der Mühlkreisautobahn.

Foto: Hans Koberger.

2007-06 Der **Hochwasser-Schutzdamm** für **Alturfahr-West** wird vollendet.

2007-09 Gegenüber dem Hauptbahnhof eröffnet der **Wissensturm**. Darin sind **Volkshochschule** und **Stadtbibliothek** beheimatet.

2007-11 Auf dem Parkbadareal wird die **zweite Eishalle** gebaut.

2008-05 Der **Terminal Tower** neben dem Hauptbahnhof Linz wird eröffnet.

Mieter sind Pensionsversicherungsanstalt und Finanzamt.

2008-07 In **6 241 Betrieben** arbeiten **191 275 Beschäftigte**. Das sind um über 20 000 mehr als Mitte der 1980er-Jahre nach der Stahlkrise. Die **Einwohnerzahl** schrumpft gegenüber 1991 von 203 000 auf **189 500**.

2009 **Linz** ist neben **Vilnius**, der Hauptstadt von Litauen, **Europas Kulturhauptstadt**. Das **Ars Electronica Center** wird erneuert und vergrößert.

2009-04 Der **Grundstein** für das **Musiktheater** wird am Blumauer Platz gelegt.

2009-05 Die **Pöstlingberg-Bahn** startet nunmehr vom Hauptplatz. Zuvor wird sie von Meterspur auf **900 mm** umgestellt und an das Netz der Linzer Straßenbahn angeschlossen.

2009-06 Die **Stadt Linz kauft** die 2001 privatisierte und dann bald stillgelegte **Linzer Tabakfabrik**.

2009-07 Der neu gebaute Schloss-**Südflügel** wird als zusätzlicher Museumsteil eröffnet.

1800 wurde dieser Flügel beim großen Stadtbrand vernichtet.

2009-09 Das von der Stadt Linz sanierte **Atelier Salzamt** an der oberen Donaulände unterhalb des Schlosses wird an 4 internationale Stipendiaten und an Künstler aus Oberösterreich vergeben.

2010-04 Eröffnung **Sportpark Lisslfeld**. In **Pichling** wird das neue **Seniorenzentrum** eröffnet. In den **seit 1990** gebauten **neun** Seniorenzentren werden insgesamt 1 300 ältere Menschen betreut.

2011-08 Die **Straßenbahnlinie 3** vom Mühlkreisbahnhof in Urfahr zum Hauptbahnhof wird um 5,3 km bis zum **Harter Plateau** (Weingartshof) verlängert. Der Ausbau bis Traun und Ansfelden ist vorgesehen.

2011-10 Eröffnung des zweiten von 4 Bauteilen im **Science Park** der **Johannes-Kepler-Universität** Linz.

2013 Das **Musiktheater** am **Blumauer Platz** wird eröffnet.

Modell Architekt Terry Pawson

Hauptplatz

Der hochrechteckige Platz (**219 x 60 m**) im **Altstadt-Zentrum** ist mit **13 140 m²** einer der größten umbauten Plätze Österreichs.
Im **Norden** trennen die beiden **Brückenkopfgebäude** und die **Donaulände** den Hauptplatz vom Donauufer. Im **Süden** verbindet die schmale **Schmidtorstraße** den Hauptplatz mit Taubenmarkt und **Landstraße**. Im **Osten** liegt die **Pfarrkirche** (am Modell-Foto rechts oben). Im **Westen** liegen **Schlossberg** und **Landhaus** (im Vordergrund).

Highlights

- Nr. **1 Altes Rathaus**
- Nr. **4** Im schönen Hof **Gasthaus „Alte Welt"**.
- Nr. **8** Kunst-Universität und **Sirenen-Brunnen**.
- Nr. **10 Fassade** aus dem 16. Jh.
- Nr. **19** Frühstücken im **Hotel Wolfinger**.
- Nr. **26** Exil von **Joseph Fouché** 1818–19, Innenminister Napoleons.
- **Dreifaltigkeitssäule** vor dem Rathaus.

1. Hälfte 13. Jh. Anlage des Hauptplatzes.

1338 **Der Platz heißt „An dem Markt"**.

1415 Das **Alte Rathaus** wird gebaut. Davon ist heute noch der achteckige Turm erhalten.

1519 Kaiser **Maximilian I. stirbt** in Wels. **Enkel Ferdinand** kommt danach von Spanien nach Österreich.

1521-05-26 In Linz heiraten der spätere Kaiser **Ferdinand I.** und **Anna von Ungarn**, Tochter von König Ladislaus II. Beim Turnier am Hauptplatz besiegt Ritter **Sebastian von Losenstein** einen spanischen Ritter aus dem Gefolge Ferdinands.

1669 Baubeginn der **Jesuitenkirche**, etwas zurückgesetzt vom SO-Eck des Hauptplatzes.

1716 Der **Pranger** wird vom Hauptplatz entfernt. An dieser Schandsäule wurden Täter kleinerer Straftaten angebunden und verspottet.

1717–23 Sebastian Stumpfegger aus Salzburg errichtet die **Dreifaltigkeitssäule** an der Stelle des früheren Prangers.

1828 Das **innere Schmidtor** am südlichen Hauptplatz-Eingang wird **abgetragen**, 1822 das äußere am Taubenmarkt.

1872 Die **Nordausfahrt** zur neuen Donaubrücke wird verbreitert. Dabei Abriss der **Wasserapotheke**. Besitzer war **Johann van Beethoven**, Bruder Ludwigs.

1873 Umbenennung in **„Kaiser-Franz-Josephs-Platz"**.

1918-11 Umbenennung nach Ausrufung der Republik in **„Platz des 12. Novembers"**.

Linz-Modell: Ansicht **vor 1800**. Rechts oben: **Pfarrkirche** und **Alter Dom** im Hauptplatz-Südost-Eck. Mitte unten: **Landhaus** mit **Minoriten-Kirche**. Mitte links: ehemaliger **Wasserturm**. Stadtmauer an der heutigen Promenade und am heutigen Graben.
Modell-Fertigung nach einem Plan von Norbert Forster in der Innsbrucker Glockengießerei Grassmayr durch Herlinde Unterberger und Kristine Kornbichler. Spender ist 2009 der Verein der Förderer der Oö. Landesmuseen.

1938-03-12 Deutsche Truppen marschieren in Österreich ein. Danach erfolgt die Umbenennung in „Adolf-Hitler-Platz". Bau der **Nibelungen-Brücke** über die Donau. Die Nordausfahrt des Hauptplatzes wird erweitert und auf das neue Brückenniveau angehoben, die beiden **Brückenkopf-Gebäude** werden gebaut (Fertigstellung erst 1947).

1945-05 Letzte Umbenennung in **„Hauptplatz"**.

Hauptplatz Richtung Süden:

Hauptplatz mit noch zur Donau hin abfallendem Niveau. Bild aus Landeschronik OÖ, 1987 von Rudolf Lehr.

1988 Tiefgaragen-Bau.

2009 Die **Pöstlingberg-Bahn** wird von Urfahr bis zum Hauptplatz verlängert. Zuvor wird sie von Meterspur auf **900 mm** umgespurt.

Hauptplatz 1, Altes Rathaus

Links der **Rathausgasse** Hauptplatz 2, Mitte mit Eckturm das Alte Rathaus.

1415 Neubau unter Verwendung älterer Bauteile.

1509 Ein **Stadtbrand** verschont nur den achteckigen Rathausturm und einige Gewölbe.

1513/14 **Neu- und Umbau** durch die Meister Christoph und Kaspar.

1651 Frühbarocke **Hauptfassade** nach Plänen von **F. Lucchese** (oder eine Replik nach Lucchese Palais Abensberg-Traun in der Wiener Herrengasse). Gesprengter Giebel mit Stadtwappen über dem Balkon, 18. Jh.

1762 Erster öffentlicher Auftritt von **Leopold Mozart** mit **Wolfgang** und **Nannerl** im Ratssaal.

1792 **Papst Pius II.** segnet vom Balkon. Vergeblich bemüht er sich, Kaiser **Josef II.** zur Zurücknahme seiner Kloster-Aufhebungen zu bewegen. Wappen über der Balkontür aus dieser Zeit:

1938-03-12 Adolf Hitler verkündet vom Rathausbalkon aus den **Anschluss Österreichs** an das Deutsche Reich.

1993–97 Umfangreiche Restaurierung/Modernisierung im Inneren.

Das Alte Rathaus ist **Sitz des Bürgermeisters** und des Gemeinderates. Im Eingang **4 Steinschnitt-Medaillons**, Ende 20. Jh. angefertigt vom Maler **Rudolf Paulczinsky** und Bildhauer **Peter Dimmel** für 4 bedeutende Personen:

Von links nach rechts: Hauptplatz 5, 4, 3, 2 und 1.

Anton Bruckner
1824–1896

Der in Ansfelden bei Linz geborene Bruckner wird 1855 nach gewonnenem Wettbewerb Dom-Organist in Linz. 1856 bezieht er das Mesnerhäusl neben der Pfarrkirche, wo er auch als Organist tätig ist. 1868 übersiedelt Bruckner nach Wien. Dort stirbt er 1896 (siehe **Ignatius-Kirche** Seite 150).

Kaiser Friedrich III.
1415/1440–1493

Unter ihm wird **Linz 1490 Landeshauptstadt**. Er stirbt im **Linzer Schloss**. Wenige Wochen davor wird ihm ein Bein amputiert (siehe Seite 133).

Johannes Kepler
1571–1630

Der Mathematiker und Astronom Kepler übersiedelt **1612 von Prag nach Linz**. Bis 1626 unterrichtet er hier in der Landschaftsschule. Die Repressalien gegen die Protestanten veranlassen Kepler **1626** zur Übersiedlung (Flucht?) nach **Ulm** und später nach **Regensburg** (siehe S 134).

Johann Adam Pruner
1672–1734

1713 wird Pruner erstmals **Stadtrichter** von Linz. **1719–34** ist er **Bürgermeister**. In seinem Todesjahr wird eines seiner Handelsschiffe mit kostbarer Ladung vermisst. An einem 27. kommt das Schiff wieder in einem Hafen an. Johann Adam Pruner verfügt testamentarisch den Bau eines Armenhauses für 27 Männer, 27 Frauen und 27 Waisenkinder. Sein **Bruder Johann Michael Prunner** (mit 2 „n“!) baut danach das **Pruner-Stift** (siehe Seite 167).

Das **Museum LinzGenesis** im östlichen Teil des Rathauses zeigt Linz im Wandel von der Urzeit bis zur Gegenwart. Das **Museum für Geschichte der Zahnheilkunde** wird vom Museum LinzGenesis über Anfrage geöffnet. (Beides siehe **Altstadt Ost**, Rathausgasse 8, Seite 140)

Hauptplatz 2

Gasthof ab 1680. Die Bausubstanz stammt aus dem späten Mittelalter und der Renaissance.

Die **Hauptfassade** baut **Michael Lettmayr 1877/88** im strengen Historismus in **neobarocker Form**.

Hauptplatz 3

1959 wird hier das **erste moderne Kaufhaus** von Linz errichtet. Die dabei entstandene Fassade sticht negativ hervor. Die damals eingeführte Selbstbedienung und die **erste Rolltreppe** in Oberösterreich waren eine Sensation.

Hauptplatz 4

Ehrentletzberger-Haus

Renaissance-Bau aus der Zeit um 1580 unter Verwendung mittelalterlicher Teile. Ursprünglich hatte hier das 1296 erwähnte **Kloster Berchtesgaden** einen Hof. **Fassade** umgestaltet **1940** von **Roderich Fick** im Stil des **Historismus** bei der Hauptplatz-Niveauanhebung beim Neubau der Nibelungen-Brücke.

Über die 3 Obergeschoße seitlich zwei halbrunde **Renaissance-Erker** auf Muschel-Konsolen, errichtet vor 1576. Das Dachgeschoß stammt aus 1843. Im **1. OG** des Nordflügels (= Erdgeschoß in der Adlergasse) eine **Kapelle**, erbaut um **1650** als kleiner Rechteckraum. Im Kreuzgrat-Gewölbe Wolken mit Engelsköpfen samt Leidenswerkzeugen und Gottvater. Schildbögen mit **Stuckreliefs** der Heiligen **Rochus**, **Sebastian** und **Florian**. Das Gittertor aus 1810 stammt aus dem demolierten ehemaligen Schiffsmeisterhaus in der Unteren Donaulände 18. Innen ein 3-geschoßiger **Arkadenhof**.

Der Brunnen stammt aus dem Spätmittelalter. Den Gitteraufsatz fertigt Karl Fürhapper nach 1960.

Unter dem Traufgesims sind in zwei Rundbogen-Nischen barocke Figuren von Gottvater vor 1750 und Maria mit Kind vor 1650 (?).

Im **Hof** steht ein stattlicher Ginkgo-Baum. Diese Urzeitbäume verändern nicht ihr Aussehen. Das Wirtshaus **„Alte Welt“** ist im Hof in einem Gewölbekeller aus der Erbauungszeit. Dort treffen sich Künstler, Studenten und Bummler. Im Keller wird immer wieder Kabarett geboten.

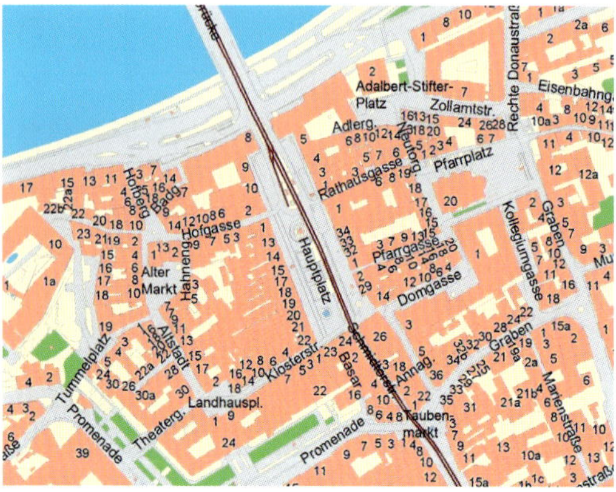

Plan Magistrat Linz, IKT GmbH

Hauptplatz 5 – 9
Brückenkopf-Gebäude
am Foto links und rechts der Dreifaltigkeitssäule.

Minister Albert Speer genehmigte den Entwurf von **Anton Estermann**. Die Realisierung ab 1938 erfolgt durch **Roderich Fick**. Ein Durchgang im Brückenkopf-Gebäude Ost führt über einen Hof mit einer Stiege zur Adlergasse.

Ein Übergang führt über die **Untere Donaulände** zum **LENTOS Kunstmuseum** (siehe Seite 175).

Die Adlergasse mündet bis 1939 in den Hauptplatz nördlich vom Ehrentletzberger Haus. Das Anheben des nördlichen Hauptplatzteils verschließt diese Mündung.

Hauptplatz 8
Brückenkopf-Gebäude West mit **Wasserapotheke**, Stammhaus der **Universität** für künstlerische und industrielle Gestaltung.

Besitzer der Apotheke war **Johann van Beethoven** (1776–1848), jüngerer Bruder des Komponisten **Ludwig** (1770–1827). 1872 wird die Hauptplatz-Ausfahrt erweitert und zuvor das Haus Hauptplatz 8 abgetragen.

Johann van Beethoven, Bild im Linzer Schloss.

Im Hof ein **Brunnen** aus der Zeit um 1700. Figur der **Sirene** mit Lyra 1956 von Erich Ruprechter.

Ein Durchgang im Haus 8 führt über die **Badgasse** zum **Hofberg**. Siehe **Altstadt West** ab Seite 74.

Hauptplatz 10
heute Oberbank

ca. 1500 Das **Hartwagner-Haus** entsteht (?) aus zwei Bauten.
ca. 1818 Umbauten.
1870 Die Bank für Oberösterreich und Salzburg (heute Oberbank) übernimmt das **Wechselgeschäft** von Josef Hartwagner. Siehe auch Hauptplatz 11.
1921 Ausbau des Dachgeschoßes durch den Dombaumeister **Matthäus Schlager**.
1927 Verbindung mit Haus Hauptplatz 11.

Das Haus weist als einziges Gebäude am Hauptplatz noch Spuren der ursprünglichen Fassaden-Gestaltung auf. Der **Erker** aus der Renaissancezeit oder aus 1818? liegt auf gebauchten Konsolen und toskanischen Säulen. Dreieckgiebel-Verdachung der Doppelfenster. Spätbarocker **Putzschnitt-Dekor** um 1725. Kolossale Komposit-Pilaster gliedern das Obergeschoß.

Ludwig van Beethoven versucht, seinen **Bruder Johann** von der Ehe mit seiner jungen **Haushälterin Theresia Obermayr** abzuhalten, weil sie bereits ein Kind hat. Ludwig interveniert vergeblich beim Stadtpfarrer und beim Bischof. Die Auseinandersetzung der Beethoven-Brüder ist im **Briefwechsel** erhalten. Der begüterte jüngere unterfertigt dabei mit **Johann Beethoven, Hausbesitzer**. Der stets in Geldnot lebende ältere Bruder unterfertigt mit **Ludwig Beethoven, Hirnbesitzer**. Johann heiratet am 8. 11. 1812 seine Resi in der Stadtpfarrkirche. Ludwig behält Recht, Johanns Ehe wird unglücklich.

Fensterbank im 1. Stockwerk links vom Erker mit **zwei Drachen**, die ein Wappen halten. Ebenerdig ist im linken Teil der Fassade ein **Familienbild** aus einem **römischen Grab-Bruchstück** eingemauert.

Im Inneren ein enger **Arkadenhof** über drei Geschoße.

Die Segmentbogen-Arkaden ruhen auf gebauchten toskanischen Säulen. Darüber trennen Pilaster die Brüstungsfelder.

Hauptplatz 11/
Hofgasse 2, Oberbank
Das heutige Haus wird 1907/08 nach Abbruch der baufälligen Vorgängerbauten errichtet. Die Fassade gestalten Josef Pirkl und Georg Eysert 1936 um. Der runde **Eckerker** liegt auf einer **Muschel-Konsole**.

Hauptplatz 11, Oberbank

1732 Erwerb durch den späteren Bürgermeister **Johann Michael Scheibenpogen**.

1794 Schwiegersohn **Joseph Planck** entwickelt aus der Sensengroßhandlung ein Bankhaus.

1869 Unter **Carl Franz Planck von Planckburg** entsteht die Bank für Oberösterreich und Salzburg.

Hauptplatz 12/
Hofgasse 1, Kapeller-Haus
In der Hofgasse liegen zwei unterschiedlich tiefe Erker auf Steinkonsolen. Die Fassaden-Gliederung am Hauptplatz erfolgt mit Eckquaderung und Riesenlisenen wohl unter dem Stadtrichter Franz Vetter am Beginn des 18. Jh. Im Inneren ein Arkadenhof. Im 1. OG alte Holzdecken.

Josef Huber baut 1894 das Auslagenportal in der Hofgasse 1. 1939 wird das Portal vom abgebrochenen Haus Hauptplatz 6 hierher übertragen.

Hauptplatz 13
Doblinger-Haus

Die **Biedermeier-Fassade** aus 1837 stammt von **Johann Rueff**. In den Bogenfeldern über den Fenstern **Terrakotta-Reliefs** mit Blattranken und allegorischen Figuren.

Die frei eingestellte **Biedermeier-Treppe** wird ab dem 2. OG von oben belichtet. In den Platzstuben **Holzdecken** auf Rüstbäumen. Im linken Hausteil sind sie durch Deckenstuck mit ornamentalem Dekor verdeckt.

Hauptplatz 14
Kirchmayr-Haus

ca. 1700–20 Wohnhaus des Bildhauers **Johann Baptist Spaz** (ab 1689 Altäre der Seitenschiffe in der Stiftskirche Klosterneuburg). Der heutige späthistoristische Neubau aus **1907** stammt von **Gustav Steinberger**. EG und 1. OG springen leicht aus der Bauflucht hervor. In der Mitte des 1. OG liegt ein **Mittelerker**, der bis zum 3. OG führt. Die Aufschrift verkündet **„Schirmfabrik gegründet in Linz 1838"**.

Hauptplatz 15 Pruner-Haus

Die Häuser 14, 15, 16 und 17 sind nur 3 Fenster breit. Die geringe Breite wurde durch das damalige Steuerrecht gefördert. Die **Höhe der Steuer** richtete sich nach der **Anzahl der Fenster**!

Das spätgotische Haus Hauptplatz 15 erwirbt 1680 der aus Bayern stammende Johann Pruner, Vater von zwei berühmten Söhnen:

Johann Michael Prunner (1669–1739, mit 2 „n") ist **Architekt**: 1713 entsteht mit der Fassade der **Karmeliten-Kirche** (siehe Seite 196) eines seiner ersten Werke.

Der jüngere Bruder **Johann Adam Pruner** (1672–1734) ist **Stadtrichter** und 1719–34 **Bürgermeister** von Linz. Der Junggeselle stiftet sein Vermögen wohltätigen Zwecken (siehe Altstadt Ost, **Pruner-Stift**, S 167).

Ab 1786 ist es das Schokoladenmacher-Haus. In der Einfahrt eine Tafel von Vater Pruner:

Wür Engl all im Himmelreich
Verwundern Uns ob dem Erdenreich
Daß die Leuth Bauen Heuser Vest
Und seindt darin nur Fremdte Geßt
Und wo Sye sollten Ewig sein
Da Bauen Sye gar wenig drein. 1681

Im hinteren Gebäudeteil befindet sich das hervorragende Restaurant **El Greco**, Spezialist für griechische Küche.

Eisenring mit Jahreszahl **1693** am Boden vor dem Haus Nr. 15 in Richtung Dreifaltigkeitssäule:

Kaiser **Friedrich III.** gibt 1492 der Gangolf-Kapelle im Linzer Schloss eine **Glocke**, die den Namen **Kaiserin** erhält. Weil die Glocke für die Kapelle zu schwer ist, schenkt sie sein **Sohn Maximilian I.** der Pfarrkirche. Nach dem Brand von 1509 erfolgt der Neuguss. Die **neue Kaiserin** mit einem Gewicht von **4,7 t** wird vor der Inbetriebnahme vor dem Pruner-Haus ausgestellt.

Hauptplatz 16

Errichtet in mehreren Phasen im 15. und 16. Jh. 1571–1640 Eigentum der Familie Auer von Gunzing. Ein **Breiterker** ruht auf Konsolen. Die Häuser 15 und 16 bilden eine Einheit, beide teilweise genützt vom „El Greco". Im hintersten Teil des Innenhofes ist die **alte Stadtmauer** aus der **Babenberger-Zeit** noch zu sehen.

Der lange **Renaissance-Hof** ist mit Arkaden geschmückt:

Hauptplatz 17

Das spätgotische Haus beherbergt nach 1600 mehrere Bürgermeister.

Der **Breiterker** stammt aus der Zeit um 1500. Ein **Mittelerker** aus 1571, unterstützt durch gefasste Rotmarmor-Pfeiler, betont die Mittelachse. Seitlich sind Spionfenster. Das **Obergeschoß** wird um 1700 mit toskanischen Riesen-Pilastern, Stuckranken und geschweiften Verdachungen über den Fenstern gegliedert.

Hauptplatz 18
Feichtinger-Haus

1456 urkundlich erwähnt.
nach 1500 Der **spätgotische Bau** wird aus zwei (?) Häusern errichtet.
um 1560 Umgestaltung im Stil der **Renaissance**, u. a. Arkadengänge im Hof an drei Seiten.
1686–1790 Eigentum des kaiserlichen Postmeisters **Groß von Ehrenstein**. Am Beginn dieser Zeit Barockisierung: **Fassadenplan** von **Carlo Antonio Carlone** (?).
1690 Es wird Freihaus. Damit ist eine Steuerfreiheit verbunden.
1790 Erwerb durch den **Buchdrucker Joseph Feichtinger**. Dadurch geht die Steuerfreiheit wieder verloren.
1800 Erneuerung nach dem großen Stadtbrand.
1837–59 Das Haus ist **Kopfstation der Pferde-Eisenbahn** von **Linz** nach **Gmunden**. Danach übernimmt der **Südbahnhof** diese Funktion (Seite 269).
1900 In den Zwischentrakt zieht die 1874 gegründete **Druckerei** Josef Feichtingers Erben ein.

Nische in der frühbarocken Fassaden-Mittelachse mit Figur der **Mater Dolorosa** (Maria mit dem vor Schmerz durchbohrten Herz).

Die **Außenachsen** betonen **Erker** auf Voluten-Konsolen und toskanischen Säulen. Kolossale **Hermen-Pilaster** verbinden die 3 Obergeschoße. Gesprengte Giebel mit Stuckvasen überdachen die Fenster. Das seitlich positionierte **Rundbogen-Portal** flankieren frei stehende toskanische Säulen. Blattreliefs zieren die beiden Zwickelfelder. Pinienzapfen lagern auf dem gesprengten Portal-**Segmentgiebel**.

Das **Glockenspiel** im Voluten-Giebelfeld wird **1982** errichtet. Täglich um 11:03, 14:03 und 17:03 werden vier Minuten lang Werke oberösterreichischer Komponisten gespielt.

Das **Cafe Glockenspiel** im Haus Hauptplatz 18 pflegt klassische Wiener Kaffeehaus-Tradition. Angeboten werden z. B. „Fiaker" (Kaffee mit Kirschwasser) oder „Pharisäer" (Kaffee mit Rum, Zimt & Zitronenzeste).

Die **Häuser 18 und 19** bildeten früher eine Einheit mit großem **Arkadenhof** im Renaissancestil aus ca. 1570. Ein **Zwischentrakt** (nach 1800?) trennt den Arkadenhof in zwei schmale Teile.

Foto: Wabro

Hauptplatz 19
Hotel Wolfinger

1533 Erste urkundliche Erwähnung.
1585 Um- bzw. Neubau durch **Christoph Canevale** für den späteren Bürgermeister **Peter Waiß**.
1646 Gasthof-Eröffnung.
1771 Gasthof „Goldener Löwe".
nach 1800 Wiederaufbau nach dem Stadtbrand.
1931 Fotograf **Heinrich Heidelsberger**, Dramatiker **Franz Pühringer** und der Kritiker und Schriftsteller **Eduard Zak** gründen das literarische Cabaret, genannt Thermopylen. (1934 gründet Pühringer die Linzer Puppenspiele).

Der mittelalterliche Breiterker wird später untermauert. Die klassizistische **Fassade** mit Gesims, Putznutung und Putzquaderung stammt aus der Zeit nach 1800. Über den Fenstern des 2. und 3. OG sind **Lünetten-Reliefs** mit bacchischen Szenen, u. a. Zug des Bacchus mit Satyrn.

In den Obergeschoßen ein **biedermeierliches Stiegenhaus** mit Arkaden-Öffnungen zum Lichtschacht. Gewölbe im Flur des 1. OG mit Stuckgratnetz um 1580. **Erkerstube** um 1580 mit segmentbogigen tonnengewölbten Fensternischen auf toskanischen Säulen.

1974 übernimmt die Familie Dangl Haus und Hotel. Deren Gasthaus in Urfahr muss beim Bau des Neuen Rathauses in Urfahr weichen.

Die **3 Nischen** bieten einen tollen Ausblick auf den Hauptplatz, speziell beim **Flohmarkt am Samstag**.

Engelchen tanzen in der **Stuckkassetten-Decke** aus dem 19. Jh.

Im Inneren ein lang gestreckter **Pawlatschen-Hof** mit zahlreichen Schwibbögen in Form von Übergängen.

Revolutionsjahr 1848:
Ein Abgeordneter zum deutschen Parlament verkündet vom Fenster des Hauses Hauptplatz 19:
Kein Österreich, kein Preußen, kein Sachsen, ein großes einiges Deutschland.

Hauptplatz 20

1595 im Besitz des Bürgermeisters **Siegmund Schmidtberger**.

1680 bis nach 1710 Gastwirtschaft.

ca. 1700 Barockisierung wohl durch **Johann Michael Prunner** unter dem neuen Besitzer Bürgermeister **Matthias Sembler**.

Hauptplatz 21

um 1500 zwei spätmittelalterliche Gebäude.

1595 urkundlich erwähnt.

1677 Gasthof-Errichtung.

18. Jh. Barockisierung.

1771 **Gasthof „Zum Elephanten“**.

1880 Gasthof „Wilde Männer“.

1954 Das **Kellertheater** wird gegründet.

Die ungleich verteilten Fensterachsen kennzeichnen noch die ursprünglich zwei getrennten Häuser. Über dem Mittelportal halten **„zwei wilde Männer“** eine Stuck-Kartusche mit einem **weißen Elefanten** als Hauszeichen.

Der Innenhof von Nr. 21 ist mit Glas überdacht. Er dient als Foyer für das **Kellertheater**. Mittwochs, donnerstags und freitags gibt's Komödien vom Feinsten.

www.linzerkellertheater.at

Die **Kult-Buchhandlung Alex** im Haus Nr. 21 bietet ein umfangreiches Angebot, vor allem an neu erschienenen Büchern.

Hauptplatz 21:

1548 Der spätere **Kaiser Maximilian II.** (1527/62–1576) heiratet in Valladolid seine **Cousine Maria**, Tochter Karls V. Ein **Hochzeitsgeschenk** ist der **Elefant Soliman**, benannt nach dem Erzfeind der Habsburger Sultan **Süleyman**.

1552 Der **Hochzeitszug** durch die Erblande mit Soliman erreicht **Linz**. Bürgermeister Jörg Hutter d. Ä. lässt an seinem Haus das Elefanten-Relief anbringen.

1553 Soliman verendet im Tierpark Kaiserebersdorf bei Wien.

1554 Der Wiener Bürgermeister Sebastian Huetstocker lässt aus den Becken- und Schenkelknochen Solimans einen **Hocker** fertigen.

1678 **Stift Kremsmünster** kauft den Hocker. Er steht nun in der dortigen Kunstkammer.

Neptunbrunnen
vor Hauptplatz 21 und 22

1545 Auf dem Hauptplatz sind **2 Holzbrunnen** beurkundet.

ca. 1610 Der Brunnen erhält das bis heute erhaltene **oktogonale Becken**.

1686–90 Bildhauer **Johann Baptist Spaz** arbeitet an den beiden Brunnen. Seine heute **verlorene Neptunstatue** ersetzt eine Reiterfigur.

1872 Beide Brunnen werden abgetragen. Der **Neptunbrunnen** kommt vor das **Landesgericht** in der Fadingerstraße. Der im Hauptplatz-Nordteil situierte **Jupiterbrunnen** wird am **Hessenplatz** als Neptunbrunnen neu aufgestellt.

1979 Mit der Gestaltung der **Fußgängerzone** am Hauptplatz kehrt der **Neptunbrunnen** an seinen **alten Standort** zurück.

Wappen der 7 landesfürstlichen Städte von **Josef Huber**: Linz, Gmunden, Vöcklabruck, Freistadt, Enns, Wels und **Steyr**:

Ottokar I. von Steyr, Verwandter der Lambacher, wird 1056 Markgraf. Hauptsitz der **Traungauer** ist Steyr. Dadurch erhält die **Steiermark** ihren Namen samt Wappen.

2009-10 Der Neptunbrunnen wird unter **Denkmalschutz** gestellt.

Hauptplatz 22/
Klosterstraße 2

Zwei spätmittelalterliche Gebäude werden um 1540 verbunden. Adaptierungen im 17./18. Jh. Der typische **Breiterker** liegt auf der Hauptplatzseite auf Konsolen. Auf der Klosterstraße ist er untermauert. **Riesenpilaster** verbinden die beiden obersten Geschoße. Bei den Fenstergiebeln alternieren **Dreiecks- mit Schulterbogen-Überdachungen**. In der **Fensterbekrönung** sind Kartuschen, Füllhörner und Muscheln.

An der Ecke zur Klosterstraße in einer Nische die Figur des **hl. Florian** aus dem 1. Viertel des 18. Jh.

Hauptplatz 23
ehem. Freihaus Windhaag

1537 **Bürgermeister Peter Hofmandl** erwirbt das Stadtpalais aus der Renaissance. Er stirbt kinderlos. Der Arkadenhof besteht bereits.

1589 Kaiser **Rudolf II.** verkauft das Haus an den **kaiserlichen Rat Christoph Strutz**.

1632 **Joachim Enzmilner** erwirbt das Haus.

1678 Enzmilner stirbt. Seine einzige überlebende Tochter Eva Magdalena verkauft das Haus an einen Bürgerlichen.

nach 1800 Erneuerung nach dem großen Stadtbrand, u. a. Aufstockung um ein Geschoß.
1925 Dachgeschoß-Ausbau zu Wohnungen.

Die spätmittelalterlichen Arkadengänge stammen aus der Zeit um 1520. Im oberen Geschoß sind statt Arkaden offene **Pawlatschen**. Diese lassen mehr Licht in den Hof. Im Winter erleichtern sie das Abkehren des Schnees.

Joachim Enzmilner

1600 Geburt in **Babenhausen**, einer Fugger-Stadt in Schwaben.
1625 Enzmilner wird **Syndikus** der Oö. Stände in Linz. Er wohnt im Linzer Landhaus.
1627 Kaiser **Ferdinand I.** ernennt Enzmilner nach der erfolgreichen Niederschlagung des Bauernaufstandes zum Kaiserlichen Rat.
1630 Kaiser **Ferdinand II.** erhebt Enzmilner in den Adelsstand.
1636 Enzmilner wird **Regent von Niederösterreich**.
1636–73 Enzmilner lässt in **Windhaag bei Perg** neben dem Alten Schloss das **Neue Schloss** im Stil der Renaissance bauen. Für seine **Tochter Eva Magdalena** richtet er im Alten Schloss ein Dominikanerinnen-Kloster ein.
1651 Kaiser **Ferdinand III.** ernennt Enzmilner zum Freiherrn.
1652 Enzmilner wird als Kommissär zuständig für die **Gegenreformation** in weiten Teilen von Nieder- und Oberösterreich. Bei der Enteignung unbeugsamer Protestanten erwirbt er ein riesiges Vermögen.
1656 Der Frankfurter Buchhändler und Kupferstecher **Caspar Merian** (1627–1686) gibt im Anhang der von seinem **Vater Matthäus** begonnenen **Topographia Germaniae** die Topographia Windhagiana heraus. In dieser ersten Herrschafts-Topographie Österreichs lässt Enzmilner seinen gesamten Besitz vom **Maler Clemens Beutler** (1623–82) abbilden.
1669 Kaiser **Leopold I.** erhebt Enzmilner in den Grafenstand.
1678 Enzmilner stirbt.
1683 Tochter **Eva Magdalena** lässt das **Neue Schloss in Windhaag abreißen**. Mit dem Baumaterial baut sie das **neue Kloster** in Windhaag. Die große **Bibliothek** ihres Vaters kommt **nach Wien**.

Joachim Enzmilner 1600–1678
Bild im Obergeschoß der Kirche in Altenburg in der Gemeinde Windhaag bei Perg.
Seine Bibliothek bildet u. a. den Grundstock für die spätere österreichische Nationalbibliothek.

Hauptplatz 24/
Promenade 14

Urkundlich 1470 erwähnt. Das heutige Haus entsteht **1850–52** nach Plänen von **Johann Metz** mit einer Fassade des frühen Historismus.

1852 wird mit dem Neubau ein **Durchgang vom Hauptplatz zur Promenade** zur Entlastung der Schmidtorstraße gebaut.

Hauptplatz 26 bis 21, Linz-Modell in der Grottenbahn am Pöstlingberg, Foto von Dralon:

Hauptplatz 26/
Schmidtorstraße 1

Zwischen Haus Nr. 26 (links) und Haus Nr. 25 Blick in die Schmidtorstraße und weiter in die Landstraße mit der Doppelturm-Fassade der Ursulinen-Kirche.

Hauptplatz 27/Domgasse 16
ehem. **Palais Weissenwolff**

Das Eckhaus ist Hauptplatz 26. Dahinter die **Ignatius-Kirche Alter Dom** (siehe Seite 149).

1385 Haus des Stadtrichters Wernhard Chammerer.

1620–1628 **Oberösterreich** samt Linz wird aus finanziellen Gründen **von Ferdinand II. an** seinen Schwager, Herzog **Maximilian I. von Bayern**, verpfändet. **Adam Graf von Herberstorff** wird ungeliebter **bayerischer Statthalter** in Oberösterreich.

Adam Graf von Herberstorff (1585 auf Schloss Kalsdorf bei Ilz in der Steiermark – 1629 auf Schloss Ort in Gmunden), Bild Schlossmuseum Linz.

1628 Herberstorff erwirbt das Haus aus bürgerlichem Besitz.

1642 Die **Jesuiten** erwerben das Haus. Deren Verlangen, hier ihre Kirche errichten zu können, wird von den Bürgern erfolgreich verhindert. Ab **1669** bauen die Jesuiten hinter dem Hauptplatz die **Ignatius-Kirche**. 1783 wird sie bei der Errichtung der Diözese Linz zum Dom.

1658 David Ungnad Graf **Weissenwolff**, Herr in Steyregg, Ennseck und Erla, erwirbt das Haus. Er lässt es von Grund auf neu bauen.

1703 Die **Stadtmauer**, hinterer Teil des Freihauses Weissenwolff, **stürzt ein**.

1818–19 **Joseph Fouché**, ehemaliger Polizeiminister Napoleons, lebt hier mit Frau und Tochter im Exil.

1931/32 Dombaumeister **Matthäus Schlager** gleicht die **Domgassen-Fassade** der Hauptfront an.

1971 **Entkernung** und Neubau im Inneren.

Die frühbarocke Hauptplatz-Fassade ist ähnlich dem Werk von Filiberto Lucchese am Alten Rathaus. Die Obergeschoße sind durch **Riesenpilaster** gegliedert. **Gesprengte Dreiecksgiebel** bekrönen die Hochrechtfenster. In der Kapitellzone querrechteckige Mezzanin-Fenster.

Gestaffelte toskanische Säulen flankieren das **Segmentbogen-Portal** mit gesprengtem Giebel. Der Umbau von 1952 „befreit" das Portal aus der bisherigen Verbauung.

Joseph Fouché
Aufenthalt in Linz 1818/19

1759 geboren nahe Nantes.

ca. 1779 Kurz tritt er in den **Orden der Oratorianer** ein und empfängt die niederen Weihen.

1788 Physiklehrer in Arras. Dort lernt er **Robespierre** kennen.

1792 Fouché wird als **Abgeordneter** von Loire-Atlantique in den **Konvent** gewählt.

1793-01-17 Fouché stimmt für die Hinrichtung von König **Ludwig XVI.** von Frankreich. (361:360 Stimmen!)

1793-12 Der **24-jährige Napoleon** erobert für die Revolutionäre das aufständische **Toulon** am Mittelmeer. Das **Strafgericht** über die Stadt leiten die Kommissare **Paul Barras** und **Josef Fouché**:

1794-07-27 Fouché ist Drahtzieher der Entmachtung und **Hinrichtung von Robespierre**.

1797 Fouché unterstützt **Paul Barras** bei dessen erfolgreichem **Staatsstreich**.

1799-09 Barras ernennt Fouché zum **Polizeiminister**.

1799-11 **Fouché unterstützt Napoleon** bei dessen Machtergreifung und bleibt Polizeiminister.

1804–1810 Nach 2-jähriger Absetzung ist er erneut Polizeiminister.

1813 Fouché fällt bei Napoleon in Ungnade. Er wird Gouverneur in Illyrien, **Botschafter** in Rom und Neapel.

1813-10 Nach der **Niederlage Napoleons in Leipzig** kehren die **Bourbonen** nach Frankreich zurück. Sogleich schließt sich Fouché ihnen an. Im Geheimen bereitet er jedoch die **Rückkehr Napoleons** aus dem Exil in **Elba** vor. Fouché wird erneut Napoleons Polizeiminister.

1815-06 Napoleon wird in **Waterloo** endgültig geschlagen. Fouché bleibt **auch unter König Ludwig XVIII. Polizeiminister**. Er übertrifft damit wohl alle Wendehälse der Geschichte.

1816-01 Die **Königsmörder** von 1793 werden **aus Frankreich verbannt**. Fouché geht mit Duldung von Kanzler Metternich zuerst nach **Prag ins Exil**.

1818 Fouché **übersiedelt nach Linz**. Hier wohnt er im Palais Weissenwolff, heute Hauptplatz Nr. 27. Auch in Linz wird er von der Gesellschaft als bekannter Wendehals gemieden.

1819 Fouché übersiedelt wegen seiner Brustkrankheit nach **Triest**.

1820 Joseph Fouché **stirbt in Triest**. Er wird im dortigen Dom begraben. Seinen Kindern hinterlässt er ein **großes Vermögen**.

Bis 1938 befindet sich im Haus Hauptplatz 27 das Kaufhaus **Kraus & Schober**. Nach der Arisierung stirbt der Besitzer Walter Schwarz im Gestapo-Gefängnis in München.

Hauptplatz 28
Das Eckhaus (Domgasse 14) tritt gegenüber den Häusern der Hauptplatz-Ostseite etwas zurück. Das bereits 1591 beurkundete Haus wird 1853 von Johann Rueff adaptiert. Ein turmartiger **Flacherker** mit Zeltdach betont die Mittelachse. An der Seitenfront in der Domgasse ein 7-achsiger spätmittelalterlicher **Breiterker**. Der enge Arkadenhof mit verglasten Gängen an drei Seiten stammt aus der Zeit um 1600.

Hauptplatz 29
Hofstätter-Apotheke

Erbaut im 15./16. Jh., urkundlich 1574 erwähnt. Apotheke seit 1762. Kolossale **Eckpilaster** verbinden die Obergeschoße. Doppelfenster beidseits der Mittelachse. Gesprengte Giebel über den Fenstern im 2. OG. Ein **Breiterker** liegt auf toskanischen Säulen und schön geschwungenen Kragsteinen.

Hauptplatz 30
Die ursprüngliche Trennung der zwei Häuser kennzeichnen die **Doppel-Riesenpilaster** in den Obergeschoßen. Der spätmittelalterliche **Breiterker** ruht auf erneuerten Voluten-Konsolen und toskanischen Säulen. Gesprengte Giebel über den Fenstern. Ein Schwibbogen

geht über die **Pfarrgasse** zum Haus Hauptplatz **31** (links).

Hauptplatz 32

Das urkundlich 1595 erwähnte Haus ist 1613 bis nach 1630 Eigentum von **Abraham Schwarz**. Bereits 1573 erfolgt der Entwurf einer Landtafel bzw. Landesordnung mit der Aufzeichnung des in **Österreich unter der Enns** geltenden (Gewohnheits-)Rechtes. 1609 verfasst Abraham Schwarz die **obderennsische Landtafel**, also die für Österreich ob der Enns geltende. Sie erlangt nie kaiserliche Sanktion. Trotzdem wirkt sie auf die Rechtsanwendung bis ins 18. Jh. hinein.

Der spätmittelalterliche **Breiterker** liegt auf Konsolen und toskanischen Säulen. Darüber ein **Balkon** mit historistischem Eisengitter. Die **Fassade** der Obergeschoße errichtet **1877 Ignaz Scheck**. Im 2. OG Stuckreliefs in den Fensterlünetten. Dreieckgiebel-Verdachung der Fenster im 3. OG.

Hauptplatz 33

Damit beginnt das **Rathaus-Geviert**. Es umfasst die Häuser Hauptplatz 33 und 34, das Alte Rathaus mit der Nr. 1. und die Häuser in der Pfarrgasse bis zur Nr. 8.

Plan: Dehio Linz ©BDA

Das gotische Haus ist seit 1710 im Besitz von Rauchfangkehrern. Wieder ruht der **Breiterker** aus dem Spätmittelalter auf Konsolen und toskanischen Säulen. Die linke Seite springt leicht zurück.

Zum Haus Hauptplatz 33 gehörte das **Hinterhaus Pfarrgasse 9**. Rauchfangkehrer-Meister Karl Anton Wehrner lässt im ersten Stock einen **Konzertsaal** errichten. Bis 1793 ist hier der Sitz der **Freimaurer-Loge „Zu den Sieben Weisen"**. Bei der Gründung **1783** komponiert wahrscheinlich **Wolfgang Amadé Mozart** bei seinem Linz-Besuch seine unvollendete **Freimaurer-Kantate**. 1839 gestaltet Johann Rueff den Trakt in Wohnungen um. Im 2. Weltkrieg wird das Hinterhaus zerstört.

Darüber im 2. OG ein **barocker Mittelerker** mit Zeltdach.

Die Obergeschoße verbinden Riesenpilaster mit ionischen Kapitellen. Fenster der OG mit geschwungener Verdachung.

Im **Hof** hängt eine **Glocke**. Sie läutet die **Chorolympiade 2000** in Linz ein. 342 Chöre mit **17 000 Sängern** aus 60 Nationen nahmen daran teil. Dahinter der Turm der Pfarrkirche.

Im Eingang ein spätgotisches Kreuzrippen-Gewölbe mit runden Schluss-Steinen:

Hauptplatz 34, ehemals Gasthaus zur Stadt Frankfurt

Ludwig van Beethoven (17.12.1770 – 26.3.1827)

aus dem Buch „Zweihundert deutsche Männer“, herausgegeben 1854 von Ludwig Bechstein.

Im **November 1812** – und angeblich zweimal zuvor – nächtigt hier der Komponist **Ludwig van Beethoven**. Hier vollendet er die Komposition seiner **8. Symphonie**. Sie ist durch besondere Heiterkeit und Lebensfreude ausgezeichnet. Das ist umso bemerkenswerter, stand er doch damals mit seinem Bruder Johann im Streit wegen dessen geplanter Ehe mit Theresia Obermayr (siehe Seite 62).

Hauptplatz 1, 34, 33 und 32.

Das Haus Hauptplatz 34 wird 1595 erstmals erwähnt. Seit 1684 ist es ein Gasthof. 1866 werden beide Bauten durch Karl Höbarth vereint. Die gemeinsame Fassade wird 1950 vereinfacht. Die ursprünglichen einzelnen Häuser sind durch die **getrennten Breiterker** zu unterscheiden.

Raimondo Graf Montecuccoli (1608–80)

1609 geboren bei Modena.
1625 Eintritt in das kaiserliche Heer.
1635 Nach der Einnahme von Kaiserslautern ernennt ihn Kaiser Ferdinand II. zum Oberst.
1644 Kaiser Ferdinand III. befördert ihn zum Feldmarschallleutnant und Hofkriegsrat.
1657 Er kämpft mit König **Johann II. Kasimir von Polen** gegen **Fürst Rákószi von Siebenbürgen**.
1664 Bei **Mogersdorf** an der Raab besiegt er die Türken unter Großwesir **Köprüli**. Montecuccoli wird Generalleutnant.
1668 Er wird Präsident des Hofkriegsrates.
1680 **Montecuccoli** wird von einem vom **Linzer Schloss** herabfallenden Balken getroffen und **stirbt** im Gasthof zur Stadt Frankfurt (heute Hauptplatz 34). Sein Grab befindet sich in der **Kapuziner-Kirche** in Linz (siehe Seite 247).

Dreifaltigkeitssäule

1679 **Pest** in Oberösterreich.
1683 **2. Türkenbelagerung** von Wien.
1703 Kämpfe im **Spanischen Erbfolgekrieg** (1700–1713) auch in Oberösterreich.
1712 **Stadtbrand** in Linz.
1713 Die Linzer Bürger stiften nach dem **Ende einer Pest** eine Dreifaltigkeitssäule für die Erlösung von Heimsuchungen.

Nach Plänen von **Antonio Beduzzi** errichtet der Salzburger Steinmetz **Sebastian Stumpfögger 1717–23** die Säule aus Untersberger Forellen-Marmor. **Vorbild** ist die **Pestsäule am Graben** in Wien, in Auftrag gegeben von Kaiser **Leopold I.** Die vergoldete Figurengruppe der **Trinität** an der Spitze fertigt **Susanna Küpferlingin 1722** nach einem Plan von **Leopold Mähl**.

Im oberen Abschnitt in der

hoch gedrehten Wolke die Figur der **Maria Immaculata** (Maria der Unbefleckten Empfängnis (siehe dazu Seite 212). Mit dem Fuß steigt sie auf die **Schlange**, Sinnbild des damals als Irrlehre bezeichneten Protestantismus. Kleine Engelchen schweben um die Marienfigur. Die Figuren der Maria, der drei Heiligen und der Engel stammen wohl von **Josef Anton Pfaffinger**, einem Schüler von Johann Baptist Spaz.

Am hohen 3-zonigen und 3-seitigen **Sockel** jeweils eine **Inschrifttafel** mit **Wappen**, Wappen von Linz:

Zwischen den Heiligenfiguren **Karl Borromäus** und **Sebastian** das **Landeswappen** von Oberösterreich. Dieses Wappen von **Otto II. von Machland** (1100–50?) ist erstmals 1335 beurkundet. Herzog Albrecht III. (1348–1395) erklärt das „Machländer-Wappen" zum Wappen von Österreich ob der Donau.

Karl Borromäus zeigt auf das Rathaus, überragt vom Turm der Pfarrkirche.

Zwischen **Sebastian** und **Florian** das **Kaiserwappen**. Der heilige **Florian** zeigt auf das Haus **Hauptplatz 14**, das Kirchmayr-Haus:

Im Winter lockt der Christkindlmarkt. Im Sommer laden die vielen Gastgärten am Hauptplatz Besucher und Linzer zum Verweilen ein.

Der Hauptplatz – **einer der schönsten Plätze Österreichs** – ist immer ein behaglicher Wohlfühlraum.

Hl. Karl Borromäus

Der **Neffe von Papst Pius IV.**, wird mit 26 Jahren bereits **Erzbischof von Mailand**. Bei einer Pestepedemie organisiert er hervorragend die Krankenhilfe.

Kaiser **Karl VI.**, Vater von Maria Theresia, lässt für Karl Borromäus und auch zum Ruhm des eigenen Namens in Wien die **Karlskirche** bauen.

Altstadt West

Highlights

- **Hofgasse 5, Gasthaus „Goldener Anker“**
- **Kremsmünsterer-Haus**
- **Hofberg 5, Beisl „Linzerl“**
- **Minoriten-Kirche** Seite 88
- **Landhaus** Seite 100
- **Schloss mit Schloss-Museum** Seite 110

Hofgasse

Vom Hauptplatz nahe der Dreifaltigkeitssäule Richtung Westen hinauf zum Schloss, eben zum ehemaligen Hof.

Bis zur Errichtung der **Fußgängerzone** in den **1980er**-Jahren war die Altstadt ausgestorben. Seitdem befindet sich hier die „Beisl-Szene“.

Hofgasse 3

Renaissance-Bau um 1575. Barocke Überformungen um 1800. Nach 1856 im Besitz von Bürgermeister **Reinhold Körner**. Auslagenportal 1900 von Ludwig Mayer.

Hofgasse 5

„Gasthaus Goldener Anker“

1595 Erste Beurkundung.
1670 Erstmals Gasthaus.
1771 Gasthaus „Zum grünen Kranz“.
1800 Es bleibt beim großen Stadtbrand verschont.
1834 Gasthaus „**Goldener Anker**“.
1919 Es geht an Franz und Antonia Prammer.
2010 Deren Nachkommen **Franz und Susanne Pilsl** übernehmen Haus samt Gastwirtschaft.

Riesenlisenen gliedern die Fassade. Leicht abgesetzte linke Achse mit Doppelfenstern und Rundbogen-Portal.

In der Gaststube stützt eine gedrungene Mittelsäule die Decke mit Stichkappen-Tonnen bzw. Kreuzgrat-Gewölben. Die Küche liefert ausgezeichnete bodenständige Speisen.

Hofgasse 6

Lebzelterhaus seit ca. 1636, **1849** von **Johann Rueff** neu gebaut. Dachgeschoß-Ausbau 1924 durch Dombaumeister Matthäus Schlager. Wiederaufbau 1948. Riesenlisenen gliedern die leicht reduzierte historistische Fassade in den Obergeschoßen.

Polheimer
Adelsgeschlecht aus Pollheim bei Grieskirchen.

1280–82 **Wichard** ist Bischof von Passau.
1312–15 **Weichart** ist Erzbischof von Salzburg.
1501–21 **Wolfgang** ist Regent in Österreich unter der Enns.
1613 **Gundacker** gründet Grieskirchen.
1909 Der letzte Polheimer stirbt in Niederösterreich.

Hofgasse 7

Hoffelner Freihaus

1584 bereits im Besitz der **Freiherren von Polheim**.
1680 **Ott Heinrich Graf von Hohenfeld**, Freiherr auf Aistersheim und Allmegg, erwirbt das Haus.
1786 Bürgerlicher Besitz.

Der **Renaissance-Bau** hat eine frühbarocke Fassade. An den Außenachsen befinden sich im 1. OG zwei **Rechteck-Erker** im Stil der Renaissance aus der Zeit um 1625. Die Erker ruhen auf

Anton Bruckner ist 1855–68 Dom-Organist in Linz und häufig **Gast im Goldenen Anker** in der Hofgasse Nr. 5. Bruckner schwärmt für eine Frau. Für die Wohnungsgründung borgt er von den Wirtsleuten **500 Gulden**. Die Angebetete erwidert Bruckners Zuneigung nicht. Der Kredit wird zurückbezahlt.

gebauchten Konsolen mit volutenartigem Dekor. Das **Rundbogen-Portal** ist von Pilastern und einem Gebälk mit gesprengtem Giebel umfasst.

Hofgasse 8

Neubau **1849** wohl von **Johann Rueff** (1806–69). Ein ausladendes Konsol-Gesims ziert die frühhistoristische Fassade. Abends geht's in der **Vanilli-Bar** hoch her.

Hofgasse 9/Hahnengasse 1
Starhemberger Freihaus

1198 **Gundacker von Steyr**, Ahnherr der Starhemberger, erbt die **Burg Wildberg** bei Kirchschlag nahe Linz.
1401 Besitzer des Hauses werden die **Starhemberger**. 1643 werden sie Reichsgrafen, 1765 Reichsfürsten.
1593 Besitzer werden die **Oö. Stände**.
1613 **Hans Jörger** erwirbt das Haus. Der Protestanten-Führer stirbt 1627.
1616 Erneut im Besitz der **Starhemberger**. Das Haus kommt 1619 in seine heutige Form.

Starhemberger
Adelsgeschlecht ursprünglich aus Steyr stammend.

Eberhard IV. 1370?–1429
Erzbischof von Salzburg.

Ernst Rüdiger 1638–1701
Verteidiger von Wien bei der 2. Türken-Belagerung 1683.

Guido 1657–1737
Feldherr im Spanischen Erbfolgekrieg 1700–1714.

Georg Adam 1734–1807
Minister unter Maria Theresia. Er wird 1765 **Reichsfürst**.

Ernst Rüdiger 1899–1956
Der stv. Vorsitzende der Christlichsozialen Partei wird 1934 nach der Ermordung von Dollfuß bis 1936 Führer der Vaterländischen Front und **Vizekanzler unter Schuschnigg**.

1625 Besitz der Jesuiten.
1631 Losensteiner
1692 Fürsten Auersperg
1786 Das Haus Hofgasse 9 wird bürgerlich.

Das Eckhaus der **Spätrenaissance** zur Hahnengasse steht auf trapezförmiger Grundfläche. Der runde **Eckerker** geht über die gesamte Höhe. Er ruht auf Quadermauerwerk-Sockel und Muschelschale. Durch das segmentbogige Portal aus der Zeit um 1620 führt eine klassizistische Tür aus 1837. Als Architekt des Hauses wird **Marx Martin Spaz** vermutet. Seit 1604 arbeitet er mit seinem Vater Hans Spaz am Bau des Linzer Schlosses.

Erker-Decke im 2. OG: Ein halbkreisförmiges Ölbild zeigt eine Flusslandschaft und die Stadt Krems, flankiert von Grisaille-Figuren Johannes d. T. und Anna (?) mit Maria.

Hofgasse 12

Spätmittelalterliches Haus erbaut um 1600. **Architekt Krinner** ist 1769–1773 Besitzer des Hauses.

Johann Matth. Krinner

1741 Hochaltar und Seitenaltäre der Linzer Ursulinen-Kirche.
1745 Planung Pöstlingberg-Kirche und Elisabethinen-Kloster.
1751 Komplette Umgestaltung der Minoriten-Kirche.
1757 Danmillner-Haus in der Klammstraße 2.
1763 Khevenhüller-Haus Altstadt 30.
1769 Turm und Oratorium von St. Magdalena.

Über der Galerie Hofkabinett thront der **Erzengel Michael** von **Josef Fischnaller** (1927 in Brixen – 2006 in Linz), Vater des heutigen Galerie-Besitzers. Der Maler und Bildhauer Fischnaller gründet **1965** mit **Fritz Aigner** und **Erich Ruprecht** die **Donauschule Linz**.

Der **hl. Michael** ist hier nicht als Seelenwäger mit Waage dargestellt, sondern als **Bezwinger Luzifers**.
Das mit Pilastern gegliederte Auslagenportal aus 1894 stammt von Ludwig Mayer.

Hofgasse 14/Hofberg 11

Bereits 1595 urkundlich erwähnt. Gasthaus ab ca. 1660. Der spätmittelalterliche Breiterker wird 1835 durch Franz Höbarth untermauert.

Links Hofgasse 14, hinten Mitte Turm der Pfarrkirche.

Am Eckhaus des **Cafes Centrum** kündet eine Gedenktafel an den ersten Aufenthalt von **Wolfgang Amadeus Mozart** (1756–1791) in Linz.

Hofgasse 16
Apotheker-Haus,
siehe Hofberg Nr. 10, S. 80.

Hofgasse 17
ehem. Losensteiner Freihaus
siehe Altstadt Nr. 2, S. 81.

Zwischen den Häusern Hofgasse 17 und 16 (Altstadt Nr. 2 und Hofberg 10) geht die Hofgasse hinauf zum Linzer Schloss.

Hofgasse 18

1595 Matthäus Hoffmandls Wittib und Erben werden als Besitzer genannt.
1616–40 Besitzer sind die Freiherren Aspan.
1670 **Christian Sint**, **Gründer der Linzer Wollfabrik**, besitzt kurz dieses Haus.
1796–1840 Besitzer ist der **Bildhauer Ignaz Teitl**.

Mozart erstmals in Linz

Vom 26. 9. – 4. 10. **1762** weilen **Vater Leopold Mozart** mit **Gattin Anna** und ihren Kindern **Wolfgang** und **Nannerl** in Linz. Vater Leopold und die Kinder konzertieren im Rathaus-Festsaal. Unter den Zuhörern befindet sich **Graf Herberstein**, ab 1783 erster Bischof der von Kaiser **Joseph II.** neu geschaffenen Diözese Linz. Die Familie Mozart nächtigt im damaligen **Gasthaus Kiener** im Haus Hofgasse 14/Hofberg 11. Danach konzertierten die Mozarts in Wien.

1850 Einbau einer Schlosser-Werkstatt und Vergrößerung der Fenster.

Hofgasse 20
ehem. Freihaus Hoheneck

1595 urkundlich erwähnt.
1639–1721 Im Besitz von Ungnad-Weißenwolff.
1721–88 Freiherren von Hoheneck.
1722–25 Aufstockung und Innenumbau durch Johann Michael Prunner.
1873–1913 **Marionetten-Theater** des Franz Schmid.

Das **rustizierte Korbbogen-Portal** erhält **1724** einen **barocken Rahmen** durch **Johann Tobias Wunsch**, wohl nach Plänen von Johann Michael Prunner.

Hofgasse 21
ehem. Freihaus Schallenberg

Links Hofgasse 22 und 20 (gelb), rechts unten Hofgasse 21, rechts oben Hofgasse 23. In der Mitte die Ignatius-Kirche Alter Dom.

Christoph Ehrenreich von Schallenberg erwirbt nach 1630 das Haus.

Schallenberger

1190 Das Geschlecht wird erstmals als „de sancto Ulrico“ genannt, nach St. Ulrich im Mühlviertel.

1290 Nach ihrem Schloss in **Kleinzell** heißen sie Schallenberger.

1542 Die **Schallenberger** richten in der **Burg Luftenberg eine Schule** für den **protestantischen Adel** ein. Lehrer werden u. a. aus Wittenberg geholt. 1545 übersiedelt diese Schule nach Enns, wenig später nach Linz. Sie ist die Vorgängerschule des **Akademischen Gymnasiums in Linz**, Spittelwiese.

1595 **Christoph von Schallenberg** (1561–1597), Lyriker und Truchsess des späteren Kaisers Matthias, wird Kommandant der Donauflotte.

1630–59 **Christoph Ehrenreich von Schallenberg** ist Besitzer des Hauses Hofgasse 21. Er wird 1636 Freiherr.

1666 Die Schallenberger werden **Reichsgrafen**.

1720–1803 **Schloss Rosenau im Waldviertel** ist im Besitz der Schallenberger. **Leopold Christoph Graf Schallenberg** lässt nach 1720 Schloss Rosenau von **Josef Munggenast** umbauen und gründet eine **Freimaurerloge**.

Hofgasse 22
ehem. Freihaus Jörger

Spätes 15. Jh. im Besitz der Familie **Jörger**.

1492 Das Haus geht an Kaiser **Friedrich III.**

1502 Sohn Maximilian I. verkauft an **Wolfgang IV. Jörger**. Sie bleiben bis 1631 Besitzer des Hauses.

1595–97 Baumeister **Christoph Canevale** wohnt hier.

1631 Nach der Enteignung der Jörger kommt das Haus an **David Ungnad-Weissenwolff**. Er vereint es mit dem Haus Hofgasse 20.

1721 Im Besitz der Hoheneck, Adaptierung durch Johann Michael Prunner 1722–25.

1788 Trennung der Häuser 20 und 22. Das Haus 22 wird bürgerlicher Besitz.

Die 1979/81 dezent erneuerte Putzfassade ist im Stil der Spätrenaissance. Die Hinterfront zur Donau hat auf Grund der Hanglage zusätzlich zwei Geschoße.

Hofgasse 23/
Tummelplatz 14
ehem. Freihaus Jörger

16. Jh. Haus der Jörger.

1612 Das Haus geht an den Landeshauptmann **Wolf Wilhelm von Volkersdorf**.

1613–1771 **Kaiserliche Landkanzlei**.

1771 Die Stadt Linz kauft das Haus Hofgasse 23.

1776–1882 Normalschule.

1840/41 **Anton Bruckner** erhält hier in 10 Monaten seine Ausbildung zum **Volksschullehrer** und bei Johann

Geschlecht der Jörger

14. Jh. Die **Burg Tollet** bei Grieskirchen wird zum Stammschloss.

1492 Kaiser **Friedrich III.** entscheidet im Streit der **Polheimer von Wels** und der Jörger zugunsten von **Christoph I. Jörger**.

1498 Kaiser **Maximilian I.** verkauft **Schloss Starhemberg** in Haag/Hausruck an Christoph I. Jörger.

1513 **Wolfgang IV. Jörger** wird **Landeshauptmann** ob der Enns.

1524 **Christoph II. Jörger**, ausgebildet von Martin Luther in Wittenberg, fördert die Ausbreitung des **Protestantismus**.

1584 **Helmhard VIII.** kauft die Herrschaft **Scharnstein** im Almtal. Er begründet die **Sensenerzeugung** und baut die Burg Scharnstein.

1587 **Wolfgang Jörger** kauft **Hernals** bei Wien.

1620 **Karl Jörger** ist einer der Anführer des Aufstandes der Protestanten gegen Kaiser **Ferdinand II.** Nach dessen Sieg **am Weißen Berg** bei Prag werden die Jörger-Güter eingezogen. Karl stirbt 1623 im Gefängnis.

1657 Kaiser **Ferdinand III.** erhebt den zum Katholizismus konvertierten **Johann Quintin I. Jörger** in den Grafenstand.

1772 Aussterben der Jörger.

1894 Nach Johann Quintin Jörger wird die **Jörgerstraße in Hernals** in Wien benannt.

Dürrnberger Unterricht in Harmonielehre und Orgelspiel.
1882–1901 Handelsakademie: **Rainer Maria Rilke** ist hier 1891/92 Schüler.
1905 Es wird ein Wohnhaus.

Der **Renaissance-Bau** wird nach **1550** unter Verwendung mittelalterlicher

Rainer Maria Rilke

1875 geboren in Prag.
1884 Scheidung der Eltern.
1885 **Militärschule** in **St. Pölten**.
1891 Wechsel in die Handelsakademie Linz.
1892 Abbruch der Handelsakademie wegen einer Liebesaffäre.
1896 Er folgt der verheirateten **Literatin Lou Andreas-Salomè** nach Berlin.
1900 Trennung von Lou. Sie bleibt Freundin und Muse.
1901 Rilke heiratet die **Bildhauerin Clara Westhoff**.
1906 Er ist 8 Monate Sekretär des Bildhauers **Auguste Rodin** in Paris.
1912 Mit seiner Erzählung „Die Weise von Liebe und Tod des Cornets Christoph Rilke" erlangt er Weltruhm.
1921 Übersiedelung in die **Schweiz**.
1926 Rilke stirbt nahe **Montreux** an Leukämie.

Bauteile errichtet. Umbauten 1668 und 1905. An der Front zur Hofgasse ein bemerkenswertes **Renaissance-Portal** aus der Zeit um 1615.

Am westlichen Ende der Hofgasse liegt oben am Berg das Linzer Schloss (siehe Seite 110).

Hofberg

Hofgasse-Altstadt-Hofberg bilden beim Zusammentreffen einen kleinen, dreieckigen Platz. Von dort führt der Hofberg ***hinunter zur Oberen Donaulände****. Dort stand das* ***Wassertor****, das 1847 abgetragen wurde.*

Hofberg 2
(Obere Donaulände 11)
Gasthof „Zum Krebsen"

Im mächtigen 5-geschoßigen Eckbau zur Donaulände liegt das oberste Geschoß über einem weit ausladenden Sohlbank-Gesims. Die Specksteinplatte über dem Hofberg-Portal zeigt die Inschrift „Gasthof zum Krebsen des Seb. Vogl 1837".

Hofberg 4
ehem. Gasthof Weiße Gans

1273–1579 Besitzer ist **Stift Nonnberg** in Salzburg.
1578 Abbruch und Neubau des Hauses unter Jobst Schmidtauer.
1650 Gasthof
1783 und 1786 Kaiser **Joseph II.** (1741/1765–1790, siehe Seite 79) übernachtet im „Gasthof Weiße Gans".

Das Renaissance-Portal stammt aus 1578. Der Arkadenhof mit Rundbögen auf dorischen Granitsäulen wird vor 1600 errichtet. Kaiserzimmer im 2. OG mit Riemlingdecke aus der Neubauzeit nach 1578, verdoppelter Rüstbaum mit Kerbschnitzerei.

Hofberg 5

1595 urkundlich erwähnt.
um 1600 Bau des heutigen Hauses, wohl als Verbindung von zwei Vorgängerbauten.
1670 Das Haus wird Gasthof „Zur Goldenen Krone".
1726 Besitzer wird der **Architekt Johann Michael Prunner**.

Der Erker in Fassadenbreite ruht auf Konsolen und Stützpfeilern. Ornamentale Parapet-Felder unterhalb der

unteren Fenster. Oberhalb der beiden oberen Fensterreihen sind **Renaissance-Putzschnittbänder**, beides wohl von Prunner.
Im Erdgeschoß befindet sich die **kleinste Bar** von Linz, das urgemütliche „**Linzerl**“.

Kaiser Joseph II.

Leopold II. und sein Bruder Joseph II. Bild von Pompeo Batoni im KHM in Wien.

1741 geboren in Wien. Eltern **Maria Theresia** und **Franz Stephan** von Lothringen, Kaiser ab 1745.
1764 Joseph wird **römisch-deutscher König**.
1765 **Mitregent** mit seiner Mutter **in Österreich**.
1780 Landesherr in Österreich.
1781 **Toleranzpatent**: Alle Religionen werden (fast) gleichgestellt.
1782 Auflösung aller Klöster ohne Krankenpflege bzw. Jugenderziehung.
1784 Neues Allg. Krankenhauses in Wien.
1786 **Adel und Klerus** werden der **staatlichen Gerichtsbarkeit** unterstellt.
1787 **Abschaffung der Todesstrafe** (außer im Standrecht). Einführung des Josephinischen Gesetzbuches, Vorläufer des ABGB (Allg. Bürgerliches Gesetzbuch).
1790 **Joseph II. stirbt** in Wien. Sein Fehler lag in der gewaltsamen Durchführung an sich richtiger Reformen.

Johann Michael Prunner
Architekt, 1669–1739

1713/14 Fassade der Linzer Karmeliten-Kirche
1714–24 Dreifaltigkeits-Kirche in Stadl-Paura
1714–36 Stiftskirche in Spital am Pyhrn
1717-18 Bergschlössl in Linz
1718–25 Deutschordens-Kirche in Linz nach Plänen Hildebrandts, heute Priester-seminar-Kirche
1720 Palais Tilly, heute BH Wels-Land
1724 Palais Lamberg in Passau
1727–31 Schloss Lamberg in Steyr
1728 Schloss Pürkelgut in Regensburg
1733 Palais Löschenkohl in Regensburg
1736 Johannes-Nepomuk-Kapelle in der Linzer Pfarrkirche
1736–37 Kalvarienberg-Kirche in Kremsmünster

Hofberg 6

1568 urkundlich erwähnt.
um 1600 Bau des heutigen Hauses.
1663–1826 Lebzelterhaus
1983 Freilegung des Erkers.

Der dreiachsige **Breiterker** ruht auf Voluten-Konsolen und toskanischen Stützsäulen.

Zwischen den Konsolen eine Aufschrift „16 Matthias Panlechner 63“.

Hofberg 7
mit Einmündung Badgasse

Neubau **1884** mit **neobarocker Fassade**. Über dem genuteten Erdgeschoß **Riesen-Pilaster** über alle vier Geschoße. Unterhalb der **geschwungenen Fenster-Verdachung** ist ein **üppiger Stuck**. Masken und Kartuschen alternieren. Antikisierende Medaillons über den 2 Portalen in der Badgasse.

Hofberg 8

Das Haus aus **1570** ist 1644–1710 Gasthaus. Gegenüber Haus Hofberg 6 tritt es stark hervor. **1891** erfolgt hier die

Gründung des sozialdemokratischen Landesvereins für Oberösterreich und Salzburg.

Seit **1982** befindet sich hier das gute **Restaurant „Zum Kleinen Griechen“**.

Hofberg 10/ Hofgasse 16
Apotheker-Haus

1545–1850 Das **Eckhaus** ist die **Apotheke „Zum Schwarzen Adler“**.
1570–1791 Der **rechte** dreiachsige **Gebäudeteil** am Hofberg ist das **Schlosserhaus**.
um 1600 Bau der heutigen Häuser.
1791/93 **Zukauf** des rechten Teils zum Apotheker-Haus. Angleichung der Fassaden beider Häuser.
ab 1800 erfolgen weitere Adaptierungen.
Auf der genuteten Rundung des Erdgeschoßes sitzt der über alle 4 Geschoße gehende **Runderker** (siehe Foto Beginn Hofberg, S 78).

Die **Fassade** des **18. Jhs.** gliedern Riesen-Pilaster. Geschwungene Fensterverdachungen und geschoßweise unterschiedlicher Fensterstuck.

Hauptportal aus 1720/35 in der Art des Johann Michael Prunner. Eingezogener Rundbogen über profiliertem Gewände, flankiert von Lisenen mit schräg vorgewölbten Kämpfern. Die Stuck-Kartusche im Giebelfeld stammt aus dem dritten Viertel des 18. Jhs.

Dem Portal vorgelagert ist ein Podest der einarmigen Freitreppe mit klassizistischem Geländer.

Badgasse 14/
Obere Donaulände 7–9
Die Badgasse führt vom Hofberg zum Hauptplatz.
Gleißner-Haus, seit 1952 Heimstätte der Österreichischen Volkspartei.

Erbaut **1939/42** nach Plan von **Roderich Fick**, der auch die beiden Brückenbauten am Hauptplatz baut. Das **Nebenportal** in der Badgasse ist im **neumanieristischen Stil**. In der Kartusche steht die Hausbezeichnung.

Dr. Heinrich Gleißner
1893–1984
Landeshauptmann von Oberösterreich 1934–1938 und von 1945–1971. Er verliert **1951** die **Bundespräsidenten-Wahl** gegen **Theodor Körner**, dem Wiener Bürgermeister.

Altstadt

Nicht nur das Viertel trägt diesen Namen, sondern auch die Straße zwischen Klosterstraße und Hofberg.

Altstadt 1
ehem. Kaffeesieder-Haus
an der Ecke zur Hofgasse

1588 Besitzer ist Urban Steuber aus Passau, später der ständische Hauptmann Georg Fux.
1622 **Jesuiten-Gymnasium**.
1685 Wohnung des Barock-Bildhauers **Johann Peter Spaz**.
1719 Der Kaffeesieder Brotti eröffnet hier das **erste Linzer Kaffeehaus**.
1945 **Maxi Böhm** (1916–1983) ist Conférencier in der hiesigen **Metropol-Bar**. Mit Peter Hey gründet er in der Bethlehemstraße 4 das Kabarett Eulenspiegel.
1959/60 Neubau

Auf der Altstadt-Fassade ein **Steinschnitt** von **Herbert Dimmel** (1894–1980) und **Peter Dimmel** (geb. 1928) mit der **Altstadt-Silhouette** aus **1650**. Links das 1847 abgetragene **Wassertor** am Hofberg-Ende.

Der Runderker auf einem Muschelkorb bildet ein Pendant zum Runderker Altstadt 2/ Hofgasse 17.

Altstadt 2/Hofgasse 17
ehem. Losensteiner Freihaus gegenüber Apotheker-Haus.

1494 Im Besitz des Landschreibers Hans Will.
1573 Die Faschangs verkaufen das Haus an Landeshauptmann **Dietmar von Losenstein**.
1616–25 Besitzer sind die Jörger.
1625–66 Starhemberger
1666–1754 Quartierhaus der Stadt Linz.
1769–84 Besitzer ist Baumeister **Johann Matthias Krinner** (siehe Seite 75).
1837 Umgestaltung der Fassade durch Franz Höbarth.
1949–52 Renovierung von Ernst Hamberger nach Bombenschäden.

Die klassizistische **Fassade** von **1837** zur Altstadt wird durch Gesimse, Nutungen und waagrechte Fenster-Verdachungen **horizontal** gegliedert. Im 1. OG klassizistische Fenster-Lünetten.

Der erhöhte Renaissance-Erker auf Muschelkorb zeigt im unteren Teil **3 Wappen**: Habsburger Doppeladler, Losenstein und Herberstein.

Das Relief von 1950 stammt von Joseph Huber und Erich Ruprechter.

Unterhalb der Wappen über gequaderter Mauerkante ein **Rotmarmor-Löwe** mit aufgeschlagenem Buch.

Dieser „Markus-Löwe“ steht für den **Venedig-Handel** der damaligen Linzer Kaufleute. Diese hatten Anteile am **Fondaco dei Tedesci** (arabisch funduk = Börse) in Venedig, der Warenbörse der Deutschen nahe der Rialto-Brücke.

Rundbogen-Portal vor 1573 mit dem **Wappen** der **Familie Faschang**, geadelt 1561. Darüber im durchbrochenen Gebälk eine Inschriftentafel.

Nach 1573 Einbau von **Arkaden** auf 3 Seiten über 4 Geschoße. Segmentbögen liegen auf toskanischen Säulen, im obersten Geschoß auf gemauerten Pfeilern.

Altstadt 4

Das nach **Johann Konrad Vogel** bezeichnete Haus aus der Zeit vor 1595 wird nach dem Brand 1800 in schlichten Formen neu gebaut. Vogel wohnt hier 1822 bis zu seinem Tod 1883 (siehe Seite 82).

Am westlichen Ende des **Alten Markts** liegen die Häuser Altstadt 12 und 10:

Der **Alte Markt** unterbricht die Häuserfolge der Altstadt auf der östlichen Seite.

Johann Konrad Vogel

1796 geboren in Weihenzell in Mittelfranken.

1822 Beginn der Arbeit bei der **Zuckerbäcker-Witwe Katherina Kreß** in Linz.

1823 **Hochzeit** von Johann und Katherina. Johann führt den Betrieb. Bald vermarktet er die **Linzer Torte** mit Erfolg. Das älteste bekannte Rezept stammt aus dem **Kochbuch von 1553** der Gräfin Anna Margarita Sagramosa aus Verona.

1826 Die Stadt Linz wählt Vogel zum **Armen-Vater**. Bis 1876 übt er dieses Amt aus. Vogel gründet einen **Verein zur Versorgung alter Bürger** und einen zweiten zur **Unterstützung der Dienstboten**.

1834 Vogel wird **Vorsteher der evangelischen Gemeinde** in Linz.

1842–44 Über Vogels Initiative wird die **Martin-Luther-Kirche** nahe der Mozartkreuzung nach Plänen von **Johann Rueff** gebaut.

1876 Die Straße zwischen Landstraße und Hessenplatz, an der die Evangelische Kirche liegt, wird **Johann-Konrad-Vogel-Straße** getauft. Vogel wird **Ehrenbürger** von Linz.

1883 Der Wohltäter Vogel stirbt in Linz.

Das Haus Altstadt 7 liegt erst gegenüber von Altstadt 14. Deshalb folgt die Beschreibung von Nr. 7 erst nach Altstadt 12.

Um 1100 wird der **Alte Markt** befestigt. 1335 wird die **Synagoge** gebaut. Nach einem Progrom wird an ihrer Stelle eine **Dreifaltigkeits-Kapelle** gebaut. Die Umrisse sind heute im Straßenpflaster eingebaut, weiß die Synagoge, rot die Kapelle.

Altstadt 10
Kremsmünsterer Haus

1493 Kaiser **Friedrich III.** stirbt am 19. 8. Kurz zuvor verkauft er das Haus an **Balthasar von Starhemberg**. Deshalb ist der **Kaiser wohl im Schloss gestorben** und nicht hier, wie so oft geschrieben.

1493–1507 Besitzer ist **Bernhard von Scherffenberg**.

1507–1979 Im Besitz von **Stift Kremsmünster**.

1579–80 Das Haus wird nach Plänen von **Christoph Canevale** gebaut. Von ihm sind auch das Landhaus und das Haus Hauptplatz 19 (Hotel Wolfinger).

1615/16 **Aufstockung** und Bau der **seitlichen Erker** durch **Marx Martin Spaz**. Seit 1604 war er mit seinem **Vater Hans Spaz** am Bau des Linzer Schlosses beteiligt.

1689 Das Gebäude wird bis zum Tummelplatz verlängert.

1710 Fassaden-Erneuerung durch Franz Michael Pruckmayr.

1803 Wiederaufbau 2. OG nach dem Stadtbrand von 1800.

1979 Kauf durch die Stadt Linz.

Der mächtige Renaissance-Bau umschließt einen engen, lang gestreckten Innenhof. Die 5-achsige Hauptfront wird von Runderkern begrenzt, die bis zum Dach führen. Die Zwiebeltürme der Erker stammen aus 1616.

Das Portal aus 1580 (?) ist in Rustika-Form ausgeführt. Über dem Portal-Scheitelbogen das Stiftswappen von Kremsmünster aus 1710.

Im **1. OG** Renaissance-Riemlingdecke auf Rüstbaum mit Taustab- und Kerbschnitt-Dekor aus der 2. Hälfte des 16. Jh. Die Decke wird in den 1980er-Jahren aus dem ehemaligen Schloss Hagen hierher übertragen.

Die ehemalige **Abtkapelle** aus dem 18. Jh. im **2. OG** ist seit 1986 eine Kaiser-Friedrich-Gedenkstätte.

Die **Straße „Altstadt“** führt von der Hofgasse im Norden vorbei am Alten Markt bis zum Landhaus im Süden.

Altstadt 12
Waagen-Haus *(links vom Kremsmünsterer Haus mit den beiden Runderkern)*

1493 Die Starhemberger verkaufen die Scheune an **Bernhard von Scherffenberg**.
1509 Überlassung an die Stadt zur Errichtung eines **Zeughauses**.
vor 1570 Erbaut als **Waaghaus** unter **Andreas Gattermayr**.
1570–1923 städtische Waage
ab 1753 Verpachtung der Waage.
1759 Verpachtung an Baumeister Johann Matthias Krinner.
nach 1800 Wiedererrichtung von Dach und 1. OG nach dem Stadtbrand.
1923 Betriebseinstellung

Erinnerungstafel, 1960 von **Helmuth Gsöllpointner**.

Altstadt 7
Das um 1600 errichtete Haus erhält um **1850** eine **spätklassizistische Fassade**. Dabei wird der spätgotische Breiterker integriert. Im Innenhof gehen die spätmittelalterlichen **Arkadengänge** über alle 4 Geschoße. Der **Römer-Brunnen** im Hof stammt „nur“ aus dem Mittelalter.

Seit 1670 ist hier ein **Gasthaus**. Nach 1945 war hier das legendäre „Herz As“, heute das gute Wirtshaus „Römerbrunnen“.

Altstadt 13
Wilheringer Stiftshaus

1477 Urkundliche Erwähnung des rechten Teils, 1595 des linken Teils.
1620 Beschlagnahme als Rebellengut von Carl Freiherr von Jörger.
1622 Erwerb des rechten Teils durch **Stift Wilhering**.
1628 Stift Wilhering erwirbt auch den linken Teil. Bauliche **Verbindung der beiden Teile**.
1823 Errichtung einer Musikschule, Keimzelle der heutigen Bruckner-Universität.
1899 Ludwig Mayer gestaltet den späthistoristischen Auslagenvorbau.

Stift Wilhering
8 km die Donau aufwärts

1146 Gründung durch **Ulrich** und **Kolo von Wilhering**.
1195 Erster **Kirchenbau**.
1293 Von hier wird Stift **Engelszell** gegründet.
1583 Das Kloster ist **gänzlich verlassen**.
1587 **Abt Alexander a Lacu** belebt das Kloster neu.
1733 Ein **Brand** vernichtet das ganze Kloster. Kirchenneubau nach Plänen von **Johann Haslinger**. Altarbilder und Deckenfresken von **Martino** und **Bartolomeo Altomonte**.
1895 Stiftsgymnasium.
Siehe Seite 339.

Das rundbogige **Rustikaportal** mit gerader Verdachung wird nach 1528 errichtet. Im Scheitel ein monumentales **Stiftswappen** vom Anfang des 18. Jh. Die 3 Geschoße beendet eine Blendmauer mit Mezzanin-Fenstern. Über einem genuteten Erdgeschoß gliedern Riesenlisenen die Fassade.

Altstadt 15
ehemaliges Freihaus Traun

1589 Besitzer sind die Freiherren **Prager** aus Windhaag bei Perg.
1630 Kauf durch General **Werner Tserclaes Graf von Tilly**.
1664–1869 Grafen **Abensberg-Traun**.
1870 Hoftrakt-Aufstockung
1936 Kauf durch den **Oö. Landesverband für Bienenzucht**.

1953 Dachgeschoß-Ausbau durch Ernst Hillbrand.

Barocke **Putzrahmen** verbinden vertikal die unregelmäßigen Fensterachsen. Die Fenster haben flache Dreieckgiebel- bzw. gestufte Verdachungen.

Das breite **Rundbogen-Portal** aus der Zeit vor 1600 erhält 1720 eine geschweifte barocke Verdachung mit seitlichem Bandlwerkdekor.

Die Durchfahrt der Dreiflügelanlage führt in einen schmalen Rechteck-Hof mit Arkaden auf Säulen bzw. im Erdgeschoß auf Pfeilern.

Grafen von Tilly:

Johannes Tserclaes Graf von Tilly

1559 Geboren auf Schloss Tilly in Brabant im heutigen Belgien.
1618 Der **30-jährige Krieg** beginnt. Tilly wird **Feldherr der Katholischen Liga**.
1620 Er siegt bei Prag in der **Schlacht am Weißen Berg** im Auftrag von Herzog **Maximilian I. von Bayern** und dessen Schwager **Kaiser Ferdinand II.** über die Protestanten und Böhmischen Stände unter dem Winterkönig **Friedrich V., Kurfürst von der Pfalz**.
1626 Sieg über König **Christian IV. von Dänemark**.
1627 Unter **Wallenstein** erobert Tilly **Schleswig-Holstein** und **Jütland**.
1630 Tillys Truppen verwüsten **Magdeburg**. Das veranlasst König **Gustav II. Adolf von Schweden** zum Kriegseintritt.
1632 Tilly stirbt an seiner schweren Verwundung in der **Schlacht bei Rain am Lech**.

Werner Tserclaes Graf von Tilly

Der Neffe von Johannes, führt das Regiment Jung-Tilly.
1633 lässt er bei St. Florian die **Tillysburg** erbauen, z. T. aus dem Material der abgerissenen Burg Volkersdorf.

Altstadt 17/
Landhausplatz 2
Starhemberger Freihaus

1508 urkundlich erwähnt
1659 **Konrad Balthasar von Starhemberg** erwirbt das Haus Klosterstraße 20 zusammen mit 2 Nachbarhäusern.
1687/88 Umbau des Altstadtteils und Neubau der beiden Häuser in der Klosterstraße unter **Ernst Rüdiger von Starhemberg** durch **Georg Pruckmayr**. Die Altstadt-Fassade wird der in der Klosterstraße angeglichen.

Ernst Rüdiger von Starhemberg (1638–1701), verteidigt als Stadtkommandant erfolgreich Wien bei der **2. Türkenbelagerung 1683**, Bild von Peter Schenk (1645–1715).

um 1715 Fassadenergänzung durch Johann Michael Prunner (?).
1779–89 im Besitz von **Graf Johannes Joseph Thun**.

1783 **Wolfgang Amadeus Mozart** (1756–1791) nächtigt hier mit seiner Gattin Konstanze.
1995/97 letzte Restaurierung

Mozart komponiert Ende Oktober **1783** für seinen Gönner **Graf Thun** in **sieben Tagen** die Sinfonie Nr. 36, genannt **Linzer Sinfonie**. Die Uraufführung findet am 4. November im **Ballhaus von Linz** an der Promenade statt. (1801–03 wird das Ballhaus durch den Neubau des Landestheaters ersetzt.)

Das dreigeschoßige Eckhaus besitzt zwei gleichwertige Fassaden (Altstadt und Klosterstraße). Im genuteten Erdgeschoß befindet sich auf der Altstadt-Seite das Hauptportal.

Das **Rundbogen-Portal** mit Oberlicht-Gitter wird von über Eck gestellten Steinpfeilern mit korinthischen Stuck-Kapitellen von Johann Michael Prunner (?) und einem segmentbogigen Verdachungsgesims umrahmt. Die **Fassade** gliedern Riesen-Pilaster. Über den Fenstern alternieren Rundbogen- und Dreieckgiebel.

Mozart-Zimmer in der SW-Ecke des 1. OG mit Erinnerungsstücken. Im **Innenhof** an zwei Seiten Arkaden-Gänge aus 1687 (?).

In der mit einer Tonne gewölbten **Durchfahrt** eine **Büste Mozarts** von Walter Ritter aus 1957.

Am Südflügel anstelle von Arkaden schmale offene Gänge (**Pawlatschen**) auf geschwungenen Kragsteinen. **Gedenktafel** an einer Hofsäule für **Josef Urbanski**, der hier 1893–95 wohnte.

Altstadt 20
Goldschmied-Haus

Neubau nach dem Stadtbrand von 1800. Frühhistoristische Fassade von Friedrich Sighartner aus 1868.

Starhemberger Freihaus
Fassade Landhausplatz 2, rechts Klosterstraße 18.
Foto vom Steinernen Saal des Landhauses durch das Vogelnetz.

Josef Urbanski 1846–03

1889 Urbanski kommt als Ingenieur der Kremstalbahn nach Linz. Er beginnt mit der Planung einer Zahnrad-Bahn von Urfahr auf den **Pöstlingberg**. Das Konsortium besteht auf einer **Räderhaftungs-Bahn**, und das bei einer **Steigung bis zu 10,5 %**. Die Sparkasse lehnt die Finanzierung ab. Die Baufirma Rischl & Cie. aus Wien springt ein. Nach einem Zerwürfnis wird Urbanski abgefunden. **1897 verlässt er verbittert Linz**.

1898 wird die **Pöstlingberg-Bahn eröffnet**. Die 2 900 m lange Strecke mit einem Höhenunterschied von 255 m wird in 20 Minuten zurückgelegt. 2009 wird die **Talstation** von Urfahr auf den **Linzer Hauptplatz** verlegt.

Altstadt 22

1595 urkundlich erwähnt.
1660 Gastwirte sind nachweisbar.
1771 Gasthof „Zum Schwarzen Bock“.
1800 Schwere Zerstörung beim Stadtbrand.
1946 Abriss nach den Bombenschäden 1945.
1956–58 **Neubau** unter Karl Schneider in Anlehnung an das alte Erscheinungsbild.

Das **Hauszeichen** „Schwarzer Bock" schafft Peter Dimmel 1959. An der Fassade eine **Gedenktafel** für die hier geborene Burgschauspielerin **Hedwig Bleibtreu** (1868–1958).

Altstadt 28 ehemaliges Starhemberger Freihaus, sog. Altes Büchsenhaus.

1415 Das Haus Altstadt 28 geht an die **Wallseer**.
1443 Hinter dem Haus ist das alte Zeughaus der Stadt Linz.
1490 Das Haus kommt durch Heirat an **Bernhard von Scherffenberg**.
vor 1577 Besitzer wird **Ferdinand Helfrich von Meggau**. Wegen Grundstreitigkeiten verkauft die Stadt das Zeughaus. Sein **Sohn Leonhard kauft 1621 die Greinburg**.
1647 Besitzer werden die **Starhemberger**.
1800 Zerstörung beim Stadtbrand. Danach in bürgerlichem Besitz.
1802 Erhöhung um ein Stockwerk.

Vom alten Bau bleibt nur das ornamentierte Steinportal aus 1577 an der Seitenfront in der Sackgasse.

Altstadt 30 ehemaliges Khevenhüllersches Freihaus

Links Landhaus, Theatergasse, Altstadt 30, Einmündung Altstadt, Altstadt 20/Landhausplatz 2.

1473–1629 Im Besitz der **Zelkinger**.
1629–1800 Besitzer sind die **Grafen Thürheim**.
1634 Um- bzw. Neubau wohl von Marx Martin Spaz.
1800–1810 **Khevenhüller**, danach bürgerlich.
1800–02 Umbauten nach dem großen Stadtbrand durch Ferdinand Mar (?). Dabei trennt die **neue Theatergasse** das Haus vom Landhaus.

Das an 3 Seiten frei stehende Palais hat eine **klassizistische Fassade**. In der Theatergasse ist ein **Mittelrisalit** mit toskanischen Riesen-Pilastern. Zur Altstadt ein rundbogiges Tor in Rechteck-Rahmung aus 1634 (?).

1805 besetzen französische und bayerische Truppen **Tirol**. **Marie Elisabeth**, Tochter von Kaiser Franz I. Stephan und Maria Theresia, flieht nach Linz. Für die „**kropferte Lisl**" muss ein händisch betriebener Aufzug eingebaut werden.

Kaiser **Franz I. Stephan** (1708/45–1765) und **Maria Theresia** (1717–1780) haben insgesamt **16 Kinder**, u. a.

2. **Maria Anna** 1738–1789, Äbtissin in Prag, dann in Klagenfurt.
4. **Joseph II.** 1741–1790, König ab 1764, Kaiser ab 1765.
5. **Marie Christine** 1742–98, 1765 verheiratet mit Herzog Albert von Sachsen-Teschen (1738-1822). Er gründet die nach ihm benannte **Grafische Sammlung Albertina**.
6. **Marie Elisabeth** 1743–1808, Äbtissin in Innsbruck. Sie flieht 1805 nach Linz. Wegen ihrer Leibesfülle wird sie „**kropferte Lisl**" genannt.
8. **Maria Amalia** 1746–1804, 1769 verheiratet mit Herzog Ferdinand von Parma.
9. **Leopold II.** 1747–1792, Kaiser ab 1790.
11. **Johanna Gabriele** 1749–1762, verlobt mit **Ferdinand I. von Neapel-Sizilien**.
12. **Maria Josepha** 1751–67, verlobt mit **Ferdinand I. von Neapel-Sizilien**.
13. **Maria Karolina** 1752–1814, 1768 verheiratet mit **Ferdinand I. von Neapel-Sizilien** (1751–1825).
14. **Ferdinand Karl** 1754–1806, verheiratet mit Maria Beatrix von **Modena d'Este** (1750–1829).
15. **Marie Antoinette** 1755–1793, 1770 verheiratet mit **Ludwig XVI. von Frankreich** (1754-1793). Beide sterben unter dem Fallbeil.
16. **Maximilian Franz** 1756–1801, Erzbischof, **Kurfürst von Köln**, reformierte dort das Schulwesen, Gründung der Universität in Bonn. Er wird 1794 von den Franzosen vertrieben. Maximilian fördert die **Ausbildung Beethovens** bei Josef Haydn in Wien.

Maria Theresia war Königin von Ungarn, Königin von Böhmen, Erzherzogin von Österreich und zigfache Gräfin. **Kaiserin war sie nie**.

Aufgrund ihrer Leibesfülle kann sie nicht mehr in den 1. Stock steigen. Für Lisl wird im Theater eine eigene, von außen begehbare Loge eingebaut.

Landhaus, Portal Nordseite
Beim Einmünden der Straße Altstadt in die Klosterstraße.

Siehe dazu Altstadt West, Landhaus, Seite 100.

Klosterstraße

Sie führt vom Hauptplatz-SW-Eck bis zum Ende der Altstadt-Straße beim Landhaus-Nordportal.

Klosterstraße 4

Der spätmittelalterliche Bau aus der Zeit um 1500 ist 1630–1644 im Besitz des Stadtschreibers **Hieronymus Sturm**.

Der Breiterker auf Konsolen und Stützpfeilern stammt aus der Zeit der Errichtung. Ab dem 2. OG ein einachsiger barocker Flacherker bis zum Dach.

Klosterstraße 6

Erbaut um 1570. 1644–84 Haus des Bürgermeisters **Johann Hölbling**. Frühbarocke Fassade um 1680.

Der mittelalterliche Breiterker wird 1800/02 untermauert. Im Arkadenhof an zwei Seiten in drei Geschoßen Laubengänge um 1600.

Klosterstraße 14

Errichtet um 1500, umgestaltet in der Renaissance um 1580 (Arkadengang). Barockisierung und Aufstockung im 17./18. Jh. Das Haus ist seit 1595 Bäckerhaus. Bäcker-Schild von 1670 an der Fassade.

Klosterstraße 7

Portal zum östlichen Teil des Landhauses (siehe Seite 100).

Klosterstraße 18

Baderhaus 1616 – 19. Jh. Spätmittelalterlicher Breiterker auf erneuerten Kragsteinen. An der Platzfront führt eine Außentreppe zum vorspringenden einachsigen Treppenturm.

Auf der Südseite der Klosterstraße befinden sich das ehemalige Minoriten-Kloster, heute **Landhaus** (siehe Seite 100) und die **Minoriten-Kirche** (siehe Seite 88).

Minoriten-Kirche

Maria Verkündigung
(Landhaus-Kirche)

In der Klosterstraße im ehemaligen Minoriten-Kloster, heute Landhaus.

Highlights

- **Altarbilder** von **Kremser Schmidt** und **Bartolomeo Altomonte**
- **Stuck** von **Modler**

1210 Papst **Innozenz III.** bestätigt den von **Franziskus in Assisi** gegründeten **Orden der Minderen Brüder**.

1236 **Gründung** des **Klosters der Minderen Brüder in Linz**.

1280 Bau von Kirche und Kloster im Auftrag des **Eberhard von Wallsee**.

1521 Der spätere Kaiser **Ferdinand I.** heiratet hier Anna von Böhmen (siehe Seite 41).

1551 Die **Minoriten verlassen Linz**.

1602 Die Kirche geht an die **Jesuiten**.

1679 Das Kloster wird wieder dem **Minoriten-Orden** übergeben.

1751–58 **Neubau** durch **Johann Matthias Krinner** als einschiffige, reich geschmückte **Rokoko-Kirche**.

1757/58 Kapellengestaltung nach Entwurf von Johann Kaspar Modler.

1785 Das Minoriten-Kloster wird **unter Joseph II. aufgehoben** und zum Regierungsgebäude umfunktioniert.

1648 heiratet Kaiser **Ferdinand III.** (1608/1636–1657) in der Minoriten-Kirche seine Cousine **Maria Leopoldine von Tirol** (1632–1649). Seine erste Gattin Maria Anna von Spanien starb 1646 in Linz. 1651 heiratet er Eleonore Gonzaga.

1800 Neues Turmdach nach großem Stadtbrand.

1988 Gründung der **Petrus-Bruderschaft** in Linz, die heute das Rektorat der Minoriten-Kirche innehat. Die Messe wird im alten **tridentinischen Ritus** gefeiert.

2008 Außenrestaurierung nach barockem Originalbefund.

2009 Altarraum-Gestaltung gemäß 2. Vatikanischen Konzil (1962–1965).

Äußere Gliederung der nördlichen Front nach **innerer Raumordnung**. Pilaster trennen die Felder vertikal, Gesimse horizontal. Tiefe korbbogige Fensterlaibungen über ovalen Ochsenaugen-Fenstern.

Nischen-Figuren

Über den zwei Portalen zwischen Vasen je eine Figur aus **1895** von **Ludwig Linzinger**, östlich der **hl. Josef**. Westlich **Maria** als Himmelskönigin mit Jesus. Die Nische ragt jeweils in das darüberliegende Fenster.

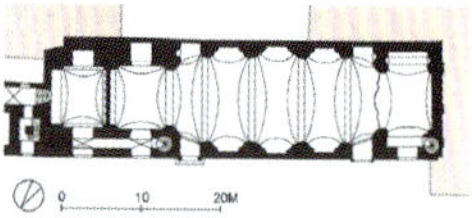

Plan Dehio Linz © BDA

Das Langhaus ist ein **Saalraum** mit **je 3 Seitenkapellen** in Form von Altarnischen. In den 2 Halbjochen sind kleine Kapellen mit darüberliegenden Oratorien. Die Trennung der Joche erfolgt durch hinterlegte Pilaster. Konvexe Gesimse und konkave Altäre vermitteln eine Wellenbewegung.

Seichte **Rundbogen-Nischen** sind durch ihre Gliederung **gleichzeitig Kapelle und Altar**. Entwürfe von **Johann Kaspar Modler**. Ausgeführt werden sie 1757–1758. Die **Figuren** seitlich der Altäre sind von den Brüdern **Johann Paul** und **Johann Jakob Sattler**, die geschweiften **Altartische** von **Franz Vital Draxl** (?).

Nordwand, **Kapelle 1**
Johannes-Nepomuk-Altar
Seitenfiguren: links **hl. Margareta von Antiochien** mit dem **Drachen** zu ihren Füßen, den sie mit dem Kreuzzeichen vertrieb. Rechts **hl. Katharina von Alexandrien** mit dem **Schwert**. Katharina wurde enthauptet, nachdem sie das Rädern überlebt hatte.

Altarblatt hl. Nepomuk, 1768 von Martin Johann Schmidt, genannt **Kremser Schmidt** (1718–1801). Auf der Mensa (Altartisch) eine Nepomuk-Figur aus der Zeit um 1770.

Nordwand, **Kapelle 2**
Maria-Hilf-Altar
Seitenfiguren: links die **hl. Barbara** mit **Kelch**. Im Turmgefängnis spendet ihr Johannes d. Ev. die Kommunion. Rechts die **hl. Apollonia** von Alexandrien mit **Zange**. Damit wurden ihr die Zähne herausgebrochen.

In üppiger Rocaillerahmung ein kleines **Andachtsbild**, eine barocke **Kopie** des Innsbrucker Maria-Hilf-Gnadenbildes von **Lucas Cranach** (1475?–1553).

Nordwand, **Kapelle 3**
Kreuzaltar
Seitenfiguren: links **Mater Dolorosa** (schmerzhafte Muttergottes); rechts **Johannes d. Ev**. Altarbild **Jesus am Kreuz**, am Kreuzfuß **Maria Magdalena**, 1769 von **Kremser Schmidt**.

Das **Prager Jesuskind** in der Vitrine stammt aus der Zeit nach 1750.

Nordwand Klosterstraße:

Hinteres Halbjoch mit Empore, Kapellen 1–3, vorderes Halbjoch mit Kanzel. Der **Stuck** ist von **Johann Kaspar Modler**.

Kanzel aus 1767 im Stil zwischen Rokoko und Klassizismus. **Voluten** mit Evangelisten-Symbolen gliedern den Kanzel-Korb. Dazwischen **Relieffelder**: büßende Maria Magdalena, Predigt von Johannes dem Täufer und Franziskus samt Eherner Schlange.

Kanzel-Deckel: Jesus als guter Hirte mit Engeln.

Hochaltar

Spätbarockes Säulenretabel aus 1751, Entwurf wohl von

Johann Matthias Krinner. Der Hochaltar nimmt die gesamte Ostwand ein. Altar-Seitenteile greifen auf die Seitenwände über. Im hohen Sockel sind die beiden Opfergangsportale integriert. Seitlich zwei geschlossene Oratorien.

Im **Auszug** segnender **Gottvater** im Strahlenkranz. Darunter das **Oö. Landeswappen** (Die Stände leisteten einen großen finanziellen Beitrag zur Errichtung der Kirche).

Altarbild **Verkündigung Mariae**, 17?? (der Rest ist vom Rahmen verdeckt) von **Bartolomeo Altomonte**.

Seitenfiguren beim Hochaltar von links: **hl. Ludwig von Toulouse**; die **hll. Joachim** und **Anna**, die Eltern Marias; **hl. Bonaventura**. **Tabernakel** aus **1895** von **Ludwig Linzinger**. Vor dem Hochaltar ein **barockes Speisgitter** als konvex vorschwingende Marmor-Balustrade. Die Mittel-Gittertür in reicher Rokoko-Manier.

Bild beim **SO-Halbjoch**, **Tod des Franziskus** vor 1650, Kopie nach **Carlo Saraceni** (1570–1620, stark beeinflusst von Caravaggio).

Südwand zum Landhaushof:

Südwand, **Kapelle 3**
Franziskus-Altar

Seitenfiguren: links **hl. Jacobus d. Ä.** mit Pilgerhut und Pilgerstab; rechts mit Keule **hl. Judas Thaddäus**. Altarbild **Stigmatisation von Franziskus**, 1770 von **Kremser Schmidt**.

In der **Vitrine** Gebeine des **Märtyrers Clemens**.

Südwand, **Kapelle 2**
Antonius-Altar

Seitenfiguren: links **hl. Florian**, rechts **hl. Donatus** mit einem Blitz in der Hand. Vor dessen Gewalt sollte Donatus, um 180 gestorbener Märtyrer, Schutz erflehen.

Figur **hl. Florian**, wie alle anderen Altar-Seitenfiguren von den Gebrüdern **Sattler**. 2004 wird Florian zusätzlich zum hl. Leopold (Markgraf Leopold III.) Landespatron von Oberösterreich.

Südwand, **Kapelle 1 Josef-von-Copertino-Altar** (Copertino, Provinz Lecce in Apulien in Süditalien)

Seitenfiguren: links **hl. Sebastian** mit Pfeilen, mit denen er angeschossen wurde; rechts **hl. Rochus** mit Pilgerstab und Jacobsmuschel, auf seine Pestwunde am Oberschenkel zeigend. Altarbild **Josef von Copertino** schwebend vor Maria Immaculata, 1768 von **Kremser Schmidt**.

Auf der Altarmensa **Anna Selbdritt** (Großmutter Anna, Mutter Maria und Jesuskind) um 1760.

Eine weitere Anna Selbdritt vor der Kapelle 1, aus der Zeit vor 1750.

Rechts von der Kapelle 1 ausdrucksstarke Figur **Christus an der Geißelsäule**, um 1760.

Orgel aus **2009** von der Orgelwerkstätte Wegscheider aus Dresden: II Manual, 27 Register. Der breite 3-feldrige Prospekt hat einen rundbogig erhöhten Mittelteil. Korinthische Pilaster trennen die Felder. Der **Schnitzwerk-Aufsatz** aus **1853** von **Ludwig Mooser** stammt von der ehemaligen Orgel der Minoriten-Kirche.

Totenkapelle unter der Orgelempore mit Platzlgewölbe.

Totenkapelle-Westwand Grabplatte für Graf **Johann Heinrich von Herwart und Hochenburg** aus **1709**. Die querovale Speckstein-Inschriftentafel hat eine Rotmarmor-Rahmung. Putten umrahmen das Wappen.

Totenkapelle, **Allerseelen-Altar**: Breites Säulenretabel mit gesprengtem Segmentgiebel. Altarbild **Jüngstes Gericht** aus der Zeit nach 1650.

Im **Auszug** Büste **Gottvater mit Weltkugel** im reichen Stuckrahmen, in den 1760er-Jahren von Johann Kaspar Modler (?) ergänzt.

Auf dem Altartisch Figur **Pieta** aus der Zeit vor 1700. An der **Westwand** die Grabtafel für **Landeshauptmann Hans Ludwig von Kuefstein** aus 1641 aus grauem Marmor.

Sakristei
Quadratischer Raum östlich des Chores mit Platzlgewölbe und reicher barocker Ausstattung:
Lavabo (Wandbrunnen) aus rotem Marmor, gebaut nach 1650. Der ädikulaartige Aufbau über Muschelschale hat einen gesprengten Dreiecksgiebel. Zwei stilisierte Löwenköpfe dienen als Wasserspeier.
Sakristei-Schränke um 1770 mit korinthischer Pilaster-Gliederung und reichen Intarsien.

Promenade

*Die breite Straße führt vom **Taubenmarkt** am **Beginn der Landstraße** Richtung West mit einem Bogen bis zur **Römerstraße**.*

Die Promenade entsteht nach dem Brand von 1800 durch Aufschüttung des Stadtgrabens mit Brandschutt.

Highlights

- Nr. 9 Eingang zur **Taubenmarkt-Arkade**
- Nr. 13 **Sparkasse**
- Nr. 16 **Café Traxlmayr**
- **Fadinger-Säule**
- Nr. 39 **Landestheater** mit **Promenadenhof**

Promenade 2
/Schmidtorstraße 8

1861 wird das **Schmidtor abgerissen**. Die Schmidtorstraße verbindet seitdem den Hauptplatz mit der Landstraße. Neubau des Eckhauses mit abgeschrägter Baukante zum Taubenmarkt durch **Johann Rueff**.

Sparkassen-Brunnen siehe Landstraße, Seite 178.

Promenade 6

Ausgeführt um 1910 nach Plänen von Ignaz Scheck. Das SW-Eck ist breit abgeschrägt. Hermen begrenzen die Doppelfenster der späthistoristischen Fassade.

Promenade 7
Starhemberg- bzw. Hoheneck-Freihaus

Bis 1710 bürgerlich.
1710–40 Im Eigentum der Starhemberger. Neubau durch Johann Michael Prunner (?).
1740–74 Eigentümer sind die Barone Weichs.
1774–1878 Hohenecksches Freihaus.
1970 und 1996 Umbauten

Über genutetem Erdgeschoß eine regelmäßige Schaufront mit barocker Putzrahmen-Gliederung. Fensterverdachung durch flache Dreieckgiebel. Hochbarockes **Portal** in der betonten Mittelachse, von seitlich geknickten Pilastern samt vorgestellter ionisierender Säule gerahmt. Darüber ein seichter geschweifter Balkon mit historistischem Geländer nach 1850. Die Figur **Maria mit Kind** auf Mondsichel an der linken Kante stammt aus der Zeit vor 1750. Im Hof Arkaden in den drei Hauptgeschoßen.

Promenade 8
Wagnerwerkstatt-Haus

Die angrenzenden Gebäude überragen das kleine, an 2 Seiten frei stehende ehemalige Werkstättenhaus. Hohes genutetes Erdgeschoß. Riesenpilaster gliedern die Fassade. Der **Stuckschnitt-Dekor** dazwischen schließt die Fenster zu Bahnen zusammen. Über den beiden mittleren Achsen ein Dreiecksgiebel, bekrönt von einer spätbarocken **Blechschnitt-Figur** des **hl. Georg**.

Promenade 9
ehem. Stadtpalais Thürheim, Freihaus Starhemberg

1710 Im Besitz von Philipp Gottlieb **Graf Thürheim**. Neubau danach durch **Johann Michael Prunner**.
1748 Stift Engelszell kauft das Haus von den Erben Thürheims.
1787 Unter Kaiser **Joseph II.** werden die **Stiftshäuser eingezogen**. Der Fabrikant Franz Anton Maurer kauft das Haus.
1802–1989 Im Besitz der **Starhemberger**.
1989 Neuer Besitzer wird die Allgemeine Sparkasse.
1992 Eröffnung der **Taubenmarkt-Arkade** als Einkaufszentrum mit Durchgang zum Haus Landstraße 12 und 14.

Über einem genuteten Erdgeschoß trennen Riesenpilaster die Fassade. Die Fenster der beiden Obergeschoße werden durch zwei alternierend geschweifte Giebel verdacht.

Promenade 11 und 13
Allgemeine Sparkasse OÖ

1849 Eröffnung der Sparkasse im Erdgeschoß des Landhauses.
1857 Die Sparkasse erwirbt das Haus Nr. 11, 1886 auch das Haus Nr. 13.
1886–92 Neubau nach Plänen von **Ignaz Scheck** und **Hermann Krackowizer**.
1950–52 Überdachung des Innenhofs durch Anton Estermann. Der **Marmorbrunnen** wandert auf den **Taubenmarkt**.
1968 und 1982 umfangreiche Restaurierungen. Blick von der Schalterhalle auf den Südtrakt:

Der **Haupttrakt** ist das bedeutendste Werk der Repräsentations-Architektur des strengen **Historismus** in Linz im auslaufenden 19. Jh. Vorbild ist dabei die Architektur der italienische Renaissance. Über einem rustizierten Erdgeschoß wird die Fassade nach oben hin aufwendiger. Das **Mittelportal** in einer manierierten **Ädikula-Rahmung** wird von **allegorischen Figuren** von **Josef Baumgartner** bekrönt, die linke mit Kranz, die rechte mit Fackel.

Lulu Gräfin von Thürheim 1788–1864

Selbstportrait um 1832

Ihre Familie muss vor der Französischen Revolution **1794** von **Belgien** nach **Wien** fliehen. Im Sommer lebt Lulu in **Schwertberg**. Lulus Verwandter **Josef-Gundacker von Thürheim** erbte 1748 das dortige Schloss. Teile ihrer Jugend verbringt sie in **Linz**, im 1890 abgebrochenen Haus Promenade 13. Lulus Schwester Konstanze heiratet Fürst **Andreas Rasumofsky**, **Botschafter Russlands** in Wien und beim Wiener Kongress 1814/15. Lulu begleitet Konstanze und Andreas auf mehreren Reisen. Lulu heiratet 1832 Charles Thirion, Sekretär von Rasumofsky. Bald danach begeht Charles Selbstmord. Lulus **Reisetagebücher** werden erst 1913 publiziert. Wie Schwester und Schwager ist sie in Schwertberg begraben.

Mittelrisalit mit breiteren Achsen. Im **1. OG** genutete Pilaster. Im **2. OG** verglaste Arkaden zwischen Doppelsäulen. In den **Bogenzwickeln** allegorische Frauengestalten: Handel, Industrie, Bienenzucht, Obstbau, Ackerbau und Spinnerei. Über der **Attika-Balustrade** eine Figurengruppe aus 1886 von Joseph Baumgartner: Geflügelter Genius umringt von Knaben. Links ein bärtiger Mann, rechts eine Früchte reichende Frau.

Das kunstvolle **Stiegengeländer** fertigt 1892 die Linzer Firma **Schachinger**, die damals noch eine Kunstschlosserei betreibt.

1. OG (nicht öffentlich zugänglich), Halle, Bild **Verwundetes Herz von René d'Anjou**, 1989 von **Rudolf Leitner-Gründberg**, geboren 1955 am Gründberg in Linz. (René d'Anjou 1409–80, Graf der Provence, König v. Neapel 1435–42).

1. OG, Halle, **Mosaik Junges Paar**, das Sparen versinnbildlichend, 1952 von **Rudolf Hermann Eisenmenger**. Er verwendet dabei mindestens 500 verschiedene Farbtöne. Im Zuge des Umbaus 1980 wird das Mosaik restauriert und an seinen heutigen Platz versetzt.

Rudolf Hermann Eisenmenger (1902–94): Er ist 1939–45 Präsident des Wiener Künstlerhauses. Zur Wiedereröffnung der **Wiener Staatsoper** 1955 schafft er den dortigen **„eisernen Vorhang"**. Dieser wird ab 1998 jährlich durch einen neuen Künstler gestaltet.

2. OG (nicht öffentlich zugänglich), Ende Stiegenhaus, Büste Kaiser **Franz Joseph** (1830/1848–1916) in einem Ädikula-Rahmen mit Muschel-Kalotte und Dreiecksgiebel.

2. OG, **Vorhalle**

Vorhalle, Bild eines unbekannten Malers aus der Salzburger Dombauschule mit den Heiligen **Blasius**, **Nikolaus von Myra** und **Valentin**:

2. OG, **Festsaal**

Festsaal-Decke

Holzgeschnitzter farbiger Dekor im Neurokoko-Stil.

Festsaal-Decke, **neobarockes Leinwandbild** „Wirken der Sparkasse in wirtschaftlicher und humanitärer Beziehung", um 1890 von **Alois Hans Schramm**.

Festsaal, Bild **Kaiser Franz Joseph** (1830/1848–1916), 1893 von **W. Vita**.

Festsaal, Kamin

2. OG, **Balzarek-Zimmer** mit originalen Ausstattungs- und Einrichtungsstücken von **Mauriz Balzarek** (1872–1945, siehe Seite 256), Schüler von Otto Wagner.

Wandfries: Die Darstellung der fördernden Tätigkeit der Sparkasse, 1908 von **Max Liebenwein**.

Gespendet wird dieser Fries von Julius Wimmer.

Balzarek-Zimmer Nordwand, Bild **Julius Wimmer** (1856–1945). Er übernimmt 1889 von Vater Josef die Druckerei. 1904–1926 ist er Präsident der Sparkasse Linz.

Promenade 16
Café Traxlmayr

1800–03 Erbaut als Bürgerhaus. Bis 1840 Besitzer Familie Hauser.
1846–48 Historistische Obergeschoß-Fassade von Maurermeister Friedrich Sighartner (?), Besitzer des Hauses in dieser Zeit.
1867 Caféhaus-Vorbau durch Ludwig Gyri in Holzbauweise.
1880 Neuer Besitzer wird die **Familie Traxlmayr**.
1905 Ein Neubau durch **Mauriz Balzarek** ersetzt den **Vorbau** von Ludwig Gyri.
1925 Hausumbau unter **Karl Vornehm**. Das Café wird erneuert und erweitert.

Die **Einrichtung** besteht noch heute aus Marmortischen, Thonet-Stühlen, Spieltischen und einer Wanduhr. Im **Spielzimmer** ein Telefonhäuschen und eine Flachdecke auf mächtigen Gurtbögen. Geometrische Stuckornamente an Decken und Wänden.

Promenade 17 + 19
/Herrenstraße 1
Hotel „Zu den drei Mohren"

1595 Das Haus Nr. 17 wird urkundlich genannt.
1685 Gasthaus in Nr. 17
1730 Errichtung Haus Nr. 19
1862 Umgestaltung beider Häuser durch **Anton Schrittwieser**.

Das mächtige Eckhaus besteht aus zwei im Inneren verbundenen einzelnen Häusern. Die Fassaden sind unterschiedlich. Historistische Fassade bei Nr. 17 aus 1862.

Gegenüber Haus Promenade Nr. 19 ist das Südportal zum **Landhaus** (siehe Seite 100).

Promenade 23
Druckerei Wimmer

1865 **Josef Wimmer** gründet die **Linzer Tagespost**, Vorläuferin der OÖ. Nachrichten.
1878 Erstmals wird „Wimmers gelber Fahrplan" gedruckt.
1880 Auf der ersten Doppelschnellpresse wird erstmals die Tagespost gedruckt.
1887 Architekt **Hermann Krackowizer** baut das neue Verlagshaus mit neubarocker Fassade.
1927 Im Hof werden römisches Mauerwerk, Münzen und Waffen entdeckt.
2011 **300-Jahre-Jubiläum** der Verlagsgruppe.

Julius Wimmer
1856–1945

1889 Er übernimmt die väterliche Druckerei samt der **Zeitung Tagespost**.
1901 Die Tagespost erscheint mit einer Unterhaltungsbeilage. Sie wird zur Fundgrube der Heimatforschung.
1904–26 Er ist **Präsident der Sparkasse Linz**.
1907–22 Julius ist **Präsident des Oö. Musealvereins**. Er bewirkt viele Ankäufe.
1913 „Wimmers gelber Fahrplan" erreicht mit 215 000 Exemplaren die höchste Auflage.
1917 Er gibt Geschäftsanteile an Tochter Grete und Schwiegersohn Oskar Streit.
1936 Julius Wimmer wird Ehrenbürger von Linz.

Die **Wimmerstraße** in Linz-**Kleinmünchen** ist nach ihm benannt.

Das Mittelportal wird umrahmt von toskanischen Säulen. Sie tragen zusammen mit einem Muschelkorb den darüberliegenden Balkon. Die Fenster-Verdachung nimmt in ihrer Ausstattung nach oben ab. Doppelfenster betonen die Seitenteile der Fassade. Auch hier folgen auf Pilastern im 2. OG

Halbsäulen und im 3. OG Dekorreliefs.

Promenade 27
/Klammstraße 2
Danmiller-Haus

1626 Neubau nach Brand.
1630 **Siechenamtsverwalter Pankraz Danmiller** kauft das Haus.
1633 Danmiller stiftet es als Unterkunft für alte Frauen. Sein **Urenkel, Johann Adam Pruner**, folgt 1734 mit seiner Stiftung (siehe Pruner-Stift, Seite 167).
1757 Durch Tausch geht es an Johann Michael Dietscher. Es wird mit dessen Nachbarhaus vereint. Die **neue Fassade** errichtet **Johann Matthias Krinner**.
1827 Bau des 2. OG im völlig gleichen Stil.
1848 Wohnhaus von **Emilie und August Freiherr von Binzer**.

Der runde **Eckerker** mit Zwiebelhelm ruht auf einem Muschelkorb. Die **Fassade** über einem genuteten Erdgeschoß wird von Doppel-Pilastern gegliedert. In der **Klammstraße** wird die Fassaden-Mittelachse durch Korbbogen-Portal und Doppelfenster betont.

Binzer-Gedenktafel auf der Promenade-Fassade.

Emilie von Binzer
geborene von Gerschau
1801–1891

Emilie wächst im Haushalt von Herzogin Wilhelmine von Sagan in Schlesien auf. Dort heiratet sie 1823 den Dichter und Journalist **August Freiherr von Binzer** (1793–1868). August ist ein Vertreter der deutschen Romantik und der antinapoleonischen Avantgarde. Im Salon der Binzers in Wien verkehren Adalbert Stifter und Franz Grillparzer. Über Grillparzer lernt Emilie **Erzherzog Maximilian** (1832–1867) kennen, Bruder von Kaiser Franz Joseph. Maximilian ist **ab 1864 Kaiser von Mexiko**. Von Präsident **Benito Juarez** (1806/58–1872) wird er besiegt. Kurz vor seiner Hinrichtung schreibt Maximilian an Emilie einen rührenden Abschiedsbrief.

*Es folgt nun ein **Abstecher** in die bei der Promenade-Biegung abzweigende Klammstraße.*

Klammstraße 7
ehem. Freihaus Salburg

1645 Hanns Ludwig Graf **Kuefstein** eröffnet neben dem Freihaus einen **Ballsaal**. Von Kaiser Ferdinand III. erhält er das Privileg, Wein aus Niederösterreich ohne Zoll einzuführen.
1679 Sohn Lobgott von Kuefstein verkauft das inzwischen zu einem Wohnhaus umgebaute Ballhaus an Johann Reichard von **Salburg**.
1766 Die Salburger verkaufen an einen heute unbekannten Besitzer.
1829 Fabrikant Leopold Mayr lässt das 2. OG errichten.

Portal aus der 2. Hälfte des 17. Jhs. mit Rustikagewände. Unter dem gesprengten Giebel das **Wappen der Althan**, Ende 17. Jh. kurzzeitige Eigentümer.

Klammstraße 18
1845 errichtet **Johann Rueff** den Neubau. Die gesamte Erdgeschoßzone nimmt ein hölzernes **Auslagenportal** ein, errichtet 1893 von **Ludwig Mayer** im Stil des

Neomanierismus nach Plänen der OÖ Baugesellschaft.

Klammstraße 20

Neben den Häusern 20 und 20a treibt einstmals der Schweinbach eine Mühle an. Heute befindet sich dort eine gemütliche Beislszene.

Zurück zur **Promenade** am Landhauspark-SW-Ecke **Stefan-Fadinger-Säule:** Die Bronzegruppe von **1702** steht auf einer toskanischen Säule.

Darstellung der Geißelung Christi: Zwei Henkersknechte schlagen heftig auf den Gefesselten ein. Der Künstler ist unbekannt. 1769 erfolgte beim Bau der neuen Landhaus-Brücke wohl die Versetzung der Fadinger-Säule von dort an ihren heutigen Standort.

Stefan Fadinger, Führer des oö. Bauernaufstandes, wird am **28. Juni 1626**, vom Landhaus her vor dem Südportal angeschossen. Am 5. Juli 1626 stirbt Fadinger in seinem Lager im damals noch selbstständigen Ort **Ebelsberg**.

Promenade 31
Landesrechnungshof

1670 Bau durch Architekt **Georg Pruckmayr**. Der Perückenmacher Jean Baptiste Damaseur wohnt hier.
1698 Die **Stände** kaufen das Perückenmacher-Haus als Unterkunft für den neu bestellten Bereiter an der Landschaftsakademie.
1828 Das Haus gelangt in Privatbesitz. Aufstockung um 2 Geschoße und Erweiterung um eine Fensterachse.

Die **Biedermeier-Fassade** von Josef Holzinger (?) aus der Zeit vor 1828 beruht auf wenigen geometrischen Grundmotiven.

Promenade 33
Zufahrt zwischen den Häusern 31 und 39.

1692 Die Stände lassen das **Reitschul-Stallgebäude** errichten. Dann dient es als Wohnung des Landschafts-Expeditors.
1834 Gebäudeteile gehen an den neu gegründeten **Musealverein**.
1895 Das Museum übersiedelt in die Museumstraße.
1896 Das **Landesarchiv** zieht hier ein.
1911 Das Gebäude erhält durch **Franz König** eine **klassizistische Fassade**. Josephinische Stilelemente sind mit Elementen des Sezessionismus durchsetzt.
1971 Das Landesarchiv übersiedelt in die Anzengruberstraße 19.
2007 Es wird zum **Haus der Volkskultur**.

Eine geschwungene **Attika** über gesprengtem **Dreiecksgiebel** mit Landeswappen betont die mittleren drei Achsen.

Promenade 37

1644 Kaiser **Ferdinand III.** schenkt den oö. Ständen den zum Schloss gehörenden **Mautgarten**.
1645 Die Stände errichten einen **Reitstadl**.
1670–87 Verwendung als Theater.
1693–97 Neubau durch **Carlo Antonio Carlone**. Er dient als Unterkunft der neu geschaffenen **Landschaftsakademie**, Ausbildungsstätte des jungen Adels.
1750 Maria Theresia verbietet die adeligen Exerzitien (Fechten, Tanzen, Kunstreiten).

Die jungen Adeligen weichen in die Ritterakademie im Stift Kremsmünster aus.

1781 Die Stände übergeben die Reitschule an Jakob Schneider, ehemaliger Stallmeister des Fürsten Thurn und Taxis. Schneider muss sie für Ballveranstaltungen zur Verfügung stellen.

1800 Beim **Stadtbrand** wird das Theater von 1697 vernichtet. Bis zur Fertigstellung des Neubaus 1803 dient die Reitschule als **Theater**.

1909 **Neubau** als **Landeskulturratsgebäude** durch Dombaumeister **Matthäus Schlager**.

1937– 1974 Sitz der **oö. Landwirtschaftskammer**.

2005 Sitz der **Direktion Kultur** des Landes Oberösterreich.

Mansardendach, Attika und 3-achsiger Balkon betonen den 5-achsigen **Mittelrisalit** mit Riesenpilastern.

Die **Neobarock-Fassade** wird mit Jugendstil-Elementen verfeinert und verfremdet. An der NW-Ecke ein 3-geschoßiger **Runderker** auf Muschelkorb. Gegenüber an der Rückseite des Landestheaters eine Erinnerungstafel für die Errichtung „in den Kriegsjahren 1939/1940“.

Promenade 39
Promenadenhof, Redoutensaal, **Landestheater** (Großes Haus und Kammerspiele)

1695–97 **Carlo Antonio Carlone** errichtet das **ständische Ballhaus**.

1715 Erneuerung durch Franz M. Pruckmayr.

1772–74 Aufstockung und Einbau **Redoutensaal** durch **Johann Baptist Gangl**.

1790–97 Theater-Blütezeit unter Franz X. Glöggl.

Franz Xaver Glöggl

1764 geboren in Linz.

1790 **Leiter** des Linzer **Landestheaters**.

1793 Ein mit der Zauberflöte beginnender **Mozart-Zyklus** führt zu großer Begeisterung.

1797 **Dom-Kapellmeister**

1839 gestorben in Linz.

Auf seine Initiative gehen die **erste Linzer Musikschule** und die **erste Linzer Chorvereinigung** zurück. Er gründet eine Leihbibliothek für Musikalien. Nur der erste Band seines Musiklexikons erscheint. Der Gesellschaft der Musikfreunde in Wien vermacht er seine Sammlung von Musikinstrumenten und Autografen.

1800 Zerstörung beim großen Stadtbrand.

1802/03 **Neubau** durch **Ferdinand Mayr**.

1803 **Theater-Eröffnung** mit **Oktavia** von August von **Kotzebue**.

1805 Plünderung durch Truppen Napoleons.

1939/40 Neubau des Bühnenhauses mit Bühnenturm durch Paul Wenz.

1954–58 **Neugestaltung** und Anbau der **Kammerspiele** durch **Clemens Holzmeister**.

2013 Das **Musiktheater** übersiedelt ins neue Gebäude am **Blumauerplatz**. Am Standort **Promenade** ist danach vorwiegend das **Theater** zu finden.

Im Erdgeschoß bietet seit Jahren der **Promenadenhof** kulinarische Köstlichkeiten zu vernünftigen Preisen.

Der Wintergarten im Innenhof vermittelt ganzjährig mediterranes Flair.

Redoutensaal im 1. OG bei der Jahreshauptversammlung 2011 des Vereins Freunde des Linzer Musiktheaters:

Nach 1850 erfolgt eine Adaptierung des über zwei Geschoße reichenden Festsaals. Die umlaufende Galerie liegt auf Volutenkonsolen. Hermen gliedern die Brüstung. Frühhistoristischer Dekor an den Decken. Im Nebenraum „warten“ bei Veranstaltungen die Buffets auf die Gäste.

Großes Haus bis 2013 für Oper, Operette und Musicals.

Im Foyer des Großen Hauses zwei Bilder von Otto Nowak (1878–1945): Zuschauerraum und **Außenansicht**:

Plan Dehio Linz ©BDA

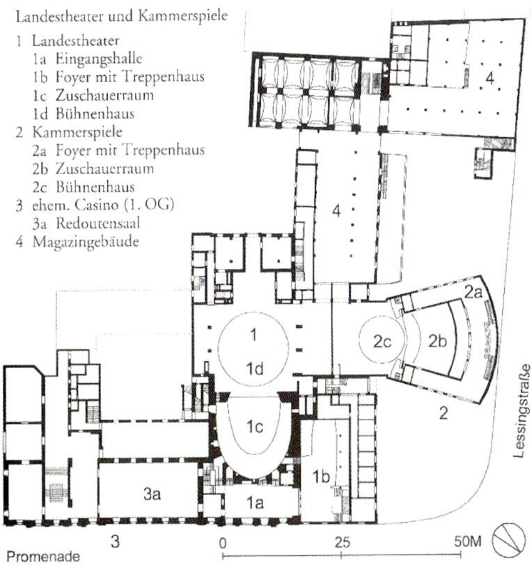

Kammerspiele erbaut von Clemens Holzmeister. 3 Fotos Landestheater, Norbert Artner.

Haupttreppe zweiarmig aus rotem Marmor entlang der gebogenen Außenfront. Geflieste Wände von Gudrun Baudisch.

Türen zum Foyer mit gemalten **Oberösterreich-Ansichten** von **Franz von Zülow** (1883–1963).

Künstler, deren Karriere **in Linz** begann:

SchauspielerInnen:
Alfred Böhm, späterer Fernsehliebling.
Karl Farkas, übersiedelt 1921 ins Kabarett Simpl nach Wien. Dort legendäre Doppelconférencen mit Fritz Grünbaum, nach 1950 mit Ernst Waldbrunn.
Waltraud Haas, später in vielen Filmen zu sehen.
Judith Holzmeister
Lotte Lang
Gerlinde Locker

Sängerinnen:
Fritzi Massary
Maria Müller
Catarina Ligendza

SängerInnen, die am Beginn ihrer Karriere in Linz auftraten:
Piotr Beczala
Adrian Eröd
Stephen Gould
Edita Gruberova
Alfred Muff
Ildiko Raimondi
Kurt Rydl

Fritz Eckhardt wird 1907 in Linz geboren. Nach seiner Schauspiel-Ausbildung wandert er u. a. über Stuttgart, Reichenberg, Berlin nach Wien. Dort tritt er im Kabarett **„Der liebe Augustin“** auf. Nach 1955 wird er durch Fernsehserien bekannt: „Hotel Sacher“ und „Wenn der Vater mit dem Sohne“ mit Peter Weck. Ab 1971 ist er Kommissar Marek im Tatort. Er schreibt 30 Theaterstücke und über 200 Drehbücher. 1995 stirbt er in Klosterneuburg.

Hedwig Bleibtreu und **Richard Tauber** bleiben ihrer Geburtsstadt trotz Weltruhm immer treu.

Landhaus

zwischen Promenade und Klosterstraße

Highlights

- **Arkadenhof**
- **Steinerner Saal**
- **Nordportal**
- **Minoriten-Kirche**

1536 Die **Oö. Landstände** mieten von **Georg Haslhueber** Teile des im 13. Jh. gebauten **Minoriten-Klosters**.

1563 Die Stände übernehmen das ganze Kloster.

1564 Das bereits sehr verfallene Kloster wird abgerissen.

1567 Die **Stände kaufen** das Gelände. Die **Kirche** behält sich Kaiser **Maximilian II.** selbst vor. Das Landhaus wird unter Landeshauptmann **Dietmar von Losenstein** und **Hilleprand Jörger zu Prandegg** gebaut. Die mittelalterliche Stadtmauer wird einbezogen. Die Pläne liefert **Christoph Canevale** (? in Lanzo, Provinz Como – 1595? in Linz). Steinmetze sind **Caspar Toretto** und **Peter Guet**. Der verwendete Granit stammt aus Neumarkt im Mühlkreis (Marke Mauthausner), der Marmor aus Salzburg.

1568 Der Landhaus-Turm wird vollendet.

1574–1629 Die **protestantische Landschaftsschule** ist im Landhaus untergebracht. Die Landstände bauen sie zu einer **Hochburg des evangelischen Glaubens** aus.

1577 Bau des **Schulhofs**.

1582 Steinmetz **Peter Guet** aus Peuerbach baut das **Planeten-Brunnenkar** im Arkadenhof.

1615 Der **Steinerne Saal** erhält durch Architekt **Marx Martin Spaz** seine heutige Höhe.

Johannes Kepler (1571–1630) unterrichtet 1612–26 in der Landschaftsschule Mathematik. Kurze Zeit wohnt er im Landhaus.
Er holt den ersten Buchdrucker nach Linz: **Johann Planck** aus Erfurt (siehe Seite 134).

1628 Der **Landhaus-Turm** wird mit einem **vergoldeten Doppeladler** von Matthias Erlacher gekrönt.

1632 Erstmalige Öffnung nach Süden durch ein zusätzliches Portal.

1638 Der Landhaus-Turm wird aufgestockt.

1655–58 Der **NW-Flügel** um den sogenannten **Bauschreiberhof** wird nach Plänen von **Hans Christoph Kellerer** gebaut.

1751–58 **Neubau** der **Minoriten-Kirche** durch **Johann Matthias Krinner** als einschiffige, reich geschmückte Rokoko-Kirche (siehe Seite 88).

1769 Errichtung des heutigen **Südportals** auf der Promenaden-Seite.

1785 Das **Minoriten-Kloster** wird unter Kaiser **Joseph II.** endgültig **aufgelassen**. Das **Landhaus** wird **Regierungssitz** des Landes ob der Enns.

1800 Der **vom Schloss ausgehende Stadtbrand** vernichtet 70 Häuser in der Altstadt. Im Landhaus werden Bibliothek, Archiv und Gemäldegalerie zerstört. Die Minoriten-Kirche bleibt nahezu unversehrt.

1800/02 Die Bauschäden werden behoben. Vom Steinernen Saal wird der **Braune Saal** abgetrennt. Für die **neue Theatergasse** wird der NW-Flügel durchbrochen. **Ferdinand Mayer** errichtet die **klassizistische Fassade**.

1801 Die Wehranlagen im Süden und Westen werden geschliffen. Auf dem frei gewordenen Gelände entsteht die **breite Promenade**.

Elisabeth von Bayern (1837–1898), genannt **Sisi**, wird am 21. 4. 1854 bei ihren Ankunft mit dem Schiff aus Straubing in Linz von ihrem Cousin und Bräutigam **Kaiser Franz Joseph** (1830/48–1916) empfangen. Sisi nächtigt im Landhaus. Am nächsten Tag fährt Sisi mit dem Schiff nach Wien. Der Kaiser war schon vorausgereist. Dort heiraten sie am 24. April 1854.

Kaiserin Sisi, Bild 1865 von Franz Xaver Winterhalter, Hofburg in Wien.

1861-04-06 Statthalter Eduard Freiherr von Bach eröffnet die **erste Sitzung** des gewählten **Oö. Landtages**. Bach übergibt den Vorsitz an **Landeshauptmann**

Dominik Lebschy, Abt von Stift Schlägl.
1863 Der **Sitzungssaal** für den **Landtag** wird von **Ferdinand Scheck d. J.** im Rokoko-Stil errichtet.
1932 Der **letzte Türmer** hält im Landhaus-Turm Brandwache über Linz.
1937 Die Turmfundamente werden unterfangen. Das Treppenhaus wird erneuert.
2009 Das Landhaus wird unter Denkmalschutz gestellt.

Promenade, Landhaus-Südfront, Denkmal für den Dichter **Adalbert Stifter**, 1902 von **Hans Rathausky**.

Adalbert Stifter

1805-10-23 Geburt in **Oberplan** an der Moldau in **Südböhmen**.
1818–26 Stifter besucht die **Lateinschule** der Benediktiner in **Kremsmünster**. Hier werden die Grundlagen für eine aufgeklärte Betrachtung von Natur, Kunst und Literatur gelegt.
1826 Stifter beginnt in **Wien** das **Jusstudium**.
1827 **Erste Gedichte**, beeinflusst von Goethe, Herder und Jean Paul. Die unglückliche Liebe zu **Fanny Greipl** ertränkt er im Alkohol.
1830 Studiumabbruch
1833 Fanny bricht die sporadische Beziehung endgültig ab.
1837 Stifter heiratet **Amalie Mohaupt** (1811–1883). Durch deren Verschwendungssucht wird Stifter mehrmals gepfändet.
1839 Stifters **erste** wichtigere **Gemälde** entstehen. Die inzwischen verheiratete Fanny stirbt.
1842 Der Verleger Gustav Heckenast aus Pest veröffentlicht Stifters Erzählung **Der Hochwald**. Mit der Erzählung **Abdias** gelingt Stifter der literarische Durchbruch.
1848 Stifter, ein Anhänger der Revolution, übersiedelt nach **Linz**. Bis zu seinem Tod wohnt er im (heutigen) Haus **Stifterplatz 1** an der **Donaulände**.
1850 Stifter wird Schulinspektor für die Volksschulen in Oberösterreich.
1852–55 Stifter leitet die erste Restaurierung des **Flügelaltars in Kefermarkt**, geschaffen 1490–97 von einem unbekannten Meister.

1853 Stifter wird **Schulrat**. Sie nehmen Amalies **Nichte Julia** als **Ziehtochter** auf.
1853 Stifter beschreibt seine Ehe mit Amalie als glücklich, obwohl sie ihm intellektuell weit unterlegen ist.
1859 **Julias Leiche** wird in der **Donau** gefunden. Die Todesursache wird nicht geklärt. Stifters „Nervenleiden" nehmen zu. Die Veröffentlichung seines historischen Romans **Witiko** verzögert sich.
1868-01-26 Stifters **Leberzirrhose** verschlechtert sich immer mehr. Er schneidet sich am Krankenbett mit einem Rasiermesser die Halsschlagader auf.
1868-01-28 Stifter stirbt in Linz.

Südwest-Ecke: **Hessen-Denkmal**, gebaut **1928** nach Plänen von **Franz Forster** vom **Steinmetz Steller** auf Anregung des Hessenbundes. Das Infanterie-Regiment Nr. 14 wird 1733 gegründet. Seit 1779 sind „die Hessen" das Hausregiment von Linz.

Aus einem Sockel mit vier abgetreppten Streben wächst ein 8-eckiger Pfeiler mit drei konischen Trommeln empor. Am Sockel eine Gedenkinschrift für die ca. 5 000 Gefallenen des Regiments im Ersten Weltkrieg 1914–1918.

Neben dem Hessen-Denkmal steht die **Fadinger-Säule** (siehe Promenade, Seite 97).

Landhaus-Turm

1568 Turm-Fertigstellung.
1637 Turm-**Erhöhung** durch Marx Martin Spaz.
1802 Der Turm erhält einen neuen **Helm in Zwiebelform** mit bekrönender Laterne.
1803 Johann Michael Laudacher aus Linz baut die **neue Turmuhr**.
1954/55 **Fritz Fröhlich** malt auf den vier Seiten im

obersten Abschnitt **je eine Sonnenuhr**, 2 Fresken und 2 Sgraffitos. Durch die Ausrichtung des Turms von Südwest nach Nordost „funktionieren" alle 4 Sonnenuhren.

Zugang zum **Südportal**: Der Graben wird 1801 zugeschüttet und 2007/09 wieder freigelegt. Diese **Brücke** wird **1769** bei der Neugestaltung des Südportals gebaut. Sie ersetzt die erste Brücke aus 1632.

Südportal
auf der Promenaden-Seite

1769 ersetzt das heutige Portal von **Johann Winkler** das erste Portal aus 1631. 1802 erfolgt eine umfangreiche Renovierung. Die breite **Korbbogenöffnung** wird seitlich von geschichteten toskanischen Pilastern begrenzt. Darüber ein **Triglyphen-Fries**.

Vor dem Tor ist im Boden ein Eisenring. Er zeigt den Umfang der **Glocke Pummerin** für den **Stephansdom in Wien**.

Im **gesprengten Giebel** des Südportals halten Engel das **oö. Landeswappen**.
Den **Mittelrisalit** bekrönt der **Reichsadler**. Darunter eine Gedenktafel aus 1802: „Das Land hat in Erinnerung des überlieferten Ruhms dieses Haus wieder aus der Asche aufgebaut und dessen Glanz noch vermehrt 1802."

Heute ist das Landhaus ein mächtiger Baublock mit **5 300 m² Baufläche** und rund **400 Räumen**.

Durchfahrtshalle von der Klosterstraße im Norden zur Promenade im Süden:

Tonnengewölbe mit steingequaderten Wandpfeilern,

Die **Vorgänger-Glocke** der Pummerin wird **1711** aus den erbeuteten Kanonen nach der **2. Türkenbelagerung 1683** von Wien für den **Stephansdom** gegossen. Im April **1945 zerschellt sie** nach einem Bombenangriff.

Die Pummerin wird **1951** in St. Florian gegossen. Sie misst 314 cm im Durchmesser. 21 383 kg ist sie schwer. Die Pummerin ist das **Geschenk des Landes Oberösterreich** für den Wiederaufbau des Stephansdoms. Vor dem Transport 1952 nach Wien wird sie vor dem Landhaus verabschiedet.

seitlich Stichkappen. Im Gewölbe gitterartiger Raster aus Stuckgraten.

Durchfahrtshalle, **Wappen von Oberösterreich**, einst das Wappen von **Otto II. von Machland** (1100?–1150?), Stifter der Klöster Baumgartenberg und Säbnich (später Waldhausen). Unter Herzog **Albrecht III.** (1348–95) wird es zum Wappen des Landes Österreich ob der Enns.

Durchfahrtshalle, **„Rumor-Tafel" aus 1570** mit **Schwert und Schwurhand** zur Aufrechterhaltung des Landfriedens. Sie verbieten seinerzeit bei strenger Strafe das Waffentragen:

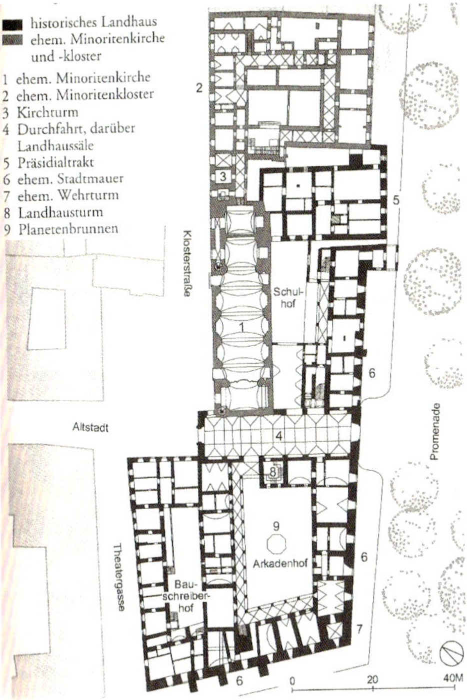

Plan Dehio Linz ©BDA

Durchfahrtshalle, **Tafel** vom Ständischen **Obereinnehmer-Amt**, das **1569** von den Ständen errichtete „Finanzamt“.

Durchfahrtshalle, **Gedenktafel** (Epitaph?) für **Georg Haslhueber**. Von ihm mieten 1536 die Oö. Stände das Gelände mit dem bereits verfallenen Minoriten-Kloster.

Arkadenhof, vollendet um 1577 unter Michael Khügler. Vor dem West- und Nordtrakt und im NO bis zum Landhaus-Turm befinden sich **3-geschoßige Laubengänge**. Sie werden ab 1574 in der Spätzeit der Renaissance errichtet.

Der oberste Gang wird nach dem Brand von 1800 neu gebaut.

Im **Erdgeschoß** sind hohe rundbogige **Pfeiler-Arkaden** mit verkröpften Kämpferplatten. In den beiden **Obergeschoßen** tragen **toskanische Säulen** die Segmentbogen-Arkaden. Im 1. OG sind die Säulen aus Rotmarmor. Im Sommer finden im Arkadenhof stimmungsvolle Konzerte statt.

Planeten-Brunnen im Landhaus-Arkadenhof

1579 Die Stände lassen **erstmals eine Wasserleitung** ins Landhaus verlegen. Bleirohre ersetzen bald die Holzrohre.

1581 Steinmetz **Peter Guet** aus Peuerbach stellt ein neues **Brunnenkar** her. **Johann Baptist Spaz** fertigt die **Bildhauerarbeiten**.

Am **Brunnenkar** die **Wappen** von Böhmen, Österreichischer Bindenschild, Niederösterreich, Tirol, OÖ., Ungarn und Reichswappen, alle aus weißem Marmor. Ein leeres Schild erinnert an die Renovierung 1858.

Die Granit-Mittelsäule trägt einen **Bronze-Zylinder** von **Augustin Kaltenecker** aus 1580/90. Darauf allegorische **Figuren** der **Planeten** nach dem System des **Ptolemäus** (100?–180? vermutlich in Alexandria): **Luna**, **Merkur**, **Venus**, **Sol** und **Saturn**. Auf der Kugel darüber reiten Putten auf wasserspeienden Delfinen. Dazwischen befinden sich Kartuschen mit Puttenköpfen. Ganz oben **Jupiter** auf einem zylindrischen Sockel.

Durchfahrtshalle, Ausblick durch das Nordportal auf die Straße „Altstadt“:

Nordportal

Die Renaissance-Fassade entsteht 1565/77. Das hohe Rundbogentor flankieren zwei **dorische ¾-Säulen** auf hohen **Piedestalen**.

Linker Sockel: griechischer Meeresgott **Triton mit Füllhorn**.

Am rechten Sockel ein **Kentaur** mit Pfeilen, ein Mischwesen der griechischen Mythologie aus Mensch und Pferd.

In den **Bogenzwickeln** ruhen männliche **Flussgötter** mit Füllhörnern und Amphoren. Darüber ein **Triglyphen-Fries** mit **Waffen** als Kriegssymbole. Kannelierte Pilaster flankieren das darüberliegende Feld mit den **Wappen** von Niederösterreich, Oberösterreich und dem österreichischen Bindenschild. Stehende Putten verbinden die Wappen.

Außenpfeiler begrenzen das nach oben abschließende **Drillings-Fenster** mit Rundbögen auf zarten ionischen Säulen. Oben ein **Dreieckgiebel** auf Delfinen. Links vom Nordportal schließt die Fassade der **Minoriten-Kirche** an.

Foyer vor dem Schulhof, heute Bürgerservice-Büro: Engel halten das Wappen von Oberösterreich mit Herzogshut:

1. OG, Steinerner Saal

1565–67 Erbaut über drei Geschoße oberhalb der Durchfahrtshalle für **Sitzungen des Landgerichts**. Der 330 m² große Raum wird auch für Kirchenfeiern der Protestanten benutzt.

1614–26 Der Astronom und Mathematiker **Johannes Kepler** und seine zweite Gattin Susanne Reuttinger aus Eferding lassen hier mehrere ihrer **Kinder taufen**.

1615/16 **Marx Martin Spaz** erhöht den Raum mit neuem Gewölbe.

1691–1703 **Johann Baptist Spaz d. J.** fertigt die untere Rotmarmor-Verkleidung.

1800/02 **Abtrennung** des südlichen Drittels mit dem neu errichteten **Braunen Saal**.

An der Westwand (links) hohe segmentbogige Wandnischen. Links auch das Portal zum Arkadenhof, rechts das **Portal** zur Empore der **Minoriten-Kirche** mit Stuck und Engeln von Johann K. Modler aus 1758.

Steinerner Saal am 25. 7. 2011 bei einer Sponsionsfeier der Fachhochschule Linz.

Steinerner Saal, Westwand, **Portal** zum **Arkadenhof** um 1565 aus Rotmarmor:
Im Sturz halten Putten eine **Inschrift-Kartusche**. Seitlich die Darstellung römischer Heroen: **links Horatius Cocles**, der angeblich 507 v. Chr. eine Tiberbrücke vor den Etruskern verteidigte. Rechts **Marcus Curtius**. 362 v. Chr. öffnete ein Erdbeben einen tiefen Spalt am Forum in Rom. Marcus stürzte sich freiwillig samt Pferd in den Spalt, der sich nach diesem Opfer wieder schloss.

Arkaden-Gang, 1. OG, **Portal** in den **Steinernen Saal**, um 1565: Lisenen flankieren das breite profilierte Gewände. Darüber eine verkröpfte gerade Verdachung auf Voluten-Konsolen. Im **Sturzfeld** flankieren Hermenpilaster und die allegorischen Figuren **Caritas** und **Fortitudo** (Barmherzigkeit und Tapferkeit) eine Inschriftentafel.

Steinerner Saal, Ostwand, **Portal** zur Empore der **Minoriten-Kirche**, 1758 von Johann Kaspar Modler.

Der Aufsatz mit seitlichen Voluten ist geometrisch dekoriert. Auf dem geschwungenen Giebel eine Mittelvase im Rokokoschmuck, seitlich je ein Engel.

Steinerner Saal, Südwand (eingezogen 1800/02), **Portal** zum **Braunen Saal**, hergestellt von Johann Baptist Spaz d. J. 1717 als Nordportal für den heutigen Landtags-Sitzungssaal. 1800/02 erfolgte die Verlagerung hierher.

Das breite profilierte Gewände rahmen schmale Lisenen. Im Sturzfeld eine Kartusche mit Chronogramm 1717 (siehe Kunstbegriffe). Darüber eine gerade Verdachung, über den Voluten verkröpft.

Oberhalb des Portals eine **Tapisserie** mit der Darstellung des Triumphzuges von **Scipio Africanus**. Der römische Feldherr besiegt 204 v. Chr. **Hannibal** bei **Zama** im heutigen Tunesien entscheidend. Damit wird Karthagos Untergang eingeleitet. Der Gobelin wird im **16. Jh.** in Brüssel angefertigt. Es ist eine Leihgabe des Kunsthistorischen Museums Wien.

Steinerner Saal, **Stuckdecke** 1615 oder 1630, ähnlich der im Rittersaal der Greinburg:

1. OG, **Brauner Saal**

Der vom Steinernen Saal 1800/02 abgetrennte Südteil besitzt eine Einrichtung aus dem 19. Jh., u. a. einen 30-flämmigen **Luster** im Neorokokostil.

Rokoko-Standuhr:

Entwurf 1762 von **Carolus Aichmaier**, Ausführung 1763 von **Melchior Zimmerle**. Auf einem pfeilerartigen Sockel ein geschwungener Aufsatz. Das bemalte Ziffernblatt zeigt Tage, Monate, Namenstage und Tierkreiszeichen an.

Landtagssaal, im Norden vom Arkadenhof begrenzt, im Osten vom Braunen Saal.

1863 errichtet von **Ferdinand Scheck d. J.** über zwei Geschoße im etwas überladen wirkenden **Neorokoko-Stil**. Korinthische Pilaster und eine 3-seitige umlaufende Galerie gliedern die Wände. Die Fenster in der oberen Zone an der Nordseite ziert graziler Stuckdekor.

Landtagssaal Nordwand, hinter dem Stuhl des Landtagspräsidenten das Landeswappen von Oberösterreich in Bronze:

Decke Nordwand, Wappen von **Oberösterreich**.

Landtagssaal, Decke NW-Ecke, Wappen von **Wels**:

Decke SO, Wappen von **Ried im Innkreis**:

Landtagssaal, Decke Süd, **Kaiserliches Wappen**:

Landtagssaal, Decke SW, Wappen der **Steiermark**:

Auf den **Stirnwänden der Emporen** die Wappen der Städte Schärding, Braunau, Vöcklabruck, Grein, Enns, Freistadt, Eferding und **Gmunden**:

An das Braune Zimmer reihen sich im 1. OG nach Osten folgende Räume:

- Kleines Fraktionszimmer
- Blaues Zimmer
- Galerie-Zimmer
- Elisabeth-Zimmer
- Grünes Zimmer

1. OG, **Blaues Zimmer**, **Bernhardt Herr von Puechaimd**, Herr von Haydenreichstein, Erbtruchsess von Österreich, ?-1604.

Blaues Zimmer, **Georg Andre**, Herr von Hofkirchen, Freiherr zu Kolmitz 1597:

Blaues Zimmer, **Hans Wilhelm zu Losenstein** auf „Schalleburg".

Blaues Zimmer, Bildnis eines Mannes mit Buch.

1. OG, **Galerie-Zimmer**, mit Bildern der ehemaligen **Landeshauptleute von Oberösterreich**.

Dominik Lebschy, Abt von Schlägl und **Dr. Moriz Eigner**, Advokat:

Leonhard Achleuthner, Abt von Kremsmünster:

Julius Graf v. Falkenhayn:

Michael Freiherr von Kast:

Dr. Alfred Ebenhoch:

Johann Nepomuk Hauser
1866 geboren in Kopfing.
1889 Primiz in Natternbach, später Prälat.
1891–1927 Sekretär des Oö. Volkskredit.
1899–1927 Abgeordneter zum OÖ. Landtag.
1908 Abgeordneter zum Reichstag.
1908–27 Landeshauptmann von OÖ.
1918 Präsident der Provisorischen Nationalversammlung in Wien.
1919 Zweiter Präsident der Konstituierenden Nationalversammlung.
1920–27 Abgeordneter zum Nationalrat.
1927 Tod in Linz.

Dr. Josef Schlegel:

Dr. Heinrich Gleißner:

1893 geboren in Linz.
1930 Direktor der Landwirtschaftskammer OÖ.
1933–34 Staatssekretär im Landwirtschaftsministerium.
1934–38 Landeshauptmann von Oberösterreich.

1861–1934 trägt der **Vorsitzende des Landtages** eines Landes den **Titel Landeshauptmann**. Neben dem Landeshauptmann amtiert bis 1918 der **Statthalter** als Vertreter des Kaisers.

Landeshauptmänner und gleichzeitig **Vorsitzende des Landtages**:

ab	Name	geb./gest.	Beruf bzw. vorherige Funktion
1861-04-06	Dominik Lebschy	1799–1884	Abt von Schlägl
1868-08-22	Dr. Moriz Eigner	1822–1900	Hof- und Gerichtsadvokat
1871-09-14	Julius Graf von Falkenhayn	1829–1899	Gutsbesitzer, ab 1879 Agrarminister
1871-12-18	Dr. Moriz Eigner		
1884-09-15	Leonhard Achleuthner	1826–1905	Abt von Kremsmünster
1897-01-26	Michael Freiherr von Kast	1859–1932	Gutsbesitzer , 1897–99 Agrarminister
1898-05-06	Dr. Alfred Ebenhoch	1855–1912	Advokat, ab 1907 Agrarminister
1908-05-04	Johann Nepomuk Hauser	1866–1927	Konsistorialrat
1927-02-23	Dr. Josef Schlegel	1869–1955	Richter, Abgeordneter zum Reichstag

1934 erfolgt die Trennung der beiden Ämter. **Landeshauptmänner**:

1934-02-17	Dr. Heinrich Gleißner	1893–1984	Staatssekretär Landwirtschafts-Ministerium
1938-03-14	August Eigruber	1907–1947	NSDAP-Gauleiter
1945-05-16	Dr. Adolf Eigl	1883–1958	Reichsstatthalter
1945-10-26	Dr. Heinrich Gleißner		
1971-05-02	Dr. Erwin Wenzl	1921–2005	Landesrat
1977-10-03	Dr. Josef Ratzenböck	1929–heute	Landesrat
1995-03-02	Dr. Josef Pühringer	1949–heute	Landesrat

Vorsitzende des Landtages:

1934–1938	Peter Mandorfer	1885–1953	Präsident der Landwirtschaftskammer OÖ
1945	Peter Mandorfer		
1953	Mathias Hödlmoser	1907–1981	Gemeindebund-Präsident
1967	Dr. Rupert Hartl	1921–2006	Richter
1969	Josef Schweighofer	1910–2010	Arbeiterkammer-Vizepräsident
1973	Dr. Lelio Spannocchi	1911–1986	Landesrat
1979	Johanna Preinstorfer	1929–heute	Landwirtin und Fachlehrerin
1991	Angela Orthner	1948–heute	Gemeinderätin in Linz, Frauensekretärin
2009	Friedrich Bernhofer	1951–heute	Betriebsrats-Vorsitzender

1938–45 Inhaftierung in Dachau und Buchenwald.
1945–1971 Landeshauptmann von OÖ.
1951 Gleißner verliert die Wahl zum Bundespräsidenten gegen den Sozialdemokraten Theodor Körner.
1984 Tod in Linz.

Die Portraits von Lebschy bis Gleißner stammen von Rudolf Wernicke aus 1951–1955.

Dr. Erwin Wenzl
Bild von Otto Götzinger.

Dr. Josef Ratzenböck, Bild von Johanna Fladerer-Dorn.

1. OG, **Elisabeth-Zimmer** mit Durchblick in das Grüne Zimmer.

Am 21. 4. 1854 übernachtet in diesem Zimmer **Elisabeth von Bayern** (1837–1898),

Sisis Leben und ihr Ende verlaufen stürmisch:

1867 **Maximilian**, Bruder von Franz Joseph, seit 1864 **Kaiser von Mexiko**, wird in Queretaro nach dem Sieg der Truppen von **Benito Juarez** hingerichtet.
1889 Selbstmord von **Sohn Rudolf** in **Mayerling** bei Wien zusammen mit seiner knapp 18-jährigen Geliebten **Mary von Vetsera**.
1898 Kaiserin **Elisabeth** wird in **Genf** durch den italienischen Anarchisten Luigi Luccheni ermordet.

genannt **Sisi**, auf ihrem Weg nach Wien (siehe Seite 100).

Elisabeth-Zimmer,
Bild einer Dame mit Hut.

Stuckdecke im Elisabeth-Zimmer mit Wappen Österreichische Monarchie, Oberösterreich, Steiermark und Österreichischer Bindenschild.

1. OG, **Grünes Zimmer**, benannt nach der Tapetenfarbe. Es wird u. a. verwendet für Sitzungen der im Landtag vertretenen Fraktionen.

Stiegenhaus 1. OG/2. OG

Aussicht vom Landhaus-Turm auf die **Altstadt** westlich vom Hauptplatz. Im Vordergrund Altstadt 17 und Klosterstraße 18.
2 Fotos: Musealverein Wels.

Aussicht auf Neuen Dom:

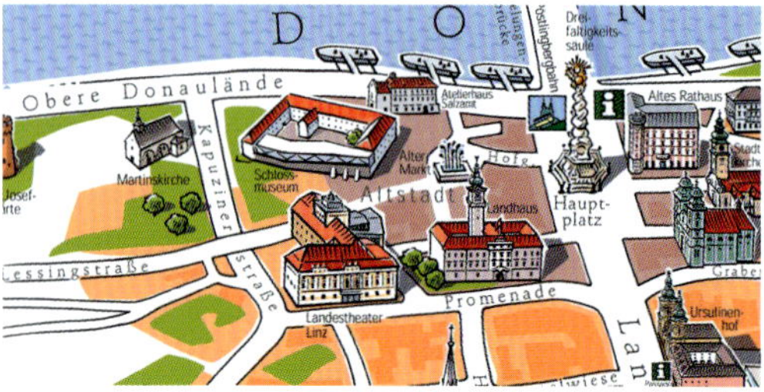

Linzer Schloss

Gelegen im Westen der Altstadt auf einem schmalen Ausläufer des Freinbergs nach Osten hin.

Highlights
- **Aussicht auf die Stadt**
- **Stadtmodell vor dem Museumseingang**
- **Schloss-Museum mit Kunst- und Techniksammlung**

799 Ein **Castrum zu Linz** wird erstmals erwähnt: Der **Passauer Bischof Waltrich** gibt an **Graf Gerold**, Schwager von Kaiser Karl dem Großen, die **Kapelle des hl. Martin** bei der Burg zu Linz als „beneficium auf Lebenszeit“.

1211 Der Babenberger-Herzog **Leopold VI.** (1176/1198–1230) kauft die Burg von **Gottschalk II. von Haunsperg**.

1481 Ausbau der Burg unter Kaiser **Friedrich III.** (1415/1440–1493). Das Friedrichstor auf der Südwestseite ist Teil des Vorwerks.

1485 Friedrich III. wird vom Ungarn-König **Matthias Corvinus** (1443/58–1490) aus Wien vertrieben.

1489–1493 Friedrich III. **übersiedelt** von Graz **nach Linz**. Zum Leben von Kaiser Friedrich siehe Seite 133.

1521 Der spätere Kaiser **Ferdinand I.** (1503/1556–1564, König ab 1531) heiratet in Linz **Anna von Böhmen**, Tochter des Jagiellonen **Ladislaus II.**

1529 In Linz wird das vierte Kind von Ferdinand I. und Anna geboren, der spätere **Ferdinand II. von Österreich-Tirol**. 1557 heiratet er die reiche, aber bürgerliche **Philippine Welser**. Nach deren Tod heiratet er 1582 seine Nichte Anna Katharina von Mantua.

1529–31 **Maria von Ungarn** (1505–58), **Schwester Ferdinands I.** und seit 1526 **Witwe von Ludwig II.** von Ungarn, lebt im Linzer Schloss.

1548 **Anna, Gattin Ferdinands I., stirbt** bei der Geburt ihres 15. Kindes Johanna in Prag im Kindbett. Danach wird der kaiserliche **Haushalt in Linz aufgelöst**.

1562 Kaiser Ferdinand I. flieht vor der Pest von Wien nach Linz. Die **Stände** erhalten das in der Reformationszeit untergegangene **Minoriten-Kloster**. Bis 1571 errichten sie hier das **Landhaus**.

Ansicht aus 1565.

1566–72 **Katharina von Polen** (1533–1572), **Tochter Ferdinands I.** und **Gattin Sigismunds II. von Polen** (1520/1548–1572) lebt und stirbt in Linz. Begraben wird sie im Stift St. Florian.

1577 **Landeshauptmann Dietmar von Losenstein** beantragt bei den Ständen das Geld für den Schlossneubau.

1583–88 Errichtung einer **Stallburg** im Auftrag von Erzhzg. Matthias, dem späteren Kaiser.

1599 Kaiser **Rudolf II.** (1552/75–1612) hält sich wegen der Pest in Linz auf. Er wohnt in einem Bürgerhaus.

1601 Beginn des Neubaus unter Kaiser Rudolf II. (Vollendung 1631). Die Pläne stammen von **Anton Muys** aus Flandern.

Schloss von Südosten, Teil des Bronze-Stadtmodells von 2009.

1603 Abriss des alten Schlosses.

1604 Bau des **Rudolfstors** an der Nordostflanke:

1614 Der **erste österreichische Reichstag** wird von **Kaiser Matthias** in Linz abgehalten. Fast 3 Monate lang tagen Kaiser, Erzherzöge und 75 Abgeordnete im Schloss.

1619 Ständische Truppen unter **Georg Erasmus von Tschernembl** aus Schwertberg, Anführer der Protestanten, besetzen das Schloss.

1620–1628 In finanzieller Not verpfändet Kaiser **Ferdinand II.** Oberösterreich an seinen **Vetter Herzog Maximilian I. von Bayern**. Der aus der Steiermark stammende **Herberstorff** wird **bayerischer Statthalter** und 1628 **Landeshauptmann**. 1626 schlägt er den oö. Bauernaufstand blutig nieder. In Frankenburg lässt er aufständische Bauern um ihr Leben würfeln. Die Verlierer werden aufgehängt.

Adam Graf von Herberstorff (1585–1629), Bild im Schloss-Museum Linz.

1626 Im **oö. Bauernaufstand** unter **Stefan Fadinger** (1570?–1626) hält das Schloss der Belagerung stand.

Bauernkriegsmuseum Peuerbach, Foto: Gerhard Anzinger.

1632 **Kaiser Maximilian II.** verweilt kurz in Linz. Mit ihm müssen 472 Begleiter und 554 Pferde versorgt werden. Die Linzer, die nur zur Miete wohnen, müssen erneut die Stadt verlassen, um für den Kaiser-Tross Platz zu schaffen.

1683 **2. Türkenbelagerung von Wien**. Kaiser **Leopold I.** residiert kurz im Linzer Schloss, später in Passau (seine 3. Gattin Eleonore ist eine Wittelsbacherin).

1741-09-15 Die **Bayern besetzen Linz**. Kurfürst **Karl Albrecht von Bayern**, Gatte der Cousine von **Maria Theresia**, anerkennt deren Erbantritt nicht. Die Stände huldigen Karl als Erzherzog von Österreich.

1742-01-24 Linz wird von **Ludwig Graf Khevenhüller** für Habsburg zurückerobert. Am selben Tag wird Karl Albrecht von Bayern in Frankfurt a. M. zum **deutschen Kaiser** als **Karl VII.** gewählt. Zwei Tage später besetzen die Österreicher München. Das Linzer Schloss wird im Österreichischen Erbfolgekrieg **Hauptfeldhospital**.

1783 Auflösung der Landeshauptmannschaft.

1785 Das Linzer Schloss wird Depot für die Bibliotheken der unter Kaiser **Joseph II.** (1741/1765–1790) aufgelassenen Klöster.

1796 Das Schloss wird **Lazarett** im Krieg gegen die Franzosen.

1800 **Großer Stadtbrand** in Linz: Schloss-Südosttrakt, Kapelle und große Teile der Altstadt werden vernichtet.

Linzer Stadtbrand 1800, Bild von Thomas Dialer im Stadtmuseum Nordico.

1811 Das Schloss wird k. k. **Provinzialstrafhaus**.

1851 Das Hausregiment der Linzer, das k. k. Infanterieregiment Nr. 14, bezieht das Schloss.

1952 Land Oberösterreich und Stadt Linz nehmen vom Bund das Schloss in Bestand.

1962 Nord- und Osttrakt des Schloss-Museums werden eröffnet.

1966 Gesamteröffnung des Schloss-Museums.

2009 **Linz** ist mit Vilnius **Kulturhauptstadt Europas**. Der wiedererrichtete Schloss-**Südost-Trakt wird eröffnet**. Damit entsteht das größte Universal-Museum Österreichs.

Das Schloss ist über **Promenade** und **Römerstraße** zu erreichen. Vom **Tummelplatz** am westlichen Altstadt-Ende führt eine Stiege hinauf zum Schloss:

Ein dritter Zugang führt vom **Hauptplatz** nach Westen über die **Hofgasse** zum östlichen Schloss-Vorplatz.

Linzer Schloss
Plan Dehio Linz, ©BDA

1. Hauptportal Rudolfstor
2. Kapellentrakt
3. neuer Südosttrakt
4. Schlossbrunnen
5. Brunnenturm-Ruine
6. Schalentürme an den Ecken
7. Schalenturm mit Friedrichstor
8. ehemalige Schloss-taverne
9. sogenannter Trutzbauer
10. Bastei
11. Gartenanlagen
12. Tummelplatz-Bastei
13. Relief hl. Georg
14. Denkmal für Johannes Kepler (1571–1630)

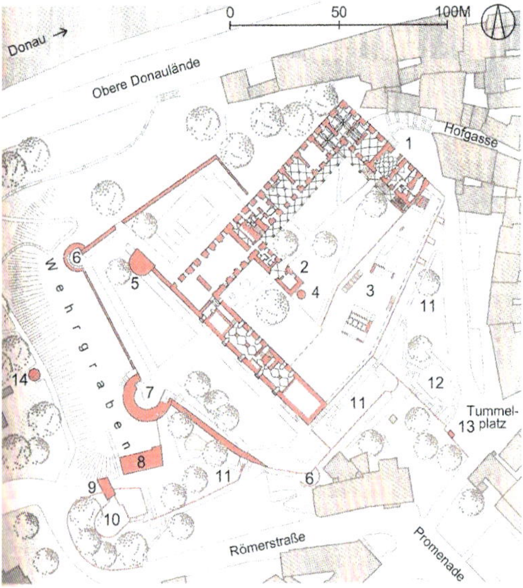

Dort befindet sich das **Nibelungen-Schiff**, angefertigt 1957 von **Peter Dimmel**, geb. 1928. Er besucht 1949–1957 die Linzer Kunstschule.

Im 5. Jh. ziehen die Nibelungen – **Krimhild** mit ihren Brüdern **Gunther**, Gernot und Giselher samt Schurken **Hagen** – die Donau ostwärts nach Ungarn. Dort heiratet Krimhild den **Hunnen-König Etzel/Attila**. Alle Nibelungen werden nach der Hochzeit vernichtet. So die Sage. Attila stirbt 453. Bald danach gehen die Hunnen unter.

Rudolfstor
an der Schloss-Nordostseite, Kartusche mit der Krone von Kaiser **Rudolf II.** und dem Wappen des Erzherzogtums Österreich.

Im Durchgang nach dem Rudolfstor Büste von **Joachim Enzmilner** (1600–1678), flankiert von seinen beiden Gemahlinnen Maria Kirchstetter und Maria von Sprinzenstein.

Vom **jungen Syndikus** der Oö. Stände steigt der mit der Gegenreformation beauftragte Enzmilner zum **Reichsgrafen** auf (siehe Hauptplatz, Seite 68). Alle drei Büsten stammen aus der ehemaligen Klosterkirche in Windhaag bei Perg.

Brunnen im Schlosshof, gespeist ab 1602 durch eine vom Römerberg kommende Wasserleitung. 1672 wird er von **Martino und Domenico Carlone** erneuert:

Eingang zum Schloss-Museum im neuen Südost-Trakt von 2009.

Vor dem Museumseingang im überdachten Teil das **Bronzemodell** der Stadt Linz vor 1800 im Maßstab **1:400**. Fünf Meter lang, drei Meter breit und 1200 Kilogramm schwer. Ankauf 2009 anlässlich der Eröffnung des neuen Südosttraktes. Einstandsgeschenk durch den **Verein der Förderer der Oberösterreichischen Landesmuseen** zur Eröffnung des neuen Schlossmuseums. Der Plan stammt vom Linzer Kunsthistoriker und Architekten **Roland Forster**. Die Ausführung erfolgt im Atelier der Glockengießerei Grassmayr in Innsbruck durch die Bildhauerinnen **Herlinde Unterberger** und **Kristina Kornbichler**.

Ansicht Richtung Südwest: Vorne die Pfarrkirche, Mitte links Alter Dom und Landhaus, oben rechts das Schloss.

Aussicht vom Linzer Schloss Richtung Südosten zum **Alten Dom**:

Aussicht Richtung NO auf die **Nibelungenbrücke** …

… auf den **Pöstlingberg**, 539 m hoher Hausberg der Linzer…

… und auf das **neue Rathaus** und **Ars Electronica** in Urfahr auf der Donau-Nordseite.

Schloss-Museum

www.schlossmuseum.at
Dienstag–Freitag 9–18 Uhr
Samstag, Sonntag und Feiertag 10–17 Uhr

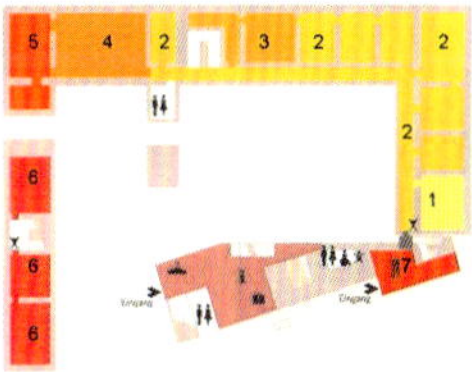

Schloss-Museum, 1. OG
1 Grafik und Bibliothek
2 Kunstsammlung 12.–18.Jh.
3 Historische Waffen
4 Barocksaal
5 Musikzimmer
6 Sammlung Kastner
7 Restaurant

Das Schloss-Museum Linz ist wegen seiner Kunstschätze, seiner Vielfalt und durch die gelungene Präsentation der ausgestellten Kunstwerke ein Erlebnis für jeden Besucher.

Kunstsammlung

Vorgestellt werden zuerst die Exponate im Gang bis zum Barocksaal, dann von Raum Nr. 1 vor dem Barocksaal zurück bis zum Raum Nr. 8. Beschrieben werden nur die bedeutenderen Werke (nach der subjektiven Meinung des Verfassers).

Gang, Bild **hl. Ursula**, von **Tobias Schinagl** (?–1702), aus der Stadtpfarrkirche Braunau. Das Bild ist eine Kopie nach Peter de Wittes Gemälde aus 1588 für die Kirche St. Michael in München:

Gang, Epitaph für **Eusebio Alt**, Tochter **Salome Alts**.

Wolf Dietrich von Raitenau, Erzbischof von Salzburg (1559–1617) hat **16 Kinder** mit **Salome Alt** (1568–1663). Kaiser **Rudolf II.** anerkennt und adelt die Kinder. 1611 marschieren die Bayern in Salzburg ein. Wolf Dietrich wird von seinem Neffen und Nachfolger **Markus Sittikus Graf von Hohenems** eingekerkert. Salome zieht mit Kindern und Vermögen zu ihrer Schwester nach Wels.

Gang, Bild **Adelige Dame** mit Tochter, 1593 von **Lorenz Strauch**.

Gang, Bild **Vornehme Dame mit Kind**, von Pietro Muttoni genannt **della Vecchia** (1603–1678) nach einem Bild von Paris Bordone in der Eremitage.

Gang, Bild **Stifterfamilie**, von **Bartholomäus Bruyn d. Ä.** (1493–1555). Auf den beiden Altar-Flügeln sind die Personen gut charakterisiert. Der Mittelteil ging verloren.

Gang, Bild **Die Nacht** mit ihren **Kindern Schlaf und Tod**, von **Joachim Sandrart** (1606–1688).

Neben dem toten Kind liegt die erloschene Kerze, neben dem schlafenden Kind steht die brennende Kerze.

Gang, Bild **Ungleiches Paar mit Narren**, nach Quinten Massys (1465–1530). Er wurde angeregt von Schriften von Sebastian Brant (Narrenschiff) und Erasmus von Rotterdam (Über die Torheit). Das Sprichwort dazu ist „Alter schützt vor Torheit nicht".

Gang, Bild **Ungleiches Paar**, von **Cyriakus Reder**, (1560?–1598). Anzüglichkeit des Alten und Raffinement der jungen Frau werden gegenübergestellt. Es ist das ein typisches Stilelement des **Manierismus**.

Gang, Bild **Loth und seine Töchter**, von **Franz Carl Remp** (1675–1718). Wegen ihrer vielen Sünder wird die Stadt **Sodom** von Gott zerstört. Nur Loth und seine Töchter entkommen.

Loths Frau wendet sich beim Weggehen verbotenerweise um und erstarrt zur Salzsäule. Die beiden Töchter machen Loth betrunken, um von ihm geschwängert zu werden. Aus diesem Inzest gehen die Stammväter von zwei Völkern hervor. Remp vermeidet das Darstellen unverhüllter Erotik.

Gang, Bild **Salome mit Johannes-Haupt**, Cranach-Nachfolge, nach 1600.

Salome erreicht von ihrem **Stiefvater Herodes Antipas** durch ihren Schleiertanz die Hinrichtung von Johannes dem Täufer, der sich ihr verweigert hat. Herodes Antipas ist **Sohn von Herodes dem Großen**, der angeblich den **Kindermord von Bethlehem** befohlen hat. Herodes der Große stirbt 4 v. Chr. Christi Geburt liegt zwischen 7 und 4 v. Chr.

Gang, Bild **Papst Gregor der Große** (vor 540/590–604), von **Kremser Schmidt** (1718–1801). Gregor ist neben Ambrosius, Augustinus und Hieronymus einer der 4 Kirchenlehrer.

Gang, Bild Der **hl. Ludwig** vor dem Kreuz, von **Martino Altomonte** (1659–1745).

König **Ludwig IX. von Frankreich** (1214/1226–1270) stirbt beim Kreuzzug in Tunis. Sein **Bruder Karl von Anjou** vernichtet die letzten Staufer in Süditalien.

Gang, Bild Die **Gründung Klosterneuburgs** durch Markgraf **Leopold III.** (1073/1095–1136), von **Martino Altomonte** (1659-1745).

Leopold findet an dieser Stelle nach Jahren den Hochzeitsschleier seiner zweiten **Gattin Agnes**, verwitwete Tochter von Kaiser **Heinrich IV.** (Gang nach Canossa 1077).

Gang, Bild **Franz Christoph Graf Khevenhüller-Frankenburg** (1588–1650), von **Frans Luycx** (1604–1668). Khevenhüller, zuvor Gesandter in Madrid, wird Minister unter Kaiser Ferdinand II. und Obersthofmeister von Maria Anna von Spanien, erste Gattin Ferdinands III.

Seine **Herrschaften Frankenburg, Kammer und Kogl** beutet Khevenhüller rücksichtslos aus, um seinen verschwenderischen Lebensstil zu finanzieren, u. a. Ursache für den **oö. Bauernaufstand von 1626**.

Gang, Bild Phöbus **Apoll** als Herr des Kosmos und der Künste, wohl von **Sebastiano Conca** (1680–1764?), Schüler Solimenas. Phöbus (der strahlende) Apoll ist Sohn von Zeus und Leto. Er ist Beschützer der Künste und Anführer der Musen.

Gang, Bild **Bacchus weckt die schlafende Ariadne**, ca. 1860 von **Hans Makart** nach Benedetto Caliari 1538–98, Bruder Veroneses.

Gang, Bild **Urteil des Paris**, von **Carlo Cignani** (1628–1719):

Die Göttinnen **Hera**, **Pallas Athene** und **Aphrodite** streiten bei der Hochzeit von Peleus und Thetis, wer die Schönste der drei sei. **Paris**, Sohn von König **Priamos von Troja**, kürt Aphrodite. Paris entführt später die schöne **Helena**, Gattin von König **Menelaos von Sparta**. Das löst um 1200 v. Chr. den **Trojanischen Krieg** aus.

Raum 1, vor dem Barocksaal. **Hl. Florian**, um 1460, aus der Kirche in Steinbach am Attersee.

Hl. Georg, um 1510, wohl aus der Erasmus-Kapelle von Schloss Altwartenburg, damals im Besitz der Polheimer. Die Haube ist eine barocke Ergänzung. Im Hintergrund kostbar verzierte Lanzen.

Raum 1, Figur **Otto II. von Machland**: Er gründet mit seiner Gattin Jeuta von Peilstein 1142 das Kloster **Baumgartenberg**. 1147 stiften sie ein Kloster in Sarmingstein. 1161 übersiedeln die Mönche nach **Waldhausen**. In seiner Linken hält Otto einen Schild mit seinem Wappen. Es wird unter Herzog **Albrecht III.** (1348–1395) zum **Landeswappen von Oberösterreich**.

Raum 1, **Kreuztragung Christi** (Detail), um 1515 von einem Mitglied der **Donauschule**, wohl früher von einer Predella (Unterbau). Inmitten der vielen Menschen wirkt Jesus total verloren.

Raum 2
Bild **Stefan Fadinger** (1585?–1626).

Der **Führer** des Oö. Bauernaufstandes 1626 wird bei der Belagerung der Stadt Linz vom Landhaus aus angeschossen. Wenige Tage später stirbt er im Lager der Bauern in Ebelsberg (siehe Seite 97 und 333).

Schloss Hartheim
1598 Neubau durch die Familie **Aspan**.
1799 Hartheim kommt an die Fürsten **Starhemberg**.
1896 Die Starhemberger schenken das Schloss dem **Landeswohltätigkeitsverein**, der ein **Heim für Behinderte** einrichtet. Die Inneneinrichtung kommt ins Schloss Eferding. **4 Portale** gelangen von dort ins Schloss Linz.
1941–45 Die Nationalsozialisten verwenden Schloss Hartheim zur **„Vernichtung unerwünschten Lebens“**.

Raum 2, **Tür von Schloss Hartheim** bei Eferding.

Raum 2, Bild **Adam Graf von Herberstorff** (1585–1629), 1620–29 Statthalter der Bayern in Österreich (siehe Seite 111).

Raum 3
Madonna im Strahlenkranz, um 1420. Die Sonne „bekleidet“ die gekrönte Maria entsprechend dem später mit ihr identifizierten Weib der Apokalypse. Sie steht auf der Mondsichel, Symbol der Kirche und der Unbefleckten Empfängnis:

Raum 3, **Pieta**, um 1435 von **Hans von Judenburg** oder einem **Nachfolger**. Die über den Handrücken gehenden Ärmel folgen noch Vorbildern aus dem späten 14. Jh. Der spröde Faltenwurf weist dagegen auf den kommenden Realismus in der zweiten Hälfte des 15. Jh. hin.

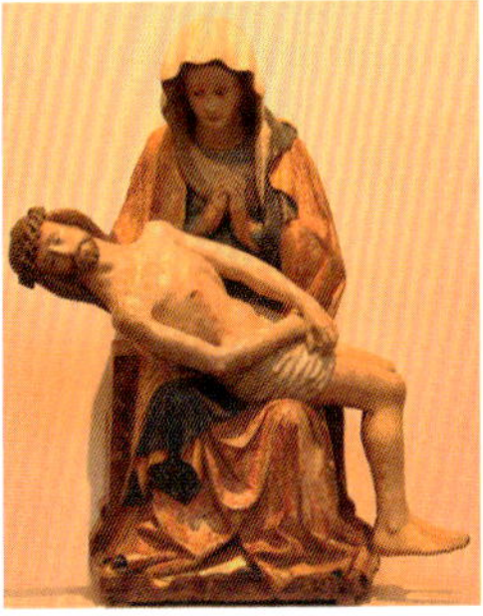

Raum 3, **Kruzifix,** um 1350. Das Werk wurde in einer Kapelle in Grünbach bei Weitra aufgefunden. Womöglich stammt es aus dem Stift Zwettl. Der geschundene Christus ist sehr expressiv dargestellt. Die große Seitenöffnung am Leib Christi diente wohl zum Aufbewahren der Hostien:

Raum 3, **Madonna mit Kind**, um 1240. Die Figur stammt vermutlich aus der Obersteiermark, eventuell aus dem Stift Lambrecht. Sie weist Anklänge an den rheinischen Parallelfalten-Stil auf.

Raum 3, **Pieta**, aus Salzburg (?) um 1415. Maria trocknet sich mit dem Schleier die Tränen.

Raum 3, Bild **Der hinterhältige Wirt**, 1470 in OÖ. oder Schwaben. Vater und Sohn pilgern nach Santiago de Compostela. Ein hinterhältiger Wirt schmuggelt dem Sohn ein Schmuckstück ins Gepäck. Der Sohn wird als Dieb verurteilt und aufgehängt. Der hl. Jakobus hält ihn so lange am Leben, bis seine Unschuld erwiesen wird. So erzählt es zumindest Papst Calixtus II.:

In der **Pfarrkirche in Perg** hängt eine **Kopie** dieses Bildes aus 1975. Dort wird behauptet, dass es sich bei den Personen um Tobias, Raffael und den hl. Jakobus handelt.

Raum 4

Beweinung Christi um 1499 aus Weißkirchen bei Wels, wohl aus einer Predella. Die starke Gestik der Figuren zeugt vom Einfluss niederländischer Maler.

Raum 4, Bild **Kaiser Friedrich III.** (1415/1440–1493, siehe dazu Seite 133).

Raum 4, Bild **Eleonore von Portugal** (1436–1467), Gattin Friedrichs III., Tochter von König Eduard (1391/1433–1438):

Raum 4, **Hl. Wenzel** (?), um 1450 aus Kleinlobling bei Judenburg. Der Premyslide Wenzel (908?–935?) wird von seinem **Bruder Boleslav I.** getötet.

Wegen des Herzogshutes galt die Statue lange Zeit als Darstellung von Markgraf **Leopold III.** (1073/1095–1136), dem Heiligen.

Raum 5, **14 Nothelfer**, um 1415. Sie stehen stellvertretend für die menschlichen Nöte. Links hinten Christophorus und Pantaleon, dem die Hände auf den Kopf genagelt wurden. Von den 3 „Damen“ Katharina, Barbara und Margarete fehlt eine.

Raum 5, **Christus auf dem Palmesel**, um 1490 aus Salzburg oder Bayern. Der im Mittelalter weit verbreitete Brauch der Palmprozessionen blüht im Barockzeitalter wieder auf.

Raum 5, **Heilige Sippe**, um 1515. Die Siebenergruppe aus Ried im Innkreis zeigt die Verwandtschaft von Jesus, u. a. Anna und Joachim, die Eltern Marias, nur aus dem apokryphen Jakobus-Evangelium überliefert. Oberhalb der Figur ein Schleierbrett. Dieser „Vorhang“ ziert den freien Raum über den Schreinfiguren spätgotischer Flügelaltäre.

Raum 5, Bild **Katharina mit Mädchenheiligen**, OÖ. oder Steiermark um 1505.

Von links **Agnes** mit Lamm, **Barbara** mit Turm, **Apollonia** mit Zahn und Zahnzange, **Katharina** mit Schwert, **Dorothea** (oder Elisabeth) mit Rose, **Margarete** mit Drache und **Ursula** mit Pfeil. Die vierte von rechts ist nicht zu identifizieren.

Raum 6

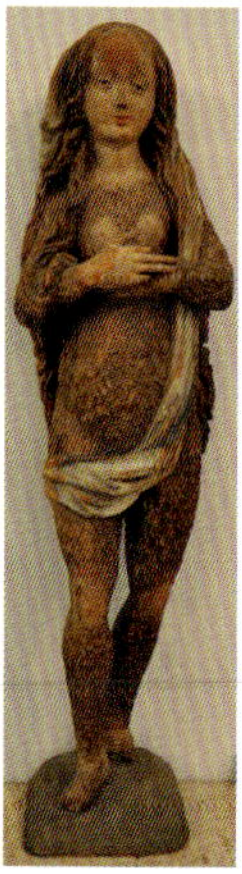

Maria Magdalena, vor 1500. Die als „raues Weib“ bezeichnete Figur stammt aus Altschwendt. Sie bildete den Mittelpunkt eines Magdalena-Altars. Der Stil entspricht dem von Tilman Riemenschneider.

Raum 6, **Verkündigung Mariae** aus der Kirche in Niederzirking, um 1515.

Daneben **Heimsuchung Mariae** bei ihrer Cousine Elisabeth, der Mutter von Johannes d. T., aus der Kirche in Niederzirking, um 1515. Dort hängen qualitätvolle Kopien aus 1993 von Leopold Raffetseder.

Raum 6, Ehemaliger **Altar in St. Leonhard bei Freistadt**, Figur hl. Leonhard um 1506, Maria mit Kind, hl. Dionysius mit abgeschlagenem Kopf in der Hand, um

1509 wohl von Lienhard Krapfenbacher, Meister des Hochaltars von Waldburg.

Seitlich 4 Tafeln zum Leben von Leonhard, links unten eine Teufelsaustreibung.

Raum 6, **4 Altarflügel** vom Allerheiligen-Altar im Stift St. Florian: oben Apostel und Märtyrerinnen in kirchenähnlichen Räumen; unten Kirchenväter und Märtyrer, Meister „SW", Ende 15. Jh.

Raum 6, **Flügelaltar**, 16. Jh. von Sebastian Reintaler und Meister Mert. Im **Schrein** die hll. **Florian**, **Michael** und **Pantaleon**. Auf den **Standflügeln** links Leonhard und Stephanus mit den Steinen, rechts Ägidius und Laurentius mit dem Rost. Auftraggeber waren wohl der damalige Landeshauptmann **Bernhard von Scherffenberg** (?–1513) und seine **Gattin Katharina von Starhemberg**. Deren Wappen ist hier mit dem vom Kloster Pulgarn bei Steyregg angebracht:

Raum 7
hll. **Dionysius** und **Rochus**, um 1520 vom Lorcher Meister aus der ehem. Spitalskirche von Lorch. Die Figuren zeigen die expressiven Spätformen des gotischen Barock. Dionysius, der erste Bischof von Paris, hält sein abgeschlagenes Haupt in der Hand. Rochus zeigt seine Pestwunde am Oberschenkel.

Raum 7, Sitzfigur eines **Polheimers** um 1520.

Die **Polheimer** und **Jörger** prägen viele Jahre lang die Geschicke der Region Grieskirchen (siehe Seite 74 und Seite 77).

Raum 7, Gotik-Sammlung, **4 Altartafeln** aus Passau um 1515, oben Himmelfahrt Mariae und Herabkunft des Heiligen Geistes, unten Geburt Mariae und Ursula-Martyrium.

Raum 7, **Barbara-Legende**, um 1515 in OÖ. oder Bayern. Oben rechts lässt die Christin Barbara in den neuen Turm 3 Fenster einbauen als Zeichen der Dreifaltigkeit. Barbara flieht vor ihrem Vater, einem Feind des Christentums. Ein Hirte verrät (linkes Feld oben) Barbaras Versteck. Seine Schafe werden deshalb zu Heuschrecken. Danach wird Barbara grausam gefoltert.

Raum 7, **Tympanon** vom Portal der Stiftskirche **Baumgartenberg**. In der Mitte Maria, Christus und Johannes d. Ev. Außen **Otto II. von Machland** und seine Gattin **Jutta von Peilstein** mit Kirchen-

Modellen. Die beiden stiften **1142 Baumgartenberg** und **1147 Säbnich** in Sarmingstein. Bis 1161 übersiedeln von dort die Mönche nach **Waldhausen**.

Raum 7, **Kruzifix**, um 1520 Donauschule, mit Joachim und Anna. Der gekreuzigte Jesus wird in expressiver Übersteigerung durchgestreckt dargestellt.

Raum 7, **Not Gottes,** um **1520** wohl aus dem Innviertel. Dieser Typus entsteht im 15. Jh. in der burgundischen Hofmalerei. Ähnlich dem Schmerzensmann stellt er die Gesamtheit der Heilsgeschichte dar.

Raum 8
Bild **Herzog Wilhelm IV. von Bayern** (1493/1508–1550), von Christoph Amberger (1500?–1561). Wilhelm tritt an seinen Bruder Landshut und Straubing ab. Wilhelm ist einer der eifrigsten Gegner der Reformation:

Raum 8, Bild **Christus als Schmerzensmann**, von Jan Sanders van Hemessen (1500?–1565?), nach dem Vorbild von Michelangelo und Raffael.

Raum 8, Bild **Die schöne Gärtnerin**, Öl auf Kupfer, Kopie nach Raffael (1483–1520). Kaiser Rudolf II. lässt häufig von den Gemälden, die er nicht kaufen konnte, Kopien anfertigen. Womöglich entstand dieses Bild auf die gleiche Weise.

Raum 8, Bild **Maria mit Jesus und Johannes**, 1504 vom Meister der Scandicci-Beweinung:

Raum 8, **Kreuzigung**, vom Katharinen-Altärchen, um 1515 in Bayern.

Raum 8, Tür zum Gang.

Barocksaal

Wieder bis zum Ende des Ganges zurückgehen.

Hier finden auch Konzerte und andere Veranstaltungen statt. Ausgestellt werden Zeugnisse der katholischen Frömmigkeit in der Barockzeit. Werke von Spindler, Zürn, Schwanthaler, Guggenbichler, Altomonte und Kremser Schmidt.

Barocksaal, **hl. Christophorus,** um 1625 von **Hans Spindler** (1595?–nach 1647) aus der Stiftskirche Garsten oder Kremsmünster.

Barocksaal, Grabfigur von **Franz Christoph Khevenhüller** (1588–1650), von **Michael Zürn d. Ä.** (1590?–1651).

Barocksaal, Statue **hl. Martin** teilt seinen Mantel, von **Johann Georg Schwanthaler** 1740–1810. Martin (316?–393) ist Soldat. Grausam verfolgt er die Arianer, die nur an die menschliche Natur Christi glauben. Die Mantel-Teilung findet vor den Toren von Amiens statt. Der Offizier Martin darf auch nur eine Hälfte verschenken. Die zweite Mantelhälfte aller Offiziere gehört dem Kaiser. Nach 356 errichtet Martin in Ligugè das **erste Kloster des Abendlandes**. 372 wird Martin Bischof von Tours.

Barocksaal, **Grab mit Nepomuk-Figur**, wohl von **Marian Rittinger** (1652–1712) für die Losensteiner-Kapelle in Garsten.

Barocksaal, **hl. Barbara**, von **Hans Spindler** (1595–1647), aus der ehemaligen Stiftskirche Garsten.

Barocksaal, Statue **hl. Aloisius, Bozetto** (Entwurf) von **Martino Altomonte** für die Karmeliten-Kirche in Linz, Statue eines Bischofs.

Barocksaal, **Maria und Johannes d. Ev.** von **Johann Peter Schwanthaler d. Ä.** (1720–1795) vom großen Kreuzaltar der Kalvarienberg-Kapelle in Neumarkt am Hausruck.

Barocksaal, **hl. Pankraz**, um 1642 von **Martin Zürn** (1590–1648) vom riesigen barocken Hochaltar der Pfarrkirche Braunau, der 1906 abgerissen wurde:

Barocksaal, Bild **Der Glaube triumphiert über die Irrlehre**, nach dem Deckenfresko von Francesco Solimena (1657–1747) in der Kirche San Domenico Maggiore in Neapel. Das Bild stammt aus der Linzer Minoriten-Kirche.

Barocksaal, Prozessionsstangen von Johann Franz Schwanthaler (1683–1762).

In der 2. Hälfte des 16. Jh. erfolgt die katholische Gegenreformation zur Zurückgewinnung der Gläubigen. Prozessionen, insbesondere zu Fronleichnam, waren dazu ein geeignetes Mittel.

Barocksaal, Tapisserie **Der Triumph des Friedens über den Krieg**, 2. Viertel 18. Jh., Flandern. Unter dem Schutz von Pax und Abundantia (Friede und Überfluss) entfalten sich die Künste. Kriegsgott Mars liegt in Ketten. Seine Waffen werden verbrannt. Die Familie Wratislaw von Mittrowitz stiftet diesen Wirkteppich für die Pfarrkirche in Matzleinsdorf in Wien.

Barocksaal, Statue **Christus auf der Rast**, 1646 von **Martin Zürn** (1590?–1658).

Barocksaal, Bild **Kreuzigung** von Martin Johann Schmidt (1718–1801), genannt **Kremser Schmidt**.

Barocksaal, Bild **Allegorie der Spes** (Hoffnung), von **Johann Jakob Sattler** (1731–1783) von der 1883 abgerissenen Kanzel der Kapuziner-Kirche in Linz.

Musikzimmer

Im Westen des Barocksaals.

Bild **Patrizierfest**, 1538 von **Wilhelm Ziegler** wohl für die Hochzeit der zwei Patrizierfamilien Wernitzer und Berner aus Rothenburg:

Musikzimmer, Portal in das Beethoven-Zimmer.

Beethoven-Zimmer

Bild **Ludwig van Beethoven** (1770–1827), von einem unbekannten Maler nach 1850. Als Vorlage diente wohl ein Stich von Blasius Hönel nach einer Zeichnung von Louis Letronne um 1814.

Bild **Johann van Beethoven** (1776–1848).

Johann van Beethoven ist Apotheker in Linz und jüngerer Bruder des Komponisten. Über den Konflikt der Brüder siehe Seite 62.

Beethoven-Zimmer, Bild **Dr. Gerhard von Vering**, 1798/99 von **Josef Abel**. Vering ist Leibarzt von Kaiser Joseph II. und 1797–1809 Direktor des Wiener Gesundheitsinstituts der Hospitäler. Kurze Zeit betreut er den später taub werdenden Beethoven.

Stiegenhaus 1./2. OG

Bild **Kaiser Karl V.** (1500/1519–56/1558). Ermüdet vom Krieg und vom Erstarken der Protestanten tritt er 1556 zurück. Spanien und die Niederlande gehen an Sohn Philipp II., Österreich an Bruder Ferdinand I.

Bild **Kaiser Rudolf II.** (1552/1579–1612), Sohn von Maximilian II., von Dirk van Ravesteyn (?), Prag, 1600. 1582 verlegt Rudolf seine Residenz nach Prag. Dort widmet er sich der Astrologie und seiner großen Kunstsammlung.

Stiegenhaus 1./2. OG, Bild **Kaiser Matthias** (1557/1612–1619), aus dem Umkreis von Hans von Aachen. Matthias ist Statthalter der südlichen Niederlande und des Erzherzogtums Österreich. Ab 1608 entmachtet er immer mehr seinen Bruder Rudolf II. (Franz Grillparzer: **Bruderzwist im Hause Habsburg**, 1848).

Stiegenhaus 1./2. OG, Bild **Kaiser Karl VI.** (1685/1711–1740), von Johann Gottfried Auerbach (?).

Kaiser Karl VI. hat keinen männlichen Erben. Mit der **Pragmatischen Sanktion** versucht er, die weibliche

Erbfolge für seine **Tochter Maria Theresia** durchzusetzen.

Stiegenhaus 1./2. OG, Bild **Erzherzogin Maria Theresia** (1717/40–1780):

Spanischer Erbfolgekrieg

1700 Mit **Karl II.** stirbt der **letzte spanische Habsburger**. Zum Erben bestimmte er u. a. Philipp, Enkelsohn von Ludwig XIV. von Frankreich. **Philipp V.** wird zum König von Spanien proklamiert.

1701 Beginn **Spanischer Erbfolgekrieg**.

1703 Karl von Habsburg wird zum König von Spanien proklamiert.

1705 Karl kann sich nur in Katalonien behaupten. Madrid wird zweimal gewonnen und wieder verloren.

1711 Kaiser **Joseph I.** stirbt. Der nunmehrige **Karl VI.** folgt seinem Bruder als Kaiser nach. Spanien gibt Karl auf.

1713 Der **Friede von Utrecht** beendet den Krieg Frankreichs gegen die Seevölker England und Niederlande.

1714 Der Friede von **Rastatt** beendet den Spanischen Erbfolgekrieg zwischen den Bourbonen Frankreichs und Spaniens und dem Habsburger-Reich. **Prinz Eugen von Savoyen** (1663–1736) führt für Österreich die Verhandlungen.
Die **Niederlande** und **Neapel-Sizilien** gehen an den Habsburger Karl VI. **Spanien** geht an den Bourbonen Philipp V.

Stiegenhaus 1./2. OG
Bild **Kaiser Joseph II.** (1741/1765–1790). Bild aus 1770 oder Kopie des 19. Jh.

Im Geist der Aufklärung anerkennt Joseph die Gleichberechtigung anderer Religionen. Die bisherige eigene Gerichtsbarkeit für den katholischen Klerus hebt er auf. Das noch heute im großen Umfang gültige **Allgemeine Bürgerliche Gesetzbuch** von 1812 wird in seinem Auftrag vorbereitet (siehe Seite 79).

Stiegenhaus 1. OG/2. OG, Bild **Kaiser Franz II./I.** (1768/1792–1835).

1804 Er begründet als **Franz I.** das **Kaiserreich Österreich**.

1806 Über Druck Napoleons erklärt Franz das **Heilige Römische Reich Deutscher Nation** für aufgelöst. Es bestand seit der Krönung von **Otto I.** zum Kaiser im Jahr **962** durch Papst Johannes XII. in Rom.

Maria Theresia
1717/1740–1780

Sie ist **Königin von Böhmen, Königin von Ungarn, Erzherzogin von Österreich**, Gattin von Kaiser Franz I. Stephan (von Lothringen), selbst jedoch **nie Kaiserin**. Ihr Erbantritt wird von **Karl Albrecht von Bayern**, Schwiegersohn von Kaiser Joseph I., dem Onkel Maria Theresias, nicht anerkannt. Im Erbfolgekrieg setzt sich Maria Theresia durch. Der klugen Maria Theresia verdanken wir u. a. die **allgemeine Schulpflicht**, das **Grundbuch** und die Neuorganisation der **medizinischen Versorgung**. Zu ihren Nachkommen siehe S. 86.

Stiegenhaus 1./2. OG,
Bild **Kaiser Ferdinand** (1793/1835–48/1875), 1843 von **Franz Xaver Bobleter**. Für den zurückgebliebenen Ferdinand führt **Metternich** die Staatsgeschäfte. Dessen reaktionäre Haltung führt 1848 zur Revolution. Danach wird Ferdinand durch seinen Neffen Franz Joseph ersetzt.

Sammlung Kastner

im 1. OG, erreichbar über das Stiegenhaus vom 2. OG.

DDDr. Walther Kastner (1902–1994) wird 1964 Professor für Handelsrecht an der Universität Wien. Ab 1947 beginnt er, Kunstwerke zu sammeln. 1975 schenkt er 1 400 Kunstwerke aus acht Jahrhunderten dem Oö. Landesmuseum. Die lichtempfindlichen Druckgrafiken werden nur alle 15 Jahre ausgestellt. Bild von **Walter Kastner** vor dem Eingang zur Kastner-Sammlung:

Sammlung Kastner, Raum 13, Bild **Boote vor der Pont Neuf** in Paris, 1905 von **Josef Ullmann**. Die Brücke verbindet die beiden Ufer der Seine und führt über die Westspitze der Ile de la Cité mit dem Reiter-Denkmal von König Heinrich IV. (1553/1589–1610), dem ersten König Frankreichs aus dem Geschlecht der Bourbonen:

Sammlung Kastner, Raum 13, Bild **Sommerliche Landschaft**, von **Anton Faistauer** (1887–1930) nach ähnlichen Bildern von Cézanne und Renoir, entstanden um 1913 wohl in der Wachau.

Sammlung Kastner, Raum 13, Bild **Bootsfahrt am Traunsee**, von **Josef Mössmer** (1780–1845), Lehrer u. a. von Josef Schuster und Friedrich Loos.

Sammlung Kastner, Raum 13, Bild **Weißenkirchen** in der Wachau, 1879 von **Emil Jakob Schindler** (1842–1892).

Das Bild malt Schindler nach einem Kuraufenthalt in Bad Kreuzen. Kurz darauf wird seine **Tochter Alma** (1879–1964) geboren. Almas Ehemänner (*Partner):
1902 Gustav Mahler
1912 Oskar Kokoschka*
1915 Walter Gropius
1929 Franz Werfel

Sammlung Kastner, Raum 14, Bild **Christus mit Blumen**, von **Joseph Lauer** (1818–1881). Die Passionsblumen sind über der Dornenkrone. Die sein Blut symbolisierenden Trauben sind nahe seinem Herzen. Die aufgeblühten Rosen stehen für seine Liebe zu uns Menschen.

Sammlung Kastner, Raum 14, Bild **Fronleichnams-Prozession**, von **Carl Schindler** (1821–1842, Sohn des Malers Johann Josef Schindler) und **Johann Friedrich Treml** (1816–52).

Sammlung Kastner, Raum 14, **Spiel mit dem Hund**, 1846 von **Johann Friedrich Treml** (1816-52).

Sammlung Kastner, Raum 14, Bild **Erzherzog Viktor Ludwig** (1842–1919, Bruder von Kaiser Franz Joseph), 1853 von **Anton Einsle**. Politische Ambitionen hat Viktor Ludwig keine. Er lässt seinen Palast am Schwarzenberg Platz in Wien und in Salzburg Schloss Kleßheim erbauen.

Sammlung Kastner, Raum 14, Bild **Karoly Graf Andrássy** (?), 1831 von **Peter Fendi** (1796–1842) mit schonungslosem Realismus dargestellt.

Julius (Gyula) Graf Andrássy d. Ä. (1823–1890), Sohn von Karoly Graf Andrássy, ist **1848** einer der Führer der **ungarischen Revolution** gegen Habsburg. 1851 wird er in Abwesenheit zum Tod verurteilt, 1857 amnestiert. Nach dem Ausgleich mit Ungarn 1867 wird er der **erste Ministerpräsident Ungarns**.

Gyula Graf Andrássy der Jüngere (1860–1929), Sohn des älteren Gyula, ist der **letzte Außenminister** der k. & k. Doppelmonarchie Österreich-Ungarn.

Sammlung Kastner, Raum 15, Bild **Zwei Bären**, 1829 von **Friedrich Gauermann** (1807–1862). Seine Naturstudien bereitet Gauermann stets mit vielen Skizzen vor.

Sammlung Kastner, Raum 15, Bild **Gmunden** vom Kalvarienberg mit Traunstein und Schlafender Griechin im Hintergrund, von **Ferdinand Georg Waldmüller** (1793–1865).

Sammlung Kastner, Raum 15, Bild **Die Stolpeckgasse in Klosterneuburg** mit der Brücke vor dem Krankenhaus, 1907 von **Egon Schiele** (1890–1918), der in Klosterneuburg das Gymnasium besuchte.

Sammlung Kastner, Raum 15, **Bildnis einer Dame**, 1910 von **Egon Schiele**.

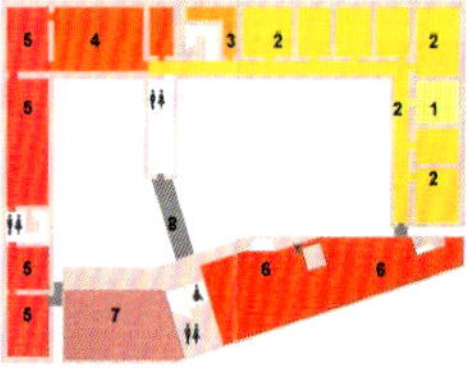

Schloss-Museum 2. OG

1. Krippen
2. Volkskunde
3. Münzkabinett
4. Kunsthandwerk
5. Kunstsammlung 19. Jh.
6. Technik Oberösterreich
7. Festsaal

Kunsthandwerk

Ofen aus Schloss Wildshut, Bezirk Braunau, um 1690. Das Schloss der Kurfürsten von Bayern (ab 1623) kommt mit dem **Innviertel 1779 zu Österreich**. Dargestellt sind Kaiser Leopold I., die Kurfürsten von Bayern, Brandenburg, Heidelberg, Köln, Sachsen und Mainz, sowie Ernst Rüdiger von Starhemberg. Letzterer verteidigt Wien 1683 bei der 2. Türkenbelagerung bis zum Eintreffen des Entsatzheeres unter König Jan III. Sobieski von Polen:

Kunsthandwerk, **Stutzuhr**, von **Johann Michael Riedl**, um 1760.

Die Stutzuhr im reich geschnitzten Rokokogehäuse zeigt Stunden, Tierkreiszeichen, Wochentage und Mondphasen an. Sie stammt aus dem Besitz der Familie Spaun. Anton Ritter von Spaun gründet 1833 das Oö. Landesmuseum.

Schachspiel-Figuren auf Stangen und Standplatten, ein Läufer.

Kunsthandwerk, **Die vier Jahreszeiten,** von Ferdinand Dietz oder Tietz 1708–1777. Dahinter Bild **Adelige Gesellschaft**.

Kunsthandwerk, **Ofen aus Schloss Würting** bei Offenhausen, um 1560.

Christina von Pergheim, Gattin von Georg Achatz von Losenstein, lässt Schloss Würting prächtig umbauen. Der Kachelofen war bereits vom Nachbarraum aus zu befüllen.

Fassadenschrank um 1600.

Zierkutsche, 1858 aus Paris aus vergoldetem Silber.

Volkskunde

Raum 3, **Eferdinger Stube** aus Prambachkirchen, ausgeführt in Holzblock-Bauweise. Die Fugenabdichtung erfolgt mit Hanf und Lehm. Die Stube zeigt den Wohnzustand im 16. Jh. Die Möbel stammen aus dem 18. Jh.

Volkskunde, Raum 3, **Hohe Stube** aus dem unteren Traunviertel, um 1760. „Hohe" bezeichnet das höher gelegene Stockwerk. Dort befanden sich die Stuben (Schlafzimmer), meist mit kostbaren Hochzeitsausstattungen. Die Stuckdecke ist der von „Zittmayr z'Hargelsberg" nachgebildet.

Volkskunde, **Raum 4**, **Figuren-Ofen Almfrau**, um 1790 wohl aus Steyr. Der Ofen stammt aus dem Jagdhaus Bodinggraben bei Molln. Es gehörte zum Besitz der Grafen Lamberg

aus Steyr. Der Ofen ist in typischer oberösterreichischer Art grün geflammt. Die Frau als Aufsatzfigur in halber Lebensgröße trägt oberösterreichische Winterkleidung aus dem 18. Jh.

Volkskunde, Raum 4, **Weinbauernofen**, aus den 1950er-Jahren aus Eberschwang.

Volkskunde, **Raum 5**, **Grabkreuz** aus dem 18. Jh.

Volkskunde, **Raum 6**, Trachten-Ausstellung.

Volkskunde, **Raum 8**, **Krippen-Sammlung**. Ein gezieltes Sammeln von Krippen setzt in Oberösterreich erst nach 1945 ein. 1963, bei der Eröffnung des Landesmuseums im Schloss, ist die Krippen-Ausstellung noch ganzjährig geöffnet. Seit Jahren ist sie nur vom Adventbeginn bis zu Maria Lichtmess am 2. Februar zugänglich.

Volkskunde, vor **Raum 9**, Sammlung **Edgar Spiegl**, **Beichtkasten**, um 1790 aus dem Raum Burghausen am Inn. Links **Johannes Nepomuk**, rechts **Sophie von Bayern**. Auf den Schrangen stehen die hll. Laurentius und Katharina.

Volkskunde, Raum 9. Sammlung Edgar Spiegl, vormals Volkskundemuseum Engleiten in Bad Ischl.

Volkskunde, Raum 9, Sammlung Spiegl, **hl. Leonhard**.

Jan ne Pomuk (Hans aus der Stadt Pomuk) ist Generalvikar in Prag und Beichtvater der **Königin Sophie**. Ihr Gatte, **König Wenzel IV.** der Faule, König von **Böhmen** (1361/1363–1419, und Deutscher König 1376–1400), verdächtigt Sophie von Bayern (1376–1425, Hochzeit 1389) des Ehebruchs. Wenzel will von Nepomuk das Brechen des Beichtgeheimnisses. Nach dessen Weigerung wird Nepomuk in die **Moldau** geworfen, wie Florian mit einem Stein um den Hals. Der wahre Grund liegt wohl darin, dass Nepomuk die Rechte der Kirche gegen die willkürlichen Eingriffe des Königs hart verteidigte.

Volkskunde, Raum 9, Altar mit **hl. Florian**, 18. Jh. Florian ist wie auf den meisten Darstellungen falsch als römischer Legionär gezeigt:

Florian war (nur) Kanzleivorsteher in Lorch. Mit einem Wassersechter löscht er das brennende Feuer. Die Kette links erinnert an seine Gefangenschaft, der Mühlstein rechts an seinen Sturz in die Enns. Angeblich bewachte ein Adler (oben) den Leichnam Florians.

Kunstsammlung im 2. OG

Raum 13, Bild **Das Bündnis zwischen Liebe und Freundschaft**, von **Pierre Paul Prudhon** (1758–1823). Nach einem Romaufenthalt werden seine Bilder von den Werken Leonardos da Vincis, Raffaels und Correggios beeinflusst.

2. OG, Raum 13, Bild **Ein Armenier mit Pfeife**, vor 1867 von **Friedrich von Amerling** (1803–1887).

2. OG, Raum 13, **Selbstbildnis von Johann Baptist Reiter** (1813–1890).

Das Bild aus 1879 ist in extrem naturalistischer Malweise, den Werken des Münchner Leibl-Kreises entsprechend.

2. OG, Raum 13, Bild **Fürstin Trauttmannsdorf**, 1818 von **Ferdinand Georg Waldmüller** (1793–1865). Es ist das erste großformatige Bild Waldmüllers. Im Hintergrund **Schloss Oberwaltersdorf** bei Baden, damals im Familienbesitz.

2. OG, Raum 13, Bild **Kreuzabnahme**, 1844 von **Ferdinand Georg Waldmüller**, hier stark beeinflusst von Jusepe de Ribera (1591–1652).

2. OG, Raum 13, Bild **Rudolf von Alt** (1812–1905) beim Anfertigen eines Aquarells, ca. 1898 von **Ernst Juch**. Rudolf arbeitet eng mit seinem **Vater Jakob Alt** (1789–1872) zusammen. Die Werke der beiden lassen sich oft nur schwer voneinander unterscheiden. Rudolf von Alt unternimmt Studienreisen durch ganz Europa. 1879 wird er Professor an der Wiener Akademie. 1897 ist er Gründungsmitglied der **Wiener Secession**. Im selben Jahr wird er geadelt. Rudolf von Alt hinterlässt über 1 000 Aquarelle, wunderbare Dokumente von Landschaft und Architektur.

2. OG, Kunstsammlung Raum 13, **Schlacht im Teutoburger Wald**, von **Josef Abel** (1764-1818). Der Cherusker-Fürst Hermann siegt 9 v. Chr. über die Römer unter Varus. (Kaiser Augustus: „Varus, gib mir meine Legionen wieder.“)

2. OG, Raum 14, Bild **Winterlandschaft** vor der Stadt Harlem, 1675 von **Claes Molenaer** (1630–1676). Das Bild gehörte zum Bestand des „Linzer Führermuseums".

2. OG, Raum 15, Bild **Anton Bruckner** (1824–1896), 1885 von **Hermann Kaulbach** nach Bruckners triumphalem Erfolg mit seiner 7. Sinfonie in München. Vergeblich ersuchte Bruckner den Künstler, seine Nase kleiner zu malen.

2. OG, Raum 15, Bild **Katharina Makart**.

1874 malt **Franz von Lenbach** (1836–1904), ein enger Freund Makarts, die Mutter des Malers.

2. OG, Raum 15, Bild **Die Japanerin**, um 1873 von **Hans Makart** (1840–84).

Die Beteiligung Japans an der Wiener Weltausstellung 1873 löste eine Japan-Begeisterung aus. In opulenten Farben zeigt Makart keine Japanerin, sondern eine Wienerin in japanischem Kostüm.

2. OG, Raum 15, Büste **Hans Makart** von **Viktor Tilgner** (1844–1896), ein enger Freund Makarts.

2. OG, Raum 15, Neben Bildern und Büsten befinden sich in der Kunstsammlung auch wertvolle Möbel:

Techniksammlung im 2. OG

Auto **Steyr Typ 50-55**, Baujahr 1938.

Technik, **Scheiben-Elektrisiermaschine** aus 1794 von Johann Jechel aus Krumau.

Technik, **Feuerdampfspritze**, 1908 erzeugt von der Firma Rosenbauer. 1913 kauft die Feuerwehr Ostermiething dieses Gerät. 1965 Ankauf durch das Museum:

Technik, **Laufmaschine**, 1818 von Emmerich Wollenschläger aus Frankfurt nach Freiherr von Drais. Diese Draisine ist bereits mit einem höhenverstellbaren Sitz ausgestattet.

Technik, **kleinste** funktionstüchtige **Dampfmaschine** der Welt, nachgebaut den Dampflokomotiven um 1890. Derartige Maschinen erleichtern bis zur Einführung der Verbrennungsmotoren die Arbeit in der Landwirtschaft.

Technik, **erster** in Österreich entwickelter **Parallel-Rechner**, 1976–78 von Univ. Prof. Dr. **Bruno Buchberger** an der Kepler-Universität in Linz.

Acht Prozessoren und acht Speicher sind über 64 Schaltknoten flexibel miteinander verbunden. Je nach Anzahl der verwendeten Prozessoren erhöht sich die Geschwindigkeit des Rechners.

Stiegenhaus vom 1. OG zum Erdgeschoß, **Wappen Abt Breil aus Baumgartenberg**.

Archäologische Sammlung im UG

Halsschmuck aus der Hallstattzeit (800–475 v. Chr.):

Schüsselhelm aus Bronze, aus ca. 700 v. Chr. (Hallstattzeit), Fundort Mitterkirchen, rechts eine Rekonstruktion.

Goldener **Halsring** aus Uttendorf ca. 550 v. Chr., Hallstatt-Kultur.

Foto: Wolfgang Sauber

Temporäre Sonderausstellungen ergänzen die Dauerpräsentation: **Jährlich stattfindende Großausstellungen** im Erdgeschoß behandeln ein weites Spektrum **landeskundlicher** wie **internationaler Thematik** (Schwerpunkte Ethnologie, Kunst- und Kulturgeschichte). Im zweiten Obergeschoß finden **zwei- bis dreimal jährlich kleinere Präsentationen**, vorwiegend aus Beständen des Hauses, statt.

Westportal-Vorplatz: **Turbine** eines Wasserkraftwerkes, Teil der Techniksammlung im Schloss-Museum. **Victor Kaplan** (1876–1934), der Erfinder der Turbine, lebt von 1920 bis zu seinem Tod in Unterach am Attersee.

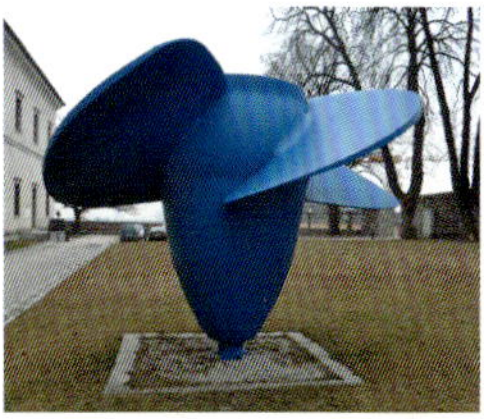

U. a. wird er mit dem Aufdruck seines Konterfeis auf

der **1000-Schilling-Note** von **1961** gewürdigt.

Vom **Schloss-Restaurant** ist die herrliche Aussicht auf Pfarrkirche, Alten Dom und Landhaus zu genießen.

Eine **Stele** rechts vom Westportal erinnert an die Besiedelung von Schlossberg und Römerberg durch die Römer. Der **Donaulimes** war die nördlichste Begrenzung des Römerreichs. Die Stiege rechts vom Westportal führt hinunter zum **Schloss-Cafe**, ebenfalls mit herrlicher Aussicht auf Donau und den Stadtteil Urfahr.

Richtung Südwesten ist dem Schloss das **Friedrichstor** vorgelagert.

Im Wappenstein **oben Monogramm von Friedrich III.**, **Reichswappen** und rechts der österreichische **Bindenschild**. **Unten** flankieren die Wappen **Steiermark** und **Oberösterreich** die Aufschrift **AEIOU 1481 Fridericus Romanorum Wiperator ETC**. Das Anagramm hat hier die Bedeutung von „Arcem extruxit in oriente versam" (Die gegen Osten gewandte Burg baute Friedrich, Römischer Kaiser. „Im" im Wort Imperator umgedreht auf „Wi").

Weiter im Westen steht der **Pavillon für Johannes Kepler** (1571–1630), erbaut 1646 von Francesco Canevale und Bartholomäus Gunzi. 1971wird der Pavillon vom Schlägler Stiftshaus **Landstraße 16** hierher verlagert. Die **Kepler-Figur** aus 1971 ist ein Bronzeabguss der Holzplastik von Sebastian Remele aus 1780 im Stift Kremsmünster. Zum Kepler-Lebenslauf siehe Seite 134.

Der Weg vom Kepler-Pavillon weiter nach Norden führt zum **Donaublick**. Der Aussichtspunkt wird in den 1960er-Jahren bei der Neugestaltung der Schlossberg-Gartenanlage geschaffen.

Granit-Stelen auf der Wiese Richtung Donau, 1992 von **Rudolf Pointinger** im Rahmen des Kunstprojektes „4020" aufgestellt.

Wasserstiege von unterhalb des Donaublicks hinunter zur Oberen Donaulände.

Schloss Linz, Luftaufnahme noch ohne den neuen Südflügel.

Kaiser **Friedrich III.**

Friedrich III. 1415/1440–1493 Bild von Martino Altomonte, Detail, Kaisersaal im Stift Kremsmünster.

1415 Geburt Friedrichs.

1438 **Albrecht II.** wird **römisch-deutscher König**.

1439 Albrecht II. stirbt.

1440-02-02 **Wahl Friedrichs** zum **römisch-deutschen König**.

1440-02-22 Geburt von **Ladislaw Postumus,** Sohn Albrechts II.

1440-05-14 **Ladislaw** wird **König von Ungarn**. Vormund wird Friedrich, Cousin zweiten Grades von Albrecht.

1446 Friedrich gibt Ladislaw nicht an die **Ungarn**. Sie bestellen **Johann Hunyadi** zum **Reichsverweser**.

1448 **Georg von Podiebrad** wird Landesverwalter in Böhmen.

1452 Friedrich heiratet **Eleonore von Portugal** (1436–67), Tochter von König Eduard I. (1391–1438).

Der Bischof von Siena, Enea Silvio Piccolomini, 1458–64 Papst **Pius II.**, 1443–45 Sekretär Friedrichs, führt Eleonore zu Friedrich. Fresko von Pinturicchio im Dom von Siena.

1452 Papst **Nikolaus V.** krönt Friedrich in Rom zum Kaiser.

1453 **Ladislaw** Postumus wird zum **König von Böhmen** gewählt.

1453 Friedrich bestätigt das **Privilegium maius**. In dieser Fälschung eines Dokuments aus 1156 durch Herzog Rudolf dem Stifter (1339–65) wird das Recht der Herzöge von Österreich ähnlich dem der Kurfürsten nachgewiesen: **Unteilbarkeit der Länder**, **Primogenitur** (Erbe ist der älteste Sohn) und **eigenständige Gerichtsbarkeit**.

1457 Ladislaw stirbt.

1458-01 **Matthias Corvinus** (1443–1490), Sohn Johann Hunyadis, wird zum **König von Ungarn** gewählt.

1458-02 **Georg von Podiebrad** wird zum **König von Böhmen** gewählt.

1463 Hzg. **Albrecht VI.** stirbt. Friedrich wird auch Landesherr in Oberösterreich.

1469 Friedrich erreicht die Gründung der **Bistümer Wien und Wiener Neustadt** gegen den Widerstand des Bischofs von Passau.

1477-01-05 **Karl der Kühne**, Herzog von Burgund, **fällt bei Nancy**.

1477-08-19 Friedrichs Sohn **Maximilian heiratet Maria von Burgund**, einziges Kind Karls. Die Ehe wurde bereits 1476 vereinbart.

1485 **Matthias Corvinus** zieht in **Wien** ein. Friedrich flieht nach Graz, 1489 zieht er nach Linz.

1486 **Maximilian**, Sohn Friedrichs, wird zum **römisch-deutschen König** gewählt.

Maximilian I. 1459/86–1519 Bild von Martino Altomonte, Detail, Kaisersaal im Stift Kremsmünster.

1490 Matthias Corvinus stirbt in Wien. **Sigismund** muss **Tirol an Maximilian** übergeben. Die Habsburger Länder sind nach 125 Jahren wieder vereint.

1493-05-23 **Friede von Senlis**: Das burgundische Erbe wird geteilt. **An Frankreich** kommt das Herzogtum Burgund. **An Österreich**: Freigrafschaft Burgund, Flandern, Brabant und Artois.

1493-08-19 **Tod** von Friedrich III. **in Linz**, angeblich im Kremsmünsterer Haus, eher wohl im Schloss. Friedrichs Herz und Eingeweide werden in der **Linzer Pfarrkirche** bestattet, sein Körper im **Wiener Stephansdom**.

Der zaghafte, aber zähe **Friedrich überlebt viele seiner Feinde**. Unter ihm beginnt der Aufstieg Österreichs zur Großmacht. Durch das Erbe der Grafschaften Burgund und Flandern beginnt aber auch die **Feindschaft mit Frankreich**.

Johannes Kepler

1571 Geburt in **Weil der Stadt** bei Stuttgart.

1575 Eine **Pockenerkrankung** beeinträchtigt Keplers Sehvermögen lebenslang.

1589 **Theologie-Studium** am Evangelischen Institut in Tübingen. Kepler lernt das **heliozentrische System** der Planetenbewegungen von **Nikolaus Kopernikus** (1473–1543) kennen. (Die Sonne und nicht die Erde steht im Zentrum unseres Planeten-Systems.)

1594 **Lehrauftrag für Mathematik** an der evangelischen **Stiftsschule in Graz**.

1597 Kepler heiratet Barbara Mühleck.

1600 Assistent des Astronomen **Tycho Brahe** (1546–1601) in Prag.

1601 Kepler wird **kaiserlicher Hof-Mathematiker** in Prag.

1609 Kepler veröffentlicht **Astronomia nova** mit seinem 1. und 2. Gesetz.

1611 Gattin Barbara stirbt. Die Universität Tübingen verweigert eine Professur, da Kepler vom Weltbild des Ptolemäus abweicht.

1612 Kaiser **Rudolf II. stirbt**. Wegen der religiösen Spannungen zieht Kepler nach **Linz**. Er unterrichtet bis 1626 Mathematik.

1613 Kepler heiratet **Susanne Reuttinger** aus Eferding.

1615 Keplers **Mutter Katharina** wird der **Hexerei** angeklagt. Der berühmte Sohn organisiert die Verteidigung.

1621 Katharina Kepler wird freigelassen. Bereits 1622 stirbt sie an den Folgen der Folter während ihrer Haft.

1626 Die Bibliothek des Lutheraners Kepler in Linz wird mehrmals beschlagnahmt. Seine Kinder werden zur Teilnahme am katholischen Gottesdienst gezwungen. **Kepler flieht** samt Familie von Linz nach **Ulm**.

1627 Neuer Förderer Keplers wird **Albrecht von Wallenstein** (1583–1634). Von Kepler erwartet er zuverlässige Horoskope. Kepler erhält dafür in Sagan in Schlesien eine Druckerei zur Nutzung.

1630 Wallenstein wird von Kaiser **Ferdinand II.** als Befehlshaber der kaiserlichen Truppen im 30-jährigen Krieg abgesetzt (und 1634 umgebracht). Kepler zieht nach **Regensburg**. Dort stirbt er am 27. 12. 1630.

Statue im **Kepler-Pavillon** im Westen von Schloss Linz, siehe Seite 132.

3 Kepler-Gesetze:

Kepler findet diese Gesetzmäßigkeiten für die **Umlaufbahn von Planeten um die Sonne**, als er sie in Bezug zu einer gesuchten Harmonie bringt. Dabei analysiert er mathematisch die Abweichung der Mars-Umlaufbahn von einer Kreisbahn.

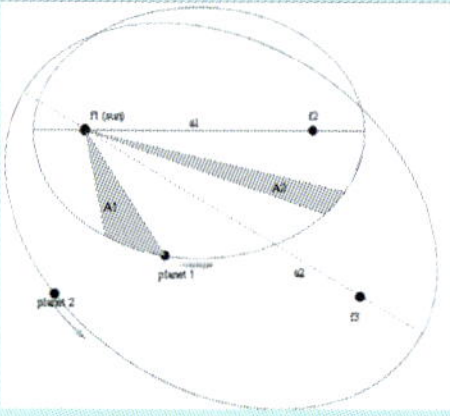

1. Kepler-Gesetz:
   Die **Planeten-Bahnen sind** keine Kreise sondern **Ellipsen** mit der Sonne in einem der beiden Brennpunkte.
2. Kepler-Gesetz:
   Die **Verbindungslinie Planet–Sonne** (Fahrstrahl) überstreicht **in gleichen Zeiten gleich große Flächen** (grau A1 zu A2).
3. Kepler-Gesetz:
   Das Verhältnis der **Quadrate der Umlaufzeiten** zweier verschiedener Planeten ist genau so groß wie das Verhältnis der **dritten Potenzen ihrer großen Halbachsen**.

Mit diesen Gesetzen erreicht Kepler eine gute **Näherung** für die **tatsächlichen Planetenbahnen** in einem Sonnensystem.

Isaac Newton (1642–1726) entwickelt bis 1686 auf der Basis der Keplerschen Gesetze seine **Gravitations-Theorie**.

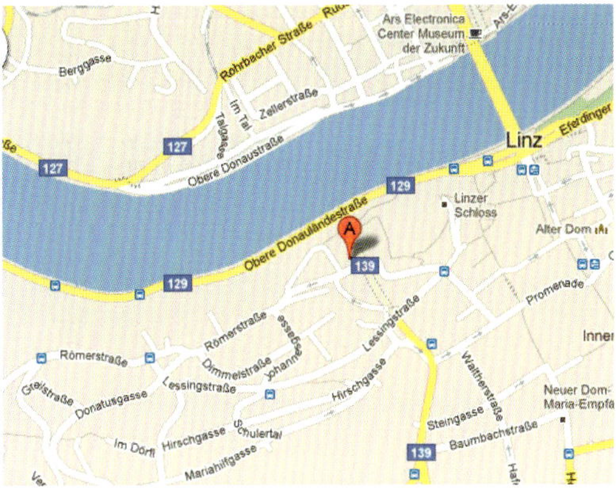

Römerstraße

Sie beginnt – wie die Lessingstraße – auf der Promenade beim Landestheater. Sie führt hinauf zum Westtor des Linzer Schlosses, vorbei an der Martinskirche, und mündet weiter westlich in die Freinbergstraße.

Römerstraße 16
Erbaut 1931 im Bauhausstil von Josef Hawranek für **Josef Raukamp** (1881–1960).

Römerstraße 17
Wohnhaus von **Dr. Ernst Koref** (1891–1988), 1945–1962 Bürgermeister von Linz.

Martingasse 1
Wohnhaus von **Dr. Heinrich Gleißner** (1893–1984), 1934–1938 und 1945–1971 Landeshauptmann von Linz.

Martinskirche

Gut 100 m westlich vom Westtor des Linzer Schlosses. Geöffnet beim Gottesdienst am Mittwoch (außer Ferienzeit) um 8.30 und am Sonntag um 8.15 Uhr.
Kontakt:
Pfarre St. Matthias (Kapuziner-Kirche) +43732-777454
Domcenter +43732-946100

788 Herzog **Tassilo** von Bayern wird von seinem **Cousin König Karl I.** (Kaiser ab 800) **gestürzt**. Karl schenkt die nunmehrige königliche Fiskalkirche St. Martin (1 capella) an **Bischof Waltrich von Passau** als Eigenkirche.

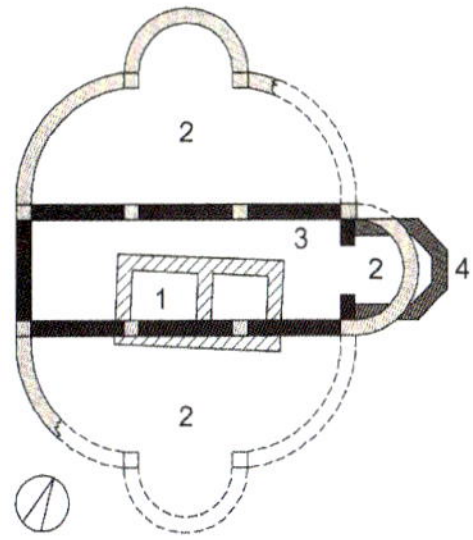

799 Die Kirche samt Burg geht als Lehen an **Graf Gerold**, Schwager von Karl I. d. Gr. Noch im selben Jahr stirbt Gerold. Kirche und Güter gehen wieder an den **Bischof Waltrich von Passau** zurück.

971–991 Amtszeit von **Bischof Pilgrim von Passau**. Wahrscheinlich erfolgt in dieser Zeit der Bau der **Drei-Konchen-Anlage** (2) als ottonischer Zentralbau. Der Grundriss ist seit 1948 durch Steinplatten markiert.

um 1050 Bau der **frühromanischen Kirche** (3 heute rekonstruiert). Das Langhaus entsteht durch Ausmauerung des ottonischen Vorgängerbaus. Von den einst 12 Säulen sind 6 im aufgehenden

Josef Raukamp
1881–1960

1908 Der gebürtige Rheinländer wird künstlerischer Leiter der **Oö. Glasmalerei**, gegründet 1884.

1915 Raukamp kauft die Oö. Glasmalerei.

1919 Sein Bruder Wilhelm arbeitet nach dem Tod seiner Frau in der Oö. Glasmalerei.

1922 Josefs Fenster für die **Kapelle der Schulschwestern in Vöcklabruck** veranlassen Bischof Gföllner zu einem **Auftragsverbot** an Raukamp.

1926 Wilhelm Raukamp tritt in das Kloster Schlierbach ein.

1930 und 1934 Josef Raukamp darf nun die Fenster für die **Turmkapellen** im **Neuen Dom** liefern.

1938–45 Während des 2. Weltkriegs kann Josef Raukamp seine wertvollen Glasvorräte im Kloster Schlierbach deponieren.

1948 Fenster Martinskirche

1951 Er wird Professor.

1954 Der kinderlose Josef Raukamp **verkauft** die **Glasmalerei** an das **Kloster Schlierbach**.

Mit der Kloster-Glasmalerei arbeiten u. a. zusammen: Margret Bilger, Rudolf Kolbitsch, Josef Mikl und Lydia Roppolt.

Mauerwerk und 2 als Basen erhalten.

1111 St. Martin wird **Pfarrkirche** der Stadt Linz.

1286 Die **heutige Stadtpfarrkirche Mariae Himmelfahrt** am Pfarrplatz wird urkundlich als Pfarrkirche genannt.

1448 (?) Umfassende **Gotisierung** (4): Polygonalchor, Triumphbogen, Maßwerkfenster und Portale.

1685/86 **Barockisierung** durch Georg Pruckmayr im Auftrag von Kaiser Leopold I.

1742 Im **Erbfolgekrieg** wird die Martinskirche von bayerischen und französischen Soldaten als **Pferdestall** benutzt.

1792/96 **Profanierung** (Ende der kirchlichen Nutzung).

1810–32 **Militärdepot**

1839–41 Errichtung des heutigen Satteldaches samt Dachreiter. Anbau der Sakristei am SO-Teil der Kirche. **Neuweihe** der Kirche. Sie wird vorwiegend von böhmischen Gastarbeitern genutzt.

1947/48 **Rekonstruktion** des frühromanischen Nischenbaues (3). Dabei werden ältere Baudetails zerstört. An den Langhauswänden ist zwischen den verputzten Flächen das frühromanische Mauerwerk freigelegt.

Portal an der Westwand, links Schlange der Versuchung, rechts Ranken und Trauben:

Heute ist St. Martin ein lang gestreckter **Saalbau** (24,5 x 7,3 m). In der Mitte der Seitenwände sind die Zumauerungen der früheren Bögen ersichtlich.

Nordwand, Fresko **Volto Santo** um 1440, nach dem Vorbild im Dom San Martino in **Lucca** (Toskana) mit Bart, geöffneten Augen und langem Gewand. Vor dem nackten rechten Fuß von Jesus liegt ein Schuh.

Die **Legende vom Spielmann** ist in diese Darstellung miteinbezogen. Der arme Spielmann spielt vor dem Kruzifix. Jesus wirft ihm einen goldenen Schuh hin. Der Spielmann will den Schuh bei einem Goldschmied verkaufen. Dieser zeigt den Spielmann als vermeintlichen Dieb an, und er wird zum Tode verurteilt. Der Spielmann erbittet sich, vor der Hinrichtung nochmals vor dem Kruzifix spielen zu dürfen. Jesus wirft ihm auch den zweiten Schuh hin. Der Spielmann wird begnadigt.

3 Römische Grabsteine sind im Langhaus als Spolien verwendet: Aurelius Eutices für Gattin Aurelia Alexandria und Tochter Aurelia Marcellina aus dem 3. Jh. Grabstein der Ingenua aus dem 2. Jh. und der des Adiuto Senuini für sich und seine Frau aus dem 1. Jh.

Die Holzbalkendecke stammt aus 1948. Die vier bruchstückhaft erhaltenen **Flechtwerk-Steine** stammen wohl aus einer Chorschranke aus dem 8./9. Jh. zur Abtrennung des Altarraums.

Rundfenster über dem **Westportal**: Traum des **hl. Martin** von Josef Raukamp, 1948 nach Entwürfen von Alfred Stifter.

Vor dem Chor unter Glasabdeckung im Fußboden ein **Backofen-Fragment**, in Lehm eingetieft, aus der Zeit um 100 v. Chr. **Stirnwand** rechts ein Bibelspruch aus 1947 und links eine verblasste **Mondsichel-Madonna** aus dem 15. Jh.

Der einjochige spätgotische **Chor** ist leicht eingezogen. Er endet in einem 5/8-Schluss. Chor-Kreuzrippen-Gewölbe um 1440.

Severin von Norikum:

Geboren um 410 in Nordafrika (?), gestorben 482 in **Favians**, dem heutigen **Mautern** bei Krems.
Um 460 liegt die römische Provinz Noricum in Agonie. Severin versucht, das Chaos durch Klostergründungen aufzuhalten.

Nach Severins Tod organisiert **Hunwulf**, Bruder des germanischen Söldnerführers **Odoaker**, den Abzug der römischen Bevölkerung nach Italien. Severins Leichnam wird mitgeführt. Begraben wird er im kaiserlichen Privatgut Lucullanum bei Neapel. Heute liegen seine Gebeine in Frattamaggiore bei Neapel.

511 vollendet Severins Begleiter **Eugippius**, erster Abt in Luccullanum, die **„Vita sancti severini“**. Sie ist eine bedeutende Quelle der Geschichte der Donauländer in der Zeit um den **Untergang Weströms 476**.

Maximilian von Celeia:

Gestorben um 284 in Celaia, dem heutigen Cilli in Slowenien. Maximilian verschenkt seine Güter an seine Sklaven und pilgert nach Rom. Papst **Sixtus II.** beauftragt ihn mit der Missionierung seiner Heimat. Er wird nach Wanderjahren **erster Bischof in Lauriacum** (Lorch bei Enns). Unter **Kaiser Numerian** (253?/283–284) erleidet Maximilian das Martyrium.

Chorfenster Mitte, Mantelteilung des **hl. Martin** von **Josef Raukamp**.

Chorfenster links die Heiligen **Severin** und **Maximilian**, rechts **Leopold** und **Florian**, Fenster 1948 von **Ernst Hamberger**.

Ein **Stein** vor der Kirchen-Südflanke verkündet, dass St. Martin der „älteste erhaltene Kirchenbau Österreichs“ sei. Neuere Forschungen widerlegen diese Behauptung. Eine der ältesten und auch stimmungsvollsten Kirchen bleibt jedoch St. Martin.

Am **letzten Sonntag in jedem Monat** findet in der Kirche St. Martin um 19 Uhr ein **ökumenischer Gottesdienst** statt. Am Beginn des 3. Jahrtausends, wo Raubtier-Kapitalismus für perversen Individualismus und nicht nur für finanzielle Ausgrenzung sorgt, ist dieser gemeinsame Gottesdienst von Menschen mit unterschiedlichem Glauben eine Wohltat.

Johannesgasse 2
Kinderheim der Stadt Linz

Erbaut 1908 nach Plänen von **Julius Biowski** (Bihovsky?, 1867–1927) gemeinsam mit den gegenüberliegenden Arbeiterhäusern. Das Hauptgebäude ist in den Untergeschoßen geschlossen. Es bildet in seinem **Oberteil zwei** rechtwinkelig auf den Verlauf der Gesamtanlage stehende **Seitentrakte**. Der zurückversetzte **Mittelteil** mit höherem Dach hat einen markanten, abgetreppten Giebel.

Donatusgasse 3a
Römerberg-Schule

Gebaut 1905–06 als Doppelvolksschule von Dombaumeister **Matthäus Schlager** (1870–1959).

Der neobarocke Schulbau liegt weithin sichtbar am abfallenden Gelände. Der vom Bereich der Mädchen streng getrennte **Knaben-Bereich** ist **prunkvoller** gestaltet.

Hl. Donatus

Der junge Soldat kämpft **um 166** gegen die **Markomannen** an der Donau in aussichtsloser Situation. Da **zerstören Blitze das feindliche Lager**. Donatus wird Christ. Er gelobt, ledig zu bleiben. Kaiser **Marc Aurel** macht ihn zum **Oberst der Leibwache**. Ersteres ist historisch wahr. Nach der Legende lehnt Donatus die Ehe mit der Kaiser-Enkelin ab. Deshalb erleidet er das Martyrium. Angefleht wird er zum Schutz vor Blitz. Oft wird er mit **Donatus von Arezzo** verwechselt, erster dortiger Bischof.

Statue **hl. Donatus**, vor 1727 (oder eine Kopie?) an der nordöstlichen Gebäudeecke der Römerberg-Schule.

Donatusgasse 4

Erbaut 1910 von **Leopold Lang**. Die **secessionistische Fassade** hat eine reiche Putzstruktur. **Fassaden-Inschrift** nach dem Komponisten **Richard Wagner** (1813–1883), darunter im Relief **Brünhilde mit Schwert**.

Altstadt Ost

Highlights

- Rathausgasse 8, **Museum LinzGenesis**
- Pfarrgasse 2, **Bäckerei Rath**
- Pfarrplatz 8, **Café Meier**
- **Alter Dom** Seite 149
- **Pfarrkirche** Seite 156
- Museumsstraße 14 **Landesmuseum** S. 163
- **Prunerstift** Seite 167

Altstadt Ost: Links vom Hauptplatz am Modell im Museum LinzGenesis.

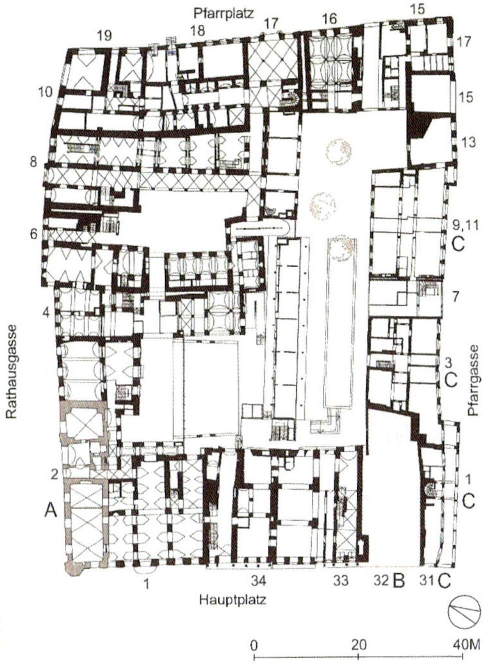

Plan Dehio Linz ©BDA

Rathausgasse

Vom Hauptplatz neben dem Rathaus Richtung Osten zum Pfarrplatz.

Rathausgasse 5

Kepler-Wohnhaus

1612 kommt **Kepler von Prag nach Linz**. Hier unterrichtet er Mathematik an der Landschaftsschule der protestantischen Stände. In diesem Haus vollendet er sein Hauptwerk, die Rudolphinischen Tafeln. **1626** flieht er mit Familie **nach Ulm** und kurz darauf nach Regensburg. Dort stirbt er 1630 (siehe Seite 134).

Rathausgasse 8

ehem. Freihaus Khautten

1573 Erste urkundliche Erwähnung. Besitzer ist Hans Lerpaumb.

1646 Besitzer wird die Stadt Linz. Weitere Eigentümer werden Martin Rieß, die Jesuiten und **Stift St. Peter in Salzburg**.

1666 Kauf durch **Hans Georg Kautthen**. Er lässt das heutige Haus völlig neu bauen.

1687 Kautthen verkauft es an das **Stift Garsten**.

1773–76 Die Normalschule befindet sich hier.

1776 Stift Garsten verkauft an Bäcker Ignaz Furtmoser und Zimmermeister Martin Strasser. Diese vermieten es an die Stadt Linz zur Unterbringung der **Lateinschule**.

1902 Die **Stadt Linz** kauft das Haus.

1998 Eröffnung **Museum LinzGenesis**.

Die Hauptfront besitzt ein genutetes Erdgeschoß. Die 3 Obergeschoße gliedern Riesenlisenen. Das frühbarocke **Säulenportal** stammt aus der Zeit um 1670. Toskanische Säulen flankieren das breite Rundbogentor. Über dem hohen Gebälk ist ein gesprengter Giebel samt breitem Volutenaufsatz. Die Rokoko-Tür stammt aus der Zeit um 1765.

Im Hofflügel sind Arkadengänge mit weiten Rundbögen auf toskanischen Säulen.

Museum LinzGenesis
im Keller Rathausgasse 8, Zweigstelle des Stadtmuseums **www.nordico.at**

Gezeigt wird die Geschichte der Stadt Linz von der Urgeschichte bis zur Gegenwart. Audiovisuelle Einrichtungen erleichtern speziell für Kinder den Zugang zur Thematik.

Mithraskult-Altar aus der Zeit um Christi Geburt. Der römische Mithraskult ist nicht zu verwechseln mit dem bereits im 14. Jh. v. Chr. in Persien entstandenen.

Die relativ wenigen Exponate und ein guter Linz-Film bieten rasch einen Überblick über die Linzer Stadtgeschichte.

Die Linzer Torte, Anton Bruckner und Adalbert Stifter haben zum Ruhm der Stadt beigetragen.

Modell eines **LD-Tiegels** zur Stahlherstellung (siehe Geschichte von Linz, Seite 53).

Zahnmuseum
im Haus Rathausgasse 8, Zugang über LinzGenesis.
www.zahnmuseum-linz.at

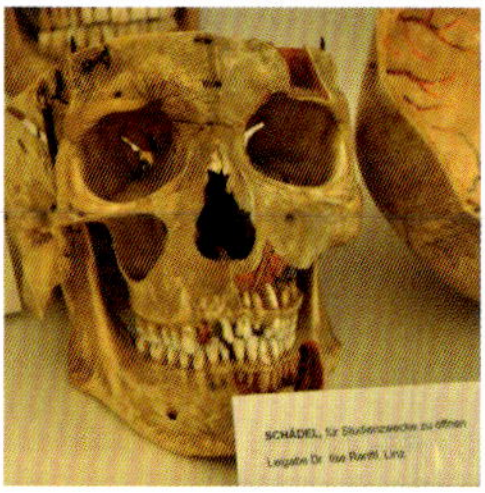

Das Zahnmuseum wird 2000 im Allgemeinen Krankenhaus eröffnet. Es übersiedelt 2003 hierher.

Gezeigt wird die Entwicklung der Zahnheilkunde von 1700 bis heute.

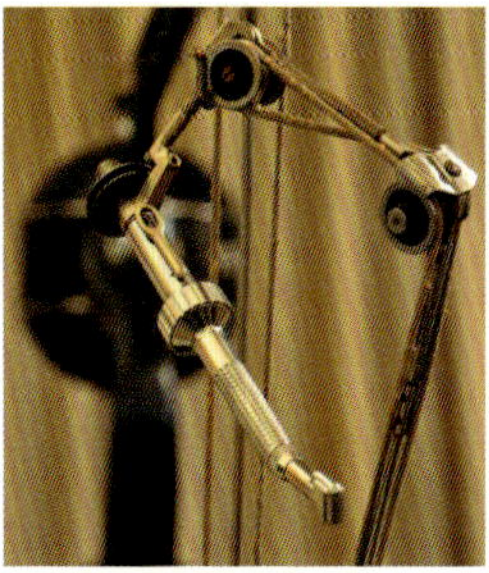

Ausgestellt ist auch ein Bild der **hl. Apollonia von Alexandrien**, Schutzheilige der Zahnärzte. Wohl unter Kaiser **Philippus Arabs** erleidet sie ihr Martyrium. Dabei werden ihr die Zähne herausgebrochen.

Rathausgasse 10
/Pfarrplatz 19, (siehe S. 146).

Pfarrgasse

Vom Hauptplatz zum Pfarrplatz, parallel und südlich der Rathausgasse.

Pfarrgasse 17/Pfarrplatz 15
k. u. k. Hofbäckerei Rath

1371 Urkundlich erwähnt als Bäcker-Zunfthaus.
1570 **Erste Bäckerei** an diesem Standort. Um diese Zeit Errichtung des heutigen Hauses.
18. Jh. Barockisierung.
1888 Adaptierung des Inneren durch **Michael Lettmayr**.
1889 **Auslagenportal** in altdeutschen Formen von **Johann Appolt**.
1954 Aufbau des 4. Geschoßes durch Franz Paral.

Die Inneneinrichtung ist entzückend altmodisch, das kulinarische Angebot ist legendär.

Pfarrgasse 20 /Domgasse 2
ehem. Garstner bzw. Mondseer Stiftshaus

1531 Erste Beurkundung.
1600 Stadtschreiber Georg Eysenmann verkauft das Haus an das **Stift Garsten**. Kurz darauf Errichtung des heutigen Hauses.
1688 Neuer Besitzer wird das **Stift Mondsee**.
1729 Gottlieb Reckseysen kauft das Haus. Die Neugestaltung wird vermutlich durch den Architekten **Johann Michael Prunner** durchgeführt.
1950 Das Portal wird für die „Wachauer Weinstube" geändert.

Das 5-geschoßige Haus ist an drei Seiten gleichartig durch barocke Rahmenfelder gegliedert. Die Fenster sind üppig überdacht. Zum ehemaligen Jesuitenkolleg ist es mit einem **Schwibbogen** aus 1923 verbunden. Das **Rustika-Portal** im Stil der Renaissance stammt aus der Zeit um 1600.

Die Gebäudekante zum Pfarrplatz ist abgeschrägt. Darin ein überlebensgroßes **Stuckrelief Himmelfahrt Mariae**, 1868 von **Karl Sterrer**.

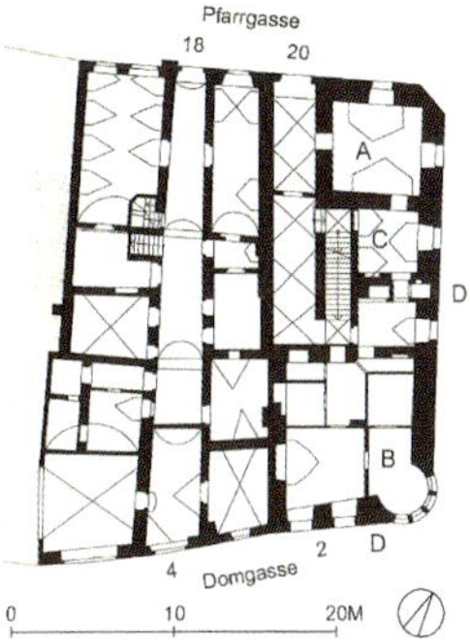

Domgasse

Parallel und südlich der Pfarrgasse.

Domgasse 1
ehemaliges Jesuitenkolleg

1600 Über Auftrag von Kaiser Rudolf II. beziehen **zwei Jesuiten** in Linz Quartier.
1612 Die Jesuitenmissio wird in den Rang eines Kollegs erhoben.
1652 Die **Jesuiten** errichten das **Kolleg** in Form eines Vierkanthofes. Der Architekt ist unbekannt. Den Bau leitet Johannes Abentschein.
1668/69 Bau des Nordtraktes Richtung Pfarrplatz als Schule.
1669 Aufnahme des Lehrbetriebs für **Philosophie**, **Jurisprudenz** und **Theologie**. Kaiser **Leopold I.** (1640/58–

1706) spendet Geld für die Ausstattung.

1732–34 **Westtraktum- bzw. -neubau** nach Plan von **Johann Michael Prunner**. **Theater** und **Apotheke** werden errichtet.

1776 Unter **Maria Theresia** (1717/40–1780) wird das Kollegium in eine **Kaserne** umgewandelt. Theater, Aula und Hörsaal werden dabei geopfert. Die **Bibliothekseinrichtung** kommt in die heutige **Landesbibliothek** am Schillerplatz.

1869 Die **Kollegi-Kaserne** wird Sitz der **Hauptpost**. Umgestaltung durch **Franz Weinberger** (1816–1873). Dafür werden der Chor der Franz-Xaver-Kapelle und der Pulverturm der ehemaligen Stadtmauer an der SO-Ecke abgetragen.

1903 Neue Fassade und Aufstockung des W- und S-Traktes durch **Josef Ertl**.

1922–25 **Julius Schulte** (1881–1928) stockt N- und O-Trakt im Stil des **Expressionismus** um 2 Geschoße auf. Weitere Bauten Schultes in Linz: Körnerschule, Weberschule Urfahr, Fassade Rathaus Urfahr, Krematorium.

2006 Teile der **Kunstuniversität** ziehen hier ein. Anstelle eines Flachdachs im Hof entsteht nach Plänen von Schneider & Lengauer das **Audimax.**

Der mächtige 4-flügelige Gebäudekomplex steht fast völlig frei. Er ist nach dem Schloss das größte Gebäude von Linz. Die Hauptfassade ist nach Westen zur Domgasse gerichtet. Den 7-achsigen, hervorgehobenen **Mittelbau** errichtet **Johann Michael Prunner** 1732–34. Zentrale **Hauptportal** ebenfalls von Prunner.

Jesuiten
Gesellschaft Jesu

1534 Der Spanier **Ignatius von Loyola** (1491–1556) und 5 Gefährten geloben in Paris Armut, Keuschheit + Mission in Palästina.

1539 Sie nennen sich **Gesellschaft Jesu**.

1540 Papst **Paul III.** genehmigt die Ordensgründung. Der Spottname **Jesuiten** wird später vom Orden selbst übernommen.

1545–63 **Konzil von Trient**: Die beginnende **Gegenreformation** zur Rückgewinnung protestantischer Christen tragen vorwiegend Jesuiten.

1609 **Mary Ward** gründet das **Institut der Englischen Fräulein**. Sie gelten inoffiziell als weibliche Jesuiten.

1773 Unter dem Druck der absolutistisch regierenden Monarchen in Frankreich und Spanien und der Aufklärung **hebt** Papst **Clemens XIV. den Jesuitenorden auf**.

1814 Papst **Pius VII.** lässt den Orden der Jesuiten wieder zu.

1837 **Rückkehr** der Jesuiten **nach Linz**, 1909 an die Ignatiuskirche.

2012 Mit 19 000 Brüdern und Priestern sind die **Jesuiten weltweit der größte katholische Orden**.

Das Segmentbogen-Tor wird von seitlich schräg hinterlegten Pilastern begrenzt. Oben ein verkröpftes Gebälk mit segmentbogiger Verdachung und Vasen-Bekrönung.

Die weiteren Bauteile siehe Pfarrplatz 14, Seite 145.

Domgasse 2/Pfarrgasse 20 (siehe Seite 141)
mit Blick auf Pfarrkirche

Das ehemalige Garstner bzw. Mondseer Stiftshaus hat auf der Domgassen-Seite einen runden Renaissance-Erker auf Muschelschale. Er reicht bis zur Dachtraufe.

Domgasse 3, Domstöckl

1909 baut Matthäus Schlager den einstigen Verbindungstrakt zwischen Jesuitenkolleg und Jesuitenkirche um.

Im nunmehrigen **Vestibül** ist das **Barockportal** zur **Gruft** (siehe dazu Seite 155).

Domgasse 6 und **8**

Zwei Häuser des 16. Jh. werden um 1770 durch eine gemeinsame Blendfassade vereint. Das 2. und 3. OG werden durch Gesimsbänder und Mauerstreifen gegliedert. Dazwischen sind ovale **Putzspiegel**. Ein größerer befindet sich zwischen der 3. und 4. Achse. Darunter in der Rundbogen-Nische die Figur der **Maria Immaculata** (Unbefleckte Empfängnis) aus der 2. Hälfte des 18. Jh.

Domgasse 12
Haus Oö. Volkskreditbank

15. Jh. Das **Stift Mondsee** besitzt den westlichen Teil des Hauses.
1632 Die **Jesuiten** kaufen den östlichen Teil von den oö. Ständen.
1634 Die Jesuiten kaufen den westlichen Teil vom Stift Mondsee. Das **Jesuitengymnasium** übersiedelt vom Landhaus hierher.
1680–82 Neubau des Hauses wohl durch **Carlo Antonio Carlone**.
1773 **Auflösung des Jesuitenordens**.
1775 Das Haus nimmt das in Steyr aufgelassene „Seminarium Angeli custodis" auf.
1778–1808 Sitz des Collegium medicum, der **Linzer Chirurgenschule**.
1785 Das „Seminarium“ wird aufgelassen. Das Haus wird zum Priesterhaus.
1874 Die **Oö. Volkskreditbank** erwirbt das Haus, Adaptierung für Wohnzwecke durch Michael Riedl.
1924 **Dachgeschoßausbau** durch Dombaumeister Matthäus Schlager.
1953–55 Umbau zum Bankgebäude durch Karl Rebhan.

Das breite **Rundbogen-Portal** wird von toskanischen Säulen auf hohen Postamenten vor genuteten Wandvorlagen flankiert. **Im** verkropften Gebälk die Inschrift „Seminarium S. Ignaty Societatis Jesu“. Darüber ein gesprengter Segment-Giebel.

Domgasse Richtung Taubenmarkt, links Fassade **Alter Dom** (siehe Seite 149).

Pfarrplatz

*Im Osten des **Rathaus-Gevierts**, begrenzt von Hauptplatz, Rathausgasse, Pfarrplatz und Pfarrgasse.*

1286 Die **Pfarr-Rechte** werden von der **Gangolf-Kapelle** im Linzer Schloss auf die **Pfarrkirche** übertragen.
1531 Der **Friedhof** rund um die Pfarrkirche wird **für weitere Bestattungen gesperrt**. Die Pflege der vorhandenen Gräber bleibt aufrecht.
1785 Der **Friedhof** wird endgültig **aufgelassen**. Die **Annakapelle** vor dem Petershof (Pfarrhof) wird abgerissen.

1870 Der ehemalige Friedhof wird zum **Pfarrplatz**. Die schöneren Grabsteine werden in die Kirchenmauer eingesetzt.
2006 Bau der **Tiefgarage** unter dem Pfarrplatz.

Pfarrplatz 4
/Zollamtstraße 22, Pfarrhof

1342 Besitzer ist das Salzburger **Stift St. Peter**.
1454 Urkundlich bereits an die **Stadtmauer** (heute Zollamtstraße) angebaut.
1653 **Stadtpfarrhof**

Gedenktafel neben dem Pfarrhof-Portal aus 1930 von Richard Scheibe für **Marianne Pirngruber**, verehelichte **von Willemer**:

Marianne von Willemer
1784–1860

1784-11-20 Marianne wird angeblich im Haus Pfarrplatz 4 als **uneheliches Kind** der Schauspielerin **Elisabeth Pirngruber** geboren. Für Mariannes Geburtshaus gibt es keinen Nachweis.

1788 Mutter Elisabeth heiratet den Theaterleiter **Joseph Georg Jung**. Marianne bekommt den Namen ihres Stiefvaters. Mutter und Kinder übersiedeln nach Wien.

1792 Als Achtjährige steht Marianne erstmals in Wien auf einer Bühne.

1796 Joseph Jung stirbt.

1798 Mutter Elisabeth und Tochter Marianne übersiedeln nach **Frankfurt am Main**. Die Mutter wird nur Theater-Dienerin. Die Tochter begeistert die Theaterkritiker.

1800 Der **Bankier Johann Jakob von Willemer** (1760–1838) nimmt Marianne gegen Zahlung von 2000 Gulden und einer Rente an die Mutter in seinem Haushalt auf. 1795 wurde Willemer zum zweiten Mal Witwer. Marianne erhält bei Willemer eine **umfassende Bildung**.

1802 Marianne und Johann werden ein Paar.

1814 Johann Willemer stellt seine Gefährtin Marianne dem in Frankfurt weilenden **Johann Wolfgang von Goethe** (1749–1832) vor. Johann und Marianne heiraten nach 12 Jahren „wilder Ehe".

1815 Goethe arbeitet am **„West-östlichen Divan"** im Rhein-Main-Gebiet. Die Willemers sind zu Gast. Rasch entfacht bei Goethe und Marianne eine starke Zuneigung. Goethe schreibt an sie:

Nicht Gelegenheit macht Diebe, Sie ist selbst der größte Dieb, Denn sie stahl den Rest der Liebe, Die mir noch im Herzen blieb.

Marianne antwortet:

Hochbeglückt in Deiner Liebe Schelt ich nicht Gelegenheit Ward sie auch an Dir zum Diebe, Wie mich solch ein Raub erfreut.

Wenig später schreibt Marianne an Goethe ein Gedicht, das er als Lied vom Ostwind in den „Divan" aufnimmt:

Was bedeutet die Bewegung? Bringt der Ost mir frohe Kunde? Seiner Schwingen frische Regung Kühlt des Herzens tiefe Wunde.

Der Briefwechsel mit Marianne dauert bis zu Goethes Tod 1832 an. Marianne wird zur Figur der **„Suleika"** im West-östlichen Divan, in den mehrere Gedichte Mariannes einfließen. Für Goethe ist und bleibt es das einzige Mal, dass eine Frau an seinen Texten mitwirkt.

1827 Marianne vermittelt den Verkauf der **Kunstsammlung der Brüder Boissiéres** an **König Ludwig I. von Bayern**. Diese 216 Bilder sind Teil der 1836 eröffneten **Alten Pinakothek**.

1832-03-22 **Goethe stirbt** 83-jährig in Weimar.

1838 **Johann Willemer stirbt.** Marianne pflegt weiter den Kontakt mit Künstlern.

1860-12-06 **Marianne stirbt** 76-jährig in Frankfurt.

Marianne von Willemer (1784–1860), Bild von Jacob de Lose 1809, Goethe-Museum

Pfarrplatz 4, Innenhof, Figur der **Maria vom Siege** aus 1665.

Aus der Maria-Heilbrunn-Kapelle an der Oberen Donaulände wird die Statue

1866 hierher gebracht. (In der Heilbrunn-Kapelle wird sie durch eine Lourdes-Madonna ersetzt.)

Pfarrplatz 5
ehem. Musikantenstöckl

1335 wird die an der Stadtmauer gelegene Lateinschule bereits erwähnt. 1570 wird das Haus erweitert. Später befinden sich hier je eine Wohnung für den Domkapellmeister und den Dom- und Stadtpfarrorganisten.

Bewohner des Musikantenstöckls Linz

Johann Georg Roser (1737?–1797). Der aus **Naarn** stammende Komponist wird auf Empfehlung von **Leopold Mozart** Domkapellmeister. Roser vervollkommnet das **Pianoforte**. Im Haus von Rosner in Linz komponiert Wolfgang Amadé Mozart 1783 für seinen Freund dafür ein Rondeau. Roser steht mit anderen 1791 am Sterbebett von Wolfgang A. Mozart.

Franz Xaver Glöggl (1764–1839). Der Theater-Kapellmeister macht Mozarts Opern in Linz populär.

Johann Baptist Schiedermayr (1779–1840), Komponist, Domorganist.

Anton Bruckner (1824–1896), siehe S. 150.

Pfarrplatz 7,
Café Meier

Die Nordwand des Gebäudes wurde in die Stadtmauer integriert. Nach 1752 logieren hier ständig Schauspieler des **Wassertheaters**, situiert im heutigen Haus Zollamtstraße 7.

Bis 15 Uhr gibt's im **Café Maier** „Frühstück", ein typisches Künstlerlokal also. Angeboten werden unterschiedlichste Kaffeesorten. Verwendet werden Arabica-Bohnen aus dem Hochland, herangewachsen ohne chemische Düngung und Spritzmittel.

Pfarrplatz 10

Die barocken Hauptfronten von 10 und 10a aus den 1730er-Jahren sind einheitlich im Stil von Johann Michael Prunner.

Am Haus die Aufschrift **„Sängerbund Frohsinn seit 1845"**. Bürgermeister **Ignaz Figuly von Szep** gründet 1845 den Chor. **Anton Bruckner** ist 1856–1868 im Chor tätig, u. a. als **Chormeister**. 1874 übersiedelt der Sängerbund in dieses Haus.

Rechts neben dem Haus **Pfarrplatz 10a** mündet die **Lederergasse** in den Pfarrplatz (siehe Seite 147).

Pfarrplatz 12 /Graben 1

Um 1600 existieren drei Häuser. Das mittlere vererbt Architekt Johann Michael Prunner seinem Sohn Johann Friedrich. Heutige Fassade aus dem späten Biedermeier.

Pfarrplatz 14
/Kollegiengasse 2
ehemaliges **Jesuitenkolleg**

1922–25 **Julius Schulte** (1821–1928) stockt N- und O-Trakt um 2 Geschoße auf (siehe Seite 142).

In der Kollegiengasse befindet sich der Eingang zur Kunst-Universität. Fassadendetail in der Kollegiengasse:

Pfarrplatz 17
ehem. Garstener Stiftshaus

1653 Besitzer ist das **Stift St. Peter** in Salzburg.

1695–1776 Im Besitz von **Stift Garsten**.

1695–1702 Das heutige Haus erbaut Georg Pruckmayr, wohl nach einem Entwurf von **Carlo Antonio Carlone** (1635–1708).

ca. 1700 Portalbau von Johann Michael Prunner (?).

1776–1808 Im Haus Pfarrplatz 17 befindet sich das **Gymnasium**.

1806–1808 **Josef Ressel** ist Schüler im hiesigen Gymnasium.

2003 Das **Zahnmuseum** übersiedelt vom Allgemeinen Krankenhaus hierher (Eingang Rathausgasse 8 über LinzGenesis).

Josef Ressel

1793 geboren in **Chrudim** in Ostböhmen.

1806–08 **Gymnasium** in **Linz**, damals im Haus Pfarrplatz 17.

1812 Als Technikstudent in Wien entwirft er einen **Propeller** zum Schiffsantrieb.

1814 Studium-Abbruch nach Konkurs des Vaters.

1818 **Distriktförster** im heutigen Slowenien.

1821 **Marine-Forstintendant** in **Triest**.

1829 Ressel führt in Triest der Marine sein Patent vor. Dabei bricht ein Dampfrohr, also nicht die Schraube. Weitere Versuche werden verboten.

1836 Der Engländer **Francis Smith** baut erfolgreich eine Schiffsschraube nach den Ideen von Ressel.

1867 Ressel stirbt in **Laibach**. Anerkannt wird er erst später.

1961 500-Schilling-Schein: Dampfschiff Civetta mit Ressel-Schraube.

Riesen-Pilaster mit seltenen **Hermen-Kapitellen** gliedern die drei Obergeschoße. Die Fenster besitzen eine gerade Verdachung mit Putzdekor im Sturzfeld. Die Pilaster-Sockel gliedern das Erdgeschoß.

Das **Korbbogen-Portal** wird von einer geschwungenen Ohr-Rahmung und einer Segmentgiebel-Verdachung samt Kugel-Bekrönung abgeschlossen. Als Architekt wird auch hier Johann Michael Prunner vermutet.

Gegenüber vom Garstener Stiftshaus ist die Pfarrkirche (siehe Seite 156).

Pfarrplatz 19
/Rathausgasse 10
Altes Münzhaus

1458 Herzog **Albrecht VI.**, Landesherr in Oberösterreich und Bruder von Kaiser Friedrich III., errichtet hier eine Münze.

nach 1620 Die beiden mittelalterlichen Häuser (Münze und Kasten) werden vereint.

um 1735 Das Haus erhält eine **barocke Fassade** mit genutetem Erdgeschoß und Rastergliederung in den Obergeschoßen.

Riesen-Lisenen gliedern die Vertikale der Fassade. Über Eck ruht ein **Runderker** auf einem Muschelkorb. Rundbogige Gesimsbänder trennen die Obergeschoße des Erkers.

*Zwischen den Häusern Pfarrplatz 19 und Pfarrplatz Nr. 1 führt die **Rathausgasse** zum Hauptplatz und die **Neutorgasse** nach Norden zum Adalbert-Stifter-Platz und zur Zollamtstraße.*

Zollamtstraße 7
/Rechte Donaustraße 4
Ehemaliges **Hauptzollamt**, 1752–86 Standort des **Wassertheaters** am Ludlbach. Erbaut wird das Haus 1858 von Ferdinand Kirschner nach einem Entwurf von Josef Winterhalder. Trapezförmiger Baukomplex im **spätklassizistischen kubischen Stil** und im **romantischen Historismus**.

Der flache **Mittelrisalit** wird von einer Attika mit Doppeladler bekrönt. Im Mittelrisalit befindet sich hofseitig eine 4-Pfeiler-Treppe um eine offene Mitte.

Deckenbild in der Eingangshalle aus 1858: Allegorische Darstellung von Handels- und Seerecht sowie Schutzzoll, vier allegorische Köpfe und Grisaillen.

Lederergasse

Vom Pfarrplatz nach Osten.

Mit Lederergasse und Museumstraße wird die eigentliche Altstadt Richtung Osten verlassen. Hier ist die dörfliche Struktur noch einigermaßen erhalten.

Herbert-Bayer-Platz 1
/Ecke Lederergasse
ehemalige Volksküche

1888–1970 Verpflegungseinrichtung Bedürftiger.
1926 Errichtung des Hauses durch den damaligen Stadtbaudirektor **Kurt Kühne** (1882–1963).
2003 Neueröffnung des vollkommen restaurierten Hauses als Heimstätte der Kunst. Das 1994 gegründete **afo** (Architekturforum Oberösterreich) zieht

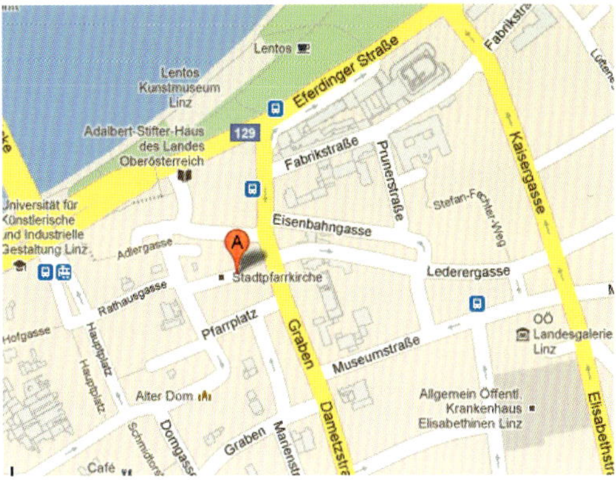

hier ein, ebenso die **Galerie MAERZ**.

Kühne lehnt sich bei seinem Bau an die deutsche **Backstein-Gotik** an. Expressionistische Elemente werden eingefügt. Ecke Lederergasse/Herbert-Bayer-Platz: **Wappen der Stadt Linz**.

Der Platz ist benannt nach **Herbert Bayer** (1900–1985), Fotograf aus Haag am Hausruck, Maler und Lehrer am **Kunsthaus** in **Dessau**.

Vom Herbert-Bayer-Platz führt die Prunerstraße Richtung Norden in die Fabrikstraße zum Prunerstift.

Prunerstraße und **Prunerstift** sind nach dem Stadtrichter **Johann Adam Pruner** (1682–1724) benannt. Er ist der jüngere Bruder des Architekten **Johann Michael Prunner** (1669–1739). Und der wird mit zwei „n" geschrieben! **Prunerstift** siehe Seite 167.

Lederergasse 50
Kirche St. Severin

Errichtet **1963** nach Plänen von **Franz Wiesmayr** mit Hauptraum (1), Taufkapelle (2), Werktagskapelle (3) und Seelsorgezentrum (4). Sie dient als Ersatz für die 1935 von Hans Feichtlbauer gebaute alte Severinskirche.

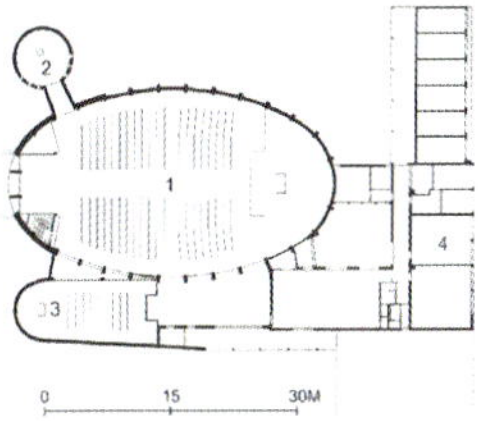

Plan Dehio Linz ©BDA

Das Oval der Raumschale gliedern vertikale Stahlbeton-Pfeiler mit Ziegelausfachung. Flankierende Klinkerziegel betonen den Eingangsbereich. Vier Türflügel mit den Evangelisten-Symbolen als Bronze-Relief.

Museumstaße 6–8
ehemalige ESG-Direktion
(Elektrizitäts- und Straßenbahngesellschaft Linz, im Hintergrund ein Turm des Alten Doms)

Die Oö. Baugesellschaft baut 1912 das Haus nach Plänen von **Mauriz Balzarek** (siehe Seite 256).

Der **Otto-Wagner-Schüler** Balzarek errichtet den Bau im Stil des **Secessionismus**. Auf der Fassade bilden reicher Dekor und wellenartig in Schwingung versetzte dekorlose Flächen einen spannenden Kontrast.

Museumstraße 12
Landesgericht

Das 1852 erbaute Haus im klassizistischen Stil wird durch deutlich ausgeprägte Mittel- und Eckrisalite gegliedert. Der Anbau in der Fadingerstraße stammt aus 1956.

Museumstraße 14 Museum Carolinum, siehe Seite 163.

Museumstraße 15
/Prunerstraße 9

Erbaut 1907–09 von der Oö. Baugesellschaft als Amts- und Wohnhaus der **Österreich-Ungarischen Bank** mit übergiebelten Mittelrisaliten. Die Fassade im **späthistoristischen Mischstil** samt barockisierendem Dekor zeigt Anklänge an den Secessionismus. Bis zur Wissensturm-Eröffnung im September 2007 befindet sich hier die Stadtbibliothek.

Museumstaße 17

Über dem bossierten Erdgeschoß in zwei Geschoßen Fenster mit je einer Blendstoa. Dreiecks-Verdachung der Fenster im 3. OG. Im 4. OG Rankendekor-Felder zwischen den Fenstern. Darüber schließt ein Fries mit Rankendekor samt Kragsteinen zum Dach ab.

Honauerstraße 24
/Museumstraße 33

Oberstufenrealgymnasium seit 1974, vorher Lehrer- und Lehrerinnen-Bildungsanstalt. Erbaut **1874–76** vom Wiener **Karl Stattler** durch die Oö. Baugesellschaft im **Stil des Historismus**. 1974 Aufstockung der beiden Flügelbauten und moderne Anbauten.

Honauerstraße 25
/Lederergasse 35
Europaschule

Praxisschule der Pädagogischen Hochschule OÖ, erbaut 1957–59 von Fritz Fanta und Adolf Kammermayer als 5-geschoßiger kubischer Klassentrakt.

Davor das **Europadenkmal**, 1961 von **Alois Dorn**. Drei reliefierte Steinquader: Europa auf dem Stier, Einigkeit und Freiheit.

Ignatius-Kirche Alter Dom

in der Domgasse hinter dem Hauptplatz-SO-Eck

Highlights

- **Hochaltar** mit Bild **Mariae Himmelfahrt** von **Antonio Bellucci**
- **Chorgestühl**
- **Bruckner-Orgel**
- **Krypta**

Ignatius-Kirche gesehen vom „Höhenrausch", ein Weg über die Dächer, begehbar vom OK Offenes Kulturhaus zwischen Ursulinenhof und Dametzstraße. Im Hintergrund der Pöstlingberg:

1652 Die **Jesuiten** errichten in Linz ein **neues Kolleg** (siehe Seite 141).

1669–78 Bau der **Ignatius-Kirche** nach Plänen von (?) **Pietro Carlone** (vor 1607–82?). Mitarbeiter ist sein Sohn **Carlo Antonio Carlone** (1635–1708).

1783 Kaiser **Joseph II. gründet die Diözese Linz**. Papst **Pius VI.** wird nicht gefragt. Der bisher zuständige **Bischof von Passau** wird zum **Verzicht gezwungen**. **Erster Bischof** wird der Passauer Generalvikar für Niederösterreich und Freisinger Weihbischof **Ernest Johann Nepomuk von Herberstein**.

1785 Herberstein wählt die Ignatius-Kirche zur **Domkirche** Mariae Himmelfahrt.

1862 **Grundsteinlegung** zum **Neuen Dom** in der Herrenstraße unter Bischof Rudigier.

1909 Die Funktion als **Kathedrale** wird vom Alten Dom (Ignatius-Kirche) auf den neuen Dom übertragen. Die Ignatius-Kirche wird wieder an die Jusuiten übertragen.

Nordfassade, Gedenktafel an Pater **Xaver Ernbert Fridelli** (1673–1743). Er fertigt für Kaiser Kangxi (1654–1722) den ersten exakten **Reichsatlas von China** an. Als Geheimnisträger darf er nicht mehr ausreisen und stirbt in China.

Der „Alte Dom" entspricht dem Typus der Wandpfeiler-Kirche. Die Jesuiten-Kirchen in Steyr und Leoben sind auch in diesem Stil errichtet.

Die Hauptfront an der Westseite ist eine 4-geschoßige **Doppelturm-Fassade**. In den beiden unteren Geschoßen sind dorische Riesenpilaster auf Sockeln.

Westfassade, Gedenktafel an **Anton Bruckner** aus 1922, mit einem Bildnisrelief von Franz Plany.

Westfassade, **Portal**

In der Mittelachse ein **Säulenportal** mit bekrönender Figuren-Nische, beide mit gesprengtem Giebel. Figur der **Maria Immaculata** (Unbefleckte Empfängnis).

Im rundbogig übergiebelten **Mittelaufsatz** der Fassade die Figur des **hl. Ignatius**, in den seitlichen Rundbogen-Nischen die **hll. Franz Xaver** und **Franz von Borja**, alle drei aus der Bauzeit.

Im Inneren wird die einheitliche Raumwirkung von Langhaus und Chor durch annähernd gleiche Breite und Wölbung erreicht.

Zwischen **Fassadenbau** mit den Türmen und dem **Wandpfeilerbau** liegt – typisch für Pietro Carlone – ein schmaler, kreuzgratgewölbter **Eingangsraum**. Die Wandgliederung erfolgt durch geschichtete Pilaster an den Wandpfeiler-Fronten und im Chor. Über den wenig belichteten Kapellen liegen lichtdurchflutete Emporen. Reiche **Stuckierung**, Werkstatt Johann Peter Spaz (?).

Nordwand, Kapelle 1
Schutzengel-Altar, Bild **Raphael und Tobias**, 1692.

Nordwand, Kapelle 1, Bild oben **Engelchöre** der **Cherubim** und **Seraphim**, Mitte **Engelsfürsten** mit Herzogshüten, unten **3 Erzengel** Michael, Raphael und Gabriel.

Es stammt wie alle Bilder der Seitenaltäre vom Jesuiten-Laienbruder **Johann Wolfgang Dallinger** aus 1692 nach einem Programm des Jesuiten Christoph Hermann. Im Aufsatz-Bild der **hl. Michael** mit Schwert, Schild und Waage. **Marmor-Engel** links **Gabriel** mit Lilie, rechts **Raphael** mit Fisch.

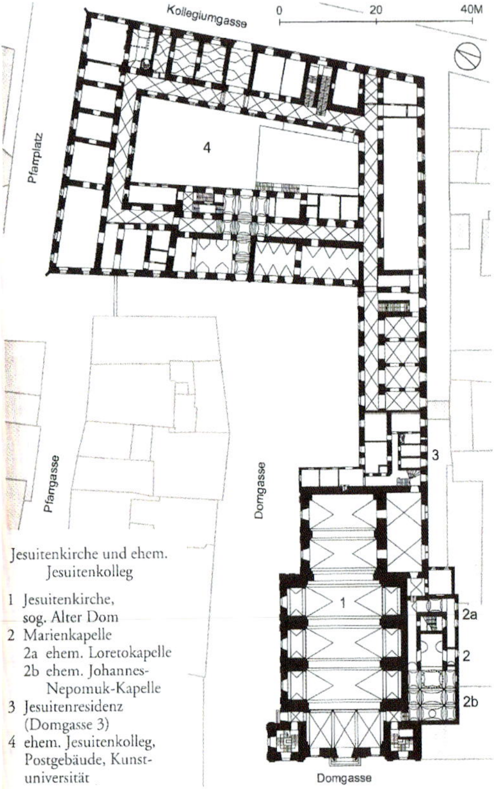

Plan Dehio Linz©BDA

Nordwand, **Kapelle 2**
Bild **hl. Josef** als Zimmermann mit Jesus.

Nordwand, Kapelle 2, Aufsatz-Bild **hl. Apollonia**. Sie hält in ihrer Hand zwei Zähne und eine Zange auf einem Teller, Zeichen ihres Martyriums.

Bild **Vermählung Mariae mit Josef** von Dallinger.

Kanzel
An der Nordwand, zwischen Kapelle 2 und 3, im üppigen Knorpelwerk-Stil um **1678** von einem unbekannten Jesuiten-Laienbruder. Die Figuren sind wohl von Franz Joseph Feichtmayr. An der Rückwand Bild des **heiligen Franz Xaver** (1506–52). Der Jesuit der ersten Stunde missionierte von **Goa** aus in **Indien**, **Indonesien** und **Japan**.

Am mächtigen Schalldeckel eine Knorpelwerk-Bügelkrone. In den Nischen mit Flammenbogen die Figuren der **Evangelisten** und **Christus** mit der Weltkugel. Die Figur des **hl. Johannes d. T.** bekrönt die Kanzel.

Nordwand, **Kapelle 3**
Altarbild **Christus am Kreuz** mit Johannes d. Ev., Maria und Maria Magdalena.

Nordwand, Kapelle 3,
Bild **Beweinung Christi** von Dallinger.

Hochaltar
Monumentales Säulenretabel aus Marmor mit Auszug, 1681–83 von **Giovanni Battista Colomba** und **Giovanni Batt. Barbarini**. Der Hochaltar bedeckt die gesamte Abschlusswand des leicht eingerückten Chors. Hochaltar-**Aufsatz**:

Im Giebelfeld tragen Putten die **Krone der göttlichen Majestät**. **Auszugsbild Dreifaltigkeit** um 1682. Eventuell wurde das ursprüngliche Bild von Andrea Celesti übermalt. Darunter das **Oö. Wappen**.

Hochaltar, Bild **Mariae Himmelfahrt**, 1703-04 von **Antonio Bellucci**. Bischof Herberstein holt 1785 das Bild aus der aufgelassenen Schwarzspanier-Kirche in Wien nach Linz.

Am Bild unten die erstaunten und verzweifelten Apostel. Darüber wird Maria von Engeln in den Himmel getragen.

Hochaltar, Tür links, darüber Figur **hl. Franz Xaver** und **hl. Josef**.

Hochaltar, Figur rechts, Markgraf **Leopold III.**, der Heilige (1073/95–1136).

Nach dem Tod seiner ersten Frau Adelheid von Perg heiratet Leopold 1106 **Agnes**, Tochter von Kaiser Heinrich IV. und Witwe nach Friedrich von Staufen. Leopold IV. und Heinrich II. Jasomirgott, die Söhne von Leopold III. und Agnes, sind Halbbrüder von Kaiser Konrad III. Die Bedeutung der **Babenberger** nimmt dadurch zu.

Altarfigur rechts außen **hl. Franz von Borja** mit Kreuz und Totenkopf. Aufsatz-Figuren: links **hl. Katharina** mit dem Rad, auf dem sie gefoltert wurde; rechts **hl. Barbara** mit Turm.

Nordwand, **Chorgestühl** gefertigt **1633** vom Benediktinerbruder Michael Obermüller für **Stift Garsten**, aufgehoben 1787 durch Kaiser Joseph II. **1856** wird das Chorgestühl um ein Drittel gekürzt, auf der Enns nach Mauthausen transportiert, und von dort mit Fuhrwerken in den Dom.

Die abgetrennten Teile kommen nach Schloss Matzen in Tirol. Heute sind sie verschollen.

Chorwand Süd

Bild **Jesus am Kreuz**, gemalt um 1700 als **Fastentuch** von einem unbekannten Künstler:

Südwand, **Kapelle 3**, Marien-Altar, Statue Maria Immaculata, Anfang 20. Jh.

Es ist die Frau aus der Offenbarung des Johannes. Ihr Haupt ist von 12 Sternen umgeben. Zu ihren Füßen liegen der Mond, als Symbol des Werdens und Vergehens, und die Schlange, früher Symbol für die Irrlehren der Protestanten.

Südwand, Kapelle 3, Bild Vision von **Joachim und Anna** von Dallinger.

Anna und Joachim knien vor dem Tempel. Auf einer Wolke schwebend übergibt Gottvater den beiden ihre Tochter Maria.

Südwand, **Kapelle 2**

Aufsatzbild **hl. Aloysius von Gonzaga** mit Lilie und verschmähter Fürstenkrone. Der Sohn des Markgrafen Ferdinand von **Castiglione** verzichtet auf sein Erstgeburtsrecht und tritt 1585 als 17-jähriger in den neugegründeten Jesuitenorden ein.

Altarbild **hl. Franz von Borja** im Ordenshabit.

Vor Franz liegt der abgelehnte Kardinalshut. Er zeigt auf den Totenkopf zu seinen Füßen, Zeichen der Vergänglichkeit.

Franz von Borja

1510 geboren in Gandia, Urgroßväter sind Papst **Alexander VI.** und mütterlicherseits **Ferdinand II.**, König von Aragon.

1543 Nach dem Tod seines Vaters wird er **Herzog von Gandia**.

1546 **Tod seiner Gattin**. Franz wird inoffiziell **Jesuit**.

1551 Er wird offiziell Jesuit und setzt seinen Sohn als Nachfolger ein.

1554–61 Er ist Provinzial für Spanien.

1565 Franz von Borja wird der **dritte Ordensgeneral** der Jesuiten.

1572 Tod in Rom.

Südwand, Kapelle 2, Bild von Dallinger: **Franz von Borja** noch weltlicher Fürst am Totenbett von Königin **Isabella von Portugal** (1503–1539), Gattin von **Kaiser Karl V.**, als Karl I. König von Spanien.

Südwand, **Kapelle 1**,

Altarbild Glorie der **hl. Rosalia** mit Pestkranken. Kurz vor der Erbauung der Kirche 1669–78 wird Linz von der Pest heimgesucht. Deshalb hier die Darstellung der Pestheiligen Rosalia, die selbst an der Pest starb:

Altarfiguren: links **hl. Barbara** mit Kelch und Hostie, rechts **hl. Agnes** mit Lamm, dem Symbol ihrer Unschuld. Im Aufsatzbild zwei weitere Pestheilige: Sebastian, dem ein Engel die Marterpfeile aus dem Körper zieht, und Rochus, dem täglich ein Hund ein Stück Brot bringt.

Südwand, Kapelle 1,
Bild von Dallinger: Enthauptung der **hl. Barbara**.

Unter der Orgel-Empore, Nordwand, **Pieta**, um 1890.

Weihwasser-Becken
Nordseite, um 1678 wohl von Johann Peter Spaz.

Weihwasser-Becken Südseite, kniender Engel mit Muschelschale.

Bruckner-Orgel, gebaut **1783/86** vom Weltpriester **Franz Xaver Krismann** für die **Stiftskirche Engelszell**. 1790, nach der Auflassung von Engelszell, wird sie von Krismann im Dom eingebaut. **1856–68** ist **Anton Bruckner Domorganist**. Während dieser Zeit wird die Orgel von Breinbauer nach Angaben Bruckners umgebaut.

Foto: Brucknerbund

Empore Nord, **Stifterwappen** der Adelshäuser, die umfangreiche

Anton Bruckner

1824-09-04 Geburt in **Ansfelden** bei Linz.

1837 Sein Vater stirbt. Anton wird **Sängerknabe** im **Stift St. Florian**.

1840/41 Zehnmonatige Ausbildung zum Lehrer in der Lehrerschule im Freihaus Jörger in der Hofgasse 22. Johann Dürrnberger lehrt Musiktheorie und Orgelspiel.

1841 Schulgehilfe in Windhaag/Freistadt.

1843–45 Bruckner wird nach **Kronstorf** strafversetzt, nachdem er „zu viel Zeit zum Komponieren verschwendete".

1845 Bruckner absolviert die **Lehrerprüfung** und wird Hilfslehrer in **St. Florian**.

1848 Er wird Stiftsorganist in St. Florian. Erste bedeutende Kompositionen entstehen.

1855 Bruckner gewinnt den Wettbewerb für die Besetzung des **Domorganisten** in Linz.

1856–68 Bruckner wohnt im **„Mesnerhäusl"** am **Pfarrplatz**, das später abgerissen wird.

1861 Bruckner schließt sein Musiktheorie-Studium in Wien bei **Simon Sechter** ab. Der Dirigent **Johann von Herbeck** sagt dabei: „Wir haben ihn geprüft, doch er hat uns gelehrt."

1861 Der Linzer Theaterleiter **Otto Kitzler** (1834–1915) lehrt Bruckner anschließend in der freien Komposition.

1864–68 Bruckners **drei große Messen** in d-Moll, e-Moll, f-Moll und die **Sinfonie Nr. 1** entstehen.

1868 Bruckner nimmt die **Professur** seines verstorbenen Mentors Simon Sechter **in Wien** an. Erfolgreiche Konzertreisen nach Frankreich und London folgen.

1877 Der Kritiker **Eduard Hanslick** wirft Bruckner vor, er imitiere Richard Wagners Musik.

1881 Die mehrmals überarbeitete **4. Sinfonie** versöhnt die Kritiker.

1884 Bruckners **internationaler Durchbruch** kommt mit der Uraufführung seiner **7. Sinfonie** in Leipzig unter Dirigent Arthur Nikisch. (Seine 5. und 6. Sinfonie erleben erst später ihre Uraufführung.)

1891 Pensionierung Bruckners auf Grund seiner schlechten Gesundheit.

1895 **Kaiser Franz Joseph** gibt Bruckner eine Wohnung im **Schloss Belvedere** in Wien.

1896-10-11 Anton Bruckner stirbt. Sein **Grab** befindet sich in der Gruft der **Stiftskirche St. Florian**.

finanzielle Beiträge für den Bau leisteten.

Empore Nord, Stifterwappen

Decke, Darstellung des Hl. Geistes.

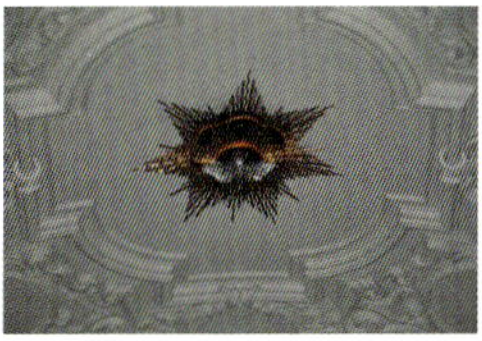

Marien-Kapelle
1700 wird an die Kirchensüdwand die Loreto-Kapelle angebaut. 1735 folgt eine weitere Kapelle. 1930 wird die Marien-Kapelle aus den beiden Kapellen zusammengefügt.

Der **Altar** ist als Prunkgrab des **hl. Johannes Nepomuk** errichtet. Über dem Altar ein Bild mit **Nepomuks Sturz von der Moldau-Brücke** in Prag, veranlasst von König **Wenzel IV.** Nepomuk weigerte sich, das Beichtgeheimnis der Königsgattin Sophie von Bayern preiszugeben. Die **Marien-Statue** auf dem Altar stammt aus der früheren Loreto-Kapelle.

Sakristei
Reicher Deckenstuck. **Stifterwappen** des Albrecht von Albrechtsberg und Marmor-**Wandbrunnen**, beides aus 1679, wohl von Johann Peter Spaz. **Paramenten-Kästen**, hergestellt von Jesuiten-Brüder in der Erbauungszeit.

Foto: Werner Hebeisen

Brucknerstiege
Kleines Brucknermuseum
mit Vitrinen und Hörstation, errichtet 2011 im Nordturm im Aufgang zur Brucknerstiege.

Aloysius-Kapelle
über der Sakristei; zugänglich über das Ignatius-Haus in der Domgasse 3.
Aloysius-Altar, Bild **hl. Aloysius** von Gonzaga, 1748 von **Bartolomeo Altomonte**.

Foto: Werner Hebeisen

Krypta
Domgasse 3
Grab Maria Elisabeth von Habsburg, 1743–1808, genannt die „kropferte Lisl“, sechstes von 16 Kindern von **Maria Theresia** und Kaiser **Franz I. Stephan** (von Lothringen). Zum Leben von Maria Elisabeth und zu ihren Geschwistern siehe Seite 86.

1805 besetzen französische und bayerische Truppen **Tirol**. Marie Elisabeth, Äbtissin in Innsbruck, flieht nach Linz. Hier stirbt sie 1808.

Heute ist die Gruft wieder **Begräbnisstätte für** die **Jesuiten** an der Ignatius-Kirche (Alter Dom). Der markante Bau des Alten Doms prägt die Silhouette der Stadt Linz deutlich.

Stadtpfarrkirche

Mariae Himmelfahrt

am Pfarrplatz im Osten des Hauptplatzes

Highlights

- **Hochaltarbild Mariae Himmelfahrt** von **Johann C. von Reslfeld**
- **Altarbilder** von **Joachim Sandrart** und **Bartolomeo Altomonte**
- **Grabplatte** von **Kaiser Friedrich III.**
- **Florian-Altar** mit **Ansicht von Linz**
- **Nepomuk-Kapelle**
- **Apostel-Statuen**

1226–86 Bau der dreischiffigen Basilika.

1286 Die **Pfarrrechte** werden von der **Gangolf-Kapelle** im Linzer Schloss auf die **Pfarrkirche** übertragen.

1441 Zerstörungen durch einen Brand.

1448 Neubau des Chors.

1453 **Turm**-Fertigstellung

1493 Kaiser **Friedrich III. stirbt in Linz** (siehe Seite 133). Sein Herz und die Eingeweide werden in der Stadtpfarrkirche bestattet.

1509–21 Wiederherstellung nach einem Brand.

1531 Der **Friedhof** rund um die Stadtpfarrkirche wird **für weitere Bestattungen gesperrt**. Die Pflege der vorhandenen Gräber bleibt aufrecht.

1560 Ansicht der Stadtpfarrkirche mit Friedhof samt Annakapelle:

1601 Errichtung der **Ölberg-Kapelle**.

1649–56 **Barockisierung** und Neueinwölbung der Kirche.

1687–95 Anbau der **vier Seitenkapellen**.

1898 Die **Nischen-Kapelle** der Priesterseminarkirche aus 1727 kommt an die Stadtpfarrkirchen-Ostseite samt Figur **hl. Johannes Nepomuk** von **G. R. Donner** (siehe S. 263).

1783 Kaiser **Joseph II.** gründet die **Diözese Linz**, ohne Papst Pius VI. zu fragen. Die Stadtpfarrkirche soll Domkirche werden. **Erster Bischof** von **Linz** wird der Passauer Generalvikar für Niederösterreich und Freisinger Weihbischof **Ernest Johann Nepomuk von Herberstein**.

1785 Herberstein wird in sein Amt eingeführt. Er bestimmt die Jesuiten-Kirche (heute Alter Dom) zur Domkirche. Der **Friedhof** wird endgültig **aufgelassen**. Die **Annakapelle** vor dem Pfarrhof wird abgerissen.

1823 Der **Turm** erhält nach einem Plan von Johann Veith seinen **heutigen Helm**, ausgeführt von Franz Höbarth.

1856–68 **Anton Bruckner** (1824–96, siehe S. 154) ist Organist im Alten Dom und in der Stadtpfarrkirche. Gedenktafel an der Westfassade von **Adolf Wagner von der Mühl**.

1870 Der ehemalige Friedhof wird zum **Pfarrplatz**. Die schöneren Grabsteine werden in die Kirchenmauer eingesetzt, u. a. für den 1704 verstorbenen Mautamt-Schreiber **Johannes Hirtlhoffer**.

Oben ein Totenkopf mit Fledermaus-Flügeln und Sanduhr, als Zeichen der abgelaufenen Zeit; unten ein Doppelgesicht.

Westwand, **Hauptportal** aus der Barockzeit um 1670. Das **Rundbogen-Portal** wird von korinthischen Säulen flankiert. Im gesprengten Giebel eine Statue

Maria mit Kind aus 1671 (?) zwischen Engelfiguren mit Landes- und Stadtwappen.

Links vom Portal: Erinnerungstafel aus schwarzem Marmor für die Opfer der Revolution 1848/49.
Rechts Erinnerung an:
1859 Schlacht von Solferino, 1864 Deutsch-Dänischer Krieg und 1866 Schlacht von Königgrätz.

Am **Turm** tritt das oberste Geschoß zurück. Der dortige Umgang liegt auf barockem Konsolfries.

Das **Innere** ist eine frühbarocke Staffelhalle. Im vierjochigen Mittelschiff und im Chor liegen **Stichkappen-Tonnen** auf einem kräftigen Gesims. Es ist um die Wand-Pilaster verkröpft. Die **Seitenschiffe** sind mit **Kreuzgraten** gewölbt.

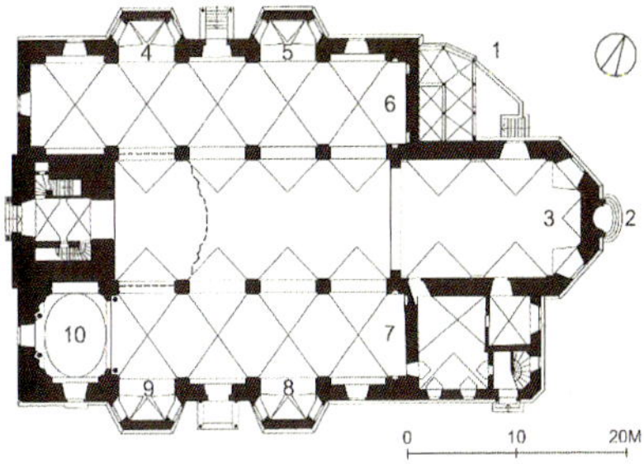

Plan Dehio Linz ©BDA
1. Ölberg-Kapelle
2. Johannes-Nepomuk-Denkmal
3. Hochaltar
4. Kreuzaltar
5. Marienaltar
6. Sakramentaltar
7. Ignatiusaltar
8. Erasmusaltar
9. Florianaltar
10. Johannes-Nepomuk-Kapelle

Nordwand, nahe der Westwand, **Beichtkapelle**: **Pieta**, Maria betrauert ihren toten Sohn, 1889? von **Josef Kepplinger**.

Nordwand, **Kreuzaltar** (4)

Den Kreuzaltar entwirft wohl 1687 Franz Josef Feuchtmayer. Das spätgotische Kruzifix stammt vom Ende des 15. Jh. **Christus** hat eine **Echthaar-Perücke**. Die Figuren der **hll. Maria** und **Johannes d. Ev.** sind aus der Zeit um 1690. Im Auszugsbild Gottvater.

Die **13 lebensgroßen Apostelstatuen** aus der zweiten Hälfte des **17. Jh.** stammen aus der **Stadtpfarrkirche von Steyr**. Diese wird 1859 regotisiert. Die Statuen kommen in die Stadtpfarrkirche nach Linz. „13 Apostel“: Der Verräter Judas fehlt natürlich, dafür sind dargestellt der für Judas nachgewählte Matthias und Paulus. Pfeilerfigur rechts vom Kreuzaltar, **hl. Philippus**.

Pfeilerfigur links vom **Marienaltar**, **hl. Bartholomäus**. In der Hand hält er seine ihm abgezogene Haut.

Seitenschiff Nord, **Marienaltar** (5)

Frühbarocke **Marienstatue**, dargestellt in der für die

Gegenreformation typischen Art als „**Madonna vom Siege**" mit Krone auf dem Haupt. Sie steht auf der **Mondsichel**, Zeichen vom Werden und Vergehen nach der Apokalypse des Johannes (Offb 12,1). Die kurz vor 1700 entstandene Statue wird 1854 in München erworben. Die beiden **Seitenfiguren** aus der Zeit um 1780 sind die Rosenkranz-Patrone **Dominikus** und **Katharina von Siena**.

Im **Auszugsbild** der **hl. Aloisius von Gonzaga**. Dieser entsagt dem Fürstenthron und wird Jesuit.

Pfeilerfigur rechts vom Marienaltar, **hl. Jakobus der Jüngere**.

Seitenschiff Nord, Stirnwand **Sakramentaltar** (6)
Im Auszug **Enthauptung der hl. Barbara**.

Joachim Sandrart malt beide Bilder **1652**.

Auftraggeber für die Bilder ist die Corpus-Christi-Bruderschaft. Altarbild **Letztes Abendmahl**.

Seitenfiguren: die zwei Kirchenlehrer **Papst Gregor der Große** und **Augustinus**, Bischof von Hippo im heutigen Algerien.

Kanzel am Beginn des Chors auf der Nordseite. Sie wird **1772–77** im Zuge der dritten Barockisierungswelle gebaut.

Den Kanzel-**Schalldeckel** bekrönt ein **Kirchenmodell** im Strahlenkranz. Es ist ein Hinweis auf den Tempel Salomons. Darunter König **David** mit der Harfe und **Mose** mit den Gesetzestafeln. Am Kanzel-**Korb** Reliefs mit den **Evangelisten-Symbolen**.

Hochaltar (3)

1771 liefern **Matthias Ludwig Krinner** und **Johann Kaspar Modler** den Entwurf im späten Rokokostil. Die seitlichen Doppelsäulen schwingen vor.

Der **Auszug** wird von volutenumstellten Annexen flankiert. Im mittleren Teil unter dem **Auge Gottes** die Figur des **Erzengels Michael** mit Flammenschwert.

Darunter in der Kartusche eine **Inschrift** „Ara Ascendenti Virgini Deiparae novitger erectum 1772“ (Zu Ehren der Himmelfahrt der jungfräulichen Gottesmutter neu errichtet).

Hochaltar, Bild **Mariae Himmelfahrt**, 1695 von **Johann Carl von Reslfeld** (1658?–1735). Unten die staunenden Apostel, oben die Krönung Mariae im Himmel. Auftraggeber des Bildes war der Linzer Stadtpfarrer Johann Gentilotti.

Die Hochaltar-Figuren schnitzt **1772** der Linzer Bildhauer **Ignaz Hiebel**. Figur links außen **hl. Josef** mit Jesuskind.

Hochaltar, Figur links innen **hl. Joachim**, Vater Marias:

Hochaltar, Figur rechts **hl. Anna**, Mutter Marias.

Hochaltar, Figur rechts außen **hl. Leopold**. Als Leopold III. (1073/1095–1136) ist er Markgraf von Österreich aus dem Geschlecht der **Babenberger**.

Zwei Wandlungsleuchter über 2 m hoch, 1698 gegossen von **Melchior Schorer**.

Chorgestühl aus der Mitte des 17. Jh.

Chor, Nordwand, **hl. Paulus** mit Buch und Schwert.

Der gebildete Paulus sorgt mit seinen Briefen und seinen ausgedehnten Reisen für die rasche Ausbreitung des Christentums.

Chor Südwand, **Grabplatte** für Kaiser **Friedrich III.** (1415/1440–1493), gestorben wohl im Linzer Schloss, (siehe Seite 133). Begraben in Linz sind Herz und Eingeweide. Der Körper Friedrichs ruht im Wiener Stephansdom.

Das **Wappenrelief** des Grabsteins zeigt im Vierpass im Zentrum das **Kaiserwappen** mit der Krone Friedrichs. Links das alte Wappen von Österreich, rechts der neue Bindenschild. Unten das Habsburger-Wappen. Im **äußeren Kreis** von **oben nach rechts**: Kärnten,

Oberösterreich, Pfirt, Krain, Ober-Elsass und Burgau; von **oben nach links**: Ungarn, Windische Mark, Portenau, Tirol, Kyburg und Steiermark. Unten ein Adlerschild.

Chor, Südwand, **hl. Johannes der Evangelist** mit Kommunionskelch, aus dem die Schlange entweicht.

Chor, Südwand, **hl. Petrus**.

Chor-Gewölbe, **Deckenfresko Triumph der Religion**, 1772 von **Bartolomeo Altomonte**.

Eine **weiß gekleidete Frau** mit Kreuz, Heilig-Geist-Schild und Himmelsschlüssel steht für die theologische **Tugend des Glaubens**. Links davon hält ein Engel den Kelch, rechts eine Frau die Papsttiara. Darunter rechts verkörpert eine sitzende **Frau mit Buch** das **Neue Testament**. Rechts daneben verkörpert **Moses mit den Gesetzestafeln** das **Alte Testament**. Unter der Frau mit Kreuz das apokalyptische Lamm auf dem **Buch mit den sieben Siegeln**.

Mittelschiff Nordseite, Pfeilerfigur **hl. Andreas** mit schräg gestelltem Kreuz.

Pfeilerfigur der Apostel und Evangelist **Matthäus** mit Buch und Feder. Davor der **Engel**, sein Symbol.

Mittelschiff Südseite, Pfeilerfigur **hl. Thomas**.

Mittelschiff Südseite, Pfeilerfigur **hl. Jakobus d. Ä.** mit Pilgerstab.

Seitenschiff Süd, Stirnwand, **Ignatius-Altar** (7)

Auszugsbild, wohl von Tobias Pock, um 1653: Der **hl. Aloisius von Gonzaga** überreicht der Gottesmutter Maria eine Lilie als Zeichen der Reinheit.

Altarbild: Der **hl. Ignatius von Loyola**, Begründer des Jesuitenordens, kniet vor dem Altar, **1777** von **Bartolomeo Altomonte**. **1773** wird der **Jesuitenorden** von Papst **Clemens XIV.** unter dem Druck der absolutistisch regierenden Herrscher bereits **aufgehoben** (siehe Seite 142). Trotzdem wird hier vier Jahre später noch dieses Motiv gewählt.

Seitenfiguren am Ignatius-Altar: links der **hl. Nikolaus** mit den 3 Goldkugeln, rechts der **hl. Urban** (Papst Urban I.) mit Buch und Weintrauben.

Pfeilerfigur **hl. Simon**.

Seitenschiff Südwand, **Erasmus-Altar** (8)
Er entspricht im Aufbau dem im Nordschiff genau gegenüberliegenden Marienaltar.

Auszugsbild: **hl. Karl Borromäus**, Erzbischof von Mailand.

Altarbild: Glorie des **hl. Erasmus**. Der Bischof von Antiochien überlebt angeblich das Ausdärmen mit einer Spindel bei der Christen-Verfolgung unter Kaiser Diokletian um das Jahr 300. Der unbekannte Maler erstellte das Bild in der Art Bartolomeo Altomontes.

Seitenfiguren: Die beiden Bischöfe sind wegen der fehlenden Attribute nicht bestimmbar.

Pfeilerfigur rechts vom Erasmus-Altar **hl. Judas Thaddäus**.

Pfeilerfigur **hl. Matthias**.

Seitenschiff Südwand, **Florian-Altar** (9)

Altaraufbau und Akanthus-Rahmen stimmen mit dem gegenüberliegenden Marienaltar überein. **Florian** hält eine **Fahne** mit den Farben von **Stift St. Florian**. Darunter eine **Ansicht von Linz** im frühen **18. Jh.** Nach Süden verläuft die noch wenig verbaute Landstraße.
Seitlich links **Statue hl. Antonius von Padua**, rechts **hl. Johannes Nepomuk**, der 1393 unter König Wenzel IV. von Böhmen in die Moldau geworfen wird, wie der hl. Florian mit einem Mühlstein um den Hals.

Seitenschiff Süd, Stirnwand West, **Nepomuk-Kapelle** (10)

Johann Michael Prunner (1669–1739), der bedeutende Barock-Architekt, darf sich noch zu Lebzeiten in der SW-Ecke der Stadtpfarrkirche sein Mausoleum zu Ehren des 1729 heilig gesprochenen Johannes Nepomuk errichten. Laut Chronogramm wird die Kapelle 1737 im Stil des frühen Rokoko vollendet. **Nepomuk-Statue**, dahinter eine moderne Glasmalerei aus den 1960er-Jahren.

Im **Statuensockel** ist der **Sturz von Johannes Nepomuk** von der Karlsbrücke in die Moldau dargestellt, veranlasst **1393** von König **Wenzel IV.** von Böhmen.

Nepomuk-Kapelle, Deckenfresko aus 1737: In den Medaillons der 4 Pendentif-Zwickel allegorische Gestalten. Darüber die allegorische Darstellung der **4 Kardinaltugenden** (Weisheit, Gerechtigkeit, Tapferkeit, Mäßigung – sapientia, iustitia, fortitudo, temperantia), der **3 göttlichen Tugenden** (Glaube, Liebe, Hoffnung) und der Verschwiegenheit.

Weiß gefasste **Holzstatuen** der hll. **Petrus** und **Paulus**. Tabernakel mit Wappen-Kartusche von Stadtpfarrer Alexander Josef Graf Engl von Wagrain.

Taufstein, 1770 von **Johann Baptist Spaz**, mit modernem Deckel. Darauf **segnender Christus**, Bronzestatuette von **Peter Dimmel**, wohl in den 1980er-Jahren. Die barocke **Kommunionsbank** aus Marmor stammt aus der 1. Hälfte des 18. Jh.

Westwand, **Orgel** aus 2002 mit 2 Manualen und 37 Registern, angefertigt von der Firma Wöhl. Die Empore wird 1897 gefertigt. Dabei werden Brüstungsteile aus der Zeit um 1700 verwendet bzw. kopiert.

Westwand, unter der Orgel-Empore, Bild **Maria Magdalena**, um 1775.

Westwand, Bild **hl. Donatus**, ebenfalls um 1775.

Landesmuseum Francisco Carolinum

Museumstraße 14

500 m östlich vom Pfarrplatz

Highlights
- **Fassaden-Fries**
- **Stiegenhaus**
- **Kubin-Sammlung**

1833 Unter der Führung von **Anton Ritter von Spaun** wird der „Verein des vaterländischen Museums für Österreich ob der Enns mit Inbegriff des Herzogthums Salzburg“ gegründet.

1835 Erste Aufstellung der Sammlung im Haus **Promenade 33**, dem ehemaligen Reitschul-Stallgebäude (siehe Seite 97).

1839 Die **Schutzherrschaft** übernimmt Erzherzog **Franz Carl** (1802–78, Namensgeber), Vater von Kaiser Franz Joseph (1830/48–1916).

1878 Nach dem Tod von Franz Carl übernimmt **Kronprinz Rudolf** (1858–89) die Patronage.

1883 Annahme des Projektes im Stil der Ringstraßen-Zeit von **Bruno Schmitz** aus Berlin.

1884–95 Bau unter der Leitung von **Hermann Krackowizer** durch die Oö. Baugesellschaft unter **Ignaz Scheck**.

1895-05-29 **Eröffnung des Museums** in Anwesenheit von Kaiser Franz Joseph.

1920 Übernahme des Museums durch das **Land Oberösterreich**.

1966 Das **Landesmuseum im Schloss Linz** wird eröffnet (siehe Seite 110). Bis dahin übersiedeln alle Bestände – außer der Kubin-Sammlung – ins Schloss.

Vorplatz West, **Kuppel** 1982/83 von **Wolfgang Georgsdorf**. Kinder sollen in diesem „Schrottiglu“ die darin eingebauten Gegenstände des Alltags erkennen und erleben können.

Plan Dehio Linz ©BDA
1. Festsaal
2. Treppenhaus
3. Nebentreppe ab 1. OG
4. rezenter Zubau

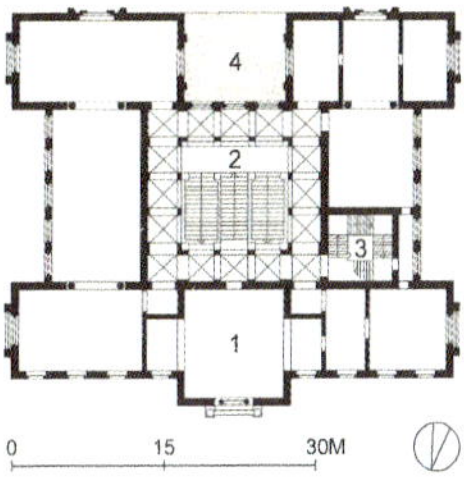

Der Museumsbau ist eines der Hauptwerke des **Historismus** in Linz. Der frei stehende 3-geschoßige Bau wirkt durch die stark vortretenden Seitenrisalite äußerst plastisch. An der **Neorenaissance-Fassade** bilden Plastik und Architektur eine dekorative Einheit. An den Risaliten Rundbogenfenster zwischen ionischen Säulen. Die Rundbogenfenster der Ost- und Westseite flankieren Doppelsäulen. An der Nordseite, außer am Mittelrisalit, werden die Fenster von toskanischen Pilastern und Dreiecksgiebeln umfasst.

Monumentaler **Fries** im 2. OG, das ganze Haus umlaufend, von **Melchior Zur Straßen** (1832–96) aus Leipzig, angeregt wohl vom **Pergamon-Fries** aus dem 2. Jh. v. Chr. Ausgeführt wird der 110 m lange Fries aus **Sandstein** 1855/56 von **Rudolf von Cöllen** (Schema siehe Seite 164).

Ostseite, Elisabethstraße, Südteil: Wappen Braunau, Jagd, Fischerei, Wappen Freistadt.

Ostseite Mitte links: Waffen- und Feinschmiede sowie Kriegstanz.

Ostseite Mitte rechts: Priesterliches Opfer und Szene einer Jagd.

Ostseite rechts: Wappen Enns, Schifffahrt, Handel und Wappen Steyr.

Nordseite Museumstraße, Ostteil: Gründung Kloster **Kremsmünster** (Auffindung des bei der Jagd verunglückten Sohnes von Herzog Tassilo). Gründung Stift **St. Florian** (Die Pferde mit dem Leichnam Florians bleiben im Ort St. Florian stehen). Beide Stifte statten

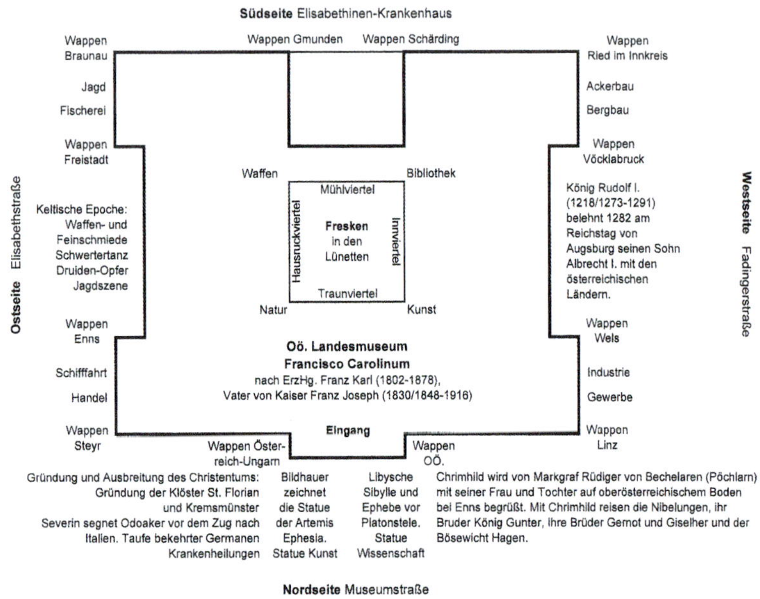

das Museum mit umfangreichen Exponaten aus. Der hl. **Severin** segnet **Odoaker** vor dessen Zug nach Italien. (476 wird Odoaker den letzten Kaiser von Rom Romulus Augustulus absetzen.) **Taufe** bekehrter Germanen und **Krankenheilung**.

Nordseite Mitte links: Ein Bildhauer zeichnet die Statue der Artemis Ephesia. Statue der Kunst.

Nordseite Mitte rechts: Statue der Wissenschaft. **Ephebe** vor der Stele des Platon und die **Libysche Sibylle**. Wappen von OÖ.

Nordseite rechts: Die Burgunderin **Chrimhild** wird von Markgraf **Rüdiger von Bechelaren** (Pöchlarn) bei Enns begrüßt. Chrimhild zieht mit ihren Brüdern Gunter, Gernot und Giselher samt Bösewicht Hagen von Tronje nach Ungarn. Dort wird sie König Etzel (**Attila**) heiraten. Wappen von Linz.

Westseite Fadingerstraße, gegenüber vom Landesgericht.

Westseite, Teil Nord: Wappen Linz, Gewerbe, Industrie, Wappen Wels:

Westseite, Mittelteil, König Rudolf I. (1218/73–1291) belehnt 1282 am Reichstag von Augsburg seinen Sohn Albrecht I. (1255–1308, König ab 1298), mit den österreichischen Ländern.

Westseite, Südteil: Wappen Vöcklabruck, Bergbau, Ackerbau und Wappen Ried im Innkreis:

Hauptportal Museumstraße: geschaffen **1796** für den Haupteingang zum Landhaus vor der über dem Stadtgraben zum südlichen Landhaustor führenden Brücke (siehe Seite 102). Nach dem Stadtbrand von 1800 kommt das Portal in den Hof des Landestheaters, **1899** an die heutige Stelle.

Auf den besonders plastisch gegliederten Pfeilern mit vorgestellten Säulen thronen Adler mit **Wappen**: Links der **Babenberger-Bindenschild**, rechts das von **Alt-Österreich**. Dazwischen ein schmiedeeisernes **Gitter** mit Ranken und Rocaillen. Im Aufsatz das Wappen mit den verschlungenen Buchstaben MARIAT für **Maria Theresia** (1717/40–1780).

Foyer, Tafel zur **Eröffnung** am **29. Mai 1895** in Anwesenheit von Kaiser Franz Joseph.

Zentrales **Stiegenhaus** anstelle eines Hofes. Die Rundbögen lagern im 1. OG auf Säulen, im 2. OG auf breiten Pfeilern mit alternierend vorgestellten Säulen und Pfeilern. In den Lünetten Darstellung der **vier Viertel** von Oberösterreich 1891/92 durch **Franz Attorner** aus Ottensheim. Dabei wird Transzendentales (spielende Putten), Allegorisches (diverse Personifizierungen), Historisch-Anekdotenhaftes und Wirklich-Genreartiges zu einem Ganzen verbunden.

Lünettenbild **Mühlviertel**: Links Ruine Waxenberg (?), Holzschwemmer und Glasbläser. Mitte Flachs wird gesponnen. Rechts hinten Kirche St. Thomas, vorne Mühlstein-Fertigung.

Lünettenbild **Innviertel**:

Lünettenbild **Traunviertel**: Links Holzfällerei und Jagd. Mitte hinten der Traunstein. Rechts die Viehzucht.

Lünettenbild **Hausruckviertel**: Links die Obsternte, rechts vorne ein Bergmann.

In den **Perpentifs** die Darstellungen der Sammlungen des Museums, hier Natur und Waffen.

Stiegenhaus-Kuppel

Festsaal im 1. Stock: Bild **Oö. Landschaft** von **Adolf Obermüllner**, mit Greinburg, Klam, Burg Kreuzen und Ötscher. Zweites Bild Hallstätter See.

Das Museum zeigt seit 1996 Wechselausstellungen. Ständig zu besichtigen ist die **Kubin-Sammlung**.

Kubin illustrierte etwa 60 Bücher. Er veröffentliche mehrere druckgrafische Mappenwerke und hinterließ tausende Federzeichnungen.

Nachfolgende 6 Abbildungen: © Eberhard Spangenberg, München, VBK, Wien 2012.

Alfred Kubin, **Bild eines alten Mannes**, um 1899.

Alfred Kubin, **Porträt-Studie**, um 1899, Kreide laviert auf Papier.

Alfred Kubin, **Der Vampir**, um 1921, Tusche auf Katasterpapier.

Alfred Kubin, **Die 3 Särge.**

Alfred Kubin, **Ein Österreicher**, um 1940, Tusche auf Katasterpapier, Detail.

Alfred Kubin, **Philipp II. von Spanien** (1527/56–98), 1940, Tusche auf Papier mit Geistern der Inquisition als verzerrte Bischöfe.

Alfred Kubin

1877-04-10 Geburt in **Leitmeritz** an der Elbe in Nordböhmen.

1877 Gymnasium in **Salzburg**.

1892 Fotografen-Lehrzeit in **Klagenfurt**.

1899 Malerei-Studium in **München**, das bald abgebrochen wird.

1904 Hochzeit mit **Hedwig Gründler**, verwitwete Schwester des Schriftstellers Oskar A. H. Schmitz.

1906 Bis zu seinem Tod wohnt er im alten Herrensitz **Zwickledt in Wernstein** am Inn.

1909 Kubins Roman „**Die andere Seite**" erscheint mit zahlreichen eigenen Illustrationen. Darin schildert er eine Welt der Halluzinationen. Mit **Wassily Kandinsky** und anderen gründet Kubin die **Neue Künstlervereinigung München** (N.K.V.M.).

1930 Er wird Mitglied der **Preußischen Akademie der Künste**.

1937 Die Nationalsozialisten dekretieren endgültig ihr Verständnis zur „**entarteten Kunst**". Von Kubin werden 63 Werke eingezogen. Trotzdem kann er weiter ausstellen.

1959-08-20 Kubin stirbt in Zwickledt. Sein Grab befindet sich in der Kirche in Wernstein.

Pruner-Stift

Fabrikstraße 10

Highlights
- **Innenraum**
- **Altarbilder**
- **Kuppelfresko**

Johann Adam Pruner
1672–1734

1730 Eines seiner Handelsschiffe gilt als verloren. Es kommt sehr verspätet **an einem 27.** in Messina an. Der Kaufmann und Linzer Bürgermeister Pruner verfügt testamentarisch, ein Armenhaus für 27 Männer, 27 Frauen und 27 Waisenknaben zu stiften.

1734 Johann A. Pruner stirbt. Aus seinem Erbe wird zur Erfüllung der Stiftung das **Grundemannsche Freihaus Egereck** gekauft. **Johann Haslinger** liefert die Pläne für den Bau des Pruner-Stiftes. Andere Experten vermuten in **Johann Michael Prunner**, älterer Bruder des Stifters, den Architekten des Pruner-Stiftes.

1738 Fertigstellung des Baus nach einer Unterbrechung, weil die landesherrliche Zustimmung fehlte.

Ansicht Pruner-Stift 1741, Bild im Festsaal des Alten Rathauses in Linz.

1786 Unter Kaiser **Joseph II.** wird das **Pruner-Stift aufgelassen**. Das Haus wird **Findelhaus** und **Gebäranstalt**.

1833 In das Haus kommt eine **Irrenanstalt**.

1867 Die Irrenanstalt übersiedelt in den Neubau nach Niedernhart. Das Pruner-Stift wird für Wohnzwecke adaptiert.

Altkatholiken

1870 **Pius IX.** setzt beim **Ersten Vatikanischen Konzil** seine **Unfehlbarkeit** in kirchlichen Angelegenheiten durch. Aus Protest dagegen spalten sich die **Altkatholiken** von der römisch katholischen Kirche ab.

1877 **Staatliche Anerkennung** der altkatholischen Kirche in **Österreich**.

1901 Erster Gottesdienst der Altkatholiken in Linz.

1909 Offizielle **Konstituierung einer Filialgemeinde Linz** aus der Kirchengemeinde der Altkatholiken Ried im Innkreis. Der **Volksgartensalon** und später das Zimmer 15 der **alten Realschule** in der Steingasse 6 dienen als Gottesdienststätte.

1919 Der provisorische **Gemeinderat** der Stadt Linz überlässt den Altkatholiken die **Kapelle im Pruner-Stift**.

1975 Renovierung des Pruner-Stiftes durch die Stadt Linz.

1979 Unterbringung der **Musikschule** der Stadt Linz.

An den rechteckigen Hauptbau schließen zwei Querflügel an, die zwei Höfe umschließen.

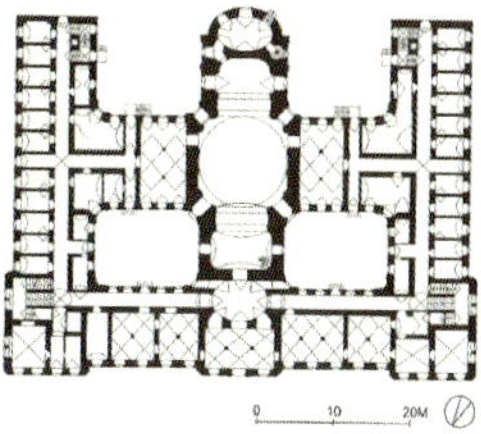

Plan Dehio Linz ©BDA

Das mehrfach gestuft umfasste **Hauptportal** ist im manieriert spätbarocken Stil in der Art bzw. Nachfolge Johann Michael Prunners.

Über Kartusche im Giebelfeld zwei Putten mit Krone. Im Wappen eine Inschrift:
„17 mit Gott 37
Johann Adam Pruner"

Der **Kirchenraum** ist als Zentralraum in Form eines Quadrats mit konkav gerundeten Ecken angelegt. Jeweils ein breiter Gurt trennt den Zentralraum vom 1½-jochigen Chor und vom 1½-jochigen Emporen-Raum.

Seitenaltar links, Altarbild eines unbekannten Meisters: Der hl. Apostel **Jakobus der Ältere**, Bruder des Evangelisten Johannes, wird um 44 n. Chr. unter Herodes Agrippa enthauptet.

Ab 711 wird **Spanien** von den **Mauren** erobert. Im **9. Jh.** wird – rechtzeitig am Beginn der **Reconquista**, der Wiedereroberung der besetzten Gebiete, – der **Leichnam von Jakobus** in **Galizien** in **Nordwest-Spanien** entdeckt. Über seinem Grab wird die Basilika von **Santiago de Compostela** gebaut.

Chorgewölbe mit Stichkappen. Dazwischen Ansicht **Johannes der Evangelist**, Bruder von Jakobus d. Ä.

Altarwand mit gemalter und gebauter Architektur. Über den seitlichen echten Türen gemalte Nischen mit Vasen, Fenstern und dekorativen Säulen. Das tatsächliche Gebälk ist in der Mitte unterbrochen. Dazwischen in gemalter Kulisse **Anbetung der hl. 3 Könige**, darüber **Gottvater** mit Engeln, 1738 vielleicht von **Martino Altomonte**.

Seitenaltar rechts, Altarbild Martyrium des **hl. Laurentius** von einem unbekannten Meister. Der Diakon Laurentius ist unter Papst **Sixtus II.** für das Kirchenvermögen zuständig. Kaiser **Valerian** (200?/253–260) lässt Sixtus hinrichten. Laurentius weigert sich, das Kirchenvermögen an Valerian abzuliefern. Am Rost über dem Feuer wird er zu Tode gemartert.

Orgel-Empore

Wie beim Chor trennt ein breiter Gurtbogen den 1 ½-jochigen Emporen-Raum vom Zentralraum.

Die **Orgel** von Friedrich Wagner aus Graz stammt aus der ersten Hälfte des 19. Jh.

Kuppelfresko von Martino Altomonte oder Umkreis: hl. Dreifaltigkeit mit Maria, Johannes, Josef, hl. 3 Könige und die hll. Jakobus und Laurentius.

Ein Engel zeigt den Plan des Pruner-Stiftes.

Donaulände

Highlights

- **LENTOS Kunstmuseum**, Seite 175
- **Brucknerhaus**
- **Skulpturen-Park** an der Donau
- **Klangwolke**

Obere Donaulände

Von der Nibelungen-Brücke die Donau aufwärts.

Obere Donaulände 51 Cinematograph

Erbaut nach 1600 als Siechenhaus des Stiftes Wilhering. Später Zahlmeister-Haus der Donauschifffahrt. Heute Café und Kino für historische Filme.

Obere Donaulände 15
ehemaliges Salzamt

1396 Linz erhält das Salzhandelsrecht.
1456 Der **Grashof**, heute Haus Nr. 15, wird beurkundet. Er ist Teil der mittelalterlichen Stadtmauer.
1619 **Neubau** unter Verwendung der Altbauten.
1730–32 Umbauten
1844 Bau des Hofflügels.
2009 Eröffnung der **Kulturanlage** nach vorangegangenem Ankauf und Sanierung durch die **Stadt Linz**.

Das Haus beherbergt nun **5 Künstler-Ateliers** für internationale Stipendiaten samt Wohnmöglichkeiten, 4 Ateliers für Künstler aus Oberösterreich und Ausstellungsräume. Alter Salzstadl in einer Ansicht aus **1563**.

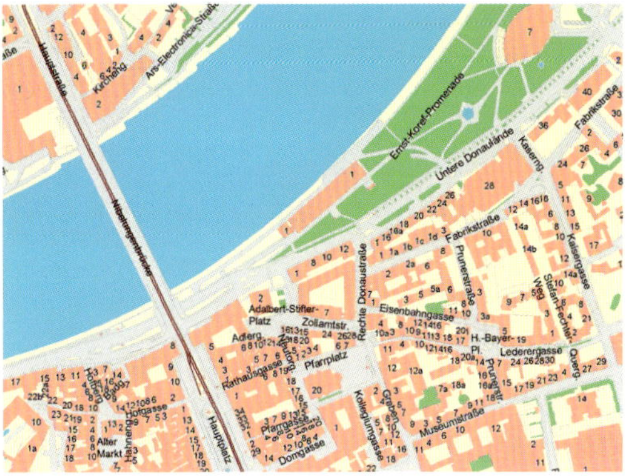

Obere Donaulände 7–13:

Nr. 13 alte Postmeisterei

Schmales Haus aus dem 16. Jh. mit Schopfwalmdach, rekonstruiert um 1990.

Nr. 11 Hotel Krebs
Siehe Hofberg 2, Seite 78.

Obere Donaulände 7–9, Raiffeisenhof

Bei der Einmündung des Hofbergs in die Donaulände befand sich **bis 1847** das **Wassertor**, der damalige Hauptzugang zur Stadt Linz. Das Haus wird 1578 an Achaz Perger, Schiffsmeister in Mauthausen, verkauft. Mit dem Nachbarhaus Nr. 7 wird es **1939** abgetragen. Nach einem Entwurf von **Roderich Fick** wird der Neubau im neoklassizistischen Stil für das Wasserstraßen-Amt errichtet. Das Haus ist nach **Heinrich Gleißner** benannt, **Landeshauptmann** 1934–38 und 1945–71 (siehe dazu Seite 108).

Foto: Linz Kultur.

Platte aus Rotmarmor mit Inschrift, ursprünglich am Wassertor angebracht, heute auf Nr. 9 an der Ecke zur Hofgasse. Unten Hochwasser-Marke vom 16. 8. 1501:

„Hie mit diesem Stein bezeichnet hat / Wie hoch die Tunau gereichet hat. Das ist geschehen im Monat Augusti, bei Regierung

Aussicht vom Dach des Neuen Rathauses:

Römischen Künig Maximiliani / Da von Christi Geburt ergangen war 1501 Jahr."

Obere Donaulände 9

Auch ein **seltsamer Wasservogel** ist auf der Tafel zu sehen. Der Volksmund bezeichnete ihn einfach als **Ente**. Die Sage berichtet, diese seltsame Ente sei als Vorbote der größten Überschwemmung, welche die Linzer Stadtgeschichte kennt, erschienen. Das Donauwasser sei **1501** so hoch gestiegen, dass kaum mehr eine Ente unter der Wölbung des Wassertors durchschwimmen konnte.

Untere Donaulände

*Von der Nibelungen-Brücke die Donau abwärts bis zur Kaisergassen-Einmündung führt die **Eferdinger Straße**, erst dann folgt die **Untere Donaulände**.*

Brückenkopf-Gebäude Ost, gebaut mit dem gegenüber liegenden Zwillingsbau ab **1938** durch **Roderich Fick** nach Plänen von Anton Estermann. Foto vom Dach des Neuen Rathauses: wuchtiges Generali-Haus, Turm der Stadtpfarrkirche, Brückenkopf-Gebäude und Alter Dom.

1938–40 Bau der **Nibelungenbrücke** nach Plänen von Tamms und Schaechterle.

Generali-Haus
(Adalbert-Stifter-Platz 2)

Gebaut 1962 von den Architekten Bammer und Pfaffenbichler. Abgerissen dafür wurde das Hotel Weinzinger, aufgenommen beim Hochwasser im Juli 1954.

Durch den **Hochwasser-Damm** von **1954** sind derartige Überschwemmungen in Linz ausgeschlossen.

Adalbert-Stifter-Haus
(Adalbert-Stifter-Platz 1)

Adalbert Stifter (1805–1868) übersiedelt als Anhänger der Revolution 1848 von Wien nach Linz. Bis zu seinem Tod lebte er hier in diesem Haus (siehe dazu Seite 101). Stifters Wohnräume sind heute ein kleines aber zauberhaftes Museum.

LENTOS Kunstmuseum
(siehe Seite 175) Foto vom Linzer Schloss: Nike-Hotel, Brucknerhaus und Lentos.

Untere Donaulände 28
Zentrale der Oberbank

Ab 1637 wird hier das große **Stadt-Bräuhaus** gebaut. Den Beschädigungen durch Bomben im 2. Weltkrieg folgt 1965 der Abbruch. 1977–80 Neubau der Zentrale der Oberbank durch Perotti & Greifeneder. Im Foyer ein **Wandteppich**, angefertigt **1980** von **Fritz Riedl** und Schülern.

Fritz Riedl

1923 Geburt in Wien.
1948 Nach dem Studium an der Akademie der bildenden Künste in Wien Beschäftigung mit der **Bildwirkerei**.
1967–76 Tapisserie-Werkstatt in Guadalajara in **Mexico**.
1976 **Professor** an der **Kunsthochschule Linz**.
1978–91 Gründung und Leitung des **Instituts für künstlerische Textilgestaltung** an der Kunsthochschule Linz. Von ihm stammen **über 300 Bildteppiche**, die meisten im großen Format.

Brucknerhaus

Erbaut bis **1974** nach Plänen von **Kaija** und **Heikki Sirén** aus Finnland. Eröffnung mit einem Konzert der Wiener Philharmoniker unter Herbert von Karajan (1908–89). **1974** wird das jeweils im September stattfindende **Brucknerfest** ins Leben gerufen.

Der **Große Saal** hat bis zu 1 420 Sitzplätze und 150 Stehplätze.

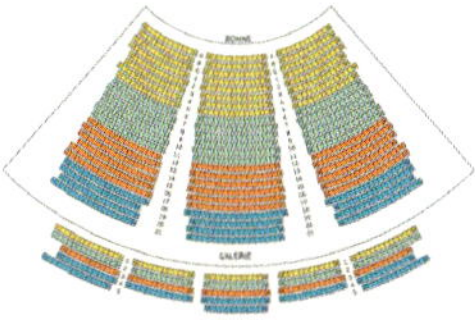

Foto: Brucknerhaus

Mittlerer Saal mit bis zu 325 Sitzplätzen und 40 Stehplätzen.

Foto: Brucknerhaus

Der 6 x 7 m große **Wandteppich** aus Sisal und Seide im Mittleren Saal stammt von Anne Terdjan aus Korea. Der **Kleine Saal** bietet weitere 150 Sitzplätze an.

Park zwischen Nike-Hotel und Donau, Figuren von **Eros Mariani**, geb. 1944 in Ravenna. Marianis Figuren führen uns zurück in unbekannte Räume und Zeiten, die in uns sind, und in denen noch die Stimmen der Menschheit aus längst vergangener Zeit widerhallen:

Die 4 Skulpturen stellen Frauen dar, die Möwen fliegen lassen.

Denkmal **Anton Bruckner** (1824–1896) beim Brucknerhaus, Bronze 1970 von **Franz Strahammer**, Widmung der Sparkasse 1974.

Parkbad
Untere Donaulände 11
Auf der Donauseite der Straße Untere Donaulände sind ganz wenige Bauten. Daher liegt Nr. 11 weiter die Donau abwärts als auf der Stadtseite die Nr. 40.

1901 wird nach der Donau-Regulierung auf der ehemaligen **Strasser-Insel** die städtische Schwimmschule errichtet. 1929/30 weicht die Schwimmschule dem neuen Parkbad, gebaut nach Plänen von **Kurt Kühne**. Es ist sein **stilbildendes Hauptwerk**.

Die Fassade wird dominiert von den beiden vorspringenden Eckbauten und dem ebenfalls vorspringenden höheren Mittelturm mit Treppenhaus. Die Fenster sind als liegende Rechtecke tief eingeschnitten und in Gruppen zusammengefasst. An den Eckvorsprüngen haben die Fenster scharfkantige Rahmungen. Sie führen die horizontale Bewegung über die Ecken weiter.

1981 wird die **neue Schwimmhalle** gebaut. 2008 erfolgt eine Modernisierung unter Beibehaltung der Architektur der 1930er-Jahre.

Skulpturen-Park Forum Metall

im Donaupark zwischen Lentos Kunstmuseum und Eisenbahnbrücke. Ab **1977** aufgestellt unter Leitung von **Helmut Gsöllpointner**, Professor der Metallklasse der Kunstuniversität Linz, und Peter Baum, Direktor der Neuen Galerie.

Skulptur **Strömung**, Chrom-Nickel-Stahl 1977 von **Erwin Reiter**, geb. 1933 in Julbach im Mühlviertel.

Helmut Gsöllpointner

1933 Geburt in Leonfelden
1948–51 Schüler von **Hans Gerstmayr** an der **Stahlschnittschule** in **Steyr**.
1951–55 Hochschule für angewandte Kunst in Wien.
1955–85 Gründer und Leiter der **Abteilung für Metallplastik** in den Lehrwerkstätten der **Vöest-Alpine**.
1973–2001 **Professor** an der **Kunstuniversität Linz**.

Variables Objekt 1978 für den Park vor der neuen Oberbank, seit 2009 im **Donaupark**.

1960 Tafel am **Waaghaus** in der Linzer Altstadt.

1964 Mahnmal für die Toten der Arbeit und des Krieges, Außenmauer **St. Michael** am Bindermichl.

1972 Plastik auf der **Voest-Brücke** über die Donau.

Hommage an Anton Bruckner, Corten-Stahl 1998 von **Amadeo Gabino** (1922–2004), Stiftung Künstler und MCE AG Linz.

Die Schlange, Stahlblech 1986 von **Matthias Goeritz**, 1915-1990, Entwurf 1953.

Thermocouple, Chrom-Nickel-Stahl und OR 37, 1977 von **Piotr Kowalski** 1927-2004, Bestand Lentos Kunstmuseum Linz.

Tisch der Austreibung, Stahl 1977 von **Günther Uecker**, geb. 1930, Dauerleihgabe des Künstlers.

Brunnen im Park vor dem Brucknerhaus, **1977** von **Herbert Bayer**. 17 Metall-Zylinder sind als gegenläufige Spirale angeordnet. Deren Höhe und Stärke beruhen auf mathematischen Formeln.

Herbert Bayer

1900 Geburt in **Haag am Hausruck**.
1921 Schüler am **Bauhaus in Weimar** u. a. bei Paul Klee und Wassily Kandinsky.
1925 Leiter der neuen Werkstatt für Druck und Reklame am **Bauhaus in Dessau**.
1928 Werbegrafiker in Berlin.
1938 **Emigration** in die **USA**. Mit Walter Gropius gestaltet er eine Ausstellung über das Bauhaus in Dessau, von Gropius 1919 gegründet.
1985 **Bayer stirbt in Kalifornien**. Er gilt heute als einer der bedeutendsten Bauhaus-Künstler.

Pionierdenkmal
Entworfen **1936** von **Alexander Popp** (1891–1947), Architekt der Tabakfabrik

und der Friedenskirche, zusammen jeweils mit Peter Behrens. Die vier Kupfer-Medaillons und der bekrönende Adler stammen von **Wilhelm Frass**. Der ursprüngliche Standort war nahe der Donaubrücke. Beim Bau der **Nibelungen-Brücke 1938** musste das Denkmal weichen. Erst 1963 kommt es an seinen heutigen Standort im Donaupark.

Visualisierte Klangwolke

Sie wird **seit 1979** alljährlich am **ersten Samstag im September** von ORF und Brucknerhaus veranstaltet. **2011** kamen 120 000 Menschen in den Donaupark. **Christian Czech**, geb. 1970, zeichnete berührende Bilder in den Himmel.

Die Abfeuerung erfolgt von beiden Donauufern, von Donauschiffen und von Flugzeugen.

Eine bewegende Geschichte verbindet stets die einzelnen „Feuer-Bilder“.

Dabei sind Text, Feuer-Bilder und Musik harmonisch aufeinander abgestimmt.

Die Sinne werden von diesem ganzheitlichen Kunstwerk außerordentlich angesprochen.

Schöner können Märchen und Visionen nicht erzählt werden. Oder ist das die wahre Welt?

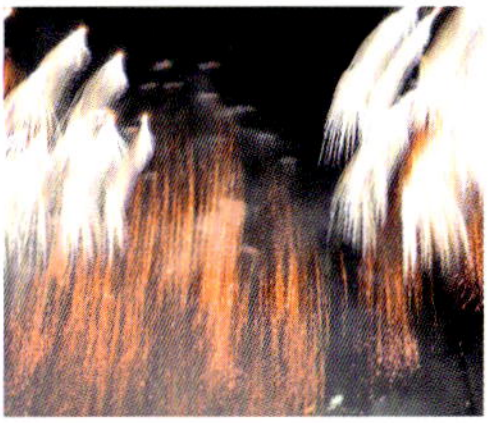

Ehemalige Tabakfabrik
Untere Donaulände 68

1672 Christian Sint gründet eine Textilmanufaktur.
1791 Die **Linzer Wollzeugfabrik** beschäftigt 49 000 Menschen, davon einige Hunderte in der Wollzeugfabrik, den Rest in Heimarbeit.
1850 Die **Wollzeugfabrik** wird **eingestellt**. Dafür

wird die Errichtung der **Tabakfabrik** in Linz geplant. Sie wird im Areal der 1764 gebauten Zweiten Färberei östlich des Hauptgebäudes eingerichtet.

1930 Baubeginn der eigentlichen Tabakfabrik in der parallel zur Donaulände führenden **Ludlgasse** nach Plänen von **Alexander Popp** und **Peter Behrens** im Stil des Funktionalismus und der **Neuen Sachlichkeit**.

1935 **Eröffnung** der Tabakfabrik. 1 000 Beschäftigte produzieren pro Jahr rund 5 Milliarden Zigaretten.

1969 In einer kulturhistorischen Wahnsinnstat wird das Gebäude der **Wollzeugfabrik abgerissen**.

1982 Die Tabakregie errichtet nördlich der Fabrik einen Gebäudekomplex für Verwaltung, Lager, Endverpackung und vollautomatisiertes Palettenlager. Die Neubauten werden zumindest farblich dem Altbau angeglichen.

2001 Unter der Regierung von Volkspartei und Freiheitlichen wird die **Austria Tabakwerke AG privatisiert** und an die britische Gallaher Group verkauft.

2005 Die Werke in Schwaz und Fürstenfeld werden geschlossen. Die beiden Werke in Hainburg und Linz produzieren über 36 Milliarden Zigaretten im Jahr.

2007 Gallaher wird von Japanern geschluckt.

2009 Das **Werk in Linz wird geschlossen**.

2011 Die **Stadt Linz** kauft das Gelände von Japan Tobacco.

Peter Behrens

1868 Geburt in Hamburg.

1886 Malerei-Studium

1892 Mitbegründer der **Secession in München**.

1907 Architekt in Berlin, Mitbegründer des **Deutschen Werkbundes**. Erfinder des **„Corporate Design“**. Für die AEG entwirft er Briefbogen, Teekessel und Fabrikbauten im einheitlichen Stil.

1922 **Behrens** wird **Nachfolger von Otto Wagner** an der Kunstakademie in Wien. Sein Assistent wird später **Alexander Popp**.

1936 Professor an der Akademie Berlin.

1940 Behrens stirbt in Berlin.

Mitarbeiter von Behrens in Berlin, die später stilbildend für die moderne Architektur werden:

Walter Gropius, 1919 gründet er das Bauhaus in Dessau; zweiter Gatte von Alma Mahler.

Ludwig Mies van der Rohe, Schöpfer eines rationalen Baukonzepts.

Charles Jeanneret-Gris (ab 1917 nennt er sich **Le Corbusier**).

Von Peter Behrens, Alexander Popp und Hans Feichtlbauer stammt das Projekt der **Friedenskirche** in Linz-Urfahr aus 1933.

2012 Das **letzte Werk** der Austria Tabak in **Hainburg** an der Donau in Niederösterreich wird **geschlossen**.

Der **227 x 16,5 m** große sechsgeschoßige **Hauptbau in Linz** umfasst 30 000 m² Nutzfläche. Der Kern besteht aus einem 3 000 t schweren Stahlgerippe. Die 38 cm starke Hohlziegel-Ummauerung hat keine tragende Funktion.

Foto: Linz Kultur

Der horizontale Charakter der Südfassade der Tabakfabrik in der Ludlgasse wird durch die Fensterbänder bestimmt.

Ab 2013 wird die ehemalige Tabakfabrik zu einem neuen **Kulturzentrum** umgebaut.

Kulturzentrum HOF
in der **Ludlgasse**, gegenüber der ehemaligen Tabakfabrik
www.kulturzentrum-hof.at

Es wird **1985** gegründet. Von einem Jugendzentrum entwickelt sich der HOF zu einer Kulturinstitution, wo neue und noch unbekannte Künstler eine Bühne finden. Angeboten werden Kleinkunst, Kabarett, Lesung und Theater.

LENTOS
Kunstmuseum

Highlights
- **Leuchtfassade** mit **60 m breitem „Fenster“**
- **Bilder** von **Attersee, Haring, Kokoschka, Schiele und Warhol**
- **Wechselausstellungen**

1947 Mit einer großen **Kubin-Ausstellung** wird die **Neue Galerie** der Stadt Linz eröffnet. Sie fungiert zunächst als Leihgalerie unter der Leitung ihres Gründers, des aus Berlin stammenden Kunsthändlers und Sammlers **Wolfgang Gurlitt**.
1953 Die Stadt Linz kauft den Grundstock der Gurlittschen Sammlung um 1,7 Mill. öS an. Die Galerie wird als **öffentliches Museum** geführt.
1958 **Walter Kasten**, engster Mitarbeiter von Gurlitt, wird Direktor.
1974–2004 Direktor ist **Peter Baum**.
1977 Die Neue Galerie übersiedelt nach Urfahr in das Gebäude **Lentia 2000**.
2003 Das **LENTOS Kunstmuseum** an der Donaulände wird eröffnet. Es nimmt die Bestände der Neuen Galerie auf.
2004 **Stella Rollig** übernimmt die Leitung des LENTOS.

Der Museumsname leitet sich vom **keltischen Wort „lentos“** für **gebogen** ab, was wohl ursprünglich der Name für Linz war. In Linz fließt die Donau in einer Krümmung durch das Stadtgebiet.

Das LENTOS wird von den **Architekten Weber und Hofer** aus Zürich geplant. Das 130 m lange Haus bietet 8 000 m² Nutzfläche.

Das Haus umspannt ein 60 m breites „Fenster“. Das entspricht der Breite des Linzer Hauptplatzes.

Ansicht vom **Neuen Rathaus** auf der nördlichen Donauseite im Stadtteil Urfahr.

Ansicht vom **Donaupark** mit dem Skulpturen-Park.

Die transparente, nachts beleuchtete **Fassade** zeigt das Haus in ständig wechselnden Farben.

Foto Spalte 2 oben und großes Foto unten: Stadt Linz.

Für den Wechsel der Farben sorgen integrierte Leuchtkörper zwischen Glas und Stahlbeton. Den Donaupark besuchen alljährlich im September Tausende Besucher zur phantastischen **Klangwolke** (siehe Seite 173).

Ansicht vom **Generali-Haus**, im Vordergrund das **Stifter-Haus**.

Das **nüchterne Innere** bietet ein faszinierendes Ambiente, vor allem durch die **reflexionsfreie Beleuchtung**. Nichts soll vom Kunstwerk ablenken.

Foto: maschekS 2009

Ausgewählte Werke der LENTOS-Sammlung:

Karel Appel, Prozession zweier Köpfe unter der Sonne, 1957.

Kutlug Ataman, Frame, 2009, Produced by The Institute for the Readjustment of Clocks, Istanbul.

Christian Ludwig Attersee, Sonne zur Braut, 1993, © VBK Wien, 2012.

Herbert Bayer, Selbstporträt, 1932, © VBK Wien 2012 (siehe dazu auch Seite 171).

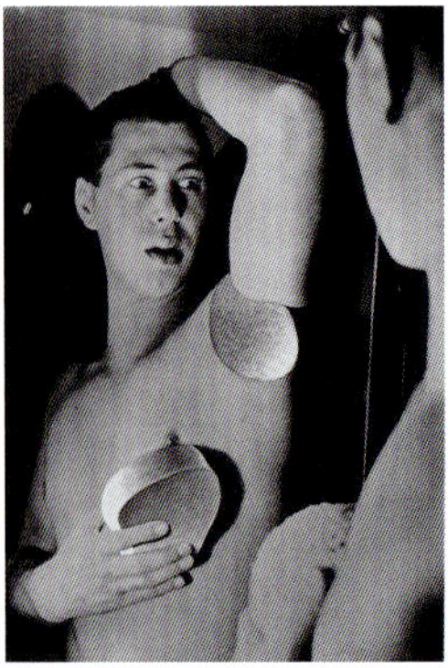

Dorothee Golz, Unbeteiligter, 2007 © VBK Wien 2012.

Keith Haring, Red - Yellow - Blue No Portrait of Martin, 1987.

Bertram Hasenauer, Untitled (LONG AGO and FAR AWAY), 2008.

Gottfried Helnwein, The Golden Age 1 (Marylin Manson), 2003, © VBK Wien 2012.

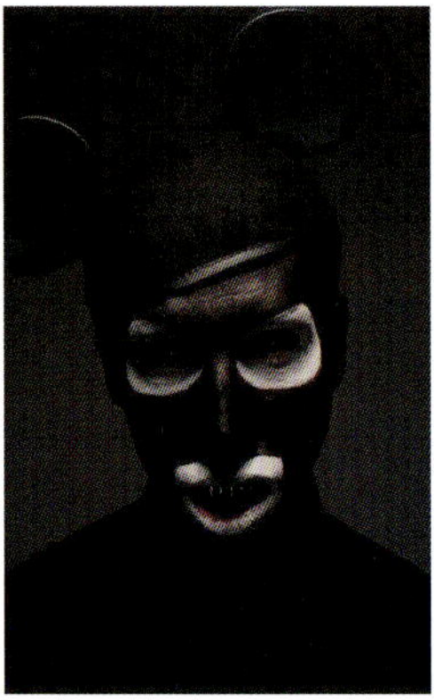

Gustav Klimt, Frauenkopf 1917/18, © LENTOS.

Oskar Kokoschka, Alter Mann (Vater Hirsch), 1909, © Fondation Oskar Kokoschka - VBK Wien 2012.

Oskar Kokoschka, Ansicht von Linz vom Pfenningberg, 1955, © Fondation Oskar Kokoschka - VBK Wien 2012.

Oskar Kokoschka, Die Freunde, 1917, © Fondation Oskar Kokoschka - VBK Wien 2012.

Oskar Kokoschka, Theodor Körner (1873–1957, 1945–1951 Bürgermeister von Wien, 1951–57 Bundespräsident), 1949, © Fondation Oskar Kokoschka - VBK Wien 2012.

Egon Schiele, Doppelbildnis Heinrich und Otto Benesch, 1913. © LENTOS.

Alfred Kubin, Das Rattenhaus, um 1903–05, © Eberhard Spangenberg, München, VBK Wien 2012.

Egon Schiele, Bildnis Trude Engel, 1915. © LENTOS.

Alfred Kubin, Der Sumpf, um 1903–05, © Eberhard Spangenberg, München - VBK Wien 2012.

Arnulf Rainer, Ansicht von Linz, 1965.

Lois Renner, Wong Kar-Wei (Die Eifersucht), 2007.

Sean Sean, Uriel, 1997.

VALIE EXPORT, Selbstporträt mit Stiege und Hochhaus, 1989, Schenkung Mag. Maria und Mag. Gerald Fischer-Colbrie, © VBK Wien 2012.

Andy Warhol, Mao, 1973, © VBK Wien 2012.

Wechselausstellungen führen die Besucher immer wieder mit moderner Kunst, mit neuen Medien zusammen. Ein gut sortierter **Shop** und ein **Cafe** mit schöner Terrasse verstärken das Kunsterlebnis im LENTOS.

Landstraße

*Sie führt vom **Taubenmarkt** südlich des Hauptplatzes **1,3 km** bis zum **Blumauer Platz** im Süden kurz vor der Westbahn, Standort des neuen Opernhauses.*

Highlights

- **Nr. 12 Palais Weissenwolff, Passage Arkade**
- **Nr. 30 Klosterhof**
- **Nr. 31 Ursulinen-Kirche**, Seite 190, und **Kulturzentrum Ursulinenhof**
- **Nr. 33 Karmeliten-Kirche**, Seite 196
- **Nr. 57 Steinparzer-Haus** von **Balzarek**

Die Linzer Landstraße ist **nach Kärntner Straße** und **Mariahilfer Straße** in Wien **die am meisten frequentierte Straße Österreichs**. Zahlreiche **Adels- und Stiftspaläste** säumen die Landstraße. Im **nördlichen Teil** – vom Taubenmarkt bis zur Mozartkreuzung – ist sie **Fußgängerzone**. Taubenmarkt mit Altem Dom.

1822 wird das **Schmidtor abgerissen**. 1860/61 wird die Schmidtorstraße zum Hauptplatz hergestellt.

Taubenmarkt 1

Neubau 1863 von **Karl Höbarth**. **Fassade** 1957 im Stil des **Historismus** neu erstellt. Fensterverdachung: 1. OG Schulterbogen, 2. OG Dreiecke und 3. OG Flachverdachung. Zur Schmidtorgasse ein Rechteck-Erker vom 1. bis zum 3. OG.

Taubenmarkt mit **Sparkassen-Brunnen**

1892 fertigt **Hermann Krackowizer** (1846–1914) den Brunnen für die **Kassenhalle der Sparkasse** im klassizistischen Stil. 1954 wird er aus der Kassenhalle entfernt, **1979** am **Taubenmarkt** aufgestellt.

Linzer Pflasterspektakel

Seit 1977 alljährlich im **Juli** auf der Landstraße, am Taubenmarkt, am Hauptplatz und auf der Promenade.

Fotos: Claudia Sommer

2012 locken über 400 internationale Straßen-Künstler über 200 000 Besucher an.

Landstraße 1

Die **ungeraden Hausnummern** sind an der **Ostseite** der Landstraße, die **geraden** an der **Westseite**.

1614/15 Am Beginn der Landstraße wird das sogenannte **ältere Ballhaus** des landständischen Adels errichtet.

1682 Ein Brand vernichtet das Ballhaus.

1696–1700 Umbau zu einem **barocken Bürgerhaus**. Danach Fassadengestaltung im Stil von Johann Michael Prunner.

Fenster-Verdachung mit leicht geschweiften **Knick-Giebeln**. An der Hausecke zum Graben Figur der **Maria Immaculata** (Kopie). Geburtshaus des Philosophen **Robert Reininger** (1869–1955). An der Graben-Frontseite seine Gedenktafel.

Landstraße 3 und 5

Errichtet **1912** von **Adolf Roehr** aus Prag und Baumeister Gustav Steinberger. Neugestaltung der **Fassade** 1935 durch **Josef Ertl** mit Elementen des Heimatstils und der frühen Moderne: Mächtiger Runderker auf Muschelkorb, Fenster in Verbindung mit Balkontüren.

Landstraße 4

Erbaut **1875** von **Anton Schrittwieser** im Stil des strengen **Historismus**. Alle drei Achsen sind völlig gleich in kräftigen Formen der Spätrenaissance.

Landstraße 7

Ehemals zum älteren Ballhaus gehörend (siehe Nr. 1). Das Vorderhaus 1614 (?) errichtet mit rundem Erker auf Muschelkorb. Barocke Fassade, wohl von Johann M. Prunner 1726 mit gestufter Fenster-Verdachung.

Landstraße 8

Das besonders schmale Haus errichtet **Wilhelm Fabigan 1900** in den Formen der **Neorenaissance**.

Landstraße 9

Das heutige Haus wird ab **1700 errichtet**. Umgestaltung der **Fassade 1822** im Stil des **Neoklassizismus**. Eine Vase bekrönt die **gestufte Blendmauer**. In den **Nischen** Kopien der Figuren **Maria Immaculata** und der **Heiligen Dreifaltigkeit**.

Landstraße 10

1902 baut **Gustav Steinberger** das Haus für den Silberwaren-Fabrikanten Karl Kradochwill im späthistoristischen Neorenaissance-Stil. Über dem zweigeschoßigen Mittelerker ist im 4. OG ein Neorenaissance-Giebel mit Voluten.

Landstraße 12

Palais Weissenwolff

1595 und 1640 Zwei Bürgerhäuser werden urkundlich erwähnt.

1714 Besitzer ist **Franz Anton Weissenwolff**. Errichtung des heutigen Hauses durch **Johann Michael Prunner** ab 1715.

1794 Das Haus geht an **Otto Karl Graf von Hohenfeld**.

1979 Abbruch der Hofgebäude, Bau der Einkaufspassage **Arkade**.

Die **Fassade** mit einem wenig hervortretenden Mittelrisalit gliedern Riesen-Lisenen. Fenster mit unterschiedlich geknickter und geschwungener Verdachung. Auf der **Attika Skulpturen** aus der Werkstatt von **Leonhard Sattler**: Fortuna (?), Venus (?), **Herkules** mit der lernäischen Schlange.

Herkules mit dem nemeischen Löwen.

Das **korbbogige Hauptportal** am Palais Weissenwolff flankieren **Atlanten** von **Leonhard Sattler** (?). Darüber ein geschwungener Balkon mit neobarockem Gitter. Korinthische Pilaster umfassen die Balkontür. Im Giebelfeld das **Hohenfeld-Wappen**. Darüber Skulpturen **Artemis** und **Leda** (?) von **Leonhard Sattler**.

Leda gebar an einem Tag **Helena und Pollux** vom Göttervater **Zeus**, und **Klytaimnestra und Kastor** von ihrem Mann, König **Tyndareos** von Sparta.

Paris von Troja entführt Helena. Daraus entsteht der **Trojanische Krieg**. Nach diesem Krieg lässt Klytaimnestra ihren Gatten, König **Agamemnon von Mykene**, im Bad

Einkaufspassage Arkade
Landstraße 12 und 14, Promenade 9, Spittelwiese 4.

Eduard Bloch 1872–1945
Er ist **Hausarzt** von **Adolf Hitlers Mutter Klara**. Sie stirbt 1907 an Krebs. Der junge Hitler dankt ihm brieflich für seine ärztliche Betreuung.

Nach dem **Anschluss Österreichs an Deutschland** im März **1938** wird Bloch als **jüdischer Arzt** in seiner Berufsausübung eingeschränkt. Seine Wohnung im Haus **Landstraße 12** darf er behalten, weil die Gestapo vom Wohlwollen des Führers weiß. Sein Pass wird nicht mit einem „J" abgestempelt. Ende **1940 emigriert** das Ehepaar in die **USA**.

Landstraße 14

1612 Urkundlich erwähnt.
ca. 1698 Neubau des heutigen Hauses.
1761 Bewohner ist der Maler **Bartolomeo Altomonte** (1694–1783).

Im 2. und 3. OG über den Fenstern barock geschweifte Knickgiebel und Stuckdekor aus der Zeit um 1735. Im **Giebel** die Figur der **Maria Immaculata** (Unbefleckte Empfängnis), um 1735.

Landstraße 15
Winkler-Bau

Frühes 14. Jh. Hier befinden sich ein **Bürgerspital** für geistig und körperlich beeinträchtigte Menschen, die **Heiligen-Geist-Kirche** und ein **Friedhof**.
1531 Der Friedhof um die Stadtpfarrkirche wird für weitere Bestattungen gesperrt. Der hiesige Friedhof wird zum Stadtfriedhof.
ca.1599 Der Friedhof beim heutigen Winkler-Bau wird aufgelassen.

Bartolomeo Altomonte

1694 Geburt in Warschau. Sein **Vater Martino** ist Hofmaler bei König **Jan Sobieski**. Dieser befreite **1683 Wien** bei der **2. Türkenbelagerung**.
1719 **Martino** zieht mit Familie nach **Linz**.
1761 **Bartolomeo** wohnt im Haus Landstraße Nr. 14.
1770 Er wird in die Wiener Akademie aufgenommen.
1783 Bartolomeo stirbt in **St. Florian** bei Linz.

Fresken Bartolomeos:
1737 Schloss Neuwartenburg
1737/39 Stiftskirche Spital am Pyhrn
1739/41 Stift Wilhering
1759/62 Stift Engelszell

Sein **Bruder Andrea** erstellt den Gesamtplan für die Innenausstattung der **Stiftskirche Wilhering**.

Stadtfriedhof wird der **erste Barbarafriedhof** am Areal des heutigen Friedensplatzes in der **Seilerstätte**.

1786 Das **Bürgerspital** wird **aufgelassen**. An das Spital erinnert die figürliche Ölbergszene im Hof.

1790 Die **Post** übersiedelt vom Hauptplatz hierher.

1931/32 **Hans Feichtlbauer** (1879–1947) errichtet für die **Gebrüder Winkler** das heutige Haus.

An der Ecke Landstraße-Bethlehemstraße ist dem Haupthaus ein **3-geschoßiger Eckbau** mit **zwei Fensterbändern** vorgelagert. An der Bethlehemstraße ist der Wohnblock zu einem Hof eingezogen und mehrfach abgewinkelt. Die hohen Eckblöcke betonen an den Ecken und am Dachgesims farbige **keramische Ornamentbänder**.

Winkler-Bau, Gedenktafel **Franz Schubert** (1797–1828), erinnert an seine Aufenthalte bei der **Familie von Spaun** in Linz.

Joseph Ritter von Spaun
1788–1865

Er ist Sohn von **Franz Xaver**, kaiserlicher Rat und **Syndikus der Stände in Oberösterreich**. 1808 lernt Joseph den um acht Jahre jüngeren **Franz Schubert** kennen. Spaun unterstützt seinen Freund Schubert immer wieder finanziell. Er führt ihn in die bessere Wiener Gesellschaft ein. Spaun wird Ehrenbürger von Wien und von Teschen.

Josephs **Bruder Anton** (1790–1849) ist Landrat und Forscher der Volkskunde. Er legt den Grundstock für das **Landesmuseum** Francisco Carolinum (siehe Seite 163).

Onkel Franz Anton Ritter von Spaun (1753–1826) erzieht die beiden Brüder. Der Jurist und Schriftsteller verbringt wegen „aufrührerischer Schriften" 10 Jahre im Gefängnis.

Landstraße 16,
Stiftshaus Schlägl

1528 Urkundlich erwähnt.

1640 Besitzer werden die Prämonstratenser von **Stift Schlägl**. Neubau nach Plänen von **Cipriano Novo** durch Baumeister **Francesco Canevale**.

1750 Ausbau des **2. OG** durch **Johann Matthias Krinner**.

1862 Aufstockung und Fassaden-Gestaltung durch **Johann Rueff**.

1885 Das **Hinterhaus** mit Kapelle wird durch **Michael Lettmayr** gebaut.

1940 Die **Kapelle** wird **profaniert**. Der Altar kommt in die linke Turmkapelle des Neuen Doms.

1971 Der oktogonale **Pavillon** wird vom Garten zum **Linzer Schloss** verlagert. Er nimmt dort das **Kepler-Denkmal** auf (siehe Seite 134).

Die 7-achsige **Fassade** im Stil der **Neorenaissance** wird mit einem Dachboden-Geschoß abgeschlossen. Dort trennen hochrechteckige Putzfelder und Atlanten die

Stift Schlägl
50 km im NW von Linz

Foto: Roman Klementschitz

1202 Der Passauer Bischof Wolfgang von Erla beauftragt seinen Ministerialen **Kalhoch II. von Falkenstein** mit der Errichtung eines Klosters.

1209 Die Zisterzienser resignieren.

1218 Neubesiedelung durch **Prämonstratenser-Mönche**.

1626 Im **Bauernkrieg** wird das Kloster niedergebrannt.

1637 Fertigstellung des Neubaus.

1850 Neuerliche **Zerstörung durch Brand**. Der Wiederaufbau erfolgt unter **Abt Dominik Lebschy**, 1861–68 erster **Landeshauptmann** von Oberösterreich.

querrechteckigen Fenster. Die Fenster-Verdachung nimmt mit zunehmender Höhe ab. In Achse 2 und 6 im **1. OG** jeweils ein **Rechteck-Erker**.

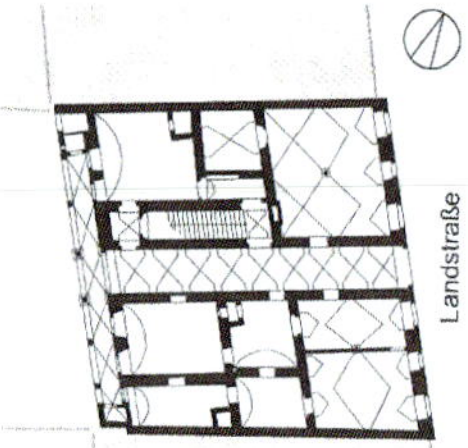

Plan Dehio Linz ©BDA

Landstraße 22
Stiftshaus St. Florian bei der Spittelwiese-Einmündung.

1492 Ein kleines Haus ist urkundlich erwähnt.

1615 **Probst Leopold** vom **Stift St. Florian** erwirbt das Haus von den Erben nach Josef Fellenschlag. Bis 1618 lässt er ein geräumiges Haus errichten. **Architekt** ist wohl **Marx Martin Spaz**.

1644 Steuerbefreiung unter Kaiser Ferdinand III.

1667–89 Unter **Probst David Fuhrmann** wird das Haus mit Stuck und Gemälden ausgestattet.

1785 Unter Kaiser **Joseph II.** wird das Haus vom **Religionsfonds** eingezogen.

1792 **Rückerstattung** an das Stift St. Florian.

Das Florianer Stiftshaus ist ein mächtiges Eckhaus im Stil der **Spätrenaissance**. Im runden **Eckerker** jeweils 4 Fenster. Das **Rundbogen-Portal** aus 1616 wird von rustizierten Pilastern mit hohem Gebälk umfasst. Über dem Portal sind jeweils Doppelfenster.

Stift St. Florian
16 km im SO von Linz

304 **Florian**, Büroleiter des Römerlagers in **Lauriacum** im Ruhestand, wird wegen seines Glaubens unter **Kaiser Diokletian** mit einem Stein um den Hals in die Enns geworfen. Begraben wird er am Ort des heutigen Stiftes.

1071 **Bischof Altmann von Passau** übergibt das Stift an die **Augustiner Chorherren**.

1686 **Stiftsneubau** durch Architekt **Carlo Antonio Carlone**.

1708 Carlone stirbt. Weiterbau durch **Jakob Prandtauer**.

1848–55 **Anton Bruckner** ist Stiftsorganist.

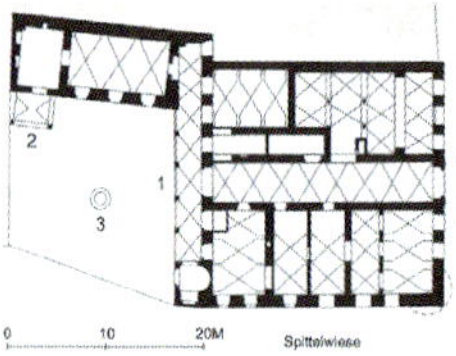

Plan Dehio Linz ©BDA

1. Arkadengang
2. Laube
3. Brunnen

Erkerraum im 1. OG, sogenanntes **Tafelzimmer**, Stuckdecken von **Johann Peter Spaz** aus 1675. Mittig das Wappen von Probst David Fuhrmann. Im Flur ein **Wandbrunnen** aus 1615/18.

Arkadenhof, erbaut 1615–18. Der Granitbrunnen, gebaut 1664 für das Novizenhaus von Stift St. Florian, wird 1957 hierher übertragen.

Landstraße 27

1640–1781 Haus der Seilermeister.

1861 Zur Bäckerei adaptiert durch Friedrich Sighartner.

Die schmale 3-achsige **Fassade** mit **spätbarocker Gliederung** ähnelt dem späteren Stil von Johann Michael Prunner (1669–1739): Riesenlisenen, Fenster mit Wellengiebel-

Verdachung, Attikazone mit Ovalfenster.

Landstraße 28, Lambacher Stiftshaus.

1569 und 1595 Zwei Häuser sind hier urkundlich nachgewiesen.
1636 Abt **Philipp von Lambach** kauft ein Haus.
1672 Die beiden Häuser werden verbunden.
1675 Kaiser **Leopold I.** bestätigt die **Befreiung** des Hauses von diversen Steuern.
1767 Die Familie Mozart wohnt hier.
1825 Das Haus geht an einen Privaten.
1863 Aufstockung um ein **drittes Stockwerk** und Fassaden-Gestaltung durch Baumeister **Anton Schrittwieser**.

Rundbogen-Portal aus 1672, umfasst von Pilastern und hohem Gebälk. Über der Einfahrtsachse sind Doppelfenster.

Gedenktafel an **Johann Batsanyi** (1763–1845), Gelehrter und Dichter der ungarischen Aufklärung. Medaillon-Bildnis von Miklos Boros.

Stift Lambach
40 km im SW von Linz

1046 Gründung durch Graf **Arnold II. von Wels-Lambach**.
1056 Umwandlung in ein **Benediktiner-Kloster** durch Sohn **Adalbero, Bischof von Würzburg**.
1233 Zerstörung beim **Einfall der Bayern**. Nur das Westwerk mit **Fresken** aus dem **11. Jh.** überlebt.
1474–1504 **Abt Johannes IV. Suerzwadel** vergrößert die **Bibliothek** gewaltig.
1626 Zerstörung im **Bauernkrieg**.
1640–78 **Abt Placidus Hieber**: Baubeginn des heutigen Stifts. Altarblätter von **Joachim Sandrart**.
1705–25 **Abt Maximilian Pagl**: Bau der Dreifaltigkeitskirche in Stadl Paura. 1717 legt er den Grundstein für die Dreifaltigkeitssäule in Linz.
1784 Aufhebung unter Kaiser Joseph II.
1790 Wiederherstellung des Klosters.
1972–94 Gelungene Erweiterungsbauten.

Johann Batsanyi
1763–1845

1794 Batsanyi wird als Teilnehmer eines Aufstandes als ungarischer Jakobiner im Gefängnis in der **Festung Spilberk** in Brünn **inhaftiert**.
1803 Er wird begnadigt und zieht nach Wien.
1805 Batsanyi heiratet in Wien die österreichische **Dichterin Gabriele von Baumberg** (1768–1839).
1809 Er übersetzt die **Proklamation Napoleons ins Ungarische**. Daraufhin muss er mit seiner Gattin **nach Paris fliehen**.
1815 Kaiser **Napoleon I.** verliert endgültig in **Waterloo** und wird auf die **Atlantik-Insel St. Helena** verbannt. Batsanyi wird den Österreichern ausgeliefert und in Wien inhaftiert.
1816 Er wird **nach Linz verbannt**.
1845 Johann Batsanyi **stirbt** völlig unbeachtet **in Linz**.

Landstraße 30
Klosterhof, ehemaliges Stiftshaus Baumgartenberg

1595 Das Haus wird erstmals urkundlich erwähnt.
1626 Abt Kaspar Kirchleithner erwirbt das Haus für das **Stift Baumgartenberg**. Schild im Hauseingang:

1652 Das Haus wird zum **Freihaus** erklärt. Dafür muss das Stift einen „vier Klafter“ breiten Streifen zur Anlage der heutigen **Bischofstraße** abgeben. Anschließend Neubau auf dem verkleinerten Grundstück.
1693 Der **Hofflügel** mit Kapelle wird gebaut.

Kaiser **Joseph II.** gründet **1783** eigenmächtig die **Diözese Linz**. Papst **Pius VI.** wird nicht gefragt. Das Bistum Passau wird geringfügig entschädigt.
Der **erste Bischof** von Linz, **Ernest Johann Nepomuk von Herberstein** (1731–88), wählt das Stiftshaus Kremsmünster Ecke Bischofstraße-Herrenstraße zu seinem Sitz.

1784 Stift Kremsmünster erhält als Ersatz für den nunmehrigen Bischofssitz in der Herrenstraße Nr. 19 das Haus Landstraße 30.

Gleichzeitig ziehen die **Studienbibliothek** (bis 1928) und das **Museum Physicum** (bis 1883) hier ein.
1910 Matthäus Schlager errichtet das rechte Hofhaus.
1929 Die **Stieglbrauerei Salzburg** pachtet das Haus. Umbau zur **Gaststätte Klosterhof** durch Architekt Franz Zell.
1930 Errichtung des Gastgartens.

Stift Baumgartenberg
40 km im Osten von Linz

1142 **Otto II. von Machland** und seine Frau **Jeuta von Peilstein** stellen ihre Burg auf dem Ulrichsberg im heutigen Baumgartenberg **Zisterziensern** aus **Morimond in Burgund** zur Verfügung.
1259 Stiftskirchen-Weihe.
1428 und 1432 Zerstörung im **Hussitenkrieg**.
1649 Beginn der **Barockisierung**. Altarbilder u. a. von Feichtmayr und Reslfeld.
1736 Bestellung von Administratoren wegen Geldnot.
1784 **Aufhebung** unter Kaiser Joseph II.

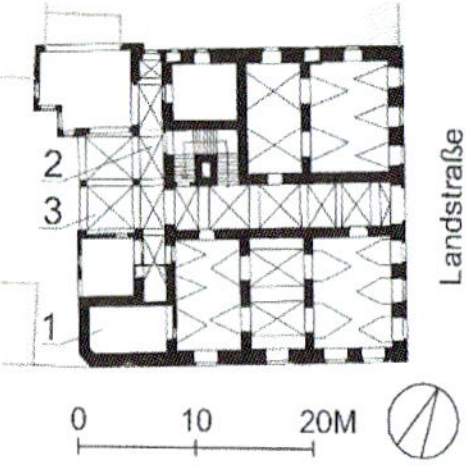

Plan Dehio Linz ©BDA
1. im OG ehemalige Kapelle
2. Original Arkadengang
3. Arkaden-Zubau 1930

Das **Rundbogen-Portal** wird von einer Ädikula mit gesprengtem Giebel umfasst. In den Zwickeln sind Blattreliefs. Am **Ausleger** (Hausschild) Darstellung des Biertransportes mit Pferdefuhrwerk. **Nische** an der Ecke zur Bischofstraße mit Figur **hl. Florian** aus der 1. Hälfte des 18. Jh.

Im Erdgeschoß werden die Räume 1930/31 von Franz Zell durch weite Bögen zu einem (Gaststätten-)Kontinuum verbunden. Im Flur eine **gotische Pieta** um 1430, im Stiegenhaus eine **barocke Madonna**.

Klosterhof, 1. OG
Arkaden-Zimmer

1. OG **Linzer Zimmer**

Linzer Zimmer,
Bild Donaulände

Linzer Zimmer,
Bild Hauptplatz

Klosterhof, 1. OG,
Prälaten-Zimmer in der ehemaligen Kapelle.

Prälaten-Zimmer, **Deckenstuck** eventuell aus der Werkstatt von Giovanni Battista Barberini oder Giovanni Battista Colomba.

Klosterhof, 1. OG, **Wappen-Zimmer** im SO-Eck mit 1930/31 gemalten Wappen der Klöster und Stifte von Oberösterreich.

Landstraße 31, **Ursulinen-Kirche** und **Kulturzentrum Ursulinenhof** (Seite 190), Landstraße 33, **Karmeliten-Kirche** (Seite 196).

Landstraße, Blick von der Ursulinen-Kirche über die **Mozartkreuzung** bis zum Palais Kaufmännisches Vereinshaus. Rechts das **Palais Mannsdorff**:

Landstraße 32
Palais Mannsdorff

vor 1630 Bürgerhaus
1716 Kauf durch den Kaiserlichen Rat und Direktor der Landschaftsschule **Johann Joseph Freiherr von Mannsdorff. Neubau** durch **Johann Michael Prunner**.
1883–86 Aufstockung der Hoftrakte durch Architekt Ignaz Scheck.

Foto: Linz Kultur

Riesenpilaster gliedern den linken und rechten Teil der Fassade. Der **abgesetzte Mittelteil** ist als **zylindrischer Baukörper** eingeschoben.

Das **Segmentbogen-Portal** flankieren Pilaster und vorgestellte Säulen mit Komposit-Kapitellen und aufgesetzten Vasen. In den Zwickeln Reliefs von Rankenwerk. Das Fenster darüber mit seitlichen Doppel-Pilastern wiederholt den Segmentbogen.

Im Hofgebäude in der Bischofstraße ein vom Lärm geschützter Gastgarten.

Landstraße 36
ehemaliges Bruderhaus und ehemaliges **Hotel Schiff**

1563 Kauf von 3 Häusern durch den Ratsbürger Murauer zur Versorgung armer Menschen.
1699-1702 Um- bzw. Neubau.
1788–1920 Gasthof, später **Hotel Schiff**.
1836 Aufstockung von Johann Metz.
1890 **Fassaden-Gestaltung** der beiden Obergeschoße durch **Michael Lettmayr** mit Rundbögen bzw. Dreieckgiebeln über den Fenstern.
1909 **Max Ortner** schafft die **Girlanden** und **Medaillons** im 1. OG im Zopfstil.
1920 Ankauf durch die Sozialdemokraten OÖ.
1934 Ausbruch des Bürgerkriegs im Hotel Schiff.

Austrofaschismus und **Februar-Aufstand 1934**

1920 Gründung der ersten **Heimwehr**, paramilitärischer Wehrverband im Umfeld der **Christlichsozialen Partei**.

1923 Die **Sozialdemokraten** gründen als Gegengewicht den **Schutzbund**.

1930 Im **Korneuburger Eid** beschließt die Heimwehr die **Ausschaltung des Parlaments**.

1932-05 **Engelbert Dollfuß** (1892–1934) wird **Bundeskanzler**.

1933-03 **Auflösung des Parlaments** durch Dollfuß. Der Schutzbund wird verboten.

1933-05 **Aussetzung aller Wahlen** in Österreich.

1934-02-12 Das Parteiheim der Linzer Sozialdemokraten im **Hotel Schiff** soll nach Waffen durchsucht werden. **Schutzbündler wehren sich** mit Waffengewalt. Daraus entsteht der Österr. **Bürgerkrieg**.

1934-04-30 Das **Rumpfparlament** beschließt die **Übertragung aller parlamentarischen Rechte** an die **Regierung**.

1934-05-01 Neuer **Vizekanzler** wird Heimwehr-Führer Ernst R. **Starhemberg**.

1934-07-25 **Dollfuß verblutet** beim erfolglosen Putsch der Nationalsozialisten im Kanzleramt. Neuer Bundeskanzler wird **Kurt Schuschnigg** (1897–1977), seit 1932 Justizminister.

1938-03 Anschluss Österreichs an Deutschland.

Mozartkreuzung vom 2. OG der Hypo-Bank aus.

Mozartkreuzung 1911 Abbruch des Dobretsberger-Hauses zur Errichtung der Mozartstraße.

Martin-Luther-Platz 1
Evangelische Kirche Martin Luther

Johann Rueff, seit 1837 Stadtbaumeister in Linz, baut die Kirche im noblen Stil des **Spätklassizismus**. Die Baubewilligung erfolgt nur ohne Kirchenturm. Dieser wird erst 1854 bewilligt. 1927 erfolgt eine Rekonstruktion des ursprünglichen Fassaden-Dekors. Links vom Turm ein **Kriegerdenkmal** mit Relief, 1928 von **Otto Placzek**.

Die **Holzemporen** der 3-jochigen Wandpfeiler-Kirche suggerieren eine Dreischiffigkeit. Im Osten ein stark eingezogener **einjochiger Chor**. Die Apsis ist durch einen Bogen abgesetzt.

Protestanten

1517 **Martin Luther** (1483–1546) schlägt an der Schlosskirche in **Wittenberg** seine **95 Thesen** zur Reform der Christlichen Kirche an.

Bild 1529 von Lucas Cranach

1555 **Augsburger Religionsfriede**: Wer das Land regiert, dessen Glaube gilt.

1600 Kaiser **Rudolf II.** verbietet den Protestantismus in Österreich.

1618–48 **30-jähriger Krieg**: Die Protestanten behaupten ihre Stellung in Norddeutschland, in den Niederlanden und in Nordeuropa.

1811 Die **Versammlungen** der Protestanten **in Linz** im Gasthaus „Zum weißen Lamm" werden **verboten**.

1827 Der Prior der Barmherzigen Brüder erlaubt den Protestanten die Mitbenützung der Kirche.

1842–1844 Die **Martin-Luther-Kirche** wird an der Landstraße unter dem Vorsteher der evangelischen Gemeinde in Linz **Johann Konrad Vogel**, dem Zuckerbäcker, durch Architekt **Johann Rueff** gebaut.

1862 Der Turm wird gebaut.

Hochaltar als klassizistische **Säulen-Ädikula** aus 1844. **Altarbild** Segnender Christus 1844 von **Franz Xaver Bobleter**. Polygonale Kanzel ebenfalls aus 1844. Die Johannes-Lachmayr-Orgel stammt aus 1910.

Landstraße 49 / Ecke Bismarckstraße, **Palais Kaufmännischer Verein**

Erbaut 1896–98 von Architekt **Hermann Krackowizer**, Baumeister **Ignaz Scheck** und der Oö. Baugesellschaft im Auftrag des Kaufmännischen Vereins. Der **eingezogene Eckturm** mit hohem Kuppeldach betont den Repräsentations-Charakter. Stuck- und Bildhauerarbeiten stammen vom Linzer **Franz Stark**.

Treppe ins 1. OG

Das Palais Kaufmännischer Verein ist ein grandioses Beispiel des **Späthistorismus**. Die Landstraßen-Fassade betont ein **Mittelrisalit**. Die Bürgerstraße-Fassade prägen die großen **Rundbogenfenster** des Saalbaues.

1. OG, **Bildersaal** im Stil der Neorenaissance.

Bildersaal, Bilder von **George Drah** 1898, Darstellung Segen des Handels.

Bildersaal, Bild Mitte

Bildersaal, Bild rechts

1. OG, **Festsaal** im Stil der Hochrenaissance nach der Art von Andrea Sansovino (1467–1529). Mit seinen Logenreihen gleicht der Festsaal einem Theater:

Festsaal, Decke

Im Erdgeschoß das **Lokal „Josef"** mit Szenebar, Vinothek und Restaurant.

Landstraße 57

1911 gebaut von **Mauriz Balzarek** (siehe Seite 256) für den **Maler und Fotografen Karl Steinparzer**.

Ein geschwungener 2geschoßiger Giebelaufsatz krönt den **sezessionistischen Bau.** Für plastische Gliederung sorgen **4 Pylonen**. Dazwischen **Bow-Fenster**, ähnlich einem gekrümmten Erker. Die Kapitelle bilden ein Gesimsband.

Landstraße 58

Erbaut 1887 von **Michael Lettmayr**. Fassade aus 1903

von **Gustav Steinberger**, in den Obergeschoßen im **Jugendstil**. Gliederung durch Riesenlisenen. Bekrönende Attika mit schmiedeeisernem Gitteraufsatz.

Landstraße 59 und **61**

1900 von **Wilhelm Fabigan** geplant. Die Mitte betont ein Risalit mit Balkon und Doppelfenstern.

Landstraße 63
Ecke Bürgerstraße

Gebaut **1902** von Gustav Steinberger, wie die Häuser 59 und 61 im Stil des **Späthistorismus**. Turmartig erhöhter **Eckerker**. In der Bürgerstraße ein **Seitenrisalit**.

Foto: Hans Koberger

Die Häuser mit den ungeraden Nummern **71–91** liegen dem **Schillerpark gegenüber**. Deshalb liegt das Haus Nr. 74 erst nach dem Schillerpark.

Landstraße 71, 73 und 75

Erbaut **1903** für den **Bierbrauer Josef Poschacher** vom Büro Fabigan & Feichtinger im Stil des **romantischen Späthistorismus**. Dabei wird auf die deutsche Bürger- und Rathaus-Architektur der **Spätrenaissance** Bezug genommen.

Am rechten Giebel im Wappen die Initialen von Josef Poschacher.

Schillerpark

1756 Im **Siechenhaus Straßfelden** führen die **Barmherzigen Brüder** ihr erstes Spital.
1789 Die Barmherzigen Brüder übersiedeln ins ehemalige Kloster der Karmelitinnen. Das ehemalige Siechenhaus wird ein **Knaben-Erziehungsinstitut** für das Militär.
1831 **Cholera-Spital**
1852–1909 **Trainkaserne**
1912 **Abbruch** und **erste Parkgestaltung**.
1983 Neugestaltung mit einer **Brunnenanlage** von **Hans Muhr**.

Schillerpark, **Denkmal** für **Friedrich von Schiller** (1759–1805), 1959 von **Benno Steller** zum 200. Geburtstag Schillers mit einer Marmortafel von **W. Schultz**.

Friedrich von Schiller

Bild 1794 Ludovike Simanovic

1759 Geburt in **Marbach am Neckar**.
1773 Beginn des ungeliebten Jusstudiums.
1780 Abschluss als **Arzt**.
1781 **„Die Räuber"**.
1782 Schiller flieht von Stuttgart nach Mannheim. **„Die Verschwörung des Fiesco zu Genua"**.
1783 Kurze Zeit Theaterdichter in Mannheim.
1787 **„Don Karlos"**.
1789 **Geschichte-Professor** in Jena.
1790 **Hochzeit** mit **Charlotte Lengenfeld**. Schiller leidet an **Tuberkulose**.
1792 Ehrenbüger von Frankreich. „Geschichte des 30-jährigen Krieges".
1794 Beginn der Freundschaft mit **Johann Wolfgang von Goethe** (1749–1832). Umzug nach **Jena**.
1797 **Balladen** „Der Taucher", „Der Handschuh", „Der Ring des Polykrates", „Die Kraniche des Ibykus".
1798 „Die Bürgschaft".
1799 Umzug nach **Weimar**. **„Wallenstein"**
1800 **„Maria Stuart"**.
1801 **„Die Jungfrau von Orleans"**.
1802 Schiller wird geadelt.
1804 **„Wilhelm Tell"**.
1805 Tod in Weimar.

Schiller ist neben Goethe der größte Dramatiker Deutschlands.

Schillerpark, **Skulptur „Das andere Buch“**, 5 m hoch, 1993 von **Theo Blaickner**.

Landstraße 79

Erbaut 1872 von **Michael Riedl**. Bei der Umgestaltung 1963 weitgehend entstellt.

Franz Sedlacek (1891–1945 vermisst). Er gründet mit anderen 1913 die Künstlervereinigung **MAERZ**. Er wohnt damals im Haus **Landstraße 79**. Der studierte **Chemiker** und **Kustos am Technischen Museum** in Wien ist ein äußerst **produktiver Maler**. **1972** wird der seit 1945 Vermisste **für tot erklärt**. Seine **Bedeutung** für die österreichische Malerei wird **erst danach** erkannt.

Schillerplatz 2, **Landesbibliothek Oberösterreich**

1774 Die neu gegründete Bibliothek hat ihren Sitz im **Jesuitenkollegium**, gebaut 1652 in der Altstadt.

1778 Übersiedlung ins **Linzer Schloss**.

1783 Kurzfristiger Sitz der Bibliothek ist im **Bischofshof** in der Herrenstraße.

1784–1924 im **Klosterhof** in der Landstraße 30. Danach Zwischenlagerung in der **Sparkasse** an der Promenade.

1932 Übersiedlung in den **Neubau am Schillerplatz**. Planung von **Julius Smolik** und **Robert Buchner** im Stil der **Neuen Sachlichkeit**. Ausführung durch **Matthäus Schlager**.

1999 Übernahme durch das Land Oberösterreich.

2009 Subtile Erweiterung zur Raimundstraße.

Bronzereliefs am Mittelteil von **Karl Hauk** mit den **4 Fakultäten**. **Glasfenster** von **Josef Raukamp**. Im Festsaal barocke Bibliothekseinrichtung des Jesuitenkollegs.

Landstraße 89 (links)

Errichtet **1902** von **Fabigan & Feichtinger**. **1929** Aufstockung durch **Mauriz Balzarek**.

Landstraße 78

Gebaut **1909** von **Josef Ertl** im vornehmen **Jugendstil** mit eingezogenem **Polygonal-Erker**.

Landstraße 109 /Goethestraße 1

Gebaut **1893** von **Michael Lettmayr**. Erker mit Turmaufbau an der Knickstelle des Hauses. **Erweiterung 1899** um den Zubau an der Landstraße von **Josef Ertl**.

Volksgarten

Begrenzt von Landstraße, Stelzhamer-, Volksgarten-, Bahnhofstraße und Blumauer-Platz. Dort endet die Landstraße. (Siehe dazu Bahnhofsviertel Seite 273). Östlich des Volksgartens und der ehemaligen ÖBB-Direktion wird 2013 das **neue Linzer Musiktheater** eröffnet.

Fotomontage Landestheater Linz

Ursulinen-Kirche

Landstraße 31

Landstraße Nordteil zwischen Mozartkreuzung und Taubenmarkt: Im Hintergrund der **Alte Dom**, Mitte **Ursulinen-Kirche**, rechts **Karmeliten-Kirche**.

Highlights

- **Altarbilder von Martino** und **Sohn Bartolomeo Altomonte**
- **Heiligenfiguren** von **Franz Joseph Mähl**

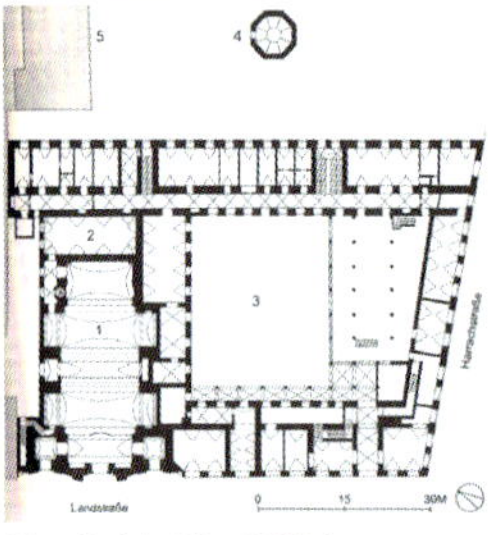

Plan Dehio Linz©BDA

1. Ursulinen-Kirche
2. Sakristei
3. Innenhof, dahinter Landes-Kulturzentrum
4. Kapelle Unserer Lieben Frau von Altötting
5. Ehemalige Schule der Ursulinen, jetzt OK (Offenes Kulturhaus OÖ)

Ehemaliges Ursulinenkloster mit Karmeliten-Kirche.

1535 **Angela Merici** gründet in **Brescia** die **Gesellschaft der hl. Ursula**.

1563 **Erzbischof Carlo Borromeo** von Mailand bewegt die Ursulinen, in eigenen Häusern zu wirken. Er überträgt ihnen die **Betreuung von Waisenmädchen**.

1679 Kaiser **Leopold I.** verfügt die Gründung eines **Ursulinen-Klosters** in Linz. Bau der ersten Kirche.

1681 Errichtung der Schule.

1692–1723 Bau des Klosters.

1736 Baubeginn der heutigen Kirche unter **Johann Haslinger** (1701–41).

1757 Kirchenweihe zu Ehren des **hl. Michael**.

1777 Einrichtung einer Mädchen-Hauptschule.

1929 Realgymnasium

1938–45 Klosteraufhebung, Verwendung als Gerichtsgebäude.

1945–68 Ursulinenkloster samt Schulbetrieb, anschließend profaniert.

1973 Die Kirche geht an die Diözese Linz.

1977 Einrichtung des **Landes-Kulturzentrums** im ehemaligen Kloster.

1985 Gemeindekirche des Akademikerverbandes der Diözese Linz.

Südlich der Kirche führt ein Durchgang in den Ursulinenhof.

Hl. Ursula von Köln

Nach der „**Legenda aurea**“ des Jacobus de Voragine (1230?–1298) soll die **bretonische Königstochter Ursula** den Aetherius heiraten, Sohn des heidnischen Königs von England. Der Prinz lässt sich taufen. Gemeinsam mit **11 000 Jungfrauen** wallfahren sie nach Rom. Bei der Rückkehr werden die Wallfahrer 383 (?) von den **Hunnen** getötet. Der Prinz der Hunnen will Ursula heiraten. Sie lehnt ab und wird von seinem Pfeil getötet.

Bild hl. Ursula, von Tobias Schinagl (?–1702), Kopie für die Stadtpfarrkirche Braunau nach Peter de Witte 1588 in St. Michael in München. Bild **Schlossmuseum Linz**.

1770–72 erfolgt die Vollendung des Kirchenbaus mit der großartigen Turmfassade. Die Front der Kirche ist leicht zurückversetzt.

Oben im Giebelfeld Figur der **Maria Immaculata**. Unten seitlich Figuren der **hll. Augustinus** und **Florian**, alle von **Ignaz Hiebel**.

Die **Portalzone** ragt leicht zur Straßenflucht vor, ein typisch barockes Merkmal.

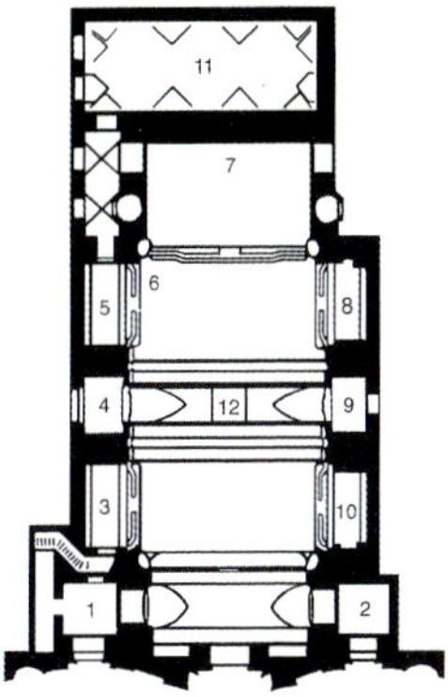

Ursulinen-Kirche
Plan aus Kirchenführer 1997

1. Annakapelle im Nordturm
2. Lourdeskapelle im Südturm
3. Augustinus-Altar
4. Placidus-Altar
5. Kreuzaltar
6. Kanzel
7. Hochaltar
8. Marien-Altar
9. Herz-Jesu-Altar
10. Ursula-Altar
11. Sakristei
12. Krypta

Nordturm, **Annakapelle** (1) mit einem Barock-Altar unter der Kuppel. **Altarbild** die **hll. Anna** und **Joachim** mit ihrer **Tochter Maria**, 1743 von **Bartolomeo Altomonte** (1694 in Warschau – 1783 in St. Florian).

Annakapelle, Aufsatzbild **hl. Franz von Paola** (1436?–1507), Gründer des Paulaner-Ordens.

Figur links, **hl. Apollonia** mit Zange und Zahn. Bei ihrem Martyrium wurden ihr die Zähne herausgebrochen.

Figur rechts, **hl. Ottilie** (oder Odilia), zuständige Heilige für Augenleiden.

Lourdeskapelle (2) im Südturm.

1858 erlebt **Bernadette Soubirous** in **Lourdes** in Südfrankreich eine **Marien-Erscheinung**. 1886 wird anstelle des Josephsbildes im barocken Altaraufbau die Lourdesgrotte gebaut.

Augustinus-Altar (3)

Der **Plan** für die **Ausstattung** der Kirche stammt von **Johann Matthias Krinner**, die **Altäre** und **Einzelfiguren** von **Franz Josef Mähl**. Den **Stuck** schuf wohl **Franz Joseph Ignaz Holzinger**.

Augustinus-Altar, **Aufsatz**, Bild **Antonius von Padua**, 1756 von **Bartolomeo Altomonte**.

Augustinus-Altar, Altarbild **hl. Augustinus**, vor 1679 von **Antonio Bellucci**. Augustinus (354–430), einer der vier Kirchenlehrer der katholischen Kirche, ist **Bischof von Hippo** (heute Annaba/Bone in Algerien). Er stirbt bei der Belagerung von Hippo durch die Vandalen unter Geiserich eines natürlichen Todes. Im Bild siegt er über die Irrlehrer.

Flankierende Statuen der hll. **Teresa von Avila** und **Monika**, Mutter Augustinus. Augustinus-Altar unten: Bild **Maria vom guten Rat**. Das Original dieses Marienbildes ist ein **Fresko in Genazzano** bei Rom. Im 18. Jh. sollen davon 70 000 Kopien in alle Welt verteilt worden sein.

Gedenktafel neben dem Augustinus-Altar für **Franz Jägerstätter**. Er wird 1943 wegen Wehrdienst-Verweigerung hingerichtet.

Placidus-Altar (4) aus 1747. Im Glassarg die Gebeine des Heiligen. Im Altaraufbau die knienden Figuren der **hll. Ambrosius** und **Karl Borromäus**, beide Bischöfe in Mailand.

Seitlich an der Wand Statuen von **Ignatius von Loyola** (1491–1556), Gründer des Jesuitenordens, und **Franz Xaver**, Jesuiten-Missionar in Indien. Die beiden Figuren stammen vom Josephsaltar in der südlichen Turmkapelle. Bei der Errichtung der Lourdesgrotte werden sie 1886 hierher versetzt. **Bild hl. Philomena** aus 1850.

Kreuzaltar (5) aus 1755.

Kreuzaltar oben, **Gottvater** und der **Heilige Geist**.

Kreuzaltar Mittelteil: Engel öffnen einen Baldachin. Darunter **Christus** am Kreuz zwischen **Maria** und dem Apostel **Johannes**.

Kreuzaltar, Figur links **hl. Petrus** mit Schlüssel.

Kreuzaltar, Figur rechts **hl. Paulus** mit Schwert.

Kreuzaltar unten, **Jesuskind** mit Leidenswerkzeugen.

Kanzel (6) aus 1740

Am **Schalldeckel 4 Putten** als allegorische Darstellung der **vier alten Erdteile** (Australien war noch nicht entdeckt) und ein kreuztragender Engel.
An der **Kanzel-Brüstung** Darstellung der **Erzengel** in drei Flachreliefs.

Hochaltar (7) aus 1741: Die Stände spenden 3 000 Gulden. Dafür muss zwischen Altarbild und Aufsatzbild das **Oö. Landeswappen** angebracht werden.

Aufsatzbild
Engelskonzert.

Hochaltar, Altarbild
Drei Erzengel, 1738–40 von **Martino Altomonte** (Martin Hohenberg, 1657 in Neapel – 1745 in Wien). Oben thront die Dreifaltigkeit, unten der **hl. Michael** mit Fahne und Flammenschwert als Sieger über **Luzifer**. Michael wird flankiert von **Gabriel** und **Raphael** mit dem **kleinen Tobias** an der Hand.

Vier Engelstatuen stehen im hölzernen Altaraufbau. Drei sind mit den Attributen der göttlichen Tugenden Glaube, Hoffnung und Liebe gekennzeichnet, der vierte mit dem des Altarsakraments.

Am Hochaltar unten sind **12 vergoldete Flachreliefs** mit Szenen der **Engel als göttliche Boten**.

Chor-Orgel, Volksaltar und die barocken Bänke im vorderen Langhausteil sind seit der Renovierung von 1985 mobil angeordnet. Dadurch ist der Kirchenraum mit seiner **herrlichen Akustik** für die **häufigen Konzerte** leicht nutzbar.

Chor, Figur rechts, **hl. Johannes** der Täufer.

Rechte Seitenwand **Marien-Altar** (8) aus 1756, konzipiert als Gegenstück zum Kreuzaltar. Das **Original** der Marienstatue befindet sich heute im **Linzer Schlossmuseum**. Die **Kopie** aus 1801 stammt wohl von **Franz Schneider**.

Die Statuen der **hll. Aloysius von Gonzaga** und **Stanislaus von Krakau** sind wie die anderen Figuren von **Franz Joseph Mähl** aus der Zeit der Kirchenerrichtung.

Herz-Jesu-Altar (9) im Durchgang zum ehemaligen Klosterhof.

Ursula-Altar (10) aus 1756. Alle 3 Bilder von **Bartolomeo Altomonte**:

Aufsatzbild **hl. Leopold**, Markgraf **Leopold III.** aus dem Geschlecht der **Babenberger** (1073/1095–1136). Er wechselt 1105 von Kaiser **Heinrich IV.** zu dessen rebellierendem Sohn. Dieser setzt als **Heinrich V.** seinen Vater gefangen. Leopold erhält **Agnes** zur Gattin, verwitwete Schwester von Heinrich V. Agnes und ihr erster Gatte Friedrich von Schwaben sind die Eltern von Kaiser **Konrad III.**, dem **ersten Staufer-Kaiser**.

Altarbild **hl. Ursula**, umgeben von Engeln mit Lanze, Pfeilen, Lilie und Märtyrerkrone. Im unteren Teil Darstellung ihrer Hinrichtung.

Ursula-Altar, Vorsatzbild **hl. Angela Merici** (1470?–1540). Sie gründet 1535 den Ursulinen-Orden.

Ursula-Altar, Figur links **hl. Apostel Simon** mit Säge:

Ursula-Altar, Figur rechts **hl. Apostel Judas Thaddäus** mit dem Antlitz Christi.

Orgelempore

1876 errichtet Franz Salesius Ehrlich aus Braunau die Orgel auf der Westempore. Das zweimanualige Werk hat 18 Register.

Orgelwand, Figur Südseite **hl. Johannes Nepomuk**.

Orgelwand, Figur Nordseite **hl. Kajetan**:

Kruzifix im Aufgang zur Orgelempore.

Langhaus-Decke, Stuck wohl von Franz Joseph Holzinger.

Sakristei (11)

Kruzifix aus 1857.

Krypta (12) unter der vorderen Hälfte des Kirchenraums.

In der Ursulinenbegräbnisstätte ein Holzschnitt-Zyklus 1992/95 von **Herbert Friedl** zur Erinnerung an die **„Mühlviertler Hasenjagd“** nach dem Ausbruch von ca. 500 Häftlingen aus dem KZ Mauthausen im Februar 1945.

Krypta, 2 barocke Tafeln.

„Höhenrausch“
Ein anlässlich „Linz 2009 Kulturhauptstadt Europas“ angelegter Besichtigungsweg, ausgehend vom OK (Offenes Kulturhaus OÖ) hinter dem Ursulinenhof.

Karmeliten-Kirche

zum hl. Josef

Landstraße 33/
Harrachstraße 2

Highlights

- **Altarbilder** von **Martino Altomonte, Johann Carl von Reslfeld** und **Carlo G. Carlone**.
- **Heiligenfiguren** von **Diego Francesco Carlone** und **Paolo d'Allio**.

1622 Die Karmeliter gründen in **Wien** ihren 1. **Konvent in Österreich**.

1671 **Franz Ernst Freiherr von Kaiserstein** stiftet nach seinem Ordenseintritt Geld zur Errichtung einer **Niederlassung in Linz**.

1674 Gründung des Karmeliten-Klosters in Linz. Bau eine **Kapelle** an der **heutigen Mozartkreuzung**. Stadt, Pfarre und die anderen Klöster protestieren dagegen vergeblich.

1690 Landeshauptmann **Franz Joseph Fürst Lamberg** legt den **Grundstein** für die **heutige Kirche**. Der Plan stammt vom **Ordensarchitekten Johann Martin Raas**. Als Vorbild verwendet er die von ihm geplante Karmeliten-Kirche in Prag Maria vom Siege.

1694 Architekt Raas stirbt. **Martin Witwer** führt den Bau unverändert weiter.

1722/23 Vollendung der **Fassade** durch **Johann Michael Prunner**, Bruder von Bürgermeister Johann Adam Pruner (mit einem „n").

1726 **Kirchenweihe** durch den **Passauer Bischof Joseph Dominikus Graf von Lamberg**.

Das **Bistum Linz** wird erst **1783** durch Kaiser **Joseph II.** gegründet.

Die **Fassade** ist in ihrem unteren Teil von rustizierten ionischen **Riesen-Pilastern** über hohen Sockeln gegliedert. Die **Mittelachse** ist **risalitartig** hervorgehoben. Der breite **Segmentbogen** schneidet die darüberliegende Attika. Ein hohes **verköpftes Gebälk** trennt die beiden Zonen. Die korinthische Pilaster-Gliederung der **Giebelzone** entspricht den Rustikal-Pilastern darunter. Seitlich **Voluten** zu den äußeren Pilastern. Den oberen Abschluss bildet ein **Dreiecksgiebel** mit seitlichen Vasen.

Fassaden-Figur links, **hl. Teresa von Ávila**.

Fassaden-Figur rechts, **hl. Johannes vom Kreuz**. Beide Figuren aus der ersten Hälfte des 18. Jh. von **Diego**

Karmeliten-Orden

ca. 1150 Die Gemeinschaft der **Brüder der allerseligsten Jungfrau Maria vom Berge Karmel** entsteht im Karmelgebirge im heutigen **Israel**. Vorbild ist das Wirken des **Propheten Elija** aus dem 9. Jh. v. Chr.

1206–14 **Albert von Vercelli** ist Patriarch von Jerusalem. Er verfasst ca. 1209 die **Regeln** für die Karmeliten.

1229 **Sultan al-Kamil** von Ägypten vereinbart mit Kaiser **Friedrich II.** den freien Zugang der Christen nach Jerusalem.

1238 Die **Karmeliten** übersiedeln nach **Europa**, nachdem die seit 1099 existierenden **Kreuzfahrer-Staaten** immer **instabiler** werden.

1247 Papst **Innozenz IV.**, Todfeind von Kaiser Friedrich II., reiht die Karmeliten unter die Bettelorden ein.

1452 Der Ordensgeneral **Johannes Soreth** gründet den weiblichen Zweig der **Karmelitinnen**.

1515–82 Leben der **hl. Teresa von Ávila**. Unter dieser Mystikerin erleben die Karmelitinnen einen großen Aufschwung.

1542–91 Leben des **hl. Johannes vom Kreuz** aus Ávila. Der Gründer der „unbeschuhten Karmeliten" wird erst nach seinem Tod anerkannt.

Francesco Carlone (1674–1750) und **Paolo d'Allio** (1655–1729):

Das **Hauptportal** auf der Landstraße von Johann Michael Prunner ist von **Pilastern** flankiert und von einem **Segmentbogen** überdacht. Über dem Sturz ein bekröntes Wappen.

Das **Innere** ist ein klar gegliederter Kirchenraum. Die **Seitenwände** unterteilen komposite **Doppel-Pilaster** mit verkröpftem Gebälk. Stuckdekor, Planung der Altäre und Stuckfiguren von **Diego Francesco Carlone** und **Paolo d'Allio**. Anfertigung der Altäre durch **Vitalis Dräxler** aus Salzburg, Balustraden von **Peter** und **Markus Anton Spaz**.

Nordwand, Anna-Altar (1) **Aufsatzbild hl. Johannes der Täufer**, von **Carlo Giovanni Carlone**. Links im Hintergrund der **Fluss Jordan**. Dort wird Jesus von Johannes getauft.

Anna-Altar, **Altarbild** 1732 von **Carlo Giovanni Carlone, Anna** lehrt ihre **Tochter Maria** das Lesen im Evangelium. **Vater Joachim** blickt zu den Engeln im Himmel.

Anna-Altar, Figur links **hl. Joachim**, Vater Marias, mit Buch und Taube.
Über Anna und Joachim wissen wir nur aus dem **apokryphen** (nicht offiziell anerkannten) **Jakobus-Evangelium**.

Anna-Altar, Figur rechts **hl. Anna**, Mutter Marias.

Auf der Altar-Mensa Figur der **hl. Thérèse von Lisieux** (1873–97), 1965 von **Albert Albertani**. Daneben Kasten-Reliquiare mit Reliquien des Märtyrers **Crescentius** aus dem 3. Jh.

Nordwand, **Albert-Altar** (2) Aufsatzbild **hl. Johanna von Valois** (1464–1505), Tochter von König **Ludwig XI.** von Frankreich, von **Martino Altomonte**:

Johanna von Valois

König **Ludwig XI.** von Frankreich (1423/61–1483) missachtet seine Tochter Johanna ob ihrer Hässlichkeit. Mit **12 Jahren** wird Johanna mit ihrem **14-jährigen Vetter Ludwig von Orléans** verheiratet. Er wird **1498** als **Ludwig XII.** König von Frankreich. Er erreicht bei **Papst Alexander VI.** aus der Familie der Borgias die Annullierung der Ehe und schiebt Johanna nach **Bourges** ab. Ludwig XII. heiratet 1499 **Anna, Erbin der Bretagne**, Witwe von Karl VIII., dem Vorgänger Ludwigs. (Hochzeit 1491, ihre „Stellvertreter-Ehe“ aus 1490 mit Maximilian I. wurde dabei nicht anerkannt).

Johanna gründet **1500** in Bourges den **Orden der französischen Annunziatinnen**. Dabei wird sie von **Franz von Paola** unterstützt. 1503 legt sie selbst das Gelübde ab und lebt unter schwersten Kasteiungen bis zu ihrem Tod 1505.

Nordwand, **Albert-Altar** (2)

Bild **hl. Albert von Trapani** bei einer Teufelsaustreibung, 1725 von **Martino Altomonte**. Auf dem Altartisch Sarg des **hl. Theodor**. Er wird enthauptet unter Kaiser **Valerian** (195?/253–260/?, verschleppt von den Sassaniden unter Schapur I.).

Nordwand,
Altar Teresa von Ávila (3)

Aufsatzbild **Angelus von Jerusalem**, ein Karmelit aus der Zeit um 1220, im Augenblick seiner Erdolchung in Sizilien, von Johann Andreas Wolf (?). Darunter das Doppelwappen Sprinzenstein-Schifer.

Teresa-Altar, Figuren der **hll. Joseph** mit Jesuskind und **Anna** mit Maria.

Bild **Tod der hl. Teresa von Ávila** (1515–1582), 1716 von **Johann Andreas Wolf**. Teresa wird von zwei Mitschwestern gestützt. Ein Engel mit Blumenkrone stößt ihr einen Pfeil ins Herz. Jesus erwartet Teresa mit einer Krone.

Tabernakel, Bild **Unsere liebe Frau mit geneigtem Haupt**, Kopie des Bildes der Karmeliten-Kirche in Wien-Döbling.

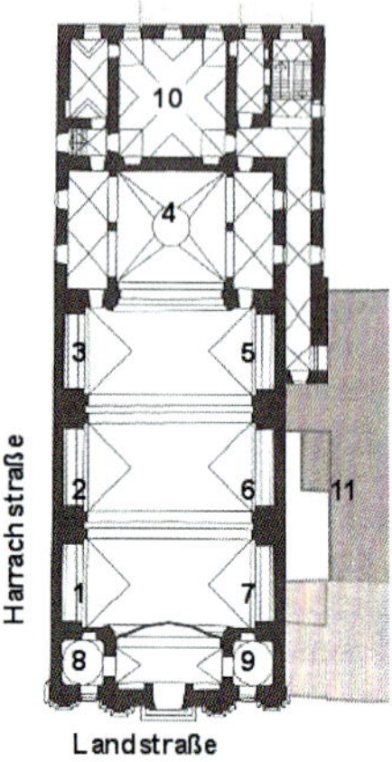

Plan Dehio Linz ©BDA
1. Altar Anna und Joachim
2. Altar Albert von Trapani
3. Altar Teresa von Ávila
4. Hochaltar
5. Altar Johannes vom Kreuz
6. Liborius-Altar
7. Skapulier-Altar
8. Turmkapelle Nord
9. Turmkapelle Süd
10. Sakristei
11. Klostertrakt

Teresa-Altar, Kapellenwand-Tür zum Presbyterium-Nebenraum.

Relief über der Tür, Frau mit verdecktem Gesicht.

Hochaltar (4), errichtet 1722–24 als monumentales barockes Säulen-Retabel mit Gebälk und geschwungenem Aufsatz über hoher Staffel. Die Tischlerarbeiten stammen von Melchior A. Hackl.

Statuen von **Andreas Faistenberger d. J.** aus 1772: Oben links **hl. Andreas Corsini** (1301–73), Karmelit und **Bischof von Fiesole**. Oben rechts **hl. Petrus Thomas** (1305–66), Karmelit und **Patriarch von Konstantinopel**. Er bemühte sich vergeblich, die Spaltung von 1054 in West- und Ostkirche aufzuheben.

Statue unten links **hl. Dionysius**. Er stirbt 268 als erster **Bischof von Rom** eines natürlichen Todes. Unten rechts **hl. Telesphorus**, achter **Bischof von Rom**, Martyrium um 136.

Hochaltar, **Aufsatzbild** von **Martino Altomonte**, Landschaft mit Palme und Psalm-Zitat 92,13: „Der Gerechte gedeiht wie die Palme“, Hinweis auf den Kirchenpatron, den hl. Josef.

Hochaltar-Bild **Hl. Familie**, 1724 von **Martino Altomonte**. Josef blickt mit Jesus auf Gottvater. Beide werden vom Lichtstrahl Gottes getroffen. Maria blickt auf ihren Sohn Jesus.

Südwand, **Johannes-vom-Kreuz-Altar** (5): Aufsatzbild **hl. Athanasius der Perser**, ermordet 628. Bild von **Johann Degler**.

Altarbild **hl. Johannes vom Kreuz** (1542–91), 1711 von **Johann Degler**. Johannes kniet vor einem Gemälde mit dem kreuztragenden Jesus.

Johannes-vom-Kreuz-Altar, Figur rechts, **hl. Elischa**, Nachfolger von Elija.

Johannes-vom-Kreuz-Altar, Figur links, **Prophet Elija** mit Flammen-Schwert. Er wirkt im 9. Jh. v. Chr. im Nordreich Israel. Sein Wirken ist Vorbild für die

Mönchsgemeinschaft auf dem Berge Karmel im 12. Jh.

Johannes-vom-Kreuz-Altar (5), Tabernakel mit **Prager Jesulein**, Nachbildung nach dem Original in der Prager Karmeliten-Kirche.

Südwand, **Kanzel** aus 1714.

Schnitzarbeiten 1867 von **Joseph Greil**. Den Kanzelkorb „tragen" kleine Putten. In ihren Händen halten sie die **Attribute der vier Kirchenlehrer**: Am Foto links die Tiara von Papst Gregor d. G., rechts der Kardinalshut von Hieronymus, den dieser ablehnte.

Kanzel-Korb, **hl. Teresa von Ávila**, an den Kanten **Evangelisten-Symbole**: Stier (Lukas), Adler (Johannes), Löwe (Markus) und Engel (Matthäus).

Kanzel-Dach mit **Christus als guter Hirte**. Engel halten **Lanze** und **Kreuz** sowie eine **Tafel** mit den Ziffern eins bis zehn. Dies weist darauf hin, dass von hier die **zehn Gebote** Gottes gepredigt werden. Darunter zwei Engel mit dem **Buch mit den 7 Siegeln**.

Südwand, **Liborius-Altar** (6) Aufsatzbild **hl. Johannes Nepomuk**.

Jan ne Pomuk (Hans aus der Stadt Pomuk) gibt das Beichtgeheimnis der Königin Sophie nicht preis. Jan wird 1393 im Auftrag von **König Wenzel IV. von Böhmen** mit einem Mühlstein um den Hals in die Moldau geworfen.

Liborius-Altar, Bild **hl. Liborius**, Bischof von Le Mans im 4./5. Jh., 1713 von **Johann Carl von Reslfeld**.

Glasschrein auf der Altarmensa mit den Gebeinen des **hl. Felix** und einer Reliquie seiner Frau, der **hl. Blanda**. Beide werden 222 unter Kaiser **Severus Alexander** in Rom enthauptet.

Südwand, **Skapulier-Altar** (7, Seite 201), Aufsatzbild Die stigmatisierte **Maria Magdalena von Pazzi** (1566–1607) küsst ein Kreuz. Die Mystikerin lebte im Karmelitinnen-Kloster in Florenz.

Altarbild **Maria überreicht Simon Stock das Karmel-Skapulier**, 1713 von **Johann Carl von Reslfeld**. Stock (1165?–1265) war Generalprior der Karmeliter. Auf der Altarmensa eine barocke **Kreuzigungsgruppe** mit Maria, Maria Magdalena und Johannes d. Ev.

Figur links **Telesphorus**, aus Griechenland stammender Bischof von Rom zur Zeit von **Kaiser Hadrian** (76/117–136/138).
Figur rechts **hl. Dionysius**, Bischof von Rom (?–268).
Siricius, Bischof von Rom 384–399, führt **erstmals** den Titel „**Papst**".
Beide Statuen sind Meisterwerke von **Diego Francesco Carlone**.

Eingang zum ehemaligen Karmeliter-Kloster (10) im Haus **Landstraße 33**. Über dem Portal das **Ordenswappen**.

Ansicht Karmeliten-Kirche von der Harrachstraße aus. Der kleine Turm ersetzt die „fehlenden“ Türme an der Westfassade.

Westempore mit Orgel aus 1969. Das Orgelgehäuse stammt aus der Dominikaner-Kirche in Steyr.

Im **Nordturm** Beichtkapelle (8) mit **Altarbild Schmerzhafte Muttergottes** von **Josef Adolf Stanzl**, Schüler von Martino Altomonte. Darüber Statue Gottvater mit Heiligem Geist. Statuen der **hll. Nikolaus** und **Nepomuk** aus der Werkstatt von **Johann Baptist Spaz**. Grabmal der 1707 verstorbenen Anna Sidonia von Frommenhausen, Gattin von Johann Thomas von Gartnern.

Im **Südturm** Nepomuk-Beichtkapelle (9) mit seiner Mittelfigur. Seitlich Engel mit bemalten Schilden. Auszugsbild hl. Judas Thaddäus.

Krypta, geweiht 1726, ursprünglich mit Gräbern der **Stifter Adam Sprinzenstein, Jean Philip dem Rem** und der **Familie Weissenstein**. Im 2. Weltkrieg verkommt die Krypta zum Luftschutzraum.
Ab 2000 erfolgt eine umfassende Renovierung. Die Gebeine der Stifter werden in der angrenzenden **Gruft** der Karmeliten beigesetzt. Die Krypta wird seitdem für kulturelle Veranstaltungen verwendet.

Westlich der Landstraße

Highlights

- **Spittelwiese**
- **Herrenstraße**
- **Kirche der Barmherzigen Schwestern**
- **Neuer Dom** Seite 212
- **Kirche der Barmherzigen Brüder** Seite 243
- **Kapuzinerkirche** S. 247

Spittelwiese

Von Landstraße 22 nach Westen zur Herrenstraße.

Spriralfluss Trinkbrunnen

Geschaffen **1993** zum 100-Jahre-Jubiläum der Linzer Wasserversorgung (heute Linz AG) von **Friedensreich Hundertwasser** (1928–2000, Friedrich Stowasser: Das russische Wort CTO, sprich „Sto“, bedeutet Hundert). Ein weiterer Brunnen Hundertwassers mit diesem sperrigen Namen befindet sich in Tel Aviv in Israel. Finger und Handfläche sind aus unterschiedlichen Steinsorten geformt. Die Hemdmanschette besteht aus unterschiedlichen Keramik-Fliesen.

Spittelwiese 8
ehem. Stifter-Schule

Ein Neubau für die Knaben-**Volks- und Bürgerschule** ersetzt **1871** das bürgerliche Wohnhaus von 1710 von Michael Lettmayr. Die neuen Schulgesetze erfordern den Bau neuer Schulen. Heute ist hier einer der Eingänge zur **Einkaufspassage Arkade**.

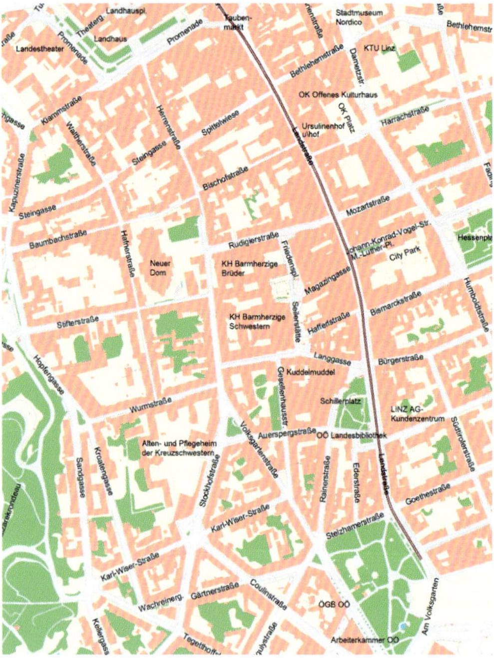

Schulgesetze

1867 **Staats-Grundgesetz**: u. a. „Die Wissenschaft und ihre Lehre ist frei.“

1868 **Schulgesetz**: „Die oberste Leitung über das gesamte Unterrichts- und Erziehungswesen steht dem Staat zu …“ **Bischof Rudigier** von Linz stellt sich an die **Spitze des Widerstandes** gegen die Entmachtung der Kirche im Schulwesen. Er wird sogar zu einer **14-tägigen Kerkerhaft** verurteilt, vom Kaiser jedoch sofort begnadigt.

1869 **Reichsvolksschulgesetz**: Erhöhung der Schulpflicht von 6 auf 8 Jahre: 5 Klassen Volksschule und 3 Klassen Bürgerschule. Nur mehr bei Privatschulen kann eine bestimmte Religionszugehörigkeit verlangt werden.

Die historistische Fassade und das Stiegenhaus sind noch erhalten.

Spittelwiese 14/
Herrenstraße 15
Akademisches Gymnasium

Karl Stattler errichtet **1870–1872** den mächtigen Schulbau im Stil des strengen **Historismus**. Dem Bau müssen zwei alte Häuser an der Spittelwiese und das **Schlierbacher Stiftshaus** an der Ecke Herrenstraße-Spittelwiese weichen.

Die **Hauptfassade** in der **Spittelwiese** gliedert ein breiter überhöhter Mittelvorsprung (**Risalit**). Die hohen Rundbogenöffnungen des Erdgeschoßes sind von Akanthusschmuck bekrönt.

Akademisches Gymnasium, Spittelwiese 14

1542 Die **Schallenberger** richten in ihrer Burg in **Luftenberg** östlich von Linz für den protestantischen Adel eine Schule ein. Namhafte Lehrer werden u. a. aus Wittenberg geholt.

1545 Die Landschaftsschule übersiedelt nach **Enns**.

1574 Die **Schule** wird von **Enns** ins Linzer **Landhaus** verlegt.

1612–26 **Johannes Kepler** unterrichtet in der Landschaftsschule Mathematik.

1629 Die **Jesuiten** übernehmen die Schule und vereinigen sie mit ihrem Gymnasium in der **Domgasse 12**.

1669 Übersiedelung in das neue Jesuiten-Kolleg in der **Domgasse 1**. Aufnahme des Lehrbetriebs für **Philosophie**, **Jurisprudenz** und **Theologie**. Kaiser **Leopold I.** (1640/58–1706) spendet Geld für die Ausstattung.

1773 **Papst Clemens XIV. löst den Jesuitenorden** auf. Das Gymnasium übersiedelt in das Haus **Pfarrplatz 17**. Danach eine Odyssee über mehrere Standorte.

1870–72 **Neubau** des Schulgebäudes in der **Spittelwiese 14** nach einem Plan von **Karl Stattler**. Hier findet das **Akademische Gymnasium** seine heutige Bleibe.

Breite Gurtgesimse mit klassischen Dekormotiven (Triglyphen, laufender Hund, Eierstabfries) trennen das Obergeschoß vom Erdgeschoß.

Toskanische Säulen flankieren das **Mittelportal**. In den Zwickeln über dem Rundbogen-Portal **Reliefs mit Genien.** Die original erhaltenen **Portalflügel** gliedern historistische Felderteilungen u. a. mit Löwenköpfen. Die **Gurtgesimse** über dem Portal sind zu einem **kleinen Balkon** geformt. Die Randachsen sind jeweils leicht vorgezogen.

Schüler im Akademischen Gymnasium waren u. a. der Operetten-Komponist **Nico Dostal**, der Physiker **Ludwig Boltzmann**, Alt-Landeshauptmann **Josef Ratzenböck** und der Regisseur **Stefan Ruzowitzky**. Für „Die Fälscher" erhält er 2008 den Oscar als bester ausländischer Film.

Spittelwiese 15/ Herrenstraße 17

1700 Kauf des Hauses durch Johann Siegmund **Graf Kazianer**, Errichtung eines Stadtpalastes.

1736 Kauf von Aloys Raimund **Graf Harrach**.

1810 Besitzer ist **Fürst Lamberg**.

1837 Umbau durch Architekt **Franz Höbarth**.

1845 Bürgerlicher Besitz.

1864 Aufstockung und Gestaltung der **Fassade** durch **Anton Schrittwieser**.

Enrica v. Handel-Mazetti

1871 Bei der Geburt in **Wien** ist ihr Vater bereits verstorben.

1881 Bürger- und Klosterschule in **St. Pölten**. **Studium** Geschichte und Sprachwissenschaften in **Wien**. Erste Gedichte erscheinen.

1901 Übersiedlung mit Mutter zum Onkel nach **Steyr**.

1911 Der **Onkel** wird **Landesgerichtspräsident**. Enrica folgt ihm nach Linz.

1930 Die **Handel-Mazetti-Straße** in Bahnhofsnähe in Linz wird nach ihr benannt.

1931 Handel-Mazetti-Promenade in Steyr, Handel-Mazetti-Gasse in Wien 22 im Jahr 1981.

1934 Mit anderen nationalen, völkischen und katholischen Autoren tritt sie aus dem PEN-Club aus.

1938–45 Das Reichspropagandaministerium verbietet Artikel über Handel-Mazetti.

1955 Sie stirbt in ihrer Wohnung in der **Spittelwiese 15**.

Ihre **historischen Romane**, die vor allem die **Glaubenskämpfe** zwischen Katholiken und Protestanten beschreiben, sind heute in Vergessenheit geraten.

Bischofstraße

Von Landstraße Nr. 30 (Klosterhof) Richtung Westen zur Herrenstraße.

Blick von der Bischofstraße nach Osten zur Ursulinen-Kirche in der Landstraße.

Bischofstraße 1
Palais Mannsdorff
(siehe auch Landstraße 32).

1914–33 wohnt hier **Adolf Eichmann**, Vollstrecker der „Endlösung" an den Juden unter den Nationalsozialisten, einer der größten Verbrecher aller Zeiten.

Bischofstraße 11
Linzer Kunsthof

Die „dörfliche Struktur" zeigt sich in der Bischofstraße am besten in den reizenden **Innenhöfen**. Das Haus Nr. 11 ist u. a. Heimat der **glas.galerie.linz**.

Adolf Eichmann

1906 Geburt in **Solingen**.
1914 Die Familie übersiedelt nach **Linz**.
1927 Eichmann tritt der **Frontkämpfervereinigung Deutsch-Österreich** bei.
1932 Er wird Mitglied der **NSDAP** Österreichs, angeregt durch **Ernst Kaltenbrunner**, seinen späteren Chef.
1933 Eichmann emigriert nach **Deutschland**. Militärische Ausbildung bei der **SS**.
1935 Leiter im **Judenreferat**, dabei zuständig für deren Auswanderung (Vertreibung).
1938 Nach dem **Anschluss Österreichs** Leiter der jüdischen Auswanderung in Wien.
1941 **Leiter der Deportation der Juden** in die KZs. Damit wird er (mit-)verantwortlich für die **Ermordung** von rund **6 Millionen Juden** durch die Nationalsozialisten.
1945 Mit Hilfe alter Seilschaften taucht Eichmann in normalen Berufen in Deutschland unter.
1950 Eichmann flüchtet mit Hilfe von Bischof Alois Hudal (Vatikan) nach **Argentinien**. Seine Familie folgt ihm bald.
1960 Der Geheimdienst **Mossad entführt Eichmann** von Buenos Aires nach Israel.
1961 Eichmann wird zum Tode verurteilt und **1962 hingerichtet**.

Das Haus Bischofstraße 11 ist ein stattlicher Vierflügelbau um einen fast quadratischen Innenhof. Die Fassade gliedern geschweifte Fensterüberdachungen.

Herrenstraße

Vom Landhaus an der Promenade Richtung Süden.

Ab 1632 Ansiedlung von Adelshäusern. 1742 brennt der Südteil beim Beschuss durch die Bayern ab. Zahlreiche Neubauten im 19. Jh. Seit 1982 teilweise Fußgängerzone.

Herrenstraße 2
/Promenade 21
Schutzengel-Apotheke

1626 Im Bauernkrieg brennt das Haus ab. Anschließend Neubau.
1695 Besitzer wird **Johann Ehrenreich Graf Sprinzenstein**.
1769 Das Haus geht an die **Grafen Thurn und Taxis-Valsassina** zu Neuhaus.
ca. 1850 Aufstockung und neue Fassade.

Gruppe **Maria Immaculata** an der Ecke aus der Zeit der Hauserrichtung im **17. Jh. Hans Schmidinger**, geb. 1918, ergänzt die Gruppe durch die **beiden Engel**.

Herrenstraße 5
ehem. Gleinker Stiftshaus

1595 Erste urkundliche Erwähnung.
1626 Neubau nach dem Brand im Bauernkrieg.
1689 **Stift Gleink** bei Steyr wird Besitzer. Vereinigung mit dem Nachbarhaus.
1719–20 **Johann Michael Prunner** renoviert das Haus. Dabei wird von ihm (?) die Fassade gestaltet.

1784 **Stift Gleink** wird unter Kaiser Joseph II. – neben vielen anderen – **aufgelassen**. Das Stiftshaus in der Herrenstraße wird in ein Erziehungsheim für die Steinschen Regimentskinder umgewandelt. Später kommt es in Privatbesitz.

Über der **schulterbogigen Einfahrt** eine für Architekt **Prunner typische Fenster-Einfassung** durch Pilaster und Bogen-Verdachung. Fenster der Obergeschoße mit geschwungener Verdachung, üppigem Stuckdekor und plastischem Parapet.

Herrenstraße 7
ehem. Mondseer Stiftshaus

Ebenfalls Neubau 1626 nach dem Brand im Bauernkrieg. Das **Stift Mondsee** erwirbt **1729** das Haus. Es wird durch Antonio Salla nach Plänen von **Markus Anton Spaz** umgestaltet.

Richard Tauber

1891 Geburt in Linz als **unehelicher Sohn** der Soubrette Elisabeth Denemy. Vater ist der Schauspieler Anton Richard Tauber. Richard wächst bei **Pflegeeltern in Linz** auf.
1913 Übersiedlung **zum Vater nach Wiesbaden** und Adoption. Debüt als **Tamino** in der Zauberflöte in Chemnitz.
1922 Tauber übersiedelt fix nach **Wien**. Er begeistert als Mozart-Interpret. Sein Freund **Franz Lehar** (1870–1948) schreibt einige Rollen extra für Tauber.
1929 Mit dem Lied **„Dein ist mein ganzes Herz“** aus der Lehar-Operette **„Das Land des Lächelns“** wird Tauber weltberühmt.
1934 Uraufführung seiner Operette „Der singende Traum“ mit dem Lied **„Du bist die Welt für mich“**.
1938 Tauber emigriert von Wien nach **London**.
1947 Er **stirbt in London**. Trotz immenser Einnahmen hinterlässt er große Schulden. Mit mehreren Frauen konnte er keine dauerhafte Beziehung aufbauen.

Die schöne **Barock-Fassade** wird 1860 von Karl Höbarth leicht verändert. Als einziges Haus in der Herrenstraße besitzt dieses Haus einen **intakten Arkadenhof**.

Foto: Linz Kultur

Herrenstraße 9
Hotel „Schwarzer Bär“

Aus ursprünglich drei Häusern errichtet Stadtbaumeister Oskar Lenk einen Neubau. 2009 erfolgt eine Vergrößerung. **Richard-Tauber-Gedenktafel** an der Fassade.

Herrenstraße 12
/Steingasse 2

1644 erwähnt als Freyhaus an der Welsergasse. **1898** Errichtung des heutigen Hauses im Stil des **Späthistorismus**. Auftraggeber ist die Landes-Brand- und Assecuranz- und Landes-Hypotheken-Anstalt. Bei der **Aufstockung 1950** verschwindet die markante Eckkuppel. Dabei werden auch die nicht ganz passenden Fenster eingebaut.

Stele vor Herrenstraße 12.

In der hohen Portalzone im gesprengten Segmentgiebel das Wappen von Oberösterreich. Fassaden-Gliederung durch Seiten- und Eckrisalit.

Hermann-Bahr-Gedenktafel mit Pegasus am Haus Herrenstraße 12, obwohl der Dichter im Haus Nr. 18 geboren wurde. Die Tafel fertigt **Walter Ritter** 1953.

Hermann Bahr

1863 Geburt in Linz.
1873–81 Akademisches Gymnasium in Linz und das der Benediktiner in Salzburg.
1881 Jus-Studium in Wien. Anhänger von **Georg von Schönerer**, Führer der Deutschnationalen. Später Annäherung an die Sozialdemokraten.
1883–87 Studium der Ökonomie, Philosophie und Geschichte in **Berlin** ohne Abschluss.
1889 „Zur Kritik der Moderne" und erste Romane erscheinen.
1890–1913 Bahr wird als **Journalist und Theaterredakteur** zum Fixpunkt der literarischen Szene von **Wien**. **Feindschaft** mit **Karl Kraus**.
1909 Scheidung von Rosa Jockl. Hochzeit mit **Anna von Mildenburg**, führende Wagner-Sängerin.
1912 Übersiedlung nach **Salzburg**. Konvertierung zum **Katholizismus**.
1922 Übersiedlung nach München.
1934 Tod in München.

Von seinen 40 Stücken werden heute nur mehr „Der Meister" und „Das Konzert" gespielt.

Herrenstraße 14

Das ehemalige **Freihaus des Stiftes Spital am Pyhrn** wird 1640 erbaut. Die Aufstockung und Errichtung der neuen Fassade erfolgt 1855/56 durch Johann Metz.

Herrenstraße 17
Akademisches Gymnasium (siehe Seite 202).

Herrenstraße 19
Bischofspalast

1660 Das Grundstück wird als Garten des Stadtschreibers Johann Sumatinger erstmals urkundlich erwähnt.
1700 Der **Pfleger von Losensteinleiten**, Franz Michael Greiner, erbaut hier ein Haus.
1719 Abt Alexander Strasser erwirbt das Haus für **Stift Kremsmünster**. **Jakob Prandtauer**, seit 1712 für Stift Kremsmünster tätig, liefert die Pläne für den Neubau.
1722–26 **Neubau** unter der Leitung von **Franz Michael Pruckmayr**.
1742 Das Haus wird von französischen und bayrischen Truppen besetzt und erleidet großen Schaden.
1765 Landeshauptmann Christoph Wilhelm Graf von Thürheim pachtet das Haus.
1784 Kaiser **Joseph II.** bestimmt das Haus zum **Bischofssitz**, nachdem von ihm (!) das **neue Bistum Linz** geschaffen wurde.
1883 Das **Bistum Linz** unter Bischof Franz Josef Rudigier **kauft den Bischofshof** vom Stift Kremsmünster.

Der Bischofspalast ist eine geschlossene **Vierflügel-Anlage** mit Innenhof.

Die 9-achsige Hauptfront in der Herrenstraße betont ein **3-achsiger Risalit** (Mittelvorsprung).

Das **Korbbogen-Portal** flankieren über Eck gestellte Pilaster mit toskanischen Kapitellen. Darüber ein geschweifter Giebel. Im **Giebelfeld** eine rankengeschmückte **Kartusche** mit dem **Wappen des Bistums Linz**. Obenauf Kreuz und Bischofshut.

Das dem Hauptportal entsprechende **Garten-Portal** zeigt das **Wappen** vom **Stift Kremsmünster**.

Bischofspalast, Portal, **Evangelisten-Symbole**.

Die **Bronzetore** fertigt **Peter Dimmel 1967**:

Bischofspalast, **Eingangshalle**, links Figur der **Hoffnung** (Spes).

Eingangshalle rechts, Figurengruppe der **Liebe** (Caritas):

Eingangshalle, Figur **hl. Florian**.

Im **Treppenhaus** die Figuren von **Ceres** mit Ähren und **Flora** mit Blumen. Das Gittertor aus 1727 stammt von Valentin Hofmann.

Bischofspalast Innenhof.

Domenico Antonio Carlone fertigt den **Deckenstuck** folgender Räume: Abtzimmer, Vorzimmer, Saal, Tafelzimmer und Kapelle. Die wertvolle **Kunstsammlung** enthält u. a. ein großes **Bild der Donauschule** (erstes Drittel des 16. Jh. in Bayern und im nördlichen Österreich) und einen **kreuztragenden Christus** aus dem Umkreis von **Mantegna** (1431–1506).

Herrenstraße 22
Konditorei Jindrak

Das Haus mit historistischer Fassade errichtet **1863 Johann Rueff**. Das „Kunstcafe“ Jindrak ist wie eine moderne Galerie eingerichtet.

Hauptattraktion im Angebot ist die **Linzer Torte** (siehe Johann K. Vogel Seite 82).

Foto: Konditorei Jindrak

Herrenstraße 22
Gedenktafel für **Dr. Anton Matosch** (1851–1918), Heimatdichter, Bibliothekar und Stifter-Forscher, geboren in diesem Haus. Tafel 1928 von **Wagner von der Mühl**.

Herrenstraße 26
Dompfarrhof

1714 Der Landschreiber **Johann Eberhard von Zeppenfeld** erwirbt ein **Faßzieher-Häusl**. Er lässt von **Johann Michael Prunner** den heutigen Bau errichten.

1747 **Maria Franziska Gräfin von Starhemberg** erwirbt das Haus.

1773–87 Besitzer ist **Stift Garsten**. Danach mehrere Besitzerwechsel.

1858 Der **Dombau-Verein** kauft das Haus.

1922 Gründung der Dompfarrei. Das Haus wird **Dompfarrhof**.

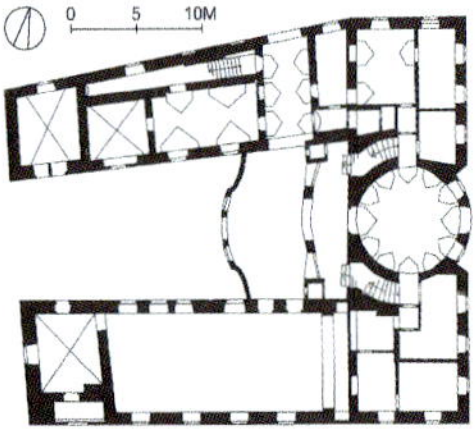

Plan Dehio Linz ©BDA

Der 2-geschoßige Barockpalast hat einen U-förmigen Grundriss. Der runde Mittelteil unterbricht die Fassade in der Herrenstraße.

Über dem Portal ein **Relief Christuskind** im Cherubin-Wolkenkranz.

Neuer Dom
(siehe Seite 212).

Rudigierstraße 6
Zwischen Herrenstraße und Mozartkreuzung.
Handelsakademie

Nach Plänen von **Gustav Steinberger** wird **1900** die ehemalige **Handels- und Eisenbahnfachschule** errichtet. Bei der **Aufstockung 1958** geht die ursprüngliche Attika mit einer Merkur-Statue von Franz Stark verloren.

Herrenstraße 33
Kirche der Barmherzigen Brüder (siehe Seite 243).

Herrenstraße 37
Kloster und Kirche der **Barmherzigen Schwestern**

1633 **Vinzenz von Paul** und **Louise von Marillac** gründen in **Paris** den **Orden der Barmherzigen Schwestern** zur Pflege der Kranken und Armen.

1841 Die ersten Schwestern kommen von Wien nach Linz. **Bau von Kloster und Spital** wohl nach den Plänen von Johann Metz, einem Architekt des Erzherzogs Maximilian d'Este.

1911–13 **Neubau** als **Kreuzkuppelkirche** nach Plänen von **Matthäus Schlager** im Stil des Späthistorismus.

1920–35 Errichtung eines neuen Spitalstraktes.
1936/37 **Friedrich Gangl** erneuert den Krankenhaus-Altbau. **Bruno Zach** fertigt die Figur von Vinzenz von Paul am Mittelteil.
2002–06 Spitalsausbau und Verbindung mit dem Krankenhaus der Barmherzigen Brüder.

An der Hofseite eine überlebensgroße frühbarocke Figur **Madonna mit Kind** aus Marmor, um 1660.

Die Kirche hat den **Grundriss** eines **lateinischen Kreuzes**. Darüber erhebt sich eine runde Kuppel. Wandpfeiler über hohem Sockel gliedern die Innenfassade. Dazwischen liegen Blendfelder. Am Langhaus Rundbogen-Fenster in zwei Geschoßen.

Eine halbkreisförmige Apside schließt den Chor ab. **Apsis-Gemälde Maria in der Mandorla**, flankiert von den hll. Joseph und Vinzenz von Paul, 1925–27 vom Tiroler **Franz Xaver Fuchs**. Den **Tabernakel** flankieren Ordensheilige.

Kuppel-Malerei ebenfalls von Franz Xaver Fuchs.

In **vier Segmenten** wird das **Ordensleben** gezeigt.

Berufung der Novizinnen, Anbetung des Ordensheiligen, Krankenbetreuung und Unterricht für Kinder und Frauen.

Bild **Christus im Hause Simon**, 1760 von Johann Martin Schmidt, genannt **Kremser Schmidt**. Maria Magdalena gießt Jesus Öl aufs Haupt.

Zwickel-Bilder: Almosen-Spende, Der arme Lazarus, Der Barmherzige Samariter und **Moses und Aaron**:

Zweites Schmidt-Bild im **Kloster**: Maria Magdalena küsst die Füße Jesu.

Im Kloster sind weitere Bilder u. a. vom Nazarener August Palme aus der ersten Kapelle von 1841.

Friedensplatz

Vor den Eingängen der Krankenhäuser der Barmherzigen Schwestern und Brüder.

Brunnen der Menschenrechte, aufgestellt **1990** von der Stadt Linz aus Anlass **500 Jahre Landeshauptstadt**. **1490** erhebt der vom Ungarnkönig Matthias Corvinus **aus Wien vertriebene Kaiser Friedrich III.** seinen Wohnort Linz zur Hauptstadt von Österreich ob der Enns.

Das Wiener Arbeitstrio **Peter Paszkiewicz**, **Günter Miklenic** und **Kurt Weckel** schafft ein begehbares hausartiges 2,8 m hohes Objekt. Die **Diagonale** bildet ein **Wasservorhang** mit 462 Tropfdüsen. Drei Wände sind durchbrochen. Die vierte Wand trägt auf **sieben Tafeln** den vollständigen Text der Menschenrechte. Die Tafeln sind in Aluminiumguss aus Silomin. Die Aufbringung der Schrift erfolgte über ein spezielles Computer-Verfahren.

Der Brunnen verbindet ideal die Krankenhaus-Vorplätze hin zur Landstraße.

Auerspergplatz

Ende Herrenstraße, Beginn Volksgarten- und Stockhof-Straße.

Er ist benannt nach dem deutschen **Adelsgeschlecht aus Krain**. Es wird 1652 von **Kaiser Ferdinand III.** mit der **Herrschaft Wels belehnt**.

Friedens-Obelisk, aufgestellt 1650 nach dem 30-jährigen Krieg (1618–48) und der überstandenen

Allgemeine Erklärung der Menschenrechte, verkündet von der **UNO 1948** in Paris.

Vollständiger Text auf dem Brunnen der Menschenrechte in Linz mit **30 Artikeln**, u. a.:
Artikel 21/1 „Jeder Mensch hat das Recht auf Bildung. ...“
Artikel 23/3 „Jeder Mensch, der arbeitet, hat das Recht auf angemessene und befriedigende Entlohnung. ...“

Pest-Epidemie von 1649. Der Friedens-Obelisk ruht auf vier Kugeln. Den Abschluss bildet das **einzige Doppelkreuz von Linz**. Ursprünglich steht das Denkmal auf der Landstraße an der Grenze des Burgfrieds. 1850 erfolgen eine Renovierung und die Verlagerung an den heutigen Standort. Sockel-Inschrift.

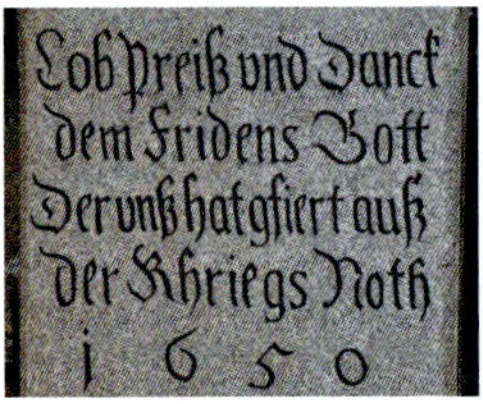

Stockhofstraße 10
Kreuzschwestern-Schule

Dieses Hauptwerk der Moderne in Linz plant **Clemens Holzmeister**. **1926–29** erfolgt der Bau durch Leopold Lang.

Den Schulbau akzentuiert ein **kreuzförmig angelegter Mittelteil**. 1932 wird davor ein **niedriger Festsaal-Bau** mit **Fächer-Decke** errichtet.

3-läufiges **Stiegenhaus** mit doppelten hölzernen Handläufen, vor den Pfeilern zeichenhaft überkreuzt.

Im Garten eine **Johannes-Nepomuk-Statue** aus 1728.

Klosterkirche hl. Kreuz und hl. Fidelis von Sigmaringen: Erbaut 1959/60 mit dreigeteiltem Betonportal mit **Bronzetüren** in der **Wurmstraße**. Reliefs zum Leben des **hl. Franziskus** 1977 von **Peter Dimmel**.

Volksgartenstraße 2/
Auerspergplatz

Erbaut 1842 von **Johann Metz**. Errichtung einer neuen Fassade im neomanieristischen Stil und Ausbau des **Giebelgeschoßes** zum Auerspergplatz 1906 durch **Josef Ertl**.

Wappen-Kartusche im gesprengten Giebel.

Volksgartenstraße 9/
Auerspergstraße 15

1902 errichtet die Oberösterreichische Baugesellschaft das prachtvolle Mietpalais. Die Fassade gliedern ein überkuppelter Eckerker, ein weiterer Erker hin zur Auerspergstraße und zwei Balkone mit herrlichen Gitterwerken. Die Fenster sind üppig umrahmt.

Der einstige Park fiel Neubauten zum Opfer.

Volksgartenstraße 28/
Ecke Gärtnerstraße

1885–89 errichtet von **Michael Lettmayr**. Fassade im Stil des Übergangs vom strengen zum späten **Historismus** mit Neorenaissance-Formen. Am **stumpfen Eck** zur Gärtnerstraße im 1. OG antikisierende mythologische Figuren, vermutlich **Merkur** mit Flügelhelm und **Vulkan**.

Langgasse 13/
Gesellenhausstraße 1–5
Kolpinghaus

Der 4- bis 7-geschoßige Bau wird **1930** von Architekt **Hans Steineder** und Baumeister **Friedrich Gangl** im **Stil der Neuen Sachlichkeit** errichtet. Er besteht aus mehreren Kuben mit einer für Steineder typischen Ecklösung. Die einzelnen Bauteile verbinden zum Teil Balkonbrüstungen.

In der Zeit der Nationalsozialisten in Linz **1938–45** dient das Haus als **Sitz** der Geheimen Staatspolizei (**Gestapo**).

Heute hat das **Kinder-Kulturzentrum Kuddelmuddel** samt Kindertheater im ehemaligen Kinobereich seinen Sitz. Im Trakt an der Gesellenhausstraße befindet sich das **Kolping-Hotel**.

Neuer Dom
Maria Empfängnis

www.mariendom.at
Herrenstraße, westlich der Mozartkreuzung

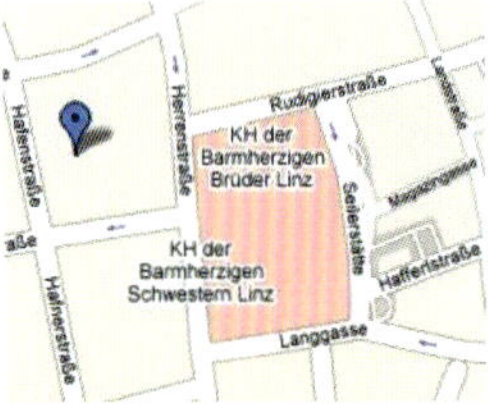

Highlights
- **Votivkapelle** (D, Seite 236)
- **Fenster** mit ständigem Bezug zur Geschichte von (Ober-)Österreich, insbesondere
- **Nr. 12 Linzer-Fenster**
- **Nr. 31 Kaiser-Fenster**

1783 **Kaiser Joseph II.** (1741/1764–1790) schafft eigenmächtig die **Bistümer Linz** und **St. Pölten**, losgelöst von den Diözesen Passau und Salzburg. Damit gleicht Joseph die Diözesangrenzen den Landesgrenzen an.

1785-01-28 **Papst Pius VI.** unterschreibt die Errichtungsurkunde für das Bistum Linz.

1852-12-19 **Kaiser Franz Joseph** (1830/1848–1916) ernennt seinen früheren Lehrer **Franz Joseph Rudigier** zum **Bischof von Linz**.

Bischof Franz Joseph Rudigier (1811–1884)

1854-12-08: Papst **Pius IX.** (Giovanni Maria Mastai-Ferretti 1792/1846–1878) verkündet in seiner Bulle, dass die Gottesmutter **Maria** vom ersten Augenblick ihrer Empfängnis von der Erbsünde befreit geblieben ist (**Unbefleckte Empfängnis**).

1855 Bischof Rudigier entscheidet, in Linz einen **neuen Dom** zu Ehren der Unbefleckten Empfängnis Mariens zu bauen. Der Bischof gründet zum Zweck der Finanzierung einen **Dombauverein**, der rasch an die 100 000 Mitglieder hat.

1859 **Vinzenz Statz** (1819–1898) präsentiert seine Pläne für den Dom-Neubau. In der **Kölner Dombauhütte** arbeitete er mit Friedrich von Schmidt zusammen, dem späteren Erbauer des Wiener Rathauses. Statz' Plan für den Neubau der Votivkirche in Wien wurde zwar mit einem Preis ausgestattet. Aber der Plan von Heinrich Ferstel wurde realisiert.
Statz plant den **neugotischen Bau** in Linz ganz im Stil der **französischen Hochgotik**. Er bleibt Dombaumeister in Linz bis zu seinem Tod 1898.

Vinzenz Statz, Dombaumeister 1862–1898, Foto in der Zeitschrift Stadt Gottes aus 1899.

1862-05-01 Der **Grundstein** für den neuen Dom wird gelegt. Als Material dient **Sandstein** aus Altlengbach in NÖ, **Granit** aus OÖ für Säulen und Gesimse und **Konglomerat** aus Kremsmünster für die Krypta. Die Kirche wird **20 000 Besucher** fassen, über **2/3** der damaligen **Einwohner** von Linz.

1869-09-29 **Einweihung** der **Votivkapelle** des Neuen Doms. **Anton Bruckner** (1824–1896, siehe Seite 154) leitet die von ihm komponierte **Messe in e-Moll**, von Bischof Rudigier in Auftrag gegeben.

Dom, Chorkranz-Kapelle (G), Gedenktafel aus 1996 zum 100. Todestag von Anton Bruckner.

1869–85 **Chor**-Errichtung.

1883 Chor und Kapellen-Kranz sind fertig.

1870-07: Papst **Pius IX.** will beim **Ersten Vatikanischen Konzil** seine **Unfehlbarkeit** in kirchlichen Angelegenheiten einführen. Im ersten Anlauf scheitert der Papst mit 62 zu 88 Stimmen. Pius besteht auf der Textierung, „päpstliche Definitionen sind unwiderruflich aus sich, nicht aus der Zustimmung der Kirche". Daraufhin reisen 55 Bischöfe aus Rom ab. Die neuerliche Abstimmung der verbliebenen Teilnehmer am **18. 7.** bringt die Annahme dieses Textes. Aus Protest dagegen spalten sich die **Altkatholiken** von der römischkatholischen Kirche ab.
Am 20. 7. 1870 bricht der **Deutsch-Französische Krieg** aus.

Landeschronik Oberösterreich, veröffentlicht 2004 von Rudolf Lehr.

1886–1901 Bau des **Turms**.

1898–1900 Dombauleiter ist **Otto Schirmer**.

1901–1909 Dombauleiter ist **Franz Statz**, Sohn von Vinzenz Statz.

1902–1915 Bau von **Langhaus** und **östlichem Querschiff**.

1909 Die Funktion als **Kathedrale** wird vom Alten Dom (Ignatius-Kirche) auf den neuen Dom übertragen.

1909–1959 Dombaumeister ist **Matthäus Schlager**.

ca. 1921 Fertigstellung des westlichen Querschiffs.

1924-04-29 Der Neue Dom wird geweiht.

1931 Vollendung der Turmfront.

1934 Das **Hauptportal** wird fertiggestellt.

1945 Große Zerstörung durch Bomben.

1962 Die **Rudigier-Orgel** wird 100 Jahre nach der Grundsteinlegung errichtet.

1992 Der Dom wird auch **Pfarrkirche**.

1994 Neue Fenster im Kapellenkranz.

2006-10 Nach Beschluss der **Bischofskonferenz** wird die Gedenktafel im Linzer Dom für **Bundeskanzler Engelbert Dollfuß** (1892/1932–1934) ergänzt. Die Bischöfe bekunden die **zukünftige Enthaltung** der Kirche von **Parteipolitik**. Im **Staatsstreich** vom **März 1933** schaltet Dollfuß das Parlament, die Opposition und den Verfassungsgerichtshof aus.

Am **25. 7. 1934** wird **Dollfuß** beim **Putschversuch** der **Nationalsozialisten** durch Otto Planetta im Bundeskanzleramt in Wien angeschossen. Dollfuß **verblutet**, weil ihm ärztliche Hilfe verweigert wird.

Der **neugotische Dom** entspricht den Vorstellungen der französischen Hochgotik. Der Dom ist eine **dreischiffige Basilika** mit umlaufendem **Kapellenkranz**. Langhaus und Querschiff sind gleich hoch.

Der hohe **Obergaden** (über das Seitenschiff hinausragendes Mittelschiff) wird von massiven Strebepfeilern und Strebebögen gestützt. Über der **Vierung** (Schnittfläche von Langhaus und Querhaus) sitzt ein **Dachreiter**. Zierliche **Fialtürme** gliedern die Außenfassade. Die Fenster der Seitenschiffe und die im Obergaden sind gleich groß.

Der **Turm** ist **134,8 m** hoch. Angeblich durfte er die Höhe des Stephansdoms in Wien mit seinen 136,4 m nicht übersteigen. Das ist wohl nur eine Legende. Die unteren 3 Zonen sind über quadratischem Grundriss. In der **2. Zone** befindet sich ein **Spitzbogenfenster** mit einer Fensterrose und einer Galerie im unteren Teil. In der **3. Zone** flankieren Blendarkaden das Mittelfenster. Die **4. Zone** ist über oktogonalem (achteckigem) Grundriss. Darüber folgt der mit Krabben besetzte **Steinhelm** mit Wimperg-Kranz. Den oberen Abschluss bilden eine **Kupferkrone** und ein Kreuz mit Dornenkrone.

Nordportal in Trichterform mit Wimperg und seitlichen Fialen. Im Gewände Figuren der **vier Evangelisten**, 1936 von **Franz Forster**.

Links Matthäus und Markus, rechts Lukas und Johannes.

Seitlich davon unter Baldachinen links **Petrus**:

Rechts **Paulus**, beide 1911 von **Josef Gruber**.

Tympanon über dem Eingang mit **Grisaillemalerei**: Gnadenstuhl, Erschaffung der ersten Menschen und das Weltgericht, vor 1924 von Andreas Strickner nach einem Entwurf von Ludwig Linzinger.

Ostportal

Im **Gesamtkonzept** des Bauherrn **Bischof Rudigier** verbindet sich die Vorstellung von romantischem **Historismus** mit politischem **Machtanspruch** der katholischen Kirche im 19. Jh. Gleichzeitig ist der Dom **Nationaldenkmal**. Die **Glasgemälde** verbinden die **Geschichte des Landes OÖ** mit der Lehre von der **Unbefleckten Empfängnis** und der **Heilsgeschichte**.

Länge der Kirchen:

Peterskirche in Rom	212 m
St. Paul in London	158 m
Dom in Florenz	153 m
Notre Dame in Paris	132 m
Linzer Dom	130 m
Veitsdom in Prag	124 m
Stephansdom in Wien	107 m

Größe: Außenlänge 130 m, Hauptfirsthöhe außen 44 m, Breite Langhaus 27,5 m, Breite Querhaus 60 m. Verbaute Fläche 5 170 m² (Petersdom 15 160 m²), Dachfläche 7 120 m².

Von der Vorhalle beim Nordportal sind die Turmkapellen zu erreichen. Sie sind einjochig mit 5/8-Schluss und gleich hoch wie die Seitenschiffe. Decke mit Kreuzrippengewölbe in der **Turmkapelle Ost**.

1–63 Glasfenster, davon 33–57 im Obergaden
A–G Chorkranz-Kapellen

Plan Dehio Linz ©BDA

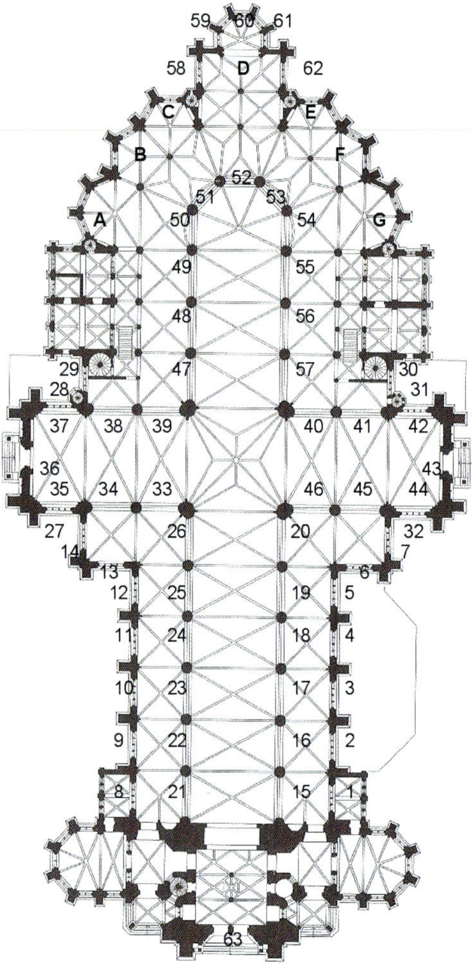

Das Linzer Atelier von **Josef Raukamp** produziert die Scheiben 1930 und 1934. Die Wanddienste lagern auf skulptierten Kapitellen.

Turmkapelle West mit der symbolischen Darstellung des Herzens (2010).

Der hohe und weite **Innenraum** des Doms ist einheitlich gestaltet. **63 bunte Glasgemälde** erzeugen ein gedämpftes Licht. An der Eingangswand 2 monumentale Figuren aus dem dritten Viertel des 17. Jh. vom ehemaligen Hochaltar der Pfarrkirche in Eferding.

Westseite **hl. Petrus**: Petrus ist Bruder des Apostels Andreas. Jesus gibt Simon den Namen Petrus (Fels). Petrus war Leiter der Apostelgemeinschaft in Jerusalem und danach erster Bischof in Antiochia. Petrus wird nach vielen Reisen in **Rom** unter **Kaiser Nero um 64 n. Chr.** verkehrt ans **Kreuz** genagelt. Darüber berichtet erstmals der kurz vor 100 verfasste erste **Clemens-Brief**. Dargestellt wird Petrus fast immer mit **Schlüssel**, seltener mit **Hahn** oder **umgedrehtem Kreuz**. Der **Primat des Papstes** gründet auf dem Matthäus-Evangelium 16,18: „Du bist Petrus, und auf diesen Felsen werde ich meine Kirche bauen … Ich werde dir die

Schlüssel des Himmelreichs geben …“

Ostseite **hl. Paulus**: Paulus von Tarsus ist ein gebildeter Jude und gesetzestreuer **Pharisäer**.

Er verfolgt die Anhänger von Jesus, da sie nach jüdischem Verständnis die Religion gefährden. Bei der Reise nach Damaskus zu einer weiteren Christen-Verfolgung wird er vom „Blitz Gottes“ vom Pferd geworfen und blind. In seiner Blindheit findet er zum Gott der Christen. Paulus wird durch seine Briefe und Reisen zum bedeutendsten **Verkünder** der christlichen Lehre.

Gemäldefenster:

1868 **Votivkapelle**-Fenster, Anfertigung durch die 1861 gegründete **Tiroler Glasmalereianstalt** unter der Leitung von Albert Neuhauser. 1874 übernimmt Albert Jele die Leitung.

1884 **Krypta**-Fenster, Tiroler Glasmalerei.

1885 im **Presbyterium**, Tiroler Glasmalerei.

1913–1920 Fenster im **Lang- und Querhaus** samt den beiden Rosetten-Fenstern, Tiroler Glasmalerei.

1930 und 1934 Fenster in den **Turmkapellen** von Josef Raukamp.

1994 **Kapellenkranz**-Fenster von Karl Martin Hartmann.

Fenster 1–46
im **Lang- und Querschiff**, jeweils 10,5 x 3,8 m: Darstellung von **Maria** als **Schutzfrau** von **Oberösterreich**, verbunden jeweils mit der Geschichte des Landes. Fertigung 1913–1916 durch die Tiroler Glasmalerei, Einsetzung 1922/23. Im zeitlich **dritten Zyklus** werden die Szenen figurenreicher. Die architektonische Gliederung wird zum dienenden Beiwerk. Mehr tonige Farben, eine feinere Abstimmung und Realismus bestimmen die Darstellungen. Die **ersten 4 Bauherren** werden mindestens einmal dargestellt.

Fenster 1
im westlichen Seitenschiff nahe Nordportal.
Maßwerk: Maria Immaculata

Mitte: **Grundsteinlegung** zum **Dombau** am 1. 5. 1862. Links Missionsbischof **Athanasius Zuber**, Apostolischer Vikar von Patna in Ostindien, damals zur Erholung in Linz; Bf. **Rudigier** mit Krumstab.
Rechts Bf. **Ignaz Feigerle** von St. Pölten. Vor Zuber kniet Dombaumeister **Vinzenz Statz** mit Hammer. Vor Feigerle steht **Dominikus Lebschy**, Abt von Stift Schlägl und 1862 Landeshauptmann von OÖ. In blauer Kutte Pater **Florian Wimmer** aus Kremsmünster. Gegenüber von Statz kniet sein Stellvertreter und Nachfolger als Dombaumeister, **Otto Schirmer**. Dieser leitet von Anfang an „vor Ort" den Dombau.

Links von Zuber im blauen Rock Freiherr **Eduard von Bach**, 1852–1872 kaiserlicher **Statthalter** von OÖ. (Sein Bruder Alexander ist 1848–1859 Justiz- bzw. Innenminister.)
Vor Bach kniet Domkapitular **Josef Strigl**. Er brachte den Grundstein für den Dom vom Ölberg in Jerusalem. Links von Strigl kniet **Reinhold Körner**, 1850–54 und 1861–67 Bürgermeister von Linz.

Fenster 2, **Papstaudienz**
Maßwerk: **Muttergottes** mit Kind, **hll. Benedikt** und **Alphons von Liguori** (1696–1787), der große Moraltheologe aus Neapel. 1732 gründet Alphons den Orden der **Redemptoristen**. Hauptaufgabe ist die Volksmission.
Mitte: Papst **Leo XIII.** empfängt am 11. 11. 1885 in Rom **Bischof** Ernest Maria **Müller**, Nachfolger Rudigiers. Links **Karl Müller**, Bruder des Bischofs und Pfarrer in Wien-Penzing. Rechts Weihbischof Josef Pfluger und Domkustos Gustav Müller (nicht im Bild), beide aus Wien.

Unten das **Benediktiner-Stift Gleink**, gegründet 1120 als Tochterbesiedlung von Stift Garsten.
1784 wird Stift Gleink unter Kaiser Joseph II. aufgelassen. Es kommt als Dotationsgut zum Bischof von Linz.

Fenster 3
Oben im **Maßwerk**: Christus, die Päpste Leo XIII. und Pius X.

Mitte: **Krönung der Immaculata-Statue** durch Fürstbischof Johannes **Kardinal Katschthaler** aus Salzburg in der Votivkapelle des Doms am 1. 5. 1905.

Rechts mit Mitra Bischof Franz Maria Doppelbauer. Links oben **Franz Nagl**, seit 1902 Bischof von Triest und 1911 Erzbischof und Kardinal von Wien; Architekt **Ludwig Gyri** und Erzherzog **Franz Salvator**.
Unten die Prozession am Krönungstag.

Fenster 4
Mitte: Einzug der **Linzer Pilger** 1900 in **Jerusalem**.

Die **Pilger-Madonna** wird mitgetragen. Die Statue stand früher am Herz-Mariä-Altar, heute beim Eingang Rudigierstraße. Hinter dem Kreuzträger schreitet Bf. **Franz Doppelbauer** zwischen Dompropst Pinzger und Oberst Heinrich von Himmel. Der Fahnenträger links ist **Josef Fischerlehner**, Bürgermeister von Urfahr. Im Hintergrund der Tempelplatz mit der **Omar-Moschee**. **Unten** die Grabeskirche, darunterliegend die Städte Jaffa, Jerusalem und Bethanien.

Fenster 5, **Lourdes**
Mitte: Pilger aus OÖ in **Lourdes**. Der Bischof von Tarbes-Lourdes mit dem Portrait des Linzer Bischofs Doppelbauer begrüßt Kanonikus Franz Roth aus Wien. Im Hintergrund die Basilika von Lourdes mit der darunter liegenden Rosenkranz-Kirche:

Fenster 6, **Ave Maria**
Mitte: Schutzengel führen Kinder zur **Madonna**. Die beiden stehenden Kinder links oben sind die von Matthäus Schlager, Dombaumeister 1909–1959.

Mitte rechts unten vor der Druckerpresse **Friedrich Pesendorfer**, Redakteur der Zeitschrift „Ave Maria" und Direktor des Pressvereins. „Ave Maria" wurde in Wels gegründet. Dort war Pesendorfer Kooperator. Ganz unten Maria Schauersberg bei Wels.

Fenster 7, **Maria Scharten**
Mitte: Links Wallfahrt 1684 von Kaiser **Leopold I.** und seiner 3. Gattin **Eleonore von Pfalz-Neuburg** nach **Maria Scharten**. Dies erfolgt als Dank für die Befreiung von Wien nach der **Türkenbelagerung** von **1683** unter Großwesir Kara Mustafa. Leopold stiftet dafür die abgebildete Monstranz. **Rechts** Wallfahrt 1646 von Kaiser **Ferdinand III.** nach Maria Scharten kurz vor Ende des 30-jährigen Krieges (1618–1648).

Unten: **Türkenbelagerung** von Wien 1683. Darunter die **Gräuel des Krieges** nach der Geheimen Offenbarung, von links: **Tod**, der **Sieger** mit Krone, sein Gegner der **Drache** mit 7 Köpfen und rechts (nicht im Bild) die **Hungersnot** mit Waage.

Fenster 8, **Versehgang**
am Beginn des östlichen Seitenschiffs.

Oben im Maßwerk **Christus als Weltenrichter** mit aufgeschlagenem Buch. Die Seite zeigt Alpha und Omega, erster und letzter Buchstabe des griechischen Alphabets, Zeichen für Anfang und Ende aller Zeiten.

Mitte: Versehgang zu **Bischof Rudigier** am 17. 11. 1884. Msgr. **Josef**

Angermayr, Regens des Priesterseminars, führt die Prozession mit Laterne an. Sie werden von der Wirtschafterin des Priesterseminars und vom Dombaumeister **Otto Schirmer** empfangen. Im Hintergrund der unfertige Linzer Dom.

Unten im Mosaik Daten vom Versehgang und vom Tod. Mitte Kenotaph (Leergrab) Rudigiers.

Fenster 9

Mitte: **Glocken-** und **Turmweihe** durch Bf. Franz Maria **Doppelbauer** 1902. Links kniet mit einer Planrolle **Matthäus Schlager**, Dombaumeister 1909–1959. Oben links unter dem Baldachin neben seiner Gattin Maria Christina steht Erzherzog **Peter Ferdinand von Österreich-Toskana**. Sein Vater **Ferdinand IV.** wird 1860 als letzter Großherzog aus der Toskana vertrieben.

Unten links die hl. **Barbara** mit Turm. Sie ist Patronin der Bergleute (Erzgewinnung).

Unten rechts **Paulinus von Nola** (?–431). Der Bischof von Nola in der Provinz von Neapel ist Patron der Glockengießer.

Fenster 10

Mitte: **Bischofsweihe** von **Rudolf Hittmair** am 1. 5. 1909 in Linz. Rechts: Der päpstliche Nuntius in Wien salbt den knienden Bischof.

Mitte links oben Landesgerichtspräsident Eigl, Bezirkshauptmann Graf Attems, der Bürgermeister von Linz **Franz Dinghofer** (1873/1907–1918 /1956, später Vizekanzler) und Prälat Zschokke. Darunter mit blauem Rock Erzherzog **Josef Ferdinand**, Sohn des letzten Großherzogs der Toskana Ferdinand IV. Josef Ferdinand ist 1909 Brigadier in Linz.

Unten das **Priesterseminar** in Linz. Hittmair ist dort 1903–1905 Regens. Rechts sein Wappen.

Fenster 11

Landung der **Pilger** aus OÖ 1910 **in Haifa**. Im Hintergrund der **Berg Karmel** mit dem dortigen Kloster:

Unten die Verkündigungskirche in **Nazareth**. Ganz unten das österreichische **Pilgerhospiz** in Jerusalem, See Genezareth und Kirche Mariae Heimsuchung am Berg Zion in Jerusalem.

Fenster 12

Linzer-Fenster: **Mitte** links Kaiser **Maximilian I.** krönt 1501 in Linz den Nürnberger **Dichter Vinzenz Lang**.

Links außen **Severin**, links von ihm weit hinten der Pöstlingberg, rechts Pfarrkirche und Alter Dom. Vor Severin sitzt **Constantius**, erster Bischof von Lauriacum (Lorch), bekannt aus der Vita Severini. Darunter sitzt Kaiser **Friedrich III.**, der Vater Maximilians.

Rechts: **Anna von Ungarn** und **Ferdinand I.** heiraten 1521 in Linz. (1526 fällt Ludwig II. von Ungarn, der Bruder Annas, im Kampf gegen die Türken. Dadurch kommt Nordwest-Ungarn zu Habsburg.).

Rechts mit einem Bihänder **Sebastian von Losenstein**, darunter **Johannes Kepler** mit einem Fernrohr in der Linken. Vor Kepler der Kaufmann und Bürgermeister **Adam Pruner**. Seine Schiffe fuhren bis Indien. Er stiftete ein Armen- und Waisenhaus für Linzer Bürger, das noch heute bestehende **Prunerstift**. **Unten** links **Ludwig van Beethoven** und **Anton Bruckner**. Unten Mitte

Gebäude der **Sparkasse** (Spender des Fensters). **Unten** rechts übergibt der Sparkassendirektor Julius Wimmer ein Sparbuch.

Fenster 13
Maria als Pforte des Himmels. Jesus weist auf sein Herz, das allen offen steht. Links der Engel mit den Opfergaben Brot und Wein. Rechts von Maria der Turm Davids, links der Elfenbeinerne Turm.

Darunter Prozession des **Katholischen Volksvereins**. Dessen Präsident Max Mayr trägt das Kreuz. Vor ihm kniet **Prälat Johann Hauser** (1866–1927, siehe S. 108). Ganz unten die Bundeslade.

Funktionen Hausers:
1899-1927 Landtagsabgeordneter
1908-1927 Landeshauptmann
1918 Präsident der provisorischen Nationalversammlung
1919 2. Präsident der konstituierenden Nationalversammlung
1920-1927 Abgeordneter zum Nationalrat

Fenster 14
Anbetung des **Allerheiligsten** durch Bf. Doppelbauer.

Unten Priesterkonferenz 1911 in **Kremsmünster**. Oben im Maßwerk **Melchisedek**, Hohepriester und König von Salem (Jerusalem?) zur Zeit Abrahams. Er verwendet als Erster für sein Opfer Brot und Wein und nicht mehr Fleisch von Opfertieren.

Fenster 15
im westlichen Obergaden am Beginn des Langhauses.
Fronleichnamsprozession in **Traunkirchen**. 1622–1773 ist Traunkirchen eine Jesuitenresidenz. 1632 findet die erste Seeprozession statt.

Unten von links: Kirche in **Schöndorf** bei Vöcklabruck, **Lauffen** und **Dachstein-Kapelle**.

Fenster 16, **Lorch**
Mitte: Bittprozession 791 von **Karl d. Gr.** (ab 800

Kaiser) in **Lauriacum** (Lorch) vor seinem Kampf gegen die Awaren zur Kirche Maria Anger (gesperrt unter Joseph II.). Im Hintergrund links die Zelte des Awaren-Lagers und rechts die **Stadt Enns**.

Unten von links: **Ennser Stadtturm** und Krieger von Karl d. Gr.

Unten rechts: **Karl d. Gr.** zeigt dem heidnischen Priester die **gestürzte Götzenstatue**; rechts **Kirche in Lorch**.

Fenster 17
Mitte: Übertragung der Marienstatue vom Ende des 15. Jh. in die Wallfahrtskirche **Kaltenberg** bei Unterweißenbach im Jahr 1658:

Unten links Wallfahrtskirche in **Allerheiligen** bei Perg. Unten Mitte, **Entstehungsgeschichte** dieser Wallfahrt: Ein Opfer der Pest durfte nicht im Friedhof begraben werden. Schon vorher hatte der Mann den Bau einer Kirche an der Stelle verfügt. Sie sollte dort gebaut werden, wo die seinen Sarg ziehenden Ochsen stehen bleiben.

Rechts (nicht im Bild) **Liebfrauenkirche in Freistadt**.

Fenster 18, **Steyr**
Oben links Gründung von **Stift Gleink 1120** durch Arnholm von Glunich (Gleink) unter Mithilfe von **Herzog Ottokar VI. von Steyr**.

Oben rechts Herzog Ottokar begrüßt **1107** den ersten Benediktiner-Abt in **Garsten**. Im Hintergrund das Schloss der steirischen Herzöge, die gotische **Burg Steyr**.

Unten rechts: Ein protestantischer Bauer will das Marien-Gnadenbild von **Frauenstein** an der Steyr verbrennen. Das Bild bleibt unversehrt.

Unten links: **Abt Leonhard II. Knieschenk von Garsten** führt **1488** die Prozession zur Einweihung der Kirche von Frauenstein.

Ganz unten **Maria Neustift**, das einst zu Garsten gehörte.

Fenster 19
Wallfahrer in **Mariazell**: **Oben** die ab 1644 barockisierte Kirche. Davor der spätere Kaiser **Karl I.** und **Gattin Zita**. Deren Hochzeitsreise führte sie 1911 nach Mariazell. Die Wallfahrer werden von Josef Kolda (mit Mitra) angeführt, damals Stadtpfarrer von Linz. Auf der Pilgerfahne die Heilige Familie mit **Josef als Zimmermann**. Die Pilger tragen die Gesichter der Stifter-Familie Steineder, einer Zimmermanns-Familie.

Unten Mitte **Gründungslegende** von **Mariazell**: 1157 verirrt sich der Mönch

Magnus aus dem Kloster **St. Lambrecht** in der Steiermark in den Wäldern. Eine mitgetragene Marien-Holzstatue teilt einen Felsen, der den Weg versperrt. Zum Dank wird eine Holzkapelle gebaut und die Marienstatue aufgestellt. Daraus entwickelt sich die Wallfahrt. Aus **Maria in der Zelle** wird Mariazell.

Rechts **Maria Taferl** an der Donau. Links (nicht im Bild) Basilika **Sonntagberg**.

Fenster 20, Kallham
Oben: Johann Grimmelius schafft durch das **Rosenkranz-Gebet** die **Rekatholisierung** in **Kallham**. Er trägt das Gesicht des Fenster-Spenders Franz Aschauer. Dessen Familie steht vor der 1713–18 erbauten Kirche von Kallham.

Unten links das **Kirchlein Hehenberg** in Taufkirchen an der Trattnach.

Unten Mitte: Gründungslegende der Wallfahrtskirche **Fallsbach bei Gunskirchen**. Ein Jäger verfolgt einen angeschossenen Hirsch. In dessen Geweih sieht er die Madonna mit Jesuskind. Daraufhin lässt er die **1140** erstmals erwähnte Kirche bauen.
Unten rechts die **Hiebl-Kapelle**, erbaut vom Stifter Aschauer auf dessen Grund in Kallham.

Fenster 21, **Maria Plain**
im östlichen Obergaden am Beginn des Langhauses.
1700 sterben mit **Karl II.** die spanischen Habsburger aus. **Bis 1713** tobt der **Spanische Erbfolge-Krieg**. Die Bourbonen erhalten Spanien.
Die Habsburger Österreichs erhalten die Niederlande und Neapel-Sizilien.

Oben: In der Wolke die **Kriegs-Symbole** nach der Geheimen Offenbarung. Darunter die Wallfahrtskirche von **Maria Plain** bei Salzburg. **1671** ersetzt der heutige Bau die Kapelle von 1652 mit dem Bild Maria Trost. **Salzburg** wird – angeblich nach Fürbitte der Muttergottes – **im Spanischen Erbfolgekrieg verschont**. Deshalb wird 1751 das Bild in Maria Plain gekrönt. Ein Domherr mit den Zügen des Linzer Bischofs **Rudolf Hittmair** hält die Krone zum Bild.

Unten links die **erste Hütte** über dem Marien-Bild in Maria Plain. Mitte: **Fürsterzbischof** Johannes **Graf Thun** von Salzburg kniet vor dem **Bischof von Chiemsee**. Thun legt 1697 das **Gelöbnis** ab, dass an der Universität von Salzburg stets die Lehre von der Unbefleckten Empfängnis doziert wird. Mitte rechts die Professoren. Ganz rechts die **erste Kapelle** von Maria Plain.

Fenster 22, **Adlwang**
Oben links Weihe der ersten **Kirche in Adlwang** im heutigen Bezirk Steyr-Land durch Erzbischof Thiemo von Salzburg im Jahr 1095. Seit 1410 ist die dortige Verehrung einer Pieta nachweisbar. Im Hintergrund die ab 1653 neu gebaute Kirche. Oben rechts: In der Zeit der Reformation verfällt die Kirche in Adlwang. 1683 wird die **Pieta** in einem **Ameisenhaufen** wieder gefunden und auf dem Hochaltar aufgestellt.

Unten links der heilige **Brunnen von Adlwang**. Unten Mitte: **Sigmund von Polheim** kehrt vom Kreuzzug heim. Ein Blitz fällt neben ihm eine Eiche. Als Dank für das Überleben spendet er die Kirche in **Schauersberg in Thalheim** bei Wels und eine Marienstatue. 1490 wird die Kirche geweiht.
Unten rechts die neugotische **Kirche von Bad Hall**, gebaut ab **1877** zum 1100-Jahr-Jubiläum von Kremsmünster nach dem Vorbild des Linzer Doms.

Fenster 23, **Altötting**
1764 folgt **Joseph II.** seinem **Vater Franz Stephan** als deutscher Kaiser. 1780 folgt er seiner **Mutter Maria Theresia** als Landesherr in Österreich. Joseph II. lässt alle **Klöster aufheben**, die keine praktische Arbeit wie Schulunterricht oder Krankenpflege betreiben. Außerdem wird der Klerus der normalen Gerichtsbarkeit unterstellt. **Papst Pius VI.** reist **1782** vergeblich nach Wien, um den Kaiser zur Rücknahme dieser Entscheidungen zu bewegen.
Oben: Vor der Innbrücke von **Braunau** nach Simbach wird **Pius VI.** vom **Landeshauptmann** Graf Thürheim und **Vizekanzler** Graf Kobenzl verabschiedet. Ganz rechts hält **Josef Valentin Eybel** eine Schriftrolle mit der Aufschrift „Was ist der Papst?". Der Landrat in Linz war zuständig für die Klosteraufhebungen. Ganz links beschreibt der Chronist des Klosters Lambach diese Szene.

Unten links **Stadtpfarrkirche in Braunau**. Unten Mitte **Rupert** (650?–718?), erster **Bischof von Salzburg**, tauft unter dem Gnadenbild in Altötting **Herzog Otto von Bayern** (vor 700–748). Otto (Odilo) verwirklicht 739 die bayerische Diözesan-Einteilung: Regensburg, Freising, Passau und Salzburg. Kloster-Gründungen durch Odilo:
739 **Benediktbeuern**
741 **Niederaltaich**
748 **Mondsee**
Unten rechts **Gnadenkapelle in Altötting**.

Fenster 24
Oben Gründung der Klöster **Baumgartenberg** 1142 und **Säbnich** 1147 durch **Otto II. von Machland.** Otto im Gespräch mit seinem Bruder **Walchun IV. von Perg** und Clam, der auf den Ort Sarmingstein mit seiner Burg Säbnich weist. (1161 übersiedeln die letzten Mönche nach Waldhausen.)

Unten links **Joachim Enzmilner**, Landeshauptmann des Landes ob der Enns. 1664 stiftet er in seiner alten Burg das Kloster **Windhaag** bei Perg. Rechts führt seine **Tochter Magdalena** die Nonnen in das Kloster. Im Hintergrund die Kirchen in Windhaag und **Münzbach**. Ganz unten **Stift Baumgartenberg**.

Fenster 25, **Pöstlingberg**
1716 lässt Franz Obermayr, Ausgeher bei den Kapuzinern in Linz, ein **Vesperbild** (Maria mit dem Leichnam Christi) von Jobst Biltschnieder in Linz anfertigen. Ab 1742 lässt **Josef Gundomar Graf Starhemberg** die **Pöstlingberg-Kirche** erbauen. 1747 wird das Gnadenbild in die neue Barockkirche übertragen.
Oben: Wallfahrt von **Bischof Rudigier**, wie alljährlich zum Jahrestag seiner Bischofsernennung am 5. Juni. Vor ihm kniet **Rudolf Hittmair**, Kooperator am Pöstlingberg und 1909–1915 Bischof von Linz. Vor dem Fahnenträger der Komponist **Anton Bruckner**.

Unten links das **Bergschlössl** in Linz, damals im Besitz der (Mit-)Spenderin dieses Fensters Paula Weingärtner, geb. Poschacher. Unten Mitte: Franz Obermayr wird im Weingarten bei der Betrachtung der Schmerzen Marias zum Auftrag eines Vesperbildes angeregt. **Rechts**: **Schloss Hagen** in Urfahr, damals im Besitz der (Mit-)Spenderin Franziska Weingärtner, geb. Stöger. Schloss Hagen wird 1945 durch Bomben zerstört. **Ganz unten**: links Wallfahrtskirche **Maria vom guten Rat in Dörnbach** bei Linz; rechts **Kirche Maria Tal** in **Linz-Margarethen**.

Fenster 26, **St. Wolfgang**
Oben: **Johannes d. T.**, Patron der Kirche von St. Wolfgang, **Jesus** und **Maria**. Deren Abbildung stammt aus dem **1481** fertiggestellten **Flügelaltar** von **Michael Pacher**.

Mitte links **Wolfgang**, 972–994 Bischof von Regensburg, mit dem Modell seiner

Kapelle in den Händen, weist auf eine Gruppe Geheilter. Einer davon küsst das „**Wolfgangi-Hackl**“. Vom Falkenstein aus hatte Wolfgang das Hackl Richtung See geworfen. Wo es aufprallte, wurde die Kirche errichtet. **Rechts** führt ein Jäger eine Abordnung heran, um den Bischof nach Regensburg zurückzubringen. Im Hintergrund der Wolfgangsee samt Boot.

Unten von links: **Kirchlein** am **Falkenstein** im heutigen St. Gilgen, wohin sich Wolfgang zurückzog. Mitte: Ansicht vom **Ort St. Wolfgang**. Rechts der **Wolfgangsbrunnen** neben der Kirche, gefertigt 1515 von Lienhart Raunacher.

Decke im gesamten Dom mit **Kreuzrippen-Gewölbe**.

Vierung (Kreuzfläche von Langhaus und Querschiff):

Fenster Querschiff

Fenster 27, **Mattighofen** *im östlichen Querhaus.* **Oben**: Bischof **Rudigier** liest seine **letzte Messe** in **Mattighofen**. Nach der Heimkehr von dieser Visitationsreise stirbt er am 29. 11. **1884** in Linz.

Rechts von Rudigier dessen Nachfolger **Ernest Maria Müller**. Er überreicht den Kelch an den knienden **Franz Maria Doppelbauer** (nicht im Bild), Sekretär Rudigiers und Nachfolger Müllers als Bischof von Linz 1889–1908. Der junge Priester dahinter ist **Rudolf Hittmair**, Bischof 1909–1915 nach Doppelbauer.

Unten links Bäckermeister Markl, **Ritter von Kuchler** (seine Familie stiftet 1438 das Stift Mattighofen) und Propst Georg Leik. Rechts Propst Engelbert Baischer, **Fürstbischof Josef Maria Thun** aus Passau, gestorben in Mattighofen. Ganz unten Ortsansicht und Wappen von **Mattighofen** mit Datum 14. November 1884.

Unterhalb Fenster 27: **Pilgermadonna**, 1900 vom Linzer **Ludwig Linzinger**. Diese Statue nahmen die Pilger 1900 und 1910 mit ins Heilige Land. (Fenster 4)

Fenster 28
Die **Domweihe** 1924 kann bei der Auftragsvergabe der Fenster vor 1913 nur symbolisch dargestellt werden.

Oben: Links **König Salomon**, Sohn Davids und Erbauer des Tempels in Jerusalem im 10. Jh. v. Chr. In blauem Gewand leicht gebückt der **Hauptmann** mit dem Gesicht von **Baron Spiegelfeld**. Dieser Hauptmann sprach laut Evangelium die Worte „O Herr, ich bin nicht würdig, dass du eingehst unter mein Dach, …“ Mitte rechts Jesus mit

Schlüssel. Vor ihm kniet **Zachäus**, verachteter Zollpächter von Jericho. Rechts davon **Apostel** und die **kanaanäische Frau** mit ihrer Tochter.

Unten **Jakob** schlafend auf dem Stein in Bethel. Im Traum sieht er die Engel die **Himmelstreppe** aufsteigen.

Fenster 29
Neu nach 1945 statt dem zerstörten Habsburger-Fenster. Papst **Pius XI.** führt 1925 das **Christkönigsfest** 1600 Jahre nach dem **Konzil von Nicäa** (heute Iznik in der Türkei) ein. 325 wird gegen die **Arianer** die Lehre vom dreieinigen Gott (**Trinität**) definiert. **Maria** wird dadurch zur Gottesgebärerin. Rechts oben Christus als König. Unten **Pilger am Petersplatz** 1925 flankiert vom Wappen Oberösterreichs und dem der Diözese Linz.

Herz-Jesu-Altar
beim östlichen Querhaus. Entwurf von Vinzenz Statz. Begrenzung aus Untersberger Marmor und einem Eisengitter vom Schlossermeister Mittermair aus Ottensheim. **Altarbild** des Erlösers. Neben Christus links Paulus mit Schwert, Adam und Eva, rechts der Apostel Thomas, Maria Magdalena und König David mit seiner Harfe.

Aussetzungsnische: über der Weltkugel ein **vergoldetes Kreuz**. Dessen Balken enden in Kronen, eine Anspielung an die Hl. 3 Könige. Seitlich der Nische **Mosaikbilder**: Links erkennt Jesus den Verrat des Petrus, rechts weint Jesus über das kommende Schicksal Jerusalems. **Tabernakel** aus Carrara-Marmor. Im Türchen ein Relief von Franz Wüsten aus Köln: Darstellung des Pelikans, der sich die Brust aufreißt, um seine Jungen zu ernähren.
Antependium (Altartisch): links Mosaikbild Christus in Emmaus, rechts wunderbare Brotvermehrung.
Rahmen-Figuren oben Statuen der hll. Rupert von Salzburg (links) und Wolfgang von Regensburg.

Fenster 30, **Priesterfenster**
bei der südwestlichen Eckkapelle.

Die Apostel erhalten von Christus die Weihegewalt. **Oben** links: **Franz Xaver** predigt und tauft. Oben rechts: **Severin** verkündet in der römischen Provinz Noricum das Evangelium.

Darunter (nicht im Bild): **Jan Nepomuk** hört die Beichte von Sophie von Bayern. Ihr Gatte, König **Wenzel IV.** von Böhmen (1361/63–1419, deutscher König 1376–1400), versucht vergeblich, von Nepomuk das Beichtgeheimnis zu erpressen. Wenzel lässt deshalb Nepomuk mit einem Mühlstein um den Hals in die Moldau werfen.

Unten, **Wolfgang** wird von Bischof Ulrich von Augsburg zum Bischof von Regensburg geweiht. Rechts **Karl Borromäus,** Erzbischof von Mailand, spendet Kranken die Kommunion.

Herz-Mariä-Altar
vor dem Fenster 30 beim westlichen Querschiff.
Rahmenfiguren: Bischöfe Altmann und Valentin aus Passau, beide von der Werkstatt Custodis aus Köln.
Altarbild Schutzmantel-Madonna, 1946 von Engelbert Daringer aus Aspach. Maria beschützt den Maler Daringer, seine Gattin, eine Mutter mit Kind und rechts Papst **Pius XII.**, Bruder Konrad von Parzham und Bischof Rudigier.

Mosaike seitlich des Tabernakels: links **Heimsuchung** Mariae bei ihrer Cousine Elisabeth, rechts **Verkündigung** Mariae. Mosaike Antependium: **Jesus unter den Schriftgelehrten** und die **Hochzeit von Kana** mit dem ersten Wunder Jesu.

Fenster 31, **Kaiserfenster**, gestiftet 1910 vom OÖ. Landtag. **Oben** Kaiser **Franz Joseph** (1830/48-1916) betet vor dem Bildstock der Unbefleckten Muttergottes in Bad Ischl. Links der 1914 in Sarajewo erschossene Thronfolger **Franz Ferdinand** vor der Kaiservilla in Bad Ischl, rechts **Kaiser Karl** (1887/1916–18/1922).

Unten: **Franz Salvator von Habsburg-Toskana** mit Fahne und Gattin Marie Valerie, der Tochter von Franz Joseph. Deren spielende Kinder halten die Reichsinsignien, Zeichen einer langen Friedenszeit.
Unten rechts **Kaiserin Elisabeth** (1837–1898, Hochzeit mit Franz Joseph am 24. 4. 1854) mit Krone und Rosenkorb. Rechts ihre Tochter **Gisela**. Das kleine Mädchen ist **Elisabeth**, **Tochter von Kronprinz Rudolf**, spätere Windischgrätz und nach Scheidung verheiratet mit dem Wiener SPÖ-Landtagsabgeordneten Leopold Petznek. Unten das Schiff „ Kaiser Franz Josef", heute (2012) wieder im Dienst.

Franz Ferdinand (1863–1914).

Er ist **Neffe** von Kaiser **Franz Joseph**. **1889** begeht **Rudolf**, Sohn von Franz Joseph, in Mayrling mit seiner Geliebten Mary Vetsera Selbstmord. Danach wird Franz Ferdinand **Thronfolger**. 1875 erbt er das Vermögen des kinderlosen **Franz V. von Habsburg-d'Este**, Herzog von Modena. Am **28. 6. 1914** wird Franz Ferdinand in **Sarajewo** zusammen mit seiner Gattin Sophie von Gavrilo Princip erschossen. Diese Tat löst den **1. Weltkrieg** aus, ohne die Ursache dafür zu sein.

Foto: Wolfgang Sauber 2009

Fenster 32, **Wernstein 1647**, ein Jahr vor Ende des 30-jährigen Krieges, weiht Kaiser **Ferdinand III.** seine Länder der Unbefleckten Gottesmutter. Zur Erinnerung daran lässt er eine Statue am Wiener Hof aufstellen. **Leopold I.**, Sohn Ferdinands III., lässt eine neue Statue aus Erz gießen.

Oben knien **Ferdinand III.** und seine 1. Gattin **Maria Anna von Spanien**, seine Cousine 3. Grades. Rechts weiht der **Bischof von Wien** Philipp Friedrich Graf Breuner die mit Blumen umwundene Säule. Links die Spenderinnen des Fensters als Hofdamen.

Unten die Aufstellung der ersten Statue vom Wiener Hof in **Wernstein** am Inn durch Graf **Ludwig von Sinzendorf**.

Querschiff Obergaden-Fenster:

33–39 Ostseite
40–46 Westseite

Fenster 33, **Attersee**
Oben: **Attersee-Wallfahrt**.

Links hält Graf **Franz Khevenhüller** das Marienbild. Er lässt 1730 die Schlosskirche umbauen und das Marienbild am Hochaltar aufstellen. Rechts von Khevenhüller die einzige Frau der Wallfahrer, **Gräfin Kottulinsky** aus St. Georgen im Attergau, Stifterin dieses Fensters. Der Bischof mit den Zügen von **Rudigier** deutet auf die Kirche von Attersee.

Unten links Kloster **St. Anna in Ried im Innkreis**, rechts Basilika **Maria Puchheim**.
Ganz unten: Links die **Gründungslegende** vom zweckentfremdeten Marien-Bild. Rechts Erzherzog **Maximilian Habsburg d'Este** (1782–1863, Enkel von Maria Theresia) bietet sein **Schloss Puchheim** der Gottesmutter an.

Fenster 34, **Spital a. P.**
1190 gründet **Otto II.**, **Bischof von Bamberg**, das **Spital am Pyhrn**. Das Hospital wird 1418 in ein Kollegiatstift umgewandelt.
Oben rechts übergibt Maria an **Bischof Otto** den Kirchenschlüssel.
Mitte: Der Dechant von Spital betet vor der Kapelle in **Vorderstoder**.

Unten die **Stiftskirche von Spital** am Pyhrn, erbaut 1713–30 von Johann Michael Prunner aus Linz. Ganz unten die **Pfarrkirche von Vorderstoder** vor dem Hohen Priel (2 515 m).

Fenster 35, **Schlierbach**
Oben links: **Eberhard III. von Wallsee**, Landeshauptmann und Besitzer der Herrschaft Pernstein, und seine Gattin übergeben das 1352 gekaufte **Schloss Schlierbach 1355 an Zisterzienser-Schwestern** zur Errichtung eines Klosters. (In der Reformationszeit wird 1556 das Kloster aufgehoben.)

Oben rechts: Kaiser **Ferdinand II.** übergibt **1620** das Kloster **Schlierbach an Zisterzienser aus Rein** bei Graz. Im Hintergrund das ab 1674 neu gebaute Kloster mit der 1680–83 von **Pietro Francesco Carlone** neu gebauten Stiftskirche:

Fenster 35 unten: Burg **Altpernstein** bei Micheldorf.

Fenster 36
Stirnwand östliches Querhaus, **Friedensfenster**:

Oben das Lamm Gottes. Im Zentrum die **3 göttlichen Tugenden** (Glaube, Hoffnung und Liebe) und die **4 Kardinaltugenden** (Gerechtigkeit, Klugheit, Mäßigung und Tapferkeit).

Außen **12 Dreipässe** mit Symbolen des Friedens. Nach Kriegsschäden werden sie nach 1945 durch Porträts der Linzer Domkapitulare ersetzt. Unten rechts der Mitte Bischof Franz Zauner (1904/56-80/1994).

Darunter die **7 Werke der Barmherzigkeit**, jeweils dargestellt durch den Heiligen, der nach seiner Vita zu diesem Werk passt.

Elisabeth (von Ungarn bzw. von Thüringen) speist **Hungernde**:

Odila tränkt **Dürstende**.

Benedikt lehrt den Schülern, **Fremde zu beherbergen**.

Martin bekleidet **Nackte**.

Johannes von Gott besucht **Kranke**. Ein Mitbruder bringt das Essen.

Leonhard befreit **Gefangene**.

Josef von Arimatäa und Nikodemus **begraben Tote**.

Fenster unter der Ostrosette.

Fenster unter der Ostrosette **1993** von **Karl Martin Hartmann**. Die klare symmetrische weiße Fläche weist inmitten unterschiedlicher Farbelemente auf das darüber liegende Friedensfenster.

Fenster 37, **Stift Schlägl**
Oben links: Von seiner Burg reitet **Kalhoch II. von Falkenstein**, Ministeriale des Passauer Bischofs, zur Jagd. Er verirrt sich und gelobt, falls er gesund zurückfindet, ein Kloster zu bauen. (Nach wenigen Jahren geben die Zisterzienser das Kloster auf.)

Oben rechts: 1218 übergibt Kalhoch seine Stiftung den **Prämonstratensern von Schlägl**.

Unten Stift Schlägl, links im Bild die Maria-Anger-Kirche.

Fenster 38, **Reichersberg**
Oben: Der Erzbischof von Salzburg, Konrad I. von Abensberg, führt **1110** die regulierten **Augustiner-Chorherren** in **Stift Reichersberg** ein.

Mitte: Berufung der Augustiner-Chorherren **1084** durch Werner von Payne und seiner Gattin Dietberga. Das Deckenfresko im Stift Reichersberg vom Münchner Christian Wink bildet die Vorlage für dieses Glasgemälde:

Unten links **Mariensäule in Suben** mit dem 1787 aufgelassenen Kloster, seit 1865 ein Gefängnis.
Unten Mitte **Stift Reichersberg** mit dem Michaelsbrunnen und rechts die Kirche **Maria Bründl bei Raab**.

Fenster 39, **Lambach**
Oben links der hl. **Kilian**, im 7. Jh. legendenhafter Bischof von Würzburg, mit seinen Begleitern **Kolonat** und **Totnan**. Alle drei wurden ermordet.

Oben Mitte: **Arnold II.** von Wels-Lambach gründet 1046 das **Stift Lambach**. Sein Sohn **Adalbero**, **Bischof von Würzburg** und letzter Graf von Wels-Lambach, wandelt es 1056 in ein Benediktiner-Kloster um. Adalbero bittet Maria um ihren Segen.
Oben rechts: der hl. **Benedikt** von Nursia zwischen seinen Schülern **Maurus** mit Abtstab und **Placidus**. Zu deren Füßen der **Rabe**, der Benedikt vor der Vergiftung bewahrt hat.

Unten links: **Dreifaltigkeitskirche in Stadl Paura**, gebaut 1714–24 von Johann Michael Prunner aus Linz.
Mitte: **Stift Lambach**, Ansicht von der Traunseite; rechts Mariahilf-Kapelle.
Ganz unten: Tätigkeit der Benediktiner.

Fenster 40, **Stift St. Florian**
Oben: Der hl. **Florian**, pensionierter Kanzleichef der Präfektur von **Noricum**, will seinen Christenfreunden zu Hilfe kommen. Er wird am 4. Mai 304 mit einem Stein um den Hals in die **Enns** gestürzt. Florian hat das Gesicht von **Josef Sailer**, Probst von Stift St. Florian (?–1920). Im Hintergrund das Römer-Lager **Lauriacum** (Lorch bei Enns). Links die Witwe Valeria.

Mitte: Leichnam des Heiligen. Dahinter **Stift St. Florian** nach dem barocken Um- und Ausbau 1686–1750 unter den Architekten Carlo Antonio Carlone, Jakob Prandtauer und Johann Hayberger.
Unten links: **Florian erscheint Valeria** mit dem Auftrag, seinen Leichnam zu bergen und zu begraben. Rechts **Bischof Altmann** aus Passau übergibt **1071** das

Stift St. Florian an die **Augustiner-Chorherren**.

Fenster 41, **Kremsmünster** Maßwerk: **Christus** als **Salvator Mundi** (Erlöser der Welt), Kaiser **Karl d. Gr.** (742?/768–814) und der hl. **Heinrich II.** (973?/1002–1024), letzter Kaiser der Ottonen und Wiederhersteller vieler Klöster.

Oben links: Der Bayern-Herzog **Tassilo III.** (741?/748–788/796) findet seinen **Sohn Gunther**, der von einem waidwunden **Eber** getötet wurde. Das Licht auf dem Geweih deutet Tassilo, hier **777** ein **Kloster an der Krems** zu bauen. (Tassilo und seine **Gattin Luitpirc**, Tochter des Langobarden-Königs **Desiderius** erhalten zur Hochzeit den Tassilo-Kelch. Kaiser **Karl d. Gr.** sperrt 788 seinen **Cousin Tassilo** wegen Rebellion wohl lebenslang in ein Kloster, siehe Seite 375.)

Oben rechts die Prozession der Benediktiner-Mönche. Mit dem Krummstab **Leander Czerny** (nicht im Bild), Abt in Kremsmünster 1905–1929. Im Hintergrund **Stift Kremsmünster**, errichtet in der heutigen Form Mitte des 17. Jh. vor allem durch Carlo Antonio Carlone. Rechts der Mathematische Turm.

Unten der **Gunther-Teich** des Stiftes, errichtet **1607** unter Abt Alexander a Lacu (vom See). **Jakob Prandtauer** gibt Mitte des 17. Jh. dem Teich die heutige Form.

Fenster 42, **Wilhering**
1098 gründet **Robert von Molesme** in **Citeaux** in Burgund ein neues Kloster. Die **Zisterzienser** wollen damit der Prachtentfaltung der Benediktiner in Cluny entgegenwirken. **Stephan Harding**, dritter Abt in Citeaux, gibt mit seiner **Carta Caritatis** dem ersten zentralistisch organisierten Mönchsorden Europas eine neue Verfassung. Papst Calixt II. anerkennt **1119** den neuen Orden. Unter **Bernhard von Clairvaux**, dortiger Abt seit 1115, nimmt der Orden ungeheuren Aufschwung. Um **1300** gibt es in Europa bereits **700 Niederlassungen** (siehe Seite 342).

Oben links **Bernhard von Clairvaux** im Dom von Speyer mit den Leidenswerkzeugen vor der Madonna. **Rechts**: Christus neigt sich zu Bernhard vom Kreuz herab. Beide Glasbilder entstanden nach Gemälden im Kreuzgang des Stiftes Wilhering, jeweils aus der Schule Martino Altomontes (Martin Hohenberg, 1657 in Neapel – 1745 in Wien).

Unten Ansicht von **Stift Wilhering**, nach einem Brand 1733 neu errichtet vom Baumeister **Johann Haslinger**. Außen die Äbte vom Kloster Citeaux in Burgund **Robert von Molesme** und **Stephan Harding**.

Fenster 43, **Kriegsfenster**
Stirnwand des westlichen Querschiffs. Oben in der Fensterrose die **strafende Hand Gottes**. Im Zentrum 7 Engel mit den **7 Plagen** aus der Apokalypse: **Blitze**, **Schlangen**, **Blut**, **schwarzer Rauch**, **Feuer**, **Gift** und glühende **Asche**.

In den äußeren **12 Dreipässen** werden die **Symbole des Kriegs** gezeigt, u. a. ein Schwert und ein Geldsack für die Gier.

Darunter der Laufgang, der rund um Langhaus, Chor und Querschiff verläuft.

Auf dieser Höhe die **7 Todsünden** als Kriegsursachen.

Hochmut: Goliath, der von David besiegt wird.

Geiz: Judas verrät Jesus.

Unkeuschheit: Salome mit dem Haupt von Johannes dem Täufer.

Neid: König Saul schleudert den Speer auf David, der die Harfe spielt.

Maßlosigkeit: Ein Reicher beachtet bei seiner Völlerei den Aussätzigen nicht.

Zorn: König Herodes d. Gr. befiehlt den Kindermord zu Bethlehem (historisch nicht bewiesen!).

Trägheit: Ein Knecht schläft, während die anderen arbeiten.

Fenster unter der Rosette: Die weiße Fläche inmitten der vielen Farben ist unregelmäßig, mehrmals abgetreppt. Diese Unruhe verweist auf das darüber befindliche Kriegsfenster.

Fenster 44

Oben links der **wunderbare Fischfang**, rechts Christus gibt an Petrus die Schlüssel, beides vor dem Collegium Aloisianum und der Maximilian-Kirche auf dem Freinberg.

Unten: **Petrinum** und Gebäude der **OÖ Kreditbank**, 1632–1804 Knabenseminar der Jesuiten, und das **Filnkößlhaus**, ehemaliges Heim für Priesterstudenten.

Fenster 45

Maßwerk mit den hll. Antonius von Padua und König **Ludwig IX.** von Frankreich.

Oben: Wallfahrt der Mitglieder des III. Ordens des hl. Franziskus aus der Diözese Linz nach **Maria Schmolln** bei Braunau.

Unten links: Ein Bauer befestigt um 1740 ein Bild der Mariahilfer-Muttergottes von Passau am Baum. Rechts: Wiederauffinden des Marienbildes.

Fenster 46, **Mondsee**

Maßwerk mit Bischof Ulrich und Erzengel Michael.

Oben: **Bischof Pirmin** stellt den ersten Abt vom Kloster

Mondsee **Opportunus** dem **Bayern-Herzog Odilo** aus dem Geschlecht der **Agilolfinger** vor. Odilo gründet 748 in **Mondsee** das **erste Kloster in Oberösterreich**. Links Marianische Kongregation als Fenster-Stifter mit Studenten des Petrinums Linz. Dahinter die **Mariahilf-Kirche in Mondsee**.

Mitte: Kloster Mondsee.
Unten: **Gnadenbild** aus der Mariahilf-Kirche und **Abt Amandus** vertreibt die Ungarn.

Presbyterium

Fenster 47 – 57
im Obergaden, jeweils 10,5 x 3,8 m: Sie zeigen **Maria in biblischen Szenen** gemäß den Schilderungen der Kirchenväter. Das Programm stammt vom Pfarrvikar Pater **Florian Wimmer** aus Pfarrkirchen. Die künstlerische Gestaltung erfolgt durch **Alfons Walder** und den Historienmaler **Franz Plattner**. Der Einbau erfolgt 1885. Beim zeitlich **zweiten Zyklus** übergreifen Baldachine nunmehr bereits mehrere Personen. Die Figuren sind beweglicher und abwechslungsreicher. Meist werden **zwei** unabhängige **Szenen** gezeigt.

Fenster 47
Christi Geburt: Links die Anbetung der Hirten, rechts die Heilige Familie im Stall.

Unten: **brennender Dornbusch**. Seitlich davon die **Propheten**, die das Kommen des Messias beschreiben: Maleachi, Habakuk, Jesaja und Micha.

Fenster 48
Links **Beschneidung Christi**, rechts **Darbringung im Tempel**.

Unten links **Beschneidung Johannes d. T.**, rechts **Aufopferung Samuels** im Tempel.

Fenster 49
Links der 12-jährige **Jesus bei den Gelehrten** im Tempel, rechts **Hochzeit in Kana**.
Unten links **Daniel** sagt König **Nebukadnezar** Ereignisse voraus.
Rechts Vermählung **Tobias** mit **Sara**.

Chorgestühl
unter Fenster 49 (ein weiteres unter Fenster 55):
1902 von **Ludwig Linzinger** mit Maßwerk, Baldachin- und Fialen-Aufbauten.
Bischofsstuhl aus Eiche mit den Tierkreiszeichen. Der Entwurf von Vinzenz Statz wurde von Karl Maurer aus Linz gefertigt.

Fenster 50
Der **auferstandene Christus erscheint Maria**. Die Szene ist durch die Bibel nicht belegt. Im 2. Weltkrieg wird dieses Fenster zerstört und 1964 neu hergestellt.

Fenster 51
Biblische **Gestalten um Maria**: Links **Jesse**, der Vater Davids, und **Josef**, Gatte Marias; Mitte König **David** und Königin **Esther**. Als Gattin von Ahasver (Xerxes I.) bewahrt sie die Juden in der Diaspora in Mesopotamien vor der Vernichtung.
Rechts **Joachim** und **Anna**, die nur im apokryphen Jakobus-Evangelium erwähnten Eltern Marias:

Unten: **Jesaja**, **Moses** und **Jeremias**. Ganz unten Turm Davids und Goldenes Haus.

Fenster 52

Im Maßwerk Dreifaltigkeit. **Mitte**: **Mariae Himmelfahrt**, darunter die 12 Apostel. **Unten** die Arche des Bundes und rechts der Sitz der Weisheit.

Hochaltar

1899–1901 fertigt **Ludwig Linzinger** nach einem Plan von Vinzenz Statz das Ziborium mit einem Aufbau mit Kleeblattbögen und Wimpergen auf Marmorsäulen.

Altar-Vorderseite, Mosaikbilder: Opfer von Abel, Noah, Melchisedech und Abraham. **Tabernakel** mit Aussetzungsthron aus weißem Marmor.

Links vom Tabernakel: Mosaikbilder **Christus** mit den 3 Aposteln **am Ölberg** und **Geißelung**.

Rechts: **Dornenkrönung** und **Kreuztragung**.

Ziborium-Gewölbe: Lamm Gottes mit 12 Medaillons der Ältesten aus der Offenbarung des Johannes. **Kruzifix** aus vergoldeter Bronze, 1887 von **Ludwig Adler** nach einem Modell von J. Gasser von Valhorn.

Eckfiguren vorne: **Germanus** und der Prophet **Sophonias**; links der weinende **Petrus**.

Eckfiguren rechts: **Longinus** mit der Lanze und der gerechte **Schächer Dysmas**.

Eckfiguren Rückseite: die hll. **Bernhard** von Clairvaux und **Ephrem** der Syrer. Über dem Baldachin schweben Engel mit den Leidenswerkzeugen.

Giebel-Bilder zum Marienleben von **Felix Schatz** (in Öl auf Blech), vorne Gottvater und die Heilige Familie:

Giebel-Bild Rückseite: Maria als Beschützerin der Christenheit, vom Hirten bis zu Papst und Kaiser. Seitlich: Christus begegnet am Kreuzweg seiner Mutter Maria und Veronika.

Gekrönt wird der Altarbaldachin von der Statue der **Maria Immaculata** mit dem **Jesuskind**. Jesus stößt mit dem Kreuzstab auf das Haupt einer Schlange zu Mariens Füßen, Sinnbild der falschen Lehre.

Altar-Rückseite, Mosaikbilder: Kreuzabnahme, der Auferstandene und Grablegung Christi:

Der **Altarraum** ist auf der **Rückseite** nach Süden hin zur Votivkapelle mit einem Gitter abgeschlossen.

Fenster 53

Oben: **Elisabeth** und **Zacharias**, Eltern von Johannes d. T.; Mitte **Gideon** und **Judith**, beide mit Schwert. Rechts **Simeon**, der bei der Präsentation Jesu im Tempel diesen als den erwarteten Messias erkennt und preist. Daneben **Ruth**, Urgroßmutter von König David.

Unten: Prophet **Micha**, König **Salomon** und **Johannes der Evangelist**.

Fenster 54

Die Apostel empfangen zu **Pfingsten** den Hl. Geist. **Unten** links: **Ezechiel** und **Moses**, Mitte: **Moses** erhält am **Berg Sinai** von Gottvater die Gesetze, rechts **Haggai** und **Joel**:

Ganz unten: **Türkenbelagerung** von **Wien** im Jahr **1683**. Gewidmet wird dieses Fenster von Fürst Camillo Starhemberg. Sein Vorfahre **Ernst Rüdiger von Starhemberg** (1638–1701) ist 1683 Wiener Stadtkommandant.

Fenster 55

Links **Kreuzabnahme** Christi, rechts **Grablegung** mit Maria, Johannes d. Ev., Josef von Arimathäa und Nikodemus.

Unten: Adam und Eva beweinen den **toten Abel**. Rechts: **Josef**, der Sohn Jacobs, wird von seinen Brüdern in den Brunnen geworfen.

Fenster 56

Links die **Hl. Familie** in **Nazareth,** rechts **Flucht nach Ägypten**.

Unten: **Adam** und **Eva** nach ihrer Vertreibung aus dem Paradies mit ihren Söhnen Kain und Abel. Rechts flieht **Jakob** vor seinem Bruder **Esau**.

Kanzel
unter Fenster 56
Entwurf von **Vinzenz Statz**. Gefertigt 1905 von **Ludwig Linzinger**. Gerundeter Kanzelaufgang mit Maßwerk. Dahinter Empore über der Priester-Sakristei.

Am polygonalen Kanzelkorb Reliefs der Evangelisten, an der Säulenwand Relief des auferstandenen Christus.

Links der Kanzel die **Chor-Orgel** aus 1989 von Martin Pflüger. Am Eck der Empore Figur hl. Laurentius.

Fenster 57
Anbetung der **Hl. Drei Könige**.

Unten: links Prophet Jesaja. Mitte König Salomon und die Königin von Saba. Rechts Prophet Maleachi.

Kapellen-Kranz

In der Apsis der Kirche, den Chor umschließend, beginnend im Osten nach der Domherren-Sakristei.

Die **Stein-Statuen** an den Altaraufbauten stammen von **Josef Gasser von Valhorn** aus Wien, mit Ausnahme der Sattler-Figuren der Kapelle C, Königin der Patriarchen. Die **Mosaike** sind von der Tiroler Glasmalerei Albert Neuhauser und Co. aus Innsbruck.

Im 2. Weltkrieg werden die Fenster im Kapellenkranz aus 1885 zerstört. 1993/94 werden sie durch Fenster von **Karl Martin Hartmann** aus Wiesbaden ersetzt. Vor seinem **Kunststudium** absolviert Hartmann ein Studium in **Biologie** mit Nebenfach **Physik**. Die Firma Derix in Taunusstein produziert sie. Die Entwürfe werden am Computer angefertigt, dann im Maßstab 1:10 ausgedruckt, aufgeklebt und manuell aquarelliert.

Chorkranz-**Kapelle** (A)
Maria als Königin der **Bekenner**.

Hohes **Mosaik** im Blendfenster aus 1893: Franz von Sales wird als Kirchenlehrer bestätigt, Franz beim Unterricht, Maria mit Kind und Bischof Franz Maria Doppelbauer.

Mosaike in Blendarkaden: links hll. **Martin** mit Gans und **Nikolaus** mit 3 Äpfeln, rechts **Bonaventura** mit Kardinalshut und **Johannes vom Kreuz** im Karmeliter-Habit.
Altar-Aufbau von **Ferdinand Joseph Custodis**. Figuren: hll. Karl Borromäus, Franz von Sales und Alfons Maria von Liguori.

Fenster von **Karl Martin Hartmann**. Das **labyrinthähnliche Muster** zeigt die verschiedenen Wege des Lebens:

Chorkranz-**Kapelle** (B)
Königin der **Apostel**.

Apostel-Altar aus 1890–93 mit **Pfingstwunder**. Maria mit Baldachin unter dem Heiligen Geist, daneben die Apostel.

Kanzel aus Holz nach einem Entwurf von **J. E. Klein**, gefertigt von Franz Oberhuber um 1868, früher in der Votivkapelle. Am Kanzelkorb Reliefs der **4 Kirchenlehrer Hieronymus**, Papst **Gregor d. Gr.** In der Ansicht **Ambrosius** mit Bienenkorb und **Augustinus** mit brennendem Herzen.

Chorkranz-**Kapelle** (C)
Königin der **Patriarchen**.

Altar mit Sandsteinfigur hl. **Josef**, dahinter Mosaike in Blendarkaden: links Seth (Adams Sohn), Enoch, Noah; rechts Abraham, Isaak und Jacob.

Davor Kenotaph für **Bischof Rudigier** (1811/1852–1884), Schöpfer des Linzer Doms. Vor seiner Ernennung zum Bischof von Linz war er **Lehrer von Kaiser Franz Joseph** (1830/1848–1916). Der Entwurf für das Rudigier-Kenotaph stammt von **Josef Gasser von Valhorn**. Die Liegefigur fertigt **Ludwig Linzinger** 1889.

Büste für **Bischof Rudigier** aus 1953 von **F. Forster**. Der Bischof ist ein unerbittlicher Gegner des Liberalismus. 1869 wird er sogar zu zwei Wochen Kerker verurteilt. Der Kaiser begnadigt ihn sofort. Rudigier gründet den „Katholischen Volksverein“ und den „Katholischen Presseverein“. Dieser übernimmt die Herausgabe des „Linzer Volksblattes“, heute Organ der Österreichischen Volkspartei.

Die Kenotaph-Seitenwand zeigt den Grundriss des Linzer Doms.

Hohes **Mosaik** aus 1908 in der trennenden Blendarkade zur Votivkapelle: Oben **Josef**, der Vater Jesu, als Patron der Kirche.

Unten **ägyptischer Josef** vor dem Pharao.

Ganz unten die **hll. Katharina** von Alexandrien und **Leopold III.**, Markgraf von Österreich (1073/95–1136).

Modernes Hartmann-Fenster: 1991 wurden Konturbilder von **Gestirnen** und **Galaxien** veröffentlicht. Diese entstanden mithilfe von Radioteleskopen.

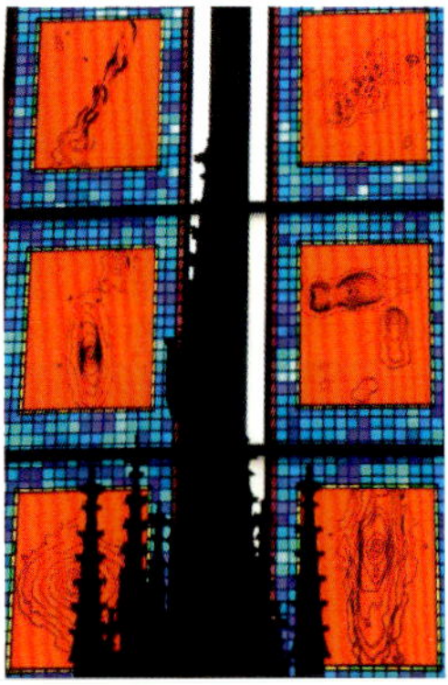

Der Künstler und Biologe bzw. Physiker Hartmann zeigt 14 derartige Bilder.

Votivkapelle (D)
am südlichen Ende des Doms.

Zweijochig, im nördlichen Joch Kreuzrippen-Gewölbe. Das südliche Joch ist gegenüber der Bauflucht verzogen. Im Süden schließt eine polygonale Apsis mit Sternrippen-Gewölbe an.

Gewölbe-Schlussstein

Am Schluss-Stein ist Papst **Pius IX.**, der Spender dieses Steins, beim Segnen des vor ihm **knienden Dombaumeisters** abgebildet. Der Stein von 1867 stammt aus der Werkstatt von Vinzenz Statz in Köln.

Fenster 58 – 62
in der **Votivkapelle**, jeweils 8,5 x 1,8 m: Maria in biblischen Szenen nach Entwürfen von Prof. Johann Klein. Einsetzung 1868–1870. Die im 2. Weltkrieg zerstörten 12 Fenster im Kapellenkranz zeigten auch diese Inhalte. Die Figuren des **ältesten Zyklus** entsprechen dem Schönheitsideal der Nazarener-Künstlergruppe. Ohne Tiefenwirkung stehen aneinandergereiht Baldachin-Architekturen. Es dominieren die Grundfarben.

Votivkapelle, Ostwand, Blendarkade zur Kapelle C, **Mosaik Stammbaum Christi** mit Widmungen 1885 und 1898.

Votivkapelle, Ostwand: **Fenster 58**, **Maria Immaculata**. Unten verkündet Papst **Pius IX. 1854** das Dogma von der Unbefleckten Empfängnis Mariae. Ganz unten: Ein **offenes Buch** mit **Alpha** und **Omega** mit der Inschrift „unbegreifliches Buch“. Unten Mitte **Gideon** mit seinem Fell. Es war als einziges mit Tau benetzt, hier als Zeichen für die auserwählte Gottesmutter. Rechts der Buchstabe M für Maria im Strahlenkranz.

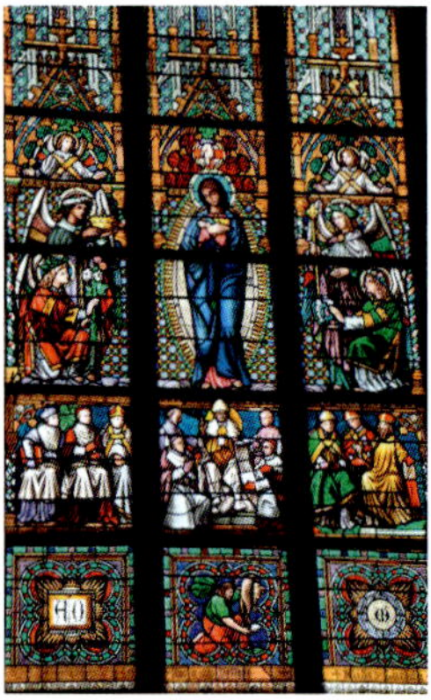

Papst **Pius IX.** hält in seiner Linken die Schriftrolle mit den Anfangs- und Schlussworten seiner Bulle vom **8. 12. 1854.**

Votivkapelle, Stirnwand Ost, **Anna-Altar**: Figur der hl. **Anna**, Mutter Marias. Mosaike: links Erzengel **Raffael** und **Michael**, rechts die hll. **Franz von Assisi** und **Theresa von Avila**.

Mosaik über dem Anna-Altar, Geburt Mariae:

Darunter Weissagung von **Balaam** (oder Bileam). Er soll im Auftrag der Moabiter die Israeliten verfluchen. Bileams Esel verweigert das Weitergehen. Durch ihn spricht Gott zu Bileam, die Israelis zu segnen und den Moabitern ihren Untergang vorauszusagen.

Votivkapelle, Polygon, **Fenster 59** **Verkündigung** an Maria, darunter vertreibt der Engel Adam und Eva nach dem Sündenfall aus dem Paradies.

Votivkapelle, **Altartisch** mit Säulen von Johann Dichant:

Mosaike der Propheten in Blendarkaden. Die 24 Heiligenmosaike der Votivkapelle fertigt **Antonio Salviati** aus Venedig nach Entwürfen von Johann Evangelist Klein.

Tabernakel-Tür, gefertigt mit gespendetem Silberschmuck von **Gabriel Hermeling** aus Köln, eingelegt in Email.

Alpha und **Omega**, erster und letzter Buchstabe des griechischen Alphabets, als Sinnbild für Anfang und Ende aller Zeiten. Der Heilige Geist als **Taube** mit Hostie und 3 Cherubime und der **Pelikan**, der sich die Brust aufreißt, um seine Jungen ernähren zu können, als Sinnbild für den Opfertod Christi.

Bronze-Altarkreuz mit einem Korpus aus Elfenbein, ein Geschenk des Klosters Niederaltaich an der Donau in Bayern.

Sandstein-Figur **Maria Immaculata** und 7 Engel in einem Baldachin vor dem Mittelfenster 60, 1869 von **Josef Gasser von Valhorn**, gefasst von Karl Jobst. Die **Krone** ist eine Kopie. Das Original, ein Geschenk von Papst **Leo XIII.** 1905, ist in Verwahrung. Siehe dazu auch Fenster 3.

Fenster 60

Im Maßwerk der Heilige Geist. Darunter Büsten Jesse und König David, Joachim und Anna. Dann die **Verteidiger der Unbefleckten Empfängnis Mariae**: Hieronymus und Epiphanus, Saphronius und Germanus, Tarasius und Bernardus, die Päpste Alexander VII., Gregor XVI. und Papst Pius IX. mit Bf. Maximilian.

Fenster 61
Joachim und **Anna**. Von den Eltern Marias wissen wir nur aus dem **apokryphen Jakobus-Evangelium**. Als offiziell nicht anerkannt ist es kein Teil der Heiligen Schrift. Unten Elkana und Anna, die Eltern Samuels.

Votivkapelle, Westseite: Joachim-Altar, **Mosaik** Tempelgang Mariae. Unterer Mosaikteil: Überführung der Bundeslade.

Votivkapelle Westseite, **Joachim-Altar**:
Figur hl. **Joachim**, Marias Vater. Mosaike in Blendarkaden: Links **Kaiserin Kunigunde** und ihr Gatte Kaiser **Heinrich II.** (973?/1002–1024, letzter Ottone. Danach folgen mit Konrad II. die Salier). Rechts **Zacharias** und **Elisabeth**, die Eltern von Johannes dem Täufer.

Fenster 62
Maria als Gnadenspenderin.

Unten: Der **Linzer Dom** wird der **Maria Immaculata gewidmet**. In der Mitte **Architekt Statz** mit **Bauplan** und **Bischof Rudigier** vor dem Modell des Linzer Doms.

Votivkapelle Westseite, Blendarkade zur Kapelle: Maria als Königin der Propheten, Mosaik Stammbaum Mariens.

Chorkranz-**Kapelle** (E)
Königin der **Propheten**.

Mosaik an der Blendarkade zur Votivkapelle: Oben wird **Zacharias** die Geburt seines Sohnes Johannes d. T. verkündet.

Darunter **Enthauptung** des Johannes, **Salome** mit dem Haupt des Johannes; Evangelisten Markus und Matthäus.

Altar-Figur **Johannes d. T.**, **Mosaike** in Blendarkaden: rechts Elias, Daniel und Jeremias.

Links Jesaja, Ezechiel und Moses:

Taufbecken neugotisch aus weißem Marmor. Am Kupferdeckel Relief Taufe Christi.

Wurmstraßen-Madonna aus **1440**, zugeschrieben **Hans Sweiker** aus Ulm. Bis zum Beginn des 19. Jh. steht die Statue in der Kapelle des Löfflerhofes. Dann kommt sie in das Haus Wurmstraße Nr. 20. Die Aufstellung im Linzer Dom erfolgt 2001. Es ist die älteste Statue im Dom. Die Figur repräsentiert den Übergang der Madonnen vom „Weichen Stil“ zum „Knitterstil“.

Die **Hartmann-Fenster** dieser Kapelle stellen im Sockel die damals neuesten Erkenntnisse der Kern- und Astrophysik dar.

Die orange-roten Felder zeigen **Symmetrie-Berechnungen**. Das weist auf die Bedeutung der Zahlensymbolik für das Christentum hin.

Chorkranz-**Kapelle** (F) Königin der **Märtyrer**.

Altar-Figuren 1901 von **Josef Ignaz Sattler**: links die Märtyrer Georg, Mauritius, Florian, Dionysius und Blasius; Mitte mit Pieta.

Rechts die hll. Pankratius, Bonifatius, Maximilian, Hippolytus und Vitus.

Hartmann zeigt im rechten Fenster wohl eine Tür in eine andere Wirklichkeit:

Chorkranz-**Kapelle** (G)
Königin der **Jungfrauen**.

Am **Altar** unter einem gemeinsamen Baldachin mit je einem Giebel mit Dreipass und Fialtürmchen 3 Figuren: die hll. **Agnes** von Rom mit dem Lamm, **Katharina** von Alexandrien mit dem Rad und **Barbara** mit dem Turm, der ihr Gefängnis war.

Der Engel auf der Baldachin-Mitte hält ein Spruchband. **Mosaike** seitlich der Figuren: links **Agathe** mit Zange und **Cäcilia** mit Orgel. Rechts **Lucia** mit Öllampe und **Anastasia** mit Scheiterhaufen.

Hohes **Mosaik** in der Blendarkade: Gleichnis von den klugen Jungfrauen …

… und den törichten Jungfrauen.

Unten die hll. Rosa von Lima und Angela.

Gedenktafel für die Uraufführung der **e-Moll-Messe** von **Anton Bruckner** anlässlich der Weihe von Votivkapelle und Kapellenkranz am **29. 9. 1869**. Der Chor soll auf einem Maurergerüst im Freien gestanden sein.

Das **moderne Fenster** von Karl Martin Hartmann aus 1995 zeigt auf einem warmen rotgelben Untergrund in Blau, Grün und Violett die möglichen **Irrwege**.

Blick von der Brüstung oberhalb der Priestersakristei auf Hochaltar, Votivkapelle und Kapelle Maria als Königin der Propheten.

Langhaus: Eingangswand im Norden mit **Rudigier-Orgel**, geplant zur 100. Wiederkehr der Dom-Grundsteinlegung 1862.

Die Universalorgel wird **1959** von Luigi Ferdinando Tagliavini zusammen mit Sybrand Zachariassen, Hans Haselböck und Anton Heiller geschaffen:

Fenster 63, **Turmrosette**
über dem Nordportal, nur von außen zu betrachten.

Krypta

unter der Chorhälfte Süd.

Die Raumstruktur gleicht dem Kirchenraum. Aufteilung in Kapellenraum unter der Votivkapelle und Oktogon unter dem Chorpolygon.

Kapellenraum
Westwand: Gedenktafel der Grundsteinlegung am 1. Mai 1862.

Im Boden **Grabplatten** über den Gräbern von Bischof Rudigier und seinen sechs Nachfolgern und das von Erzbischof Alois Wagner (1924–2002).

1929 werden die Gebeine von Rudigiers 4 Vorgängern aus der Gruft des Alten Doms hierher übertragen.

Linzer **Diözesan-Bischöfe**:
1783–1788 Herberstein Ernest
1789–1807 Gall Josef
1815–1825 Hohenwart Sigism.
1827–1852 Ziegler Gregorius
1853–1884 Rudigier Franz Jos.
1885–1888 Müller Ernest
1889–1908 Doppelbauer Franz
1909–1915 Hittmair Rudolph
1915–1941 Gföllner Johannes
1946–1955 Fließer Josephus
1956–1980 Zauner Franz
1982–2005 Aichern Maximilian
2005–heute Schwarz Ludwig

Kapellen-Fenster, 1864 produziert von der Tiroler Glasmalerei.
Links **Maria** als schmerzhafte Muttergottes.

In der Mitte **Jesus** als Weltenrichter.

Rechts der auferstandene **Christus**:

Weitere Fenster zeigen Symbole von Tod, Auferstehung und Gericht.

An der rechten Stirnwand der Krypta ein Relief Maria mit Kind.

Oktogon
in der Unterkirche unter dem Chor-Polygon (Vieleck).

Die Gewölbe-Rippen ruhen auf figuralen Kapitellen.

Das Oktogon stützt ein zentraler Pfeiler:

Dombauverein-Fahne aus Seidendamast. Entwurf Vinzenz Statz, gestickt in einem Kloster in Aachen. Seidenmalereien von Edward Steinle, vollendet 1862. Darstellung des **Dom-Grundrisses** und Brustbilder der **hll. Franz Xaver** und **Joseph**. Auf der Rückseite Maria Immaculata, Bitt-Inschrift und Wappen von OÖ. und der Stadt Linz.

Kreuzigungsgruppe mit Maria, Maria Magdalena und Johannes d. Ev.

Orientalische Krippe
gegenüber Kapellenraum
Ende Nov. – 6. 1. täglich und an den Jänner-Sonntagen, siehe www.mariendom.at
Im Auftrag von Bf. Franz Maria Doppelbauer fertigt **Sebastian Osterrieder** 1907–1909 die Krippenfiguren. Zuvor reist Osterrieder ins Heilige Land, um Bethlehem getreu nachbauen zu können. Das Krippenhaus fertigen der Tischler Franz Koch und der Bildhauer Karl Mayr.

Die über **12 m** lange Krippe zeigt **50 Figuren**. Die Figuren der Hl. Familie werden erst am Heiligen Abend dazugestellt. 1223 hat Franz von Assisi in einer Höhle bei Greccio erstmals eine Krippenfeier abgehalten.

Verwahrstücke:

Linzer **Domschlüssel**, 1924 vom Steyrer Stahlschneider **Michael Blümelhuber** (1865–1936).

Schatzkammer
Bischof-Rudigier-Vitrine

Dalmatik aus 1878 des Rudigier-Ornats aus beiger Seide mit Goldstickerei und farbigen Blumenranken. Rückseite:

Bischofsstab aus vergoldeter Bronze mit krabbenbesetzter Krümme. An der Innenseite der Schlinge sind unten **ein stehender Engel** und oben die **stehende Muttergottes** mit gefalteten Händen dargestellt. Gegenüber der Madonna kniet Bischof Rudigier. Am **Schaft** sind noch **Heiligenstatuetten** (Josef, Ignatius, Maximilian, Leopold, Johannes Nepomuk und Florian) unter gotischen Baldachinen. Eine **Inschrift** nennt **F. Wüsten** als Hersteller, **Vinzenz Statz** als Entwerfer sowie „**1878**“ als Herstellungsjahr.

Weitere Objekte:
Gleinker Ornat aus dem 18. Jh., **Abtstab** von Suben aus dem 17. Jh. und ein weiterer Abtstab von Baumgartenberg.

Krone aus Gold für die **Immaculata-Statue** der Votivkapelle: Das Original schenkt Papst **Leo XIII.** 1905 dem Linzer Dom.

Kirche der Barmherzigen Brüder

zur Unbefleckten Empfängnis Mariae
Herrenstraße 33/
Rudigierstraße 11

Highlights
- **Fassade** von **Johann Michael Prunner**
- **Altarbild** von **Kremser Schmidt**

Foto: Diözese Linz

1605 Erste Gründung einer Niederlassung der **Barmherzigen Brüder** im deutschsprachigen Raum in **Feldsberg** in Niederösterreich, heute Valtice in Mähren.

1614 Der Chirurg und Ordensbruder **Gabriel Ferrara** errichtet ein Spital in Wien.

1703 **Eleonore von der Pfalz**, dritte Gattin von **Kaiser Leopold I.**, verspricht 10 000 Gulden für den Bau eines **Karmeliten-Klosters** in Linz, wenn ihr **Sohn Karl** König von Spanien wird.

1710 **Kaiser Joseph I.** und **Mutter Eleonore** stellen weitere Geldmittel in Aussicht, wenn der **Spanische Erbfolgekrieg** (1700–14) erfolgreich zu Ende geht.

1711 Joseph I. stirbt. Neuer Kaiser wird sein Bruder **Karl VI.**

1713 **Grundsteinlegung** der Ordenskirche der Karmelitinnen durch **Elisabeth Christine von Braunschweig**, Gattin von Karl VI., und dem Architekten (der heutigen Kirche der Barmherzigen Brüder) **Johann Michael Prunner**.

1743 Kirchenweihe.

1757 Die **Barmherzigen Brüder** übernehmen das „Siechenhaus zu Straßfelden“ am Gelände des heutigen Schillerparks.

1782 Unter Kaiser **Joseph II.** wird das **Karmelitinnenkloster aufgelassen**. Der Hochaltar kommt nach Frankenmarkt, die Seitenaltäre nach Holzhausen.

1789 Die **Barmherzigen Brüder** übersiedeln mit ihrem Krankenhaus vom „Schillerpark“ hierher. In die **Fassade** wird die Figur von **Johannes von Gott** (1495–1550), Gründer des Ordens, eingefügt.

1891 Die Herrenstraße wird durch die **neue Rudigierstraße** geöffnet. Sie ist benannt nach **Bischof Franz Josef Rudigier**, Auftraggeber für den **Neuen Dom**. Bau der **Apotheke** vor der Kirchen-Nordfront.

1908 Neubau des Traktes in der Rudigierstraße.

1977/78 Erweiterung hin zur Sailerstätte.

1980/81 Bau Hof-Südtrakt.

2005 Verbindung zum Krankenhaus der Barmherzigen Schwestern.

Die **konkav einschwingende Fassade** entspricht der Karmelitinnen-Kirche in St. Pölten. Außen links oben die Figur des Propheten **Elias** mit Flammenschwert. In der Mittelnische **Johannes von Gott** und rechts **Johannes vom Kreuz**.

Rechts vom Eingang Statue von **Bischof Rudolf Hittmair** (1859/1909–1915).

Die **erste Statue** aus 1932 von **Franz Forster** muss **1943 entfernt** werden, da Hittmair bekennender Kriegsgegner wurde. Die heutige Statue ist ein Neuguss aus 1949.

An der Fassade das **Wappen** der Barmherzigen Brüder mit dem **Granatapfel**, Zeichen der Offenheit des Ordens gegenüber allen kranken und hilfesuchenden Menschen.

Dr. Rudolf Hittmair

1859 Geburt in Mattighofen.

1893 Professor für Pastoraltheologie in Linz.

1909 **Diözesanbischof von Linz**.

1914-07-28 Der **erste Weltkrieg** bricht aus. Hittmair übergibt seine Geschäfte einem Generalvikar und betreut **als Krankenpfleger** Kriegsversehrte.

1915-03-05 **Hittmair stirbt** nach einer **Flecktyphus**-Erkrankung, zugezogen im **Kriegsgefangenenlager in Mauthausen**.

Der zentrale **Kirchenraum** hat die Form einer **Ellipse**.

Vier Seitenaltäre 1865 von **Engelbert Westreicher**, erster links: **Kreuzaltar**.

Bild **Christus am Kreuz** von einem anonymen Maler; links Evangelist Johannes und Maria, rechts Maria Magdalena.
Am Altar **Kopie** des „**Prager Jesuleins**".

Johannes-von-Gott-Altar: Bild **Johannes** pflegt einen Kranken, der sich als **Jesus** zu erkennen gibt; 1916 von **Horatio Gaigher** (1870–1938).

Fresko der **Hochaltar-Wand**, 1789 in der Nachfolge Bartolomeo Altomontes: **Gottvater** mit Engel und **Erzengel Michael** mit der Waage. Michael symbolisiert das Jüngste Gericht.

Hochaltar:
1857 von **Ferdinand Scheck d. J.** im Stil des 2. Rokoko. Der Unterbau aus 1866 stammt von Engelbert Westreicher.

Altarbild Maria Immaculata, 1773 von Martin Johann Schmidt, genannt **Kremser Schmidt**. Gottvater und Heiliger Geist im oberen

Johannes von Gott

1495 Geburt 80 km östlich von **Lissabon**.

1503 Der Knabe reißt von zu Hause aus und wird Hirte.

1523 Kaiser **Karl V.**, als König von Spanien Karl I., befreit die baskische Stadt Fuenterrabia. Johannes ist als Soldat dabei. Nach einem Sturz vom Pferd und finanziellen Problemen wird er entlassen.

1529 **Sultan Süleyman** belagert **Wien**. Johannes ist beim kaiserlichen Heer. Wegen Wintereinbruchs ziehen die Türken ab.

1532 Johannes ist beim Festungsbau in **Ceuta** in Nordafrika.

1538 Er ist **Buchhändler in Granada**.

1539 Nach einer Predigt von **Johannes vom Kreuz** aus **Avila** verschenkt Johannes sein gesamtes Gut an Arme. Er kasteit sich grausam und kommt ins **Irrenhaus**. Nach seiner Entlassung kümmert er sich um **Bettler, Alte und Kranke**. Johannes errichtet in **Granada** sein **erstes Spital**.

1547 Umzug in ein größeres Spital in Granada. Die **Patienten** werden **erstmals nach Krankheiten getrennt behandelt**. **Sauberkeit** und **Menschlichkeit** ergänzen die Pflege.

1550 Johannes von Gott **stirbt in Granada**.

1586 Papst **Sixtus V.** erhebt die Kongregation der **Barmherzigen Brüder** in den Rang eines **Ordens**.

1630 Seligsprechung.

1690 Heiligsprechung.

Bildteil. Darunter **Maria mit Lilie**. Ein Engel hält ihre Krone. Der **Jesusknabe** schlägt **mit dem Schwert** auf die **Schlange**, Symbol der (damaligen) Irrlehre des Protestantismus. Unten links der **Tod**, rechts der gefallene **Luzifer**.

Hochaltar, unteres Bild, **Heilige Familie**, Kopie von Thomas Marzik 1854 nach einem Original des 17. Jh.

Seitlich **Statuen** von Marias Eltern, links die **hl. Anna** und rechts der **hl. Joachim** mit der **Opfertaube**, beide Statuen um 1857.

Rechte Seite, **Augustinus-Altar** ebenfalls 1865 von Engelbert Westreicher.

Bild hl. Augustinus, 1916 von **Horatio Gaigher**. Augustinus erläutert einem Jungen, dass das **Erklären der Dreifaltigkeit** ebenso mühsam ist wie dessen Versuch, das Meer mit einem Löffel auszuschöpfen.

An der **Altarmensa** eine **Reliefplatte** mit Szenen aus dem Leben des **hl. Johannes Grande** (1546–1600). Diese wird anlässlich dessen **Heiligsprechung 1996** durch einen Mühlviertler Künstler angefertigt.

Über dem **Ausgang zum Konvent** auf der rechten Seite ein Bild der **hll. Teresa von Avila** und **Johannes vom Kreuz**, Mitte 18. Jh., aus der ehemaligen St.-Theresien-Kapelle des Rekonvaleszenten-Hauses der Barmherzigen Brüder in Wien-Landstraße.

Seitlich des Ausganges **zwei Statuetten**: Links **Riccardo Pampuri** (1897–1930).
Der Landarzt und spätere Ordensmann versorgt aufopfernd Kranke in der Poebene. Er wird **1989 heiliggesprochen**:

Statuette rechts: **Benedetto Menni** (1841–1914). Er gründet 1861 nach der Säkularisierung in Spanien den Orden wieder neu. Kurz vor seinem Tod wird er Generaloberer.

Decke als **flache Kuppel** mit Stichkappen. Im gezackten Stuckspiegel **Relief Johannes von Gott vor Jesus**.

1824 wird das aus **1789** stammende Relief wenig überzeugend renoviert:

Das **Oratorium** über der Vorhalle tritt in drei Schwüngen in den Kirchenraum hervor. Fenster mit eingezogenem Rundbogen-Abschluss.

Vorhalle mit Kappengewölbe. Relief Josephs Traum.

Vorhalle, Statue **hl. Joseph mit Jesuskind** aus jüngster Zeit.

Konvent mit kreuzgratgewölbtem **Kreuzgang**. Ansicht aus der Zeit vor 1891, noch ohne die damals gebaute Apotheke.

Konvent, Statue **hl. Johannes Nepomuk** um 1725.

Konvent, **Gitter** aus **erstem Hospital** 1757–89 am heutigen Schillerplatz. Es ist das einzige verbliebene Stück aus dem alten Hospital. Leihgabe Stadtmuseum Linz.

Konvent, **Kreuzweg-Bilder** eines anonymen Künstlers.

Kapuziner-Kirche
zum hl. Matthias

Kapuzinerstraße 38, bei der Einmündung der Hopfengasse, 200 m westlich vom Neuen Dom.

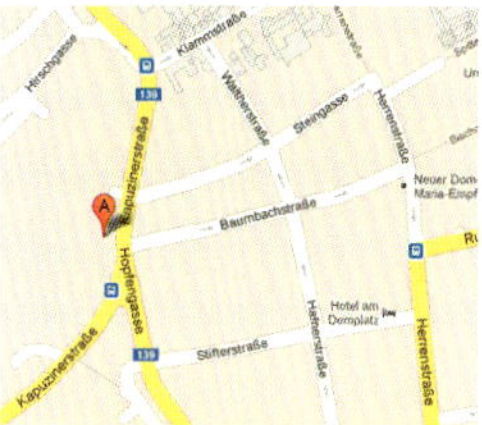

Highlights

- **Altarbilder** von **Joachim Sandrart** und **Cosmas a Castrofranco**
- **Gruft der Kapuziner**

Die Kirche liegt am östlichen Abhang des Freinbergs deutlich erhöht auf einer Terrasse über der ehemaligen Handelsstraße nach Eferding.

1606 Der **Bischof von Passau bewilligt** den **Klosterbau** im Weingarten zu Linz. Die **Kapuziner** übernehmen den Grund. **Abt Alexander a Lacu von Wilhering** legt den **Grundstein**.

1606–12 Bau von Kirche und Kloster durch **Architekt Christoph Martin Spaz**.

Kapuziner

Papst **Innozenz III.** bestätigt **1210** den **Orden der Minderen Brüder**, gegründet von **Franz von Assisi**. Asketische **Franziskaner** unter **Mateo de Bascio** (1495–1552) pflegen Pestkranke. **Clemens VII.** anerkennt **1528** den Orden der „**Minderbrüder des eremitischen Lebens**“. Im Volksmund werden sie rasch **Kapuziner** genannt.

1617 stiftet **Anna von Tirol**, Gattin von **Kaiser Matthias**, die **Kapuziner-Gruft** in Wien als **Grablege der Habsburger**.

Bedeutende Kapuziner: **Marco d'Aviano** (1631–1699), päpstlicher Legat während der 2. Türkenbelagerung von Wien. **Johann Haspinger** (1776–1858), Gefährte von Andreas Hofer.

1660–62 Umbau und Kirchen-Vergrößerung.

1785 Bestimmung zur **Pfarrkirche** unter Kaiser **Joseph II.** Der **Turm** wird angebaut.

1991 **Kloster-Aufhebung**.

Die Pfarrkirche St. Matthias ist ein schmuckloser, rechteckiger Bau mit Satteldach. Quadratische Kapellen mit Walmdach sind an den Seitenwänden angefügt.

Der **mehrfach geschweifte Turmhelm** ersetzt 1908 einen einfachen Pyramidenhelm. Rechts vom Turmportal ein schönes Grabkreuz.

1785 wird das Hauptportal von 1660/62 von der Langhaus-Ostseite an den neu gebauten Turm übertragen. Im gesprengten Giebel eine Kartusche mit dem **Wappen der Franziskaner**.

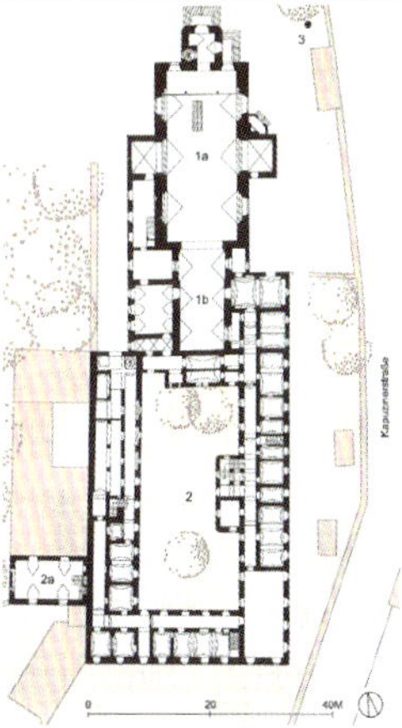

Plan Dehio Linz ©BDA
1a Hauptkirche
1b ehemaliger Chor, heute Werktagskapelle
2 ehemaliges Kloster
2a ehemalige Bibliothek
3 Franziskus-Säule nördlich der Antonius-Stiege

Der **eingezogene Chor** liegt bedingt durch die Hanglage Richtung Süden. Bei der Renovierung 1960/63 wird die neuromanische Einrichtung aus 1890 entfernt. Der Chorraum wird 1985 räumlich vom Kirchenschiff getrennt. Er dient seitdem als Werktagskapelle.

Kapelle Ostseite

Altartisch mit Platte aus dem ehemaligen Speisgitter.

Kapelle Ost, Nordwand, **Inschrifttafel** für **Bartholomäus Graf Starhemberg** (?–1662). Er schlägt 1661/62 die Wildenegger Bauernunruhen im Raum Irrsee und Mondsee brutal nieder. Danach werden so viele Todesurteile verhängt, dass selbst die nicht bauernfreundlichen Oö. Landstände etliche Urteile aufheben.

Am Boden Rotmarmor-Grabplatte für Bartholomäus Graf Starhemberg.

Kapelle Ost, Bild **Kreuzigung** von **Joachim von Sandrart** (1606 in Frankfurt –1688 in Nürnberg), nach 1650.

Chor, seit 1985 genutzt als **Werktagskapelle**. Kruzifix aus dem 19. Jh.

Chor-Ostwand, **Fenster** von **Alfred Stiftner** aus dem Jahr 1961:

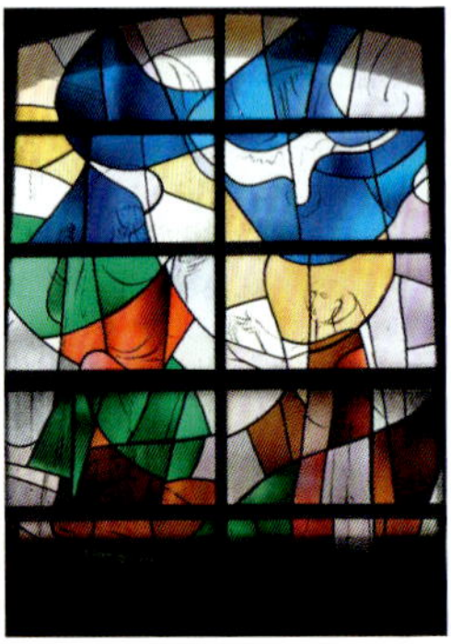

Chor-Westwand, **Fenster** von **Waltraud Praschak-Thalhammer** aus 1985.

Chorwand, **Maria mit Kind**, um **1500**. Die Kronen sind wohl eine barocke Zutat. Die Figur stammt aus der einstigen Bethlehem-Kirche des Nordico.

Kapelle West, Altarbild **Enthauptung des hl. Matthias**, 1612 von **Cosmas a Castrofranco** (1557?–1621). Paolo Piazza kehrt 1597 nach Wanderjahren als Maler nach Castelfranco zurück. Er wird **Kapuziner-Mönch** und nennt sich Fra Cosmas. Ab 1614 malt er in Rom, Terni,

Piacenza, Verona und Venedig.

Matthias wird nach dem Verrat von **Judas Iscariot** in die Gemeinschaft der **12 Apostel** aufgenommen. Die angebliche Enthauptung von Matthias in Jerusalem ist nicht gesichert.

Kapelle West, Südseite, Grabstein **Johann Peisser von Wertenau** und Gattin Eva Maria, 1686 von **Johann Spaz**. Der aus Brixen stammende reiche Handelsmann finanziert fast zur Gänze den Umbau von Kirche und Kloster 1660/62. Er ließ sich im Ordenshabit hier begraben.

Kapelle West, Nordseite, Grabstein **Raimondo Fürst Montecuccoli** (1608–80). Er siegt 1664 über die Türken bei Mogersdorf im Südburgenland. Er stirbt durch einen vom Linzer Schloss herabstürzenden Balken (siehe Hauptplatz, Seite 72).

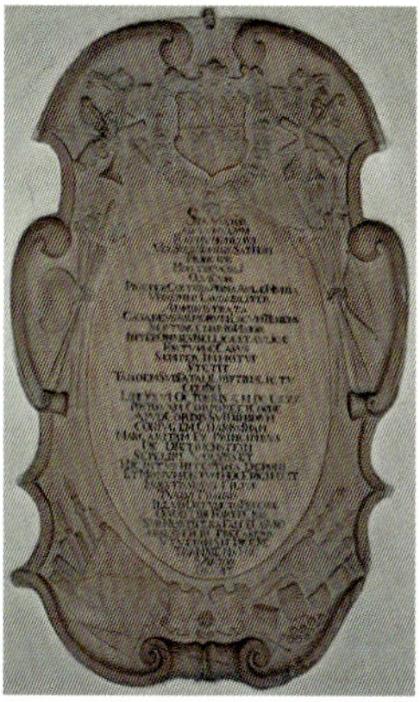

Kreuzweg-Bilder 1988 von **Waltraud Praschak-Thalhammer**.

Orgelwand, darunter in der Mitte Abgang zur Gruft.

Gruft als **Grabstätte der Starhemberger** und der **Kapuziner-Brüder**.

Grabplatte von **Maria von Rappach**, Gattin von Gundacker Graf Starhemberg.

Grab von **Ottocar Franz Graf Starhemberg**.

Sakristei, Bild **Christus mit Dornenkrone**, vor 1850.

Sakristei, Fenster mit Figur hl. Joseph mit Kind, davor die hll. Franziskus und Buonaventura, 1885 von Vincenz Scheibl.

Östlich der Landstraße

*In Norden wird dieser Teil von der **Bethlehemstraße** begrenzt, im Osten von **Gruberstraße** und **Khevenhüller Straße**, im Süden von der **Westbahn**.*

Highlights
- **Stadtmuseum Nordico**
- **OK Offenes Kulturhaus**
- **Elisabethinen-Kirche** Seite 259
- **Priesterseminarkirche** Seite 263
- **Familien-Kirche** S. 267
- **Südbahnhof** Seite 269
- **Posthof** beim Hafen

Dametzstraße benannt nach Bürgermeister **Josef Dametz** (1868/1919–1927)

Dametzstraße 30
Stadtmuseum Nordico
Dienstag–Sonntag 10–18 Uhr
Donnerstag 10–21 Uhr

1607–10 Architekt **Francesco Silva** errichtet das Vorstadt-Palais für das **Stift Kremsmünster** im Auftrag von Abt **Alexander a Lacu**, bis 1598 Abt in Wilhering.

1673–77 Ausbau und Umgestaltung durch **Francesco Canevale d. J.**

1691 Verkauf an Oktavian Graf Cavriani.

1708 Der **Jesuit Martin Gottseer** kauft das Haus als Heimstatt für das vom **Schweden Johann Baptist Galdenblatt** gegründete **Collegium Nordicum**. Sechs **Zöglinge aus Skandinavien** sollten später als Missionare in ihrer Heimat wirken. Nachdem sich wenige Freiwillige finden, werden Kinder von umherziehenden Soldaten gekauft.

1709–1712 Die **Bethlehem-Kirche** samt Verbindungstrakt wird gebaut.

1721 Das **obere** niedrigere **Geschoß** wird am Nordicum aufgesetzt.

1787 Kaiser **Joseph II. löst das Nordicum auf**. Das Haus wird für Wohnungen umgebaut. Hier wohnt u. a. **Elisabeth Jung**, Mutter von Marianne Willemer, der Muse Goethes (siehe Seite 144).

1845 Der Heimatdichter **Franz Stelzhamer** wohnt hier zur Zeit seiner Trauung.

1845 Die **Liedertafel „Frohsinn“** wird gegründet. Im Nordico finden Konzerte unter dem **Chorleiter Anton Bruckner** statt.

1851 Der **Oberösterreichische Kulturverein** wird hier gegründet. Einer der Gründer ist **Adalbert Stifter**.

1911 Kauf des Hauses durch die **Stadt Linz**.

1928 Die Stadt Linz kauft **Anton Pachingers** umfangreiche Sammlung gegen Wohnrecht und Leibrente.

1959–1973 Ausbau zum Stadtmuseum **Nordico**.

1962 **Abbruch der Bethlehem-Kirche** samt Verbindungstrakt bei der Verbreiterung der **Dametzstraße**.

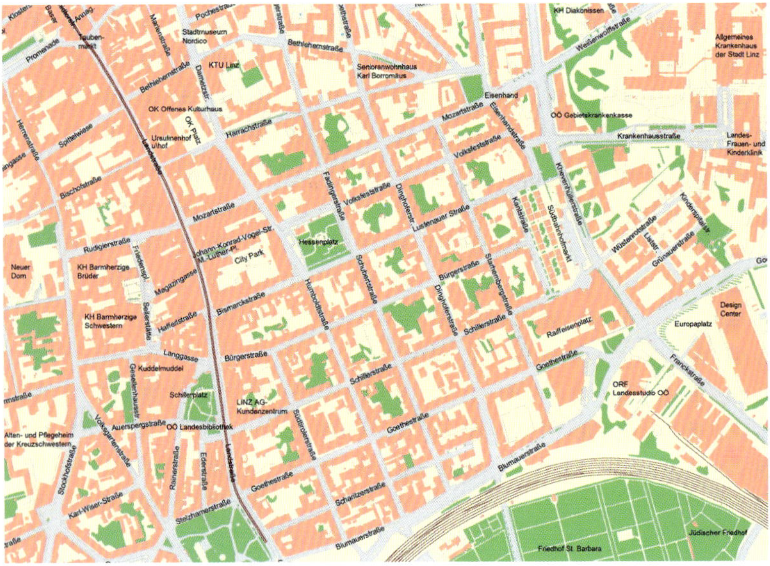

Dametzstraße Richtung Süden. Für die Verbreiterung der Bethlehemstraße wird das **Nordico-Gebäude** um eine Achse **gekürzt**.

1973 **Museumseröffnung**

1999 Die Präsentation der **Stadtgeschichte** wird ins Museum **LinzGenesis** verlagert (siehe Seite 140).

2008 Generalsanierung, u. a. Befreiung der Fassade von Putzbändern.

Über dem Portal ein plastisches **Wappen-Ornament**. Im viergeteilten Schild sind **drei Hüftbilder**: der nordischen **Könige Erik von Schweden, Olaf von Norwegen** und **Knut von Dänemark**. Im vierten Feld sind **drei Palmblätter**. Die nach 1710 entstandene Plastik stammt von Hans Walz (?).

Festsaal mit Deckenbild „Tod des Germanicus", Großneffe des Augustus und Vater von Kaiser Caligula, nach Nicolas Poussin. **Stuckdecken** in mehreren

Anton Pachinger

1864 Geburt in Linz.

1886–1897 Studium der Rechtswissenschaften, Medizin und Kunstgeschichte, alles ohne Abschluss. Er handelt danach mit Antiquitäten.

1915 Niederlassung in **München** als gerichtlich beeideter **Kunstsachverständiger**.

1922 Die **Hyper-Inflation** bringt Pachinger um sein großes Geldvermögen.

1928 Pachinger **überlässt der Stadt Linz seine umfangreiche Sammlung**, später Grundstock für das Museum **Nordico**. Dafür erhalten er und seine Haushälterin eine Leibrente und das Wohnrecht im Haus Bethlehemstraße 31.

1938 Pachinger **stirbt in Wien**. Am **Linzer Barbara-Friedhof** wird er begraben.

1977 Die **Pachinger Straße** in Linz-**Kleinmünchen** wird nach ihm benannt.

Fritz von Herzmanovsky-Orlando setzt seinem Freund Pachinger in einigen seiner Sonderling-Gestalten ein literarisches Denkmal.

Räumen von **Johann Peter Spaz** aus 1677.

Tür im 1. OG zu den Räumen mit ständig wechselnden Ausstellungen.

Die Ausstellungsräume sind gekennzeichnet durch optimale Lichtverhältnisse.

Dametzstraße, **OK Offenes Kulturhaus**, OK-Platz 1

1929 Die **Ursulinen-Schule** wird um ein **Mädchen-Realgymnasium** erweitert.

1930–37 **Schulneubau** nach Entwurf von Dombaumeister **Matthäus Schlager** im Stil der Neuen Sachlichkeit.

1968 Der **Schulbetrieb** wird **eingestellt**.

1990 Eröffnung als **OK** Offenes Kulturzentrum speziell für junge, noch unbekannte Künstler.

1995–98 **Neugestaltung** durch **Peter Riepl**. Dem Altbau wird ein Glaskubus aufgesetzt. Der schluchtartige Hof wird durch ein zusätzliches Stiegenhaus geschlossen.

2012 Gestaltung des OK-Platzes zwischen Ursulinenhof und Dametzstraße. Restaurierung der Kapelle Unserer Lieben Frau von Altötting.

www.ok-centrum.at
Der programmatische Schwerpunkt liegt auf multimedialen Gruppen- und Einzelprojekten zumeist junger Künstler. Dabei werden häufig aktuelle gesellschaftliche Themen aufgegriffen. Im Kellergeschoß das renommierte **Programmkino Moviemento**.

Über das OK erfolgt der Zugang zum **Höhenrausch**, einer **Dachwanderung** mit prächtigem Ausblick u. a. auf Ursulinen-Kirche und Neuen Dom.

Ausblick auf Landstraße und Mozartkreuzung.

Bethlehemstraße

benannt nach der 1709 erbauten Kapelle des Nordischen Stiftes (Nordico)

Bethlehemstraße 20
Katholische Universität

ca. 1715 Der Tabakaufschlags-Administrator Bartolomäus Vischer kauft das Grundstück. Errichtung des Hauses wohl durch Johann Michael Prunner.

nach 1945 Sitz des renomierten Cafés „Gerhardinger“.

1988 Umbau zum Gebäude der **Katholisch-Theologischen Privatuniversität**.

Das **korbbogige Portal** aus rotem Marmor bekrönt ein flachbogiger Giebel. Darüber in Nischen die Figuren der hll. **Johannes Nepomuk** und **Donatus**. Nordico und Katholische Universität:

Bethlehemstraße 26
Synagoge

1789 Unter Kaiser Joseph II. erhalten **erstmals** die Juden die Erlaubnis, **Gottesdienste** abhalten zu dürfen.

1861 Eine Werkstatt in der **Mariengasse 11** wird als Bethaus adaptiert.

1877 Grundstein-Legung für die **erste Synagoge** in der Bethlehemstraße.

1933-01-30 **Adolf Hitler** wird **Reichskanzler** Deutschlands.

1938-11-09/10 In der **Reichsprogromnacht** werden alle Synagogen in Deutschland und Österreich zerstört. Die Synagoge in Linz brennt zur Gänze ab, da Löschversuche verhindert werden.

1965–68 Architekt **Fritz Goffitzer** errichtet die heutige Synagoge.

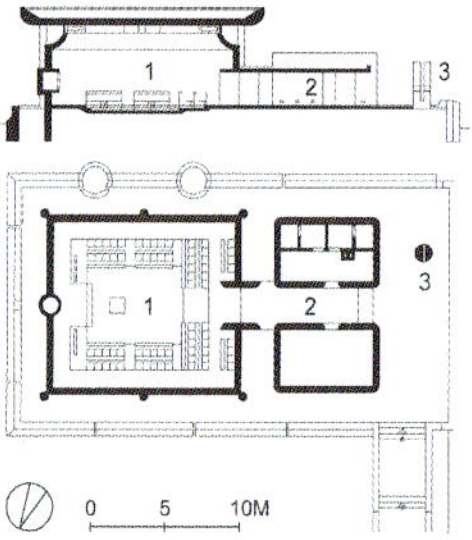

Plan Dehio Linz ©BDA

1. Haupthaus mit Betraum
2. Vorbau
3. Vorplatz mit Säule

Module von **110 cm** bestimmen die Form des im strengen **Funktionalismus** errichteten Baus. Zwischen sechs Betonsäulen sind fensterlose Außenwände. Im oberen Bereich eine beschattete dunkle Zone. Darüber eine vorkragende, nach oben gekrümmte Dachschale.

Die Kanten der Nebengebäude sind stark gerundet.

Am Vorplatz eine **gespaltene Säule** mit hebräischer Inschrift.

Die Vorbauten flankieren den Gang, der zum Eingang mit einer **Stahldoppeltür** führt.

Im Inneren **Wandmalerei** von **Fritz Fröhlich** in Fresko-buono-Technik: Darstellung der **12 Söhne Jakobs**, aus denen die 12 Stämme Israels hervorgingen. Im oberen Bereich ein vortretendes **Gegengewölbe**. Das darüber liegende **Lichtband** lässt die **Sichtbeton-Decke schwebend** erscheinen.

Fadingerschule
Fadingerstraße 4/
Ecke Bethlehemstraße

1851 Mit tatkräftiger Unterstützung von **Landesschulinspektor Adalbert Stifter** wird in der **Steingasse 6** die **k.u.k. Realschule** errichtet.

1908/09 **Neubau** der Realschule in der Fadingerstraße durch Gustav Steinberger und Matthäus Schlager nach Plänen von **Karl Bundsmann**.

1960–63 **Aufstockung** des gesamten Gebäudes mit Ausnahme des Festsaals.

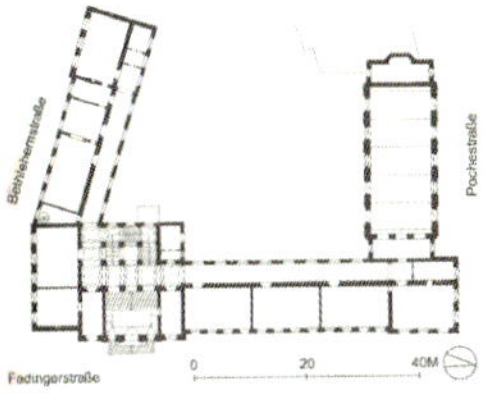

Plan Dehio Linz ©BDA

Die **neubarocke Fassade**, nachempfunden dem Stil Jakob Prandtauers, enthält Elemente des **Jugendstils** (Secessionsstil).

Rechts vom Eingang eine Tafel für den **Philosophen Ludwig Wittgenstein** (1889–1951). Er maturierte **1906** in der Realschule, allerdings noch im alten Bau in der Steingasse.

Festsaal der Fadingerschule mit Attika und Dachreiter.

Decke im Festsaal.

In der monumentalen Pfeiler-Treppenanlage **Gedenkstein** aus 1926 von Adolf Wagner von der Mühl für die **Opfer des 1. Weltkriegs** und ein Schmiedeeisen-Geländer in historisierend secessionistischen Formen.

Bronzebüste Adalbert Stifters von **Franz Strahamer**.

Im **Direktionszimmer** zwei Ölbilder aus **1862** von **Josef Grandauer**: **Kaiser Franz Joseph** und links **Statthalter Eduard Freiherr von Bach** (1815–1884).

Bethlehemstraße 23
Elisabethinen-Kirche
Siehe Seite 259.

Bethlehemstraße 54/
Elisabethstraße 23
ehemaliges **Kloster der Borromäerinnen**

1887 Die **Borromäerinnen** kommen nach Linz. In der **Hafnerstraße** eröffnen sie ein Heim für junge **Fabrikarbeiterinnen**.
1897 Die Borromäerinnen übersiedeln in die Bethlehemstraße.
1901/02 Neubau nach Plänen von **Wilhelm Fabigan** als **Altersheim**.
1938–45 Beschlagnahmung durch den Reichsarbeitsdienst.
1999 Wegen Nachwuchsmangel übergeben die Borromäerinnen das Heim an die **Caritas**.

Die **Kapelle** im 1. OG ist ein Historismus-Kleinod. Vor dem Eingang **Evangelisten-Bilder** von **Charles Louis Phillippot** aus 1846. **Josef Kepplinger** fertigt **Hochaltar** und **Kreuzweg-Reliefs**. Das Bild des **hl. Borromäus** stammt von **Andreas Stricker**, die **Wandmalereien** von **Friedrich Pasch**.

Harrachstraße

benannt nach dem Adelsgeschlecht der Harrach.

Harrachstraße 7
Priesterseminar-Kirche
Siehe Seite 263.

Harrachstraße 33

1931 bauen die Architekten **Sturmberger** und **Estermann** dieses expressionistische Eckhaus Harrachstraße-Bethlehemstraße. Obergeschoße mit abgerundeten Ecken und halbrund vorgesetzte Erker. Die Erker und ihre Gesimse versetzen die Fassade in eine Wellenbewegung. Im Dachgeschoß runde Fensteröffnungen.

Elisabethstraße 1/
Eisenhandstraße 2

Errichtet **1839** von **Johann Rueff**. Aufstockung 1877 durch Michael Lettmayr. Der an drei Seiten freistehende Bau hat eine **Hauptfront** mit **Neorenaissance-Formen** im Stil des Historismus.

Mozartstraße

benannt nach dem Komponisten **Wolfgang Amadeus Mozart** (1756–1791).

Mozartstraße 1–3
nach der Mozartkreuzung

Erbaut **1927** von Architekt **Hans Feichtlbauer** im Stil der **Neuen Sachlichkeit**. Auftraggeber sind der Apotheker Josef Hofbauer und der Karmelkonvent. Betonung des Baus durch polygonale Eckerker. Hervorhebung der Mitte durch **Erker in Polygonalform** und durch ein zusätzliches Stockwerk.

Mozartstraße 16/
Dametzstraße 49

Erbaut **1864** als palaisartiges Wohnhaus von Baumeister **Anton Schrittwieser** in biedermeierlichen Proportionen mit **neomanieristischem Dekor**. 1883 Verlängerung um 3 Achsen. Über den geraden Fensterverdachungen **Halbkreis-Bogenfelder** mit Muscheldekor. Das weit vorkragende Gesims trägt eine **Balustrade** mit Kugeln und Vasen. Der **turmartige Aufsatz** wird von einem

Schmiedeeisengitter samt Wetterfahne bekrönt. Das Erdgeschoß ist durch Geschäftseinbauten zerstört, der Aufsatz durch Reklame.

Mozartstraße 30/
Volksfeststraße 11
Mozartschule

Gebaut ab 1880 als Volksschule für den **Stadtteil Neustadt**. Der Architekt ist unbekannt. An der Hauptfront zur Dinghoferstraße Mittel- und Seitenrisalite. Im Inneren zwei Foyers mit Pilaster-Gliederung.

Mozartstraße 43

Erbaut **1907** von **Ernst Hillbrand** als an drei Seiten frei stehender Bau mit polygonalen Eckerkern. Gestaltung der Fassade in barockisierend-secessionistischen Mischformen.

Mozartstraße 43a

Erbaut **1909** von **Josef Ertl** im **Jugendstil**:

Ein Rundgiebel betont die Mittelachse.

Mozartstraße 47

Erbaut **1889** von **Franz Weikl**. Fenster im **2. OG** in Ädikula-Rahmung mit korinthischen Pilastern auf verziertem Sockel und darunter liegender Blendstoa in Konsolenrahmung. Im **1. OG** ionische Pilaster mit Ausnehmungen. Unterhalb der Fenster Kartuschenfelder.

Betonung der Randachsen durch Doppelfenster.

Mozartstraße 49

Wie Nr. 47 erbaut von **Franz Weikl**. Im Hauptgeschoß im 1. OG weit vorspringende Verdachungen durch Segmentgiebel.

Mozartstraße 50

Erbaut **1914** vom Dombaumeister **Matthäus Schlager**. Die **Mittelachse** mit Turmaufbau ist zurückversetzt. Das **Portal** ist im **Jugendstil** (Secessionsstil).

Mozartstraße 56 (links) bis Haus Nr. 52.

Mozartstaße 56

Erbaut **1909/10** von **Mauriz Balzarek** für Bäckermeister Josef Helletzgruber im Stil der **Secession** (**Jugendstil**).

Polygonal-Erker flankieren den Fassaden-**Mittelteil** mit Attika samt geschwungenem Giebel.

Mauriz Balzarek

1872-10-21 Geburt in **Tyrnau**, heute Slowakische Republik.

1899–1902 Studium an der Wiener Akademie bei **Otto Bauer**. Balzarek ist bereits **Bauleiter der Wiener Stadtbahn** unter Wagner.

1902 Lehrer an der **allgemeinen Handwerkschule in Linz**, später deren Direktor.

1906 Empfangssaal der Allgemeinen **Sparkasse Linz** (S. 94).

1907/08 **Kraftwerk Steyrdurchbruch**, erbaut im Jugendstil.

1909/10 **Mozartstraße 56**

1911 **Steinparzer-Haus** an der Landstraße 57 (Seite 187).

1912/13 **Direktion der** (späteren) **ESG** in Linz (Seite 148).

1913/14 **Gartensiedlung** am Linzer **Froschberg** gemeinsam mit Gustav Steinberger.

1924 Wohnhaus **Bürgerstraße 46** in Linz.

1929 **Hauptschule** und **Villa Reindl** in **Perg. Rudolfstraße 86** in Linz-Urfahr.

1945-02-17 Balzarek **stirbt im Luftschutzkeller** in **Linz**.

Seine frühen Bauten sind vom **Jugendstil** geprägt. Sein Spätwerk gehört bereits der **klassischen Moderne** an. Unter den Nationalsozialisten wird er kaum mehr beschäftigt.

Das **Portal** ist aufwendig mit Jugendstil-Elementen gestaltet. Turmähnlicher **Eckerker** mit durchgehenden Wandpfeilern auf stilisierten Masken.

Die Wandpfeiler enden oben mit verformten ionischen Kapitellen.

Vertikale Betonung der Achsen durch Dekorbänder und Kassettenfelder mit Ranken und Spiralen.

Stadtpark
begrenzt von Huemer-, Museum-, Nossberger- und Körnerstraße. Figurengruppe **Drei Frauen** aus Basanover Sandstein, 1995 von **Peter H. Wahl**.

Hessenplatz

Das **Neustadtviertel** wird im **19. Jh.** im Zuge der Stadterweiterung **rasterförmig** angelegt. Es reicht von der **Mozartstraße** im Norden bis zur **Westbahn** im Süden, und von der **Landstraße** im Westen bis zur **Khevenhüller-Straße** im Osten.

Der einzige Platz im Neustadtviertel hieß früher **Marktplatz**, im Ersten Weltkrieg **Kaiser-Wilhelm-Platz**. 1919 wird er zum **Pestalozzi-Platz** und 1934 zum **Hessenplatz**.

Hessenplatz 3
Wirtschaftskammer

1851 Gründung der **Handelskammer** in Linz. Erster der bisher 22 Präsidenten wird **Josef Dierzer Ritter von Traunthal**. Erster Sekretär wird **Ignaz Karl Figuly von Szep** (1807–1875).

1865 Errichtung der großen **Volksfest-Halle**.

1877 Erweiterung der Halle für Feste, Ausstellungen und für mögliche Truppen-Einquartierungen. Sitz des Varietés „Kolosseum“.

1950–52 Nach Bombenschäden im Krieg **Neubau** nach Plänen der Architekten Schauss, Lassy und Theer.

Europasaal im 1. OG (nicht öffentlich zugänglich) mit Holzvertäfelung. An den Seitenwänden **Tapisserien** der Wiener Gobelin-Manufaktur nach berühmten **Linz-Veduten**, links nach **Lucas van Valckenborch**.

Rechts Linz-Ansicht nach **Oskar Kokoschka**:

Ignaz Karl Figuly von Szep

1807 Geburt in **Wien**.
1826–29 Rechtsstudium in Wien.
1839 Eintritt in die Kanzlei von **Dr. Carl Wiser**, 1873–1885 Bürgermeister von Linz.
1845 Figuly gründet den **Männergesangverein „Frohsinn“**.
1851 Figuly wird **erster Sekretär** der neu gegründeten **Handelskammer Linz**.
1861–1873 **Abgeordneter** zum Oö. Landtag.
1863 Über seine Initiative wird das **Allgemeine Krankenhaus** in Linz eröffnet.
1875 Tod in Linz. Figuly stiftet sein Vermögen dem Allgemeinen Krankenhaus und dem Blindenverband.

Präsidenten der Handels- bzw. **Wirtschaftskammer**:

1851 Josef Dierzer Ritter von Traunthal
1858 Anton Pummerer
1867 Franz Honauer
1869 Ignaz Mayer
1871 Josef Hafferl
1873 Franz Reininger
1878 Johann Wimhölzel
1900 Emil Dierzer Ritter von Traunthal
1905 Karl Reininger
1912 Richard Hofmann
1926 Ludwig Hinterschweiger
1930 DI Franz Heißler
1936 Dr. Adolf Eigl
1938 Dr. Ferd. Falkensammer
1939 Oskar Hinterleitner
1944 Walter Wurm
1945 Josef Klein
1957 Dr. Franz Schütz
1980 Rudolf Trauner
1990 Kurt Kaun
2000 Viktor Sigl
2003 Dr. Rudolf Trauner

Jupiter-Brunnen
im Hessenplatz-Park:
1686–1690 fertigt **Johann Baptist Spaz zwei Brunnen** für den **Linzer Hauptplatz**. Der **Neptun-Brunnen** steht nach langer Odyssee wieder am Hauptplatz (siehe Seite 67). Der **Jupiter-Brunnen** wird ohne Jupiter-Figur **1876** im **Volksgarten** aufgestellt. Das Becken wird mit Blumen gefüllt. **1894** erfolgt die Neuaufstellung am **Hessenplatz**. **Franz Stark** fertigt die **neue Jupiter-Figur** nach dem im Nordico-Museum erhaltenen Wachsmodell.

Foto: Hans Koberger

Fadingerstraße 23
Konditorei Niemetz

1890 **Edmund Niemetz** gründet in **Linz** die noch heute bestehende **Café-Konditorei** in der Fadingerstraße.

1926 Sohn **Walter Niemetz** und seine Gattin kreieren die **Schwedenbombe**, eine kulinarische Köstlichkeit aus Eiweißschaum mit Schokoladeüberzug auf Waffelboden.
1930 oder 1935 gründen die Niemetz in **Wien-Landstraße** eine Manufaktur zur Produktion der Schwedenbomben. Die „Bomben“ werden in ganz Europa verkauft.

Eisenhandstraße 5

Erbaut **1886** durch **Ignaz Scheck** im Stil des **Späthistorismus**. Die flachen **Seitenrisalite** akzentuieren Doppelfenster. Fassaden-Dekor in neomanieristischen Formen.

Volksfeststraße 21/
Starhembergstraße 14

Franz Weikl baut **1889** den an drei Seiten freistehenden Bau im Stil der **Neorenaissance** mit neomanieristischen Elementen.

Volksfeststraße 25, 27, 29

Franz Weiss baut 1899/1900 die drei Häuser als einheitliches Ensemble des **Historismus**. In den neobarocken Fassaden werden die Seitenachsen betont:

Der Dekor nimmt mit steigendem Geschoß ab.

Gedenktafel am Haus **Nr. 29** für die Malerin **Vilma Eckl**.

Volksfeststraße 35/
Eisenhandstraße 38

Das **neobarocke Eckhaus** wird **1899** von Bauer & Fabigan erbaut. Betonung der abgeschrägten Ecke durch einen breiten Risalit mit Riesenpilastern, Balkon mit schmiedeeisernem Gitter und krönender Attika.

Dinghoferstraße 6 und 4

Das Haus **Nr. 4** wird **1937–1939** nach Plänen von **Alexander Popp** im Stil der **Neuen Sachlichkeit** erbaut.

Vilma Eckl
1892 Geburt in Enns.
1982 Gestorben in Linz.
Als Frau ist ihr der Besuch der Akademie verwehrt. Deshalb besucht sie private Malschulen. 1912 erste Ausstellungen in Salzburg und Linz. Unter dem Einfluss der Linzer Malschule von Matthias May wird die Bewegung ihr zentrales Thema.

Heute ist es Sitz der Ärztekammer.

Dinghoferstraße 35/
Ecke Lustenauerstraße

Die **Spedition Winkler** betreut in diesem Gebäude die Wagen und bis zu 350 Pferde zum Betrieb der **Pferde-Eisenbahn** (1827–1872 nach **Budweis**, bis 1856 auch nach **Gmunden**). Daran erinnern die Torpfeiler mit Pferdeköpfen.

Das Unternehmen betreibt auch Fiaker, Postwägen, Last- und Müllwägen. 1920 folgen der Taxibetrieb und die Errichtung der **ersten Tankstelle in Linz**.

Bürgerstraße 58/
Ecke Dinghoferstraße
Familien-Kirche Seite 267.

Schubertstraße 42/
Scharitzerstraße 29

Erbaut **1899** von **Franz Weiss** im Stil des **Späthistorismus**. An der abgeschrägten Ecke ein zweigeschoßiger **Rechteck-Erker** auf Konsolen. Fassaden-Dekor in zarten Rokoko-Formen.

Posthof

Posthofstraße 1, *Mozartstraße, Verlängerung Weißenwolffstraße und Derfflingerstraße die A7 überqueren in die Industriezeile.*
www.posthof.at

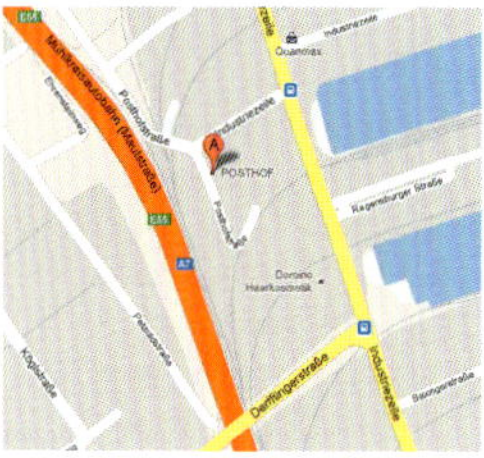

1984 kauft die Stadt Linz einen ehemaligen Bauernhof. Er wird zu einem modernen Veranstaltungsort für zeitgenössische Kunst umgebaut.

Nach mehreren Erweiterungen bietet das **Mehrsparten-Kulturzentrum** heute Musik (Rock, Pop, Jazz, Reggae), Kleinkunst, Tanz, Theater und Literatur. Dabei ist die Förderung der Nachwuchsszene ein zentrales Anliegen.

Elisabethinen-Kirche

zum hl. Franciscus seraphicus

Bethlehemstraße 23

Highlights

- **Gewölbe-Fresken** von **Bartolomeo Altomonte**
- **Hochaltar**
- **Bilder Seitenaltäre** von **Johann Anton Zitterer**
- **Neue Elisabeth-Kapelle**

1210 **Franziskus** gründet in **Assisi** den **Orden der Minderbrüder**, 1212 den der **Klarissen**.

1221 Franziskus gründet den **Dritten Orden** für alle weltlichen Männer und Frauen.

1622 In **Aachen** gründet **Apollonia Radermecher** das **erste Krankenhaus der Elisabethinen**.

1690 Elisabethinen-Krankenhaus in Graz, 1709 in Wien 1710 in Klagenfurt

1745 **Maria Theresia** bewilligt den Bau von Kloster und Spital der **Elisabethinen in Linz**. **Ernestine von Sternegg**, begüterte Erbin des Wiener Hofapothekers, stiftet dazu ihr Erbe. Die **Entscheidung für Linz** gegen Olmütz und Brünn fällt Ernestine **durch Los**!

1746–49 Kloster und Spital werden durch Baumeister **Johann Matthias Krinner** errichtet: 24 Klosterzellen und ein Krankensaal mit sechs Betten.

1754–57 Bau von Ost- und Südtrakt des Konvents.

1762 **Maria-Anna von Baumbach** tritt in den Konvent ein. Sie **stiftet** dem Kloster ihr **gesamtes Erbe**.

1764–68 **Kirchenbau** nach Plänen von **Paul Ulrich Trientl** aus Wien.

1843–45 Bau des **Fassaden-Turms** in frühklassizistischer Strenge: Über einem hohen Sockel Gliederung der **drei Zonen** durch **hinterlegte Pilaster** in klassischer Folge mit toskanischem, ionischem und oben korinthischem Kapitell.

Am unteren Gebälk ein **Triglyphenfries**. Über dem Konventseingang eine **Franziskus-Figur**.

1957 Erste Spitalserweiterung mit einem neunstöckigen Hochhaus.

2011 Eröffnung des fünften Spitaltraktes.

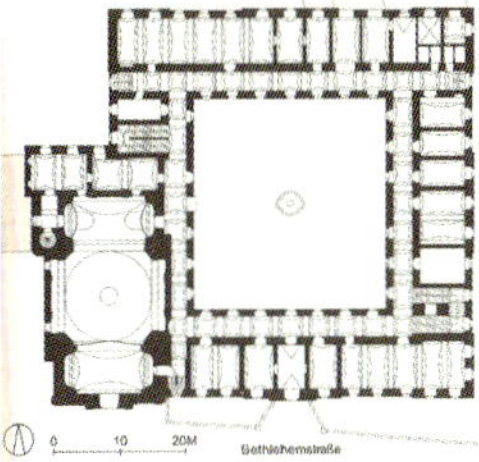

Plan Dehio Linz ©BDA

Der **Innenraum** ist eine zweiseitig symmetrische Anlage. Die Längsachse bilden Eingangsvorraum und Chor, die Querachse zwei kurze Seitenarme mit Tonnengewölbe.

Figur links hinten, **hl. Donatus**, 2. Hälfte des 18. Jh., mit dem von ihm gebändigten Blitz in der Hand.

Seitenaltar links, im Aufbau gleich dem Hochaltar, **Bild hl. Elisabeth von Thüringen**, 1833 von **Johann Anton Zitterer**:

Hl. Elisabeth von Thüringen
bzw. **von Ungarn**

1207 Geboren in **Ungarn**. Eltern sind König **Andreas II.** und Gertrud von Andechs.
1211 Elisabeth kommt an den **Hof von Thüringen**, um dort später Hermann, Sohn von **Markgraf Hermann** zu heiraten.
1216 Sohn Hermann stirbt.
1217 Vater Hermann stirbt. Der **zweite Sohn** wird als **Ludwig IV.** (1200–27) Markgraf.
1221 **Hochzeit** von **Ludwig** und **Elisabeth**.
1223 Die beiden gründen in Gotha ein Spital. Ludwig unterstützt Elisabeth bei deren karitativen Aufgaben.
1227 Ludwig stirbt am **Kreuzzug** von Kaiser **Friedrich II.** vor der Abfahrt in **Otranto**. Elisabeth wird von Schwager **Heinrich Raspe** vom Hofe entfernt.
1228 Sie wirkt als Krankenschwester in Marburg.
1231 **Elisabeth stirbt** in Marburg a. d. Lahn.
1246/47 **Heinrich Raspe** ist **Gegenkönig** zu Kaiser Friedrich II.

Rosenlegende
Elisabeth transportiert heimlich Lebensmittel aus der Burg zur Versorgung armer Menschen. Sie wird von ihrem Gatten Ludwig (oder Schwager Heinrich Raspe) dabei ertappt. Beim Öffnen der Kleiderschürze finden sich darin jedoch keine Lebensmittel, sondern Rosen. Diese Legende wurde zuerst **Isabella von Aragon** zugeschrieben, Gattin von König **Dionysius von Portugal** und **Großnichte von Elisabeth** von Thüringen.

Die Königstochter und Markgräfin **Elisabeth** mit Krone verteilt milde Gaben an Arme und Kranke. Einem Kind gibt sie eine Münze.

Am Altar das „Prager Jesulein“ nach dem Original im Prager Karmeliten-Kloster.

Hochaltar

Hochaltar, Figur links, **hl. Elisabeth von Thüringen** bzw. von Ungarn, 1964 von **Josef Rifesser** aus Südtirol.

Hochaltar-Bild **Christus am Kreuz** mit Maria, Maria Madalena und Johannes d. Ev., anonymer Maler aus der zweiten Hälfte des 19. Jh.

Oberhalb des Tabernakels eine **Madonna im Strahlenkranz** aus der Zeit nach 1650.

Mensa von 1886, auf der Vorderseite drei Reliefs: **Abraham**, **Melchisedek** und **Abel** beim Opfer. Altarfigur rechts **hl. Franz von Assisi** mit Evangelien-Buch, 1964 von Josef Rifesser:

Pfeiler rechts, barocke Darstellung der **Heiligen Dreifaltigkeit**.

Seitenaltar rechts
Rahmung durch hinterlegte korinthische Pilaster wie Hochaltar und gegenüberliegendem Elisabeth-Altar.

Altarbild **Anna Selbdritt**: **Anna** mit ihrer Tochter **Maria** und **Josef** mit blühendem Stab. Links hält **Elisabeth** ihren Sohn **Johannes**, den späteren Täufer, an der Hand. Hinter Elisabeth ihr Gatte **Zacharias** und ein weiterer Heiliger. Bild aus 1833 von **Johann Anton Zitterer**:

Im Glasschrein auf der Mensa eine barocke **Pieta** aus der Zeit um 1750.

Pfeilerfigur rechts hinten, **hl. Florian**, nach 1750.

Chor, Deckenfresko **Glorie der hl. Elisabeth**, um 1768 von **Bartolomeo Altomonte** (1702–1779). Rechts die **Allegorien des Leidens** mit Geißel und Joch. Unten links die Allegorien der **Nächstenliebe** mit Pelikan, der **Frömmigkeit** mit Kerze und der **Freigebigkeit** mit Füllhorn.

Über dem quadratischen **Mittelraum** wölbt sich eine kreisrunde **Kuppel** mit Laterne und drei Fenstern. Deckenfresko **Apotheose des hl. Franziskus**, um 1768 von **Bartholomeo Altomonte**, illusionistische Malerei von Matthias Dollicher.

Kuppelfresko, Detail mit hl. Franz von Assisi.

In den **Gewölbezwickeln** die vier lateinischen **Kirchenväter** Ambrosius, Augustinus, Hieronymus und Papst **Gregor d. Gr.** mit Taube.

Eingangswand mit Orgelempore, Fresko **Musizierende Engel**, ebenfalls von **Bartolomeo Altomonte** und Matthias Dollicher.

Konvent

Sakristei: Paramentenschrank um 1730, Bilder hl. Katharina von Bartolomeo Altomonte; hl. Elisabeth, Kindermord von Bethlehem und Zinsgroschen, alle 18. Jh.

Im **Gang** Bild (Leihgabe) von **Kardinal Melchior Klesl** (1552–1630).

Kardinal Melchior Klesl

1598 Bischof von Wien.
1599 **Kanzler von Kaiser Matthias**.
1616 Kardinal Klesl sucht den Ausgleich mit den Protestanten.
1618 Der kinderlose Matthias bestimmt seinen Cousin **Ferdinand** zu seinem Nachfolger. Klesl verzögert die Anerkennung durch den Papst. Ferdinand **inhaftiert Klesl in Tirol**.
1622 Klesl wird nach Rom freigelassen.
1627 Rückkehr nach Wien.

Alter Festsaal

Intarsien-Wand mit Darstellung der Ordensklöster der Elisabethinen, 1972 von **Helmut Zeiner**. Mitte links **Dr. Walter Luib**, Primar in Linz 1955–1978.

Elisabeth-Kapelle

Die Kapelle aus 1975 wird **2009** bei der letzten Erweiterung abgetragen. Dafür Bau der neuen Elisabeth-Kapelle im 1. OG.

Architektin **Sonja Ramusch** gestaltet das Innere in warmen Erdfarben. Auf den **Glastafeln** sind die **sieben** in der Bibel überlieferten **Worte Jesu am Kreuz** zu lesen, u. a. „Mein Gott, mein Gott, warum hast du mich verlassen?" **Kruzifix** aus dem 18. Jh. aus der Hauskapelle des Grafen Poatatzky aus Mähren.

Links: Statue Madonna **mit Jesuskind**, 16. Jh. aus Bayern:

Rechts: Statue **Auferstandener Christus** um 1515.

Kapellen-Vorraum: Statue **hl. Elisabeth** beim Geldspenden an Arme, 1964 von **Josef Rifesser**.

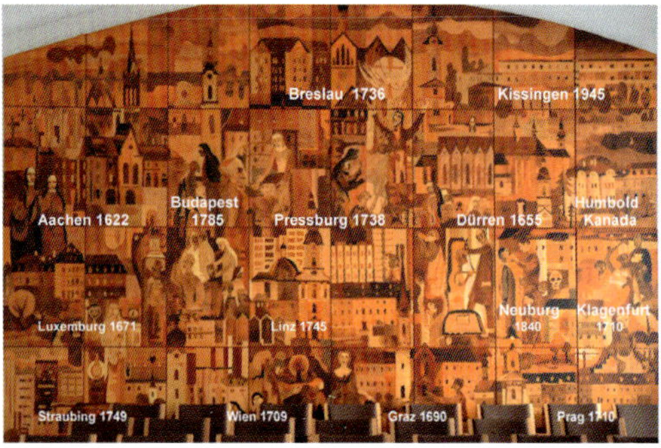

Priesterseminar-Kirche

Ehemalige Deutschordenskirche Heiliges Kreuz
Harrachstraße 5 und 7

Highlights

- **Turmfassade** von **Johann Michael Prunner**
- **Altarbilder** von **Martino Altomonte** und **Johann Georg Schmidt,** genannt **Wiener Schmidt**
- **Deckenstuck** von **Paolo d'Allio**

1636 **Johann Gottfried Perger von Clam** kauft das 1620–27 gebaute Haus und lässt es ausbauen.

1708 **Johann Adam Pruner** (1672–1734, ab 1720 Bürgermeister von Linz) erwirbt das Haus. Der **Salzburger Erzbischof Johann Ernst von Thun** stellt 30 000 Gulden für die Errichtung einer **Kommende** (Niederlassung) des Deutschen Ritterordens in Aussicht.

1711 **Franz Anton von Harrach**, Nachfolger Thuns als Erzbischof von Salzburg, kauft das Haus von Franz Anton von Khevenhüller.

1715 Benutzung als **Deutsches Haus** durch den **Ordenskomtur Johann Joseph Philipp Graf Harrach** zu Rohrau, Bruder von Franz Anton.

1718–23 **Johann Michael Prunner** (1669–1739), Bruder von Johann Adam Pruner, baut die **Kirche** nach Plänen von **Johann Lukas von Hildebrandt** (1668–1745).

1765–1805 Die **Kapuziner** betreuen die Kirche, da die Komturen (lokale Befehlshaber) des Ordens die Kommende kaum nutzen.

Kapelle von 1722

Östlich der Kirche wird von **Johann Michael Prunner** eine Kapelle gebaut, wohl nach einem Entwurf von J. L. von Hildebrandt.

1727 wird die Kapelle abgetragen und nach **Schloss Weinberg** versetzt. Heute ist sie an der Seitenfassade des dortigen Meierhofes.

Die **neue Kapelle** neben der Priesterseminar-Kirche mit einer **Nepomuk-Statue** von **Georg Raphael Donner** aus 1727 wird **1898** erneut abgetragen und an den Chor der **Stadtpfarrkirche Linz** versetzt (siehe Seite 156).

1796 Der letzte Ordenskomtur **Aloys von Harrach** stirbt. Die **Kommende** wird **aufgelöst**. Verkauf des Hauses an die **Gräfin Sprinzenstein**.

1804 Kauf durch **Bischof Joseph Anton Gall** zur Errichtung eines **Diözesan-Seminars**.

Joseph Anton Gall, zweiter Bischof von Linz (1748/1788–1807), ernannt von Kaiser Joseph II., Bild aus Landeschronik Oberösterreich, 1992, Hrsg. Rudolf Lehr.

1805/06 Seminargebäude-**Verlängerung** durch Architekt Humayer um **4 Achsen** nach Westen.

1831 Weitere Hausverlängerung um 6 Achsen.

Kreuzzüge

636 **Kalif Umar** besiegt die **Byzantiner** am Yarmuk. **Syrien** und **Palästina** werden **muslimisch**.

1009 Der geisteskranke **Fatimiden-Sultan Al-Hakim** zerstört das Heilige Grab in Jerusalem. **Christen** wird der bisher **freie Zugang nach Palästina verwehrt**.

1054 Das **Schisma** (Spaltung) **der Christen** in Ost und West schwächt Byzanz.

1071 **Seldschuken** unter **Alp Arslan** erobern von Byzanz große Teile **Anatoliens**.

1095 Papst **Urban II.** ruft in Clermont-Ferrand zum **Kreuzzug** auf.

1099 Jerusalem wird im **1. Kreuzzug** erobert. Ein Blutbad folgt. Bis 1109 werden **4 Kreuzfahrerstaaten** gegründet: **Antiochia, Edessa, Jerusalem** und **Tripolis**.

1120 Zur Sicherung der Pilgerwege wird der **Templer-Orden** gegründet.

1139 Die **Hospitaler** in Jerusalem wandeln sich unter **Raimund von le Puy** in den **militärischen Orden** der **Johanniter**.

1187 Sultan **Saladin** siegt bei **Hattin** und erobert **Jerusalem**.

Deutscher Orden

1190 Kaufleute aus Lübeck stiften während der **Belagerung** der Stadt **Akkon** im **3. Kreuzzug** den **Deutschen Orden**.

1230 Der Deutsche Orden errichtet im **Baltikum** ein **eigenes Herrschaftsgebiet**.

1249 Der **Mamluke Aybak** beseitigt den **letzten Ayyubiden-Sultan** in Ägypten.

1271 Die **Mamluken** unter **Baibar** erobern die Kreuzfahrer-Staaten bis auf wenige Reste. Auch der 8. Kreuzzug ist erfolglos.

1291 **Akkon** wird vom Mamluken **Chalil erobert**. Sitz des Deutschen Ordens wird **Venedig**.

1309 Sitz des Ordens wird die **Marienburg** südlich von Danzig.

1410 Polen-Litauen besiegt bei **Tannenberg** den Deutschen Orden.

1525 Hochmeister **Albrecht I. von Brandenburg-Ansbach** wird Protestant. Er wandelt den Deutschordensstaat in ein **weltliches Herzogtum** um. Die katholisch bleibenden Mitglieder verlegen ihren Sitz nach **Bad Mergentheim**. Der Orden, nunmehr ohne weltliche Macht, widmet sich seitdem karitativen Aufgaben.

1853 Das **Priesterseminar** wird in die **Harrachstraße 5** verlegt.

1898–1900 Aufstockung um das 4. Geschoß.

1938–45 Beschlagnahmung durch die Nazis.

1973–75 **Gottfried Nobl** errichtet nördlich der Kirche die **Hauskapelle**, erreichbar durch das Seminar. Von Nobl stammen auch die Kirchen **St. Konrad** am Froschberg, **St. Leopold** in Urfahr und die **Zum guten Hirten** in der Neuen Heimat. Außerdem plante er die **Raiffeisenzentralkasse** am Marktplatz.

1978 Das diözesane Seminar wird **päpstliche Hochschule**.

1988 Ausgliederung des Hochschul-Betriebes in das Haus **Bethlehemstraße 20**.

2000 Die Hochschule wird zur **Katholisch-Theologischen Privatuniversität**.

Priesterseminar

Fenster-Verdachungen nach einem Plan von Prunner: Gebrochene Dreiecksgiebel mit mittlerem Kugelaufsatz alternieren mit Segmentbogen-Giebel. Vorderes **Portal**:

Entwurf wohl von Hildebrandt, Ausführung von Prunner. Der **Korbbogen** liegt auf Voluten-Konsolen. Seitlich über Eck gestellte **Hermen-Pilaster** mit Reliefs. **Vasen-Aufsätze** am abschließenden Gebälk.

Die konkave **Westfassade** der Kirche ist etwas schmäler als der Vorhallenbau. Schräg gestellte **Pilaster** auf hohem Sockel. Das umlaufende **Gebälk** ist nur

an der Westseite verkröpft. Die **vier Fassaden-Statuen** fertigt 1721 **Josef Kracker** aus Wien (1683–1733). Es sind die einzigen Werke, die von ihm erhalten sind.

Links oben die Allegorie der **Wachsamkeit**. Der **Kranich** neben ihr hütet in seiner Klaue einen Stein.
Links innen die Allegorie der ehelosen **Keuschheit**. In ihrer rechten Hand hält sie **zwei Tauben**, Symbol der Reinheit und Liebe.

Rechts innen die Allegorie des **Ordensgehorsams**. Die Frau schwingt in ihrer Hand einen **Pferdezaum**. Damit verweist sie auf den Verzicht des eigenen Willens.
Rechts oben Allegorie der **Freigebigkeit**. Eine Frau in demütiger Haltung hält in ihrer Linken eine **offene Truhe**, in der Rechten einige **Münzen**.

Darunter das Doppelwappen des **Deutschen Ordens** und der **Familie Harrach**.

Das **Rundbogen-Portal** errichtet **S. Stumpfögger** im Stil Hildebrandts mit flankierenden **Hermen-Pilastern**. Auf dem kielbogigen **Stufengiebel** sitzen **zwei Putten**, eine mit Kelch und Stola, die andere mit Ordenskreuz und Schwert.

Ein Gitter trennt die Vorhalle vom Kirchenraum. Gitterabschluss mit **Bischofsmitra** und krönendem **Kardinalshut**. Inschrift „In cruce salus" (Im Kreuz ist Heil).

Das **barocke Baujuwel** ist eine **Längsoval-Kuppelkirche** mit hohen Arkadenbögen und flachen Kapellen in den Querachsen.

Ein tieferer Chor liegt gegenüber der niedrigeren Vorhalle. Acht Stichkappen schneiden die flache Kuppel.

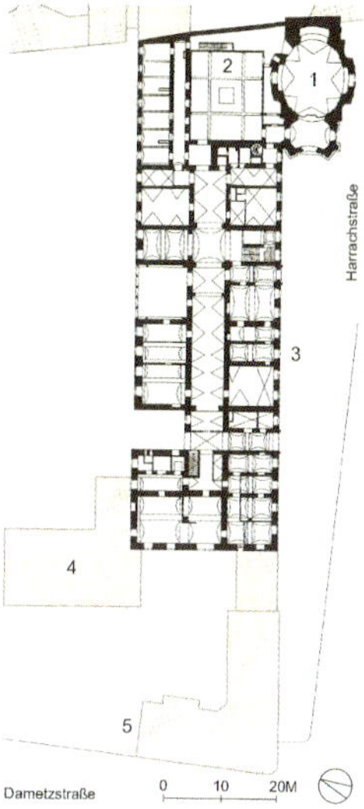

Plan Dehio Linz ©BDA
1. Seminarkirche
2. Hauskapelle
3. Priesterseminar Altbau
4. 5geschoßiger Bau 1931/32
5. 2geschoßiger Bau 1931/37

Nischenfigur links hinten, **hl. Georg**, wohl wie die drei anderen vom Salzburger **Simeon Fries**. Es sind die letzten Werke des Schülers (?) von Schwanthaler.

Unter der **Ädikula**, die Nische und Statue einfassen, ist wie gegenüber eine **intarsierte Blindtüre**.
Der Ritterheilige **Georg** und die mildtätige **Elisabeth** sind die **Patrone des Deutschen Ordens**.

Nischenfigur links vorne, der Evangelist **Johannes**, wohl von Simeon Fries.

In den beiden vorderen und damit altarnahen Nischen sind die Statuen von **Johannes** und **Joseph**. Es sind die Namenspatrone von **Johann Josef Philipp Graf von Harrach**, erster Komtur der Linzer Kommende des Deutschen Ordens.

Seitenaltar links, Bild **Tod des hl. Joseph**, 1724 von **Johann Georg Schmidt** (1685–1748). Zur Unterscheidung von seinem berühmteren Namensvetter Martin Johann Schmidt (1718–1801, **Kremser Schmidt**) wird Johann Georg als „**Wiener Schmidt**" bezeichnet. Beide Maler sind nicht miteinander verwandt.

Hochaltar

Ein für Hildebrandt typisches Wandretabel mit architektonischer Rahmung. Die **Engelfiguren** auf den Voluten im unteren Bereich und auf der giebelartigen Verdachung stammen von **Fries**. Geschwungener Altartisch nach einem Entwurf von Andrea Beduzzi. Bild **Kreuzigung Christi** mit Maria, Johannes und Maria Magdalena, 1723 von **Martino Altomonte** (1657–1745).

Nischenfigur rechts vorne, **hl. Joseph** mit Jesuskind.

Nischenfigur rechts hinten, **hl. Elisabeth**.

Seitenaltar rechts, Bild **Tod des hl. Johannes Nepomuk**, 1724 vom **Wiener Schmidt**.

Decken-Stuck aus 1721 von **Paolo d'Allio**, **Gottvater** mit Zepter und Weltkugel.

Hauskapelle, errichtet 1973–75 von Gottfried Nobl. Großformatige **Ausmalung** von **Rudolf Kolbitsch**: an den Seitenwänden das **Himmlische Jerusalem**, an der Altarwand das **Pfingstwunder**.

Tabernakel an der Altarwand als „Lebendiges Wasser".

Türen zur Seminarkapelle mit **Stahl-Ätzungen**: Kreuzigung, Symbole der Gewalt, der Sterblichkeit und der Menschheit.

Pfarrkirche zur Heiligen Familie

Bürgerstraße 58

Ansicht vom Dach der Raiffeisen-Landesbank. Im Hintergrund der Neue Dom.

Ecke **Dinghoferstraße-Bürgerstraße**:

1785 Für das neu errichtete **Neustadt-Viertel** wird die Pfarre St. Josef in der **Karmeliten-Kirche** zuständig.

1907–12 Bau der **Familien-Kirche** nach Plänen von **Matthäus Schlager**, Dombaumeister 1909–1959.

1968 Die Mauracher-Orgel, 1929 für den Neuen Dom gebaut, wird dort durch die Rudigier-Orgel ersetzt und kommt in die Familien-Kirche.

Schlager errichtet die Familien-Kirche im Stil der **Spätrenaissance**. Schauseite im Norden in der Bürgerstraße. Die hervortretende **Mittelzone** rahmen korinthisierende Doppelpilaster. Das **Rundbogen-Portal** wird von korinthischen Doppelsäulen und einem Segmentgiebel umfasst. Im **Giebelfeld** Mosaik der **Heiligen Familie**.

Eingang, Lourdes-Kapelle.

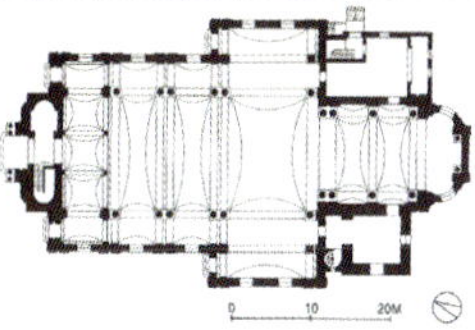

Plan Dehio Linz ©BDA

Auch das **Innere** ist im Stil der **Neo-Hochrenaissance**. Doppelsäulen tragen die seitlich weit vorgestellten Arkaden. Doppelpilaster gliedern die Seitenschiffe. Platzlgewölbe in den Haupträumen, Quertonnen in den Seitenschiffen:

Hochaltar 1912 nach Plan von **Matthäus Schlager**. Altarbild **Hl. Familie**, 1912 von **Andreas Strickner**.

Hochaltar, **Tabernakel** mit einem darüberliegenden Pavillon. Darin die den Hl. Geist symbolisierende Taube und zwei Engelfiguren.

Chor, Marien-Statue und Ewiges Licht.

Vierung, **Kuppel-Fresko** 1912 von Andreas Strickner: Dreifaltigkeit mit Maria und Josef, Verkündigung, Anbetung der Hl. 3 Könige, Darbringung im Tempel und Jesus unter den Schriftgelehrten.

Triumphbogen links unten, ein Mönch, die **hll. Leopold** und **Wolfgang**.

Triumphbogen rechts, die **hll. Florian**, **Valentin** und **Severin**.

Alle Wandbilder aus 1912 von Andreas Strickner.

Zwickel zur Kuppel, **Abraham** will **Isaak** opfern.

Zwickel, **Arche Noah**.

Zwickel, **König David**. Mit seinem Harfenspiel lindert er das Leiden seines Vorgängers König Saul.

Zwickel, **Vertreibung von Adam und Eva** aus dem Paradies.

Kanzel im Stil der Neo-Renaissance, mit Stuck überzogen.

Seitenaltar links, Bild **Der hl. Karl Borromäus** spendet dem **hl. Aloysius von Gonzaga** die Kommunion.

Seitenaltar rechts, Bild **Maria mit Jesuskind** erscheint dem **hl. Antonius von Padua**.

Kreuzweg-Bilder ebenfalls von **Andreas Strickner** im Stil der **Nazarener**.

Pfarrhof Bürgerstraße 58, errichtet von Matthäus Schlager (?) im Stil des stark reduzierten Historismus.

Südbahnhof Design Center Franckstraße

Ansicht **Marktplatz** vom Dach der Raiffeisen-Landesbank Richtung Norden:

1859–72 Hier befindet sich der **Bahnhof** der **Pferdeeisenbahn Budweis–Linz–Gmunden**. Zur Unterscheidung vom Hauptbahnhof wird er **Südbahnhof** genannt.

1930 Bau der Wohnhäuser auf der Westseite.

1939–45 Lagerplatz für militärisches Material während des 2. Weltkrieges.

1949 Der „**Südbahnhof-Markt**“ ersetzt den im Krieg zerstörten Grünmarkt am Hessenplatz.

1991 Eröffnung der **Tiefgarage** und des neu gestalteten Südbahnhof-Marktes.

Neben Gemüse und Obst bieten die 28 Marktstände die volle Versorgung mit Schmankerln aller Art.

Fischbrunnen, 1952 zur Markteröffnung von Gudrun Wittke-Baudisch gefertigt.

Gänseliesl-Brunnen, 1952 zur Markteröffnung gefertigt von Walter Ritter.

Diesterweg-Schule
Khevenhüller Straße 3, an der Marktplatz-Ostseite.

Erbaut 1929–31 nach Plänen von Stadtbaudirektor **Kurt Kühne** (1882–1963) als Höhepunkt des Linzer Schulbaus.

Aufstockung des Zwischentraktes 1974–76 nach Plänen von Hans Zafred.

Im Zentrum das Treppenhaus mit 3-armigem Doppelstiegenhaus und expressiven Gittern aus Schmiedeeisen.

Darüber der 39 m hohe Uhrturm. Daran schließen kreuzförmig die Bauteile mit querrechteckigen Fenstern an.

Im **Februar 1934** ist die Diesterwegschule eines der Zentren der Kämpfe bei der Niederschlagung des Widerstandes der Sozialdemokraten bei deren Entwaffnung durch Heimwehr und Bundesheer. Bis zur Fertigstellung des Brucknerhauses 1974 (siehe Seite 170) dient der Turnsaal der Diesterwegschule auch als Konzertsaal.

Ehemaliger Südbahnhof

Errichtet 1834/35, umgebaut 1854. Aufschrift am ehemaligen Südbahnhof : „**1832–1872**“ für die Eröffnung der

Strecke Budweis–Urfahr und für die Einstellung der Pferdeeisenbahn 1872.

1902 errichtet Adolf Slowak für den Linzer Turnverein für das 8. Deutsch-Österreichische Kreisturnfest die **Südbahnhofhalle** für 5 000 Personen. 1945 brennt der Jugendstilbau nach einem Bombenangriff ab.

Pferdeeisenbahn Budweis–Linz–Gmunden

1807 **Franz Josef Ritter von Gerstner** plant eine Pferdeeisenbahn von **Budweis** nach **Mauthausen** mit Stationen in 386, 711 und 242 m Seehöhe.

1825 Bau der Pferdeeisenbahn durch Sohn **Franz Anton Ritter von Gerstner**. Erste **Dampf-Eisenbahn** in **England**.

1828 Die Strecke Budweis–Kerschbaum ist fertig. Gerstner wird von **Matthias Schönerer** abgelöst. Er baut weit **kleinere Radien**. Ein späterer Dampfbetrieb wird dadurch unmöglich. Neues Ziel wird **Linz**.

1832 Fertigstellung.

1836 Eröffnung Linz–Gmunden.

1860 Inbetriebnahme der Kaiserin-Elisabeth-Bahn **Wien–Linz–Salzburg** mit Dampfbetrieb.

1872 **Einstellung** der **Pferdeeisenbahn**.

1873 Dampfbetrieb auf der neuen Trasse Kerschbaum–Linz.

Raiffeisen-Landesbank

Europaplatz 1a

1864 **Friedrich Wilhelm Raiffeisen** (1818–88) gründet in Heddesdorf nahe Koblenz einen **Darlehenskassenverein** zur Linderung der Armut der Landbevölkerung.

1889 Gründung der **ersten Raiffeisenkasse** in Oberösterreich in **Weißkirchen an der Traun**.

1900 Gründung der **Genossenschafts-Zentralkasse** für Oberösterreich.

1970–74 Bau der neuen Zentralkasse durch Dombaumeister **Gottfried Nobl**.

1988 Umwandlung der Oö. Zentralkasse in Raiffeisenlandesbank (RLB).

1990 Zubau I.

2000–02 Zubau II: Bei der Erweiterung der RLB mit dem Forum und dem Gebäude Europaplatz 1a wird der **ehemalige Kindergarten** von den Neubauten umfangen. Das heutige **Schaller-Haus** wird **1896** nach Plänen von Wilhelm Fabigan als **Kindergarten** der **Firma Franck** gebaut.

2012 ist die RLB Spitzeninstitut für 96 selbstständige Raiffeisenbanken in Oberösterreich mit 452 Bankstellen. **Forum** der RLB für Kunden-Veranstaltungen:

Bereits beim Bau beschließt die RLB einen bestimmten Prozentsatz der Bausumme für die künstlerische Ausstattung. Decke im Forum:

RLB-Direktion (nicht öffentlich zugänglich!), Bild **Ohne Titel**, 1997 von **Hans Staudacher**.

Direktion, Bild **Über Das Wesen Des Königlichen**, 1999 von **Rudolf Leithner-Gründberg**.

Direktion, **Draht-Erosionstechnik** von **Helmuth Gsöllpointner**, Ausführung Fa. Josef Haidlmair in Nussbach.

ORF-Landesstudio

Europaplatz 3

Erbaut **1968–73** von **Gustav Peichl**, bekannt auch als Karikaturist **Ironimus**. Für den Bau muss die 1901 errichtete Villa des Industriellen Carl Franck weichen.

Der Wiener Peichl maturiert 1949 an der Staatlichen Gewerbeschule in Linz. Er verwendet beim Bau das gleiche System wie bei den ORF-Landesstudios in Salzburg, Innsbruck und Dornbirn.

Die **funktionalen Bauteile** werden dabei zur **ästhetischen Darstellung**. Am Haupthaus sind alle Sektoren segmentartig um die **zweistöckige** Halle mit Galerie gruppiert.

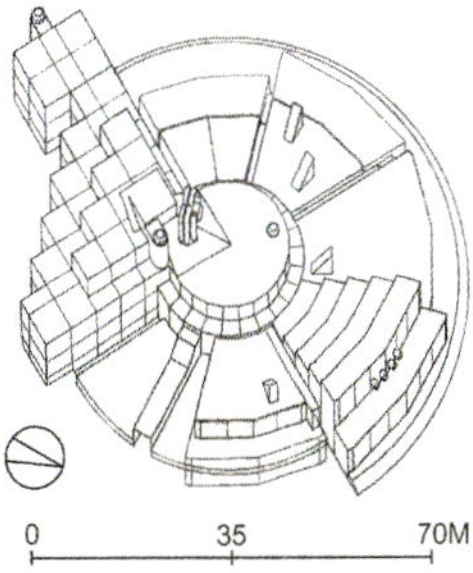

Neben vielen anderen Beiträgen produziert das ORF-Landesstudio die Sendung „OÖ heute" mit höchsten Einschaltquoten.

Aussicht vom Dach der Raiffeisen-Landesbank Richtung Süden auf **Franckstraße, ehemalige Franckfabrik** und **ORF-Landesstudio**.

Design Center

Errichtet **1991–93** nach Plänen des Münchner Architekten **Thomas Herzog**. Der „eingegrabene Zylinder" bedeckt eine Fläche, die in ihrem Ausmaß dem Linzer Hauptplatz entspricht. Gleich daneben das Hotel Courtyard by Marriott Linz.

Foto: SPÖ Linz

Neben Kongressen und Konzerten beherbergt das Design Center alljährlich den Autosalon.

Ehemalige Franckfabrik

1828 In **Vaihingen bei Stuttgart** wird die **Kaffee-Surrogat-Fabrik Heinrich Franck Söhne** gegründet.

1879 In Linz wird deren erste Niederlassung im Ausland gegründet. Bald folgen Zweigwerke in allen Teilen der Monarchie. Der sozial engagierte Familienbetrieb fördert den Bau von Arbeiterwohnhäusern, Kleinkinderschule und Kindergarten.

1944 Fusion mit dem Malzkaffee-Konzern **Kathreiner**.

1971 Aufnahme der 1868 gegründeten Linzer Feigenkaffee-Fabrik **Titze**.

1973 Franck & Kathreiner wird vom **Nestlé-Konzern** übernommen.

1894/95 errichtet Architekt **Michael Lettmayr** das große Verwaltungsgebäude. 1906 wird es aufgestockt. Die 1895–1907 gebauten sieben Lager- und Produktionsgebäude werden nach 1973 umgebaut. Heute haben dort diverse Firmen ihren Sitz.

Volkshaus Franckviertel

Franckstraße 68

Die ehemalige Dorfhalle errichtet Stadtbaudirektor **Kurt Kühne 1929**.

In der **Franckstraße** liegt der ehemalige **Schultrakt**, in der **Füchselstraße** der ehemalige **Kinotrakt**. Eine **Rotunde** verbindet beide

Teile. 1970 wird das Haus saniert und umgebaut.

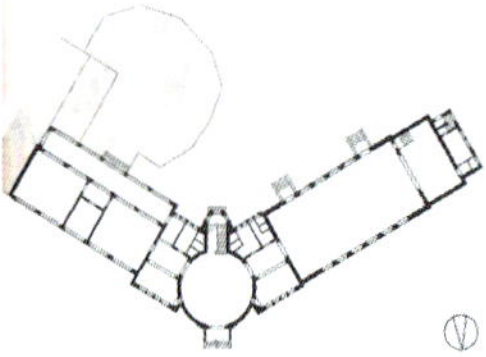

Wohnbauten in der **Füchselstraße/Ing.-Stern-Straße**, errichtet 1909. Viergeschoßige secessionistische Wohnbauten mit Heimatstil-Elementen sind um einen trapezförmigen offenen Hof angeordnet.

Errichtung der Wohnbauten in der Hittmairstraße und Wimhölzelstraße 1921–25 durch Kurt Kühne und Matthäus Schlager in spätsecessionistischen Formen. Erweiterungen 1930–31, in der NS-Zeit und in den 1950er-Jahren.

Regenwald-Brunnen
Wimhölzelstraße

Gebaut 1990 von **Karl-Jürgen Trinkl**. Aus **28 Röhren** von 1,5 bis 5 m Höhe strömen „Schirme aus Wasser“. Dahinter Wohnbau aus 1921–25, errichtet von Kurt Kühne und Matthäus Schlager.

Kirche Don Bosco

Fröbelstraße 30

1859 Giovanni Bosco (**Don Bosco**, 1815–88) gründet in Italien die Ordensgemeinschaft der **Salesianer**. Sie ist benannt nach dem **hl. Franz von Sales** (1567–1622). Die Salesianer sind Pioniere der pädagogischen Jugendarbeit.

1903 Die Salesianer kommen auch nach **Wien**.

1928 Weihe der ersten **Notkirche** am heutigen Standort der Don-Bosco-Kirche in **Linz**, geplant von **Matthäus Schlager**.

1944 Eine Fliegerbombe zerstört die Notkirche.

1946/47 Bau der neuen Kirche. **Adolf Litschel** erweitert dabei die alten Pläne von Schlager.

Die Doppelturm-Fassade bildet eine blockhafte Front. Die Kirche ist ein einschiffiger Bau mit flacher Holzdecke und gerade abgeschlossenem Chor.

Hohe schmale Rechteckfenster mit abstrakten Glasgemälden aus den 1960er-Jahren. Seitliche **Relief-Figuren** 1957 von **Hans Schmidinger**. Links die hll. Teresa von Avila, Christophorus, Elisabeth von Thüringen und Josef:

Rechte Relief-Figuren: hll. Ursula, Nikolaus von Myra, Barbara und Judas Thaddäus.

Seitenaltar links, asymmetrisches Mosaikfeld mit einem **Christus-Relief**.

Hochaltar
Drei **Mosaik-Felder** über die ganze Chorwand als Hintergrund für ein **Kruzifix** aus 1734 (?). Es stammt aus der Kapelle am ehemaligen Hafferlfeld (Ecke Landstraße–Langgasse).

Am **Tabernakel** Darstellung von Engel und Fisch in Email, 1949 von **Rudolf Kolbitsch** (Siehe S. 325).
Seitenaltar rechts, asymmetrisches Mosaikfeld mit Relief **Maria mit Jesuskind**.

Volksgarten

1828 Die Stadt Linz erwirbt das Gelände von einem Linzer Kaffeesieder.

1829 Eröffnung des Volksgartens mit dem **ersten Linzer Volksfest** im Beisein von Kaiser Franz II./I.

1868/69 Ludwig Gyri (1834–1917) baut den zweiten **Volksgarten-Pavillon**.

ca. 1900 Die Stadt pflanzt eine Menge Bäume.

1905 **Stelzhamer-** und **Jahn-Denkmal** werden errichtet.

1945 Bei einem **Bombenangriff** wird der größere Teil des **Kurpavillons zerstört**. Der hintere Teil wird als „**Gulaschhütte**" weiter verwendet.

1950 Bau der **Schärdinger Milchtrinkhalle**.

1953 Abriss der „Gulaschhütte".

2003 Abriss der Schärdinger-Halle vor dem Bau der **Straßenbahn-Tunneltrasse** von der Herz-Jesu-Kirche bis zur Goethekreuzung.

Stelzhamer-Denkmal

Den Entwurf liefert **Franz Metzner**. Den Guss fertigt **H. Noak** in Berlin. Bürgermeister F. Dinghofer „eröffnet" **1908** das Denkmal.

Franz Stelzhamer
1802–74: Der Mundartdichter ist der Schöpfer der **Landeshymne** von Oberösterreich. 1884 sucht **Hans Zötl**, Gründer des Stelzhamer-Bundes, den Text aus. **Hans Schnopfhagen** komponiert die Melodie. Bei der Eröffnung der Volksschule in **Kirchschlag 1885** dirigiert Schnopfhagen die **Uraufführung**. **1952**, beim 150. Geburtstag Stelzhamers, erklärt der Oö. Landtag die 1., 2. und letzte (= 8.) Strophe von „**Hoamatgsang**" zur **Landeshymne**.

Jahn-Denkmal

Im Auftrag des Deutschen Turnvereins in Linz fertigt der Mondseer Bildhauer **Leo van der Moos** die Bronzebüste von Friedrich Jahn.

1905 wird das erste Denkmal im Volksgarten gebaut. Die Zusatztafel enthält die Namen der in den beiden Weltkriegen gefallenen Turner.

Friedrich Jahn
1778–1852
Er ist der Initiator der deutschen Turnbewegung. Sie ist von Anfang an mit der **frühen Nationalbewegung** verknüpft. U. a. soll die Jugend für den Kampf gegen Napoleon und für die Rettung Preußens vorbereitet werden. 1808 skizziert Jahn erstmals seinen **völkischen Nationalismus**. Für sein „**Großdeutschland**" soll eine neue Hauptstadt „Teutonia" gebaut werden. 1811 errichtet Jahn in Berlin den ersten Sportplatz.

Kneipp-Denkmal

Sebastian Kneipp (1821–1897), Naturheilkundiger

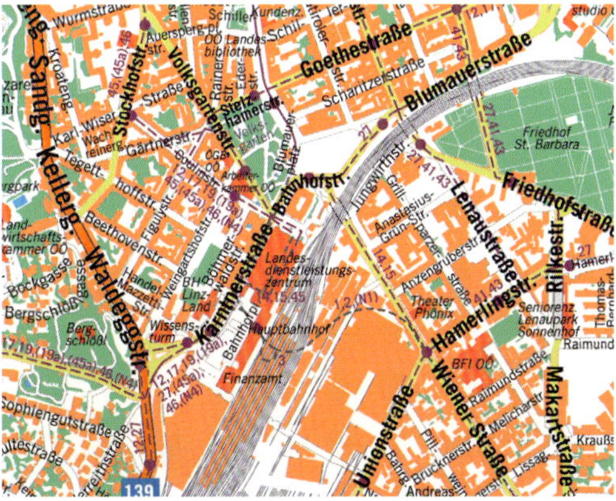

und katholischer Geistlicher, macht **Wassertreten** und **Wasserkuren** populär. Im Hintergrund des Denkmals das Neue Musiktheater.

Blumauer Platz

Neues Musiktheater

Baubeginn 2008 nach Plänen von Terry Pawson, Eröffnung **2013**. Das **1951** hier eröffnete **Unfall-Krankenhaus** wird abgerissen und am neuen Standort in der Garnisonstraße bis **2005** neu gebaut. Musiktheater-Modell **Terry Pawson Architects**, Eingangsbereich und Hauptfoyer mit Blick in den Volksgarten.

Foto: Beyer & Co

Schemata Neues Musiktheater:

Ehemalige ÖBB-Direktion

Bahnhofstraße 3

Erbaut 1899/1900 als Administrationsgebäude der **k. k. Staatsbahndirektion** unter **Ignaz Scheck**. Als Vorbild gilt das Marine-Ministerium in St. Petersburg. Nach Beschädigung im Krieg wird die **Fassade 1947** vereinfacht wiederhergestellt.

Der **Vierkantbau** ist im Stil der **Neorenaissance** errichtet. Das Erdgeschoß mit Rustika-Quadern ist als Sockel ausgebildet. Riesenpilaster mit Komposit-Kapitellen begrenzen den **Mittelrisalit.** Ein nochmaliger Vorsprung ruht auf Dreiviertelsäulen.

Vor dem Eingang das Denkmal für **Franz Anton Ritter von Gerstner** (1796–1840, siehe Seite 270), Erbauer der Pferdeeisenbahn Budweis–Kerschbaum.

Arbeiterkammer

Volksgartenstraße 40

1848 Im Revolutionsjahr wird vergeblich die Forderung nach Schaffung einer Arbeiterkammer analog der Handelskammer gestellt.

1898 Die „Erhebung der sozialen Lage“ wird einem neuen „**Arbeitsstatistischen Amt**“ im Handelsministerium zugewiesen.

1920 Die Konstituierende Nationalversammlung beschließt das vom Staatssekretär **Ferdinand Hanusch** vorgelegte **Arbeiterkammergesetz** und die Schaffung von Arbeiterkammern in allen Bundesländern.

1928–30 Bau der Arbeiterkammer Linz vom Otto-Wagner-Schüler **Hubert Gessner** (1871–1943).

1947–49 **Wiederaufbau** nach Kriegsschäden durch Architekt **Paul Teer**. Dabei wird der gesamte Straßenblock in das Gebäude einbezogen.

1960 Ab dieser Zeit versuchen die **Sozialpartner** erfolgreich, wirtschaftliche Probleme gemeinsam zu lösen. Teilnehmer sind Wirtschaftskammer, Landwirtschaftskammer, Österreichischer Gewerkschaftsbund und Arbeiterkammer.

2008 **Völliger Umbau** im Inneren und gläserner Aufbau durch das Architektenbüro **Riepl/Riepl**.

Die schmale großzügig gestaltete **Stirnfront** wird durch die perspektivische Flucht der Seitenfronten zu monumentaler Wirkung gesteigert. Über dem breiten Rechteck-Portal liegen vorgezogene Fensterachsen.

Präsidenten der AK OÖ:

1921–1933 Pregant Hans
1934–1938 Kriz Franz
1946–1959 Kandl Heinrich
1959–1968 Thanhofer Franz
1968–1982 Schmidl Josef
1982–1999 Freyschlag Fritz
1999–2003 Wipplinger Hubert
2003–heute Dr. Kalliauer Johann

Brunnen am AK-Vorplatz von **Alois Dorn** aus Untersberger Marmor, Gedenkinschrift für den Wiederaufbau 1950.

Eine sitzende **weibliche Plastik** mit Hammer und Lorbeerkranz stellt symbolisch die Arbeit der Kammer dar. In den beiden Reliefs Darstellung der Arbeit. Davor ein 10 x 8 m großes Becken.

Kärntnerstraße

Power Tower, Ecke Böhmerwald-/Kärntnerstraße.

Zentrale der **Oö. Energie AG**, gebaut 2006–08 durch die Architekten **Kaufmann & Partner** aus Linz und **Weber & Hofer** aus Zürich als Ersatz für den Vorgängerbau aus den 1930er-Jahren. Es ist **weltweit** das **erste Bürohochhaus mit Passivhaus-Charakter**.

Die Hülle besteht zu 60 % aus Glas und zu 40 % aus hoch isolierendem und wärmedämmendem Material. 2/3 der Fassade sind transparent.

Der Power Tower hat **keine Klimaanlage** und auch **keine herkömmliche Heizung**. Hinter **perforierten Kühldecken** liegen **Kupferleitungen**, in denen Wasser zirkuliert. Diese Kühldecken geben **je nach Bedarf Wärme oder Kälte** ab. Die Decke hat, je nach Sonneneinstrahlung, anwesenden Menschen und Geräten, eine kühlende oder wärmende Funktion. Die **Energie** zum Heizen, Kühlen, Lüften und Beleuchten wird aus **Erde**, **Grundwasser** und von der **Sonne** bezogen.

Landes-Dienstleistungs-Zentrum

Das LDZ wird gebaut nach Plänen der Architekten **Wolfgang Kaufmann** aus Linz und **Eric Steiner & Heinz Neumann** aus Wien. Eröffnung 2004. Damit wird die Zusammenlegung von vorher über 20 verstreut untergebrachten Landes-Dienststellen erreicht. Teile des Erdgeschoßes dienen als **Bus-Terminal**. Zur **Baudirektion** des Landes OÖ. im gegenüberliegenden Hauserhof führt ein **geschlossener Übergang**.

Esperanto-Denkmal vor dem LDZ, **Nachbildung** aus **2006** von **Herbert Egger** aus Peuerbach. Das frühere Denkmal aus **1965** nach Plan von **Adolf Kloska** (1930–64) muss 2001 beim Neubau des Hauptbahnhofs weichen. Die Plastik symbolisiert die **fünf Kontinente**.

Esperanto

1867 veröffentlicht der Arzt **Ludwik Zamenhof** (1859–1917) in Warschau unter dem **Pseudonym Esperanto** (= Hoffender) eine Broschüre mit den Grundzügen einer neuen **Plansprache**. Diese soll – weil leicht erlernbar – auch der Völkerverständigung dienen. Esperanto hat heute keinerlei Bedeutung. Die **englische Sprache** erlebte die weltweit größte Verbreitung.

Hauptbahnhof Linz

1858 Eröffnung der Strecke **Wien–Linz**. Fertigstellung des ersten Bahnhofsgebäudes in Linz durch **Otto Thienemann**.

1860 Eröffnung der Strecke Linz–Salzburg.

1931–36 Umbau durch **Anton Wilhelm**, Architekt in der ÖBB-Direktion Linz.

1946–54 **Wiederaufbau** nach Kriegszerstörung erneut durch Wilhelm. Dabei werden vor dem Eingang die beiden

Löwen positioniert.

2002–04 **Völliger Neubau** durch die Architekten **Wilhelm Holzbauer & Partner**. Gleichzeitiger Bau der **Unterführung der Westbahn** durch die Straßenbahn mit Umsteige-Möglichkeit im Bahnhofsgebäude.

2011 **Verlängerung** der **Straßenbahn** vom Hauptbahnhof um 5,3 km bis zum **Harterplateau**. Der Ausbau bis Traun und Ansfelden ist vorgesehen. Endstation auf der anderen Seite der Linie 3 ist der **Mühlkreisbahnhof** in Urfahr.

Die Deckenkonstruktion im Inneren kragt über dem Eingang weit vor.

Das multifunktionale Zentrum birgt zahlreiche Restaurants, Geschäfte und eine Zweigstelle der Sparda-Bank. Das **Obergeschoß** in Glas-Stahl-Konstruktion ist von außen ebenerdig zu begehen.

Im betongemauerten **Untergeschoß** befinden sich die Verteilergänge zu den Bahnsteigen sowie der Großteil der Geschäfte.

Terminal-Tower
neben dem Hauptbahnhof

Gebaut **2006–08** nach Plänen der Architekten **Holzbauer & Partner**. Mit **98,5 m** ist es – nach dem 135 m hohen Turm des Neuen Doms – das höchste Gebäude von Linz. 24 Geschoße bieten eine Nutzfläche von **29 000 m²**. **Finanzamt** und **Zollamt** benutzen die oberen Stockwerke, die **Pensionsversicherungsanstalt** die unteren.

Wissensturm

Der 63 m hohe elliptische Turm wird **2005–07** nach Plänen von **Franz Kneidinger & Heinz Stögmüller** errichtet. In der **Stadtbücherei** warten 110 000 Bücher, Filme und CDs auf die Besucher. Die **Volkshochschule** hält hier pro Jahr über 1 000 Kurse bzw. Vorträge ab. Der **Liftschacht** wird von den **Buchstaben des Alphabets** strukturiert.

Die großstädtische Verbauung des Bahnhofsviertels schreitet in der **Weingartshofstraße** weiter. Architekt **Wolfgang Kaufmann** plant ein Wohnhaus mit 60 m Höhe und drei 5-geschoßige Wohnbauten. Die Architekten **Kneidinger & Stögmüller** errichten ein Bürohaus mit 73 m Höhe und zwei 5-geschoßige Wohnbauten.

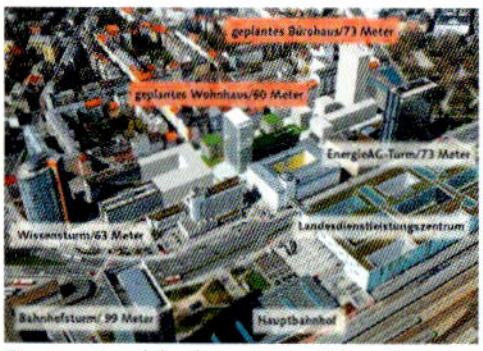

Foto: Architekturbüro Kaufmann
Grafik: OÖ Nachrichten.

Donau, Nibelungen-Brücke, Urfahr und Pöstlingberg, Aussicht vom Turm der Stadtpfarrkirche Linz.

Urfahr

Umgangssprachlich werden alle Linzer Stadtteile nördlich der Donau Urfahr zugezählt, also auch Pöstlingberg, St. Magdalena und Auhof. (Urfahr-Ausmaß Seite 52)

1497 Kaiser **Maximilian I.** (1459/1486–1519) gestattet den Linzer Bürgern den Bau der dritten **Donaubrücke** nach Wien und Krems.

1501 Die **Holzbrücke** vom Hauptplatz in Linz nach Urfahr wird in Betrieb genommen. Die Urfahraner verlieren damit Einnahmen aus dem Fährverkehr über die Donau.

1808 Urfahr erhält das **Marktrecht**.

1870–72 Bau der neuen Donau-Straßenbrücke aus Eisen.

1882 Erhebung zur **Stadt**.

1888 Eröffnung der **Mühlkreisbahn** von Urfahr nach **Aigen-Schlägl** im oberen Mühlviertel.

1898 Die **Pöstlingberg-Bahn** wird eröffnet (siehe Seite 49 + 85).

1900 Eröffnung der **Eisenbahnbrücke**. Sie wird hauptsächlich für den Autoverkehr benutzt.

1919 Die Gemeinde **Pöstlingberg** wird **nach Urfahr eingemeindet**; kurz darauf **Urfahr nach Linz**. Urfahr zählt 15 000 Einwohner.

1938 Die Gemeinde **Katzbach** mit den heutigen Stadtteilen Magdalena, Dornach und Auhof wird nach Linz eingemeindet. Adolf Hitler befiehlt den Bau der **Nibelungen-Brücke**.

1945–55 Linz ist zweigeteilt. Das **Mühlviertel** inklusive **Urfahr** ist von den **Sowjets** besetzt, das restliche **Linz südlich der Donau** von den **Amerikanern**. Die Sowjets bestimmen den Urfahraner **Ferdinand Markl** (1898–1960) als **Bürgermeister von Urfahr**. Markl bleibt Mitglied im Linzer Stadtsenat.

1953-06 Aufhebung der Kontrollen beim Übertritt von der russischen Zone in die amerikanische.

1954-07 Das **Hochwasser** ist das höchste seit 1504. Urfahr-West erleidet große Schäden.

1955-05-15 Mit dem **Staatsvertrag** erhält Österreich die volle Souveränität zurück. **Urfahr** kommt **wieder** unter die Verwaltung der Stadt **Linz**. Erst danach wird **in Urfahr wieder investiert**.

1972 Die **Mühlkreis-Autobahn** überquert die Donau auf der neuen **Voest-Brücke**.

Stadtpfarrkirche Urfahr zum hl. Josef

neben dem Ars Electronica Center (AEC siehe S. 283).

1690–94 Die **Kapuziner** errichten in **Urfahr** am **Donauufer** ein Kloster.

1692–1702 Bau der Kirche.

1784 Das **Kloster** wird unter Kaiser **Joseph II.** (1741/64–1790) **aufgehoben**. Die Kirche wird zur **Pfarrkirche**.

1791–93 Nach Entwurf von **Franz Xaver Martinelli** wird der **Turm** samt neuer Südwest-Fassade gebaut.

1833 Neuer Turmhelm nach einem Brand.

Die **Turmfassade** mit schmalem übergiebeltem Mittelrisalit ist im Stil des **Klassizismus**:

Der Haupteingang stammt aus der Barockzeit.

Südwand außen, Nikolaus-Bild aus 1970.

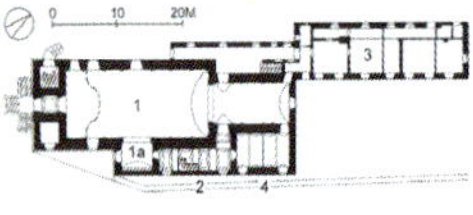

Plan Dehio Linz ©BDA

1. Kirche mit Taufkapelle (1a)
2. Verbindungsgang
3. ehem. Kapuziner-Kloster
4. Sakristei

Das **Innere** besteht aus einer **Langhaus-Halle** mit **eingezogenem Chor**, beides mit **Tonnengewölbe**. An der Stirnwand die beiden Seitenaltäre.

Die historistische Wandgliederung aus 1884 stammt von Michael Riedl.

Seitenaltar Nord

Das **barocke Tafelretabel** stammt aus der ehemaligen Bürgerspitalkirche in Rannariedl aus der Zeit um 1730. Es wird 1791 in der Stadtpfarrkirche aufgestellt.

Im Auszug Strahlenkranz und Putten. Figur **Maria Immaculata**, 1861 von **Franz Liebert**.

Hochaltar

Ehemaliger Altar der abgebrochenen **Franz-Xaver-Kapelle** des Jesuitenkollegs in Linz (siehe Seite 141), 1790 hier aufgestellt.

Barockes Säulenretabel aus schwarzem Marmor, begrenzt von korinthischen Doppelsäulen. Geschnitzte Aufsätze über den seitlichen **Opfergang-Türen**.

Im gesprengten Giebel im Aufsatz **Gottvater** als Halbfigur, Ende 17. Jh.

Altarbild Hl. Familie, 1694 (?) von **Johann Carl von Reslfeld**. Ursprünglich am Hochaltar der **Kapuziner-Kirche in Linz**, für die Stadtpfarrkirche seitlich beschnitten.

Sakristei, Figur **hl. Josef mit Jesuskind** aus der Friedhofskapelle Urfahr, 1835 von **Franz Schneider**.

Kreuzweg-Reliefs von A. Gröbner nach Entwurf von Johann Evangelist Klein (1823–83), finanziert 1889 von Max Gehri.

Seitenaltar Süd
Figur **hl. Nikolaus** mit den drei goldenen Kugeln auf dem aufgeschlagenen Buch, aus der Zeit um 1790.

Der geschwungene Altartisch stammt aus der ehemaligen Fürstenberg-Kapelle in der Linzer Landstraße.

Taufkapelle auf der Südseite, Glasfenster, 1976 von **Rudolf Kolbitsch** (S. 325).

Taufkapelle, barockes Taufbecken und moderne Tappisserie (aus einer kurzzeitigen Ausstellung).

Orgel, erneuert 1879 von Anton Hanel. Geschwungene **Empore** aus Holz. In der Mitte das **Wappen** der **Schifer-Sonderndorf**. Aus der Schiferschen Spitalskirche in Eferding stammen Orgel, Kanzel und Kirchenstühle für die Erstausstattung der Pfarrkirche.

Neues Rathaus

Am nordwestlichen Brückenkopf der Nibelungen-Brücke.

Rupert Falkner und **Anton Fürtler** planen das Neue Rathaus. Es wird 1985 ein Jahr früher als geplant eröffnet. Die tatsächlichen Kosten unterschreiten die vorausberechneten. Neues Rathaus mit Pöstlingberg im Hintergrund:

Nunwarz-Villa vor dem Neuen Rathaus. Im Hintergrund die Hochhäuser **Lentia 2000**:

Das Neue Rathaus mit seinen zahlreichen Dachterrassen ist als **„begehbarer Hügel"** konzipiert. Es erinnert entfernt an eine mesopotamische **Zikkurat** (Stufenturm). Aussicht auf Neuen Dom und Schloss.

Aussicht auf **Ars Electronica Center** (siehe Seite 283), Nibelungen-Brücke, LENTOS-Kunstmuseum, Stifter-Haus, Turm der Stadtpfarrkirche Linz und Alten Dom.

Rathaus-Vorplatz, Statue des **hl. Nepomuk**, 1704 von **Johann Joseph Wanscher** für den Obermauteinnehmer Martin von Falkenau. Die **älteste Linzer Nepomuk-Figur** wird 1969 von der Unteren Donaulände hierher versetzt:

Neues Rathaus, Gedenkbau für die beim Neubau **abgetragene Nikolaus-Kirche**.

Im **Neuen Rathaus** ist der größere Teil des Magistrats der Stadt Linz beheimatet: Gesundheitswesen, Finanzen, Liegenschaftswesen, Umweltschutz, Wirtschaftsförderung und Berufsfeuerwehr. Im **Alten Rathaus** am Hauptplatz amtieren Bürgermeister, Kulturverwaltung, Soziale Dienste samt Planungsabteilung.

Neues Rathaus, Südseite, **Republik-Denkmal**

Gefertigt 1995 von **Ingrid Cerny** und **Werner Hollunder** zum 50-jährigen Bestehen der Zweiten Republik Österreich.

Der **50-Bücher-Stapel** wird zuerst in einem Stück aus dem Steinbruch herausgelöst. Dann werden die einzelnen Platten geschnitten, bearbeitet und wieder in der alten Reihenfolge zusammengefügt.

Die **Aufschriften** der einzelnen Platten verweisen auf **Ereignisse** aus den Jahren **1945–1995**.

Nunwarz-Villa
Fischergasse 13

Erbaut 1894 von **Josef Keplinger** für den **Fotografen Adolf Nunwarz** (1868–1931). Er übernimmt nach 1896 Negativ-Platten von Alois Schiesser mit Aufnahmen vom Romanautor **Karl May** in Kostümen von **Kara Ben Nemsi** und **Old Shatterhand**. Nunwarz vertreibt diese Bilder. 1902 bricht May in Linz mit Nunwarz, weil er sich von diesem hintergangen fühlt.

Karl May (1842–1912)
Ein Diebstahl beendet sein Lehramtsstudium. Als Privatlehrer beginnt er Romane zu schreiben. Wegen Diebstahl und Betrug sitzt er 1865–68 und 1870–74 im Gefängnis. 1892 hat er Erfolg mit **„Karl Mays gesammelte Reiseerzählungen“**. Seine beschriebenen Reisen fanden nur in der Phantasie statt. May wird einer der erfolgreichsten Autoren der Trivialliteratur. Seine Werke werden in **45 Sprachen** übersetzt. Sie erreichen eine **Auflage** von **über 200 Millionen**.

Erinnerungstafel mit **Bronze-Relief** aus 1986 von **Lazlo Bota** mit falschem Vornamen „Franz“ für Adolf Nunwarz.

Die **Ottensheimer Straße** hinter der Nunwarz-Villa ist die ehemalige Hauptachse von Alt-Urfahr nach Wegscheid in Bayern. Heute ist die parallel dazu führende **Rudolfstraße** der Hauptverkehrsweg.

Urfahr-West, Ansicht vom Linzer Schloss.

Weberschule, *Ecke Webergasse-Zellerstraße*

Erbaut 1911–12 von **Julius Schulte** (1881–1928) im **Jugendstil** mit expressiven und historisierenden Elementen. Auftraggeber ist die **Stadtgemeinde Urfahr**. Kellergeschoß und Eckterrasse in Bruchmauerwerk. Eine Dreipassform schließt die Fenster im Erdgeschoß ab. Am Eck eine Arkaden-Öffnung in Formen der Neorenaissance.

In den Zwickeln vier Medaillons mit springenden Pferden. Darüber Sgraffitoschmuck mit Füllhörnern in Dekorfeldern. Als oberer Abschluss zwei Ovalfelder mit je einem springenden Hirsch.

Julius Schulte 1881–1928

- 1909–1921 Baurat beim Magistrat Linz.
- 1911 Körnerschule Linz
- 1912 Weberschule Linz
- 1913 Umbau und Jugendstil-Fassade Altes Rathaus Urfahr.
- 1925 Traunfall-Brücke
- 1926 Baukunst-Professor an der Technischen Hochschule Graz.
- 1928 Krematorium Linz, Fertigstellung nach seinem Tod.

Die Front an der **Webergasse** zeigt einen weit vorspringenden **Erkerbau** mit geschwungenem Giebel mit expressionistischen Motiven. **Rundbogen-Portal** mit Jahreszahl 1912 als Eingang zur Knabenschule.

Das Portal zur Mädchenschule befindet sich an der Front der Zellerstraße.

Altes Rathaus Urfahr
Rudolfstraße 18
beim Bernaschek-Platz

- 1808 Urfahr erhält das **Marktrecht**.
- 1849 Bau des Hauses als Bezirksgericht und Verwaltungsgebäude.
- 1882 Urfahr wird **Stadt**.
- 1910 Das Bezirksgericht übersiedelt ins neue Gebäude am Hinsenkampplatz.
- 1911–13 Umbau des Hauses und Errichtung der **Jugendstil-Fassade** durch **Julius Schulte**.
- 1919 Urfahr wird von Linz eingemeindet. Heute beherbergt das Haus die Jugend- und Sozialverwaltung der Stadt Linz.

Der konservative Bau des **frühen Historismus** erreicht durch seine **Jugendstil-Fassade** eine enorme dekorative Wirkung. An der **Rudolfstraße** ein **Mittelrisalit** mit Balkon, Blendarkaden, Schein-Balustraden, das Wappen von Urfahr und eine von Füllhörnern gerahmte Uhr, alles eingefasst von gerillten Riesenwandpfeilern.

Oberer Abschluss durch eine **Attika** in einer Mischform aus Späthistorismus und Jugendstil.

Unter dem weit vorspringenden Dach ein **Sgraffito-**

Dekorfries im Jugendstil. **Stuck-Adler** bekrönen die beiden Eckpilaster.

An der Front der **Mühlkreisbahnstraße** ein in den Dekorfries geschobener flacher **Breiterker** mit 3 Rundbogen-Fenstern. Der Erker ruht auf expressiver zahnschnittartiger Konsole.

Bernaschek-Platz
Richard Bernaschek (1888–1945) ist Landesparteisekretär der SPÖ beim Bürgerkrieg 1934 (siehe S. 186). **Denkmal für die Opfer des Faschismus**, erstellt 1988 von **Leopold Grausam**. Auftraggeber ist die Arbeitsgemeinschaft der Opferverbände Oberösterreichs.

Das Mahnmal entspricht dem Werk Grausams am Morzinplatz in Wien. In die aufrechten Granitblöcke sind Bronzefiguren integriert. Ein Mann und eine Frau beschützen in ihrer Umklammerung ein Kind. Eine Frau versucht zu fliehen.

In der **Fiedlergasse** nördlich vom Neuen Rathaus das Designer-Hotel **Spitz** in modernen Formen. Das Haus wird für Linz 2009 in Zusammenarbeit mit dem Ars Electronica Center und der Linzer Kunstuniversität umgebaut. Jedes Stockwerk soll sich an eine Linzer Kunst- bzw. Kulturstätte orientieren.

Hauptstraße 10
Erbaut 1898 vom Freiburger Dombaumeister **Raimund Jeblinger** im späthistoristischen Stil. Auftraggeber ist der Fabrikant **Johann Jax**.

Im Erdgeschoß das traditionelle **Café Landgraf**, neu eröffnet 2011. Im **1. Stock** der Backstein-Fassade sind Fenster mit hohen, rundbogigen Sturzfeldern, akzentuiert mit vorgeblendetem Dreipass-Maßwerk.
Im **2. Stock** Fensterabschlüsse mit flachen Segmentbögen. Im obersten Stock natursteingerahmte Fenster.

Oberer Abschluss mit vorkragendem **Bogenfries** und darüberliegendem **Konsolgesims**. Der flache **Mittelrisalit** über die drei Obergeschoße wird von einem steilen Giebel bekrönt. Das **Giebelfeld** gliedert ein feines Maßwerk. **Christus-Figur** aus 1897 im vorspringenden Baldachin von **Max Oberhuber**.

Rote und gelbe Klinkerziegel und Stein für Fensterrahmungen und Profile geben der Fassade eine besondere Rhythmisierung.
Die **neogotische Fassade** ist in dieser Form in Linz einzigartig.

Johann Jax 1842–1937

Der Sohn eines kinderreichen Mühlviertler Kleinpächters wird **Schneider**. Er erlebt als Soldat die **Niederlage Österreichs** gegen Deutschland **1866** bei **Königgrätz**. 1867 eröffnet Jax in Wien einen Handel für die in Österreich noch wenig bekannte **Nähmaschine**. Durch Tüchtigkeit und Einsatz der noch selten genutzten Reklame kommt er zu **36 Niederlassungen** in der westlichen Hälfte der Doppelmonarchie. Ab 1892 fertigt die Firma Jax selbst Nähmaschinen-Gestelle, später dann Nähmaschinen. Jax vertreibt auch Fahrräder und Schreibmaschinen.

Ab 1900 lässt Jax in Linz **Arbeiterwohnhäuser** für seine Belegschaft errichten. Drei Jahre ist er Mitglied im Linzer Gemeinderat. Er ist Initiator eines Komitees zur Rettung der desolaten Linzer **Dreifaltigkeitssäule**. Er veranlasst die planmäßige Verbauung des Gebietes südlich der Westbahn. Jax stiftet den Grund für den Bau der **Herz-Jesu-Kirche** in der Wiener Straße in Linz.

Ars Electronica Center (AEC)

Ars-Electronica-Straße 1
Am nordöstlichen Ende der Nibelungenbrücke.

www.aec.at +43-732-7272-0

1979 Das erste **Ars Electronica Festival** findet statt. Mit Bruckners Achter Sinfonie wird erstmals eine **Klangwolke** über Linz gelegt.

1986 Ab diesem Zeitpunkt wird das Ars Electronica Festival **alljährlich** abgehalten.

1987 Der **neue Prix Ars Electronica** etabliert sich rasch als Trendbarometer der internationalen **Medienkunst**.

1996 **AEC-Eröffnung** als **Museum der Zukunft**, gebaut nach Plänen von **Klaus Leitner** und **Walter Michl**. Technologien der kommenden Generationen sollen bereits jetzt für jede Altersstufe erfahrbar gemacht werden.
Das **Ars Electronica Futurelab** wird ans Netz genommen.
Dieses prototypische Medien-Kunst-Labor eröffnet die Zusammenarbeit mit führenden Universitäten und privaten Forschungsabteilungen.

1999 Stadt Linz, ORF und AEC stiften den **Marianne-von-Willemer-Preis** in Erinnerung an die in Linz geborene Schauspielerin, Dichterin und Muse Goethes (siehe Seite 144).

2002 **Erste visualisierte Klangwolke**. Feuer-Bilder, Musik und Erzählung werden zu einem Gesamtkunstwerk verbunden (siehe Seite 173).

2006–2008 Um- und Zubau nach Plänen von **Treusch architecture** Wien für **„Linz 2009“** als europäische Kulturhauptstadt zusammen mit **Vilnius**, der Hauptstadt Litauens.

Seit Anfang 2009 leuchtet die AEC-Fassade im Spiel der Farben als **Lichtskulptur**. **40 000 Lichtdioden** in den Farben Rot, Grün, Blau und Weiß beleuchten sechs Stunden täglich die Fassade. Dank einer neuen Technik entspricht die für die Fassaden-Beleuchtung aufgewandte Energie nur dem Durchschnittsverbrauch von 7 Haushalten.

Gleich beim **Eingang** können Jugendliche (und junggebliebene Erwachsene) ihre **eigene Gestalt scannen** lassen. Das Abbild wird sofort auf Klebefolie ausgedruckt. Hier die Gestalt nicht eines virtuellen Athleten,

sondern die des Autors.
Die Abbilder vieler Besucher schmücken den AEC-Eingangsbereich.

AEC-Erdgeschoß

CAVE im EG

Hier tauchen die Besucher in die **virtuelle Welt** ein. Die Besucher befinden sich subjektiv nicht vor, sondern „inmitten dieser Welt“. Erzeugt wird dieser Effekt u. a. durch Laufbilder auf Wand und Fußboden.

3-D-Brillen lassen die mehrschichtigen Bilder als „wahre Räume“ erscheinen.

Gezeigt werden u. a. die **Umlaufbahnen der Planeten** in unserem Sonnensystem. Besonders eindrucksvoll sind die **Magnetfelder** rund um unsere **Erde**.

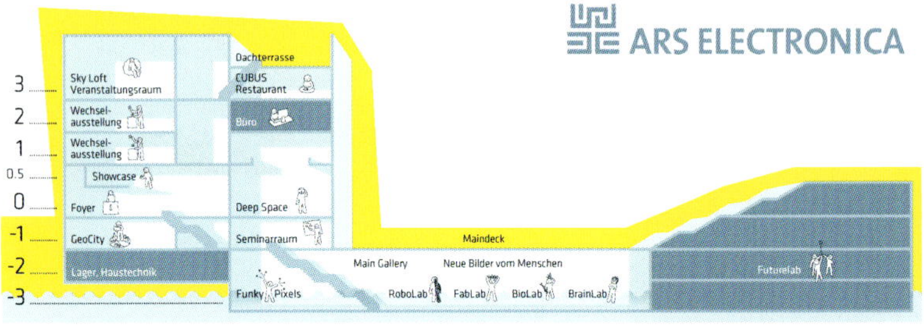

Gezeigt werden wahlweise die Welt der Renaissance, oder Visionen zeitgenössischer Künstler, Design- und Architekturstudien oder Industrieprojekte wie z. B. **The Big Bang**.

Foto: Florian Voggeneder

Untergeschoß -3

In der **MainGallery** treten die Besucher ein in die **„Virtuelle Realität"**, eine Welt zwischen wissenschaftlichen Simulationen und Computerspielen. Die ständige Ausstellung „**Neue Bilder vom Menschen**" bildet das Herzstück des kuratorischen Programms. Die **4 Labore** überlappen sich teilweise. Folgenden **Fragen** wird nachgegangen:

1. Wie verändert sich die **Lebenswelt** des Menschen?
2. Wie verändert sich der **Mensch** selbst?
3. Wie beeinflusst der Mensch seine **Umwelt**?
4. Wie kann unsere **Welt in Zukunft** aussehen?

RoboLab

Hier wird – zum Teil noch spielerisch – ausgelotet, wie die Technik dem Menschen in Zukunft wird dienen können.
Mobility von Otto Bock Holding entwickelt für die World Expo 2010 in Shanghai: **100 Prothesen-Hände** sind jeweils mit einem **Spiegel** versehen. Ein Schrittmotor ermöglicht die Drehung von jeder Hand um 180 Grad.

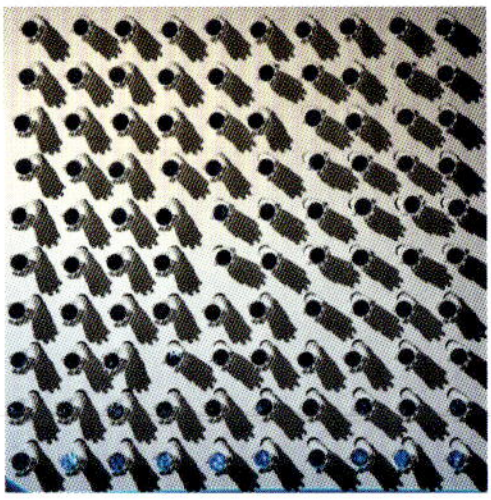

Durch die **Anstrahlung** der 4 x 4 m großen Fläche wird das Licht von den unterschiedlich eingestellten Spiegeln der Hände auf die gegenüberliegende Wand reflektiert. Ähnlich der konzentrischen Bewegung von Fisch- oder Insektenschwärmen entsteht ein räumlicher, dreidimensionaler Eindruck.

Das Folgende sind keine Insekten, sondern kleine **steuerbare Objekte**. Vielleicht können sie demnächst als Hilfsgeräte für Menschen mit körperlicher Beeinträchtigung eingesetzt werden.

Das Gleiche gilt für den kleinen **Roboter**. Einstweilen kann er nur gehen, Purzelbäume schlagen oder sich zum Handstand aufrichten.

Im Balancieren ist der Roboter bereits sehr gut. Vielleicht wird er bald als Haushaltshilfe einsetzbar.

„Roboter-Robbe Paro"

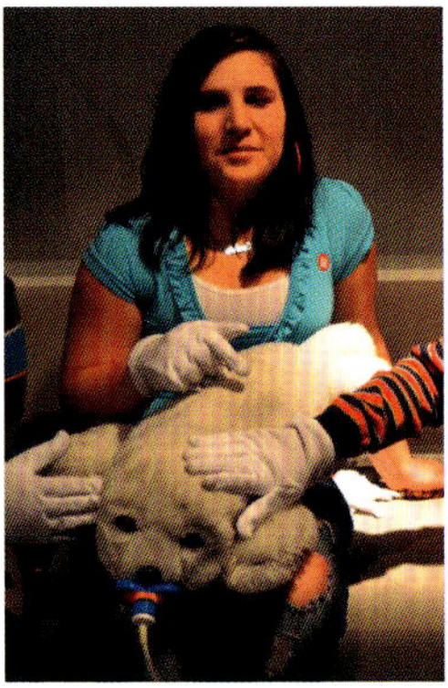

Sie reagiert auf Kraulen, auf positive und negative Annäherung. Sie erkennt bis zu 50 unterschiedliche Stimmen. Das „elektronische Tier" kostet 2 500 Euro. In einigen Ländern wie USA und

Dänemark wird es bereits in der Therapie von Menschen mit Demenz eingesetzt. In der Ausstellung ist es eine der Hauptattraktionen für Jugendliche.

BioLab

Der Besucher kann inmitten geklonter Pflanzen hochmoderne Mikroskope ausprobieren. Genlabor:

Jeder Besucher kann seine **Netzhaut** fotografieren und an seine eigene E-Mail-Adresse senden lassen.

Der **Holoman** ist ein moderner Zauberspiegel. Er gibt den Blick auf das eigene Innere frei.

FabLab

Objekt Quintrino von Bathsheba Grossmann.

Hier kann die Fabrikation der Zukunft getestet werden. Eine Vision besteht darin, **eigene Designs** zu entwerfen bzw. **aus dem Internet** downzuloaden und zu Hause auszudrucken. Der Ausdruck erfolgt nicht nur auf Papier, sondern als reale Objekte. Ein **3-D-Printer** erzeugt aus einem Computer-Modell einen **echten Gegenstand**.

BrainLab

Es wird bewusst gemacht, wie wir die Umgebung wahrnehmen und was uns das Gehirn alles vorgaukelt. Gezeigt wird, wie durch Blicke auf jeweils einen Buchstaben eines Alphabets am Bildschirm eine Botschaft geschrieben werden kann. Und das ohne irgendwelche Schreibutensilien.

FutureLab im UG

Der Forschungsteil des AEC beschäftigt sich u. a. mit folgenden Themen: eigenes Internet für Roboter, Sehprothesen für vollkommen Blinde, Mini-U-Boot für unsere Blutbahnen, Kameras in Kapseln für schmerzfreie Endoskopie, …

1. Obergeschoß

Wechselausstellungen.

ORIGIN: Die Erforschung des Urknalls zeigt, womit sich die Experimente am Institut für Kernforschung CERN bei Genf beschäftigen: Woraus besteht die Materie? Welche Wechselwirkungen bestehen zwischen den Elementarteilchen?

Mit großen Beschleunigern werden Teilchen auf nahezu Lichtgeschwindigkeit von 300 000 km pro Sekunde gebracht. Die Kollision der Teilchen soll Antworten bringen.

CMS Detector zur Teilchen-Beschleunigung:

Foto: Maximilien Brice

2. Obergeschoß

Stroboscop-Scheibe von Hans Polterauer.

Foto: AEC

Eine **Stroboscop-Scheibe** ist eine sich drehende Kreissektor-Blende. Sie erzeugt durch Lichtblitze bei dunkler Umgebung eine Abfolge von stehenden Bildern. Die Drehung der Scheibe löst der Besucher durch sein Hinstellen vor der Scheibe aus.

„Sprechendes Klavier“

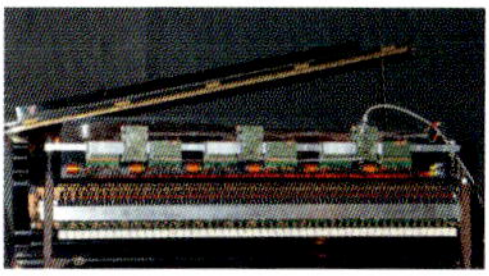

Ein vorgelesener Text wurde von einem Computer-Programm in Töne übersetzt. Nach diesem Programm „spielt“ das Klavier alleine.

Das **Kaffeehaus Cubus** im obersten Stockwerk wird am Abend zur Bar. Die Aussicht auf Donau und Altstadt ist phänomenal. Ein Außenlift bringt die Gäste auch direkt ins Cubus.

Das **AEC** ist inzwischen das **meistbesuchte Museum von Linz**. Kein Wunder bei der Thematik, vor allem jedoch bei dieser tollen Darstellung.

Kirche St. Leopold

Landgutstraße 31b

Am Auberg, nahe Mühlkreisbahnhof, der Endstation der Straßenbahn-Linie 3.

1966 **Gründung der Pfarre** St. Leopold.
1969–71 Kirchenbau durch Dombaumeister **Gottfried Nobl**.
1986 Zerstörung durch einen Brand.
1987 Wiedereröffnung.

Nobl errichtet den Bau im Stil des **Brutalismus'** (franz. brut = rohe Sicht). Dabei werden Baumaterial und Konstruktion offen gezeigt.

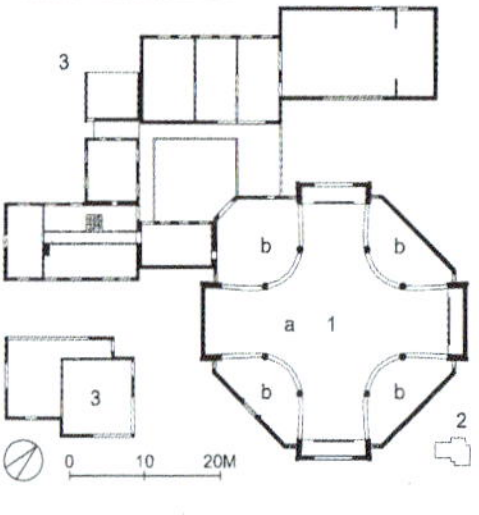

Plan Dehio Linz ©BDA
1. Kirche: a Hauptraum
b Nebenräume
2. Glockenturm
3. Pfarrzentrum

Hofseitig das **Mosaik „Begegnung"**, angefertigt und gestiftet 1998 von **Anton Lukesch** (1940–2010).

Am Vorplatz an der Kirchen-Fassade, Statue **hl. Leopold**, 1989 von **Max Stockenhuber**.

Den Raumeindruck prägen die einschwingenden Baukörper und der Wechsel von kleinteiligem Ziegelmauerwerk und grau verputztem Stahlbeton-Rahmen.

Süd-Zylinder mit Taufkapelle und Südwest-Seite mit Kruzifix und Orgel.

Heiliger Leopold
(Markgraf Leopold III.)

1073 Geboren in Gars am Kamp als Sohn von Markgraf **Leopold II.** (Babenberger).
1077 Papst **Gregor VII.** befreit Kaiser **Heinrich IV.** in **Canossa** vom Kirchenbann.
1095 **Leopold III.** wird **Markgraf** der bayrischen **Ostmark**.
ca. 1103 Hochzeit mit **Adelheid von Perg**, aus dem Geschlecht der Machländer.
1105 Der nachfolgende Kaiser **Heinrich V. besiegt** seinen Vater, Kaiser **Heinrich IV.** Leopold III., Anhänger des IV., wechselt rechtzeitig vor der Schlacht zum V. Dafür erhält der **verwitwete Leopold** die **Hand von Agnes**. Sie ist die verwitwete **Schwester von Heinrich V.**
1113 Verlegung der Residenz von Melk nach **Klosterneuburg**.
1125 Mit dem **Tod** von **Heinrich V.** sterben die **Salier** aus. Neuer Kaiser wird der **Staufer Konrad III.**, **Sohn von Agnes** aus erster Ehe mit Friedrich von Schwaben.
1136 **Leopold III. stirbt**. Geschickt mehrte er Macht und Gebiet der Babenberger.
1156 **Heinrich Jasomirgott**, Sohn von **Leopold III.** und Halbbruder von Kaiser **Konrad III.**, wird erster Herzog des von Bayern abgetrennten **neuen Herzogtums Österreich**.
1485 Heiligsprechung von Leopold III.
1663 Er wird **Landespatron** von **Österreich**.

Taufkapelle mit modernem **Glasfenster**, 1987 von **Rudolf Kolbitsch** (S. 325).

Skulptur mit **Verkündigung** und **Geburt Christi**, 1987 von **Karl Gruber**.

Taufkapelle rechts, Skulptur **Christus am Kreuz**, 1987 von **Johann Forstner**.

Taufkapelle ganz rechts, Figur **Christus am Kreuz** aus jüngster Zeit.

Südwest-Seite, **Kruzifix**, aus den 1990er-Jahren von **Helmut Michael Berger**.

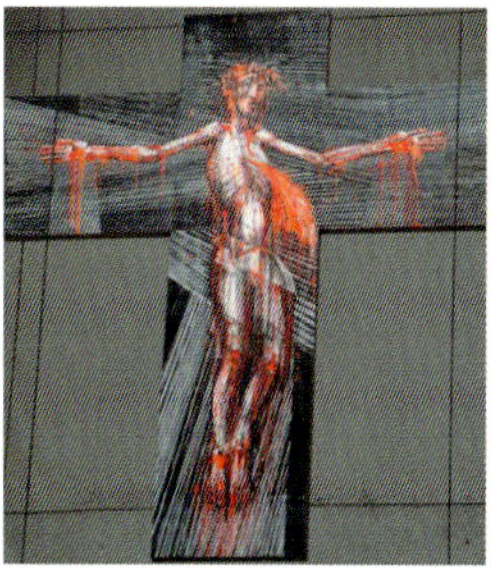

Südwest-Seite, Figur **hl. Leopold**, um 1770, beschädigt beim Brand 1986.

West-Zylinder mit **Tageskapelle**.

Tageskapelle, Figur **Maria mit Jesuskind**.

Decke der Vierung.

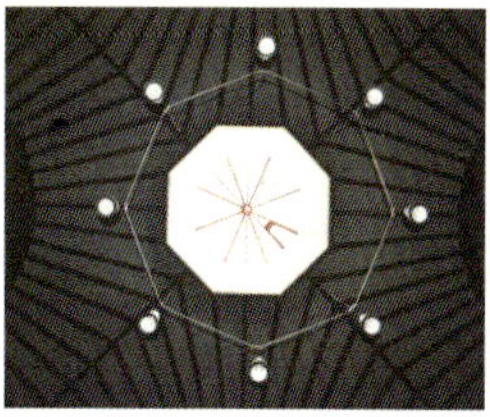

Glasgemälde **Leidenswerkzeuge** von Rudolf Kolbitsch.

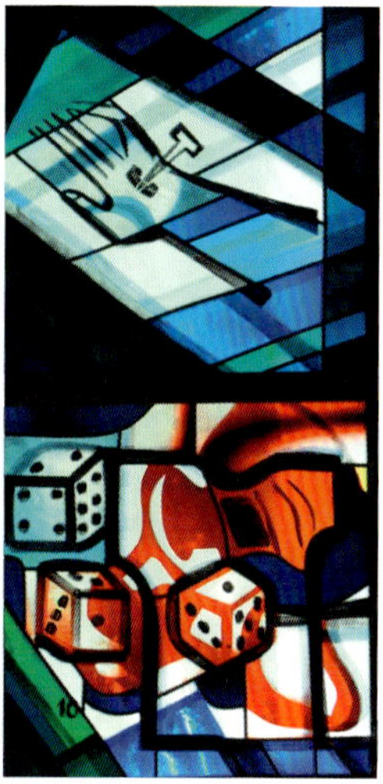

Petrinum

Bischöfliches Gymnasium
Petrinumstraße am östlichen Ausläufer des Pöstlingbergs.

1848 Gründung des **Gregorianums** Ecke Steingasse/Kapuzinerstraße.

1851 Das Knabenseminar übersiedelt in das **Jesuiten-Kollegium** auf dem **Freinberg**.

1895 **Bischof Franz Doppelbauer** beschließt nach Auseinandersetzungen mit den Jesuiten den **Bau des Petrinums**.

1896 Grundsteinlegung, wie beim Dom-Neubau 1862 mit einem Stein vom Ölberg in Jerusalem.

1897 Fertigstellung nach Plänen von **Ignaz Scheck**.

1914–18 Während des Weltkrieges dient das Petrinum als Reservespital.

1972 Das bis dahin rein humanistische Gymnasium bietet auch einen **neusprachlichen Zweig** an.

1983 Wegen rückläufiger Schülerzahl erfolgt die Öffnung auch für **externe Schüler**.

2009 Reaktivierung der **Sternwarte**.

Der mächtige **späthistoristische Vierflügelbau** mit vier Geschoßen liegt auf einem **Souterrain** (Tiefparterre). Die Rustizierung nimmt nach oben hin ab. Im **Mittelrisalit** der Südfront das **Hauptportal** in **Triumphbogen-Form**.

Mittelrisalit, **Giebel-Mosaik** Schlüsselübergabe an Petrus, 1907 von Neuhauser & Co.

Portal, **Wappen** von **Bischof Franz Doppelbauer**.

Portale 1966 von **Josef Perndl**. **Türgriff** mit Hinweis auf die Unterrichtsgegenstände Mathematik und Geographie.

Eingangshalle im Stil der Neorenaissance. Kopie der **Petrus-Figur** von St. Peter in Rom, ursprünglich gedacht für den Neuen Dom.

Eingangshalle, **Tondo mit Adler**, Symbol für den Evangelisten Johannes.

Festsaal mit barockem Bilderzyklus aus Aurolzmünster.

Foto: Franz Asanger, Direktor des Petrinums seit 2000.

Nordtrakt, **Studentenkapelle** im 1. Stock, erneuert 1968 durch **Gottfried Nobl**:

Altarwand, **Kruzifix**, vor 1500, aus der Pfarrkirche Sarleinsbach.

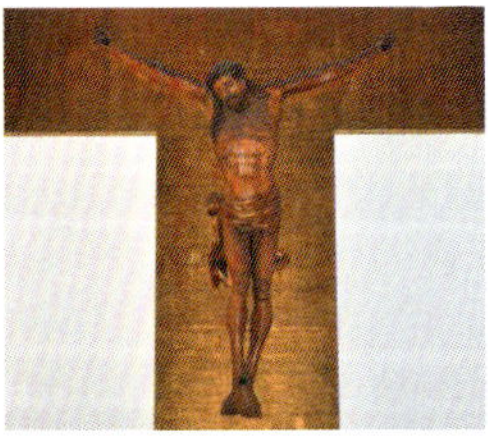

Maria mit Kind, um 1470.

Kreuzweg, 1958 von **Rudolf Kolbitsch** (siehe Seite 325).

Turmkapelle, Relief **Maximilian tauft Heiden**, 1927 von **Josef Furthner**.

Volkskapelle ebenerdig im Westtrakt in späthistoristischen Formen: **Hochaltar** als Neorenaissance-Nischenretabel mit Figur Maria Immaculata, 1903 von **Ludwig Linzinger**. Seitlich Figuren der hll. Josef und Elisabeth von Josef Sattler.

Friedenskirche

Pfarrkirche Christkönig

Wildbergstraße 30, bei der Einmündung in die Freistädter Straße.

Highlights

- **Apsisfresko** von **Max Weiler**
- **Fenster** von **Lydia Roppolt** und **Alfred Stifter sen.**
- **Taufkapelle**

1932 Die **Entwürfe** für den Bau einer neuen Kirche von **Hans Feichtlbauer** und **Peter Behrens & Alexander Popp** werden vereint.

1934 **Tauf-** und **Krieger-Gedächtniskapelle** sowie der Raum unter dem jetzigen Kirchenchor werden als **Notkirche** gebaut. Errichtung einer **Pfarrexpositur**.

1949–51 Abänderung der Pläne durch **Hans Foschum**, nachdem in der Kriegszeit Kirchengrund für die Errichtung der Peuerbachstraße abgetrennt wurde. Das **niedrigere Langhaus** erhält ein Joch weniger. Statt eines eigenständigen Turms kommt ein **Chorturm**.

1971 Bau der **Werktagskapelle**.

1997–99 Bau von Pfarrsaal und neuer Sakristei.

Der nach Nordost gerichtete monumentale Bau besteht aus **kubischen Bauteilen**. Über dem **Hauptportal** eine mächtige **Friedenstaube** von **Wilhelm Frass** 1934.

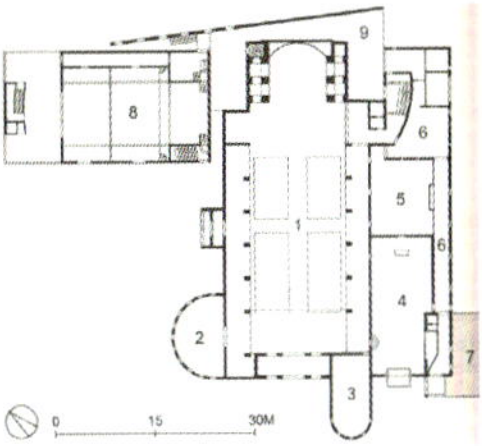

Plan Dehio Linz ©BDA

1. Hauptraum
2. Taufkapelle
3. Kriegerkapelle
4. Werktagskapelle
5. Hof
6. Gang und Sakristei
7. Pfarrhof
8. Pfarrzentrum
9. Plattform

Im mächtigen **Hauptschiff** hohe schmale **Fenster** mit Glasgemälden aus 1961 von **Lydia Roppolt**.
Evangelien-Seite (links), vorne beginnend:

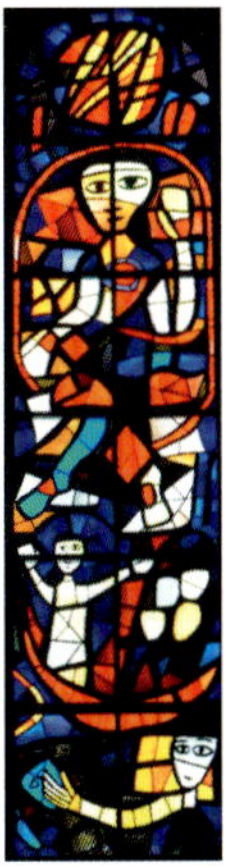

1. **Christus** als Auferstandener bei der Predigt am See:
2. Apostel-Fenster mit **Petrus** und **Paulus**.
3. Kirchenlehrer **Augustinus** und **Chrysostomus**.
4. Missions-Fenster: **Taufe Jesu** und Papst **Pius X.** mit Brot und Kelch:

5. Fenster der Berufsstände: **Elisabeth** als Patronin der Caritas und **Klaus von der Flüe**.
6. Heilige der Heimat: **Severin**, **Wolfgang**, **Hemma** und **Leopold**:

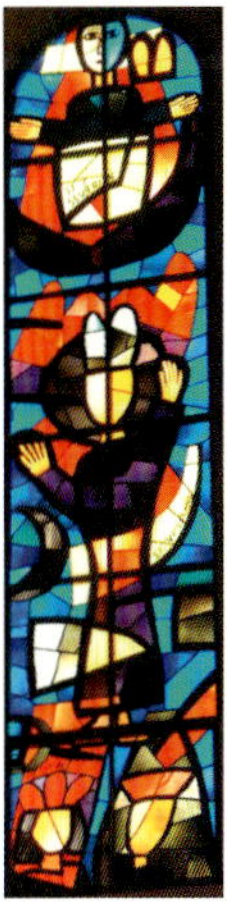

Epistel-Seite (rechts), ebenfalls von **Lydia Roppolt**:

1. **Maria** mit angedeutetem **Stammbaum Christi**:
2. **Christus** als Schmerzensmann.
3. Die **hll. Bernhard**, **Benedikt** und **Franziskus** als Ordensgründer.
4. Berufsstände: **Albert** und **Hildegard** für geistige Arbeit, **Adolph Kolping** als Patron der Arbeiter,

der **Pfarrer von Ars** als Vorbild für die Priester.

Lydia Roppolt

1922 Geboren in Moskau, Vater ist Österreicher, Mutter Russin. Übersiedlung nach Wien. Dort sterben bald die Eltern. Lydia wird **von Emma Roppolt adoptiert**. Diese Lehrerin gründete 1918 die **Benediktiner-Laiengemeinschaft** in **Oberwang**.

ab 1938 Lydia studiert an der **Wiener Akademie der bildenden Künste** bei Sergius Pauser, Herbert Böckl und Albert Paris Gütersloh.

nach 1945 Fresken in der Marienkapelle im **Stift St. Peter** in Salzburg. Sie lösen einen Skandal aus.

1956 Breite Anerkennung nach ihrem Lichtband in **St. Michael** in Linz-Bindermichl. Weitere Fenster in Oberwang, Lembach, Steyrling, Kirchdorf, Mauthausen und Micheldorf folgen.

1995 Lydia Roppolt stirbt. Ihr Grab befindet sich neben dem von Emma Roppolt in der Konradkirche in **Oberwang** im Bezirk Vöcklabruck.

5. Weitere Berufsstände: **Christophorus** als Patron der Reisenden, **Savio** und **Goretti** als Jugendpatrone.
6. Die beiden Nothelfer **Antonius** und **Barbara**.

Seitenschiff Nord, **Marienaltar**: Statue **Maria mit Kind** von **Carl Polak** aus 1927, ein Geschenk des Landes Oberösterreich. Florales **Mosaik** von **Hans Babuder**. **Tabernakel** mit Darstellung der **Hl. Familie**.

Seitenschiff, **Kreuzweg-Sgraffitos**, 1951 von **Leo Sebastian Humer** aus Bludenz, Schrift und Mitarbeit von Markus Bachmann.

Zu den 14 Stationen fügt Humer noch zwei hinzu: am Anfang die Ölberg-Szene, am Ende die **Auferstehungs-Szene**.

Hochaltar

Großes **Apsisfresko** nach der **Geheimen Offenbarung** des Johannes von **Max Weiler** aus Innsbruck aus 1951. Die Mandorla wird oben von den **7 Posaunen** des Jüngsten Gerichts umgeben. Darunter **12** federartige **Lanzen**, Symbol für die 12 Stämme Israels. Die **24 Ältesten** werden links durch **3 Gestalten** symbolisiert. Rechts **Maria** als Schutzmantel-Madonna. Sie ist mit der Sonne umkleidet. Zu ihren Füßen der Mond.

Der verklärte **Christus** mit Krone zeigt die Arme mit seinen Wundmalen.
Der unsichtbare **Gottvater** ist mit verschwommenem Gesicht dargestellt. Darüber der **Heilige Geist**.

Am **Tabernakel** ein vergoldeter **Pelikan**. Er reißt sich mit dem Schnabel seine Herzseite auf.

Mit seinem Blut rettet er seine Jungen vor dem Verdursten, eine Anspielung an die christliche Heilslehre.

Rechter Seitenaltar, Mosaik ebenfalls von **Hans Babuder**: **Hl. Josef** als **Schutzherr der Weltkirche** mit der Darstellung des **Petersplatzes** in Rom auf der linken und der **Friedenskirche** auf der rechten Seite. Am Tabernakel die Aufschrift „Geht alle zu Josef.“ (Gemeint ist hier der ägyptische Josef.)

Rechte Seitenwand, Kreuzweg-Sgraffito von Leo Sebastian Humer.

Orgelwand an der Eingangsseite, **Fenster-Rosette** 1937 von **Alfred Stifter sen. Lamm Gottes** mit den Sternzeichen. Diese sind hier die Zeichen der weltlichen Herrschaft Gottes.

Orgel mit 3 Manualen, 49 Registern und 3 244 Pfeifen, gebaut 1957 von der Florianer Orgelbauanstalt unter **Wilhelm Zika**.

Kriegerkapelle (3)

Erbaut 1934–47. Am **Altar** liegender **Leichnam Christi** vor stehender trauernder **Maria**, 1936 von **Adolf Wagner von der Mühl**. Mosaikplatte mit Jesus und einigen Aposteln.

Die 6 hohen **Glasfenster** stammen von **Alfred Stifter sen.** aus 1937. Dargestellt ist das **Leiden Christi**, u. a. das **Schweißtuch der Veronika**.

Nägel vom Kreuz und die **Würfel**, mit denen die Kleider Christi aufgeteilt wurden.

Taufkapelle (2)

1934–51 dient sie als provisorische Kirche. Am **Gitter** zum Kirchen-Hauptraum oben der **Hl. Geist**, unten **zwei Fische** als Symbole der christlichen Gemeinschaft.

Das **Taufbecken** steht in einer **Versenkung**. Damit wird auf die **Ganzkörper-Taufe** in frühchristlicher Zeit hingewiesen.

Die **11 Glasfenster** aus 1934 von **Alfred Stifter sen.** werden am 4. Mai 1945 total zerstört. Die neuen Fenster aus 1986 stammen von **Lydia Roppolt**.

Die Fenster stellen in abstrakter Form die **Wirkung des Taufsakraments** dar.

Pfarrkirche
St. Markus
Gründbergstraße 2

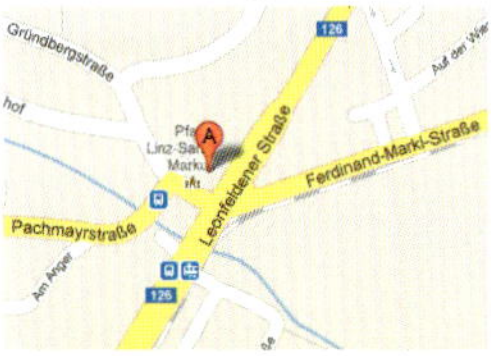

Highlights

- **Bilder** von **Erich Wulz**
- **Bibel in Ton** von **Robert Himmelbauer**

1941 Errichtung der **Kaplanei Gründberg**.

1944 Eingliederung in die Kooperatur-Expositur Linz-Christkönig (Friedenskirche).

1979–81 Bau der Kirche nach Plänen der Linzer Architekten **Erich Scheichl** und **Franz Treml**.

1986 Gründberg wird **Pfarrexpositur** (= unabhängiger Seelsorgebezirk, aber ohne eigene Vermögensverwaltung).

Kirche gebaut in kubischen Bauformen. Gegenüber der Kirche das Pfarrzentrum.

Der Grundriss der Kirche ist ein Quadrat. Die Hauptachse ist diagonal ausgerichtet. Über dem Altarbereich ist ein 6-eckiger Aufbau mit Oberlichte.

Vom Künstler **Erich Wulz** (1906–1984) stammt die **Innenausstattung**: Evangelisten-Bild, 2 Rundfenster, 15 Kreuzweg-Bilder, Orgel-

prospekt, Marien-Zyklus mit 15 Bildern und der Entwurf für die Jakobsleiter. Er schafft damit ein stimmiges, in dieser geschlossenen Art selten anzutreffendes **Gesamtkunstwerk**.

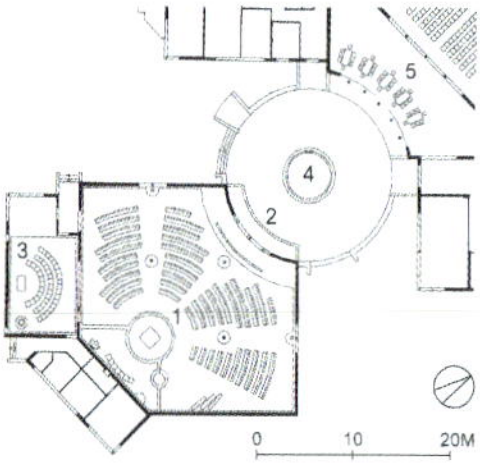

Plan Dehio Linz ©BDA

Nordwestwand, Bild **Die vier Evangelisten** von Erich Wulz: Markus mit Löwe, Matthäus mit Engel, Johannes mit Adler und Lukas mit Stier.

Nordwestwand, Rundfenster von Wulz, **Gleichnis vom barmherzigen Vater** (bzw. vom heimkehrenden Sohn):

Erich Wulz

1906 Geboren in Salzburg.

1924–28 Studium an der **Kunstakademie** in **Wien**. Wulz bezeichnet später den Unterricht als monoton und geisttötend.

1937 Hochzeit mit Mathilde. Das Paar bekommt 4 Kinder. Wulz kann von seiner Kunst nicht leben. Er arbeitet bis zur Pensionierung als **Buchhalter**.

1965 Der Theologiestudent **Johann Maislinger**, später Pfarrer von St. Markus, lernt Wulz kennen.

1978–81 Glasfenster, Kreuzweg-Bilder und Fastentuch für die Kirche in Schönering, Gemeinde Wilhering.

1981/82 Künstlerische Ausgestaltung der Kirche **St. Markus**.

1984 Tod in Aigen.

Marien-Zyklus, ebenfalls von Erich Wulz. Pfarrer Johann Maislinger spendet bei seiner Pensionierung 2006 den Zyklus der Pfarre.

Marien-Zyklus von **Wulz**,
Foto: Christian Dörn

Obere Reihe von links:
1. Verlobung Mariae.
2. Verkündigung Mariae durch den Erzengel Gabriel.
3. Maria besucht ihre Cousine Elisabeth.
4. Geburt Jesu im Stall.
5. Anbetung der Hirten.

Mittlere Reihe:
6. Anbetung der Könige.
7. Darstellung Jesu im Tempel.
8. Flucht nach Ägypten.
9. Leben in Nazareth.
10. Maria und Josef finden den 12-jährigen Jesus im Tempel.

Untere Reihe:
11. Kreuzigung Jesu.
12. Geistsendung an die Jünger.
13. Entschlafung Mariae.
14. Aufnahme Mariae im Himmel.
15. Krönung Marias durch die Hl. Dreifaltigkeit.

Nordostwand, **Rundfenster**, von Erich Wulz, links der **ungläubige Thomas** betastet die Wunden Jesu; rechts **Jesus mit den Jüngern in Emmaus**:

15 Kreuzweg-Bilder (Auferstehung als 15. Station, siehe auch Seite 305).

Orgelprospekt, Vorderseite die **hll. Florian** und **Severin**.

Unten der Markus-Löwe.

Foto: Pfarre St. Markus

Rechte Seitenwand **Johannes der Täufer**, links **hl. Cäcilia**, Patronin der Kirchenmusik.

Wandteppich **Jakobs Traum von der Himmelsleiter**, Entwurf von Erich Wulz. Angefertigt von der Goldhauben-Gruppe der Pfarre 1991.

Kirchen-Südwand, Altarbereich, **Kruzifix**; darunter **Fastentuch**, Acryl auf Leinen: **Pilatus verurteilt Jesus**, **Letztes Abendmahl** und **Petrus verleugnet Jesus**.

Tabernakel mit dem Bildnis zweier Engel.

Werktagskapelle

Bibel in Ton, 1981 von **Robert Himmelbauer**. Der 1931 in Unterweißenbach geborene ehemalige Schneider hat in den 1980er-Jahren seinen Zweitwohnsitz in St. Markus. Für diese Bibel verarbeitet er über eine Tonne Ton.

Oben links **Fußwaschung Petri** durch Jesus. Rechts **Moses** schlägt Wasser aus dem Felsen. Oben Mitte **Taufe Jesu** durch Johannes. Mitte links **Wunderbarer Fischfang**, darunter **Jonas**, der nach 3 Tagen dem Walfisch entkommt. Unter der Taufe Jesu die **hll. Florian** und **Nepomuk**, dazwischen **Meine Schwester Braut**.

Mitte rechts, **Jesus mit der Samariterin** am Jakobsbrunnen, darunter die **Arche Noah**.

Gründungspfarrer **Johann Maislinger** mit dem Modell der Kirche St. Markus.

Bibel in Ton, ganz unten der **Markus-Löwe**.

Marien-Zyklus, 7 Bilder in Öl auf Messing von Erich Wulz, linker Teil: Verkündigung, Heimsuchung Mariae, Suche nach einer Herberge.

Rechter Teil, Geburt Jesu, Verkündigung an die Hirten, Anbetung der Hl. 3 Könige und Flucht nach Ägypten.

Kruzifix aus 1979 von Erich Wulz, unten die **Gottesmutter Maria**.

Werktagskapelle, Tabernakel-Tür mit Bild **Letztes Abendmahl** von Erich Wulz.

Pöstlingberg

*Nördlich der Donau liegt der **539 m** hohe Pöstlingberg.* Berg und Kirche sind das **Wahrzeichen von Linz**.

827 Ein „**Chestinperg**“ ist urkundlich erwähnt.

vor 1400 Ein Lehen der **Starhemberger** auf dem Pöstlingberg besteht.

1716 Die **Wallfahrt** auf den Pöstlingberg beginnt.

1742 **Baubeginn** der heutigen **Kirche** im Auftrag von Joseph Gundomar Graf von Starhemberg.

1897 Die Tramway- und Elektrizitätsgesellschaft Linz-Urfahr (TEG, heute Linz AG) kauft das in den 1830er-Jahren erbaute **Fort Linz** der maximilianischen Befestigungsanlage.

1898 Eröffnung der **Pöstlingberg-Bahn**. Sie überwindet ohne Zahnräder auf der **2,9 km** langen Strecke **255 Höhenmeter**. Zur Baugeschichte siehe Seite 85. **Turm I** wird ein **Hotel-Restaurant**. **Turm IV** wird zur **Bergstation**.

1906 Im **Turm II** wird die „**Elektrische Turmbahn**“ eröffnet, Vorgängerin der **Grottenbahn**.

1936 Der Landschaftsmaler **Ludwig Haase** baut im **Turm II** eine Nachbildung des **mittelalterlichen Hauptplatzes**.

1948 Die nach einem Bombenangriff **1945 zerstörte Grottenbahn** wird von der Bildhauerin **Friederike Stolz** neu im Verhältnis 1:7 gebaut.

Foto: Dralon

1995 Die **Grottenbahn** wird teilweise neu gestaltet. Der freundliche Pförtner begrüßt die Besucher (3 Fotos Erik Müller).

Der Lindwurm zieht den Besucherwagen.

Zwerge „erzählen“ ihre Geschichten.

Und das alles bei romantischer Beleuchtung. Nicht nur für Kinder ein Erlebnis.

Foto: Dralon.

1997 Das **Pöstlingberg-Schlössl** wird nach langer Pause saniert und als Restaurant mit der wohl schönsten Aussicht auf Linz wieder eröffnet.

Haus und Restaurant präsentieren sich im Stil um 1900.

1998 100-Jahre-Jubiläum der Pöstlingberg-Bahn.

2009 Die **Spurweite** der Pöstlingberg-Bahn wird von 1 m auf **90 cm** umgestellt. Das ermöglicht das Einbinden in das **Linzer Straßenbahn-Netz**. Die **Talstation** kommt auf den **Hauptplatz**. Die alte Talstation am Mühlkreis-Bahnhof wird zum Bahn-Museum.

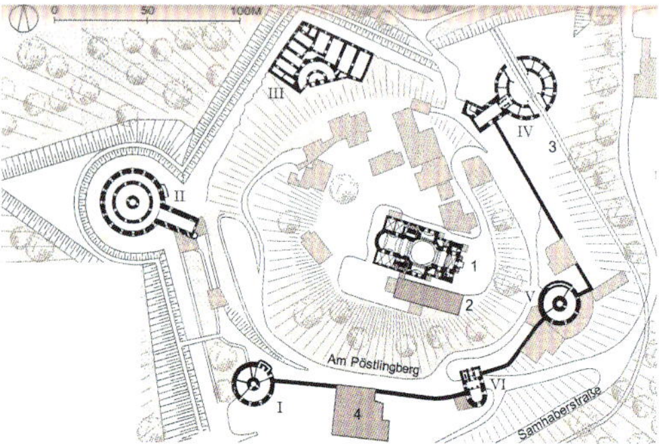

Plan Dehio Linz ©BDA

I Turm Ottilie
II Turm Beatrix, Grottenbahn
III Turm Julia
IV Turm Maria, Bergbahnhof
V Turm Euphemia
VI Turm Nothburga
1 Pöstlingberg-Kirche
2 Pfarrhof
3 Pöstlingberg-Bahn
4 Pöstlingberg-Schlössl

Basilika zu Ehren der „Sieben Schmerzen Mariae"

1716 **Franz Obermayr** ist bei den **Kapuzinern** in Linz beschäftigt. Das Studium eines Buches über das Leiden Christi veranlasst ihn, beim **Linzer Bildhauer Ignaz Jobst** ein **Vesperbild** anfertigen zu lassen. Am **Wetterkreuz** am heutigen Pöstlingberg wird die **Pieta** aufgestellt.

1720 Erste **Wallfahrt** zur Pöstlingberg-Pieta. **Joseph Gundomar Graf Starhemberg** lässt eine hölzerne Kapelle errichten.

1734 Der Linzer **Bürgermeister Johann Adam Pruner**, jüngerer Bruder des Architekten Johann Michael Prunner, stellt als erster einen **Geldbetrag für** einen **Kirchenneubau** zur Verfügung.

1738 Graf Starhemberg erreicht beim **Bischof von Passau** die **Genehmigung** für den Kirchenneubau.

1742 **Baubeginn** unter Baumeister **Johann Mathias Krinner** aus Linz.

1784 Johann Mathias Krinner stirbt. Der Bau wird von seinem **Sohn Franz Xaver Krinner** fertiggestellt.

1785 **Kaiser Joseph II.** (!) erhebt Pöstlingberg zur **eigenen Pfarre**.

1786 Der **erste Bischof** von Linz, **Ernst Johann Graf Herberstein**, **weiht die Kirche**.

1891/92 Bau der **Turmhelme** im klassizistischen Stil durch **Raimund Jeblinger**.

1919 Ein Blitz zerstört das Kirchendach.

1937 Vorplatz-Gestaltung samt Balustrade.

1963 **Nordturm** und **Kirchendach** müssen nach einem **Brand** erneuert werden.

1982 Außen-Restauration.

1992 Restauration im Inneren inklusive der Seitenaltar-Bilder.

Am Platz zwischen Pfarrhof und Kirche Statue **Johannes Nepomuk** (Jan aus der Stadt Pomuk), um 1750. Am Sockel **sein Sturz von der Karlsbrücke** in die Moldau **1397**, veranlasst von König **Wenzel IV.** von Böhmen. Nepomuk gab – laut Legende – den Inhalt der **Beichte der Königsgattin Sophie von Bayern** nicht preis.

Die 5-achsige **Doppelturm-Fassade** ist in ihren mittleren drei Achsen leicht konvex hervortretend. Die Turmachsen sind massiv gegliedert. In deren Erdgeschoß oktogonale Fenster. Auf hohen Sockeln folgen **toskanische Riesen-Pilaster**. Ein **kräftiges Gebälk** trennt die Turm- und Giebelzone vom unteren Fassadenteil.

Portal mit einer steinernen Oberlichte auf der Kirchen-**Südseite** gegenüber dem Pfarrhof:

Plan Dehio Linz ©BDA
1 = Zentralraum
2 = Sakristei
3 = Votivkapelle

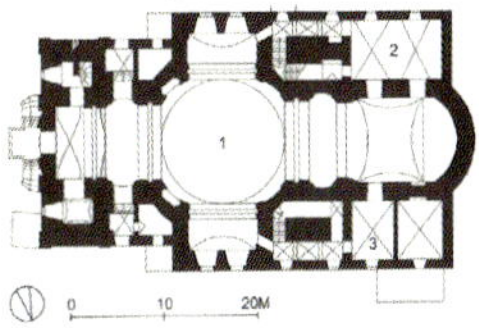

Innenraum in **Kreuzform** mit schwingenden Raumteilen im spätbarocken Stil. Presbyterium mit Hochaltar und Eingangsbereich mit Orgelempore sind schmäler als der Mittelteil. **Konkave Kuppel-Pfeiler**, östlich mit großen Nischen. Die **Wände** samt Gebälk **schwingen** im Joch davor und danach stark konkav zurück. **Pilaster** mit Rocaillen auf hohen Sockeln gliedern die Wand.

Kuppel-Fresko, **Krönung Mariae** durch die Heilige Dreifaltigkeit, 1899 von Andreas Groll. Am Außenrand links der 12-jährige **Jesus im Tempel** unter den Schriftgelehrten, unten **Christus am Kreuz** und rechts **Grablegung Jesu**.

In den **Gewölbe-Zwickeln** die **4 Evangelisten** in ovalen Rahmen, zwei im Glasfenster, zwei freskiert, 1899 von **Andreas Groll**.

Über dem Bogen des Eingangsbereiches ein Wappen samt Datum der Renovierung 1961/62.

Gewölbezwickel West, links **Evangelist Johannes** mit dem **Adler**.

Gewölbezwickel West, rechts **Evangelist Lukas** mit dem **Stier**.

Gewölbezwickel Ost, links **Evangelist Markus** mit den **Löwen**:

Gewölbezwickel Ost, rechts **Evangelist Matthäus** mit einem **Engel**.

Figur in der SW-Abschrägung des Zentralraumes **hl. Georg**, um 1760.

Taufbecken auf balusterförmigem Fuß. Am Holzdeckel Figur **Johannes der Täufer**, Ende 18. Jh.

Linker Seitenaltar, um 1750 aus Kunstmarmor, seitlich 2 Holzstatuen, um 1819, die **hll. Joachim** mit Turban und **Anna** mit Kopftuch, Eltern der Gottesmutter Maria.

Altarbild **Anbetung** des Jesuskindes durch die Hirten, 1818 von **Anton Hitzenthaler d. J.**

Im Altar-Aufsatz das Christus-Monogramm IHS.

Kanzel in Schwarz und Gold aus der Rokoko-Zeit, 1789 aus der Kirche in Münzbach, Bezirk Perg, hierher übertragen. **Schalldeckel** mit den **drei göttlichen Tugenden** Glaube, Hoffnung und Liebe. Ganz oben steht der **Gute Hirte** als Symbol der **Liebe**.

Hochaltar

Gebaut nach 1747. Ganz oben das **Starhemberger-Wappen**.

Jeweils 2 Marmor-Säulen stützen das geschwungene Gebälk:

Unter dem Wappenschild **Gottvater** im Strahlenkranz. Darunter **Engel** mit den **Leidenswerkzeugen**.

Nach unten folgt die Gnadenstatue der **Pieta** von **Ignaz Jobst** aus **1716**, in Auftrag gegeben von Franz Obermayr. Diese Statue, ursprünglich am Wetterkreuz, bewirkt den Beginn der Wallfahrt auf den Pöstlingberg.

Frei stehender **Altartisch** mit Tabernakel, 1928 in neobarocken Formen.

Hochaltar-Figur links, **hl. Veronika** mit dem **Schweißtuch**, welches das **Antlitz Jesu** zeigt.

Hochaltar-Figur rechts, **hl. Dismas**: Er wird zusammen mit Jesus gekreuzigt. Dismas bereut seine Sünden (reuiger Schächer). Der **zweite Schächer Gestas** (oder Gesmas oder Kosmas) bereut nicht.

Presbyterium, Deckenfresko: Der Prophet **Ezechiel** auf den **Trümmern von Jericho** mit der Erscheinung von Maria, 1899 von **Andreas Groll**.

Chorwand Nord, Figur **Schmerzensmann**, Darstellung des gefesselten Christus, um 1760.

Rechter Seitenaltar

Wie der linke Seitenaltar ein **Tafelretabel** aus Kunstmarmor aus der Zeit **um 1750**, flankiert von schräg gestellten kannelierten Pfeilern. Im Altar-**Aufsatz** der **Stern von Bethlehem**.

Seitlich Holzfiguren die **hll. Zacharias** mit gehörnter Mitra und **Elisabeth**, Eltern von Johannes dem Täufer, Mitte 18. Jh.

Rechter Seitenaltar, Altarbild **Anbetung der hl. 3 Könige**, 1829 von **Anton Hitzenthaler d. J.** Im Hintergrund die Stadt Bethlehem. Die Könige (oder Weisen) überreichen Gold, Weihrauch und Myrrhe.

Querschiff Nord, Figur **hl. Leopold**: **Leopold III.** (1073/1095–1136) **Markgraf von Österreich**. Als Gründer/Stifter vieler Klöster wird er mit einem Kirchen-Modell von **Klosterneuburg** dargestellt.

Figur in der SO-Abschrägung des Zentralraumes, Statue **hl. Josef** aus 1896 mit Kind und Lilienstab.

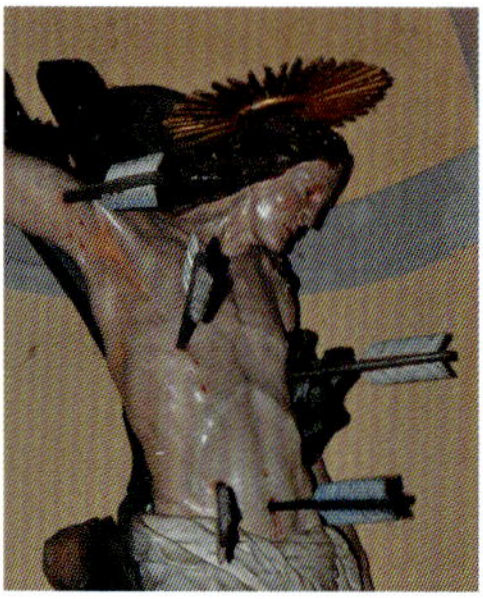

Figur in der Nische hinter dem Nordturm, **hl. Sebastian**, um 1760.

Orgelempore im Osten

Orgel aus 1941–43 von Matthäus Mauracher, III Manuale, 37 Register. Das Orgelgehäuse bekrönt **König David** mit der Harfe. Mit seinem Harfenspiel lindert David, Vater von König Salomon, die Verwirrung seines Vorgängers König Saul.

Seitlich von David ist die Statue der **hl. Cäcilia**, Schutzheilige der Musik und der Musiker, und eine Statue **Allegorie der Musik**.

Kreuzweg-Bilder aus 1910 von **Andreas Strickner**. **Weihnachts-Krippe** um 1965 von **Johann Holzbauer**.

Votivkapelle

Erreichbar vom nördlichen (rechten) Querarm. Entstanden 1976 durch Abtrennung von der früheren „Schatzkammer“.

Rokoko-Altar und **Heiliges Grab** fertigt 1897 **Ludwig Linzinger**. Votivbilder bedecken die Wände.

Deckenbild, 1992 entdeckt.

Blinder Knabe vor **Franz Obermayr** und Obermayr auf der Bahre.

Sakristei

Wandbrunnen mit Muschelbecken aus Rotmarmor. In der Lünette Bild Taufe Christi, flankiert von Petrus und Paulus. Dieser zeigt auf die Pöstlingberg-Kirche.

Oratorium

Im 1. OG über der Sakristei. Wandmalereien wohl von Johann Philipp Mayr um 1756. In den Gewölbejochen Kreuzabnahme und Beweinung Christi. In den Fenster-Leibungen Geschichte der Wallfahrt und Bau der Kirche. Apollonia-Altar aus den 1770er-Jahren mit Bild der hl. Apollonia, 1881 von Adolf Wutschl.

Krypta

täglich 8.00–18.00 Uhr. Zugang außen gegenüber vom Pfarrhof. **Ton-Krippe** aus **1992** von **Robert Himmelbauer** aus Hirschbach. Sündenfall, Verkündigung und Heimsuchung.

Traum der Hl. 3 Könige, Flucht von Maria, Joseph und Jesus nach Ägypten.

Anbetung der Hirten und der Hl. 3 Könige.

Engel der Verkündigung.

Aussicht auf Linz, Donaulände vom Lentos bis zum Schloss. Links oben fließt die Donau nach Abwinden bzw. nach Mauthausen.

St. Magdalena

Nördlich der Donau, östlich von Leonfeldner Straße und Haselgraben.

ca. 1165 Eine bestehende Kapelle wird von Markgraf **Ottokar III. von Steyr** im Auftrag Giselas von Haselbach an das **Kloster Garsten** übergeben.

1383 Der Ort wird als **selbstständige Pfarre** genannt. Im 16. Jh. Verlust der Eigenständigkeit.

1482 (?) Der **Ortsname** wird von **Haselbach** auf **Sankt Magdalena** geändert.

1550 Lehenschaft und Vogtei gehen an die **Herrschaft Steyregg**.

1590–1620 In St. Magdalena wirken **protestantische Seelsorger**.

1832 Kaiser **Franz I.** und seine 4. Gattin Karolina Augusta von Bayern eröffnen hier die erste Schienenbahn des europäischen Festlandes, die **Pferde-Eisenbahn Linz–Budweis** (S 270).

1851 Gründung der **Gemeinde Katzbach**, heute der südliche Teil von St. Magdalena.

1858 Eigenständige Pfarre.

1875 **Zusammenlegung** der Gemeinden **Katzbach**, **Pöstlingberg** und **Lichtenberg**.

1885 Die Gemeinde-Zusammenlegung von 1875 wird rückgängig gemacht. Dabei entsteht die **neue Gemeinde St. Magdalena** (statt Katzbach).

1938 St. Magdalena wird **nach Linz eingemeindet**. Errichtung der Kaserne Auhof.

1945–55 Das **Mühlviertel** und damit der gesamte nördlich der Donau gelegene Teil von Linz ist von den **Russen** besetzt.

1954 Das **Hochwasser** richtet in den Ortsteilen Heilham, Steg, Dornach und Furth großen Schaden an.

1966 Eröffnung der **Hochschule** in Auhof (siehe Seite 307).

Pfarrkirche St. Magdalena

vor 1500 Der bestehende Chor wird vergrößert und eingewölbt.

um 1515 Einwölbung des Langhauses.

1768 **Neugestaltung** durch **Franz Xaver Krinner**.

1913/14 Anbau der **Seitenschiffe** und der **West-Empore** mit Treppenhaus durch **Matthäus Schlager**.

1981/82 **Umbau** durch **Anton Zemann**: Erweiterung des nördlichen Choranbaus mit äußerer Wendeltreppe. An der Südseite Vergrößerung der Sakristei mit darüberliegender Empore und Öffnung zum Kirchenraum in größerer Arkade.

Die **Außenfront** ist aufgrund der vielen Anbauten **uneinheitlich**. Im Inneren seit dem neugotischen Umbau 1911/12 ein 3-schiffiges, 3-jochiges Langhaus mit **Netzrippen-Gewölbe**. Der mittelalterliche Raumcharakter bleibt erhalten.

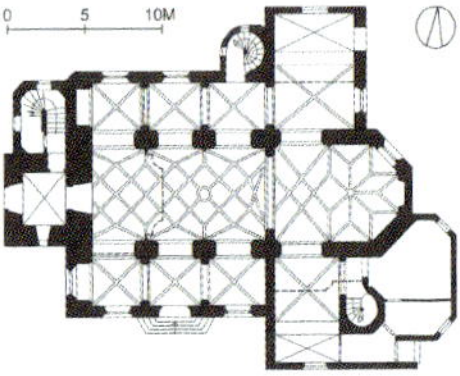

Plan Dehio Linz ©BDA

Der **spätgotische Chor** entspricht in der Breite dem mittelalterlichen Langhaus. Der **Akanthusrahmen-Altar** aus **1693** stammt wohl von Marian Rittinger.

Altarbild **Kreuzabnahme** bzw. Beweinung Christi, 1693 von **Johann Carl von Reslfeld** (1658–1735). 1684 wird Reslfeld Stiftsmaler in Garsten.

Der Evangelist Johannes stützt die der Ohnmacht nahe Gottesmutter. Maria Magdalena hält den Arm des toten Christus und auf einem Tuch die Dornenkrone. Einer der beiden Engel weint.

Chor, **Engel** auf beiden Seiten, 1693 von **Marian Rittinger**.

Kanzel 1693 von **Ignaz Kurz**. Über dem polygonalen Korb ein Schalldeckel mit Akanthus-Dekor.

Die Seitenschiffe sind ungleich hoch und kreuzgratgewölbt. Langhaus Nordpfeiler, Statue **hl. Josef** 1960. **Fenster** im Nordschiff „Noli me tangere" (Rühr' mich nicht an) sagt der **auferstandene Christus** zu **Maria Magdalena**. Im unteren Teil **Christus bei Simeon**.

Darunterliegendes Fenster, **Taufe Christi**, 1960 von **Margret Bilger**:

Seitenschiff Nord, Nordwand, **Maria Magdalena** 18 Jh., **Kruzifix** 18. Jh., neogotisches **Weihwasserbecken**, Anfang 20 Jh.

Querhaus Süd, Figur Apostel **Judas Thaddäus**.

Orgel-Empore, darüber ein Netzrippen-Gewölbe.

Südlich der Kirche eine Gedenktafel an die **Pferde-Eisenbahn Linz–Budweis** (siehe Seite 270):

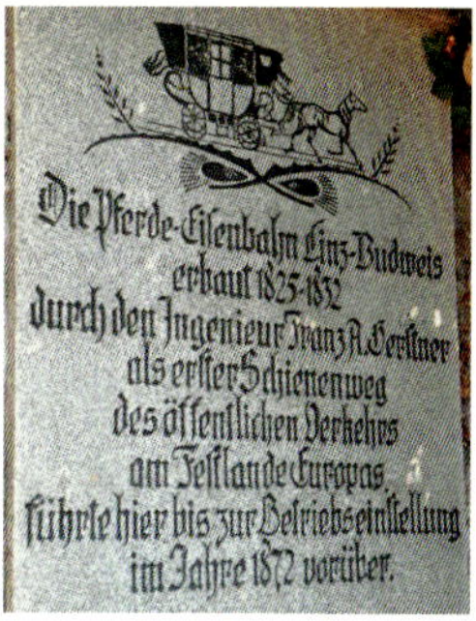

Brunnen am Ortsplatz aus 1975: Um eine dreiteilige Stele liegen zwei Becken auf Betonsockeln. Auf der Brunnen-Stele oben das Haupt der **Medusa**.

Kriegerdenkmal in der Auffahrt nach Magdalena, **Trauernde Niobe**, 1963 von **Max Stockenhuber**.

Niobe

Die Tochter des Tantalos hat mit König **Amphion von Theben** 12 Kinder. Niobe **verspottet Leto**, weil diese nur **Apollon** und **Artemis** gebar. Diese **töten Niobes Kinder**. Amphion nimmt sich das Leben. **Niobe erstarrt zu Stein**. Auch als Stein hört sie nicht auf zu weinen.

Dornach und Auhof sind der nordöstlichste Teil von Linz. A-7-Abfahrt Dornach.
Immenser Aufschwung seit 1961.

Kirche Hl. Geist

Schumpeterstraße 3

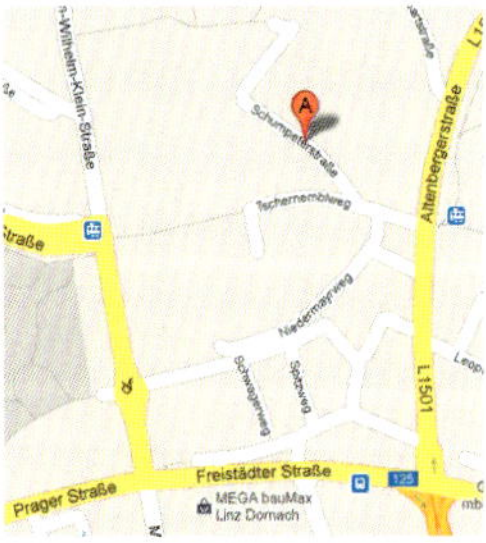

1930 Private Spenden der Bürger von Katzbach ermöglichen den Grundankauf für den späteren Kirchenbau.

1941 Weihbischof Fließer gründet für den östlichen Teil der Pfarre St. Magdalena die **Kaplanei St. Berthold**.

1955 Die **ehemalige Kaserne Auhof** wird saniert. In der dort neu errichteten **Hauptschule** finden **erste Gottesdienste** statt.

1962 Gründung der **Pfarr-Expositur** in Dornach. Der **Name zum „Heiligen Geist“** wird gewählt, nachdem 1961 der Beschluss zum Bau der **Hochschule Linz** im angrenzenden **Auhof** gefasst wurde.

1967 Das **Pfarrheim** ist fertiggestellt.

1970 Der **Kindergarten** wird eröffnet.

1971 **Weihe** der Kirche durch den späteren Erzbischof Wagner.

Der massige Sichtbetonbau steht auf quadratischem Grundriss. Die Mitte des Baukörpers betont das überhöhte Dach mit Kreuz.

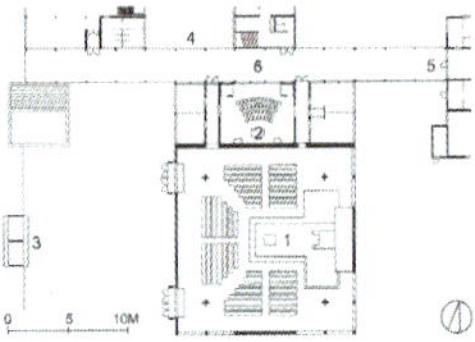

Plan Dehio Linz ©BDA
1. Kirche
2. Werktagskapelle
3. Glockenträger
4. Pfarrheim
5. Kindergarten
6. gedeckter Verbindungsgang

Innen ein Zentralraum mit Sichtbeton-Flächen und mächtigen Pfeilern.

Nordwand, **Auferstehungs-Teppich**, 1968 von **Fritz Riedl** (siehe Seite 170).

Nordost-Pfeiler, **Madonna** im Strahlenkranz, um 1460 im gotischen Stil. Davor der **Osterleuchter** mit geschliffenen Glassteinen.

Ostwand, **Orgel**, gebaut von der Firma Wührer aus Wilhelmshaven. Davor ein **Kreuz** von **Jakob Kopp**.

Vor dem Südost-Pfeiler **Tabernakel** von **Jakob Kopp**. Die Tabernakeltür ist mit pyramidenförmig geschliffenen Glassteinen verziert.

Statue **Auferstandener Christus**, um 1600 Weilheimer Schule in Bayern.

Südwand, oben **Teppich Herabkunft des Hl. Geistes**, von **Fritz Riedl**, angekauft 2007.

Südwand unten,
16 Kreuzweg-Stationen:
Zu den üblichen 14 sind hier noch „Auferstehung Christi“ und „Pfingstwunder“ angebracht. 1995 schafft **Toni Nwachukwu**, ein gebürtiger Nigerianer, dieses Kunstwerk in **Batik-Technik**.

1. Jesus wird von Pilatus zum Tode verurteilt.

Batik-Technik
Das malaiische Wort Batik bedeutet Wachsmalen auf Baumwolle. Ein vorgezeichnetes Motiv wird völlig mit Wachs überzogen. Frei bleiben nur die Stellen, welche die dunkelste Farbe des Bildes erhalten sollen.
Nach dem Erstarren des Wachses wird das Bild in das kalte Farbbad getaucht und getrocknet. Dann wird das Wachs durch Hitze (Bügeln) nur an den Stellen entfernt, die die nächsthellere Farbe erhalten sollen usw.
Die Anwendung dieser Technik setzt große Erfahrung voraus.

2. Jesus nimmt das Kreuz auf seine Schultern.

3. Jesus fällt zum 1. Mal unter dem Kreuz.

4. Jesus begegnet seiner Mutter Maria.

5. Simon von Cyrene wird gezwungen, Jesus beim Tragen des Kreuzes zu helfen.

6. Veronika reicht Jesus das Schweißtuch.

7. Jesus fällt zum 2. Mal unter dem Kreuz.

8. Jesus begegnet den weinenden Frauen.

9. Jesus fällt zum 3. Mal unter dem Kreuz.

10. Jesus wird seiner Kleider beraubt.

11. Jesus wird ans Kreuz genagelt.

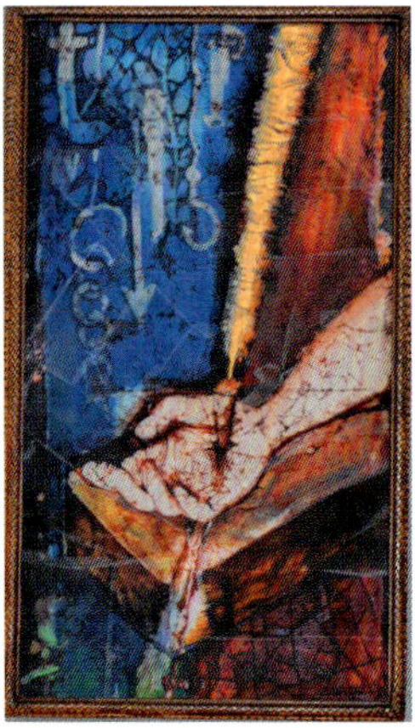

12. Jesus stirbt am Kreuz.

13. Jesus wird vom Kreuz genommen.

14. Jesus wird ins Grab gelegt.

15. Auferstehung Christi.

16. Herabkunft des Heiligen Geistes (Pfingstwunder).

Westwand, **Kruzifix** aus Eiche um 1770 im spätbarocken Stil, ein Geschenk der Sparkasse der Stadt Haag.

Werktagskapelle

An der Eingangswand der Werktagskapelle Bild **Der Mensch für die Welt und die Welt für den Menschen**, von **Silke Haupt** aus Buenos Aires, in der Technik Batik und Wrapping.

Figur **Pieta** – Maria hält den toten Christus in ihren Armen – im Stil der **Nazarener**.

Johannes-Kepler-Universität (JKU)

Altenberger Straße 69 in Linz-Auhof, *Endstation Straßenbahn Linie 1 + 2*

Lebenslauf von Johannes Kepler siehe Seite 134.

1542 Die **Schallenberger** richten in ihrer Burg **Luftenberg für den protestantischen Adel** eine **Schule** ein. Namhafte Lehrer werden aus Wittenberg geholt.

1566 Die „**Adeliche Landt-Schuele**" übersiedelt auf Veranlassung der oberösterreichischen Stände in das **Minoritenkloster in Enns**.

1574 Die **Landschaftsschule** übersiedelt nun ins **neu gebaute Landhaus** in **Linz**.

1608 **Jesuiten-Lateinschule** in Linz.

1612–24 **Johannes Kepler** lehrt an der Landschaftsschule.

1624 Im Zuge der **Gegenreformation** unter Kaiser **Ferdinand II.** werden die **protestantischen Professoren** aus Linz **vertrieben**.

1629 Die **Jesuiten** übernehmen die Landschaftsschule, Vereinigung mit der Lateinschule.

1669 Das Linzer Gymnasium wird um ein **Lyzeum für höhere Studien** erweitert.

1674 Kaiser **Leopold I.** gewährt das **Graduierungsrecht**.

1773 Papst **Clemens XIV.** hebt den Jesuiten-Orden auf. Das **Jesuiten-Kolleg in Linz** wird **aufgelöst**. Die Studien werden im neuen Rahmen des „**k.k. Lyceums**" mit einer philosophischen, theologischen und juridischen Fakultät fortgeführt.

1775–1805 Führung einer **chirurgischen Klasse**.

1810 Die Studien-Hofkommission löst die juridisch-politischen Studien auf.

1848 Das **Lyzeum** mit der Philosophischen und Theologischen Fakultät wird **aufgelöst**. Das **theologische Studium** wird der **Diözese Linz** übertragen.

1943 Aus dem Plan zur Errichtung einer Technischen Hochschule bleibt nur ein provisorischer Betrieb eines Architektur-Studiums im Stift Wilhering.

1959 Das **Kuratorium Hochschule für Sozialwissenschaften in Linz** wird von der Stadt Linz, vom Land und von weiteren Institutionen gegründet.

1961 Die **Stadt Linz** erwirbt **Schloss Auhof** samt Park zur Errichtung der Hochschule. Ein Teil des Schlosses wird abgerissen. Süd- und Osttrakt bleiben bestehen.

1962 **Bundesgesetz** zur **Errichtung der Hochschule Linz**.

1964 Spatenstich für die ersten Gebäude, errichtet nach den Plänen von **Artur Perotti** u. a.

1966 **Eröffnung** mit folgenden Studienrichtungen: Soziologie, Sozialwirtschaft, Volkswirtschaft, Betriebswirtschaft und Rechtswissenschaft.

1968 Es folgt die Sozial- und Wirtschaftsstatistik.

1969 Technische Mathematik, Informatik und Lehramt Mathematik.

1970 Wirtschaftspädagogik und Technische Physik.

1975 Eigene **Rechtswissenschaftliche Fakultät**. Umbenennung in **Johannes Kepler Universität** (JKU). Studienversuch **Wirtschaftsinformatik**.
1977 Chemie-Lehrbetrieb
1979 Der TNF-Hörsaaltrakt (technisch-naturwissenschaftliche Fakultät) wird eröffnet.
1984 Eröffnung des neuen Bibliotheksgebäudes.

Foto: Flick

1985 Mikroelektronik-Labor
1989 Das 1987 gegründete Forschungsinstitut für Symbolisches Rechnen (**RISC**) zieht in das **Schloss Hagenberg**.
1990 Mechatronik.
1991 Management-Zentrum und Kopfgebäude werden eröffnet.
1998 Einführung der **KeplerCard** als Ausweis der Studierenden.
2000 Institut für Frauen- und Geschlechterforschung. Institut für Informationssysteme zur Unterstützung sehgeschädigter Studierender.
2003 Drahtloser Zugang zum Universitätsnetzwerk. Die **eLearning-Plattform KUSSS** wird in Betrieb genommen.
2004 Durch das Universitätsgesetz 2002 wird die Johannes Kepler Universität eine **juristische Person öffentlichen Rechts**.
2007–09 Der **Science Park 1** wird für das Mechatronikfach gebaut.

2011 Der zweite von vier Bauteilen des **Science Parks** wird eröffnet, Heimstätte für Mathematik, Informatik und Kunststofftechnik.

Die JKU besteht 2012 aus **3 Fakultäten** mit rund **120 Instituten**: Sozial- und Wirtschaftswissenschaften, Technisch-Naturwissenschaftliche und Juristische Fakultät. Für die rund 17 000 Studenten arbeiten rund 2 400 MitarbeiterInnen.

Schloss Auhof, heute Rektorat der JKU:

1350 **Jans von Capellen**, Herr auf **Steyregg**, verleiht seinem Diener **Konrad von Au** aus dem Geschlecht der Pergheimer den „**hof dacz Au**“ als Erblehen.
1628–39 Das **Schloss Auhof** wird gebaut.

1689 Schloss Auhof kommt an das Geschlecht der **Starhemberger**.
1945–55 Russische Besatzungstruppen bewohnen Schloss Auhof.

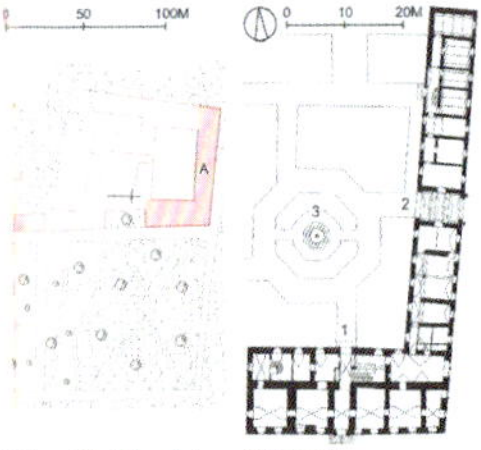

Plan Dehio Linz ©BDA

Schloss Auhof, frühbarockes Portal auf der Südseite:

Hochbarockes Portal auf der Ostseite.

Mensa und Schloss Auhof.

Skulptur „**Spirit of Linz**“ vor dem Teich der JKU, 1987 von **Helmuth Gsöllpointner**.

„**Gigant**“ aus 1991, Eisenobjekt des Japaners **Makoto Miura**.

Margarethen

Ortschaft am südlichen Donau-Ufer. Von der Nibelungen-Brücke 2 km nach Westen ***Richtung Wilhering*** *bei der Einmündung der* ***Zaubertal-Straße*** *und des Grabenbaches.*

Highlights
- **Malerische Lage über dem Donautal**
- **Maria-Thal-Kapelle**
- **Kreuzweg**

Am **Abhang des Kürnbergerwaldes** liegt der **1. Linzer Marien-Wallfahrtsort**.

um 1000 **Einsiedler-Klause** am Kalvarienberg.

1381 Erste urkundliche Erwähnung der **Kirche zur hl. Margaretha** am südlichen Donauufer. Sie stammt aus der Zeit der **Kreuzzüge** (1095–1291).

1608 Vom Donauufer hinauf auf den Kalvarienberg wird ein **erster Kreuzweg** errichtet.

1651–54 Der Jesuitenpater **Philipp Boccabella** errichtet die heutige **Kalvarienberg-Kirche**.

1659 Der Linzer **Bürgermeister Ludwig Preller** lässt die **Hl.-Grab-Kapelle** bauen.

1665 Errichtung der **Heilbrunner-Kapelle** am Donauufer, ebenfalls durch Preller.

1690 Bau der **Maria-Thal-Kapelle** durch Bürgermeister **Johann Peisser von Wertenau**.

1688 Franz Anton von Losenstein, Dompropst von Passau, weiht die Kalvarienberg-Kirche. Anbau der Sakristei.

1784 Die Margarethen-Kirche am Donauufer wird nach vielen Beschädigungen durch Hochwasser abgerissen.

1792 Anlage des Friedhofs um die Grabkapelle.

1843–50 **Kreuzweg-Bau** im heutigen Verlauf mit **12 Stationen**.

1898 **Hospiz-Errichtung** durch **Franz Weikl** für die **Franziskaner**.

1899 Anbau der **Seitenkapelle** an die Kirche durch Franz Weikl.

1937 Die **Trinitarier** übernehmen das Hospiz.

1942 Die Pfarre St. Margarethen wird eine **Expositur** der **Linzer Stadtpfarrkirche**.

1976 Die Trinitarier geben das Hospiz auf. Der Bau wird zum Pfarrhof.

1980 **St. Margarethen** wird **eigenständige Pfarre**.

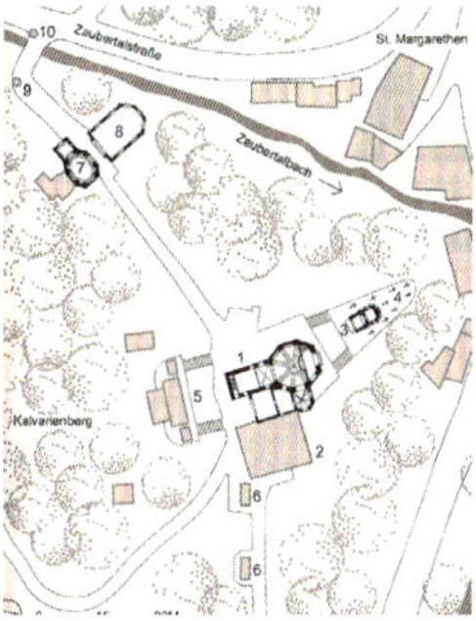

Plan Dehio Linz ©BDA
1. Kalvarienberg-Kirche
2. Pfarrhof
3. Hl.-Grab-Kapelle
4. Friedhof
5. Kalvarienberg
6. Kreuzweg-Stationen
7. Maria-Thal-Kapelle
8. Langhaus bzw. Bethaus, heute Pfarrsaal
9. Statue Johannes Nepomuk
10. Statue Erzengel Gabriel

Brücken-Statuen

bei der Abzweigung von der ***Zaubertalstraße*** *hinauf zur Kalvarienberg-Kirche.*

Vor der Brücke über den Graben Statue **Erzengel Gabriel** (10), vor 1850. In der Hand hält er einen Lilienzweig, Symbol der Unbefleckten Empfängnis Mariens. Mit seiner Hand weist er hinauf zum **Bethaus** (8, links) und zur **Maria-Thal-Kapelle** (7).

Nach der Brücke über den Grabenbach Sandstein-Statue **Jan ne Pomuk** (9) aus 1708. Hans aus Pomuk (Johannes Nepomuk), Beichtvater von Königin Sophie, gibt das Beichtgeheimnis nicht preis. Er wird **1393** im Auftrag von König **Wenzel IV. von Böhmen** mit einem Stein um den Hals in die Moldau geworfen.

Bethaus (8)

Das niedrige Gebäude mit Walmdach wird nach 1660 auf 8 mächtigen Pfeilern mit abgeschrägten Ecken auf der Nordseite gebaut. Der Raum dient heute als **Pfarrsaal**.

Maria-Thal-Kapelle (7)

Die ursprüngliche Wegkapelle wird **vor 1690** durch den Linzer Kaufmann und

Bürgermeister **Johann Peisser von Wertenau** erneuert. Das **heutige Aussehen** stammt aus **1746–1749**. Hangseitig Sakristei und Mesnerhaus. Der Höhepunkt der **Wallfahrt** nach Maria Thal ist 1749 bereits überschritten. Die Zunahme der Wallfahrten auf den **Pöstlingberg** führt dort **1742** zum **Bau der Kirche**.

Die **spätbarocke** Kapelle hat einen 8-eckigen Grundriss. Auf dem geschweiften Glockendach sitzt eine Laterne. Im Inneren ein **querovaler Zentralraum** mit Flachkuppel.

Den **Altar** säumen Engel und Wolken aus **Glanzstuck**. Der **Arkadenbogen** ruht auf zwei Komposit-Säulen. Engel umrahmen eine nach oben gerundete Stuckfläche. Oben die **Taube** im Strahlenkranz, Sinnbild für den Heiligen Geist. Mittig eine **gotische Sandstein-Statue** der **Maria mit Kind** aus der Zeit um **1350**.

Decken-Gemälde 1747 von **Wolfgang Andreas Heindl** (1693–1757), renoviert und ergänzt 1909 von Adolf Wutschl: **Maria Immaculata** als Schutzherrin des Heilbrunnens bei ihrer Aufnahme in den Himmel durch die **Heilige Dreifaltigkeit**. Rechts neben Gottvater die **hll. Hieronymus**, **Papst Gregor d. Gr.** und **Augustinus**. Am Rand zum Altar führt der Apostel **Jakobus d. Ä.** die Pilger zu Maria. Hinter der Wolke unter Maria ist ein Ovalbild mit **Adam und Eva** versteckt. Links von Maria ein **Rundtempel**, aus dem Wasser zu den Pilgern fließt.

Putten in den **Zwickelfeldern** mit den **marianischen Sinnbildern**: Lilie, Immaculata-Bild, Herzen und Granatapfel. Der aufwendig dekorierte Raum täuscht Eckpfeiler vor. **Pilaster** mit Komposit-Kapitell säumen bemalte **Nischen-Figuren** aus Holz aus 1746/47. Die Nischen sind ebenfalls oben gerundet. Links hinten **Johannes der Täufer** mit Lamm.

Nischen-Figur links vorne, **hl. Josef** mit Lilie.

Nischen-Figur rechts vorne, **hl. Anna**. In der Hand hält sie ein Buch, mit dem sie ihrer **Tochter Maria** das Lesen lehrt.

Nischen-Figur rechts hinten, **hl. Joachim**, Vater der Gottesmutter Maria.

Heilig-Grab-Kapelle (3), davor Balustrade vor der Kalvarienberg-Kirche, dahinter der Pöstlingberg-Südhang am nordseitigen Donauufer.

1659 lässt der Linzer Bürgermeister Ludwig Preller die **Hl.-Grab-Kapelle** als **14. Kreuzweg-Station** errichten.

Über dem Grabraum ist ein offener **Turm-Aufbau** aus Holz, verkleidet mit Blech. Über einem **Sechseck-Grundriss** tragen **zwölf kleine Säulen** ein sechseckiges Gebälk mit geschweiftem Dach und **Patriarchen-Kreuz**.

Wappen über dem Eingang zur Hl.-Grab-Kapelle mit **Inschrift** aus 1659: „Gott zur Ehr hat Ludwig Preller allhie und Anna Apollonia Prellerin geborne Eckhartin dies grab erbauen lassen“.

Der kleine Saalbau hat nach Norden einen polygonal gebrochenen 5/12-Schluss.

Außen am Chor befindet sich ein **Kruzifix** aus vergoldetem Blei, um 1755 vom Wiener Bildhauer **Franz Xaver Seegen**. Es steht stilistisch in der Nachfolge von Georg Raphael Donner. Ursprünglich gehörte es zum Altar der Kalvarienberg-Kirche.

In der Balustrade hinter der Hl.-Grab-Kapelle eine Nische mit einer **Pietà** aus der 2. Hälfte des 18. Jh. oder aus der Zeit um 1840.

Außerhalb des Friedhofs etwas talwärts das **Friedhofskreuz**.

Balustrade hinter der Hl.-Grab-Kapelle mit Stiege hinauf zur Kirche.

Kalvarienberg-Kirche (1)

Gebaut **1651–54** als **Zentralbau** über einem **8-eckigen Grundriss** vom Jesuitenpater **Philibert Boccabella**, Hofprediger von Kaiser Ferdinand III. Toskanische Pilaster tragen durch kräftig betonte Gesimse plastisch wirkende Gebälkstücke. Der kleine Altarraum wird durch einen Rundbogen vom Zentralraum getrennt.

Hinter dem Altar auf einem schwarzen Marmor-Unterbau die Kreuzigungsgruppe. **Jesus am Kreuz**, flankiert von der Gottesmutter **Maria** und dem Evangelisten **Johannes**, beide Statuen aus 1755 (?), eventuell von Leonhard Sattler d. Ä.

Oberhalb des Tabernakels Figur **auferstandener Christus** aus der Mitte des 18. Jh.

Seitenkapelle an der Kirchen-Ostwand, gebaut **1899** nach einem Entwurf von **Franz Weikl**.

Statuen der **hll. Franz von Sales** und **Margareta Maria Alacoque**, **Ecce homo** aus der Mitte des 18. Jh. und der **hl. Elisabeth** mit dem Rosenwunder, um 1890 (siehe dazu Seite 260).

Die **Orgel** aus 1905/06 stammt von Leopold Breinbauer.

Kalvarienberg (5)

Der ursprüngliche Kreuzweg aus 1608 wird **1843–50** durch den heutigen ersetzt. Die 12. Station ist der Kalvarienberg. Er wird 1902 errichtet. Hochreliefs aus den Werkstätten von **Franz Schneider** (1789–1847) und **Franz Liebert** (1814–65?). Linkes Kapellenhaus mit Relief **Kreuzigung Christi**.

Im größeren mittleren Kapellenhaus der **Berg Golgotha** mit den 3 Gekreuzigten: Der nicht reuige, Jesus verspottende **Kosmas**, **Jesus Christus** und der reuige Verbrecher **Dismas**. Dahinter die Ansicht von **Jerusalem**, gemalt von **Andreas Strickner**. Dismas wird nur im Lukas-Evangelium erwähnt, Kosmas nur im apokryphen (= nicht anerkannten) Nikodemus-Evangelium.

Die **Holzplastiken** der Kreuzigungsgruppe stammen von **Franz Schneider**. Figuren seitlich vom Kreuz Christi: links die Gottesmutter **Maria** und **Maria Magdalena** mit wallendem Haar.

Rechts der Evangelist **Johannes**. Diese drei Figuren werden 1902 von **Andreas Crepaz** angefertigt.

Rechtes Kapellenhaus, Relief Kreuzabnahme.

Kreuzweg (6)

Er beginnt unten am Donauufer. Am Beginn der Stiege steht die Statue der **heiligen Helena** vom Salzburger **Johann Scheidl**. Die **Mutter von Kaiser Konstantin** entdeckt in Palästina im Jahr 325 das angeblich **wahre Kreuz**, an dem Jesus Christus starb.

Der Kreuzweg führt hinauf zur Kirche mit dem Kalvarienberg.

Links vor dem Abgang der heutige **Pfarrhof**, Ordenshaus der Trinitarier 1937–76, erbaut 1897 nach den Plänen von Pater **Johannes Reiter** durch **Franz Weikl**.

Auf einer hohen Sockelzone ruht auf toskanischen Pilastern und einem gleich gestalteten Mittelpfeiler über einem hohen Architrav ein flacher Dreiecksgiebel. Jeweils zwei Hochreliefs sind in den tiefen Nischen.

Die Figuren vermitteln dramatisch den Hergang des Kreuzweges.

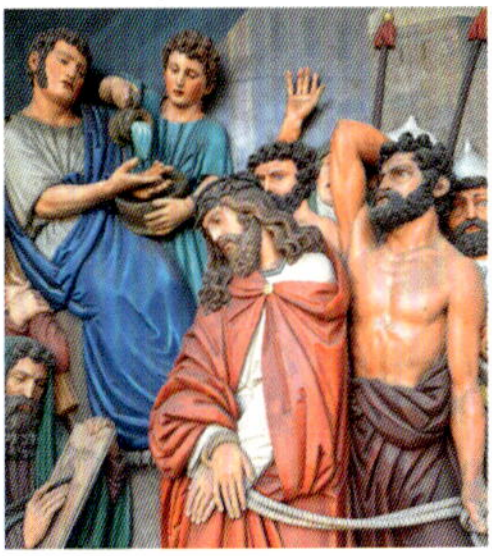

Rosenburg
Zaubertalstraße 6

Im Westen des Kalvarienberges auf der westlichen Seite des Grabenbaches.

1908 **Magistratsdirektor Edward Schiller** erwirbt den Kletzengütlwald am nördlichen Ende des Zaubertals. Hoch über der Donau lässt er nach eigenen Plänen von Fabigan & Feichtinger eine **mittelalterliche Burg** bauen. Beim Bau wird Material aus abgetragenen Linzer Altstadthäusern verwendet.

1909 Ausstattung durch den Wiener Jugendstil-Maler **Max Liebenwein** (1869–1926, siehe Allgemeine Sparkasse, Seite 94), u. a. „Giselhers Verlobung zu Bechelaren".

1920 Schiller muss seine Burg verkaufen. Danach mehrmaliger Besitzer-Wechsel.

1946 Gewerkschaftsschule

Derzeit ist das Haus im Privatbesitz und nicht öffentlich zugänglich.

Anschlussturm
Margarethen 71

Er ist Teil der **Linzer Befestigungsanlage** aus 1831–33 zwischen B 129 nach Wilhering und Donau. (Siehe dazu Freinberg, Seite 314 und Pöstlingberg, Seite 295.)

1917 Der deutschnationale Abgeordnete Dr. Carl Beurle kauft das Gebäude.

1926–32 Es wird zum **Ehrenmal gefallener Burschenschafter** umgebaut.

1933 Das seitliche Tor zum Absperren der Straße wird abgerissen.

Der Anschlussturm dient bis heute dem „völkischen Milieu" als Wallfahrtsstätte und Ort großdeutscher Propaganda.

Im Hintergrund rechts die Kirche von **Puchenau** am nördlichen Donau-Ufer.

Froschberg

Gebiet zwischen Leondinger Straße im Westen und Waldeggstraße im Osten. Hauptstraßen sind Ziegelei- und Kudlichstraße. Freinberg und Bauernberg folgen im Norden.

Linzer Stadion

*Es befindet sich am oberen Ende der **Ziegeleistraße**, nach der gleichnamigen Anhöhe auch **Gugl** genannt.* **1952** wird das Stadion am Gelände der ehemaligen **Froschberg-Ziegelei** eröffnet. Danach wird es mehrmals ausgebaut. **1988–2008** und erneut **2012** findet hier das jährliche **Gugl-Meeting** für die Spitze der internationalen Leichtathleten statt. Der **LASK** trug hier seine Fußballspiele aus, früher auch der **FC Vöest**.

Die letzten Umbauarbeiten werden **2012** abgeschlossen. Das Stadion fasst nunmehr **18 000** vollkommen überdachte **Sitzplätze**.

Intersport Tips-Arena

Die Mehrzweck-Halle liegt unmittelbar vor dem Gugl-Stadion.

Foto: www.linz.at

Die Halle wird für **Sportveranstaltungen** genützt, z. B. Tischtennis-Staatsmeisterschaft der Jugend 2007.

Foto: www.linz.at

Alljährlich findet im Herbst das **Generali Ladies** statt, ein international top besetztes Damen-Tennisturnier.

Foto: www.linz.at

Die Halle dient auch für Auftritte großer **Stars der Musikszene**, aber auch für **Partei-Kongresse** und andere **Events**.

Die **LIVA**, Linzer Veranstaltungs GmbH, ist eine **Tochter der Stadt Linz**. Sie verwaltet Gugl-Stadion, Tips-Arena, Brucknerhaus, Posthof, Kinder-Kulturzentrum „Kuddelmuddel“ und diverse Sportstätten.

Kirche St. Konrad

Johann-Sebastian-Bach-Straße 17, siehe Seite 318.

Freinberg

Vom oberen (westlichen) Ende der Ziegeleistraße über die Leondinger Straße in die Freinbergstraße.

Collegium Aloisianum

Freinbergstraße 32

1828 **Maximilian von Habsburg-Este** beginnt mit dem Bau des Probeturms zur Stadtbefestigung. Damit sollen die bei den Besetzungen der Franzosen 1800, 1805 und 1809 aufgezeigten militärischen Schwächen reduziert werden (siehe S. 47).

1831–37 Die **Türme** der Befestigungsanlage werden aus strategischen Gründen **weiter stadtauswärts** gebaut als ursprünglich geplant. Der Probeturm erhält 2 Stockwerke.

1835–37 Südlich des Turms errichtet Maximilian die **Kirche zum hl. Maximilian**.

1837 Maximilian übergibt Probeturm und Kirche an die **Jesuiten**.

1837 Die Jesuiten errichten für Studenten des Ordens eine **Studienanstalt für Philosophie**.

1848–51 Kurzzeitige Vertreibung der Jesuiten.

1851–53 Bau des **Bischöflichen Knabenseminars** nach Plänen von **Ludwig Gyri**.

1897 Nach Differenzen der Jesuiten mit dem Linzer Bischöfen **Rudigier und Doppelbauer** wird das Bischöfliche Gymnasium in das **Petrinum** nach Urfahr verlegt (siehe S. 287).

1912 Gründung des **Collegium Aloisianum** der Jesuiten als Schule für Missions- und Ordensberufe.

1938 Kollegs-Aufhebung.

1950 Katholisches **Gymnasium** und Realgymnasium, seit 1959 mit Öffentlichkeitsrecht.

Maximilian-Kirche

Erbaut **1835–37** als neugotischer Saalbau im Stil des romantischen **Historismus**.

Wie beim nahen Probeturm erfolgt die Mauerung mit Bruchsteinen. Die dekorativen und gliedernden Elemente sind aus Ziegeln.

Trichterportal mit mehrfach gestufter Laibung in Spitzbogen-Form.

An den Türflügeln **Engelreliefs**, um 1840 von **Franz Schneider**.

Triumphbogen mit 2 spitzbogigen Bildern, links **Mater Dolorosa**, rechts **Johannes d. Ev.**, beide von **Franz Stecher**. **Hochaltar** nach einem Entwurf von Raimund Jeblinger, Ausführung **1885** durch Franz Oberhuber.

Im Aufsatz **Kruzifix**, im Retabel **Apostel-Figuren**. Tabernakel mit Aussetzungsthron.

Chor links, Bild **Verherrlichung Marias** von Franz Stecher, unten besiegt der **hl. Michael** den gefallenen Engel **Luzifer**. **Seitenaltar links** in einer Wandnische, Figur **Maria Immaculata**, 1875 von Francesco Fabi (?).

Seitenwand rechts, Bild aus 1840, Papst **Paul III.** reicht **1540 Ignatius von Loyola** die **Gründungsbulle des Jesuitenordens** (Seite 142).

Kapelle am rechten Seitenflügel, neugotischer Altar, **Ölbild Herz-Jesu**. Bilder Anbetung der Hirten und Anbetung der Könige, alle 1840 von Franz Stecher. **Glasfenster** von Penner & Schürer aus Linz 1893/94.

Sender am Freinberg, im Vordergrund das Altenheim **Sonnenhof**.

Blick vom Freinberg auf die **Römerberg-Schule** in der Donatusgasse (siehe S. 138). Rechts hinten die Hochhäuser von **Lentia 2000** im Stadtteil **Urfahr**.

Botanischer Garten

Roseggerstaße 20

150 m nördlich des Stadions.

www.linz.at/umwelt

1 Kalthaus
2 Tropenhaus
3 Sukkulentenhaus
4 Orchideenhaus
5 Ausstellungshaus

A Naturkundliche Station/ Verwaltung
B Seminarraum

C Gartencafé, WC (Wickeltisch, Behinderten-WC)
D Grüne Bühne, E Gartenshop
F Arbeitsbereiche

Freilandanlagen

6 Schmuckanlagen
7 Senkgarten
8 Sumpfwiese
9 Auwald
10 Kalkbuchenwald
11 Bodensaurer Mischwald
12 Geologie, Gesteine
13 Nutz- und Heilpflanzen
14 Skulpturenweg
15 System der Pflanzen
16 Bauerngarten
17 Naturgarten/ Brache
18 Biologische Gruppe

bepflanzte Bereiche
Wiesenflächen

barrierefreie Wege
Wege mit Stiegen

19 Ufer- und Wasserpflanzen
20 Iris und Steppenpflanzen
21 Amerikanische Gehölze
22 Asiatische Gehölze u. Pfingstrosen
23 Besenheide
24 Schneeheide
25 Rosengarten

26 Sonnenterrasse
27 Japanhang
28 Waldflora Asiens
29 Waldflora Amerikas
30 Waldflora Kaukasus, Rhododendron-Hang
31 Narzissenwiese
32 Farngrund
33 Wiesenmoor
34 Alpinum
35 Pannonische Flora
36 Pflanzen aus Afrika

Der **Botanische Garten** auf der Gugl ist einer der schönsten in Europa. Die **Kakteensammlung** ist einzigartig.

1911 gewinnt Karl Pfeifer den Wettbewerb zur Parkgestaltung. Die Umsetzung erfolgt durch Josef Schweiger. Auf **4,2 Hektar** werden rund **10 000 Pflanzenarten** gezeigt.

Atlas-Zeder

Nymphaea gigantea

Passionsblume

Schildkröten im Teich.

Seerosenhaus, Heliconia pendula.

Orchidee

Seerose, Victoria cruciana, aus Südamerika.

Hibiskus

Skulptur Kern, 2002 von **Willibald Kalteneder** aus Fichtenlatten.

Während der Sommermonate werden im Botanischen Garten Konzerte und Lesungen auf der Open-Air-Bühne geboten.

Bauernberg

Wie die „Gugl" ist der Bauernberg ein **Ausläufer des Freinbergs** Richtung Stadtzentrum.

1885 Der **Linzer Verschönerungsverein** kauft die Bauernberg-Gründe. Ein Großteil des Geländes ist als **Sandgrube** in Verwendung.

1910 Der Industrielle **Ludwig Hatschek** schenkt der Stadt Linz die an seine Villa angrenzenden Gründe zur Schaffung eines Parks.

1911–15 **Josef Schweiger**, Stadtgarten-Direktor und Schöpfer des Gartens der Hatschek-Villa, gestaltet den Park.

1913 Hatschek erwirbt den **Aphrodite-Tempel** am Münchner Kunstmarkt und schenkt ihn der Stadt Linz. 10 ionische Marmorsäulen tragen Attika und Kuppel. Ab 1942 steht im Inneren des Tempels eine **Bronzefigur der Aphrodite**, ein Zweitguss nach dem verlorenen Original von Wilhelm Wandschneider aus Mecklenburg. Das Geschenk von **Adolf Hitler** an die Stadt wird 2008 entfernt.

1994 Die Auffahrt von der Stadt zur Guglhöhe wird in „**Bernardisstraße**" umbenannt.

Robert Bernardis

1908 Geburt in Innsbruck.

1928 Eintritt ins österreichische Bundesheer.

1936 Ausbildung zum **Pionier-Offizier** mit speziellen Sprengstoff-Kenntnissen.

1941 Bernardis wird nach dem Überfall auf Russland **Zeuge von Massenerschießungen**. Er distanziert sich zunehmend vom Nationalsozialismus.

1942 Bernardis wird **Oberstleutnant** im Generalstab.

1943 Zusammentreffen mit **Oberst Claus Schenk Graf von Stauffenberg**, Chef des Stabes des Ersatzheeres.

1944-07-20 **Stauffenberg** leitet die **Operation Walküre** mit dem Ziel, Hitler zu beseitigen. **Bernardis** löst den Umsturz durch die telefonische Weitergabe der konstruierten Befehle in den Wehrkreis III. aus. **Adolf Hitler überlebt** jedoch das **Attentat**. Den Verschwörern gelingt es außerdem nicht, Rundfunk und Telekommunikation unter ihre Kontrolle zu bringen.

1944-07-21 **Stauffenberg** und die engsten Verschwörer werden **erschossen**.

1944-08-08 Nach einem kurzen Prozess wird **Bernardis** in Berlin **gehängt**.

Pfarrkirche
St. Konrad

J.-S.-Bach-Straße 27

Highlights
- **Türblätter** und **Kreuzweg** von **Peter Dimmel**
- **Altar-Bildwand** von **Franz Nagl**

1934 Bau einer **Notkirche** in der **Kudlichstraße** (heute **Volkshaus-**Standort).

1948 Bau einer **Baracke** mit Kirche, Pfarrerwohnung, Jugendräumen und Kindergarten an der Stelle des heutigen Pfarrhauses.

1957 Erhebung der Kaplanei zur **Pfarr-Expositur** durch Bischof Franz Zauner (1904–94).

1961 **Weihe** der neuen Kirche, geplant durch die **Architekten Gottfried Nobl** und **Othmar Kainz**.

2003 Installation einer 400 m² **Fotovoltaik-Anlage** auf dem Dach. Das Zeichen für nachhaltige Energie soll an die Bewahrung der Schöpfung erinnern.

2006 Neugestaltung im Inneren.

St. Konrad ist für die **Moderne der frühen 1960er-Jahre** ein typischer Bau mit stark symbolhaften Elementen. Der Grundriss des Kirchen-Hauptraumes ist annähernd quadratisch. Die **SO-Ecke** ist als Hauptportal **abgeschrägt**. Die Hauptachse ist diagonal ausgerichtet.

Der Schatten vor der Kirche wird vom rundbogigen **Pfeilergang** aus 2009 geworfen. Er verbindet Kirche und Pfarrhof.

Die **Reliefs** der **3 Portale** stammen von **Peter Dimmel**, geb. 1928, aus der Zeit des Kirchenbaus 1959–1961.

Plan Dehio Linz ©BDA (Stand vor 2006)

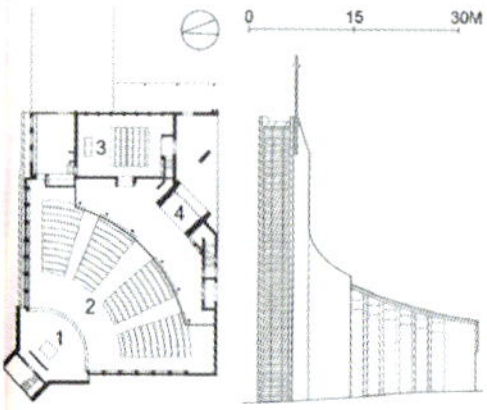

1. Altarraum mit Turm
2. Hauptraum
3. Werktagskapelle
4. Haupteingang

Südtor, rechter Teil, Darstellung der **Sakramente**.

Südtor, linker Teil, **Berufung der Apostel**.

Glasfenster der Empore oberhalb des Hauptportals.

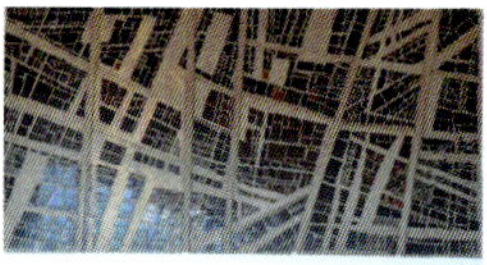

Hauptportal mit der Darstellung der **Geschichte vom barmherzigen Vater** (Lk 15, 11–32): links außen, **Abschied des Sohnes**, der Vater gibt ihm seinen Hälfteanteil mit auf den Weg:

Hauptportal links innen, der **Sohn als Schweinehirt**, nachdem er seinen Hälfteanteil durchgebracht hatte.

Hauptportal rechts innen, **Heimkehr des verlorenen Sohnes**.

Hauptportal rechts außen, **der Sohn verprasst seinen Hälfteanteil**.

Es ist keine **zeitliche Reihenfolge** – Abschied, Verprassen, Schweinehirt und Aufnahme des verlorenen Sohnes – dargestellt.

Stütze vor dem Hauptportal, Statue des hl. Kapuziner-Bruders **Konrad von Parzham** (1818–94), Namenspatron der Kirche, 1987 von **Peter Dimmel**.

Portal zur **Werktagskapelle**, **links** das von Jesus verwendete Gleichnis: Ich bin der Weinstock und ihr seid die Reben (Joh 15);
rechts: Die christliche Kirche als Fischernetz (Mt 13,47). Die guten Fische sind erhaben dargestellt, die schlechten vertieft.

Werktagskapelle

Bildwand Schöpfungsgeschichte, 1972 von **Rudolf Kolbitsch**:

Links oben: Tag und Nacht werden getrennt. Damit entsteht das Licht.
Das Himmelsgewölbe wird geschaffen. Es soll das Wasser unter dem Himmel von dem über dem Himmel liegenden Wasser trennen. Erschaffung der Himmelskörper.

Rechts im Balken: Meerestiere und Vögel werden geschaffen.

Links unten: Symbole der unbelebten Natur.

Rechts unten: Belebte Natur, Pflanzen werden geschaffen. Erschaffung der Menschen. Der Schatten deutet den Sündenfall an.

Der rechteckige **Mittelteil** zeigt die am Kreuz **durchbohrte Hand Jesu**. Dieses Bild wird nach dem Kirchenjahr-Verlauf ausgetauscht mit den Bildern **Geburt Christi** und **Apokalyptisches Lamm**.

Der **Tabernakel** von **Hans Angerbauer** aus Silber und Turmalinen (Silikat-Minerale) ist in die Bildwand integriert. Früher war er Teil des Hochaltars.

Werktagskapelle Westwand, barocke (?) Figur **Maria mit Kind**. Sie befand sich bereits 1948 in der Barackenkirche:

Ebenfalls an der Westwand, Bild **hl. Bruder Konrad**.

Werktagskapelle, Ostwand, Abdeckung Weihwasser-Becken von **Peter Dimmel**:

Kirchen-Inneres

Stahlbeton-Pfeiler mit Ziegel-Ausfachungen gliedern die Langhaus-Seiten vertikal. Ein **gestuftes Lichtband** im obersten Bereich sorgt für beinahe mystische Beleuchtung. Der **Altarraum** wird durch **seitliche Fensterbänder** indirekt beleuchtet.

Altar, **Ambo**, **Taufbecken** und **Sedes** stammen von **Maria Moser** aus 2006.

Im Altar erkennt man schemenhaft ein liegendes Kreuz und zwei Kästchen mit den Reliquien des Pfarrpatrons Konrad und anderer Glaubenszeugen.

Die **Bildwand** hinter dem Altar schafft **Franz Nagl** aus München 1961. Dargestellt wird die **Geschichte der Erlösung** durch Jesus Christus: **Sündenfall**.

Bildwand, **Kain tötet Abel**.

Bildwand, unterer Teil.

Bildwand, weitere Details: Ganz oben himmlisches Mahl der 24 Ältesten, Lamm und Löwe weiden gemeinsam. Unter dem Kreuz: Turm zu Babel, Christus am Kreuz, Maria, Gleichnis von den Talenten, Barmherziger Samariter und Predigt von Johannes d. T.:

Das **Taufbecken** von Maria Moser vor dem Altar besticht durch seine Transparenz.

In die Bildwand integriert **Peter Dimmel** den **Bronze-Tabernakel** mit der **Geburt Christi**.

SW-Ecke, **Glasfenster** von **Maria Moser** aus 2006, die **Auferstehung** darstellend.

SW-Ecke, Figur thronende **Madonna mit Kind**, wohl von **Thomas Schwanthaler**, (1634–1707) um 1700, ehemals in der Pfarrkirche Utzenaich im Bezirk Ried im Innkreis. Schwanthaler gilt als der **bedeutendste Bildschnitzer** in der **zweiten Hälfte des 17. Jh.**

Nordwand, **Kreuzweg-Reliefs** zwischen den Stahlbeton-Pfeilern, 1961 von **Peter Dimmel**.

Station 1, Jesus wird verurteilt.
Station **2**, Jesus nimmt das Kreuz.

Station **3**, Jesus fällt zum ersten Mal unter dem Kreuz.
Station **4**, Jesus begegnet seiner Mutter Maria.

Station **5**, Simon von Cyrene hilft Jesus das Kreuz tragen.
Station **6**, Veronika reicht Jesus das Schweißtuch.

Station **7**, Jesus fällt zum zweiten Mal unter dem Kreuz.
Station **8**, Jesus begegnet den weinenden Frauen.

Station **9**, Jesus fällt zum dritten Mal unter dem Kreuz.
Station **10**, Jesus wird seiner Kleider beraubt.

Station **11**, Jesus wird ans Kreuz geschlagen.
Station **12**, Jesus stirbt am Kreuz.

Station **13**, Kreuzabnahme.
Station **14**, Grablegung Jesu.

Empore über die ganze SO-Ecke mit Orgel der Firma Walcker.

Glasfenster auf der Empore, 1961 von **Rudolf Kolbitsch**. Es symbolisiert den Ort der Kreuzigung, später Schädelstätte (**Golgotha**) genannt.

Keferfeld

Von der Unionkreuzung an der Wiener Straße in der Unionstraße gut einen Kilometer nach Südwesten.

Kirche St. Theresia

Losensteinerstraße 6

Highlights

- **Struktur Innenraum** über elliptischem Grundriss
- **Glasfenster** von **Rudolf Kolbitsch**

1930 Die **Mutterpfarre Leonding** errichtet eine **Filialkirche** in Keferfeld. Das **Pfarrgebiet** wird noch im selben Jahr **nach Linz eingemeindet**.

1944 Die Kirche wird durch Bomben zerstört.

1946 Eine neu errichtete Baracke dient als Notkirche.

1959 Bau der Kirche durch Architekt **Rudolf Schwarz** (1897–1961).

1961–62 Nach dem Tod des Architekten vollendet seine Gattin **Maria Schwarz**, ebenfalls Architektin, den Bau.

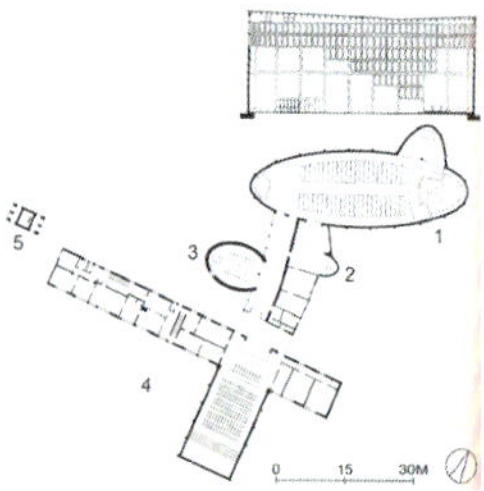

Plan Dehio Linz ©BDA

1. Pfarrkirche
2. Sakristei mit Beichtkapelle
3. Werktagskapelle
4. Pfarrhof und Pfarrsaal
5. Glockenturm

St. Theresia ist der bedeutendste Kirchenbau der Nachkriegszeit in Oberösterreich. Die Tradition des Kathedralenbaus wird mit gotischen und barocken Bauformen zu einer modernen Synthese verbunden. Werktagskapelle, Pfarrsaal und Pfarrhof schließen kreuzförmig an die Kirche an. Die **Werktagskapelle** ist mit **Bruchsteinen** aus Mauthausen gefertigt. Damit soll an das dortige Konzentrationslager erinnert werden. Alle **anderen Bauten** bestimmt das **rasterförmige Stahlbeton-Skelett**.

Glockenturm in luftiger Stahlbeton-Bauweise.

Im **Inneren** ein spannungsvoller Wechsel vom großen Raster der geschlossenen Wand und dem dichten Raster der diaphanen (durchscheinenden) Lichtflächen. Die Decke aus schmalen Plattenbalken erhöht die Leichtigkeit des Raumes.

Hl. Therese von Lisieux

1873 Geburt in Alencon, eine Kleinstadt in der **Basse-Normandie**.

1888 Eintritt in den Orden der **Karmelitinnen**, wie zuvor zwei ihrer Schwestern in Lisieux.

1897 **Therese stirbt** an Tuberkulose.

1899 Ihre **Lebenserinnerungen** erscheinen. Es ist das nach der Bibel meistgelesene spirituelle Buch in französischer Sprache.

1925 **Heiligsprechung** durch Papst Pius XI.

1997 Papst Johannes Paul II. erklärt **Therese von Lisieux** neben **Katharina von Siena** (1347–80) und **Teresa von Ávila** (1515–1582) zur **Kirchenlehrerin**.

Die **Tabernakel**-Stele von **Friedrich Gebhart** und das Taufbecken stehen jeweils in einem Brennpunkt des elliptischen Grundrisses.

Taufbecken nach einem Entwurf von **Maria Schwarz**.

Sakristei, Fenster 1961 von **Rudolf Kolbitsch**, Darstellung der Buße.

Sakristei, **Trinität** oder Gnadenstuhl, vor 1750.

Werktagskapelle, **Pieta**, Ende 15. Jh.

Fenster der Werktagskapelle von Georg Meistermann, 8 Seligkeiten und Auferstandener Christus.

Bindermichl

Zwischen A7, Grünthalerstraße bzw. Stechergasse und Stadlerstraße. A7-Abfahrt Muldenstraße.

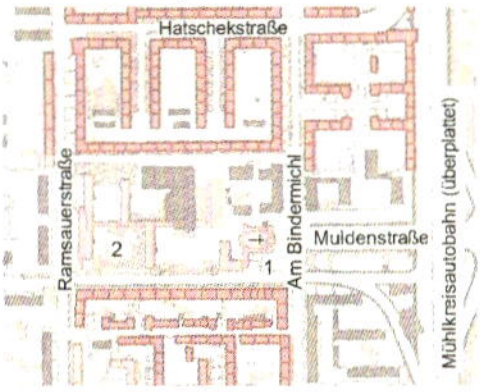

Plan Dehio Linz ©BDA

1940 Das **Bauerngut „Bindermichl"** wird von der Wohnbaugenossenschaft **Hermann-Göring-Werke** enteignet. Anschließend Errichtung einer Großsiedlung für die Arbeiter des neu errichteten Stahlwerkes (siehe Seite 336).

1957 Fertigstellung der **Kirche St. Michael** durch den Vöest-Architekten **Friedrich Reischl**.

1962–79 Bau der **Mühlkreis-Autobahn A7** durch das Stadtgebiet von Linz. Sie trennt die Stadtteile Bindermichl und Spallerhof.

2005 Fertigstellung der **Einhausung der A7** im Bereich Bindermichl-Spallerhof zur Verringerung des Lärms.

Kirche St. Michael
Werndlstraße 12

Highlights
- **Glasfenster-Band** von **Lydia Roppolt**
- **Kreuzweg** von **Rudolf Kolbitsch**
- **Statuen** von **Fischnaller**

Portal Am Bindermichl: Tore mit Kupfer-Reliefs, 1955–57 von **Ignaz Dunst**. Links Sämann, Mitte Arbeiter im Weinberg, rechts Christus heilt den Blinden.

An der Schaufront rahmen mächtige **Eck-Pylonen** eine Mittelzone in zarter **Glas-Stahl-Konstruktion**.

Mittelzone-Untersicht, **Mosaik Maria mit Kind**, 1955–57 von **Lydia Roppolt** (siehe Seite 290). Seitlich florale Elemente und Fische.

Südfront **Mahnmal** für die Toten der Arbeit und des Krieges, 1964 von **Helmut Gsöllpointner** (Seite 172).

Im **Inneren** eine hohe weite Halle. Runde **Stahlstützen** knapp entlang der Außenmauer tragen das Dach. Bei der Restaurierung 1988

erfolgt eine Umorientierung des Innenraums durch Helmut Werthgartner. Gemäß den Vorstellungen des **Zweiten Vatikanischen Konzils** wird der Altar zum Zentrum des Innenraums.

II. Vatikanisches Konzil 1962–1965

Papst **Johannes XXIII.** (1881–1963, Angelo Giuseppe Roncalli) beruft das Konzil zur pastoralen und ökumenischen Erneuerung ein. Nach dessen Tod führt es sein Nachfolger, Papst **Paul VI.** zu Ende.

Die Bischöfe unter Führung von Kardinal Frings aus Köln setzen gegen die konservative Kurie durch, dass der jahrhundertelange **Anspruch der katholischen Kirche** nach **alleiniger Seligmachung gestrichen** wird. Eine „Aufnahme in den Himmel“ ist nunmehr auch Angehörigen anderer Religionen möglich.

Weitere **Neuerungen** sind: Gottesdienst in der Landessprache. Der Priester steht am Volksaltar mit Gesicht zu den Gläubigen. Verstärkter Dialog mit Nicht-Christen und anderen christlichen Gemeinschaften. **Konservative Kreise** innerhalb der katholischen Kirche versuchen noch heute, die Reformen des Konzils zu verwässern bzw. zu negieren.

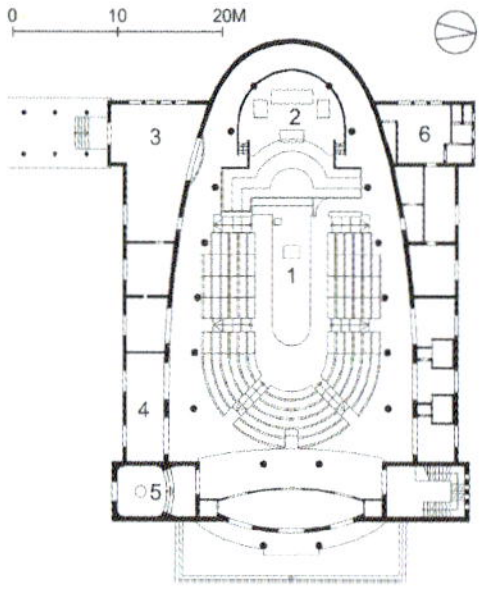

Plan Dehio Linz ©BDA

1. Neuer Altar
2. Ehemaliger Altarraum, jetzt Musikchor
3. Werktagskapelle
4. Marienkapelle
5. Taufkapelle
6. Sakristei

Die Decke „schwebt“ über einem **Glasfenster-Band**, 1955–57 von **Lydia Roppolt** mit dem Thema „die guten und die bösen Engel“. Ausführung durch die **Glasmalerei Stift Schlierbach** (siehe Seite 135).

Eingangswand, Glasfenster, über der Empore im **Osten** beginnend mit **hl. Michael**.

Dann im Uhrzeigersinn: Ägyptische Osternacht, Mariae Verkündigung, Jesus am Ölberg, die 3 Frauen am Grab, der Engel befreit Petrus aus dem Kerker.

Nordseite: Märtyrer, Letztes Abendmahl, Versuchung Christi, Flucht nach Ägypten, Kain und Abel, Sündenfall.

Über der Empore: Adam und Eva, Hl. Dreifaltigkeit und Maria mit Kind.

Eingangswand Nordteil: **hl. Josef**, 1988 von **Josef Fischnaller** (1927–2006, siehe Seite 75).

Eingangswand Südteil: **hl. Michael** mit Flammen-Schwert, Waage und dem besiegten Luzifer, 1990 von **Josef Fischnaller**.

Abgesenkter Altarraum: **Altar** und Kreuz, 1988 von **Waltraud Viehböck**.
Orgel 1965/66 (?) von **Gregor Hradetzky** d. J., von ihm erweitert 1989/90. Über der Orgel im Fenster-Band **Christus mit ausgebreiteten Armen** zwischen Gutem

und Gefallenem Engel (links).

Altarkreuz-Detail, 1988 von Waltraud Viehböck.

Kreuzweg auf geätzten Messingplatten von **Rudolf Kolbitsch** (1922–2003).

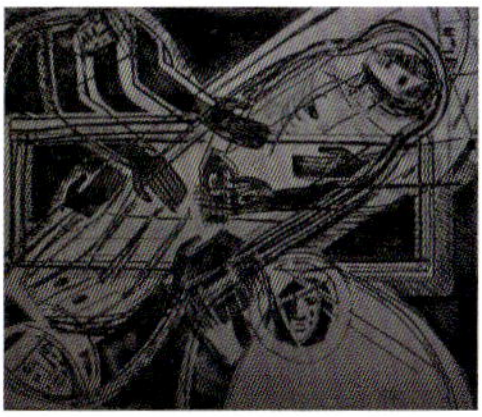

Dornenkrönung

Jesus wird ans Kreuz genagelt.

Jesus am Kreuz.

Statue **hl. Antonius von Padua**, Mitte 18. Jh. (?).

Kruzifix, um 1989 von **Josef Fischnaller**.

Taufkapelle, Taufbecken-Aufsatz und Krippenreliefs, 1990 von Josef Fischnaller.

Rudolf Kolbitsch

1922 Geburt in **Wels**.
1941 Einzug zum Militär nach einer Lehre zum **Goldschmied**. Nach einer Verwundung lebenslange Lähmung der linken Hand.
1946 Akademie der bildenden Künste Wien.
1947–58 Schüler an der **Kunsthochschule der Stadt Linz**.
1948/49 Hochaltar der Don-Bosco-Kirche (siehe Seite 272).
1952 Glasfenster Mayrkapelle Pöstlingberg.
1958 Kreuzweg im Petrinum (siehe S. 288).
1961 Glasfenster Sakristei von St. Theresia.
1971 Er wird Professor.
1976 Glasfenster Taufkapelle Stadtpfarrkirche Urfahr (siehe S. 279).
1987 Glasfenster in St. Leopold (Seite 287).
2003 Tod in Wels.

Von ihm stammen die Entwürfe für Fenster in rund **100 Kirchen in OÖ**.

Marienkapelle, spätgotische **Madonna mit Kind** aus der Zeit um 1520.

Marienkapelle, Fenster.

Wiener Straße

Verlängerung der Landstraße von der Blumauer Westbahn-Unterführung Richtung Süden nach Kleinmünchen und Ebelsberg.

Theater Phönix

Wiener Straße 25

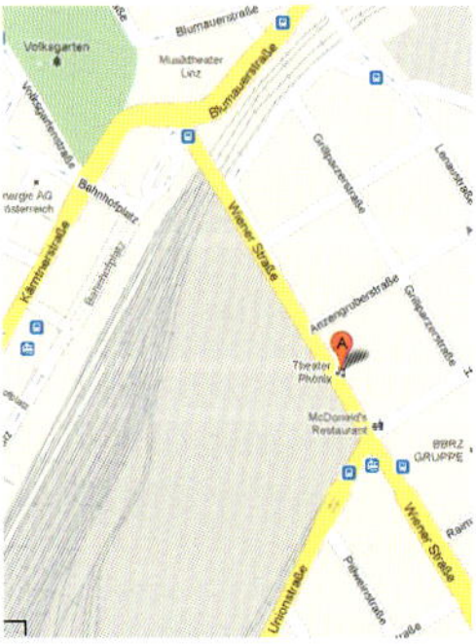

1989 wird im ehemaligen Phönix-Kino das Theater gegründet. Rund 25 000 Zuseher besuchen im Jahr die drei Spielstätten. Immer wieder werden Auftragswerke vergeben.

Die gespielten Stücke stehen meist **eng im gesellschaftspolitischen Zusammenhang**. Teils werden Klassiker neu interpretiert. Jungen Autoren wird eine Plattform für die Aufführung ihrer Werke geboten.

Seit 2011 gibt es an der Pädagogischen Hochschule Linz das **Masterstudium Theater-Pädagogik** in Kooperation mit dem Theater Phönix. Schwerpunkte sind die Förderung von Persönlichkeitsentwicklung, des kreativen und künstlerischen Potenzials sowie die Anbindung an die realen Möglichkeiten von pädagogischen Einrichtungen.

Herz-Jesu-Kirche

1901–03 Bau durch Baumeister Gustav Steinberger nach Plänen von **Raimund Jeblinger**. Den Grund stiftet der (Nähmaschinen-) Fabrikant Johann Jax (1842–1937, siehe Seite 282).

1967–69 Umgestaltung nach Plänen von **Edgar Telesko**: Westseitiger Portalvorbau, Abteilung des Chores als Werktagskapelle, Entfernung der Altäre und Einbau einer Orgelempore.

Die **neuromanische Basilika** mit 4 ½ Jochen und Querhaus orientiert sich an deutschen Vorbildern. Längs- und Querhaus sind mit Ausnahme von Eingangsjoch und Apsis beinahe axialsymmetrisch.

Im **Inneren** rundbogige Pfeiler-Arkaden mit z. T. neoromanischen Kapitellen und Basen.

Chor, **Trennwand** zur Werktagskapelle: **Altar**, **Altarwand** und **Tabernakel** 1968 von **Fritz Hartlauer**.

Neugotisches **Kruzifix** 1968 von **Leopold Raffetseder**, eine Kopie nach gotischem Vorbild:

Trennwand, **Tabernakel** 1968 von Fritz Hartlauer.

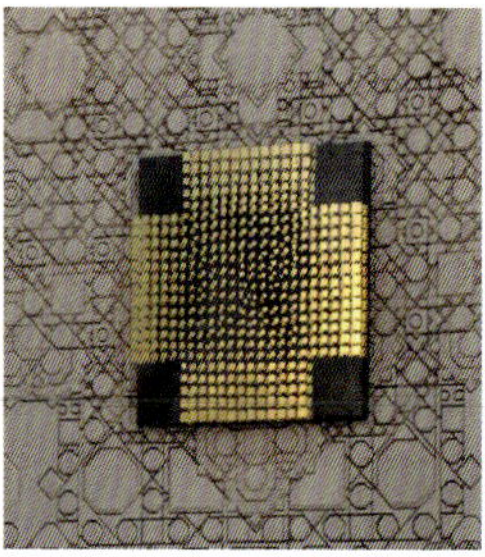

Altarraum, Figur **hl. Paulus**, 1904 von **Ludwig Linzinger** (1860–1920).

Altarraum, **Osterleuchter**.

Querschiff Nord, **Tabernakel-Stele**, 1968 von **Fritz Hartlauer**.

Querschiff Nord, abstrakte Fenster 1968/69 von **Rudolf Kolbitsch** (siehe S. 325).

Querschiff Nord, **hl. Josef mit Jesuskind**.

Querschiff Süd, Wandteppich **Taufe Jesu durch Johannes**, 1980er-Jahre nach Alfred Stifter.

Eingangswand mit OrgelEmpore aus 1969.

An den Wandpfeilern **12 Apostel-Figuren**, 1908 von **Josef Sattler** unter Mitarbeit von **Andreas Crepaz**. Beim Hauptwerk der späthistoristischen Plastik in Oberösterreich gelang die weitgehende Individualisierung der einzelnen Figuren. **Hl. Andreas**:

Hl. Judas Thaddäus

Im Lang- und Querhaus ein **offener Dachstuhl** über Jochbögen.

Südwand, die **hl. Anna** übergibt ihrer **Tochter Maria** die Lilie als Zeichen deren Unbefleckter Empfängnis, 1904 von **Ludwig Linzinger** für den ehemaligen Seitenaltar.

Südwand, **Pieta**, 1905 von **Ludwig Linzinger**.

Südwand, **Maria mit Kind**, **Leopold Raffetseder** 1968.

Südwand, Wandteppich Agnus Dei, 1980er-Jahre nach Alfred Stifter.

Kreuzweg-Reliefs von Purger aus 1903.

Am westlichen Kirchenteil sind zwei Kapellen angebaut, im Norden die **Herz-Jesu-Kapelle**. Figur aus 1904 von **Ludwig Linzinger** für den ehemaligen Hochaltar. Abstrakte **Fenster** von **Rudolf Kolbitsch** (siehe Seite 325).

Marienkapelle im Süden. Späthistoristisches **Retabel**, 1904 von **Ludwig Linzinger**. In der Mitte **Gnadenbild Hilfreiche Maria** um 1899.

Seitlich **Reliefs** von **Josef Furthner**: links **Tempelgang**, rechts **Vermählung Mariae**.

Neuromanisches **Taufbecken** aus 1969 von **Hannes Haslecker**:

Am Pfeiler nach dem Westeingang, Figur **hl. Antonius von Padua**.

Bulgariplatz

1903 Der Polygonplatz wird gebaut.

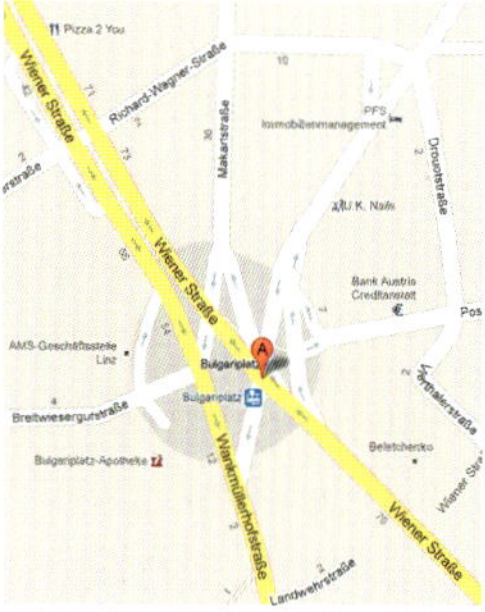

1934-02-12 **Februar-Aufstand in Linz** (siehe Seite 186). Schutzbündler errichten am heutigen Bulgariplatz eine Sperre. Eine Militärstreife wird angeschossen. Oberleutnant Heinrich Nader und zwei Soldaten werden erschossen, zwei Personen verletzt.

1934-02-20 **Anton Bulgari** (1877–1934), in der

nahen Poschacher-Brauerei als Schildermaler beschäftigt, wird als Täter verurteilt und gehängt. Zwei weitere mitangeklagte Schutzbündler werden zu lebenslanger Haft verurteilt. 1938 werden sie von den Nationalsozialisten im Rahmen einer allgemeinen Amnestie freigelassen.

1934-11 Für die **Opfer der Exekutive** (Heinrich Nader, Karl Eiselsberg und Josef Mangl) lässt die Landesregierung einen **Gedenkstein** am Ort des Geschehens errichten.

1938 Nach dem Anschluss Österreichs an Deutschland entfernen die Nationalsozialisten diesen Gedenkstein.

1946 Der Platz wird von der Stadt Linz in **Bulgariplatz** umgetauft.

1984 Anbringung einer **Gedenktafel** für Anton Bulgari.

Foto: Christian Wirth

um 2000 Der Bulgariplatz erhält sein heutiges Aussehen.

Poschacher-Villa

Poschacher Straße 26,
vom Bulgariplatz nach Osten

1840 Der ehemalige Gabrielenhof wird von **Johann Metz** für den Unternehmer und Bierbrauer **Josef Poschacher** umgebaut.

1902 Weiterer Umbau und **neue Fassade** durch Fabigan & Feichtinger.

2007 Ankauf durch die Stadt Linz von den ÖBB.

2010 Eröffnung eines **Kindergartens**.

Im Norden ein 6-zoniger Turm. Daneben ein 2-geschoßiger Terrassenanbau mit Balustrade. Gestaltung der Fassade nach dem spätbarocken Stil von Johann Michael Prunner und den Vorgaben der Frühklassik. Im Osten ein wenig vortretender Mittelrisalit. Im Westen betont ein Dreiecksgiebel die Mitte.

Im Stadtteil **Scharlinz-Neue Heimat** zweigt von der Wiener Straße nach Westen die **Salzburger Straße** ab. An deren Beginn liegt die einzige Antonius-Kirche von Oberösterreich.

Kirche St. Antonius

Salzburger Straße 24

1880–1930 Die **Einwohnerzahl** von Scharlinz **verzehnfacht** sich in diesen 50 Jahren.

1929 Der **Kirchenbau-Verein** Scharlinz konstituiert sich.

1932–35 Nach Plänen von **Kurt Kühne** aus Berlin, **Stadtbaudirektor** von Linz, wird eine **erste Seelsorgestelle** gebaut.

1946 Wiederherstellung der 1944 und 1945 durch Bomben zerstörten Notkirche.

1981 Fertigstellung der **heutigen Antonius-Kirche** nach Plänen von **Fritz Pechmann**.

Der **Stahlbeton-Skelettbau** über querrechteckigem Grundriss hat einen **oktogonalen Hauptraum**. Horizontale Fensterbänder beleben das Haus. Ein gedeckter Pfeilergang führt zum Pfarrhaus.

Kleinmünchen

Stadtteil im Südwesten von Linz zwischen Salzburger Straße, Wiener Straße und Traunfluss.

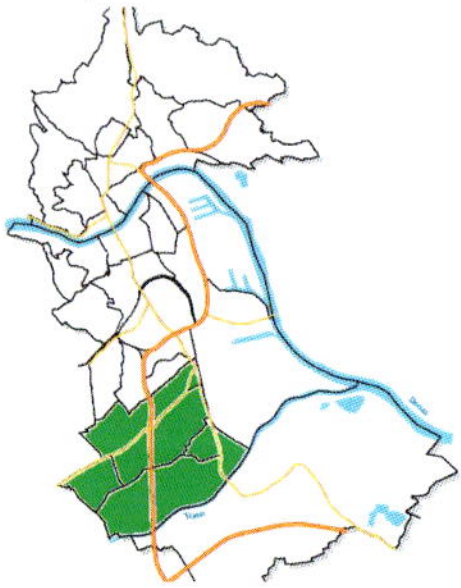

Zeichnung: Dergreg

Um 1000 Der Holzbau der ersten Kirche (heute Dauphinestraße 40) wird durch einen **Steinbau** ersetzt.

1290 In einem **Ablassbrief** von Papst Nikolaus IV. wird erstmals die katholische Kirche in Kleinmünchen als **Filiale** der Kirche in **Leonding** erwähnt.

1784 Kleinmünchen wird **selbstständige Pfarre**. Stift St. Florian sendet die ersten Geistlichen.

1830 Eine **Baumwoll- und Tuchdruckerei** besteht bereits. Eine Baumwoll-Spinnfabrik mit 30 Spinnstühlen wird errichtet.

1840 Der „Baumwollenzeug-Fabrika“ wird die Landes-Fabriksbefugnis erteilt.

1876 Die Ortschaft **St. Martin** kommt von Kleinmünchen **nach Traun**.

1923 Kleinmünchen wird **nach Linz eingemeindet**.

1990 Im südwestlichen Teil entsteht der **Gewerbepark Franzosenhausweg**.

1951 Anbindung Kleinmünchens an die **Straßenbahn** ins Zentrum.

2002 Weiterführung der **Straßenbahn** Richtung Süden nach **Ebelsberg**.

2005 Verlängerung der **Straßenbahn** von Ebelsberg in die **Solar City** in **Pichling**.

Pfarrkirche St. Quirinus

Zeppelinstraße 37

1905/06 Bau der **neuen Kirche St. Quirinus** durch **Matthäus Schlager** im Stil der süddeutschen **Spätrenaissance** bzw. in frühbarocken Formen.

1919 Verkauf der alten Kirche. 1930 Abbruch.

1988 Im Chor wird nach Plänen von Hugo Bruneder die **Werktagskapelle** eingerichtet.

Doppellisenen auf hohen Sockeln gliedern das Langhaus. Über dem Rundbogen-Portal mit seitlichen Doppelpilastern ein hohes Drillingsfenster.

Im Inneren weit vorgezogene Wandpfeiler mit Durchgängen, im vorderen Bereich gegliedert durch Pilaster.

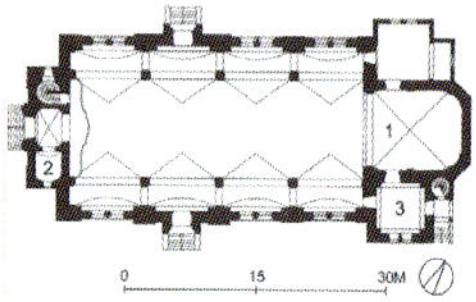

Plan Dehio Linz ©BDA

Pfeiler links, **hl. Petrus**, 2.Viertel 18. Jh., aus der **ehemaligen Pfarrkirche** in der Dauphinestraße.

Altarwand links, **hl. Maria mit Kind**, 1988 von **Jakob Kopp**.

Altarwand, **Christus am Kreuz**, 1975 von **Ägydius Gamsjäger** aus Eferding. **Johannes** und **Maria**, 1988

von **Jakob Kopp**. Hinter der Altarwand entsteht 1988 die Werktagskapelle.

Altarwand rechts, **Tabernakel**, 1988 von **Jakob Kopp**.

Chorwand rechts, **hl. Augustinus** mit brennendem Herzen als Zeichen seiner Liebe zu Gott, 2000 von **Alois Radlmayr**.

Werktagskapelle

Spätbarockes Bild Martyrium **hl. Quirinus** aus der ehem. Pfarrkirche:

Langhaus, Eingangswand, Bild **Martyrium des hl. Quirinus**, 1918 vom Augustinerchorherrn **F. J. Rank**.

Eingangswand, Reliefs auf dem Aussspracheraum, **Christus und die vier Evangelisten** von der ehemaligen Kanzel, 1911 von **Ludwig Linzinger**.

Kreuzweg, 1910, 5. Station, Simon von Cyrene hilft Jesus, das Kreuz zu tragen.

Kreuzweg-Bild aus 1910, 9. Station, Jesus fällt zum dritten Mal unter dem Kreuz.

Säule rechts, **hl. Paulus**, 2.Viertel 18. Jh.

Orgel von Wilhelm Zika d. J. aus den 1950er-Jahren.

St. Quirinus, **Pfarrhof**

Errichtet **1909/10** von **Franz Kaun** im Auftrag des Stiftes St. Florian. Der Stil wird der gegenüberliegenden Pfarrkirche angeglichen.

Pfarrkirche Marcel Callo

1998/99 Einbau der Pfarrkirche Marcel Callo in die ehemalige Tuchfabrik.

Gusseiserne Säulen stützen den Raum.

Adam und Eva

Schmerzensmann, 18. Jh., Leihgabe von St. Michael.

Marcel Callo

1921 Geburt in **Rennes**, Hauptstadt der Bretagne.

1935 **Buchdrucker-Lehre**, Eintritt in die **katholische Arbeiterjugend**.

1943 Verschleppung nach **Deutschland zur Zwangsarbeit**. Er gründet eine katholische Aktionsgruppe und einen Chor.

1944 Wegen seiner Aktivitäten wird Callo verhaftet. Über **Gotha**, **Flossenbrück** und **Hof** kommt er ins **KZ Mauthausen**. Im Lager **Gusen II** arbeitet er im unterirdischen Flugzeugwerk B8 Bergkristall.

1945-03-19 **Callo stirbt** im Hauptlager des KZ Mauthausen.

1987 **Seligsprechung** unter Papst Johannes Paul II.

Dauphinestraße 5 Grillmayr-Schlössl

1419 An dieser Stelle wird erstmals die **Steinbruckmühle** urkundlich erwähnt.

1845 Johann und Katharina **Grillmayr** erwerben die Steinbruckmühle.

1852 Der Herrensitz samt Meierhof ist als **Sommersitz** der Unternehmer-Familien Grillmayr und Hörzinger fertiggestellt.

Die frühhistoristische Fassade zeigt zarten Dekor, teilweise in Terrakotta ausgeführt.

Dauphinestraße 9 ehemalige Jaukermühle

Anfang 18. Jh. Erste urkundliche Erwähnung einer **Getreidemühle am Jaukerbach**.

1825 Johann Wilhelm Rübsamen kauft die Jaukermühle. Er lässt daneben eine **Kattundruckerei** (Druck auf Baumwolle) errichten.

1852 Die **Baumwollspinnerei-Besitzer Löwenfeld und Hoffmann** kaufen die Jaukermühle samt Spinnerei.

1881/82 Umbau zu einem repräsentativen Industriellensitz durch Architekt **Ignaz Scheck**.

Überdachter Mittelrisalit mit Fenster in Ädikularahmung. Ionische Halbsäulen tragen eine Attika mit Dreiecksverdachung. Darunter eine Blendstoa.

Flötzerweg

Statue **Zwei raufende Knaben**, Bronze auf Granit von **Walter Pochlatko** (1901–1986).

Foto: Hans Koberger

Ebelsberg

Südöstlicher Teil von Linz.
A1-Abfahrt Asten-St. Florian
A7-Abfahrt Franzosenhausweg

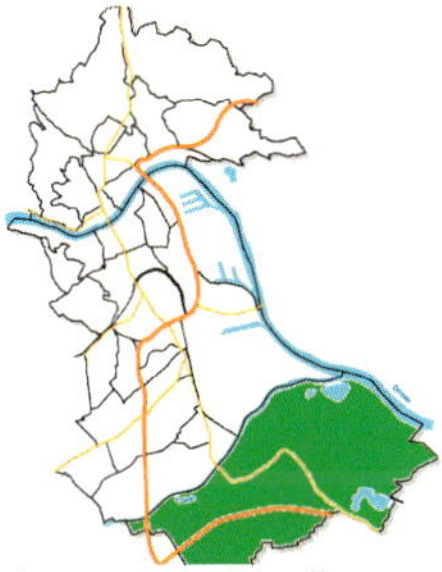

Plan Dergreg, wikipedia

Highlight
- **Altarraum der Kirche im Jugendstil**

1154 Ebelsberg ist **Verwaltungssitz** der zahlreichen **Güter des Bischofs von Passau** in dieser Gegend.
1250 Ebelsberg ist **selbstständige Pfarre**, zugehörig Stift St. Florian.
1258 Der **Passauer Bischof** gibt dem Ort **Markt-Privilegien**.
Die Brückenmaut verpachtet der Bischof an Leutold von Prusche.
1444 Kaiser **Friedrich III.** (siehe Seite 133) hält sich im Schloss Ebelsberg auf. Sein Sekretär **Enea Silvio Piccolomini**, der spätere Papst Pius II. (1405/58–64), beschreibt in einem Brief detailliert das Schloss Ebelsberg. Dort verfasst er ein Theaterstück mit stark frivolem Inhalt.
1586 Ein **Großbrand** vernichtet Ebelsberg fast vollständig, danach Wiederaufbau.
1626 Zerstörung durch den von Stefan Fadinger angeführten Bauernaufstand. Fadinger stirbt in Ebelsberg.
1798–1892 Kleinmünchen ist Filiale der Pfarre Ebelsberg.
1803 Das **Fürstbistum Passau**, errichtet 999 unter Kaiser Otto III., wird unter Druck von Napoleon I. **aufgelöst**. Bis dahin ist Ebelsberg im Besitz Passaus.

1805 Ebelsberg kommt an das Haus **Habsburg**.
1809 **Napoleon I.** zieht mit seinen Truppen über Braunau, Lambach und Wels nach Linz. Am 3. Mai besiegt er die kaiserlichen Truppen. Markt und Schloss werden vom Feuer vernichtet.
1825 Verkauf von Herrschaft und Schloss an **Karl Theodor Kast**.
1938 **Eingemeindung** von Ebelsberg **nach Linz** gleichzeitig mit Ufer, Mönchgraben, Posch, Pichling und Wambach (siehe S. 52). Riesige Schottergruben liefern Material für den Bau der Hermann-Göring-Werke (siehe S. 336).
1947 Der **Pichlingersee**, entstanden durch den Schotterabbau seit 1938, wird als Badesee benützt. Seitdem ständige Wartung durch die heutige Linz AG. Die Wasserfläche beträgt **31 Hektar**.

Foto: Christian Wirth, links die Trasse der Westbahn, rechts die Autobahn.

1973 Die Straßenbahn von Linz endet in Kleinmünchen. **Einstellung der Lokalbahn** nach **St. Florian**.
2002 Die Straßenbahn wird über eine neue Traunbrücke wieder nach Ebelsberg geführt.
2005 Die **Straßenbahn** wird weiter nach Pichling in die **Solar City** geführt.

Schlossberg 1

1526 wird das Haus erstmals erwähnt. 1809 Vernichtung durch Brand bei der Schlacht gegen die Franzosen. Bis 1890 ist es das Ledererhaus. Danach gehört es zur Eisengießerei Steininger.

Dem einfachen Altbau ist eine klassizistisch geprägte **Biedermeier-Fassade** vorgeblendet.

Stefan-Fadinger-Platz

früher Marktplatz

Franzosen-Denkmal, 1890 errichtet vom Linzer Bildhauer **Franz Hauer**. Die 3 Ketten der Einfassung ruhen auf 4 Kanonenrohren.

Sockel mit Inschrift zum Gedenken an die Gefallenen

vom 3. 5. 1809, darunter viele Freiwillige aus Wien. **1909** erhält das Denkmal zur nochmaligen Enthüllung durch **Erzherzog Franz Ferdinand** (1863–1914 in Sarajewo) als Aufsatz den **Doppeladler**:

Johann von Hiller

1754 Geburt in Galizien.
1794 **Generalmajor** nach Erfolgen im Krieg gegen die Türken.
1809 Im Krieg gegen die Franzosen ist er **Befehlshaber unter Erzherzog Karl**.
1809-05-03 In **Ebelsberg** leistet Hiller 5 Stunden den Truppen Napoleons Widerstand. Rund **3 000 Tote**, verteilt auf beide Seiten, bleiben zurück. Schloss und Ort brennen nieder. Dabei kommen am Marktplatz ca. 1 000 Verwundete um. Hiller kann sich geordnet absetzen.
1809-05-21 In **Aspern** bei Wien **siegt ErzHg. Karl über Napoleon**. Hiller befehligt den rechten Flügel. Danach legt Hiller sein Kommando wohl wegen Meinungsdifferenzen nieder.
1809-07-05 Bei **Wagram besiegt Napoleon die Österreicher** entscheidend.
1813 Hiller wird **Befehlshaber** des Heeres in **Innerösterreich**.
1814 Kommandierender General in **Siebenbürgen**, später in **Galizien**.
1819 Hiller stirbt in **Lemberg**, heute Ukraine.

Die **Hillerstraße** im zweiten Bezirk in Wien und die **Kaserne in Ebelsberg** sind nach ihm benannt.

Fadinger-Haus am Fadinger-Platz, früher Marktplatz. Inschrift:

Stefan Fadinger, Führer des oö. Bauernaufstandes, wird bei der Belagerung vor dem Landhaus-Südportal am 28. Juni **1626** angeschossen. Am 5. Juli stirbt er in seinem Lager in Ebelsberg.

Marktbrunnen
Ursprünglich am Marktplatz wird er 1966 am Kirchenvorplatz aufgestellt.

Pfarrkirche hl. Johannes der Täufer

1263 Erstmalige Erwähnung der Kirche.
1787 Friedhofs-Verlegung von der Kirche an die Florianerstraße.
1809 Schlacht gegen die Franzosen: Kirche, Ort und Schloss brennen nieder.
1811 Beim Neubau der heutigen Kirche werden die alten Langhausmauern verwendet.
1824–29 Errichtung des segmentbogigen Chors.

Grabtafel an der Außenwand der Kirche für **Jacob Craydt**, gestorben 1630. In der Nische eine Pieta mit Engeln. Darunter Maria mit Kind, flankiert von den knienden Familienmitgliedern, getrennt nach Geschlechtern.

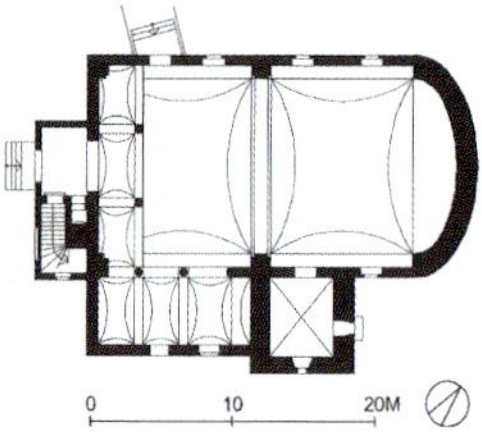

Plan Dehio Linz ©BDA

Im Inneren ein 2-jochiger Raum mit weitem **Platzlgewölbe** und Gurten auf Wandpfeilern. Auf den Gurtbögen und Emporen **gemalte Quaderfriese**. **Secessionistischer Altarraum** in der segmentbogigen breiten Apsis, einzigartiges Beispiel der kirchlichen Kunst im **Jugendstil** in Oberösterreich.

Mosaike von **Leopold Forstner**. In der Kalotte **Johannes der Täufer bei der Predigt**.

Chor, **Reliefs von Wilhelm Bormann** aus 1913, Priester **Aaron**, Bruder von Mose.

Relief 2, **hl. Petrus**.

Relief 3, **hl. Paulus**.

Relief 4, **Melchisedech**, Priesterkönig von Salem (Jerusalem?) zur Zeit Abrahams. Er verwendet erstmals Brot als Opfergabe anstelle von Tieren:

Statuen der hll. Florian, Aloisius, Johann Nepomuk und Pieta um 1825.

Jesus als **Schmerzensmann** im Vorraum, Ende 17. Jh. oder um 1900.

Schloss Ebelsberg

1159 Im Eigentum des Bistums Passau.
1242 Zerstörung im Konflikt Herzog Friedrich II. und Bischof Rüdiger.
1256 Wiederaufbau
1586 Neuerlicher Wiederaufbau nach Brand.
1825 Kauf durch Karl Th. Kast. 3. Wiederaufbau.

Foto: Schloss Ebelsberg, gesehen von Nordwesten.

Im Schloss **3 Museen**: Gefecht 1809, Waffensammlung des OÖ. Landesmuseums und Marine-Ausstellung. Geöffnet Mai–Oktober.

Karl Theodor Kast

1794 Geburt in Mittelfranken.
1824 Nach dem Studium in Würzburg Eintritt in den diplomatischen Dienst in den kaiserlichen Gesandtschaften in Rio, Florenz, München und London.
1825 Ersteigerung von Schloss und Herrschaft Ebelsberg.
1826 Erhebung in den Ritterstand mit dem Zusatz „von Ebelsberg". Kast beginnt sofort mit umfangreichen Sanierungen.
1855 Erhebung in den Freiherrenstand.
1875 Tod in Ebelsberg.

Schloss Ebelsberg ist noch heute im Besitz der Familie Kast.

Eingang vom Osten durch den weiten Schlosspark.

Schloss, **Innenhof**, polygonaler Turm, Holzerker auf Säulen und Brunnen.

Denkmal im Schlosspark für die **1809 Gefallenen**, errichtet **1890**, hierher versetzt vom östlichen Ortsende.

Voestalpine AG in Linz von links: Kraftwerk, großer Hochofen A, kleinere Hochöfen 4, 5 und 6, Stahlwerk LD3 und Gasometer. Foto: Christian Wirth

voestalpine Stahlwelt

Hermann-Göring-Werke

1937 Gründung der **Hermann-Göring-Werke** in **Salzgitter**.

1938-03-12 Die Deutsche Wehrmacht marschiert in Österreich ein.

1938–05-13 Spatenstich zum Bau der **Hermann-Göring-Werke** in **Linz** durch Generalfeldmarschall Hermann Göring (1893–1946).

Dafür werden die Bewohner der Ortschaft **St. Peter/Zizlau** in die neu errichteten Wohnbauten im **Keferfeld**, am **Bindermichl** und **Spallerhof** umgesiedelt.

1939 **Fusion** der **Hermann-Göring-Werke** samt Tochtergesellschaften mit der **Österreichisch-Alpine Montangesellschaft** zur **Alpine Montan Aktiengesellschaft „Hermann Göring" Linz**.

1940 Der erste **Erzzug** kommt nach Linz.

1941 Die **ersten Hochöfen** werden angeblasen. Die Produktion von Panzerteilen beginnt. Die Montage der fertigen **Panzer** erfolgt im **Nibelungenwerk** im nahen **St. Valentin**.

1942–45 Durchschnittlich **7 000 Häftlinge** aus dem **KZ Mauthausen** werden in **zwei Nebenlagern** im Vöest-Gelände angesiedelt. Sie arbeiten in allen Produktionsstätten.

VÖEST
Vereinigte Österreichische Eisen- und Stahlwerke

1945-05-06 **Kriegsende** in Österreich. Die Amerikaner beschlagnahmen die Reichswerke als deutsches Eigentum. Die **Vöest** (Linz) und **Alpine Montan AG** (Donawitz) werden getrennt.

1946-07-16 Die Vöest wird von den Amerikanern der Republik Österreich zur treuhändischen Verwaltung übergeben. Mit dem **Verstaatlichungsgesetz** vom 25. 7. geht die Vöest in den **Besitz der Republik Österreich** über.

1947 Bau des **Kraftwerks**, betrieben mit Kokerei- und Gichtgas. Der erste Hochofen wird wieder angeblasen. Die Stahlproduktion beginnt neu.

LD (Linz-Donawitz)-Tiegel aus 1952, Technisches Museum Wien

1949-06 Der **VÖEST** gelingt die Entwicklung des **LD-Verfahrens**: Flüssiges Roheisen wird mit **Schrott** und von oben mit **reinem Sauerstoff** versetzt. Damit wird kohlenstoffreiches Roheisen zu **kohlenstoffarmem Stahl**.

1952 Die **kommerzielle Nutzung** der **LD-Stahlerzeugung** beginnt.

1956 Der **4. Hochofen** geht in Betrieb.

1958 In Flensburg läuft das **Schiff „Linzertor"** vom Stapel, das erste zu **100 % aus LD-Stahl** gebaute Schiff.

VÖEST-Alpine AG

1973 Die in wirtschaftliche Schwierigkeiten geratene **Alpine Montan AG** wird in die neue VÖEST-Alpine AG eingegliedert, **ebenso** die Stahlwerke **Böhler** und **Schöller-Bleckmann**. Das **neue LD-3-Stahlwerk** wird eröffnet. Es gilt noch heute als eines der modernsten der Welt.

1974–91 Die **Schiffswerft Korneuburg** gehört zum Konzern. Für die UdSSR werden über 100 Passagierschiffe gebaut.

1985 **Krise**: Zu lange war der Konzern zur **Arbeitsplatz-Sicherung** über politischen Druck missbraucht worden.

Spekulations-Verluste der Tochter **Intertrading** bringen einen **Jahresverlust** von **25 Milliarden Schilling**. Konzern-Umstrukturierung und Personalabbau folgen.

1987 Die neue **Stahlstiftung** nimmt gekündigtes Personal auf.

1989 Aufteilung in 6 Branchenholdings. Für Brasilien wird vom Vöest-Konzern die **erste industrielle Corex-Anlage** gebaut. Zum Unterschied vom Hochofen-Prozess wird beim Corex-Verfahren zur Roheisen-Herstellung **kein Koks** benötigt.

1993 **Aufteilung in 3 Konzerne**, die bis 1995 privatisiert werden: VOEST-Alpine Industrieanlagenbau als Teil der neuen **VA Technologie AG**, **Böhler-Uddeholm AG** und die **VOEST-ALPINE STAHL AG**.

2003 Verkauf der letzten Staatsanteile der **voestalpine AG** (= neuer Firmenname).

2005 Übernahme der VA Technologie AG durch die Siemens AG.

2007 Die **voestalpine AG** übernimmt die **Mehrheit** an der **Böhler-Uddeholm AG**.

2009 Errichtung der **voestalpine Stahlwelt** als lebendige Ausstellung der neuen Art.

voestalpine Stahlwelt

Gezeigt werden die Entwicklung rund um den **Werkstoff Stahl**, die Erzeugung von **Edelstahl** und der **voestalpine Konzern**. Und das Ganze noch dazu in einem neuen futuristischen Gebäude mit einer Höhe von 30 m und einer Auskragung von 15 m.

Darstellung in **6 Ebenen**:

Ebene 0 Historie: Entwicklung bis zum heutigen Standard. Aufblick im **Tiegel** zu 80 verchromten Kugeln mit bis zu 2,5 m Durchmesser.

Ebene 1 Stahl-Erzeugung: Das kohlenstoffhaltige Roheisen wird zu fast kohlenstofffreiem Stahl.

Ebene 2 Stahl-Verarbeitung: Umform- und Beschichtungsprozesse nach den Erfordernissen des Endprodukts.

Ebene 3 Stahl-Produkte: u. a. Platine für die spätere Pressung z. B. von Karosserieteilen für Autos.

2 Fotos: voestalpine

Pressteil einer Kühlerhaube eines Autos:

Schiene mit Weiche.

Ebene 4 Stahl-Erfolge: Erfolge in den Bereichen Energie, Bau und Mobilität.

Ebene 5 Konzern: Vorstellung der weltweit agierenden voestalpine.

Ebene 6 Cafe: Mit herrlichem Ausblick auf das Werksgelände, z. B. auf das neu errichtete **Finanz- und Dienstleistungszentrum** und die **Konzernzentrale**. Darunter das begrünte und teils offene Dach der großen **Tiefgarage**.

Der **Aufzug** im Stahlwelt-Gebäude läuft auf **schräg gestellten Leitschienen**. Die Neigung entspricht dem Förderwerk zur Befüllung der kleineren Hochöfen.

Foto: voestalpine

Die anschließende **Werksrundfahrt** bringt Einblicke in die Produktion, so z. B. der „**Abstich**" beim Ablassen des flüssigen Roheisens aus dem Hochofen.

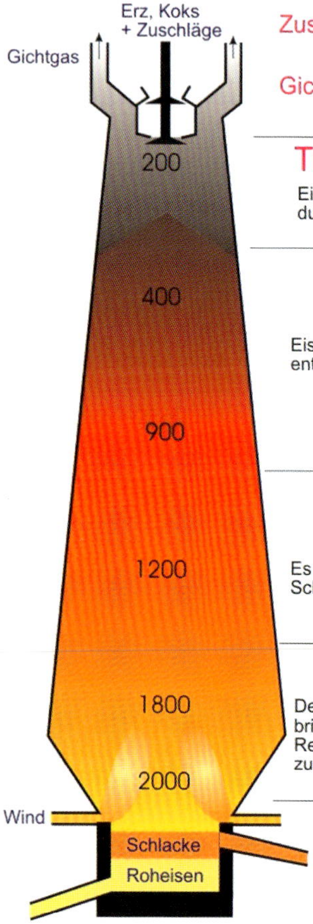

Zuschläge Die Zuschläge (z.B. Kalkstein) werden hinzugemischt, damit die sog. Gangart schmilzt und als Schlacke abgetrennt wird.

Gichtgas Das Gichtgas besteht aus 60% Stickstoff, 20% CO (giftig!) sowie Wasserstoff und Methan. Wird zum Aufheizen der Luft verwendet.

Trocken- und Vorwärmzone

Eisenerz, Koks und Zuschlag werden vom durchströmenden Gas getrocknet und vorgewärmt.

Reduktionszone

Eisenoxid wird durch CO und C reduziert. Das dabei entstehende Eisen ist noch fest.

$Fe_2O_3 + 3\ CO \rightarrow 2\ Fe + 3\ CO_2$

Kohlungszone

Es bildet sich ein Eisen-Kohlenstoffgemisch, dessen Schmelzpunkt bei etwa 1100 - 1200 Grad C liegt.

Schmelzzone

Der Koks verbrennt an der eingeblasenen Luft und bringt das Eisen-Kohlenstoffgemisch zum Schmelzen. Restliche Eisenverbindungen werden von CO und C zu Eisen reduziert.

Roheisen

Roheisen enthält etwa 3-4% Kohlenstoff. Es ist deshalb spröde und nicht schmiedbar.

Vom Erz zum Roheisen. Erst im **Schmelztiegel** wird Roheisen zum **Stahl** (siehe auch Seite 53).

Foto: Jean Pol Grandmont

Draht-Erzeugung:

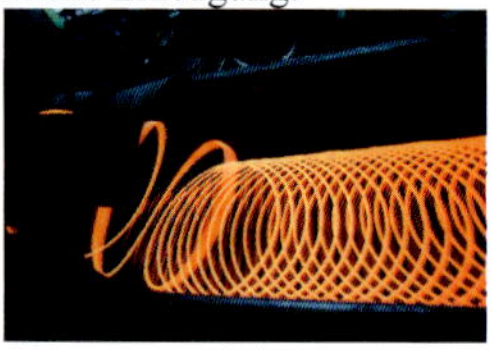

5 Fotos: voestalpine

Produktion von Schienen bis zu einer Länge von 120 m:

Press-Straße z. B. für Auto-Karosserie-Teile:

Feuer-Verzinkung, um das Rosten zu verhindern:

„Aufwickeln“ von **Stahlbändern** (Coil) bis 5 km Länge zur späteren Weiterverarbeitung:

Stift Wilhering

8 km von Linz die Donau am Südufer aufwärts.

Highlights

- **Kirche**, schönstes Werk des **Rokoko** Österreichs
- **Kreuzgang** mit Bildern zur Geschichte des Stifts und der Zisterzienser
- **Prälaturflügel** mit **Kunstsammlung**
- **Südwestflügel** mit ehemaligem **Festsaal**
- Ehemaliger **Meierhof**, Ausstellung **Fritz Fröhlich** und über die **Stiftsgeschichte**

1145 Die **Herren von Wilhering** verlegen ihren Sitz auf die von ihnen neu erbaute **Burg Waxenberg**. Die aufgelassene Burg Wilhering stellen **Ulrich** und **Kolo von Wilhering** dem Zisterzienser-Kloster Rein bei Graz für eine Klostergründung zur Verfügung.

Bild im Kreuzgang, nach 1750, Bartolomeo Altomonte.

1146 Mönche aus Stift Rein erreichen Wilhering.

Stift Rein, gestiftet **1129** von **Leopold dem Starken**, **Markgraf der Steiermark**. Es ist heute das älteste existierende Zisterzienser-Kloster der Welt. Die Kirchenfassade stammt aus dem 18. Jh.

1185 Zur Abwehr der drohenden Einstellung des Stiftes Wilhering erfolgt eine Neubesiedelung durch **Zisterzienser aus Ebrach** bei Bamberg.

1195 **Kirchenneubau** unter Abt Otto II. von Niest.

13. Jh. Die **Herren von Schaunberg** übernehmen die Schutzherrschaft über Wilhering.

Heinrich und Bernhard von Schaunberg, Kreuzgang, nach 1750, B. Altomonte

Stift Wilhering, Ansicht von Norden Richtung Süden: An der Straße hinter der Kirche liegt der Südwest-Flügel mit Risalit. Vor der Kirche ist der Meierhof.
Foto: Alpine Werksfoto

1259 Stift Wilhering besiedelt das **erste Tochterkloster** in **Hohenfurt** (Vissi Brod) an der Moldau in Südböhmen.

Foto: Donald Judge

1293 Durch Bischof Bernhard von Prambach erfolgt 50 km donauaufwärts die Gründung von **Stift Engelszell** als Tochterkloster von Wilhering.

Stift Engelszell, Foto: Gerhard Anzinger

1334 Gründung des Tochterklosters **Säusenstein**, 70 km donauabwärts von Wilhering.

1554 Der protestantisch gewordene Abt Erasmus Mayer flüchtet samt Klosterkasse nach Nürnberg.

1587 **Alexander a Lacu** (1550–1613) aus Lugano wird Abt des verwaisten Klosters.

1616–38 Unter **Abt Georg Grill** erreicht Wilhering eine neue Blütezeit.

1674 Georg Matthäus Vischer, Topograph und Priester, zeichnet eine Ansicht von Wilhering mit Blick nach Norden:

1733 Ein **Brand** vernichtet große Teile von Stift Wilhering. Die 12-jährige Brandstifterin kommt 4 Jahre ins Zuchthaus. Der Anstifter wird auf dem Scheiterhaufen verbrannt.

Bild der **Brandstifterin Elisabeth Prindlin**, um 1735 Morzer-Umkreis, im ehemaligen Meierhof.

1734–50 Abt ist **Johann IV. Baptist Hinterhölzl. Stift und Kirche** werden neu **gebaut**.

1749 Ankauf von **Forst Kürnberg**.

1784 Im Zuge der Reformen unter Kaiser Joseph II. wird Wilhering zur selbstständigen Pfarre erhoben.

1840 Bau des südseitigen Straßentraktes von Stift Wilhering mit der mächtigen Kuppel.

1848 Die **Revolution** bringt die **Befreiung** der rund 400 Untertanen des Stiftes von der **Grundherrschaft**.

1895 Gründung des **Stiftsgymnasiums**.

1904 Das Gymnasium erhält Öffentlichkeitsrecht.

Mönchtum (griechisch monachos = allein)

Der **Mönch** strebt die diesseitige Vereinigung mit der allumfassenden Gottheit an. Das Erreichen der inneren Leere soll das Erfahren einer **göttlichen transzendenten Realität** bringen. Ermöglicht wird das durch Hingabe, Meditation, Gebet und Askese.

Antonius von Ägypten (251?–356?) lebt rund 20 Jahre als Eremit in der Wüste am Ostufer des Nils. Um **305** folgen ihm Gleichgesinnte. Die erste Mönchsgemeinschaft entsteht. Um **320** gründet **Pachomios** in **Oberägypten** das **erste christliche Kloster**. Er verfasst die **erste Klosterregel**.

Benedikt von Nursia (480?–547) gründet **529** das **Kloster Montecassino** 90 km südlich von Rom. In seiner „Regula Benedicti“ schreibt er den Grundsatz **„Ora et labora** (bete und arbeite)“ fest.

Kaiser **Ludwig I. der Fromme** (778/814–840) verfügt, dass die **Benediktiner-Regel für alle Klöster** seines Reiches gilt.

Die **Abtei von Cluny** in Burgund wird **927–1157** von 5 einflussreichen Äbten regiert. Die Abtei untersteht direkt dem Papst. Die über 1000 Cluny unterstellten Klöster haben keinen Abt, sondern einen vom Abt von Cluny **eingesetzten Prior**. Ab **1088** wird die **dritte Klosterkirche** gebaut. Mit **185 m** Länge ist sie die damals größte der Welt.

1940 Enteignung durch die Nationalsozialisten.

1941 Abt Bernhard Burgstaller stirbt als politischer Gefangener im Gefängnis.

Alexander a Lacu

1552? Geboren in **Lugano**
1576 Domherr in Basel.
1586 **Hofkaplan** von Herzog Ernst in Wien. **Rektor** der **Universität Wien**.
1587 **Abt in Wilhering**. Zeitweilig Administrator der Stifte Engelszell, Gleink und Schlägl. Es gelingt ihm nicht, in den Stiftspfarren Fuß zu fassen.
1594 Der **Zweite Bauernaufstand** in Oberösterreich beginnt. Lacu muss über die Donau fliehen.
1596 Lacu wird zum Sprecher des Prälatenstandes gewählt. Die Stände veranlassen gegen die Bauern eine grausame **Strafexpedition** unter Oberst **Gotthard von Starhemberg**.
1598 Lacu resigniert als Abt von Wilhering. Er übernimmt die Benediktiner-Abtei Garsten.
1600 Lacu wird **Abt von Garsten**.
1601 Er wird nach **Kremsmünster** postuliert und wird dort **Abt**. Seine dortigen Reformen haben Erfolg.
1613 Tod in Linz. Begraben wird er im Stift Kremsmünster.

1943 Die **Technische Hochschule** wird im Stift Wilhering eröffnet.
1945 Schließung der Technischen Hochschule. Wiederaufnahme des Schulbetriebes.
1955 Der **Westflügel** wird für das **Gymnasium** errichtet.
1990 Das Schülerheim wird geschlossen.
2012 Wirtschaftliches Fundament des Stiftes sind ein **Forstbetrieb** mit ca. 1200 ha Waldfläche, ein 150 ha großer **Landwirtschaftsbetrieb** und der **Gartenbaubetrieb** mit 2 ha Gewächshausfläche.

Stiftskirche

Nach dem Brand von 1733 reichen Joseph Götz, Josef Munggenast und (?) Johann Michael Prunner ihre Pläne ein. Es siegt jedoch der unbekannte Linzer Baumeister **Johann Haslinger**. Von den Resten der romanischen Kirche werden Trichterportal, Chor- und Querhauswände und Teile des Kreuzgangs übernommen.

Die in die **Westfassade** eingebaute Turmfront von 1735–40 ist dreigeschoßig. Riesenpilaster säumen die schmalen Fenster.

Voluten führen zum aufgesetzten Turm. Statuen der **hll. Nepomuk**, **Florian**, **Vitus** und (am Foto nicht sichtbar) **Karl Borromäus**. Nische im dritten Geschoß der Turmfassade mit Sandsteinplastik der **Madonna mit Jesuskind**.

Das **Innere** der Kirche ist der einmalige **Höhepunkt** der kirchlichen Kunst des **Rokoko**. Maßgeblichen Einfluss auf die Innenarchitektur übt der kaiserliche Theater-Ingenieur **Andreas Altomonte** (1699–1780) aus, jüngster Sohn des Malers **Martino Altomonte** (1657–1745). Die **Bilder** des Hochaltars und die der 6 Seitenaltäre aus 1738–44 sind das letzte Werk von **Martino Altomonte**. Er bleibt dabei beim spätbarocken italienischen Klassizismus. Das Thema des **Hochaltarbildes** ist bei allen Zisterzienser-Kirchen mit **Mariae Himmelfahrt** vorgegeben. Die Themen der **6 Seitenaltar-Bilder** stammen von **Abt Johann Baptist Hinterhölzl** aus Zwettl an der Rodl. **Stuck** im Langhaus von **Franz Josef Ignaz Holzinger**. Stuck im Querhaus und Chor von **Johann Michael Feichtmayr** und **Johann Georg Übelherr**, beide aus Augsburg aus der dortigen Wessobrunner Schule.

Unter der Chor-Empore links **Grabmal** für **Ulrich II. von Schaunberg** (?–1398) im Stil der **Hochgotik**.

Auf der Grabplatte eine liegende Ritterskulptur mit Rüstung, Schild und Schwert.

In den durchbrochenen Fronten Sitzfiguren der **Apostel** jeweils mit aufgeschlagenem Buch.

Zisterzienser

1075 Der **Benediktiner Robert** gründet in **Molesme** ein neues regeltreues Kloster.

1098 In **Citeaux** südlich von Dijon gründet **Robert von Molesme** erneut ein strenges Kloster. Die **Regel des hl. Benedikt** soll möglichst wörtlich befolgt werden.

1113 **Bernhard** tritt mit **Vater Ritter Tescelin le Roux** aus Fontaines-lès-Dijon und 30 Gefährten in den Orden ein.

1115 **Stephan Harding**, dritter Abt in Citeaux, verfasst für den Orden ein **Statut**. Er gründet u. a. das Kloster **Morimond** in der Region Champagne. **Bernhard** wird **Abt** des neuen Klosters **Clairvaux** (lichtes Tal).

1119 Papst **Calixtus II.** bestätigt die Regeln des **neuen Zisterzienser-Ordens**. Der erste zentral geführte Orden lebt nicht von Abgaben, sondern von eigener Arbeit.

1145 **Papst Eugen III.**, ein Zisterzienser, ruft nach dem Fall von **Edessa** zum **2. Kreuzzug** auf.

1153 **Bernhard stirbt**. Clairvaux hat 72 Niederlassungen.

1300 **700 Zisterzienserklöster** bestehen, davon 245 in Frankreich.

1637 Ausgehend vom **Kloster La Trappe**, 60 km im Norden von Le Mans, entstehen die Zisterzienser der strengeren Observanz, später **Trappisten** genannt.

Am Eingang links das Grabmal für **Wernhard IV. von Schaunberg** (1217–67) im Stil der **Frühgotik**. Wernhard heiratet um 1258 **Hedwig von Waxenberg**. Dadurch kommt die **Vogtei** des Klosters Wilhering an die **Schaunberger**. In den von Spitzgiebeln überdachten Feldern **Heiligen-Figuren**, von **links** Barbara, Petrus und Maria.

Rechts Christus, der Evangelist Johannes und Paulus.

Seitenaltar Nord 1, Schmerzhafte-Muttergottes-Altar.

Bild **Heilige Frauen**: **Barbara** mit dem Turm, **Maria Magdalena** mit Totenkopf und Salbgefäß, **Katharina** von Alexandria mit Rad, **Apollonia** mit Zange und **Lucia** mit Schwert und Augen auf einem Teller.

Seitenfiguren **hll. Elisabeth** und **Notburga** mit Sichel. Im Altarschrein eine gotische Vesperbildgruppe:

Seitenaltar Nord 2, **Josefi-Altar**: Bild **Tod des hl. Josef** in Anwesenheit von Christus und Maria, von Martino Altomonte. Seitenfiguren **hll. Dominikus** und **Antonius von Padua**. Im Schrein das **Prager Jesuskind**.

Seitenaltar Nord 3, **Benedikti-Altar**.

Bild **Der Ordensvater Benedikt** von Nursia und die **drei ersten Äbte der Zisterzienser** Robert von Molesme, Alberich von Citeaux und Stephan Harding. Seitenfiguren die **hll. Wolfgang** von Regensburg und **Erasmus** von Antiochia mit der Spindel, mit der er ausgedärmt wurde.

Chororgel an der Langhauswand Nord vor dem Seitenschiff, 1746 von **Nikolaus Rummel** aus Rothenburg ob der Tauber. Oben die Statue von König **David** mit Harfe.

Chororgel vor dem Chorgestühl. Dahinter das Seitenschiff Nord.

Seitenschiff Nord, Deckenfresko Verbindung aller Erdteile durch die Tugenden Glaube, Hoffnung und Liebe mit der Gottesmutter Maria. Alle Deckenfresken sind von **Bartolomeo Altomonte** (1694–1783), Sohn des Martino.

Thema der Deckenfresken ist die Lauretanische Litanei: Maria Königin.

Grundemann-Kapelle im Osten des nördlichen Querschiffes:

Deckenfresko **Engel bringen der Heiligen Dreifaltigkeit die Leidenswerkzeuge Christi**, 1746–48 von **Bartolomeo Altomonte**. Jesus ist dabei – ungewöhnlich für eine Darstellung der Dreifaltigkeit – als Kind dargestellt.

Altargemälde **Tilgung der Erbsünde** durch das Erlöserblut Christi, anonym, Bartolomeo Altomonte nahestehend. Der kleine Engel löscht mit dem

Schwamm den Sündenfall von Adam und Eva auf dem Relief weg.

Grundemann-Kapelle, reich gerahmtes **Epitaph** von **Abt Bernhard Weidner** (?/1681–1709).

Im Wappen von Bernhard Weidner ein Bär und eine Weide.

Nord-Kapelle: Wappen-Grabsteine, u. a. von **Konstantin Grundemann** (1582–1658). Seine zweite Frau ist **Cäcilia Alt von Altenau** (1601–67), jüngste Tochter des Salzburger **Erzbischofs Wolf Dietrich von Raitenau** (siehe Seite 114) und der Salome Alt.

Hochaltar

Entwurf wohl von **Andreas Altomonte** (1699–1780, jüngster Sohn von Martino), und vom Passauer Bildhauer **Josef Matthias Götz** (1696–1760). Hochaltarbild **Mariae Himmelfahrt**, 1738 vom 80-jährigen **Martino Altomonte**. Unten die Apostel. Einige von ihnen erfassen das Geschehen noch nicht.

Altarfiguren aus Glanzstuck von **Johann Georg Übelherr**: **Hl. Zacharias** mit den Opfertauben, **hl. Anna** mit **Maria**, **hl. Elisabeth** mit dem kleinen Johannes und der **hl. Joachim**, Vater Marias.

Hochaltar oben, die **Heilige Dreifaltigkeit** – Jesus mit Kreuz, der Heilige Geist und Gottvater – erwarten mit der Krone die Gottesmutter.

Deckenfresko im **Presbyterium** von **Bartolomeo Altomonte**, Spruchband „Aufgenommen ist Maria in den Himmel, darüber jubeln die Engel."

Hochaltarbild, Altaroberteil und Deckenfresko bilden eine Einheit. Sie zeigen Himmelfahrt, Krönung und Triumph Mariens.

Deckenfresko der **Vierung**, **Maria als Sitz der Weisheit** mit weiteren Symbolen aus der Lauretanischen Litanei. Die zu mächtig geratene **Architekturmalerei** stammt vom Italiener **Francesco Mesenta**. Für die **Figuren** von **Bartolomeo Altomonte** blieb nur ein kleiner Ausschnitt. Die an die Weltkugel gekettete sündige Menschheit kann nur durch den Schutz Mariens vor der strafenden Gerechtigkeit Gottes bestehen. Gerahmt ist das Kuppelfresko durch die

Darstellung marianischer Tugenden und Szenen aus dem Leben Mariens.

Deckenfresko **Langhaus**, **Maria als Königin** der Engel, der Heiligen und Propheten, 1741 von **Bartolomeo Altomonte**. Es ist das größte Deckenfresko in Oberösterreich.

Im unteren Teil des Freskos die hll. Benedikt, Bernhard, Ignatius, Leopold, Franziskus und Franz von Borja.

Der Übergang vom Fresko zum plastischen Schmuck ist fließend.

Abtstuhl, Madonna mit Kind im Strahlenkranz, darüber ein Abtwappen.

Chorgestühl gefertigt von den beiden Wilheringer Laienbrüdern **Johann Baptist Zell** und **Eugen Dunge**.

Chor-Abschluss, **Wandreliefs** nach Art der Augsburger Rocaille-Stuckatur, aber aus Holz: **Anbetung der Hl. Drei Könige** und unter der Kanzel **Anbetung Christi durch die Hirten**:

Baustil der Zisterzienser

Sie **verbannen** im Gegensatz zu den Cluniazensern **jeglichen Schmuck** aus ihren Gotteshäusern. Kirchen sollen weder Fassade noch Turm oder Portal haben. Wände müssen unverputzt sein. Farbe ist Luxus und eine unnötige Ablenkung der Sinne.

Die Kirche des **1118** von Bernhard gegründeten Klosters **Fontenay** in **Burgund** hat heute noch einen gestampften Boden ohne Steinverkleidung.

Foto: Jean-Christophe Benoist

Barock und vor allem **Rokoko** bringen einen gänzlich anderen Baustil. Die Lebensfreude nach den gewonnenen Türkenkriegen und überwundener Pest äußert sich in **prunkvollen, farbenprächtigen Bauten**. Das gilt für fast alle der **nach 1700** gebauten Kirchen, nicht nur für die der Zisterzienser.

Hinter dem Chorgestühl das **Seitenschiff Süd**, Deckenfresko „Gefäß der Andacht" von **Bartolomeo Altomonte**.

Die Bildaussage lautet, dass alle mit Gnaden überschüttet werden, die Maria verehren.

Kanzel und Langhaus-Südwand.

Kanzel der Augsburger Stuckateure **Johann Michael Feichtmayr** und **Johann Georg Übelherr** im schönen Kontrast von schwarzem Stuck, leuchtendem Gold und blendendem Weiß. Am Schalldeckel Figur **hl. Bernhard** als Sieger über die **Albigenser** aus Südfrankreich oder über **Petrus Abaelard**. Dessen Lehrsätze werden von Bernhard erfolgreich bekämpft.

Seitenaltar Süd 3, **Beate-Altar**: Bild Der **hl. Bernhard** empfiehlt der Gottesmutter seinen Vater Tescelin, seine Brüder und seine Schwester Humbelina, 1739 von **Martino Altomonte**. Seitlich Figuren der **hll. Ambrosius** und **Augustinus**.

Im Altarschrein ein kleines Bild der Gottesmutter mit Jesuskind aus 1880. Vor dem Altar Grab von Ulrich I. von Schaunberg (1330–1373).

Seitenaltar Süd 2, **Schutzengel-Altar**: Bild **Engelssturz und Schutzengel**, 1742 von Martino Altomonte. Seitlich Figuren der **hll. Georg** und **Martin** von Tours. Im Schrein „Unser Heiland von der Wies":

Seitenaltar Süd 1, **Johannes-Altar**: Bild die **hll. Donatus**, **Leonhard**, **Sebastian** und **Florian**, 1739 von **Martino Altomonte**. Seitenfiguren die **hll. Ägydius** mit Hirschkuh und **Jakobus der Ältere** mit Pilgerstab. Im Schrein **hl. Johannes Nepomuk**.

Westwand der Kirche mit Rokoko-Gitter, Chorempore, Orgelgehäuse, Uhr und goldstuckverziertem Abschlussbogen in einer grandiosen Einheit.

Geradezu klassisch ist die spiegelgleiche Anordnung der Orgelpfeifen. **1620** errichtet **Paul Peuerl** eine Orgel auf der neu gebauten Westempore. **1883** wird das Orgelwerk vom Ottensheimer **Leopold Breinbauer** ersetzt. **1981** erfolgt die Erweiterung der Orgel von 29 auf **38 Register**.

Kreuzgang

südlich der Kirche

Portal zum **Kapitelsaal**.

Ehemaliger **Kapitelsaal** mit romanischer Säule.

Grabplatte vor dem ehemaligen Kapitelsaal für Abt **Petrus II. Rinckhaimer** (?/1534-43) aus Ottensheim.

Grabplatte vor dem ehemaligen Kapitelsaal für Abt **Jakob II. Gistl** (?/1584-87), mit einer Ansicht vom Stift Wilhering.

Kreuzgang, **Mortuarium** (Totenkapelle) im Süden des Kapitelsaals: Plastischer **barocker Kreuzaltar** aus der Zeit um 1730. Grabsteine aus dem 14. bis 17. Jh.

Kreuzgang, Bild **Papst Eugen III.** (?/1145–1153), erster Papst aus dem Zisterzienserorden, um 1750 von **Bartolomeo Altomonte**.

Zengi von Mossul erobert den Kreuzfahrer-Staat **Edessa** (heute Urfa in der Türkei) für die Muslime zurück. Daraufhin ruft Eugen zum **2. Kreuzzug** (1147–49) auf. Er wird dabei von Bernhard unterstützt. Der Kreuzzug endet mit einem Misserfolg.

Kreuzgang, Bild **Papst Alexander III.** (1100?/59–1181), um 1750 von **Bartolomeo Altomonte**. Alexander festigt seine Stellung durch den Sieg der Lombardischen Liga 1176 bei Legnano nahe Mailand über Kaiser **Friedrich I. Barbarossa**. Unter Alexander III. wird **Bernhard 1174 heiliggesprochen**.

Kreuzgang, Bild **Ritter Tescelin le Roux** (der Rote), vor 1750 von **Bartolomeo Altomonte**. Gemeinsam mit seinem **Sohn Bernhard** und weiteren 30 Rittern tritt Tescelin **1112** in den **Zisterzienserorden** ein.

Kreuzgang, Bild **Erzbischof Konrad von Salzburg** (1115?/64–68) und **Bischof Otto von Freising** (1112?/1138–58), einer der größten Historiker des Mittelalters. Ihre **Eltern** sind **Markgraf Leopold III.**, der spätere

Heilige, und **Agnes**, Tochter von Kaiser **Heinrich IV.** Agnes ist Mutter (aus erster Ehe mit Herzog Friedrich von Schwaben) des **ersten Stauferkaisers Konrad III.**

Kreuzgang, Bild **Herzog Friedrich II.** der Streitbare (1219/30–1246), um 1750 von **Bartolomeo Altomonte**.

Herzog Friedrich II. von Österreich
1211/1230–1246

Er will das **Herzogtum Österreich** zum Königtum erheben lassen. Dafür soll seine **Nichte Gertrud** den seit 1241 zum vierten Mal verwitweten **Kaiser Friedrich II.** heiraten. Gertrud weigert sich. Mit dem Tod von **Herzog Friedrich** in der Schlacht an der Leitha stirbt das Geschlecht der **Babenberger** im Mannesstamm aus. **Gertruds Sohn Friedrich von Baden** wird **1268** zusammen mit dem letzten Staufer **Konradin** in Neapel von **Karl I. von Anjou** geköpft.

Kreuzgang, **Kanzel** im Kollationsgang von den beiden Wilheringer Laienbrüdern **Johann Baptist Zell** und **Eugen Dunge**.

Kreuzgang, **Schutzengel-Statue**, wohl Erzengel Raphael mit Tobias, für Prozessionen der Bruderschaft.

Kreuzgang, **Kreuzigungs-Gruppe** aus der 1. Hälfte des 17. Jh. Die Gruppe steht bis 1934 in einer Kapelle in der Nähe des Stiftes. Diese wird beim Bau der Bundesstraße abgerissen.

Kreuzgang, **Bilder** aus dem **Leben des hl. Bernhard**, Schule von Martino Altomonte.

Brunnenhaus
im Süden des Kreuzganges (nicht öffentlich zugänglich). Figur hl. Bernhard.

Dekorative Ausmalung der **Kuppel** in der Art von Bartolomeo Altomonte.

Sommerrefektorium
im Süden des Kreuzgangs (nicht öffentlich zugänglich). Tonnengewölbe mit Stichkappen und reicher Stuckverzierung um 1667.

An der Stirnwand Bild **Speisung der Fünftausend**, 1663 von **Clemens Beutler** (1623?–1682).

Die „wunderbare Brotvermehrung“ ist in der Art von Wimmelbildern (Bild mit einer großen Personenmenge) dargestellt.

Sommerrefektorium, Lavabo (Wandbrunnen) aus Rotmarmor, 18. Jh.

Prälaturflügel

Südlich der Kirchenfassade, 1733 erbaut nach Plänen von Johann Haslinger.

Erstes OG

Abtbüro mit **Bozzo** (Entwurf für ein Gemälde) für das Hochaltar-Bild **Mariae Himmelfahrt** in der Stiftskirche Wilhering:

Audienzsaal im Anschluss an das Abtbüro (nicht im Führungsprogramm).

Figurengruppe **Hl. Dreifaltigkeit**, darüber Bild **Reicher Mann und armer Lazarus**, Mitte 17. Jh., nach Leandro Bassano.

Bild **Hl. Familie**.

Audienzsaal, Bild **Madonna mit der Schwertlilie**, um 1600 nach A. Dürer.

Ehemalige **Prälaturkapelle**, an den Audienzsaal im Osten angrenzend, heute ein Gang.

Deckenfresko Maria mit Jesuskind und Engel.

Gemäldegalerie
Prälaturflügel, 2. Stock (nicht im Führungsprogramm).

Ölskizzen und Entwürfe österreichischer Barockmaler: Bartolomeo Altomonte, Anton Maulbertsch, Martin Johann Schmidt, genannt Kremser Schmidt.

Fortsetzung der Kunstsammlung im angrenzenden Gang.

Bild **Papst Leo XIII.** (1810/1878–1903), 1880 von Anton Miksch. Unter Leos 86 Enzykliken (päpstliche Rundschreiben) befindet sich auch die **erste Sozialenzyklika**.

Kunstsammlung, barocke **Pieta**, Maria mit durchbohrtem Herzen als Sinnbild für ihren Schmerz, hält ihren toten Sohn Jesus nach der Kreuzabnahme in den Armen:

Südwest-Flügel

1778–81 baut **Johann Baptist Gangl** aus Linz den ursprünglichen Gastflügel westlich an den Prälaturflügel an. Den kräftig hervorkragenden **Mittelrisalit** betont ein Mansardendach samt Helmaufsatz.

Das Portal wird von zwei Statuen flankiert, links **hl. Bernhard von Clairvaux**,

rechts Statue **hl. Benedikt**.

Dem Portal zum Südwest-Flügel gegenüber steht der **Hofbrunnen** mit der Figur der **Religio**, 1837 von **Franz Schneider**.

Südwest-Flügel Erdgeschoß, 3-schiffige Eingangshalle. An beiden Seiten ein zweimal gebrochener Stiegenarm.

Südwest-Flügel im 1. OG, **kleiner Speisesaal**, Bilder **Johannes Maria Gföllner**, Bischof von Linz (1867/1915–41), 1917 von Franco Cernivez.
Gabriel I. Fazeny, Abt von Wilhering (?–1938), 1917 von Franco Cernivez.
Bernhard III. Burgstaller, Abt von Wilhering (?/1938–1941), 1946 von Heinrich R. von Fichtenau. Abt Bernhard stirbt 1941 im Gefängnis der Nationalsozialisten.

Kleiner Speisesaal, gegenüberliegende Wand, Bilder der **zu Wilhering gehörenden Pfarren**, u. a. Bad Leonfelden, Oberneukirchen und Zwettl.

Treppe vom 1. ins 2. OG mit Bild **Gastmahl im Hause Simons des Pharisäers**, um 1700 nach Paolo Veronese.

Südwest-Flügel 2. OG, **Mohrenzimmer**

Es ist benannt nach den „Mohren“, welche den Tischen als Beine dienen.

Südwest-Flügel 2. OG, **Festsaal** (zugänglich mit Führung), Stuckdecke aus 1782 von Kaspar Modler.

Reliefs der vier Elemente und der vier Erdteile.

Fresken von **Fritz Fröhlich** (1910–2001, siehe S. 352).

Element Feuer.

An den Langseiten Stuckreliefs für die Erdteile.

Festsaal-Decke, **Narrenschiff**, Teil **Diktatur** von Fritz Fröhlich.

Selbstbildnis vom verzweifelten **Fröhlich** im Narrenschiff.

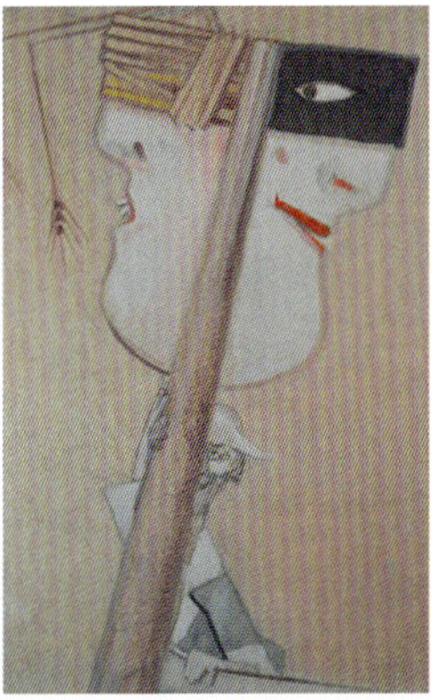

Narrenschiff, **Blinder Fährmann**:

Der Ofen im Festsaal stammt aus 1734.

Raum östlich vom Festsaal: Fresko **Das Scheitern der Politik**, 1991 von Fritz Fröhlich, geschaffen in der Zeit des Kriegsausbruchs in Jugoslawien.

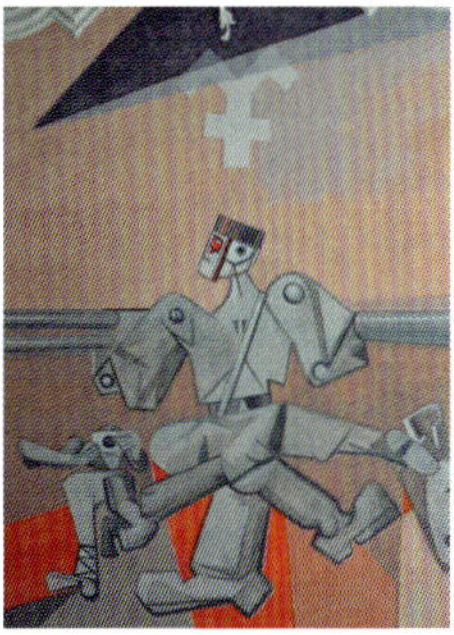

Meierhof

nördlich der Kirche

Figur **Hiob** von Fröhlich. Dahinter der Westflügel.

Ausstellung zur Stiftsgeschichte (zugänglich mit Führung).

Statuen der hll. Benedikt und Bernhard von Clairvaux. Stammbaum der Zisterzienser-Klöster und Übersicht der Klöster in Österreich.

Bilder **Maria mit Kind** von Martino Altomonte und **der ungetreue Verwalter** von Bartolomeo Altomonte.

Entwurf für das **Deckenfresko** in der Stiftskirche **Maria als Königin** von Bartolomeo Altomonte.

Fritz-Fröhlich-Sammlung 1. 7.–31. 8.: Dienstag bis Sonntag 11–18 Uhr. Zugänglich mit Führung. Eröffnet 2010 im „Moarhof" zum 100. Geburtstag Fröhlichs.

Selbstbildnis aus 1935.

Fritz Fröhlich

1910 Geburt in Linz.

1927–37 Studium an der Akademie der bildenden Künste in Wien bei Wilhelm Dachauer und Ferdinand Andri.

1937 Erster Staatspreis, weitere folgen 1947 und 1948.

1938 Ein Brand in seinem Atelier am Dürnberg bei Ottensheim vernichtet viele seiner Jugendwerke.

1954/55 Vier Sonnenuhren am **Landhausturm**.

1955 Unter dem Einfluss Picassos erfolgt die Hinwendung zum **Kubismus** unter Beibehaltung des **Gegenständlichen**.

1956 Beginn Deckenfresko im **Stift Engelszell**.

1958 Er wird Professor. Beginn Freskierung **Landestheater** Linz.

1965–67 Freskierung der **Synagoge** in Linz.

1971–77 Fröhlich leitet die Generalsanierung der **Stiftskirche Wilhering**. Mit seiner Gattin zieht er ins Stift, wo er bis zu seinem Tod lebt.

1993–95 Deckenfresko Narrenschiff im **Festsaal** Stift Wilhering.

2001 Tod in Linz nach einem Sturz.

Bild **Dorfkinder**, 1936 noch im damals dominierenden Heimatstil:

Spätere Werke Fröhlichs:

Bild **Adolf Hitler** von Fröhlich.

Ansicht von Stift Wilhering noch ohne den 1964 gebauten Schultrakt.

Auf der Südseite der Linzer Straße befinden sich die Nebengebäude des Stiftes: **Ehemalige Stiftstaverne**, **altes Bräuhaus** und **Stiftskeller** in der Linzer Straße 15, 17 und 19.

Ehemaliges Hofrichterhaus, **Majorstöckl**, Höferstr. 2.

Stift St. Florian

16 km im Südosten von Linz. Abfahrt von der A1 in Asten-St. Florian.

Highlights

- **Stiftskirche**
- **Bruckner-Orgel**
- **Stiftshof** mit **Stiegenhaus** und **Marmorsaal**
- **Kunstsammlung** u. a. **Sebastiansaltar** von **Albrecht Altdorfer**
- **Bibliothek**
- **Sommerrefektorium**

304 **Florian** wird mit einem Stein um den Hals in den Fluss Enns geworfen und stirbt.

488 Die Römer ziehen aus Noricum ab.

nach 800 In einer Urkunde wird der **Leichnam Florians ze Puoche** erwähnt. Es bedeutet eine Waldlage bei den Buchen. In bescheidenen Zellen hüten Mönche die Wallfahrt zu Florians Grab.

10. Jh. Zerstörungen durch Einfälle der Ungarn.

1002 Kaiser **Heinrich II.**, letzter der Ottonen, schenkt dem Kloster auf Betreiben seiner **Gattin Kunigunde** von Luxemburg eine „Hube an der Ipf".

1071 **Bischof Altmann von Passau** übergibt das **Kloster an die Chorherren** nach den Regeln des Augustinus. (Oberösterreich gehört bis 1783 zur Diözese Passau.)

1235 Ein **Brand** vernichtet die Kirche. Den Neubau stiften die benachbarten Volkerstorfer, Lonstorfer, Wolfsteiner und Starhemberger.

1250 Der neu gewölbte **Chor stürzt ein.** Die **Klausnerin Wilbirg** überzeugt die Chorherren, das Kloster nicht zu verlassen.

1250–1330 Eine Maler- und Illuminatoren-Schule von hohem Rang ist nachweisbar.

1289 **Wilbirg stirbt** nach 41 Jahren zurückgezogenen Lebens in einer Klause in St. Florian.

1291 Bischof Bernhard von Passau weiht die neue gotische Kirche.

um 1300 Unter **Propst Heinrich von Marbach** erlebt die **Florianer Schreibschule** eine Blüte. Anfertigung u. a. einer **Armenbibel**.

1493 Der **Ort St. Florian** erhält unter Kaiser Friedrich III. das **Marktrecht**.

ca. 1518 **Albrecht Altdorfer** vollendet die Bilder für den Altar der **Sebastians-Bruderschaft** in der alten Stiftskirche.

1612–46 Propst ist **Leopold Zehetner**. Im **Bauernaufstand** bleibt St. Florian dank seiner besonnenen Politik unbeschädigt. Zehetner lässt den Leopoldinischen Trakt bauen, heute die Nordseite des großen Stiftshofs.

1630 Die Stiftskirche erhält neue Altäre. Die Stiftsbibliothek wird von 486 auf 3 946 Bände vergrößert.

Ansicht 1674 von Georg Matthäus Vischer.

1676 Meierhof-Vollendung.

Hl. Florian ?–304

Kaiser Diokletian (240?/284–305/313) hält mit eisernen Reformen den Verfall des römischen Reichs auf. Die Christen mit ihrem starken Zulauf aus den unteren Schichten stören nach seiner Meinung seine Reformen. Deshalb lässt Diokletian die Christen verfolgen.

Florian ist oberster Beamter in der römischen Zivilstadt **Lauriacum**, heute **Lorch** bei Enns. Er wird Christ und verweigert das Opfer für die römischen Götter. Deshalb wird Florian aus dem Dienst entlassen und kehrt nach **St. Pölten** zurück.

Einigen Christen wird in Lauriacum der **Prozess** gemacht. Florian eilt nach Lauriacum, um ihnen zu helfen. Er wird verhaftet. Mit einem **Stein um den Hals** wird er 304 in den **Fluss Enns** geworfen.

Florians **Leichnam** wird von der **Witwe Valeria** geborgen. Der **Ochsenkarren** bleibt an der Stelle stehen, wo später die **Johannes-Kirche** im heutigen Ort St. Florian entsteht.

313 erlauben die Kaiser **Konstantin** (272?/306–337) und **Licinius** in der **Vereinbarung von Mailand** den Christen und anderen Gruppen die **freie Religionsausübung**.

1683 **Sieg über die Türken** nach deren erfolgloser Belagerung von Wien.

1684 Kaiser **Leopold I.** (1640/56-1705) kommt zur Dankwallfahrt zum Florianitag am 4. Mai nach St. Florian.

1685 Propst **David Fuhrmann** (?/1667-89) beauftragt den Mailänder Baumeister **Carlo**

Antonio Carlone (1635–1708) mit der Planung für den **Stiftsneubau**.

1686 Grundsteinlegung für die neue Stiftskirche.

1695 **Vollendung** von Kirchenfassade, Fresken und Stuck.

1708 Carlo Antonio **Carlone stirbt** im St.-Nikola-Stift in Passau. Die Kirche in St. Florian ist zu diesem Zeitpunkt fertig, der Klosterbau bis zum Stiegenhaus gediehen.
Die Bauleitung geht an **Jakob Prandtauer** (1660–1726). Seit 1702 arbeitet er auch am Neubau von Stift Melk.

Jakob Prandtauer, Bilddetail, Stift Melk.

1715 **Kirchenweihe** durch Bischof Raimund Ferdinand Graf Rabatta aus Passau.

1718–26 Prandtauer baut bis zum Tod am Südflügel samt **Marmorsaal**.

1726 Nach **Prandtauers Tod** übernimmt sein Polier **Jakob Steinhuber** die Bauleitung.

1737 Errichtung der **Elisabeth-Kapelle** im Nordturm der Kirche.

1744–49 **Neubau** des großen **Bibliotheksaales** unter Propst Johann Georg Wiesmayr für über 15 000 Bände.

1746 Steinhuber verunglückt auf der Baustelle. Sein **Sohn Johann Michael Steinhuber** wird Bauleiter.

1751 Mit der Fertigstellung des Ostflügels ist die barocke Klosteranlage vollendet.

1770–74 **Franz X. Krismann** aus Laibach baut die neue **Orgel**.

1782 Papst **Pius VI.** übernachtet im Stift. Vergeblich versuchte er, Kaiser **Joseph II.** von

Augustinus 354–430

354 Geboren in **Tegaste**, heute Souk Arras in **Algerien**, in der römischen Provinz **Numidien**.

371 Augustinus studiert Rhetorik in Karthago.

375 Die **Hunnen** ziehen von der Wolga nach Westen und lösen die große **Völkerwanderung** aus.

379 **Theodosius** wird Kaiser in Ostrom, 394 im gesamten Römischen Reich.

380 Das **Christentum** wird **Staatsreligion** im Römischen Reich.

384 Augustinus ist Rhetoriklehrer in Mailand.

386 Das Studium der **Paulus-Briefe** begeistert Augustinus für das **Christentum**.

Fresko von Benozzo Gozzoli, San Agostino in San Gimignano, Toskana.

387 Bischof **Ambrosius** von Mailand **tauft Augustinus**.

391 Augustinus wird **Priester in Hippo** im heutigen Algerien.

395 Theodosius stirbt.

396 Augustinus wird **Bischof von Hippo**.

430 Die **Vandalen** unter Geiserich belagern Hippo. **Augustinus stirbt**.

Die Gebeine von Augustinus werden von flüchtenden Christen nach **Cagliari** auf Sardinien gebracht. Sarazenen erobern im **8. Jh.** Cagliari. Der Langobarden-König **Liutprand** baut in seiner Hauptstadt **Pavia** in **San Pietro in Ciel d'Oro** für Augustinus ein prächtiges Grab.

seinen Kirchen-Reformen abzuhalten (siehe S. 17 und 79).

1807 Kaiser **Franz I.** (1768/1798–1835) überträgt die Leitung und personelle Besetzung des Linzer Gymnasiums an das Stift St. Florian. Bis 1848 ist der Propst Generaldirektor der Gymnasialstudien von OÖ. und Salzburg.

1833 Über Initiative von **Anton von Spaun** wird der „Verein des vaterländischen Museums für Österreich ob der Enns mit Inbegriff des Herzogthums Salzburg“ gegründet, aus dem das **Landesmuseum** entsteht. Die **Stifte** Wilhering, Kremsmünster und St. Florian stellen dem Musealverein Teile ihrer Sammlungen zur Verfügung.

1846–1969 Im Stift besteht eine **philosophisch-theologische Lehranstalt**.

1907 Die sechs Chorherren-Stifte im deutschsprachigen Teil der österreichisch-ungarischen Monarchie werden erstmals zu **einer eigenen Kongregation** zusammengefasst: Herzogenburg, Klosterneuburg, Reichersberg, St. Florian, Vorau, Neustift bei Brixen.

1941 Stift St. Florian wird beschlagnahmt und **enteignet**. Die Reichsrundfunkgesellschaft zieht ein.

1945 Rückkehr der Chorherren aus ihrem **Klosterexil in Pulgarn**.

1951 Letzte von mehreren **Erweiterungen der Orgel** durch Wilhelm Zika. Mit 103 Registern und 7 386 Pfeifen ist die Bruckner-Orgel die größte spielbare Kirchenorgel Österreichs.

STIFTSANLAGE

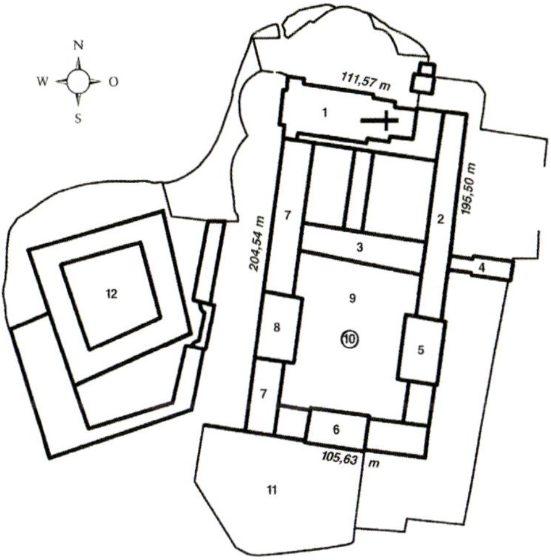

Plan aus Stiftsführer 1998
1. Stiftskirche
2. Konvent
3. Leopoldinischer Trakt
4. Sommerrefektorium
5. Bibliothek
6. Marmorsaal
7. Kaiserzimmer
8. Treppenhaus
9. Prälatenhof
10. Adlerbrunnen
11. Prälatengarten
12. Ehemalige Wirtschaftsgebäude

1952 Stift St. Florian gibt die pfarrlichen und weltlichen Besitzrechte der **Wachauer Pfarren an** die **Diözese St. Pölten**.

1954 Bruckner-Orgel auf der **1000-Schilling-Note**.

Rückseite mit Antlitz von **Anton Bruckner** (siehe Seite 154).

1971 St. Florian feiert „900 Jahre Chorherrenstift“. Der **hl. Florian** wird **Patron der Diözese Linz**.

1986 Briefmarke mit Stiegenhaus von Stift St. Florian anlässlich der **Landesausstellung** „Die Welt des Barock“.

1999 Die Stiftskirche wird von Papst Johannes Paul II. zur **Basilika minor** erhoben.

2012 Das Stift betreut ein Gebiet von 33 inkorporierten Pfarren (Übernahme der Seelsorge).

Westtrakt mit Turm über der Einfahrt in den Prälatenhof und Doppelturm-Fassade der Kirche.

Die **Westfront** ist **204,5 m** lang. Der **Meierhof** gegenüber dem Stifts-Westflügel ist Standort des **Feuerwehr-Museums**. Wappen, darunter Statue **hl. Nepomuk**, um 1735 von Leonhard Sattler.

Portal zum Stiegenhaus und zum Prälatenhof.

Vier Atlanten, darüber links die Tugenden Florians **Standhaftigkeit** und **Tapferkeit**, rechts die Tugenden Augustinus‘ **Glaube** und **Beredsamkeit**, alles von **Leonhard Sattler**.

Foto: Stift St. Florian

Fenster der **Marien-Kapelle** zwischen Einfahrt zum Prälatenhof und Kirche, herrlich gerahmt von **Giovanni B. Bianco**. **König David**, die Engel halten **Goliaths Kopf** und **Davids Harfe**.

Fenster mit dem Stammvater **Jakob**. In den seitlichen Reliefs **links** sein **Kampf mit dem Engel** (Gott), rechts sein **Traum von der Himmelsleiter**.

Fenster mit **Isaak**, rechts segnet Isaak seinen Sohn Jakob.

Letztes Fenster vor der Kirche mit **Abraham**, links der Erzengel **Sealtiel** hindert Abraham, seinen **Sohn Isaak** zu opfern.

Stiftskirche

Turmfassade, gestaltet von **Carlo Antonio Carlone**, fertiggestellt 1695, Nordturm 1700, Südturm 1709.

Seitlich des Portals Statuen der **hll. Florian** und **Augustinus**, 1685 vom Südtiroler **Jakob Auer**. Statuen oberhalb des Segmentbogen-Giebels **Johannes der Täufer**, **Maria** und **Johannes der Evangelist**. Im Giebel-**Kartuschenfeld** die Widmung der Kirche an die Jungfrau Maria und an die Schutzpatrone Florian und Augustinus.

Gemeißelte **Wappenbilder**, 1716 von **Leonhard Sattler**: am Nordturm Propst Matthäus I. von Weissenberg (?/1689–1700), Südturm Propst Franz Klaudius Kröll (?1700–1716).

Kirchenraum, geschaffen von den Brüdern **Baumeister Carlo Antonio Carlone** (1635–1708) und **Stuckateur Giovanni Battista Carlone** (1640?–1718) aus Mailand. **Vier Teile** unterscheiden sich deutlich: **Vorraum**, **Langhaus**, **Kuppelraum** und **Presbyterium**.

Plan ©Kirchenführer 2001

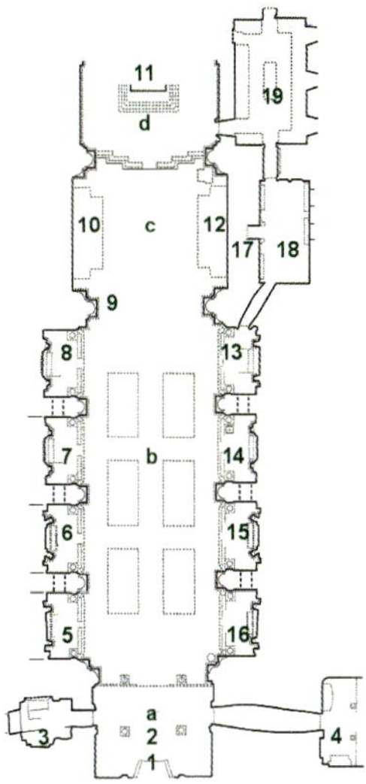

1. Kirchenportal
2. Vorraum mit Bruckner-Gedenkplatte
3. Elisabeth-Kapelle
4. Marien-Kapelle
5. Barbara-Kapelle
6. Anna-Kapelle
7. Florian-Kapelle
8. Abendmahl-Kapelle
9. Kanzel
10. Chorgestühl Nord
11. Hochaltar
12. Chorgestühl Süd
13. Kreuz-Kapelle
14. Augustinus-Kapelle
15. Schutzengel-Kapelle
16. Magdalena-Kapelle
17. Gang
18. Sakristei
19. Prälaten-Sakristei

a Vorraum, b Langhaus, c Presbyterium, d Chor.

Vorraum (2)

Am Boden die **Gedenkplatte** für den Komponisten **Anton Bruckner** (1824–96, siehe Seite 154).

Vorraum, sechs Gewölbefelder mit Fresken zur Vorbereitung des Eintretenden: Rechts, innen zum Langhaus, König **David** betet. Daraufhin steckt der Kriegsengel sein Flammenschwert ein.

Rechts, außen zur Eingangswand, **Pharisäer und Zöllner** im Tempel.

Mitte, außen, **König Salomon** bei der Tempelweihe. Innen, **Jesus** am Ölberg.

Links, innen, im Kampf gegen die Amalekiter werden **Mose** die Hände zum Gebet emporgehalten, um Gottes Beistand zu erhalten.

Links, außen, **Heimkehr des verlorenen Sohnes**.

Abschlussgitter zum Langhaus, 1698 von **Hans Messner** aus Passau. Im Gitter ein **Pelikan**, der sich die Brust selbst aufreißt, damit seine Jungen von seinem Blut trinken können, Sinnbild für den Opfertod Jesu.

Elisabeth-Kapelle (3)
Die Kapelle dient heute als Beicht- und Aussprachezimmer. Verstorbene Ordensmitglieder werden hier aufgebahrt. **Stuckaltar** vom

Florianer Franz Holzinger aus 1738. **Altarbild hl. Elisabeth**, 1847 von **Leopold Schulz** auf Blech. Deckenfresko **hl. Elisabeth als Spitalsgründerin**, 1737 von **Leopold Deisinger**.

Marien-Kapelle (4)

Hochaltar, 1711/12 vom Linzer Bildhauer **Leopold Mähl** und Tischlermeister **Stefan Jegg** aus St. Florian. **Madonna** mit anbetenden Engeln, 1861 von **Josef Rint** (1838–76). Von ihm auch die Statuen **Johannes der Evangelist** (links) und **Johannes der Täufer** über den Altar-Seitentüren.

Das **alte Chorgitter** der Stiftskirche, 1633 geschaffen von **Hans Walz** aus Kremsmünster, trennt die Marien-Kapelle vom Vorraum. Sebastian Zierlewang aus St. Florian fertigt die Gitter-Bekrönung.

Nordwand mit Gitter und Orgel-Empore. Ostwand, **Prälaten-Oratorium** aus 1705, eventuell von Meinrad Guggenbichler:

Marien-Kapelle, Ostwand, **Pietà**, geschnitzt von **Josef Rint**.

Marien-Kapelle, Ostwand, Bild **Geburt Jesu**, wohl von **Johann Anton Gumpp** (1654–1719).

Westwand beim Eingang, Grabfigur **hl. Nepomuk**, 1727 von **Leonhard Sattler**.

Marien-Kapelle, Westwand, Bild **Sebastian-Marter** von **Giuseppe Ghezzi**:

Langhaus der Stiftskirche

Es wird von kolossalen Halbsäulen in vier Joche geteilt. Die Joche werden von böhmischen Kappen überspannt. Auf beiden Seiten öffnen sich die Joche zu **Seitenkapellen**. Deren Gewölbe ruhen auf jeweils vier Marmorsäulen. Darüber logenartige **Balkone**. Oberhalb der Balkone raffen Putti die Stuckvorhänge.

Barbara-Kapelle (5)

Erste Kapelle auf der Nordseite. Altar vom Italiener Giovanni Antonio Daria. Bild **Enthauptung der hl. Barbara**, 1694 von **Wenzel Halbax** (1641?–1711 in St. Florian).

Über den Säulenkapitellen halten Engel die Attribute der Heiligen: Turm mit Hostienkelch bzw. Märtyrerpalme mit Schwert.

Anna-Kapelle (6)

Altar von Giovanni B. Bianco. Bild die **hll. Anna und Joachim**, die Eltern von Maria, 1700 von **Michael Willmann** (1630–1706) aus Schlesien. Seine Helldunkel-Kontraste folgen dabei dem Maler Caravaggio (1571–1610).

Im Kapellen-**Deckenfresko** Maria und Josef als Fürbitter für Kranke und Notleidende vor ihrem Sohn Jesus.

Florian-Kapelle (7)

Altar von Giovanni B. Bianco. Bild **Sturz des hl. Florian** von der Ennsbrücke, 1837 von **Leopold Schulz** (1804–73) aus Wien. Seitliche Figuren von **Leonhard Sattler,** links **hl. Nikolaus**.

Rechts **hl. Donatus**, der Beschützer vor Blitzschlag, ebenfalls von Sattler.

Decke der Florian-Kapelle: Aufnahme Florians in den Himmel. Putti tragen seine Marterwerkzeuge Eisenhaken und Mühlstein.

Abendmahlkapelle (8)

Altar vom Italiener Giovanni Antonio Daria. Bild **Letztes Abendmahl**, 1848 von **Leopold Schulz**.

Stuckengel auf den Kämpfern mit Kelch, Hostie und Lamm Gottes, Attribute des Messopfers.

Kanzel (9)

1755 gebaut vom Wiener Hofbildhauer **Josef Ressler** aus schwarzem Lilienfelder Marmor.

Am **Schalldeckel** aus Lindenholz hält der **hl. Augustinus** sein brennendes Herz hinauf zur Hl. Dreifaltigkeit im Fresko der Kirchenkuppel. Zwei Putti stürzen mit Fackel bzw. Bischofsstab **zwei Irrlehrer** von der Kanzel.

Am **Kanzelkorb** zwei Putti mit den **Gesetzestafeln** und der **ehernen Schlange** des Moses. **Relief Augustinus** beim Lesen der Paulus-Briefe. Rechts zwei weitere Putti mit **Kreuz und Kelch** als Zeichen der Erlösung.

Chororgel und **Chorgestühl** auf der **Evangelienseite** (10)

An der Spitze der Chororgel der **Erzengel Gabriel** von **Jakob Auer**. Gabriel verkündet **Maria** auf der gegenüberliegenden Chororgel auf der südlichen **Epistelseite** die Geburt Jesu. **Josef Remmer** aus Wien fertigt 1691/92 die beiden **Orgelwerke**.

Vom Linzer **Adam Franz** stammen die **Putti**, das **Rankenwerk** am Gestühl und das **Schnitzwerk der** beiden **Orgelprospekte**.

Von **Jakob Auer** (1645–1706) aus Bozen stammen die Statuen der **vier Kirchenlehrer** aus 1702, links **hl. Hieronymus**.

Am vorderen Ende des Chorgestühls Nord **hl. Augustinus** mit dem brennenden Herzen.

Hochaltar (11)

Aus rotem Salzburger Marmor, 20 m hoch, errichtet 1683–90 von **Johann Battista Colomba** (1640?–1700). Den **Tabernakel** fertigt **Johann Jakob Sattler** 1769. Die **Statuen** stammen von **Giuseppe Boni**. **Untere Reihe** die **hll. Johannes der Täufer, Florian, Augustinus** und **Sebastian**.

Statuen seitlich des Auszugsbildes die **hll. Katharina von Alexandrien** mit dem zerbrochenen Rad, **Josef, Leopold** (Namenspatron von Kaiser Leopold I. und Sohn Josef I.) und **Barbara** mit Palme und Turm.

Den Altar bekrönt die Nischen-Figur von **König David**, Namenspatron vom Auftraggeber **Propst David Fuhrmann** (?/1667–89).

Hochaltar, Auszugsbild **Gottvater und Hl. Geist**, von **Giuseppe Ghezzi** (1634 in Ascoli Piceno – 1721 in Rom). Darunter **Wappen** von Propst **David Fuhrmann**. Die Intarsienarbeiten stammen von **Antonio Daria**.

Altarbild **Mariae Himmelfahrt** von **Giuseppe Ghezzi**. Die Apostel sind erstaunt. Johannes blickt zum Betrachter.

Deckenfresken 1690–95 vom Münchner Hofmaler **Johann Anton Gumpp** (1654–1719) und seinem Schüler **Melchior Steidl** (1665?–1727).

Fresko **Apsiskalotte**: **Tempel Salomons**, davor tragen Engel Schilder mit den Buchstaben des Namens Maria.

Fresko **Presbyterium**: **Mariensymbole** aus der Lauretanischen Litanei, u. a. elfenbeinerner Turm, Mond, Palme, Morgenstern und Lilie. In den **Zwickeln** die **vier Kirchenlehrer** Ambrosius, Augustinus, Papst Gregor der Große und Hieronymus.

Kuppel, **Krönung Mariae** im Himmel durch die Hl. Dreifaltigkeit.

In den **Zwickeln** unter der Kuppel die **vier Evangelisten** mit ihren Symbolen: Johannes-Adler, Matthäus-Engel, Markus-Löwe und Lukas-Stier. Zusätzlich je eine **Darstellung** aus ihrem **Evangelium**, die sich auf **Maria** bezieht.

Langhaus-Deckenfresken, Szenen aus dem Leben des **hl. Florians**, ebenfalls von **Johann Anton Gumpp** und **Melchior Steidl**.

Nach der Kuppel **Florians Verherrlichung** im Himmel.

Sturz Florians von der Ennsbrücke im Jahr 304.

Folter Florians mit Eisenkrallen.

Am Langhausbeginn, **Knüppelung Florians**:

Chororgel und **Chorgestühl** auf der **Epistelseite** (12)

Die Figur **Maria Verkündigung** von **Jakob Auer** bekrönt die Chororgel. Das Chorgestühl rahmen die Figuren der beiden Kirchenväter, vorne beim Altar der **hl. Ambrosius**. Der Bischof von Mailand tauft 387 Augustinus.

Statue **hl. Papst Gregor d. Gr.** am Chorgestühl-Ende Richtung Langhaus.

Kreuzkapelle (13), erste Kapelle auf der Südseite nach dem Chorgestühl.

Altar von Giovanni Antonio Daria. Bild **Kreuzigung Christi** aus 1699 vom Wiener Hofmaler **Peter Strudel** (1660?–1740).

In den Lünetten die Leidenswerkzeuge Christi. Stuckengel mit dem Schweißtuch der Veronika und der Dornenkrone Christi.

Augustinus-Kapelle (14)

Altar von Giovanni B. Bianco. Seitenfiguren die **hll. Monika**, Mutter des Augustinus, und **Ambrosius** von **Leonhard Sattler**.

Altarbild der **hl. Augustinus siegt über die Irrlehren** der Donatisten, Manichäer und Pelagier, 1719 von **Johann Michael Rottmayr** (1654–1730):

Stuckengel auf den Kämpfern mit Büchern, Bischofsstab und Mitra.

Schutzengel-Kapelle (15)

Altar von Giovanni Antonio Daria. Bild **Schutzengel geleitet ein Kind**, 1700 vom Schlesier **Michael Willmann**.

Gewölbefresko mit zwei Engeln, die das Auge Gottes mit Weihrauch verehren. In den Lünetten Kreuz, Rosenkranz und Gebetbuch. Stuckengel auf den Kämpfern, der eine im Gebet, der andere lädt zum Betreten der Kapelle ein.

Magdalena-Kapelle (16)

Altar von Giovanni Antonio Daria. Bild die **hl. Maria Magdalena wäscht** beim Gastmahl im Hause des Pharisäers Simon mit ihren Tränen **die Füße Jesu**, 1700 vom Venezianer **Andrea Celesti** (1637–1712?):

Im Gewölbe Maria mit Josef, Zacharias mit Elisabeth und Johannes. **Stuckengel** auf den Kämpfern tragen **Symbole des Evangelisten Matthäus**: Buch, Zahlteller mit Geldsäcken und Münzen. Matthäus war Zöllner. Auftraggeber des Altars war Propst Matthäus I. von Weissenberg.

Langhaus, **Eingangswand** mit Orgel-Empore.

Decke oberhalb der Bruckner-Orgel, **Engelskonzert** mit der **hl. Cäcilia**, Patronin der Kirchenmusik.

1770–74 baut **Franz Xaver Krismann** aus Laibach die große Orgel. Seit 1924 wird sie **Bruckner-Orgel** genannt. Der **Orgelprospekt** stammt von **Johann Christian Jegg** aus St. Florian.

Am oberen Abschluss das **Wappen** von **Propst Matthäus Goggl** (?/1766–77), Auftraggeber der Orgel. Seit 1996 hat die Orgel **7 386 Pfeifen**. Größte Pfeife: 11 m lang, Durchmesser 45,5 cm, Umfang 143 cm, Gewicht 250 kg. Der Spieltisch hat vier Manuale und ein Pedal.

Beichthaus vor der Sakristei

Sakristei (18)

Deckenfresko **Opfer des Melchisedech**, erstmals mit Brot anstelle von Opfertieren, von **Johann Gumpp** und **Melchior Steidl**.

Lavabo (Wandbrunnen) mit reichem figuralem Schmuck, 1726 von **Leonhard Sattler**.

Prälaten-Sakristei (19)

Stuck von Franz Josef Ignaz Holzinger. Eingelegte Schränke von Stephan Jegg mit geschnitzten Aufsätzen von Leonhard Sattler:

Deckenfresken 1737 von **Bartolomeo Altomonte**, bei der Stirnseite „**Mannalese**“.

Prälatensakristei, Deckenfresko Mitte, **Messopfer**.

Decke bei der Eingangsseite, **Jesus am Jakobsbrunnen**.

Gruft

Unter dem Langhaus der Kirche, mit Kreuzgrat-Gewölbe auf toskanischen Säulen:

Vorhalle mit zahlreichen Grabmälern, u. a. für **Propst Petrus Maurer** aus 1522 mit Kreuzigungsrelief.

Grab für die **Volkerstorfer**.

Hauptraum, in einer der seitlichen Grabnischen, Grabmal für **Katharina von Habsburg** (1533–72), Tochter von Kaiser Ferdinand I., 1781 von **Johann Jakob Sattler**.

Am Ende der Gruft, genau unter der Bruckner-Orgel, Grabmal für **Anton Bruckner** (1824–96, siehe Seite 154).

Katharina von Österreich

Maler unbekannt, Czartoryski Museum, Krakau.

1533 Geburt in Innsbruck. Eltern: der spätere Kaiser **Ferdinand I.** und **Anna von Böhmen**.

1543 Ihre ältere Schwester Elisabeth (1526–45) heiratet König **Sigismund II. August von Polen**, letzter der **Jagellonen**.

1549 Katharina heiratet **Franz III.** (1533–1550), Herzog von **Mantua-Montferrat** aus dem Hause Gonzaga. Franz stirbt vier Monate später.

1553 Katharina ehelicht ihren verwitweten Schwager **Sigismund II. August** von Polen.

1563 Sigismund trennt sich von Katharina, nachdem sie keine Kinder gebären kann.

1566 Katharina übersiedelt in das Linzer Schloss.

1572 Tod in Linz.

Krypta

Unter dem Hochaltar liegt der älteste sakrale Raum des Stiftes. Grabmal der Klausnerin **Wilbirg** (?–1289).

Foto: Ferdinand Reisinger

Hier war auch die erste Begräbnisstätte des hl. Florian. Die Witwe Valeria, die für Florians Begräbnis sorgte, ist hier begraben.

Prälatenhof

Begrenzt im Norden vom **Leopoldinischen Trakt**. **Westflügel** mit **Treppenhaus** und **Kaiserzimmer**. **Südflügel** mit dem **Marmorsaal**. **Ostflügel** mit **Bibliothekstrakt**, fertiggestellt 1751, und **Sommerrefektorium**.

Adlerbrunnen im Hof. Steinmetzarbeiten von Simon Häußler aus Linz. Bildhauer-Arbeiten 1757 von **Johann Paul Sattler**, Sohn von Leonhard Sattler. Der Adler setzt zum Flug an. In den Fängen hält er eine Schlange, Symbol des Bösen.

Leopoldinischer Trakt

Errichtet um 1630 als ältester Bauteil des barocken Stiftes.

Sonnenuhr als Symbol im Kampf gegen die Mächte der Finsternis.

2. Obergeschoß, **Altomonte-Saal**, einst Bildersaal, später Mineralien-Kabinett.

Altomontesaal, Decke **Verherrlichung der Künste** von **Bartolomeo Altomonte**.

An der westlichen Stirnwand **Selbstbildnis** von **Bartolomeo Altomonte**.

Leopoldinischer Trakt, 2. OG, **Sammlung Hans Fronius** (1903 in Sarajevo – 1983 in Mödling). Als 11-Jähriger ist er Augenzeuge beim **Attentat** auf **Kronprinz Franz Ferdinand** und seine Gattin Sophie in Sarajevo am 28. 6. **1914**. Dieses Attentat ist nicht die Ursache für den 1. Weltkrieg, aber der Auslöser.

Bartolomeo Altomonte

Selbstbildnis, Stift St. Florian, Kunstsammlung

1684 Sein **Vater Martino Altomonte** wird von **König Jan Sobieski** als Hofmaler nach Warschau berufen. Sobieski befreit 1683 Wien von der 2. Türkenbelagerung.

1702 **Bartolomeo** wird **in Warschau geboren**.

1722–32 Fresken im Stift **St. Florian**: Altomonte-Saal, Marmorsaal, Bibliothek und Sommerrefektorium. Danach löst sich Bartolomeo vom Stil des Vaters.

1737–39 Fresken im Stift **Spital am Pyhrn**.

1739–41 Fresken im Stift **Wilhering**.

1753–55 Fresken im Stift **Herzogenburg**.

1759–62 Fresken im Stift **Engelszell**.

1772 Fresken im Saal von Stift **Herzogenburg**.

1783 **Bartolomeo Altomonte stirbt in St. Florian**.

Fronius, **Christus vor Pilatus**.

Fronius, **Erweckung des Lazarus**:

Fronius, **Hiob**, er nimmt alle Schicksalsschläge, ohne Gott zu verfluchen.

Fronius, **Christus**.

Leopoldinischer Trakt, **Sammlung moderne Kunst Dr. Ferdinand Reisinger**, geb. 1946, em. Univ. Prof. für Gesellschaftslehre und Pastoralsoziologie.

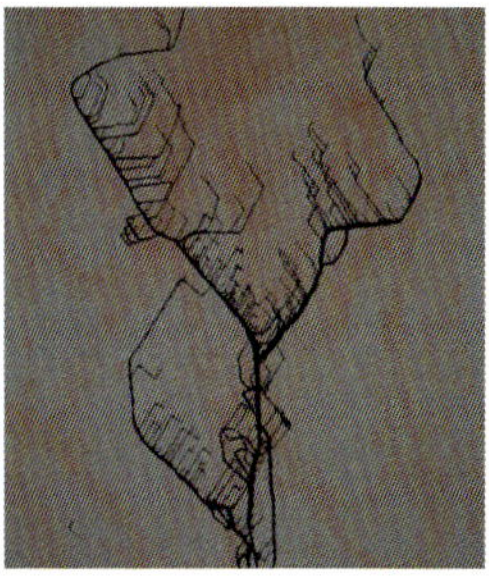

Gekreuzigter.

Westflügel

Treppenhaus

Es ist eine der originellsten Schöpfungen der Barockzeit, gebaut 1706–14 nach einem Entwurf von **Carlo Antonio Carlone**. Nach dessen Tod 1708 wird es von **Jakob Prandtauer** fertiggestellt.

Durch die Einfügung des Treppenhauses in einem weit aus der Fassade vorspringenden **Mittelrisalit** laufen die Gänge auch im Südflügel gerade durch. **Kolossal-Pilaster** fassen beide Geschoße zusammen. Die **Arkaden** steigen im Untergeschoß an, im Obergeschoß sind sie waagrecht angeordnet.

In den **Trapezoiden** zwischen den beiden Geschoßen ornamentiertes **Gitterwerk** von Giovanni Battista Bianco aus 1709–14.

Den Treppenabsatz rahmt ein großer **Mittelbogen** mit Blick auf den Hof. Der **Torturm** (Bläserturm) ist durch Abkantung 8-seitig. Treppenhaus innen mit **Gitter** vom Florianer **Nikolaus Peigine**. Allegorische **Nischenfiguren** von **Leonhard Sattler**, u. a. die **Gerechtigkeit**.

Ebenfalls von **Leonhard Sattler** sind die Vasen und vier **Puttengruppen**.

Stuck von Giovanni Manfredo Maderni, Fresken von Franz **Karl Remp**, 1713 **Erlösung durch das Heilige Kreuz**.

Kunstsammlung

Westflügel, 1. Stock

Beim Eingang **Triptychon** aus schwarzem Steinzeug, 2010 von **Fritz Radlwimmer**, geb. 1963.

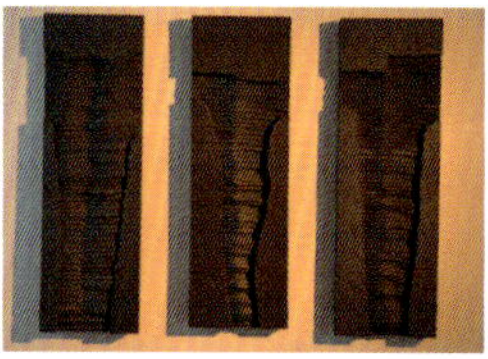

Sebastiansaltar, 1510–18 von **Albrecht Altdorfer** (1480?–1538), bestehend aus 8 Tafeln zur Passion Christi und 4 Tafeln zum Sebastian-Leben. Der Altar stand vor dem barocken Neubau im Seitenschiff der Stiftskirche St. Florian.

1 Jesus am **Ölberg**.

2 **Gefangennahme Jesu**.

3 Jesus vor dem **Hohenpriester Kaiphas**, der sich sein Oberkleid zerreißt.

4 **Geißelung**.

5 **Dornenkrönung**.

6 **Pilatus** wäscht sich nach seinem Urteil die Hände. Jesus wird abgeführt.

7 **Kreuzweg**, Jesus fällt unter dem Kreuz.

8 **Jesus stirbt am Kreuz**. Unter dem Kreuz kniet Maria Magdalena.

Ein **Seitenflügel** ist erhalten. Oben links **Sebastian vor Kaiser Diokletian** (240?/284–305/313).

Sebastiansaltar, Seitenflügel oben rechts, **Martyrium des Sebastian**. Er überlebt. Die Witwe Irene pflegt ihn gesund. Sebastian predigt jedoch weiter und wird erneut eingesperrt:

Seitenflügel unten links, **Sebastian wird** mit Knüppeln **erschlagen**. Rechts **Grablegung Sebastians**.

Westflügel, 1. OG, **Kunstsammlung**, **Bartolomeo Altomonte**, Bozzo (Entwurf) für Deckenfresko im Marmorsaal.

Bartolomeo Altomonte, Bozzo für Deckenfresko im Sommerrefektorium.

Adalbert Stifter, Mondlandschaft mit Mühle, 1842.

Jan Brueghel d. J., Winterlandschaft, 1600.

Peter Fendi (1796–1842), **hl. Augustinus** und der Knabe, der das Meer auslöffeln will.

Musikzimmer im 1. OG, Deckenfresko, Aarons Opfer.

Kaiserzimmer 1 – 14

Westflügel, 2. Stock

Böden und reich eingelegte **Türen** von **Stephan Jegg** aus St. Florian. Vor den Kaiserzimmern ein **Idealprospekt** der barocken Stiftsanlage von St. Florian aus der 1. Hälfte des 18. Jhs.

Beschreibung der Räume beginnend von Süden:

Faistenberger-Zimmer (1)

Deckengemälde **Allegorie auf den Frieden**, 1713 von **Franz Karl Remp**.

Ofen vom Linzer Johann Georg Maier mit einem Relief, 1731 von Leonhard Sattler. **Landschaftsbilder** und Supraporten (Türaufsätze), 1713 von **Johann Faistenberger** aus Tirol.

Papstzimmer (2)

Deckengemälde **Kriegstrophäen** von **Franz Karl Remp**.

Zwei leuchterhaltende Pagen von Leonhard Sattler. Bild **Papst Pius VI.**

Kaiserschlafzimmer (3 + 4)

Supraporten von Johann Degler aus München.

Audienzsaal (5)

Deckengemälde **Vision Daniels von den vier Weltreichen** von **Wenzel Halbax**, vollendet nach dessen Tod 1711 von Johann Degler.

Stuckmarmor-Kamin aus 1711 von Friedrich Wilhelm Stöll aus Wien.

Audienzsaal, Bild **Maria Theresia** mit Kaiser **Franz I. Stephan**, 1746 von **Peter Kobler**.

Audienzsaal, Bild Kaiser **Joseph II.**, 1774 von **Leopold Montagna**.

Audienzsaal, **Supraporte**.

Audienzsaal, **2 Mohren** von **Leonhard Sattler**.

Gobelinzimmer (6)

Deckengemälde **Verherrlichung des römisch-deutschen Kaisertums**, 1710 von **Wenzel Halbax**, erneuert 1725 von Bartolomeo Altomonte.

Supraporten von Johann Faistenberger. Tapisserien aus Brüssel (?), vor 1730.

Saletta (7)

Nischenfiguren Wachsamkeit und Keuschheit aus Stuckmarmor, um 1710 von **Diego Francesco Carlone** (1674–1750), Sohn von Giovanni Battista Carlone. Supraporten von Jean Baptiste Bosschaert aus Antwerpen. Zwei Bilder **Kleopatra** von **Wenzel Halbax**. Über der Tür Porträt Jakob Prandtauers, Kopie des Melker Bildes.

Prinz-Eugen-Zimmer (8)

Deckengemälde **Kriegsszenen**, 1707 von **Johann Michael Feichtmayr**.

Öfen aus 1707 von Jakob Schalk aus Wels. Das figural reich **verzierte Bett** von **Leonhard Sattler** verweist auf die Türkenkriege.

Am oberen Bettende schlägt ein behelmter Putto die Trommeln.

Am unteren Ende zeigt der Putto mit Siegesfackel auf die erbeuteten Waffen. Das Bett halten Türkensklaven.

Jagdzimmer (9)

Deckengemälde **Die Familie des Dareios vor Alexander d. Gr.**, 1706 von **Josef Ruffini** aus Meran und **Johann Philipp Ruckerbauer**.

Alexander der Große besiegt 333 v. Chr. bei **Issos** den **Perserkönig Dareios III.** Die gefangene Familie des geflohenen Königs wird von Alexander respektvoll behandelt.

Bischofszimmer (10)

Deckenfresko **Krönung der Malerei durch Apollo** von **Wenzel Halbax** mit einem **Selbstportrait** des Malers.

Supraporten ebenfalls von Halbax. **Zwei Mohren** von Leonhard Sattler. Prunkvoller **Schreibschrank** mit Intarsien aus Messing, Zinn und Ebenholz von **Stephan Jegg**, Schnitzereien von **Leonhard Sattler**.
Der Aufbau des Schranks erinnert an den des Portals auf der Westseite des Westflügels:

Bild **Bischof Kardinal Leopold Ernst Graf von Firmian** (1708/63–1783), letzter für Ober- und Niederösterreich zuständiger Bischof von Passau, 1774 von **Johann Renzi** aus Trient.

Gelbes Zimmer (11)

Deckenbild **Huldigung der Natur**, 1706 von **Josef Ruffini** und **Johann Philipp Ruckerbauer**.

Drei Blumenstück-Supraporten. Am Ofen von Simon Antholzer Reliefs von Giovanni Manfredo Maderni aus 1711.

Blaues Zimmer (12)

Deckengemälde **Stiftskirche** mit der Ruhm spendenden **Fama,** 1707 von **Johann Michael Feichtmayr**. Bilder an der Nordwand Kaiser **Karl VI.** (1685/1711–40) und seine Gattin **Elisabeth Christine von Braunschweig** (1691–1750), Eltern von Maria Theresia.

Von Leonhard Sattler ein reich intarsierter Schrank und das Bett mit Akanthusblättern. **Ofen** von Simon Antholzer mit Relief **Brückensturz des hl. Florian**.

Grünes Zimmer (13)

Ofen von Simon Antholzer mit Reliefs von Giovanni Manfred Maderni aus 1711.

Bild Kaiser **Ferdinand der Gütige** (1793/1835–48/75).

Deckengemälde **Samson stürzt den Palast der Philister ein**, 1706 von **Josef Ruffini** und **Johann Philipp Ruckerbauer**.

Bruckner-Zimmer (14) mit Erinnerungsstücken an den Komponisten **Anton Bruckner** (1842–96).

Gangabschluss durch ein prächtiges Barockgitter.

Dahinter eine gemalte **Architektur-Perspektive** von **Stanislaus Ghislandi** aus Venedig.

Südflügel

Erbaut 1718-24 von **Jakob Prandtauer** (1660–1726). Die Mitte des Südflügels springt an beiden Seiten als **Risalit** hervor. Die drei Mittelachsen des Risalits sind durch Verkröpfung des Mansardendachs und abermaliges Vorspringen hervorgehoben. Die leicht abweichende Fensterform betont die Mittelachse. Diese Zurückhaltung kennzeichnet Prandtauers Stil.

Marmorsaal

Er nimmt das 2. und 3. Geschoß des Mittelrisalits ein. Schmuck der Hoffassade von Leonhard Sattler. Den außergewöhnlich großen Saal

von **30 x 15 x 15 m** bedeckt ein **Spiegelgewölbe**. Bei dieser Unterform eines Muldengewölbes wird die Scheitellinie durch eine waagrechte Fläche ersetzt. Das schafft gute Voraussetzungen für das **Deckenfresko Huldigung an den Friedenskaiser Karl VI.** (1685/1711–1740), entworfen von **Martino Altomonte** nach dem Programm von Propst Johann Baptist Födermayr, geschaffen 1724 vom Sohn **Bartolomeo Altomonte**.

Die Architektur-Malerei stammt von Ippolito Sconzani. Der Türken-Bezwinger **Karl** wird **als Jupiter** dargestellt. Allerdings finden große **Siege gegen die Türken** bereits unter seinem **Vater Leopold I.** (1640/58–1705) und unter seinem **Bruder Josef I.** (1678/90–1711) statt.

Im Gewölbeteil der Decke Fresken mit allegorischen Darstellungen des Friedens. An der **Ostseite Die Göttin Bellona schließt den Kriegstempel**.

Ostwand, Bild Kaiser **Karl VI.** von **Bartolomeo Altomonte**.

Ostwand, Supraporte, Rundbild zur Erinnerung an den Sieg von Kaiser **Karl VI. bei Temesvar**, heute Rumänien.

Fresko an der Nordseite zum Hof, Kaiser **Karl VI. im Siegeszug**. Nächste Seite, Deckenfresko Marmorsaal.

Türkenkriege 1683–1717

1683 Abwehr der **2. Türkenbelagerung Wiens**.
1686 Habsburgische Truppen erobern **Ofen**, das heutige Budapest.
1687 Sieg bei **Mohács**.
1688 **Prinz Eugen** wird **Feldmarschall-Leutnant**. Kurfürst Max Emanuel von Bayern erobert **Belgrad**.
1690 Die **Türken** erobern **Belgrad** zurück.
1697 Prinz Eugen siegt bei **Zenta** an der Theiß. Eroberung **Sarajevos**.
1716 Prinz Eugen siegt bei **Peterwardein**, am südlichen Donauufer gegenüber von Novisad. Eroberung von **Temesvar**.
1717 Endgültige Eroberung von **Belgrad** durch Prinz Eugen.

Prinz **Eugen von Savoyen-Carignan** (1663–1736) ist Cousin 2. Grades von **Viktor Amadeus I.**, ab 1713 König von Piemont-Sardinien. Eugens **Mutter Olympia Mancini** ist eine Nichte von **Kardinal Mazarin**, 1642–43 Kanzler für König **Ludwig XIII. von Frankreich** und 1643–1661 für den minderjährigen **Ludwig XIV.**

Als 20-jähriger Oberstleutnant nimmt Prinz Eugen 1683 bei der Befreiung von Wien teil. 1718 ist er Präsident des Hofkriegsrates und Vorsitzender der Geheimen Konferenz.
Er war wohl der größte Feldherr Österreichs.

Fresko an der Südseite, **Allegorie des Friedens**.

Fresko an der Westseite, die neugewonnenen Länder **Siebenbürgen und Serbien hängen die Waffen auf die Friedenspalme**.

Westwand, Supraporte, Rundbild für **Prinz Eugen von Savoyen** (1663–1736).

Im Marmorsaal gliedern **Säulen mit Komposit-Kapitellen** die Mittelachse der Schmalseiten und die drei mittleren Achsen der Langseiten. Die Säulen verstärken die optisch wahrgenommene Raumhöhe. **Sockel** aus **Marmor**, **Schäfte** aus **Stuckmarmor**.

Bild **Prinz Eugen** von **Bartolomeo Altomonte**.

Ostflügel

Erdgeschoß, Bild **hl. Florian hinter Gitter**, 2004 von **Herwig Zens**:

Ostflügel, 1. OG, Zeichnung **Brückensturz des hl. Florian**, 2004 von **Herwig Zens**.

Eingang zur **Bibliothek**, Türöffner.

Bibliothekssaal, erbaut 1744–50 von **Gotthard Hayberger** aus Steyr, nur zum Teil nach Entwürfen von Jakob Prandtauer. Tischlerarbeiten von Johann Christian Jegg, Schnitzarbeiten an der Galerie von Johann Paul Sattler.

Bibliothek, Deckenfresko **Verbindung der Tugend mit der Wissenschaft** von **Bartolomeo Altomonte**. Den Entwurf liefert Daniel Gran (1694–1757). Die Architektur-Malerei stammt von Antonio Tassie. Deckenfresko seitlich.

Ostflügel, 1. OG, Statue **hl. Florian**, Mitte 14. Jh.

Ostflügel, 1. OG, Gitter zum Gang in den Südflügel:

Ostflügel, 1. OG, Rundbild **hl. Florian**, um 1500.

Ostflügel, 1. OG, Statue **hl. Florian**.

Sommerrefektorium

Der vom Konventflügel gegen Osten vorspringende **Saalbau** wird 1726–30 nach einem **Plan** von **Jakob Prandtauer** von **Jakob Steinhuber** gebaut. Außen Kolossalpilaster-Ordnung. Die Attika verdeckt das Dach.

Innen an den Wänden **12 Papst- und Bischofsbilder** von **Bartolomeo Altomonte**. Bild **Papst Zacharias** (?/741–752), letzter Grieche auf dem Stuhl Petri.

Innen ein rechteckiger Saal mit **Spiegelgewölbe**.

Westwand, Türen mit Supraporten.

Bild „Et erant illis“, Apg. 4,32 „Sie hatten alles gemeinsam.“ (Ordensregel).

Sommerrefektorium, Westwand, Bild **hl. Augustinus**, 1695 von **Wenzel Halbax**, bis 1719 auf dem Augustinus-Altar der Stiftskirche.

Sommerrefektorium, Deckenfresko **Vermählung der Kirche mit den drei göttlichen Tugenden**, 1731 von **Bartolomeo Altomonte**.

Detail Deckenfresko.

Mineralien-Kabinett
ursprüngliche Kunstkammer

Deckengemälde Krönung der Malerei, 1727 von Bartolomeo Altomonte. Architekturmalerei von Ippolito Sconzani. An den Wänden gemalte Scheinarchitektur, 1751 von Matthias Dollicher.

Landeshauptmannzimmer

Die gemalten Tapeten aus dem 17. Jh. im Stil persischer Teppiche wurden aus der alten Kirche hierher übertragen.

Prälaten-Empfangszimmer

Stuck von Franz Josef Ignaz Holzinger. Gemälde von Martino Altomonte. Möbel von Jegg und Leonhard Sattler.

Prälaten-Hauskapelle

Altar aus 1718 von Leonhard Sattler. Gemälde von Franz Karl Remp.

Hauskapelle

Drei Bilder zum Leben des hl. Augustinus, 1720 von Martino Altomonte.

Kunstsammlung

Bild **hl. Florian** mit Bischof Altmann von Passau, um 1480.

Glasbild Herzog **Albrecht II.** der Weise (1298/1330–1358).

Albrecht II. ist Bruder von **Friedrich III.,** dem Schönen, Mitkönig von Kaiser Ludwig IV. Albrechts Sohn ist Herzog Rudolf IV., der Stifter.

Glasbild **Johanna von Pfirt** (1330?–51), Gattin Albrechts II. mit ihren Töchtern **Katharina** und **Margarethe**.

Margarethe von Habsburg (1346?–66) heiratet 1359 **Meinhard III.**, Graf von Tirol, Sohn der Margarethe Maultasch. Nach dessen Ableben heiratet sie **Johann Heinrich** (1322–75), Markgraf von Mähren aus dem Geschlecht der Luxemburger. Dieser war 1342 von seiner Gattin Margarethe Maultasch verlassen worden.

Friedhofskapelle

Der Tod beim Eingang zeigt die abgelaufene Zeit.

Stift Kremsmünster

Von Linz 38 km nach Südsüdwest. A1-Abfahrt Traun-Ansfelden 22 km nach Süden. Sattledt 6 km nach Osten.

Highlights

- **Stiftskirche**: Marmorengel von **Michael Zürn**, Bilder von **Wolf**, **Reslfeld**, **Loth** und **Torriani**
- **Fischbehälter** von **Carlone** und **Prandtauer**
- **Kaisersaal** mit Bildern von **Martino Altomonte**
- **Kunstsammlung** mit **Tassilo-Kelch**
- **Bibliothek** mit über 150 000 Bänden
- **Sternwarte**

777 **Bayernherzog Tassilo III.** (741?–796?) gründet das Stift Kremsmünster als Missionskloster zur Festigung seines Ostlandes. Der Jagdunfall seines Sohnes Gunther ist eine Legende.

788 Der **Franken-König Karl I.** nimmt Tassilo gefangen. Die Klöster Mondsee und Chiemsee gehen an die Bischöfe in Köln bzw. in Metz. **Kremsmünster** behält Karl als **Königsabtei**.

Kaiser Karl d. Gr., Brückentor in Kremsmünster.

um 800 Der **Codex Millenarius Maior** wird geschrieben, heute Schatz der Bibliothek . Er enthält alle **vier Evangelien** in lateinischer Übersetzung.

Foto: Wikipedia

887–907 Unter **Abt Snelpero** erlebt das Stift seine erste Blüte. Die **ersten Weingärten in Mautern**, gegenüber der Stadt Krems, kommen zum Stift Kremsmünster. Sie bilden den Grundstock des **heutigen Weingutes in Krems-Stein**.

893 König **Arnulf** von Kärnten und Gattin Ota wird der Thronfolger **Ludwig IV.** (893/ 900–911, „Ludwig das Kind“, König im Ostfrankenreich) geboren. Aus diesem Anlass stiften sie dem Stift Kremsmünster die Reliquien des Märtyrers **Agapitus von Praeneste**, hingerichtet 275 (?) unter **Kaiser Aurelian**.

955 Kaiser **Otto I.** (912/36–973) schlägt auf dem **Lechfeld bei Augsburg** die **Ungarn** und beendet damit deren Raubzüge. Etwas später wird **Kremsmünster** Eigenkirche der **Bischöfe von Passau**.

ca. 995 **Gisela von Bayern**, Schwester des späteren Kaisers Heinrich II., heiratet **Stephan**, 997–1038 **König von Ungarn**.

1002–24 Kaiser **Heinrich II.** lässt viele der in den Ungarn-Kriegen zerstörten Klöster wieder herstellen.

Herzog Tassilo III.

741? Geboren als **Sohn Odilos, Herzog von Bayern** aus dem Geschlecht der **Agilolfinger**. Seine Mutter **Chiltrud** ist Schwester von **Pippin**, erster König des Frankenreiches aus dem Geschlecht der **Karolinger** und Vater von **Karl d. Gr.**

748 Odilo gründet **Kloster Mondsee**. Tassilo wird im Kindesalter **Herzog von Bayern**.

757 Die **Franken** erneuern Tassilos Lehnspflicht.

763? Tassilo weigert sich angeblich, die Franken bei einem Feldzug in Aquitanien zu unterstützen. Tassilo heiratet **Liutpirc**, Tochter des Langobarden-Königs **Desiderius**.

772 Tassilo unterwirft die **Karanten**.

774 König **Karl I.**, ab 800 Kaiser Karl d. Gr., **unterwirft die Langobarden** unter seinem Exschwiegervater Desiderius. Dessen Tochter Desideria (?) wird um 771 von Karl verstoßen.

vor 777 Tassilo und Liutpirc erhalten den **Tassilo-Kelch** wohl als Hochzeitsgeschenk.

788 **König Karl verurteilt** seinen Cousin **Tassilo** wegen der Fahnenflucht von 763 zum Tode. Tassilo wird begnadigt und in das **Kloster Jumièges** (?) nahe Rouen verbannt.

791–93 **König Karl** ernennt seinen **Schwager Gerold** zum Präfekten Bayerns, um die Einverleibung Bayerns in das Fränkische Reich zu festigen.

796? Tod Tassilos. **Ende der Agilolfinger**.

Kaiser **Heinrich II.** am Brückentor im Stift Kremsmünster.

1065 **Altmann** (1015?–91) wird **Bischof von Passau**. Er gründet 1083 das Kloster **Göttweig** und reformiert die bestehenden Klöster in St. Florian, Kremsmünster, Melk und St. Pölten. Unter Altmann geht die **Vogtei** von Kremsmünster an die **steirischen Ottokare** über.

1082 Weihe der **Vorgängerkirche**. Zum bestehenden **Patrozinium** des **Salvator Mundi** (Weltheiland) kommt der **hl. Agapitus von Praeneste** hinzu.

1180 Kaiser **Friedrich I. Barbarossa** nimmt Heinrich dem Löwen Bayern. Der **Traungau** wird von Bayern losgelöst und die gesamte **steirische Mark** wird zu einem **Herzogtum** unter Otakar IV. erhoben. Kremsmünster bleibt Eigenkirche von Passau. Das verkleinerte **Bayern** geht an die **Wittelsbacher**.

1230–47 Unter Abt Heinrich von Playen erfolgt **1232** der **Baubeginn** der **heutigen Kirche**. Zuerst entsteht das **Presbyterium** mit den **Rundbogenfenstern** und darüberliegenden **Oculi** (Rundfenster). Die seitlichen Rundbogen-Apsiden stammen aus der Barockzeit.

Foto: Stift Kremsm., ©TheBest

1270?–1326? Leben des **Chronisten Berchtold von Kremsmünster**. Er verfasst die Geschichte des Klosters.

1275–1325 **Abt Friedrich von Aich** vollendet den Bau der spätromanisch-frühgotischen Stiftskirche.

1418 Die **Melker Reform** stoppt den Niedergang vieler Klöster im Mittelalter.

1519 In der Burg von Wels stirbt Kaiser **Maximilian I.** (1459/86–1519). Johannes I. Schreiner, Abt von Kremsmünster, wird einer der drei Testamentsexekutoren.

1526–43 Zeit von **Abt Johannes II. Habenzagel**. Unter ihm wird in Kremsmünster die **erste Papiermühle** des Landes errichtet.

1543–58 Unter **Abt Gregor Lechner** wird wegen ständiger Kriegsgefahr die Klosterbefestigung verstärkt.

1549 Die **Klosterschule** wird allgemein zugänglich gemacht.

1601–13 **Abt Alexander a Lacu** (siehe auch Stift Wilhering) stoppt energisch den Niedergang des Stiftes Kremsmünster. Seine jungen Kleriker lässt er von Jesuiten ausbilden. In Linz gründet er das Kapuziner-Kloster (siehe Seite 247). In Kremsmünster lässt er den heutigen **Abteitrakt** bauen.

Foto: Stift Kremsm., ©TheBest

1613–39 **Abt Anton Wolfradt** fördert seine Mitbrüder durch gediegene Ausbildung. Den Kaisern **Ferdinand II.** und **Ferdinand III.** steht er als Kaiserlicher Rat zur Seite. Die Zeit des **30-jährigen Krieges** und der **Bauernaufstände** meistert Wolfradt mit großem Geschick. Die **Stiftskirche** Kremsmünster lässt er im **frühbarocken Stil** ausstatten.

1614 Der spätere Kardinal und Staatsmann **Melchior Klesl** (siehe

Anton Wolfradt

1582 Geboren in Köln.
1601 Eintritt in den Orden der Zisterzienser.
1612 **Abt des Stiftes Wilhering** über Empfehlung von Kardinal Klesl (siehe S. 262).
1613 **Abt des Stiftes Kremsmünster**. Papst Paul V. gestattet den Übertritt zu den Benediktinern.
1620 Wolfradt wird **Kaiserlicher Rat** unter **Ferdinand II.** (1578/1619–1637).
1623–30 Wolfradt ist **Hofkammerpräsident**, damals Finanzminister.
1630 Unter Kardinal Klesl wird er **Koadjutor-Bischof** von Wien. Klesl stirbt.
1631 Wolfradt wird **Bischof von Wien** und dazu Reichsfürst. Er bleibt Abt von Kremsmünster.
1633/34 Wolfradt und andere empfehlen Kaiser Ferdinand, den Feldherrn **Wallenstein** als Verschwörer zu arretieren. Wallenstein wird 1634 in Eger ermordet.
1639 Wolfradt stirbt in Wien.

Wolfradts Wahlspruch „Wenn der Herrgott nicht will, nützt es gar nichts“ wird später ein Volkslied. Gegenüber Protestanten lehnt er Gewaltanwendung ab. Zu deren Bekehrung fördert er die Jesuiten.

Seite 262) **empfängt** in Kremsmünster die **Bischofsweihe**.
1618 Der **Dreißigjährige Krieg** beginnt. 33 Äbte der Benediktiner in Deutschland, Schweiz und Österreich gründen die **Benediktiner-Universität in Salzburg**. Während ihres Bestandes 1622–1810 leiten 4 Mönche aus Kremsmünster insgesamt 64 Jahre die Hochschule.
1628 **Abt Anton Wolfradt** kann als Vertreter von Kaiser Ferdinand II. das **Land ob der Enns** nach der Verpfändung an die Bayern 1620 wieder übernehmen.
1639 **Abt Bonifaz Negele** bringt das Stift durch Verschwendungssucht beim Bau der „Moschee“ und durch Nepotismus in eine gefährliche Lage.
1644-69 **Abt Placidus Buechauer** festigt das Stift durch geordnete Verwaltung und Förderung der Landwirtschaft. Das Gymnasium profitiert durch den Ausbau der Bibliothek. Unter ihm beginnt die **barocke Umgestaltung** des Klosters.
1669–1703 **Abt Erenbert II. Schrevogl** vermehrt durch gute Verwaltung den Besitz. Gasttrakt wird vollendet, Schatzkammer und Konventtrakt werden gebaut.

1674 Ansicht von Georg Matthäus Vischer.

1677 Zur **900-Jahr-Feier** wird die von **Carlo Antonio Carlone** neu gebaute **Marien-Kapelle** eingeweiht.

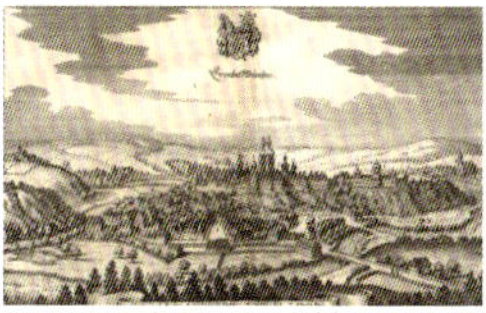

1679 Topographia Austriacarum des Merian.

1680–82 Baumeister **Giovanni Battista Barberini** und Stukkateur **Giovanni Battista Colomba** passen die Stiftskirche dem neuen barocken Ideal an.

1690–92 Vier barocke **Fischbecken** werden von **Carlo Antonio Carlone** gebaut.
1704 Im **Spanischen Erbfolgekrieg** (1700–14) vergräbt der **Pfarrer von Pettenbach**, das zu Kremsmünster gehört, seine Kasse und stirbt alsbald. Erst 1967 wird das Geld bei Bauarbeiten gefunden.
1709–31 **Abt Alexander II. Strasser** vollendet die Barockisierung. Hochaltar und Stiftergruft werden errichtet, die **Gobelins** angekauft.

1717/18 **Jakob Prandtauer** teilt das vierte Becken Carlones und verlängert harmonisch die Arkadengänge.

1731–59 **Abt Alexander III. Fixlmillner** gründet eine Tuchfabrik (heute Bezirksgericht). Das Gymnasium wird zur Akademie ausgebaut.

1740 **Kaiser Karl VI. stirbt**. Als Landesherrin in Österreich folgt seine **Tochter Maria Theresia**. Kurfürst **Karl Albrecht von Bayern**, Gatte der Cousine Maria Theresias, anerkennt diese Erbfolge nicht. Den Österreichischen Erbfolgekrieg (1740–48) gewinnt Habsburg.

1741–42 Das Stift wird von bayrischen Truppen besetzt.

1748–58 **Bau der Sternwarte** in Kremsmünster. Es ist das älteste Observatorium, Universalmuseum und Hochhaus in einem.

1763 Beginn der bis heute andauernden **Wetteraufzeichnung**.

1778 Maria Theresia untersagt das Studieren „im Ausland" an der Benediktiner-Hochschule in Salzburg. (Erst 1815 kommt Salzburg zu Österreich.)

1784 Kaiser **Joseph II.** diktiert die Errichtung des **eigenen Bistums Linz**. Der Abt von Kremsmünster ist nicht mehr der „erste Geistliche" des Landes Oberösterreich. Die Stellung hatte er als Vorsteher des ältesten Klosters im Lande. (Das ältere Kloster Mondsee kommt erst 1506 zu Oberösterreich.)

1789 Die **Akademie** in Kremsmünster wird von Joseph II. **aufgehoben**.

1800–1815 Immer wieder militärische Einquartierungen infolge der Kriege gegen Napoleon.

1818–26 Der Dichter **Adalbert Stifter** (1805–68, siehe Seite 101) ist Schüler im Stiftsgymnasium.

1826 **Marie Luise** (1791–1847), Herzogin von Parma, Tochter von Kaiser Franz II./I., Witwe Napoleons I., übernachtet im Stift.

1840–60 **Abt Thomas Mitterndorfer** lässt die Bildergalerie aus der Sternwarte in die Obere Abtei übertragen. Die Kunstsammlung wird durch Ankäufe erweitert.

1848 **Ende der feudalistischen Ordnung**. Der Abt von Kremsmünster verliert die Vorrangstellung eines Primas des oö. Prälatenstandes.

1852–57 Der spätere **Jugendstil-Architekt Otto Wagner** (1841–1918) besucht das Stiftsgymnasium.

1876–81 **Abt Cölestin Ganglbauer** fördert die Errichtung der 1881 eröffneten **Kremstal-Bahn**.

1881 Abt Cölestin wird Erzbischof von Wien und 1885 Kardinal.

1881-1905 **Abt Leonhard II. Achleuthner** ist 1884–1895 **Landeshauptmann von Oberösterreich**.

1891 Vollendung **Gymnasial-Neubau** neben der Sternwarte.

1910 Neben der alten Papiermühle wird ein Elektrizitätswerk errichtet.

1938 Gymnasium und Konvikt werden zu einer **Oberschule der Nationalsozialisten**.

1941–45 Konvent und Refektorium dienen als **Depot** für von den **NS-Behörden geraubtes Kunstgut**. Den Alliierten ist dieses Depot bekannt. Vielleicht wird deshalb Kremsmünster von Bomben verschont.

1945-03 bis 04 **Jozef Tiso** (1887–1947), seit 1939 Staatspräsident der **Ersten Slowakischen Republik**, residiert auf seiner Flucht im Stift Kremsmünster. Danach wird er in Altötting von US-Truppen festgenommen und an die Tschechische Republik ausgeliefert. Wegen seiner Diktatur und seiner Anlehnung an Hitler-Deutschland wird er nach einem Prozess am 18. 4. 1947 in Bratislava gehängt.

1945-07-28 Die Mönche kehren aus ihrer Verbannung zurück.

1966 Fünf Patres aus Kremsmünster übernehmen die Seelsorge in **Mariazell**.

1977 Zum 1 200-jährigen Jubiläum erfolgen umfangreiche Restaurierungen.

Eichentor

Erbaut unter **Abt Ulrich IV**. (1454–84). Um 1690 versetzt **Carlo Antonio Carlone** das Tor nach Westen in die Achse des Brückenturms. Heutige Form durch **Jakob Prandtauer** 1722/23.

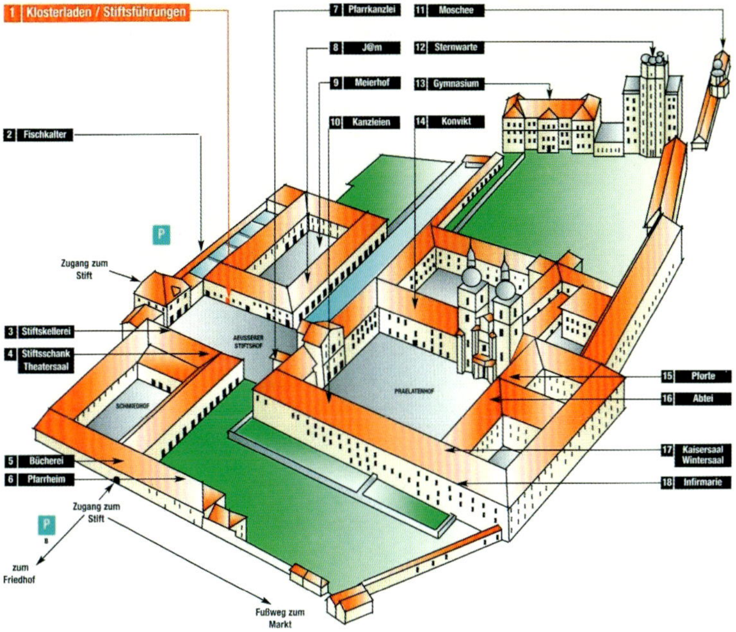

Eichentor-Außenseite: Statue **hl. Agapitus** zwischen zwei Löwen, 1877 vom Linzer **J. Bacher**.

Äußerer Stiftshof

Eichentor Innenseite, im Vordergrund die Brücke vor dem Brückenturm mit den Statuen der **hll. Benedikt** und **Johannes Nepomuk**.

Ehemaliger **Schmiedhof**, der Untere Meierhof. Gebaut 1713–22 von Jakob Prandtauer.

Schmiedhof, Stiftsschänke.

Oberer Meierhof

Fischbehälter
Östlich vom Eichentor, begehbar durch den Klosterladen. 1690–92 von **Carlo Antonio Carlone** erbaut. Erweiterung und heutige Form um 1717 durch **Jakob Prandtauer**.

Im mittleren Becken sind zwei Figuren, in den anderen jeweils eine. **Petrus** nimmt eine Münze aus dem Maul des Fisches.

Brückenturm
Südöstlicher Abschluss des äußeren Stiftshofes mit Durchfahrt zum Prälatenhof.

1346–49 Unter **Abt Christian von Ottsdorf** wird ein fester Turm gebaut.

1734 Abtragung des baufälligen Turms.

1741–50 Bau des heutigen Brückenturms durch **Johann Blasius Frank**, ursprünglich als Sternwarte geplant.

Brücken-Figuren: die hll. Benedikt und Nepomuk. **Benedikt** segnet den Wein, worauf die Schlange aus dem vergifteten Wein entweicht. Dadurch entgeht er dem Attentat seiner Mitbrüder.

Das mächtige **Marmortor** errichtet **Johann Peter Spaz** aus Linz **1667**. Es wird nach 1741 vom alten Tor übernommen. **Nischen-Statuen**: links Kaiser **Karl d. Gr.**, rechts Kaiser **Heinrich II.**, Mitte **Herzog Tassilo III.**, Gründer des Stiftes:

Wappen unter der Tassilo-Figur für **Abt Placidus Buechauer** (1611?/44–69). Unter ihm wird das Marmortor errichtet.

Im Wappen oben links der **Eber**, der Tassilos Sohn Gunther tötete. Rechts oben das **Hauermännchen** und links Mitte der **Baumstamm**, Symbole für Abt Buechauer. Mitte rechts der **Hund**, der Gunthers Leiche aufspürte. Unten das **Rind** zur Erinnerung an den „**Spendtag**" (Todestag des Stifters Tassilo am **11. Dezember**). An diesem Tag werden jahrzehntelang Besucher mit Fleisch und Brot beschenkt.

Prälatenhof

Brückenturm Innenseite im Prälatenhof. Dieser letzte Teil wird **1745** im klassizistischen Stil fertiggestellt.

Giebel mit Dreiecksverdachung, ionischen Pilastern und seitlichen Voluten. Bild des hl. Benedikt.

Brückenturm, über der Durchfahrt **Wappen** von **Abt Erenbert II. Schrevogl**.

Prälatenhof, **Konvikttrakt** im Nordosten, über der Einfahrt in den Konvikthof **Wappen** von **Abt Placidus Buechauer** in einer anderen Machart.

Prälatenhof, **Abteitrakt** im Südosten mit Abtbüro und Kunstsammlung.

Prälatenhof, **Gasttrakt** im Südwesten mit **Wintersaal**, **Kaiserzimmer** und **Kaisersaal**. Portal zum Aufgang.

Stiftskirche

1082 Weihe der **Vorgängerkirche**.
1232 Beginn **Neubau der heutigen Kirche** nach mehreren Bränden. Letzter Teil ist die Apsis mit 5/10-Schluss.
1277 Das 63 m lange Langhaus ist vollendet.
bis 1298 Der **Chor** wird **erhöht**.
1304 Für Tassilos Sohn **Gunther** wird vor der Vierung ein **Hochgrab** errichtet.
1349–60 Abt ist Ernest von Ottsdorf. Unter ihm Fertigstellung des doppeltürmigen **Westwerks**.
1591 Durchsichtige Fenster verdrängen die gotischen Glasgemälde.
1614 Neubau der Seitenapsiden durch Marx Martin Spaz.
1616 **Neue Altäre** ersetzen die alten.
1676/77 Unter **Abt Erenbert II. Schrevogl** baut **Carlo Antonio Carlone** (1635?–1708) die **Marienkapelle** zum 900-Jahr-Jubiläum.
1680 Die völlige **Barockisierung der Kirche** beginnt unter Carlones Leitung durch **Giovanni Battista Colomba**. **Stuck-Dekoration** von **Giovanni Battista Barberini** (1625–91). **Fresken** von den Gebrüdern **Grabenberger** aus **Und bei Krems**.
1681 Errichtung der **Westfassade** der Kirche durch **Giovanni Battista Barberini**.
1682 **Michael Zürn d. J.** (1654–98) liefert **16** hervorragende **Engelsstatuen**.
1702/03 Errichtung der Turmhelme.
1705 Errichtung der **Altane** (oder Söller) vor dem Kircheneingang.
1713 **Johann Baptist Spaz** liefert 6 Engelstatuen, **Josef Anton Pfaffinger** 2 weitere.
1948 Das **Gunther-Grab** wird in das **südliche Läuthaus** verlagert.
2005 Weihe der neuen **Orgel**, eingebaut in das barocke Gehäuse.

Vorhalle

Außen über dem Eingang **Wappen** von **Abt Erenbert II. Schrevogl** von Michael Zürn d. J. Die Vorhalle ist ein polygonaler Raum mit kuppeliger Wölbung. Fresken der Brüder Grabenberger **Jakobs Traum von der Himmelsleiter**.

Das **Gitter** von **Melchior Preisinger** aus 1702 trennt die Vorhalle vom Langhaus.

Nördliches Läuthaus mit Stiegenaufgang zum Turm.

Südliches Läuthaus mit **Gunther-Grab**:

Anfertigung der Liegefigur von einem anonymen Meister vor 1304. Zu Gunthers Füßen der Hund, der seinen Leichnam aufspürt. Seitlich der Eber, der Tassilos Sohn – der Legende nach – im Jahr 777 die tödliche Verletzung beifügt. In der Linken hält Gunther Schwert und Füllhorn.

Der anschließende Rundgang durch die Stiftskirche beginnt im **nördlichen** (linken) **Seitenschiff hinten**. Er führt dann im Uhrzeigersinn zum Chor und über das südliche (rechte) Seitenschiff zurück.

Mönchstum und **Hl. Benedikt** siehe S. 340.

Seitenschiff Nord

1 Kreuzaltar

Bild **Christus am Kreuz**, 1712 von **Karl Remp** im geschnitzten Rahmen von Johann Urban Remele. **Marmorengel** von **Johann Baptist Spaz**.

Deckenfresken der Brüder **Grabenberger** (Lorenz Martin, Michael Christoph, Michael Georg und Johann Bernhard). Seitenschiffe Altes Testament, Chor und Mittelschiff Neues Testament.
Jeweils 4 Felder, mit dem Feld Richtung **Hochaltar** beginnend, dann im **Uhrzeigersinn**:

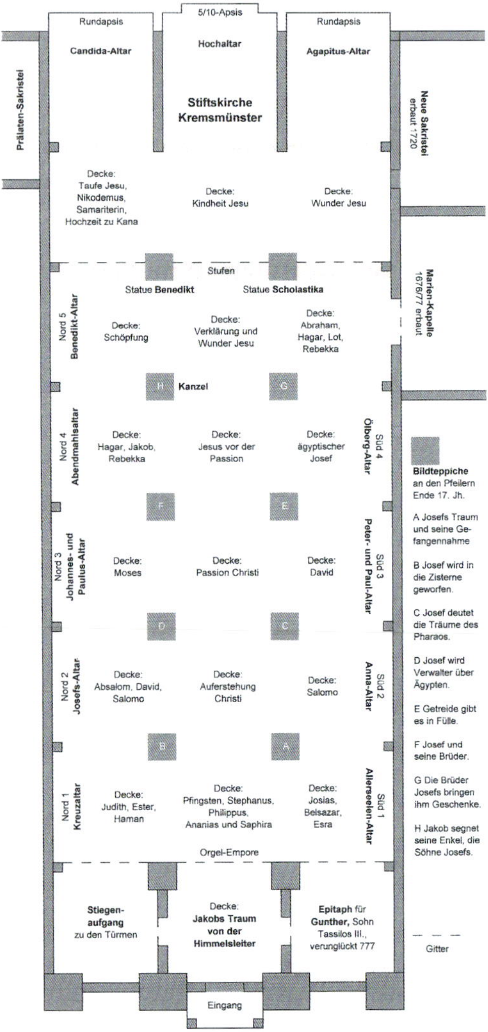

1 Holofernes, Feldherr der Assyrer, empfängt Judith.
2 Ester vor König Achaschwerosch (Xerxes I.?).
3 Haman erweist dem Mordekaj die Ehre.
4 **Judith mit dem Haupt des Holofernes**.

Nord 2, **Josefs-Altar**

Bild **Die Heilige Familie**, 1686 von **Francesco de Neve** (1606?–1688). **Marmorengel** von **Michael Zürn d. J.**

Deckenfresken
1 Absalom lässt seinen Halbbruder Amon töten.

Kirche: 63 x 21 m (3 : 1), 18 m Höhe im Mittelschiff, 12 m in den Seitenschiffen.

2 Der Priester Zadok salbt Salomo zum König.
3 **David gibt seinem Sohn Salomo den Tempelplan.**

4 David sieht den Engel des Herrn.

Nord 3, **Johannes- und Paulus-Altar**

Marmorengel von **Michael Zürn d. J.** Bild **Martyrium von Johannes und Paulus** von **Johann Carl Loth** (1632–1698). Die beiden Brüder werden um 362 unter Kaiser Julian Apostata in Rom enthauptet.

Deckenfresken:
1 Die Tochter des Pharaos findet Moses im Körbchen.
2 Moses kleidet seinen Bruder Aaron zum Hohepriester.
3 **Die eherne Schlange**.
Num 21,9: „Mose machte eine Schlange aus Kupfer und hängte sie an einer Fahnenstange auf. Wenn nun jemand von einer Schlange gebissen wurde und zu der Kupferschlange aufblickte, blieb er am Leben.“

4 Moses schlägt aus dem Felsen eine Quelle.

Nord 4, **Abendmahl-Altar**
Bild **Letztes Abendmahl**, 1687 von **F. I. Torriani**.

Marmorengel von **Michael Zürn d. J.**
Deckenfresken:
1 **Der Engel erscheint Hagar in der Wüste**, nachdem sie von Abraham samt Sohn Ismael verstoßen wurde.

2 Jakob versöhnt sich mit seinem Bruder Esau.
3 Jakobs Kampf mit dem Engel (mit Gott).
4 Rebekka gibt Abrahams Knecht Elieser zu trinken.

Nord 5, **Benedikt-Altar**

Bild **Tod des hl. Benedikt** (480? in Nursia – 547 auf dem Monte Cassino), um 1712 von **Karl Remp**. Benedikts Seele wird in Gestalt eines kleinen Kindes im Himmel von Gottvater empfangen. Am Altar ein **Schrein** mit Reliquien eines anonymen Verstorbenen aus den Katakomben Roms. Diese Reliquien des später **Benedictus** genannten Heiligen schenkt Papst Pius VI. dem Stift zum Millenarium 1777.
Marmorengel von **Johann Baptist Spaz**. Am Pfeiler davor die Kanzel.
Deckenfresken:
1 Gottvater als Schöpfer der Welt.
2 **Gott gibt Noah den Plan für die Arche**.

3 Noahs Dankopfer.
4 Kain und Abel.

Am Pfeiler zur Vierung Statue **hl. Benedikt**, 1714/15 von **Josef Anton Pfaffinger**:

Querschiff Nord,
Gitter zum Seitenschiff Nord 1616–18 von Hans Walz.
Deckenfresken:
1 **Johannes tauft Jesus im Jordan.**

2 Jesus und Nikodemus.
3 Jesus und die Samariterin am Jakobsbrunnen.
4 Hochzeit zu Kana.

Nördliche Apsis
Candida-Altar
Bild **Hinrichtung der Candida** unter Kaiser Diokletian (240?/284–305/313), wohl von Daniel Syder, Rahmen aus vergoldetem Kupfer. **Marmorengel** von **Michael Zürn d. J.**

Deckenfresko **Glorie der hl. Candida**.

Querschiff Mitte, Deckenfresken:

1 Flucht nach Ägypten.

2 Darstellung Jesu im Tempel.

3 Der 12-jährige Jesus im Tempel bei den Gelehrten.

4 **Kindermord zu Bethlehem.**

Hochaltar

Errichtet 1712. Bild **Verklärung Christi** auf dem Berg Tabor, 1700–12 von **Johann Andreas Wolf** (1652–1716).

Foto: Stift Kremsmünster, © TheBest

Foto: Stift Kremsmünster, ©TheBest

Für die riesige Leinwand für das **6,3 x 3,8 m** große Bild musste ein eigener Webstuhl gebaut werden.

Rechts von Jesus sind **Elias** und **Moses**, darunter die Apostel **Petrus**, **Jakobus** und **Johannes**. Ganz oben **Gottvater**. Für den das Weihrauchfass schwingenden Engel stand die Tochter des Malers Modell. Den breiten vergoldeten Kupferrahmen halten **zwei Engel**, gefertigt von **Josef Anton Pfaffinger**.

Der **Tabernakel** aus 1715 ist als „Domus aurea" gedacht. Auf der Tür eine Maria Immaculata von Urban Remele. Vier **Engel-Halbfiguren** aus Bronze, die Leuchter tragen, 1714 von Johann Prezer aus Linz.

Wandfresken im Altarraum: links **Geburt Christi**, rechts **Verkündigung** an die Hirten. Damit beginnt eine **neue Schöpfungsgeschichte**, die sich das ganze Mittelschiff bis zum Eingang fortsetzt.

Deckenfresken im Chor: Heimsuchung, Kinder-Engel und Mariae Verkündigung.

Südliche Apsis

Agapitus-Altar

Bild **Martyrium des Agapitus**, wohl von Daniel Syder. Der 15-jährige Christ wird 274 unter Kaiser Aurelian in Praeneste (heute Palestrina) bei Rom zuerst über einem Kohlefeuer aufgehängt und dann enthauptet.

Marmorengel von **Martin Zürn d. J.**, wohl die besten von seinen 16 Engeln in der Stiftskirche.

Deckenfresko **Glorie des hl. Agapitus**.

Querschiff Süd

Deckenfresken:

1 Die wunderbare Brotvermehrung.
2 Jesus heilt einen Blinden.
3 Jesus und der Hauptmann von Karpharnaum.
4 Jesus treibt einen Dämonen aus.

Seitenschiff Süd

Portal zur Neuen Sakristei, erbaut 1720. Darüber Fresko **Anbetung der Könige**.

Deckenfresken:

1 Der Pharao gibt Sarah an Abraham zurück.
2 Abraham verstößt Hagar und den gemeinsamen Sohn Ismael.
3 Elieser beschenkt Rebekka mit Schmuck.
4 **Lot flieht mit Frau und den beiden Töchtern aus der Stadt Sodom**.

Am **Vierungspfeiler** Statue der **hl. Scholastika**, gegenüber der ihres Bruders Benedikt, mit Buch und **Taube**, 1716 von **Josef Anton Pfaffinger**. Benedikt sah die Seele seiner verstorbenen Schwester wie eine Taube zum Himmel fahren. Abtrennung zum Presbyterium durch ein **Gitter** von **Valentin Hofmann** aus 1728.

Marien-Kapelle

Zu betreten vom vorderen Ende des rechten Seitenschiffes. Erbaut 1676/77 von **Carlo Antonio Carlone** zum 900-Jahr-Jubiläum von Stift Kremsmünster. Das Gitter zur Stiftskirche aus 1718 stammt von Valentin Hofmann. Die zwei äußeren Joche unterteilen Pilaster, darüber Stichkappen-Tonnen. Das mittlere Joch ist durch die Altarnische verbreitert.

Altar Mitte, Bild **Rosenkranz-Königin**, von Franz von Hamilton (?).

Altar links, Bild **Verkündigung**, ca. 1619 von **Elias Greither** aus Weilheim. Statuen **Maria**, **Florian** und **Christophorus** um 1520.

Altar rechts, **Geburt Christi**, ca. 1619 von **Elias Greither**.

Altar rechts, **Pieta**, 1. Viertel 17. Jh.:

Marienkapelle, Decke **Mariae Himmelfahrt** von Johann Dallinger.

Südschiff 4, **Ölberg-Altar**
Bild **Christus am Ölberg** vom Tessiner **Francesco Innocenzo Torriani**. Engel von Michael Zürn d. J.

Deckenfresken:
1 Josef wird von seinen Brüdern verkauft.
2 **Josef als Verwalter von Ägypten im 2. Wagen hinter dem Pharao.**

3 Josef gibt sich seinen Brüdern zu erkennen.
4 **Josef erklärt dem Pharao den Traum von den 7 dürren und 7 fetten Jahren.**

Süd 3, **Peter- und Paulus-Altar**
Bild **Martyrium von Petrus und Paulus** von **Karl Loth**. **Marmorengel** von **Michael Zürn d. J.**

Deckenfresken:
(großes Foto unten)
1 David bringt Goliaths Haupt nach Jerusalem.
2 Abigal bittet David um Gnade für Nabal.
3 David nimmt Lanze und Krug aus Sauls Zelt.
4 David besänftigt Saul mit dem Spiel auf der Harfe.

Süd 2, **Anna-Altar**
Bild **Die Familie von Johannes dem Täufer** von **Francesco de Neve**. Engel von Michael Zürn d. J.:

Deckenfresken:
1 Salomo urteilt über die zwei Mütter.
2 **Salomo empfängt die Königin von Saba.**

3 Salomo treibt Götzendienst.
4 **Salomo als Prediger.**

Süd 1, **Allerseelen-Altar**

Bild **Allerseelen**, 1713 von **Johann Carl von Reslfeld**. Engel von Johann Baptist Spaz.

Deckenfresken:
1 **Schaphan gibt König Josias das von Hilkia gefundene Gesetzbuch**.

2 Gastmahl Belsazars und die schreibende Hand Gottes.
3 Bußgebet Esras.
4 **Die Prophetin Hulda verkündet dem Josias sein baldiges Ende.**

Mittelschiff

Gobelins (Bildteppiche) an den Pfeilern, gefertigt nach 1651 von **Heinrich Reydams** aus Brüssel. 1720 werden sie unter Abt Alexander Strasser angekauft. Erzählt wird die Geschichte des **ägyptischen Josef**, vor Benjamin zweitjüngster Sohn von Jakob und Rachel. Die anderen 10 Söhne Jakobs sind von Lea und von zwei Mägden.

Die Beschreibung beginnt nach der **Chronologie** der Handlung am Pfeiler hinten rechts beim Eingang.

A **Josefs Traum und die Gefangennahme durch seine Brüder**.

B Josef wird von seinen Brüdern in die Zisterne geworfen.

C Josef deutet die Träume des Pharaos.

D **Josef wird Verwalter des Pharaos über ganz Ägypten**.

E **Durch Josefs Vorsicht gibt es Getreide in Fülle**.

F **Josef und seine Brüder**.

G Die Brüder bringen Josef Geschenke.
H Jakob segnet seine Enkel Ephraim und Menasse, die Söhne von Josef und Asenath.

Kanzel
am 4. Pfeiler links

Gebaut **1713** von **Urban Remele**. Am **Schalldeckel Johannes der Täufer**. An seinem Stab ein Band mit der Inschrift „Ecce Agnus Dei" (Seht das Lamm Gottes). Seine rechte Hand weist auf den Tabernakel.

Foto: Stift Kremsmünster, Best

Kanzel-Rückwand:
Bild **Der hl. Paulus predigt in Rom**, 1713 von **Josef Carl Reslfeld**.

Deckenfresken Mittelschiff
Leben Jesu, nach der Chronologie von vorne zurück zum Eingang:

Mitte 5 (analog der Altäre)

1 **Verklärung Jesu am Berg Tabor.**

2 Jesus und die Ehebrecherin.
3 Auferweckung des Lazarus.
4 Jesus segnet die Kinder.

Deckenfresken **Mitte 4**
1 **Gleichnis von den törichten und klugen Jungfrauen.**

2 **Jesus vertreibt die Händler aus dem Tempel**.

3 **Letztes Abendmahl.**

4 **Einzug Jesu in Jerusalem**.

Deckenfresken **Mitte 3**
1 Jesus am Ölberg.
2 **Verspottung Christi**.

3 Christus am Kreuz.
4 Geißelung Christi.

Deckenfresken **Mitte 2**

1 **Auferstehung Jesu.**

2 **Die drei Frauen am leeren Grab Jesu.**

3 **Christi Himmelfahrt.**

4 **Magdalena trifft Jesus „Noli me tangere“** (Rühr‘ mich nicht an). Magdalena glaubt, sie trifft den Gärtner.

Deckenfresken **Mitte 1**

1 Herabkunft des Heiligen Geistes zu Pfingsten.

2 **Steinigung des Stephanus.**

3 **Philippus tauft den Kämmerer von Königin Kandake von Äthiopien.**

4 Ananias und Saphira werden durch das Wort von Petrus mit dem Tod bestraft.

Orgel-Empore

Sie ist ein frühes Beispiel für Formen des römischen Hochbarocks in Österreich. Sie verbindet schwungvoll den konkaven (einwärts gewölbten) Mittelteil mit den konvexen Randausbuchtungen. Die **Orgel** aus 1858 wird 1954 umgebaut und restauriert. 2005 wird sie durch eine neue Orgel ersetzt. Bilder auf der Orgelempore: Abendmahl von Joachim Sandrart; Kreuzigung, 1737 von Martino Altomonte.

Foto: Stift Kremsmünster
Vorne links die beiden Meierhöfe, der obere mit den Fischkaltern. Vorne rechts ehemaliger Gasttrakt. Zur Kirchenfassade hin der Abteitrakt. Links der Kirche Konviktstrakt und Konviktshof. Oben links Gymnasium und Sternwarte.

Ehemaliger Gasttrakt

im SW des Prälatenhofes, jetzt Tagesheim.

1419–54 Abt Jakob Treutlhofer. Der **Vorgängerbau** wird als Abtei erbaut. Später sind hier Kanzleien.

1644–69 Abt Placidus Buechauer. **1666** Abbruch und **Baubeginn** des heutigen Trakts.

1699–1703 Abt Erenbert II. Schrevogl. Unter ihm Vollendung des Gasttrakts.

Portal mit Aufgang zum Kaisersaal, Wappen von **Abt Ehrenbert II. Schrevogl**.

Ehem. Gasttrakt 1. OG, Bild Ansicht Stift Kremsmünster.

Ehem. Gasttrakt 1. OG, Wechselausstellungen.

Ehem. Gasttrakt, Stiegenhaus, **Kruzifix**, ca. 1980 von **Helmut Berger**.

1. OG, Vorraum zum Kaisersaal, **Portraits der Äbte**.

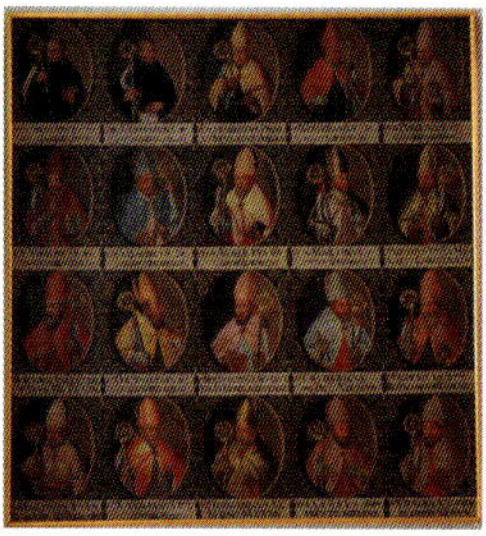

Vorraum Kaisersaal, Deckenfresko, Künstler unbekannt, 1947 freigelegt:

Vorraum Kaisersaal, Bild **Kaiser Franz II/I.** (1768/92–1835), Kopie nach Friedrich von Amerling. **1804** erklärt sich der Enkelsohn von Maria Theresia zum **Kaiser von Österreich** und wird damit zu Franz I. 1806 erklärt er das **Heilige Römische Reich Deutscher Nation** über Druck von Napoleon I. für **aufgelöst**. Das **HRR** existierte seit der Kaiserkrönung von **Otto I.** im Jahr **962** in Rom.

Kaisersaal

südlicher Teil des Gasttrakts.

1694 Der Rohbau des Kaisersaals mit **26 x 13,5 x 9,5 m** hoch nach Plan von **Carlo Antonio Carlone** ist fertig.

1696 **Melchior Steidl** (1657–1727) vollendet das **Deckenfresko Apollo im Sonnenwagen**.

1719 Verkleidung der Wände mit **Stuck** von **Diego Francesco Carlone** (1674–1750, Sohn des Giovanni Battista).

1720 **Johann Baptist Spaz** aus Linz fertigt den **Brunnen** mit wasserspeiendem Hund.

1721 **Kaiser-Bildnisse** von **Martino Altomonte** (1657–1745). Er ist mit Johann Michael

Foto: Stift Kremsmünster, ©The Best

Rottmayr Begründer der **selbstständigen Barockmalerei** im heutigen österreichischen Raum.

Kaisersaal, Nordwand, **rechtes Portal**.

Nordwand
König Rudolf I.
1218/1273–1291
Erster König des Heiligen Römischen Reiches (später Deutscher Nation) aus dem Geschlecht der **Habsburger**.

Er beendet das **seit 1254** dauernde **Interregnum** (kaiserlose Zeit). Rudolf besiegt **1278** bei **Dürnkrut** im Weinviertel König **Ottokar II. von Böhmen**, seit 1251 Herzog von Österreich.

Rudolf **belehnt seine Söhne 1282 mit Österreich**, Steiermark, Krain und der Windischen Mark.

Ostwand 1
König Albrecht II.
1397/1438–1439
Schwiegersohn von Kaiser **Karl IV.** (1316/46–1378) aus dem Geschlecht der **Luxemburger**. Albrechts **Sohn Ladislaus Postumus** (der Nachgeborene) wird zum Zankapfel mit Böhmen und Ungarn.

Ostwand 2
Kaiser Maximilian I.
1459/1486–1519, Sohn von Kaiser Friedrich III.

Durch Maximilians **erste Frau Maria von Burgund** kommen die Grafschaften Burgund und Flandern zum Habsburger-Reich.

Ostwand 3
Kaiser Ferdinand I.
1503/1531–1564, Bruder von Kaiser Karl V. Durch Ferdinands Heirat mit **Anna von**

Kaiserbilder, Jahreszahlen: Geburt/Beginn–Ende/Tod. **Beginn** steht für das Jahr der **Wahl zum König** des Heiligen Römischen Reiches Deutscher Nation **durch die Kurfürsten**. Jeder Kaiser bzw. König versucht, noch zu Lebzeiten die Wahl seines Sohnes bzw. Bruders zum König sicherzustellen. So wird z. B. Ferdinand I. bereits 1531 zum König des HRR gewählt, obwohl sein Bruder Karl V. noch bis 1556 als Kaiser amtiert. **Ende/Tod** ist in allen Fällen ident, außer bei Karl V. Er tritt 1556 freiwillig zurück. 1558 stirbt er.

Die **letzte Krönung zum Kaiser durch den Papst** war die von **Karl V. 1530** in Bologna durch **Papst Clemens VII.** Danach zeigten die Könige die Annahme des Kaisertitels dem Papst nur mehr an.

Böhmen und Ungarn 1521 in Linz und durch den Tod seines Schwagers Ludwig II. von Ungarn 1526 kommen Böhmen und Ungarn zum Habsburger-Reich.

Ostwand 4
Kaiser Rudolf II.
1552/1575–1612
Er ist Sohn von Kaiser Maximilian II. und **Bruder von Kaiser Matthias**. Zwischen den beiden kommt es zum „**Bruderzwist im Hause Habsburg**“ (Franz Grillparzer 1848). 1608 muss Rudolf die Rechte des

Landesherrn in Österreich, Ungarn und Mähren an seinen Bruder Matthias abtreten.

Ostwand 5
Kaiser Ferdinand II.
1578/1619–1637, Cousin der Kaiser Rudolf II. und Matthias. Unter dem kompromisslos katholischen Ferdinand II. weitet sich der **30-jährige Krieg** auf große Teile von Europa aus.

Ostwand 6
Kaiser Leopold I.
1640/1658–1705, Sohn von Kaiser Ferdinand III. 1683 befreit **König Jan Sobieski von Polen** die Stadt **Wien** bei der **2. Türkenbelagerung**. Danach beginnt die Ausweitung des Habsburger-Reichs zu Lasten der Türken.

Südwand 1
Kaiser Karl VI.
1685/1711–1740, jüngster Sohn von Kaiser Leopold I., Bruder von Joseph I.

Karl ist der **letzte Habsburger im Mannesstamm**. Seine **Tochter Maria Theresia** heiratet den späteren Kaiser **Franz I. Stephan** (von Lothringen). Mit deren Söhnen folgt das Haus **Habsburg-Lothringen**.

Südwand 2
Kaiser Joseph I.
1678/1690–1711, älterer Sohn von Kaiser Leopold I., Bruder von Karl VI. Unter Joseph I. erobert **Prinz Eugen von Savoyen-Carignan** große Teile des westlichen Osmanenreichs. Josephs Schwiegersohn, Kurfürst **Karl von Bayern**, erkennt 1740 nach dem Tod von Karl VI. den Erbantritt von Maria Theresia in Österreich nicht an.

An den Wänden zarte Stuck-Dekorationen.

Westwand 6
Kaiser Ferdinand III.
1608/1636–1657, Sohn von Kaiser Ferdinand II. Der **Westfälische Friede** beendet **1648** den 30-jährigen Krieg. Das Heilige Römische Reich wird ein loser Staatenbund mit einem **Kaiser ohne zentrale Macht**.

Wie bei allen Kaiserbildern darunter sein Wahlspruch.

Westwand 5
Kaiser Matthias I.
1557/1612–1619, Sohn von Maximilian II., Bruder von Rudolf II.

Seiner Gattin **Anna von Tirol** verdanken wir die Errichtung der **Kapuziner-Gruft** in Wien, Grablege der Habsburger.

Westwand 4
Kaiser Maximilian II.
1527/1562–1576, Sohn von Kaiser Ferdinand I. Gegenüber den Protestanten ist er tolerant.

Westwand 3
Kaiser Karl V.
1500/1519–1556/1558, Karls Vater, **Philipp der Schöne**, heiratet **Johanna von Spanien**. 1516 stirbt ihr Vater Ferdinand II. von Spanien. Karl wird **König von Spanien**. Nach dem Tod seines Großvaters Maximilian I. 1519 wird Karl **König im HRR**. Im Augsburger Religionsfrieden werden 1555 die Protestanten anerkannt. **1556 tritt Karl** als Kaiser freiwillig **zurück**. Ihm folgt sein Bruder Ferdinand I.

Westwand 2
Kaiser Friedrich III.
1415/1440–1493, Cousin 2. Grades von König Albrecht II. Friedrich III. erleidet viele Rückschläge, doch überlebt er viele seiner Feinde (siehe Seite 133).

Westwand 1
König Albrecht I.
1255/1298–1308, Sohn von König Rudolf I. Als einziger König bzw. Kaiser aus dem Geschlecht der Habsburger stirbt er nicht eines natürlichen Todes. Albrechts Neffe **Johann Paricida** (der Verwandten-Mörder) tötet ihn wegen nicht eingehaltener Erbversprechen.

Deckenfresko **Apoll auf dem Sonnenwagen**, 1696 von **Melchior Steidl**.
Apoll wird begleitet von **3** kränzeschwingenden **Horen**, Personifikation der schnell vergehenden Zeit. Die düsteren **Gestalten des Dunkels** hüllen sich, geblendet vom Licht, in den von Sternen bestickten Mantel der Nacht. In den **vier Ecken** thronen die Allegorien der **Jahreszeiten**. Das Bild symbolisiert den **Sieg Österreichs über das Osmanenreich** (siehe Seite 371).

2. OG, Vorraum zur Schatzkammer, Bild **Auffindung von Gunthers Leichnam**, 1713 von Franz Karl **Remp**.

2. OG, Vorraum zur Schatzkammer, Bild **Begräbnis Gunthers**, 1713 von **Franz Karl Remp**.

Schatzkammer

oder Zimelienraum, im ehemaligen Gasttrakt, 2. OG.

Seit 1984 werden die Hauptattraktionen Tassilokelch, Tassiloleuchter und Codex Millenarius wieder hier ausgestellt.

An den Wänden **8 Tapisserien**, wohl **um 1675** in der Werkstatt von **Andries von Butsel** in Antwerpen entstanden. Thema ist der Kampf von **Timur Lenk** (Tamerlan), Großchan der Mongolen, gegen **Bayezid I.** (1360/89–1402/1403?), Sultan des Osmanenreichs. Timur Lenk besiegt 1402 Bayezid bei Ankara vernichtend. Bayezid muss dem Sieger in Ketten als Aufstiegshilfe beim Reiten dienen.

Tassilokelch

Um **763** heiraten Herzog **Tassilo III.** und **Liutpirc**, Tochter des letzten Langobardenkönigs **Desiderius**. Der Kelch ist wohl ein Hochzeitsgeschenk.

Er ist **25,5 cm** hoch, **3 kg** schwer und aus **Kupfer** gefertigt. Die in einem Stück gearbeitete **Kuppa** fasst 1,75 Liter. Auf der Kuppa sind **Silbermedaillons** in **Niellotechnik** aufgelötet. Dabei werden die eingravierten Linien der Figuren mit schwarzer Schlacke aus Silber, Blei und Kupfer gefüllt. Die **5 Medaillons** zeigen **Christus** als segnenden Weltheiland und die **vier Evangelisten** mit deren Symbolen.

Unter der Kuppa ist ein **beweglicher Perlring**. Das leichte Drehen ermöglicht bzw. erleichtert das Trinken daraus. Wohl zu Unrecht vermutete man, dass es sich um einen **Spendekelch** für besonders feierliche Gottesdienste handelt.

Am **Kelchfuß** sind **4 Medaillons**: **Johannes der Täufer** und – nicht gesichert – **Maria**, **Theodelinde**, eine Verwandte Tassilos, und der Langobarden-Heilige **Theoto**.

Am unteren Ende des Kelchfußes eine **Inschrift**: TASSILO DUX FORTIS + LIVTPIRC VIRGA REGALIS (Tassilo tapferer Herzog + Liutpirc königlicher Spross). 772 unterwirft Tassilo die Karanten. Auf der Höhe seiner Macht stiftet er 777 das Kloster Kremsmünster. Bereits 788 wird er von König Karl I., später Kaiser Karl der Große, abgesetzt und lebenslang in ein Kloster verbannt.

Codex Millenarius

Das Buch entstand **um 800** in der Mondseer Schreibschule oder direkt im Kloster Kremsmünster. Es enthält auf feinem Pergament in **Unzialschrift** den Text der **vier Evangelien** in der Variante der **Vulgata**. Die Unzialschrift ist eine **Majuskel-Schrift** (in Großbuchstaben mit geschmückten Anfangsbuchstaben). Sie war vom 4. bis 6. Jh. gebräuchlich. Danach wurde sie für Auszeichnungen verwendet. **Vulgata** ist die **Bibel-Übersetzung** vom Altgriechischen in die lateinische Sprache durch **Hieronymus** um 385.

Die **Bezeichnung „Millenarius“** entstand **1777** beim 1000-Jahr-Jubiläum von Stift Kremsmünster. Nuntius Giuseppe Garampi, Präfekt des Vatikanischen Archivs, rief beim Anblick der Handschrift aus „Wahrhaftig ein tausendjähriger Codex.“

Wikipedia, Scan aus OÖ. Landeschronik, 2004, Rudolf Lehr

Jedes Evangelium beginnt mit dem Bild des jeweiligen Evangelisten und seinem Symbol, hier der Stier für den Evangelisten Lukas.

Tassiloleuchter

Der Legende nach handelt es sich um den umgebauten Ahnenstab der Agilolfinger. Herzog Tassilo III. ist der letzte aus diesem Geschlecht der Bayern-Herzöge. Beweis für diese Legende gibt es keine.

Fuß und Schaft sind metallurgisch unterschiedlich. Wahrscheinlich sind die Leuchter erst um das Jahr 1000 entstanden.

Abteitrakt im Südosten des Prälatenhofes. Im **Nordflügel** befindet sich die **Gemäldegalerie**, im **Südflügel** die **Bibliothek**.

Zugang für Besucher über den Aufgang zum Kaisersaal auf der Gasttrakt-Seite.

Abteitrakt-Nordflügel, **Gemäldegalerie** in 5 Räumen:

1 **Gotisches Kabinett**

Bild **Christi Geburt**.

2 **Renaissance-Raum**

Es dominieren Bilder aus 1520–1620 von Malern aus den Niederlanden.

Die vier Elemente, von **Jan Brueghel d. Ä.** 1568–1625, Sohn von Pieter Brueghel, Ausschnitt.

Wunder und Himmelfahrt Johannes d. Ev., 1540 von **Michael Coxcie** 1499–1592.

Die **Heilige Sippe**, 1540 von **Michael Coxcie**, Öl auf Eiche.

3 **Barock-Raum**

Tod des hl. Josef, Schule Guido Reni 2. H. 17. Jh.

Opfer Abrahams, Martin Johann Schmidt, genannt **Kremser Schmidt** 1718–1801. Der Erzengel Sealtiel hindert Abraham, seinen Sohn Isaak zu opfern.

Opfer Noahs nach dem Überstehen der Sintflut, **Kremser Schmidt**.

4 **Kabinett des 19. Jh.**

Biedermeier-Gemälde, u. a. von Michael Neder und Joseph Ritter von Führich.

Grablegung Christi, Kopie nach Raffael (1483–1520), Original in der Villa Borghese in Rom.

5 **Wolfradt-Saal**
Wohl der Audienzsaal der alten Abtei. Zu Abt Anton Wolfradt (1582/1613–1639) siehe Seite 377.

Decke, Szenen aus griechisch-römischer Mythologie, 1623 von **Christian Cnöris** nach den Metamorphosen des Ovid.

Glassammlung

Karneval in Venedig, um 1590 wohl von **Frederik van Valckenborch** 1566–1623.

Kunstkammer
6. Raum nach der Gemäldegalerie mit Möbeln aus der Zeit der Errichtung.

Kleinkunstwerke aus Holz, Metall, Stein, Koralle und Elfenbein.
Christus an der Säule.

Wagen aus Elfenbein.

Kampfgruppe Allegorie **Sieg Habsburgs über Türken und Franzosen**, um 1700.

Kunstkammer, **Elefantenstuhl**, gefertigt aus den Becken- und Schenkelknochen des Elefanten Soliman. Der Elefant war ein Geschenk anlässlich der Hochzeit des späteren Kaisers **Maximilian II.** 1548 in Valladolid mit seiner **Cousine Maria von Spanien**. 1678 erwirbt das Stift den Stuhl (siehe Seite 67).

Kunstkammer
Scheibenkreuz (Rotula), spätes 12. Jh. Das Kreuz teilt die Scheibe in 4 Felder. Biblische Ereignisse werden Vorbildern aus dem „Physiologus" gegenübergestellt, einer antiken Fabelschrift mit christlichen Inhalten.

Foto: Herbert Fasching

Links oben **auferstandener Christus** und die 3 Frauen am leeren Grab. Darunter weckt der **Löwe** mit seinem

Gebrüll das tote Kind. Rechts oben **Himmelfahrt Christi**. Darunter der Sonnenflug der **Adler**.

Am Fuß der Rotula **Samson** mit den Türflügeln des Tempels von Gaza. Samson brachte den Tempel der Philister durch seine Kraft zum Einsturz. Ebenfalls am Fuß **Mose und die eherne Schlange**.

Rüstkammer

Abteitrakt, 2. OG

Abt Gregor Lechner (?/1543–58) gründet die Rüstkammer in Kremsmünster. Die fortschreitende Kriegstechnik bedingte ständig neue Ankäufe für die Verteidigung des Stiftes. Die dadurch nicht mehr benötigten „alten Waffen“ landeten in der Rüstkammer. Die heutige Aufstellung erfolgt **1963**. An der Ostwand Gewehre des 16. und 17. Jh. In der Mitte eine Trophäengruppe.

An Nord- und Südwand Kaiserbildnisse. Südwand, Kaiser **Ferdinand III.** und rechts sein Sohn Kaiser **Leopold I.**

Objekte aus den **Türkenkriegen** und aus den **Bauernaufständen**.

An der Westwand alte Glasfenster, **Anna Selbdritt**.

Fenster mit **hl. Petrus**.

Vorraum zur Bibliothek Dokumente zur Stiftsgeschichte: Rotelbücher, Professurkunden, Wappenbuch, Stiftungsurkunde der Ritterakademie aus 1744 mit dem Siegel von Maria Theresia.

Bibliothek

Abteitrakt, 2. OG, Südflügel

nach 1000 Abt Sigmar bekundet 60 vorhandene Bücher im Stift Kremsmünster.

1275–1325 Abt **Friedrich von Aich**. Unter ihm erreicht die **Schreibschule** den Höhepunkt.

1571–88 Abt Erhard Voit. Er baut die „neue Liberei“ über der alten Marienkapelle.

1644–1669 Abt **Placidus Buechauer**. Bis ca. 1800 erhalten alle Bücher das gleiche Aussehen: Vorne die Initialen des Abtes, rückseitig die Jahreszahl. Die Mittel für den Buchankauf werden deutlich erhöht.

1669–1703 Abt **Erenbert II. Schrevogl**. Bei der Neugestaltung des Stiftes durch **Carlo Antonio Carlone** wird die **heutige Bibliothek** gebaut, erstmals nördlich der Alpen in Form einer **Galerie-Bibliothek**. Portale verbinden die vier Räume mit einer Länge von insgesamt **65 m**. Die Fresken der **Gelehrten** in den Kartuschen malt der Münchner Hofmaler **Melchior Steidl**.

1704–09 Abt **Martin Resch**. Der Tischler **Balthasar Melber** aus **Enns** liefert die Einrichtung.

1777 Der Katalog zum Jubiläumsjahr weist **17 841 Bücher** aus. Handschriften, Inkunabeln und Bücher der Häretiker sind nicht eingerechnet.
2012 Der **Bestand** umfasst **210 000** Exemplare.

Bibliothek, **Benedikt-Saal**, Decke Predigt des Paulus in Athen und der 12-jährige Jesus im Tempel, wohl von Melchior Steidl.

Kleines Kabinett zwischen Benediktsaal und Lateinischem Saal, Decke **Die Göttliche Weisheit**, von einem anonymen Maler.

Lateinischer Saal

Decke König **Salomo und die Königin von Saba**.

In den Schauvitrinen u. a. der erste Band der **Aich-Bibel** aus dem frühen 14. Jh.
Heilsspiegel, um 1333 nahe dem Bodensee entstanden. Szenen aus dem Neuen Testament werden alttestamentlichen Vorbildern gegenübergestellt.
Stundenbuch zu Ehren der Muttergottes aus 1349.
Armenbibel, entstand um 1365 in Salzburg.
Psalterium (mittelalterliches Textbuch für Psalmen) von Abt Ulrich IV. Schoppenzaun aus 1465. Darin ist die älteste Ansicht der Stiftskirche.
Handbrevier aus dem Kloster San Zeno in Verona aus dem Jahr 1467.
Papst-Weissagungen des Abtes Joachim von Fiore aus dem 15. Jh.

Lateinischer Saal, Buch **Heilkunde-Praxis** aus 1715:

Vitrine mit wechselnden Dokumenten zur **Stiftsgeschichte** u. a.:
Briefe Stefan Fadingers. Er besetzt das Stift kurze Zeit im Bauernkrieg 1626.
Brief Wallensteins 1628 an Abt Anton Wolfradt, 1623–1630 auch Hofkammer-Präsident (Finanzminister).
Brief Adalbert Stifters, 1818–26 Schüler in Kremsmünster, an seinen Zeichenlehrer Riezlmayr.

Lateinischer Saal, **Seneca** über den Büchern „Historici profani".

Griechischer Saal

Globus, gefertigt 1825 von **Alan Hubinger**, Kaplan in Kematen, für Abt Josef Altwirth.

Griechischer Saal, Stuck von Girolamo Alfieri, Fresko **Thomas von Aquin** (1225–1274) über den Büchern der **Theologie**.

Griechischer Saal, Deckenfresken 1692 von **Christoph Lederwasch**: Gesetzgebung des Mose, babylonischer Turmbau und **Anfertigung der Septuaginta** (Übersetzung der Hebräischen Bibel in die altgriechische Alltagssprache um 250 in Alexandrien):

Akademische Kapelle

Konvikt-Nordflügel, 1. OG

Der Getreidekasten von 1610 wird 1739 in eine Kapelle umgebaut.

Stuck von Adam Atzlinger. **Deckenfresken Symbole der Tugenden Mariens** von **Wolfgang Andreas Heindl** (1693–1757) aus 1747.

Im 3. Fresko schwebt links oben Gottvater. Darunter der Spruch „Ipsum audite (Auf ihn sollt ihr hören)". Rechts der Hl. Geist mit dem Spruch „Ipsam adite (Ihr schließt euch an)". In der Mitte der junge Jesus vor seiner Mutter Maria, links und rechts die Gelehrten. Die Gelehrten sind bereits ein Hinweis auf den 1748 begonnenen Bau der Sternwarte als Bildungsstätte.

Hochaltarbild Weihe des hl. Benedikt von **Cyprian Wimperger**:

In den Nischen der Ostwand **Bilder** der **Apostel, Kirchenlehrer und Heiligen**, jeweils 7 in einem Rahmen, von **Johann Georg Bergmüller** (1688–1762), Schüler des Münchners Johann Andreas Wolff.

Sternwarte

Am oberen Meierhof vorbei führt der Gang nach Nordosten zum Gymnasium und zur Sternwarte.

1619 **Johannes Kepler** veröffentlicht seine **Harmonices mundi**, 5 Bücher zur Harmonik der Welt. **Abt Anton Wolfradt** finanziert die Veröffentlichung.

1744 Erzherzogin **Maria Theresia** (1717/40–80) stiftet für Kremsmünster eine **Ritterakademie**. Junge Adelige sollen durch eine solide Ausbildung auf ihre späteren Aufgaben als Grundherren vorbereitet werden. Die Ausbildung an einem Platz vermeidet die bisherigen Kosten der Kavaliersreisen zu unterschiedlichen Orten.

1748–58 Nach Plänen von Pater **Anselm Desing** wird der „**Mathematische Turm**" mit 8 Geschoßen errichtet. Das Konzept besteht in einer **mit den Stockwerken aufsteigenden wissenschaftlichen Gliederung der Sammlungen**.

1755 **Teileinsturz** des Gebäudes. Trotz Kritik der Marktbevölkerung lässt **Abt Alexander Fixlmillner** (1686/1731–1759) unbeirrt weiterbauen.

1789 Die **Ritterakademie** wird unter Kaiser Joseph II. **aufgehoben**.

1809 Der **Null-Meridian** für den österreichisch-böhmischen Kataster wird mit **Kremsmünster** festgelegt.

1845 Als **Null-Meridian** wird auch in Österreich der international gültige Standort **Greenwich** südlich von London übernommen.

1977 Zum 1 200-Jahr-Jubiläum erfolgt die heute bestehende **Neuaufstellung der Objekte**.

Die Sternwarte ist 50 m hoch und 28,8 m breit. Die Breite des Portals gibt das Maß für die 7 Fensterreihen. Das neungeschoßige Haus sollte nach dem Willen des Bauherrn ein **Universalmuseum** aufnehmen.

Von der **unbelebten Natur** (Mineralien und Versteinerungen im 2. Stock) über die **belebte niedere Natur** (Pflanzen und Tiere) kommt man zur **menschlichen Wissenschaft und Kunst** (früher waren Kunstkammer und Bildergalerie im 3. und 4. Stock). Über dem **Kosmos** (Observatorium im 6. Stock) kommt man endlich zur **Betrachtung Gottes** (Kapelle im 7. Stock).

Stiegenhaus:

Im **Erdgeschoß** ein **römischer Grablöwe**, Konglomerat-Nagelfluh, Herkunft unbekannt, 2. Jh. n. Chr.

Stiegenhauswände und in den Räumen: **240 Bildnisse** von **Mitgliedern der Ritterakademie**, mittelmäßige Werke meist von Johann Georg Morzer und Maria Katharina Gürtler.

Stiegenhaus, 3 Statuen der bedeutendsten **Astronomen**, 1779 von **Franz Xaver Keller**: Ptolemäus, Tycho de Brahe und Johannes Kepler. Im 1. Stock Statue **Ptolemäus** (100?–180?) für das **geozentrische Weltbild**. Laut dem Mathematiker und Astronomen aus Alexandria drehen sich Sonne und Planeten um die Erde.

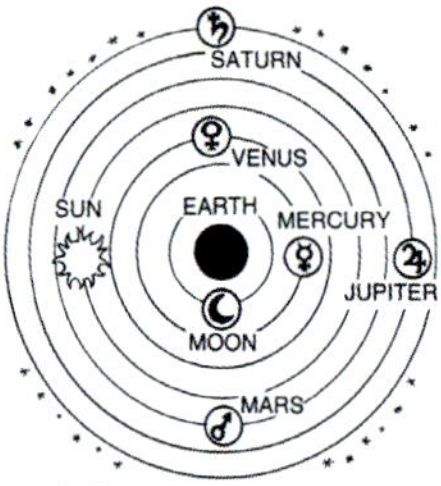

nach Pearson Scott Foresman

1. Stock:

Wetterkammerl mit einer seit 1763 bestehenden meteorologischen Station. Es ist die einzige Station Europas mit einer nunmehr 250 Jahre umfassenden Messreihe ohne Standort-Wechsel.

Geologische Sammlung mit Schwerpunkt Oberösterreich.

Sekundäre Gipsbildung aus Ebensee.

Paläontologische Sammlung, u. a. der 1645 bei Kremsmünster gefundene Mammutknochen.

Ichthyosaurier:

Höhlenbär aus der Lettenmaierhöhle bei Kremsmünster. Das Skelett wurde von Dr. Othenio Abel aus den Knochen verschiedener Tiere zusammengefügt.

Zwischen 1. und 2. Stock Statue **Tycho de Brahe** (1546–1601).

Der dänische Astronom entwickelt einen Kompromiss zwischen geo- und heliozentrischem Weltbild. Im Zentrum der Welt steht (noch) die Erde. Die anderen Planeten drehen sich jedoch um die Sonne.

2. Stock:

Mineralogisches Kabinett. Grundstock bildet die 1782 angekaufte Sammlung des **Roger von Rutershausen**.

Abt Ehrenbert Meyer lässt dafür die noch heute verwendeten klassizistischen Kästen anfertigen. Kleines **Kästchen** mit 13 Fächern. Darin **365 geschliffene Mineralien**, meist Halb- und Ganzedelsteine, alle im gleichen linsenförmigen Format, angefertigt **1739** von Pater **Sigmund Fellöcker**.

Zwischen 3. und 4. Stock Statue **Johannes Kepler** (1571–1630, siehe S. 134).

Nach dieser Statue wird die Statue für den **Kepler-Pavillon** beim Schloss Linz angefertigt.

Brahes präzise Daten ermöglichen Kepler die Fertigstellung der Rudolfinischen Tafeln. Er korrigiert das von **Nikolaus Kopernikus** (1473–1543) aufgestellte heliozentrische Weltbild: Die **Planeten-Bahnen** führen **elliptisch** und nicht kreisförmig um die Sonne.

3. Stock:
Im **physikalischen Kabinett** verdeutlichen Maschinenbau-Modelle, Mess- und Beobachtungsgeräte die **Doppelfunktion** der Sternwarte als **Forschungs- und Lehranstalt**.

Hughes-Telegraph, entwickelt ab **1855** als Vorgänger des Fernschreibers. Erstmaliger Einsatz 1885 zwischen Wien und Budapest.

Elektrisier-Maschinen

4. Stock:
Der ursprünglich von vier Säulen gegliederte **Hohe Saal** beherbergt **bis 1880** die **Gemäldesammlung** des Stiftes, heute im Abteitrakt. Jetzt ist hier die **botanische Sammlung**.

Decke, **Stuckreliefs** Personifizierung der Künste, 1768 von **Josef Ignaz Holzinger**, u. a. **Astronomie**.

Zoologische Sammlung u. a. Modell einer **Honigbiene**.

Glasmodelle maritimer Weichtiere, gefertigt von **Ludwig Blaschka** in Dresden.

Sammlung exotischer Tiere, zum Teil vom Linzer Arzt und Afrikaforscher Dr. August von Genczik (1810–1864).

Xylotheken, eine Holzsammlung in Buchform.

5. Stock:
Volkskundliche Sammlung, Bauernpaar aus Kremsmünster aus der Zeit um 1832.

Statue die **hl. Anna** lehrt ihre Tochter **Maria** das Lesen:

Kulturhistorische Sammlung, **ägyptische Mumien**, 1. Jh. v. Chr.

Römische Fundstücke.

Völkerkundliche Sammlung mit Stücken aus Ostafrika und Neuguinea.

6. Stock:
Astronomisches Kabinett. Der **astronomische Tisch**, der sogenannte ewige Kalender, eine Steinätzarbeit aus 1590 von **Andreas Pleninger** aus Regensburg.

Um den wohl von **Johannes Kepler** benutzten **Sextanten** gliedern sich vier Quadranten. Sie wurden für die Astronomen des Stiftes teils im Haus selbst hergestellt:

Sammlung von **Globen**.

Taschen-Sonnenuhren.

Bild **Placidus Fixlmillner** (1721–91), Jurist und Astronom, mit der von Maria Theresia 1744 ausgestellten Gründungsurkunde der Ritterakademie. Sein Onkel **Abt Alexander Fixlmillner** (1686/1731–1759) lässt die Sternwarte bauen.

Modelle der Sternwarte, angefertigt vom Benediktinerabt **Anselm Desing** aus Bayern, Planer der Sternwarte. Links der heutige Brückenturm, ursprünglich geplant als Sternwarte:

Der rote **Meridianstreifen** im Boden diente der Erstvermessung der eigenen Position des Observatoriums.

7. Stock:
Kapellenzimmer
Es verdeutlicht in der Konzeption des 18. Jh. den Aufstieg der Wissenschaft vom Ursprung zum Zielpunkt wissenschaftlichen Arbeitens. Das **Altarblatt** zeigt die **Vision Benedikts** vom Wesen der Welt.

Im **Antependium** wird die **Verfinsterung der Sonne während der Kreuzigung Christi** dargestellt. Der Astronom Dionysius Areopagita soll diese Erscheinung in Griechenland wahrgenommen haben.

Aussicht von der Terrasse im 7. Stock auf Stift, Kirche und auf den gegenüberliegenden Kalvarienberg.

Donau 2.842 km, zweitgrößter Fluss Europas nach der Wolga (3.530 km)							
rechts	links	km / Ufer	Ort	See-Höhe	Nebenfluss	Länge in km	Abfluss m³/sec.
Deutschland	Deutschland	**2.842**	Donaueschingen	686	Breg	46	
		2.588 li	**Ulm**	478			
		2.496 re	Rain		Lech	264	114
		2.412 li	Kelheim	343	Altmühl	220	16
		2.379 li	**Regensburg**	343	Regen	169	40
		2.282 re	Deggendorf		Isar	295	175
		2.225 re	**Passau**	312	**Inn**	518	**738**
Österreich		**2.223** re	Staatsgrenze rechtes Ufer				
	Österreich	**2.201** li	Jochenstein				
		2.135	**Linz**	266			
		2.112 re	Enns		Enns	254	195
		1.928	**WIEN** Reichsbrücke	160			
		1.884 re	Hainburg				
	Slowakei	**1.880** li	Devin		March	358	109
Slow.		**1.873** re					
		1.869	**BRATISLAVA**	149			
		1.853	Gabcikovo-Stausee				
Ungarn		**1.850** re					
		1.766 li	Komarno	110	**Vah**	403	152
		1.719 li	Sturovo		Hron	298	55
	Ungarn	**1.708** li			Ipel	233	21
		1.648	**BUDAPEST**	102			
		1.516 li	Kalocsa				
		1.447 re	**Mohac**	82			
Kr.	Serbien	**1.433**	Kroatien+Serbien				
		1.383 re	(Osijek)		**Drau**	749	**670**
Serbien		**1.296** re					
		1.255 li	**Novi Sad**	72			
		1.214 li			**Tisa**	**1.308**	**813**
		1.170 re	**BELGRAD**		**Save**	**945**	**1.722**
		1.150 li	Pancevo		Temes	340	47
	Rumänien	**1.075** li	Bela Crvka		Nera	124	
		1.043 re	**Eisernes Tor**				
Ru.		**1.021** re					
		863	Derdap, Kraftwerk 2				
Bulgarien		**846** re					
		692 li			Jiu	331	94
		636 re	Gigen		**Iskar**	368	54
		601 li			**Olt**	**737**	190
		597 re	Nikopol		Osam	314	
		495 re	**Russe**	29			
		432 li	Oltenita, **BUKAREST**		Arges	327	73
Rumänien		**374** re					
		231 li	Giurgeni		**Ialomita**	417	40
		155 li	**Galati**	5	**Sereth**	706	230
	Mo	**134** li	Moldawien		**Pruth**	**953**	110
	Uk	**133** li	Ismajil, Ukraine				
	Ru.	**80** li	Donau-Chilia-Arm			120	
		71 re	Tulcea				
		0 re	Sulina	0			6.700

Die **Stadt Linz** liegt an der **Donau** bei Stromkilometer **2.135**. Bei km **2.125**, ebenfalls noch im Stadtgebiet, mündet der Fluss **Traun** in die Donau. Mit einer Länge von **153 km** ist die Traun nur an **27. Stelle** der Donau-Nebenflüsse, mit einer Abflussmenge von **135 m³ pro Sekunde** jedoch an der **10. Stelle**.

Kunstbegriffe

* Fotos aus Wikipedia

Ädikula: rahmender architektonischer Aufbau um Portale, Fenster, Reliefs oder Gemälde. Grab von Papst **Benedikt XII.**, **Kathedrale** Notre-Dame in **Avignon**.

Akropolis: Die höher gelegenen und befestigten Teile antiker Städte mit ursprünglichem Burgcharakter wandelten sich später zu Tempelbezirken. Akropolis in **Athen**.*

Alcazar: spanische Bezeichnung für ein meist befestigtes Schloss. Die Paläste der Mauren in Spanien führen diese Bezeichnung ebenso. Alcazar in **Segovia**.*

Allegorie: ist die bildliche Darstellung von abstrakten Begriffen und Vorstellungen, meist durch eine Personifizierung des Begriffs. Darstellung der **Astronomie**, **Stift Kremsmünster**, Sternwarte, 4. OG.

Ambo oder **Bema**: Brüstung mit Lesepult an altchristlichen **Chorschranken**; an der **S-Seite** für die Lesung der **Epistel**, an der **N-Seite** für die Lesung des **Evangeliums**. Vorform der Kanzel.*

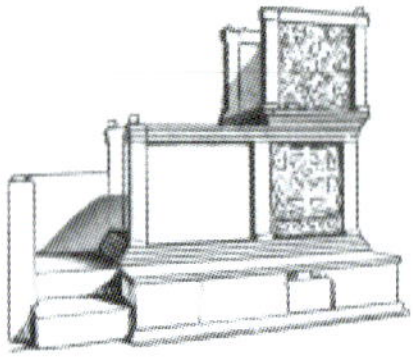

Antependium (von lat. ante = vor und pendere = hängen): ist ursprünglich ein reich verzierter und bestickter **Vorhang** aus Stoff vor oder an den Seiten des Stipes (**Altarunterbau**). Gebräuchlich sind diese Vorhänge seit dem 4. Jh. Im Mittelalter ist der Altar von der **Mensa** (Altarplatte) bis zum Boden oft nicht mit Stoff, sondern mit Holz, Edelmetall oder Stein verkleidet, häufig auch mit Verzierungen versehen. **Jakobsaltar** im **Dom** in **Pistoia** in der **Toskana**.

Apotheose: die Vergöttlichung eines Menschen, meist dargestellt durch das Aufsteigen in den Himmel. Huldigung an den **Friedenskaiser Karl VI. als Jupiter**, 1724 von **Bartolomeo Altomonte**, **Stift St. Florian**, Marmorsaal.

Apsis: ein meist halbrunder Raum, der sich zu einem Hauptraum öffnet. In der christlichen Baukunst ist das überwiegend der östliche Abschluss der Kirche. Apsis mit Kapellenkranz der Kirche **Saint Etienne** in **Nevers** in Burgund, 11. Jh.

Arabeske: ein **Ornament** mit ineinander verschlungenen Linien streng **stilisierter Pflanzenranken**, das ursprünglich aus **der islamischen Kunst** stammt. Eingang zur **Inci Minare Medresesi** aus 1265 in **Konya** im zentralen **Anatolien**.

Architrav: der Balken über einem Portal oder der Hauptbalken über Säulen oder Pfeilern, der den

Oberbau trägt. Tempel in **Segesta** in **Sizilien**.

Arkade: Laubengang, Bogenstellung auf Säulen oder Pfeilern, nur zum Hof hin geöffnet. **Säulen-Arkaden** der **Greinburg** in **Oberösterreich**.

Pfeiler-Arkaden im Stift **Vorau** in der **Steiermark**.

Atlant: eine menschliche Gestalt, die anstelle eines Pfeilers das Gebälk einer Wand oder eines Balkons trägt; benannt nach **Atlas**, der die Säulen des Himmels trug. **Palais Clam-Gallas**, Altstadt in **Prag**.

Attika: aus griechisch attikos = attisch, athenisch oder lateinisch atti(n)gere = angrenzen, berühren. Die Attika ist in der antiken Architektur ein über dem Kranzgesims (Sima) befindliches **Halbgeschoß** oder eine Abschlusswand zur Verdeckung des Daches. **Septimus-Severus-Bogen** in **Rom**, gemalt 1742 von Canaletto.

Auskragung: Vorspringen oder Vorkragen aus der Bauflucht
1. eines **Bauteils**, z. B. Kragstein (Konsole), Gesims oder Erker;
2. eines **Fachwerkgeschoßes**, um den Wohnraum zu erweitern.*

Azulejos: bunte, meist blau glasierte Kacheln. Sie wurden im 13. Jh. von den Mauren nach Spanien eingeführt. Azulejos im Kreuzgang von **Santa Chiara** in **Neapel**.

Baldachin: ein dachartiger Aufbau über einem Altar, einem Bischofsstuhl, einer Statue, einem Grabmal oder einem Eingang. Südportal von **Sainte-Cécile** in **Albi** in Südfrankreich.

Baluster (Docke, Togge): rundes oder vieleckiges **Säulchen** aus Stein oder Holz, meist stark geschwellt und profiliert, das eine **Brüstung oder ein Geländer** trägt. Eine solche Anlage heißt **Balustrade** und wird von **Postamenten** flankiert.*

Banderole: Bandrolle, **Spruchband**, Schriftband auf mittelalterlichen Bildern, besonders denen der Gotik, von Figuren gehalten oder frei im Bild. Ihr **Text erklärt** die dargestellte **Person oder Szene** oder gibt an, was die Person gerade zu sagen hat. Karner in **Hartberg** in der **Steiermark**.

Baptisterium: Taufkirche oder Taufkapelle; Baptisterium im romanischen Stil neben dem Dom in **Pistoia** in der **Toskana**:

Basilika: drei- und mehrschiffige Kirche, deren Mittelschiff breiter und höher ist als die Seitenschiffe.

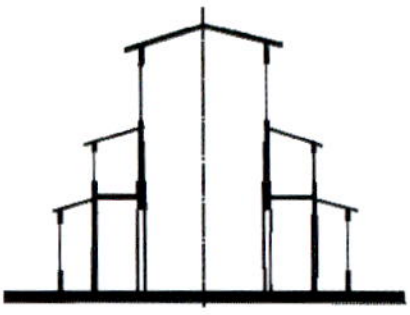

San Frediano in **Lucca**:

Basis: das untere, häufig breitere Element einer Säule, eines Pfeilers oder eines Pilasters. **Saint-Trophime** in **Arles** in der Provence.

Bettel-Ordenskirchen (Predigerkirchen, Oratorien): die Kirchen der **Franziskaner** (Barfüßer, Minoriten) und **Dominikaner** im 13. und 14. Jh. Der **Konzentration auf die Predigt** entspricht die Vereinfachung (Reduktion) der hochgotischen Formen. **Querhaus, Triforium und Türme entfallen** ganz. Das **Strebewerk** wird auf Strebepfeiler **am Chor** reduziert; **kleine Fenster** über ungegliederter Wandzone.*

Blendbogen: Die Bögen sind der geschlossenen Wand nur aufgelegt. Abbazia di **Vezzolano** in **Piemont**:

Bogenformen*

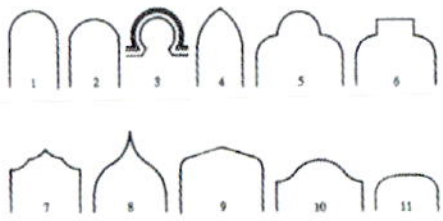

1 Rundbogen
2 Segment-Bogen
3 Hufeisen-Bogen
4 Spitzbogen
5 Kleeblatt-Bogen
6 Schulter-Bogen
7 Vorhang-Bogen
8 Kiel-Bogen
9 Tudor-Bogen
10 Konvex-Bogen
11 elliptischer Bogen

Bossenwerk oder **Rustika** Das Mauerwerk besteht aus Buckelquadern. Deren Ansichtsfläche ist nur roh behauen. Verwendet häufig im Erdgeschoß. **Hotel des Monnaies** (Münze) in **Avignon** mit Wappen von Papst Paul V.

Bozzetto: plastischer Entwurf einer Skulptur; meist aus Ton, Wachs oder Gips.

Butzenscheibe: meist **runde**, grünliche **Glasscheibe** in **Bleifassung** und mit einer Verdickung (Butze) in der Mitte. Im 15./16. Jh. als Fensterverglasung. Daher noch heute „Fenster-Scheibe" auch für rechteckige Gläser.

Chor: Hochaltarraum einer Kirche, früher durch einen Lettner (Trennwand) oder Triumphbogen vom Kirchenraum getrennt.*

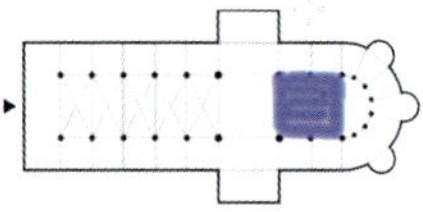

Dienst: **Viertel-, Halb- oder Dreiviertelsäule**, die einem tragenden Element (Pfeiler, Mauer) vorgebaut ist und sich in die **Rippen** des Gewölbes hinein fortsetzt, dessen Last der **Wanddienst** eigentlich trägt.

Dreikonchen-Anlage oder **Trikonos**: ein Bauwerk mit drei Konchen, also halbrunden Apsiden.*

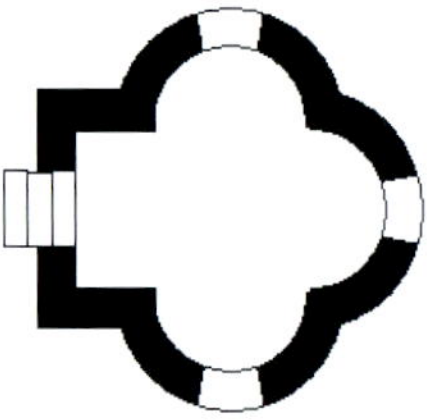

Empore: Tribüne oder **Galerie** im Kirchenraum, die entweder die Bodenfläche vergrößert, **bestimmte Gruppen** der Gemeinde absondert, z. B. Frauen, höfische Gemeinde, Nonnen (Nonnenchor = Prieche, gewöhnlich im Westen) oder vornehmlich die **Wand gliedert**. Emporen über

Arkaden in der Kirche **Karl Borromäus** in **Antwerpen**.

Epistel-Seite: die vom Westeingang aus rechte, also die **südliche Seite** der Kirche und des Altars, weil auf dieser Seite die Epistel verlesen wird. Sie wird auch die **Männerseite** genannt, weil seit dem Mittelalter dort gewöhnlich die Männer sitzen. Auf der Nordseite ist die **Evangelien-Seite**.

Epitaph: Erinnerungsmal für einen Verstorbenen (Inschrift, figürliche Darstellung), kein Grabmal! Ehemalige Stiftskirche in **Stainz** in der **Steiermark**.

Erker:
Polygonal-Erker am **Altstädter Rathaus** in **Prag**.

Ein geschlossener Ausbau an der Fassade oder Hausecke. Er ist **meist ohne Verbindung mit dem Erdboden**, kann aber über mehrere Stockwerke reichen.

Estrade oder Tribüne: **Erhöhung des Bodens** um eine oder mehrere Stufen im Rauminnern, z. B. vor einem Thron (Kathedra), Altar, Grabmal, im Erker usw.

Evangelisten-Symbole: **Matthäus**: Engel, **Johannes**: Adler, **Markus**: Löwe, **Lukas**: Stier. Chor in **Maria Pöllauberg, Steiermark**.

Exedra: halbrunde oder rechteckige Nische mit Sitzplätzen. **Eremitage** in **St. Petersburg**:

Fachwerk*

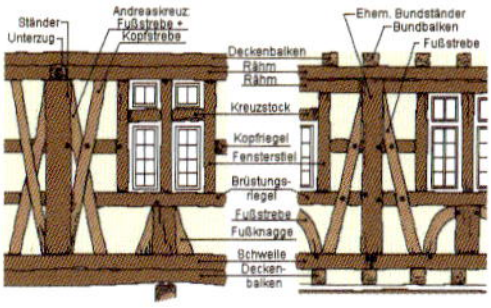

Skelettbauweise, bei der die tragenden Rahmenwerkteile der Wände aus **Holzbalken** gebildet werden. Die Fächer dazwischen sind mit Lehm oder Ziegelsteinen gefüllt. Besonders in England, Deutschland und Frankreich verbreitet, seit dem 7. Jh. bezeugt, **Blüte im 16. Jh.**

Fassade (lat. facies = **Gesicht**): die **Schauseite** eines Bauwerks. Manche Gebäude haben 2 Fassaden: Barockschloss mit Stadtseiten- und Gartenseiten-Fassade. Die Querschiffsfassaden an gotischen Kathedralen sind meist weniger gegliedert als die **Westfassade**. Verwendung auch bei Wohnhäusern, die an zwei Straßen liegen. Meist spiegelt die Fassade die **innere Gliederung** des Gebäudes wider. **Saint-Giles** in **Südfrankreich**.

Fayence: bemalte Tonwaren mit Wasser undurchlässiger, undurchsichtiger Zinnglasur. Benannt nach der Stadt **Faenza** in der Emiglia Romana. Dort heißen sie jedoch **Maiolica**, weil sie über Mallorca (**Aculejos**) nach Italien kamen.

Fiale (griech. phiale = **Gefäß**): schlankes, spitzes gotisches **Ziertürmchen** als **Pfeileraufsatz** an Türmen und Wimpergen.*

Flamboyant: die letzte Stilepoche der Spätgotik in England und Frankreich; gekennzeichnet durch Überlänge bestimmter Formen des Maßwerkes. „Judenpforte“ von **Saint-Siffrein** in **Carpentras**, **Provence**.

Forum: Marktplatz der antiken Stadt; politischer Versammlungsort und Zentrum der Rechtsprechung.

Fries: waagrechter Architekturteil zur Gliederung z. B. einer Fassade mit Ornamenten oder Figuren. Abtei **Saint Giles** in **Südfrankreich**.

Fresko: **Wandmalerei**, bei der mit Kalkwasser angerührte Farbe auf den noch **feuchten Putz** aufgetragen wird. Tanz der Salome im **Dom** von **Prato**, ab 1452 von Filippo Lippi.

Gebundenes System: Das Quadrat der **Vierung** bildet die Maßeinheit. Links und rechts kommen die Quadrate des Querschiffs, gegen Osten das Chorquadrat. Das Langhaus besteht aus mehreren Quadraten. **St. Michael** in **Hildesheim** in **Deutschland**.*

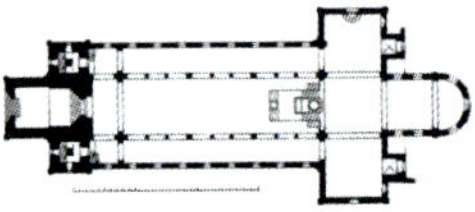

Gesims: vorspringendes, meist horizontal verlaufendes Gliederungselement. **Herzogspalast** in **Nevers** in **Burgund**.

Gewände: eine Schnittfläche, die entsteht, wenn ein **Fenster oder Portal schräg** in die Wand geschnitten wird. Durch senkrechten Einschnitt entsteht eine **Laibung** (Leibung). Kathedrale **Sainte-Marthe** in **Tarascon** in der **Provence**.

Gewölbeformen:
Tonnen-Gewölbe: ein Gewölbe mit halbkreisförmigem Querschnitt.*

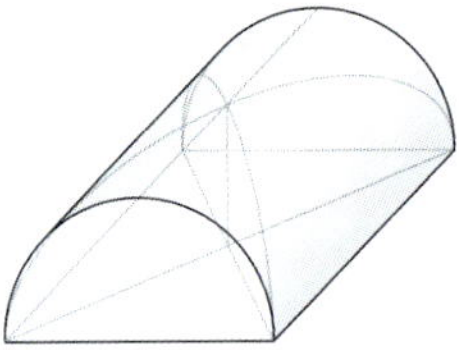

Kreuzgrat-Gewölbe:
Es entsteht bei der meist rechtwinkeligen Durchdringung zweier Tonnen-Gewölbe. An den Schnittpunkten der Gewölbe bilden sich **Grate**.*

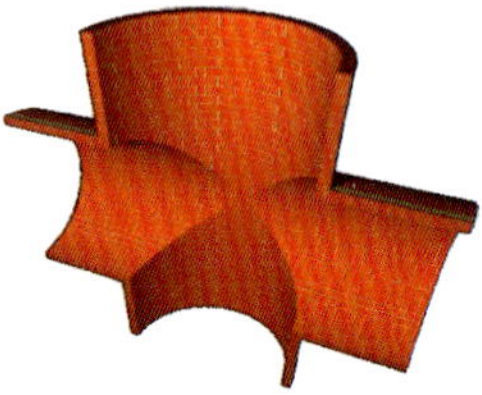

Kreuzrippen-Gewölbe: ein Kreuzgrat-Gewölbe mit einer tragenden Skelett-Konstruktion entlang der Grate. **Saint-Denis** in **Paris**.

Fächer-Gewölbe: Die Rippen bilden auf dem Gewölbe wahre Fächer. **Musèe de Cluny** in **Paris**, Decke der Kapelle.

Gobelin: ein nach einer französischen Färberfamilie benannter Bildteppich.*

Ältestes Beispiel eines Gobelins ist der **Teppich von Bayeux** mit der Darstellung der Eroberung von England 1066: Wilhelm der Eroberer, Herzog der Normandie und ab 1066 auch König von England, umgeben von seinen Halbbrüdern Odo und Rotbert.*

Gotischer Wandaufbau*

1 Mittelschiff
2 Seitenschiff
3 Bündelpfeiler
4 Triforium
5 Obergaden
6 Gurtbogen
7 Strebebögen
8 Strebepfeiler
9 Fiale

Grisaille (französisch gris = grau): eine **Malerei aus grauen/braunen Farbtönen**, häufig zur raffiniert vorgetäuschten Darstellung von Plastiken und Stuck. Der bestechliche Richter am **Alten Rathaus** in **Prachatice** in **Böhmen**.

Hallenkirche: Die Schiffe des Langhauses sind, im **Gegensatz** zur **Basilika**, gleich hoch. Pfarrkirche in **Scheibbs** in **Niederösterreich**:

Ikone: Sie ist das Kultbild der Ostkirchen, besonders der orthodoxen Kirche nach byzantinischem Ritus; meist auf einer Holztafel gemalt. Heilige Dreifaltigkeit von **Andrej Rubljow** (1360?–1430), Tretjakow-Galerie in **Moskau**.*

Ikonografie: Lehre der Sinndeutung von Bildinhalten.

Ikonostase (griech. Standplatz des Bildes): **Mariae-Verkündigungs-Kathedrale** im Kreml in **Moskau**.*

Sie ist die in orthodoxen Kirchen mit **Ikonen** geschmückte **Schranke** zwischen Chor und Gemeinderaum.

Intarsien: Einlegearbeiten mit verschiedenfarbigen Materialien, z. B. Holz, Stein, Elfenbein. Chorgestühl von **Sant'Andrea** in **Vercelli** in **Piemont**.

Kalotte: der gewölbte Teil der **Apsis**.

Kämpfer:
1. **Zone zwischen Stütze** (Mauer, Pfeiler, Säule) **und Bogen** oder Gewölbe. Als vorspringende Tragplatte ist es ein **Kämpfer-Gesims**. Klosterkirche in **Denkendorf** in **Württemberg**.*

2. **Aufsatz über** frühchristlichen und ottonischen **Kapitellen**, oft in Form eines Pyramidenstumpfs. **Santa Maria di Cerrate** bei **Lecce** in **Apulien**.

3. **Querstab** aus Holz oder Stein, der Fenster (oder Türen) unterteilt. Er bildet mit dem **senkrechten Setzholz** das **Fensterkreuz**.

Kapitell (lat. Capitellum = Köpfchen): oberer Abschluss von Säulen, Pfeilern oder Pilastern.

Dorisches Kapitell
Es besteht aus einem flachen Wulst und einer Platte.*

Ionisches Kapitell
Ein beiderseits eingerollter Voluten-Körper liegt über einem flachen Wulst.*

Korinthisches Kapitell
Es besteht aus übereinander angeordneten Akanthus-Blättern.*

Toskanisches Kapitell
eine Abart des dorischen Kapitells.*

Komposit-Kapitell
Kombination aus ionischem und korintischem Kapitell. **Rathausplatz** in **Weitra**.

Sattel-Kapitell
ein rechteckiges Kapitell, das anstelle eines Bogens eine kleine Tonne stützt. **Dom** in **Bitonto** in **Apulien**.

Kanzel: Sie entwickelte sich aus dem **Ambo**, einem Pult an den Chorschranken, von dem aus das Evangelium verlesen wird. **Dom** von **Barga** in der nördlichen **Toskana**.

Karner (lat. carnarium = **Beinhaus**): eine meist zweigeschoßige **Friedhofskapelle**, deren **Untergeschoß** ausgegrabene **Gebeine**, deren **Obergeschoß** den **Altarraum** enthält. In der Romanik Zentralbau mit Ostapsis, in der Gotik auch als langgestreckte Kapelle. Romanischer **Karner** in **Mauthausen** in **Oberösterreich**.

Kartusche: Zierrahmen für einen Text, ein Portrait oder ein Wappen. Kartuschen in der **Sporgasse** in **Graz**:

Kathedra (griech. **Sitz**): **Bischofsstuhl** in der Kirche. Die Kathedra befindet sich in altchristlicher Zeit im Scheitel der Priesterbank **in der Apsis** hinter dem Altar, seit dem Mittelalter erhöht auf der **Evangelienseite** im Chor, meist prächtig verziert und mit Baldachin. Stuhl von Elias, Bischof ab 1089, in **San Nicola** in **Bari** in **Apulien**.

Kathedrale: Bischofskirche, benannt nach der Kathedra.

Kolonnade (frz. colonne = **Säule**): Säulengang mit waagrechtem Gebälk (Architrav) im Unterschied zur Arkade. Kolonnaden vor der **Peterskirche** in Rom, gebaut von **Gian Lorenzo Bernini** (1598-1680).

Kolossal-Ordnung (griech. kolossos = **Riesenbildsäule**): **Säulenordnung**, die über **mehrere**, meist zwei **Stockwerke** greift. Wurde von Michelangelo und Palladio entwickelt. **Villa Pisani** in **Stra** in **Venetien**, 1736 von Francesco Preti:

Konche (griechisch konche, latein concha = Muschel): 1. **halbrunde Nische**, in der Regel mit einer **Kalotte**; 2. halbrunde **Apsis**.

Konsole: aus der Mauer vorspringender **Tragstein** (Kragstein) für Balkone, Figuren, Balken, Dienste usw., beim Holzbau (Fachwerk) auch **Knagge** genannt. Oft ornamental oder häufig mit grotesken Figuren geschmückt. Palazzo in **Noto** in **Sizilien**.

Kreuzgang: der in Arkaden geöffnete Gewölbegang um den Klosterhof, benannt nach den Kreuz-Prozessionen. **Sant'Andrea** in **Vercelli** in **Piemont**, gebaut im 13. Jh.

Die runden Bögen des Kreuzganges stammen aus der Zeit der Renaissance.

Krypta: unterirdisch angelegter Raum unter dem Ostabschluss einer Kirche. Krypta in **San Clemente a Casauria** in den **Abruzzen**.

Langhaus: der lang gestreckte Teil einer Kirche zwischen (meist westlicher) Eingangswand und Chor.

Langobardische Kunst: Die Langobarden herrschen von 568 bis 774 in Oberitalien. Sie vereinen germanische, römische, altchristliche und byzantinische Stilelemente. **Tempietto Langobardo** in **Cividale** in **Friaul**.*

Laterne: runder oder vieleckiger Aufbau mit Fenstern auf einer Kuppel, Decke oder Gewölbeöffnung. Laterne der **Kuppel** der **Peterskirche** in **Rom**, von **Michelangelo** (1475–1564).

Lettner (lat. lectionarium = **Lesepult**): **Trennwand** zwischen dem **Chor** für die Kleriker und dem **Mittelschiff** für die Laien. **Seit dem 13. Jh.** üblich. Der Lettner hat einen oder mehrere Durchgänge und eine über Treppen zugängliche Bühne für die Sänger mit einer Brüstung. Auf dieser steht das Lesepult, das der Anlage den Namen gibt. Die meisten Lettner werden nach dem Mittelalter zerstört, weil sie den Blick auf das Messopfer verwehren. Lettner von **Notre Dame** in **Kerfons** in der **Bretagne**.

Lisene: Flacher, senkrechter, schmaler Mauerstreifen zur Wandgliederung ohne Basis und ohne tragende Funktion. Hof in **Stift Zwettl** in **Niederösterreich**.

Loggia (Laube): ein überdeckter Bogengang vor dem (Erd-)Geschoß eines Gebäudes. **Ospedale del Ceppo** mit Terrakotta-Fries „Die sieben Werke der Barmherzigkeit" in **Pistoia** in der **Toskana**.

Lünette (französisch la lunette: Verkleinerungsform von **Mond**): halbkreisförmige oder **kreissegmentförmig** gerahmte Wandfelder (Bogenfelder) **oberhalb von Türen** und Fenstern. Sie sind häufig mit malerischem oder plastischem Schmuck versehen. Auch **bogenförmige Bildtafeln** in einem Flügelaltar und halbkreisförmige Bildfelder werden Lünetten genannt. **San Domenico** in **Casale Monferato** in Piemont in Italien.

Mäander: ein rechtwinklig gebrochenes, bandartiges Ornament, benannt nach der Form des gleichnamigen Flusslaufs. **Karner** in **Hartberg** in der **Steiermark**.

Maestà: Darstellung der von Engeln und Heiligen umgebenen thronenden Madonna samt kniendem Stifter. Abtei **San Michele** im Susatal in **Piemont**.

Maßwerk: Bauornament aus **geometrischen Formen**.* Kreis, Pass, Blatt, Schneuß, Wabe und in deren Öffnungen einspringende Nasen. Ursprünglich als Lochformen im steinernen Bogenfeld über zwei, von einem gemeinsamen Bogen überfangenen Fenstern (**negatives Maßwerk**) oder als **Radfenster** schon seit der Spätromanik. Das Maßwerk dient auch der Gliederung von Rundfenstern, Giebeln, Wimpergen, Brüstungen oder Turmhelmen.

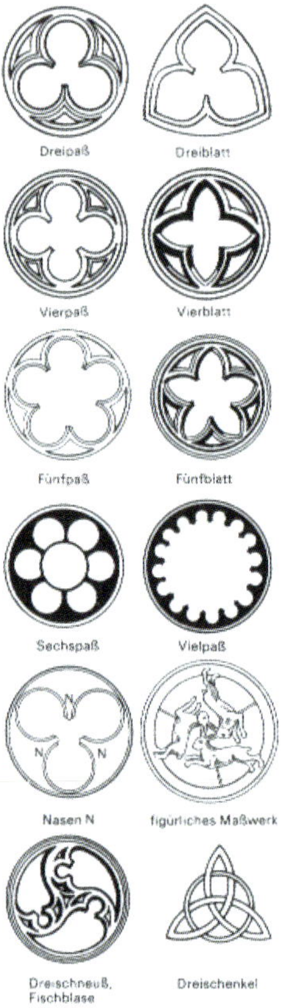

Blendmaßwerk ist einer geschlossenen Wand vorgeblendet.
Schleierwerk = freistehendes, offenes Maßwerk vor einer Wand oder Nische.

Mandorla: mandelförmiger Heiligenschein, der bei Christus-Bildern die ganze Figur umgibt; **Sant'Andrea** in **Pistoia** in der **Toskana**.

Mater dolorosa: Darstellung der unter der Passion Christi leidenden Muttergottes. Deren Brust ist von einem Schwert durchbohrt. Pfarrkirche **Windhaag** bei Perg in **Oberösterreich**.

Maureske: Ornament aus **streng stilisierten Pflanzen**, islamisch nach hellenistischen Vorbildern, wird seit der Renaissance wieder angewandt.*

Maurische Kunst: **Löwenhof** in der **Alhambra** in **Granada**, errichtet im 13. Jh.*

Während der Herrschaft der Berber in Nordafrika und Spanien entwickelt sich vom 12. bis zum 15. Jh. dieser Zweig der islamischen Kunst.

Mausoleum: ein monumentales Grabmal in Gebäudeform. Der Name leitet sich von König **Mausolos** (?/377 –353) von Karien ab, der in Halikarnassos sein Grabmal baut. Leeres Mausoleum des **Theoderich** in **Ravenna**:*

Mosaik: verschiedenfarbige Teile aus Stein oder Glas werden zu einem Bild zusammengefügt. Apsis im **Dom** von **Cefalu** in **Sizilien**.

Musen: Die **neun Töchter des Zeus** werden häufig mit ihren Attributen dargestellt:
Erato, Liebesdichtung
Euterpe, Musik
Kaliope, epische Dichtung
Klio, Geschichte
Melpomene, Tragödie
Polyhymnia, Gesang
Terpsichore, Tanz
Thalia, Kömödie
Urania, Astronomie

Narthex oder Paradies (griechisch paradeisos = Park): dient der Läuterung vor dem Kirchengang.
1. **Atrium**: ein mit Säulen umgebener **Vorhof** einer altchristlichen Basilika.
2. **Vorhalle der Kirche**, oft mit Bauplastiken versehen. Narthex von **San Lorenzo vor den Mauern** in **Rom**.

Nothelfer: Zentrum der Verehrung der 14 Nothelfer/-innen ist die Basilika **Vierzehnheiligen** im Norden von **Bayern**.*

Die **14** Nothelfer/-innen werden meist mit ihren Attributen dargestellt:

Achatius mit **Dornenkrone** oder Kreuz: Er wird mit 10 000 Soldaten mit Dornenästen unter Kaiser Hadrian (76/117–138) am Berg Ararat in Anatolien zerfleischt, weil sie sich weigern, das Christentum aufzugeben.

Ägidius, späterer Abt von St. Gilles. Der Westgoten-König Wamba jagt eine Hirschkuh. Ädigius stellt sich schützend davor und wird vom Pfeil getroffen. Aus Reue stiftet der König das Kloster Saint-Gilles in der Provence.

Barbara: Ihr Vater sperrt sie in einen **Turm**, weil sie keinen Heiden heiraten will. Mit dem Schwert stirbt sie 310 unter Kaiser Maximinus Daja. Barbaras Vater trifft am Richtplatz seiner Tochter der Blitz.

Blasius, dargestellt mit **gekreuzten Kerzen** oder mit eisernen **Kämmen**: Mit Kämmen wird er 316 als **Bischof von Sebaste** in **Armenien** erschlagen.

Christophorus mit dem **Jesuskind** auf seinen Schultern.

Cyriak mit dem (gefesselten?) Teufel, den er den Ungläubigen austreibt. Er erleidet unter Kaiser Diokletian um 305 sein Martyrium.

Dionysius mit **abgeschlagenem Kopf** in der Hand: Der Bischof von Paris erleidet nach 250 den Martertod.

Erasmus mit **Winde**, mit der ihm seine Gedärme herausgezogen wurden.

Eustachius: Der römische Heerführer hat eine Vision von einem **Hirschen mit weißem Kreuz**. Daraufhin lässt sich Eustachius taufen. Unter Kaiser Hadrian wird er in einem **glühenden Ofen** verbrannt. Im Mittelalter wird er mit dem **hl. Hubert** verwechselt, nördlich der Alpen von diesem sogar verdrängt.

Georg: Nach der Legenda Aurea des Jacobus de Voragine (vor 1264) wütet in Silena in Libya ein **Drache**, der jeden Tag ein Menschenopfer verlangt. Als das Los auf die Königstochter fällt, besiegt Georg den Drachen (nach dem Vorbild des hl. Michael aus der Geheimen Offenbarung). Unter Diokletian (?) erleidet Georg den Märtyrertod.

Katharina von Alexandrien mit dem **Rad**, das bei ihrer Folterung **zerbricht**. Getötet wird sie durch das **Schwert**.

Margareta: Dargestellt wird die Tochter eines Heiden aus Antiochia mit dem **Drachen an der Kette** (= Teufel), weil sie alle Marter unter Diokletian überwindet. Dann wird sie enthauptet.

Pantaleon: Der Leibarzt von Kaiser Maximian spendet den Armen unentgeltliche Hilfe. Wegen seines Glaubens werden seine **Hände aufs Haupt genagelt**.

Vitus: Der Vater des siebenjährigen Vitus will diesen vom Christentum abhalten und erblindet deshalb. Vitus flieht mit seinem **Erzieher Modestus** und seiner **Amme Crescentia**. Unter Diokletian überleben alle drei vielfache Folter. Dargestellt wird Vitus mit dem **Hahn** als Symbol des Auferstandenen als Sieger über den Tod oder mit einem **Kessel**, weil er auch das Kochen in einem Kessel übersteht. Im Angedenken an ihn wird u. a. in **Prag** der **Veitsdom** erbaut.

Nekropolen: außerhalb der Orte angelegte Friedhöfe.

Nimbus:
Heiligen- bzw. Glorienschein; ein **runder** Lichterkranz, der eine göttliche oder heilige Figur umgibt. **Keranlik-Kirche** in **Göreme** in **Kappadokien**.

Ein **eckiger Nimbus** wurde verwendet, wenn die Person zum Zeitpunkt der Darstellung noch lebte. Papst **Pascalis I.** in **Santa Prassede** in **Rom**.*

Obergaden:
der obere Wandabschnitt des Mittelschiffs, der über die Seitenschiffe hinausgeht, oft versehen mit Fenstern. **Münster Bad Doberan** in Mecklenburg-Vorpommern samt gotischen Strebepfeilern, gebaut 1270–1368:

Oktogon:
Bauwerk mit achteckigem Grundriss; **Castel del Monte** in Apulien, erbaut unter Kaiser **Friedrich II.** (1194/1212–1250).*

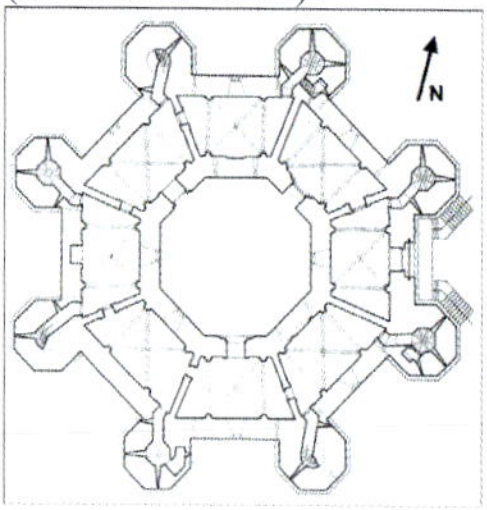

Palladio-Motiv:
Andrea Palladio (1508–1580) erweiterte das **Serlio-Motiv** zu einer kurzen Tonne. Dadurch wurden jeweils Doppelsäulen erforderlich. Fassade der **Basilika Palladiana** in **Vizenca**.

Pendentif: Eck- oder Hängezwickel; Gewölbeteilstück in Gestalt eines sphärischen Dreiecks zur Überleitung von quadratischem Grundriss zu rundem Fußkreis einer Kuppel (siehe **Tambur**).

Pentagon: Bauwerk mit fünfeckigem Grundriss.

Peristyl: der von Säulen umgebene **Innenhof** des antiken griechischen Wohnhauses; Haus der **Vetier** in **Pompeji**:*

Perpendicular Style:
englische Spätgotik von 1300 bis 1500; Kennzeichen: senkrechte Stabwerk-Gliederungen und Fächergewölbe. Grab von **Eduard II.** (1284/1307–1327) in der **Kathedrale** von **Gloucester** in **England.***

Pfeiler: Stützglied über rechteckigem oder polygonalem (mehreckigem) Grundriss. Ein **Riesenpfeiler** geht über mindestens zwei Geschoße.

Pietà oder Vesperbild:
Darstellung der trauernden Madonna mit dem Leichnam Christi. **San Pietro** in **Avigliana** in **Piemont**.

Pietra dura oder Florentiner Mosaik: Einlegetechnik, bei der Halbedelsteine mit Marmor, Perlmutt, Korallen u. a. zu ornamentalen Platten zusammengesetzt werden. **Papst Clemens VIII.**, 1600 von Jacopo Ligozzi und Romolo di Francesco Ferrucci del Tadda:*

Pilaster: ein in den Mauerverbund eingearbeiteter **Halbpfeiler**. Ein Pilaster kann eine tragende statische Funktion haben. Sein Zweck ist die **vertikale Gliederung** von Außen- oder Innenwandflächen. Im Gegensatz zur Lisene hat ein Pilaster **Basis** und **Kapitell**. **Stiftskirche** in **St. Florian** bei Linz.

Plateresken-Stil

Ein Stil der **spanischen Spätrenaissance** von 1430 bis 1600 (platero = Silberschmied). Er verbindet gotische und maurische Elemente mit der italienischen Frührenaissance. **Universität** von **Salamanca** in Spanien.*

Portikus: eine von Säulen getragene Vorhalle, die der Hauptfront eines Gebäudes vorgelagert ist; häufig von einem Dreiecksgiebel überfangen. **Sacro Monte** von **Oropa** in **Piemont**, 4. Hof mit neuer Kirche.

Polyptichon: ein Altarbild mit mehr als drei Bildern; Retabel von Bernardo Zenale & Bernardino Butinone in **San Martino** in **Treviglio** in der **Lombardei**.

Presbyterium: ein früher den Priestern vorbehaltener Raum um den Altar einer Kirche (Chor).

Predella
1. Stufe oder Sockel, auf dem der Altaraufbau steht.
2. Kleine Bilder bzw. Schnitzereien unterhalb der Altarbilder. Altarbilder samt Predella von Andrea **Mantegna** (1431–1506) in **San Zeno** in **Verona**:

Propylon: ein **Torbau**, der in den durch Mauern umgrenzten Bezirk (Temenos) griechischer Heiligtümer oder in andere öffentliche Gebäude führt. Für bestimmte Torbauten wird auch die **Pluralform Propyläen** verwendet. **Isis-Tempel** auf der Insel **Agilkia** im alten Nilstausee südlich von **Assuan** in **Ägypten**.

Purismus: das **engherzige Streben nach absoluter Stilreinheit**. Richtet im 19. Jh. große Schäden an, als in gotischen Kirchen zahlreiche kostbare Ausstattungsstücke aus späteren Stilepochen zerstört und durch neugotische Werke ersetzt werden.

Pylon: eine **große Toranlage** vor **einem Tempel**, durch die der Weg zum Eingang hindurchführt. Es gibt auch Pylone, die aus einem einzigen massigen Bau bestehen. **Horus-Tempel** in **Edfu** in **Ägypten**.

Quadriga: der mit vier Pferden bespannte Streitwagen der Griechen; später die Bekrönung von monumentalen Bauwerken.

Brandenburger-Tor in **Berlin**, errichtet von 1788 bis 1791 von Carl Gotthard **Langhans**.

Foto: Thomas Wolf

Querhaus: zwischen Langhaus und Chor eingeschobener Querbau, durch den der Kirchengrundriss eine Kreuzform erhält.*

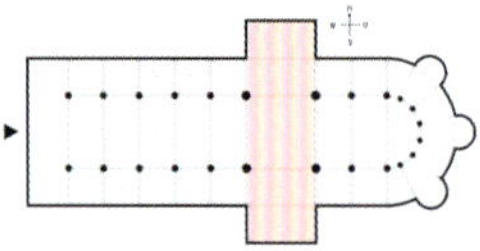

Refektorium: Speisesaal der Mönche im Kloster. Abtei **Staffarda** südlich von **Turin**.

Relief: eine aus einer Wand-Fläche herausgearbeitete **plastische Form**, die jedoch stets mit dem Hintergrund verbunden ist. Kreuzweg um 1500 von Francesco Laurana, **Avignon**, **Saint-Didier**.

Reliquiar (lat. reliquia = Rest): ein **Behälter**, in dem **Überreste** des **Leichnams** eines Heiligen oder **Gegenstände** aus seinem Leben aufbewahrt werden. Hauptform ist der **Reliquienschrein**, dessen klar gegliederte Felder oft mit Gold- oder Silberfiguren, Email und Edelsteinen reich geschmückt sind (bes. vom 12. bis 15. Jh.). **Drei-Königs-Schrein** im **Kölner Dom**:*

Retabel: jeder **Altaraufsatz** (im deutschen Sprachgebrauch oft einfach mit Altar gleichgesetzt). Hierbei handelt es sich um eine Schauwand, die entweder direkt auf die Mensa eines Altars (mit oder ohne Predella) aufgesetzt ist, auf einem separaten Unterbau hinter dem Altartisch aufgestellt oder an der Wand hinter dem Altar befestigt ist. Altar-Retabel von **Carlo Crivelli** (1430?–1500?), **National Gallery London***

Rocaille: muschelförmiges Ornament, häufig in Verbindung mit Blatt- und Ranken-Dekorationen. Rocaille im Salon der **Greinburg** in **Oberösterreich** mit der Darstellung des Hosenband-Ordens.

Rosette: eine alte Zierform als stilisierte kreisförmige Blüte; häufig als Fenster auf der Kirchen-Westfassade. **Dom** von **Troia** in **Apulien**.

Rundbogen-Stil: ein Baustil des **späten Klassizismus** in **Deutschland** Mitte des 19. Jh. Die schlichte und streng geordnete Fassaden-Architektur hatte ihre Vorbilder in der klassischen **frühchristlichen Romanik** und in der **antiken Baukunst**. **Polytechnikum** in **Karlsruhe**, gebaut ab 1833.

Foto: James Steakley

Rustika (siehe auch Bossenwerk): Mauerwerk aus grob behauenen **Bossenquadern**, deren sichtbare Seiten unbearbeitet bleiben.

Sakramentshaus
1. In der **Gotik** ein **freistehendes zierliches Gebäude** auf einem Sockel, mit reichem Gesprenge, und wie z. B. in Ulm bis 28 m hoch. Sakramentshaus in **Kortrijk** in **Westflandern**:*

2. Das Sakramentshaus ist auch ein steinernes Gehäuse zur **Aufbewahrung der geweihten Hostie**, meist auf der **Epistel-Seite rechts** neben dem Altar.
3. Eine **vergitterte Nische**. Das **Konzil von Trient** (1545–1563) ordnet die Unterbringung der Hostie im **Tabernakel** auf dem Altar an und macht das Sakramentshaus überflüssig.
Das **2. Vatikanische Konzil** (1962–1965) lässt seinen Gebrauch wieder zu.

Säule: ein Stützglied mit kreisförmigem Querschnitt.

Säulen-Basilika:
Die Kirchen-Schiffe sind durch Säulen getrennt und nicht durch Pfeiler oder durch Wände. **Dom** von **Otranto** in **Apulien**, gebaut ab 1080:

Säulen-Ordnung: je nachdem, welche Kapitelle den (oberen) Säulen-Abschluss bilden, entsteht eine **dorische**, **ionische** oder **korinthische** Säulen-Ordnung:*

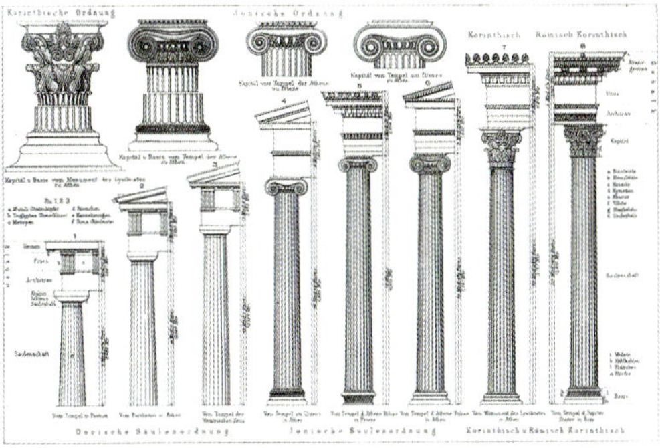

Schaft: Rumpf einer Säule ohne Basis und ohne Kapitell. Der Schaft besteht aus **einem Monolith** oder aus **mehreren Trommeln**. Häufig werden nach oben sich verjüngende Trommeln verwendet.

Schein-Architektur: Durch Malerei oder Relief vorgetäuschte Architekturteile an Wänden und Decken, die den Innenraum meist illusionistisch erweitern. Josephslegende auf der Decke im **Stift Rein** bei **Graz**.

Serlio-Motiv: Sebastiano **Serlio** (1475–1554) entwickelt sein Motiv: 2 Säulen (oder ein Pfeiler und eine Säule), gedeckt von einem Architrav; ein Bogen spannt zum nächsten Feld, wieder mit Säule und Pfeiler samt Architrav. Innenhof der Galerie **Brera** in **Mailand**:*

Sgraffito: Nach Auftragen verschiedenfarbiger Putzschichten entsteht das Bild durch „Abkratzen“. **Fürstenhaus** in **Prachatice** in **Böhmen**.

Solitüde oder Lustschloss: Ein kleines Schloss abseits der Residenz, nur für die private Nutzung des Herrschers bestimmt. **Favorite** in **Ludwigsburg**:*

Spolien: Bauteile aus älteren Bauwerken, die später neu verwendet werden; z. B. antike Säulen in mittelalterlichen Kirchen.

Stele

Foto: Jochen Janke

Ein aufrecht stehender, meist reliefierter und mit Inschriften versehener **Gedenk-** oder **Grabstein**. Totenlaterne in **Fenioux** in **Frankreich**.

Stoa: ein auf einer Seite geschlossener **Säulengang** oder auch eine **Säulenhalle**; rekonstruierte Stoa in **Athen**:*

Strebebögen: eine brückenartige Verstrebung zwischen der **Hochschiffwand** und den **Strebepfeilern** einer gotischen Basilika. Damit wird die Last nach außen abgeleitet. Apsis am **Veitsdom** in **Prag**.

Tabernakel: Gehäuse zur Aufbewahrung geweihter Hostien. In der Gotik zum Sakramentshäuschen (Ziborium) ausgestaltet. Tabernakel von Peter Dimmel aus 1983 in der **Pfarrkirche** in **Perg** in **Oberösterreich**.

Tambour:
zylinderförmiger Aufbau zwischen **Pendentif** und **Kuppel**, häufig mit Fenstern versehen.

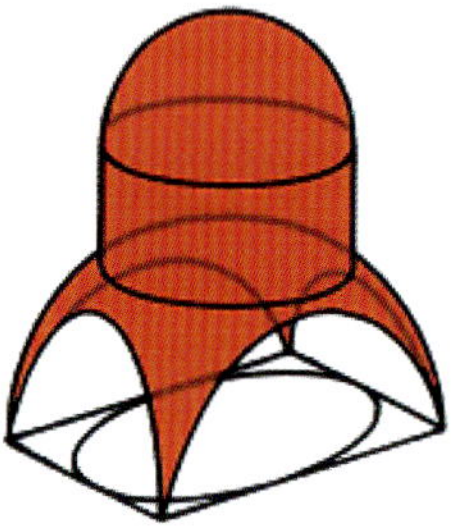

Tambour der **Selim-Moschee** in **Konya** im zentralen **Anatolien**.

Terrakotta:
unglasierte aber gebrannte Tonerde, häufig zur Verzierung von Gesimsen. **San Sebastiano** in **Biella** in **Piemont**.

Tondo:
Rundbild oder rundes Relief. Tondo am **Ospedale del Ceppo** in **Pistoia** in der **Toskana**.

Torso:
unvollständig erhaltenes oder unvollendetes Bildwerk ohne Kopf und Glieder.*

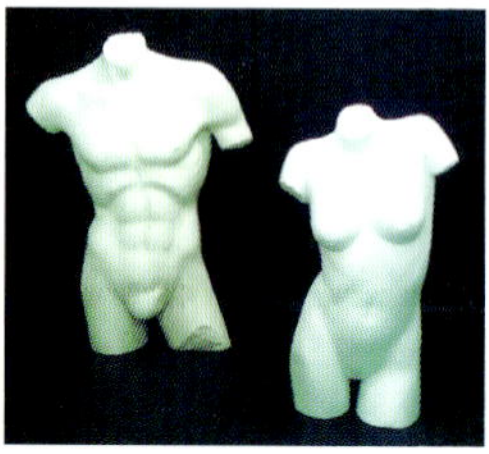

Triforium: ein aus einer Reihe von **Triforen** (**Dreifachbögen**, von lat. tres = drei, foris = Tür, Öffnung) gebildeter **Gang in der Hochwand** einer gotischen Basilika. Er ist nur zum Mittelschiff hin geöffnet. Es liegt unmittelbar **unterhalb** vom **Obergaden**, der Fensterzone des Mittelschiffes. **Quadroforium** in der **Basilika superiore** zur Unbefleckten Empfängnis in **Lourdes** in **Frankreich**.

Triptychon:
Ein Triptychon ist **ein Altarbild** auf einer festen Tafel und **zwei weitere Bilder** auf klappbaren Tafeln. Diese Form ist typisch für gotische Altarbilder.
Flügelaltar in **Kefermarkt** im Mühlviertel, 1490–97 von einem unbekannten Meister.

Triglyphen: Trennelemente zwischen den **Metopen** mit Relief. Beide bilden den Schmuck im Fries dorischer

Tempel. **Selinunt** in **Sizilien.***

Triumphbogen:
in der Antike Ehrenbogen für einen Kaiser oder Feldherrn. Bogen für Kaiser **Konstantin** (272?/306–337) in **Rom**.

In mittelalterlichen Kirchen schließt der Triumphbogen das **Mittelschiff** des Langhauses bzw. die Vierung zum **Chor** hin ab. Triumphbogen aus **Sankt Paul** vor den Mauern in **Rom**.

Trommel: zylindrisches einzelnes Element eines Säulenschaftes. Tempel E in **Segesta** in **Sizilien**.

Trompe:
ein Gewölbezwickel in der Hälfte eines Hohlkegels. Sie dient zur Überleitung von einem quadratischen Grundriss in einen runden. **Sant'Andrea** in **Vercelli** in **Piemont**.

Tympanon:
1. Das dreieckige Feld des Giebels am Tempel. **Löwentor** von **Mykene** am **Peloponnes** aus dem 13. Jh. vor Christus.

2. Das halbrunde oder anders geformte Feld über einem Kircheneingang. **Dom** von **Carrara** in der **Toskana**.

Vedute: gemalte, gezeichnete oder gestochene Ansicht einer Stadt oder einer Burg. Antependium in der **ehemaligen Stiftskirche** in **Stainz** in der **Steiermark** mit Ansicht des Stifts.

Vierung: der quadratische oder rechteckige Kirchenraum, der durch Kreuzung von Langhaus und Querhaus entsteht.

Vierungs-Pfeiler:
vier meist verstärkte Pfeiler, welche die Vierung begrenzen. **Dom** in **Uppsala** in **Schweden**.

Vierungs-Turm:
Situiert oberhalb der Kreuzung von Langhaus und Querschiff einer Kirche. **St. Godehard**, **Hildesheim** in Niedersachsen.*

Villa Rustica: ein **Landhaus im römischen Reich**.*

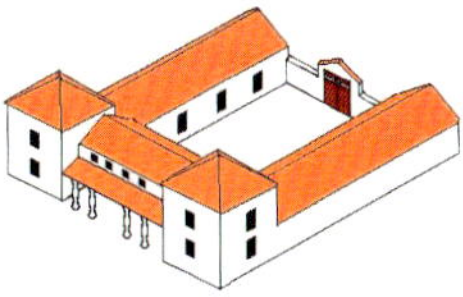

Sie war Mittelpunkt eines Latifundiums, d. h. eines landwirtschaftlichen Betriebs. Sie bestand meist aus einem Hauptgebäude und mehreren, innerhalb eines ummauerten Hofs gelegenen Wirtschafts- und Nebengebäuden. **Andrea Palladio** (1508–1580) griff diese Formen beim Bau seiner Villen wieder auf. **Villa Emo** bei **Fanzolo** in **Venetien:**

Volute: 1. Ein spiral- oder schneckenförmiges Ornament an ionischen Kapitellen. **Mariensäule** am Hauptplatz in **Bad Radkersburg** in der **Steiermark**:

2. Die Verbindung der Fassade vom höheren Mittelschiff zum niedrigeren Seitenschiff. **Dom** in **Turin**:

Votivbild:
(lat. votum = **Gelübde**) als Dank für die Erhörung eines Gebetes. Es wird an einem Wallfahrtsort oder an der Stelle aufgehängt, an der das betreffende Ereignis geschah. Manchmal mit Text versehen, oft mit Heiligenfiguren oder einer Darstellung des Ereignisses bemalt. **Basilika Mariazell** in der Obersteiermark, Fürst **Paul Esterházy** und seine Gattin **Eva Thökoly**, Votivbild aus 1689. Im Hintergrund Burg Forchtenstein und der Esterházy-Palast in Eisenstadt.

Westwerk: Es ist dem **Kirchenraum vorgelagert** und bildet einen selbstständigen Gebäudeteil mit einem oder zwei Türmen. Im Erdgeschoß befindet sich eine **Durchgangshalle**, im Obergeschoß oftmals eine zum Kirchenraum geöffnete **Empore**. **St. Pantaleon** in **Köln**.

Foto: Hans Peter Schaefer

Wimperg:
Der **gotische Ziergiebel** ist **über Portalen und Fenstern** angebracht. Er wird häufig von Fialen bekrönt. Das Giebelfeld ist mit vorgetäuschtem Blendmaßwerk oder anderen Blendgliederungen ausgefüllt oder durchbrochen gearbeitet. **San Antonio in Ranverso** im Susa-Tal westlich von **Turin**.

Zacken-Stil: ein vor allem im byzantinischen Raum verbreiteter Freskostil. Fresko aus dem 13. Jh. im **Karner** in **Mauthausen** in **Oberösterreich**:

Ziborium (Trinkbecher):
1. Ein **Kelch** mit einem **festen Deckel** zum Aufbewahren der Hostien.
2. Ein auf Säulen ruhender **Altarüberbau**, auch Baldachin genannt. **San Nicola** in **Bari** in **Apulien**.

Zwickel
1. **Bogen-Zwickel**: zweidimensionale Fläche zwischen einem Rundbogen und seiner rechtwinkligen Umrahmung.
2. **Gewölbe-Zwickel**: dreidimensional gekrümmte Fläche zwischen den Bögen eines Gewölbes. Zwickel mit Evangelist Johannes in der ehemaligen Stiftskirche **Pöllau** in der **Steiermark**.

******Superior Hotel**

Courtyard by Marriott Linz,
Europaplatz 2, 4020 Linz,
neben dem Design-Center.
☎ +43-732-69590,
Fax +43-732-606090
cy.lnzcy.dos@courtyard.com
www.courtyardlinz.at
GPS: 48° 17' 53" N, 14° 18' 19" E
LinzLinien: 12,25/Europaplatz

******Hotels** 4020 = Zentrum
4030 = südlich vom Zentrum
4040 = nördlich der Donau

ARCOTEL Nike****
Untere Donaulände 9, 4020 Linz,
neben dem Brucknerhaus.
☎ +43-732-76260,
Fax +43-732-76252
www.arcotelhotels.com/nike
nike@arcotelhotels.com
GPS: 48° 18' 40" N, 14° 17' 36" E
LinzLinien: 12,25/Parkbad; 26/Brucknerhaus

Austria Trend Hotel Schillerpark****
Rainerstraße 2-4, 4020 Linz,
am Schillerpark und Landstraße.
☎ +43-732-69500,
Fax +43-732-69509
www.austria-trend.at/hotel-schillerpark
schillerpark@austria-trend.at
GPS: 48° 17' 54" N, 14° 17' 26" E
LinzLinien: 1,2,3/Bürgerstraße

City-Hotel****
Schillerstraße 52, 4020 Linz,
500 m im Osten der Landstraße.
☎+43-732-652622,
Fax +43-732-651308
cityhotel_linz@aon.at
www.cityhotel.at
GPS: 48° 17' 55" N, 14° 17' 56" E
LinzLinien: 12,17,19,19a/Dinghoferstraße

Design Hotel Harry`s Home Linz****
Donaufeldstraße 3, 4040 Linz,
nahe A7-Abfahrt Dornach/Auhof.
☎ +43-732-757500
Fax +43-732-757500-99
linz@harrys-home.com
www.harrys-home.com
GPS: 48° 19' 34" N, 14° 19' 24" E
LinzLinien: 1/Schumpeterstraße;
33/Further Weg

Dom-Hotel****
Baumbachstraße 17, 4020 Linz
neben dem Neuen Dom.
☎ +43-732-778441
Fax +43-732-775432
domhotel_linz@aon.at
www.domhotel.at
GPS: 48° 18' 1" N, 14° 17' 1" E
LinzLinien: 1,2,3/Mozartkreuzung

Hotel am Domplatz
Stifterstraße 4, 4020 Linz
neben dem Neuen Dom.
☎ +43-732-773000, Fax +43-732-773000-155
info@hotelamdomplatz.at
www.hotelamdomplatz.at
GPS: 48° 17' 59" N, 14° 17' 13" E
LinzLinien: 45,45a,46/Mariendom

Hotel Nöserlgut****
Landwiedstraße 69, 4020 Linz,
im südlichen Stadtteil Bindermichl.
☎ +43-732-683326, Fax +43-732-683326-20
hotel@noeserlgut.at
www.oberoesterreich.at/hotel-noeserlgut
GPS: 48° 16' 13" N, 14° 16' 60" E
LinzLinien: Buslinie 12/Meggauerstraße

Hotel Prielmayerhof****
Weissenwolffstraße 33, 4020 Linz
1 km im Osten der Landstraße.
☎ +43-732-774131-0, Fax +43-732-771569
office@prielmayerhof.at
www.prielmayerhof.at
GPS: 48° 18' 20" N, 14° 18' 18" E
LinzLinien: 45,46/Garnisonstraße

Hotel Zum Schwarzen Bären****
Herrenstraße 9-11, 4020 Linz,
nahe Promenade und Linzer Landhaus.
☎ +43-732-772477, Fax +43-732-772477-47
baer@linz-hotel.at
www.linz-hotel.at
GPS: 48° 18' 10" N, 14° 17' 11" E
LinzLinien: 1,2,3/Taubenmarkt

Landgraf Hotel & Loft****
Hauptstraße 12, 4040 Linz
in Urfahr nahe der Nibelungen-Brücke.
☎ +43-732-700712
Fax +43-732-700712-411
info@hotellandgraf.com
www.hotellandgraf.com
GPS: 48° 18' 38" N, 14° 17' 1" E
LinzLinien: 1,2,3/Rudolfstraße

Park Inn by Radisson Linz
(nicht kategorisiert)
Hessenplatz 16-18, 4020 Linz,
nahe Landstraße und Mozartkreuzung.
☎ +43-732-777100-0
Fax +43-732-777100-3590
info.linz@rezidorparkinn.com
www.parkinn.com/hotel-linz
GPS: 48° 18' 0" N, 14° 17' 36" E
LinzLinien: 1,2,3/Mozartkreuzung;
41,43/Hessenplatz

Pixel Hotel
Gesellenhausstraße 5, 4020 Linz,
nahe Schillerpark.
☎ +43-650-7437953
Fax +43-732-66169055
linz@pixelhotel.at
www.pixelhotel.at
GPS: 48° 17' 54" N, 14° 17' 21" E
LinzLinien: 1,2,3/Bürgerstraße

Spitz Hotel****
Fiedlerstraße 6, 4040 Linz,
in Urfahr neben dem Neuen Rathaus.
☎ +43-732-733733, Fax +43-732-733733833
office@spitzhotel.at
www.spitzhotel.at
GPS: 48° 18' 38" N, 14° 16' 56" E
LinzLinien: 1,2,3/Rudolfstraße

Steigenberger Hotel Linz****
Am Winterhafen 13, 4020 Linz,
neben der Voest-Donau-Brücke.
www.linz.steigenberger.at
☎ +43-732-7899-0, Fax +43-732-7899-99
reservierung@linz.steigenberger.at
GPS: 48° 19' 8" N, 14° 18' 11" E
LinzLinien: 27/Gallanderstraße

***Hotels

4020 = Zentrum
4030 = südlich vom Zentrum
4040 = nördlich der Donau

all seasons Linz***
Wankmüllerhofstraße 37, 4020 Linz
☎ +43-732-3472810
Fax +43-732-349335
h0519@accor.com
www.all-seasons-hotels.com
GPS: 48° 16' 50" N, 14° 18' 18" E
LinzLinien: 1,2/WIFI/Linz-AG

Austria Classic Hotel Wolfinger***
Hauptplatz 19, 4020 Linz,
☎ +43-732-7732910
Fax +43-732-77329155
office@hotelwolfinger.at
www.hotelwolfinger.at
GPS: 48° 18' 19" N, 14° 17' 11" E
LinzLinien: 1,2,3,50,192/Hauptplatz

Gasthof & Hotel Zum grünen Wald***
Prager Bundesstraße 12, 4209 Engerwitzdorf
A7-Ausfahrt Treffling im NO von Linz
☎ +43-7235-50400
Fax +43-7235-50400-24
office@wolfsegger.at
www.wolfsegger.at
GPS: 48° 20' 8" N, 14° 21' 9" E

Hotel Goldener Adler***
Hauptstraße 56, 4040 Linz
☎ +43-732-731147
Fax +43-732-731147-5
office@goldeneradler.at
www.goldeneradler.at
GPS: 48° 18' 50" N, 14° 16' 54" E
LinzLinien: 3,33,38/Biegung
bzw. Knabenseminarstraße

Hotel Ibis Linz City***
Kärntner Straße 18-20, 4020 Linz
gegenüber dem Hauptbahnhof
☎ +43-732-69401
Fax +43-732-694019
H1722@accor.com
www.ibishotel.com
GPS: 48° 17' 28" N, 14° 17' 20" E
LinzLinien: 1,2,3/Hauptbahnhof

Hotel Kolping***
Gesellenhausstraße 5, 4020 Linz
☎ +43-732-661690
Fax +43-732-661690-55
office@hotel-kolping.at
www.hotel-kolping.at
GPS: 48° 17' 54" N, 14° 17' 21" E
LinzLinien: 1,2,3/Bürgerstraße;
45,45a,46/Auerspergplatz

Hotel Mühlviertlerhof***
Graben 26, 4020 Linz
☎ +43-732-772268
Fax +43-732-772268-34
office@hotel-muehlviertlerhof.at
www.hotel-muehlviertlerhof.at
GPS: 48° 18' 18" N, 14° 17' 22" E
LinzLinien: 1,2,3/Taubenmarkt

Hotel Zur Lokomotive***
Weingartshofstraße 40, 4020 Linz
☎ +43-732-654555
Fax +43-732-658337
office@hotel-lokomotive.at
www.hotel-lokomotive.at
GPS: 48° 17' 29" N, 14° 17' 17" E
LinzLinien: 1,2,3/Hauptbahnhof

Sankt Magdalena***
Schatzweg 177, 4040 Linz
☎ +43-732-253041
Fax +43-732-253041-35
office@sanktmagdalena.at
www.sanktmagdalena.at
GPS: 48° 20' 21" N, 14° 18' 21" E
LinzLinien: 1,2,101/St. Magdalena

**Hotels

4020 = Zentrum
4030 = südlich vom Zentrum
4040 = nördlich der Donau

Gästehaus Spallerhof**
Glimpfingerstraße 59, 4020 Linz
☎ +43-732-343405
Fax +43-732-69804160
gwlsekretariat@gwl-linz.at
www.gwl-linz.at
GPS: 48° 16' 22" N, 14° 18' 9" E
LinzLinien: Buslinie 25/Spallerhof

Gasthof Goldener Anker**
Hofgasse 5, 4020 Linz
vom Hauptplatz 100 m nach Westen
☎ +43-732-771088
Fax +43-732-771088
goldener.anker.linz@aon.at
www.oberoesterreich.at/goldener-anker
GPS: 48° 18' 20" N, 14° 17' E
LinzLinien: 1,2,3/Hauptplatz

Gasthof Lüftner**
Klausenbachstraße 18, 4040 Linz
☎ +43-732-750166
Fax +43-732-750166-26
office@gh-lueftner.at
www.gh-lueftner.at
GPS: 48° 20' 7" N, 14° 17' 48" E
LinzLinien: 1,2/Ferdinand Markl Straße

Gasthof Rothmayr**
St. Margarethen 17, 4020 Linz
Nibelungen-Brücke 2 km stromaufwärts
☎ +43-732-774849
Fax +43-732-77961870
info@gasthofrothmayr.at
www.gasthofrothmayr.com
GPS: 48° 18' 25" N, 14° 15' 31" E
LinzLinien: 26/St. Margarethen

Goldenes Dachl**
Hafnerstraße 27, 4020 Linz
Neuer Dom 150 m südlich.
☎ +43-732-775897
Fax +43-732-775897-15
goldenesdachl@gmx.at
www.oberoesterreich.at/goldenes-dachl
GPS: 48° 17' 55" N, 14° 17' 9" E
LinzLinien: 45,45a,46/Auerspergplatz

Hotel Kleinmünchen**
Wiener Straße 404-408, 4030 Linz
☎ +43-732-301313
Fax +43-732-301313-55
hotel.kleinmuenchen@netway.at
www.hotel-kleinmuenchen.at
GPS: 48° 15' 17" N, 14° 19' 21" E
LinzLinien: 1,2/Simonystraße

Wilder Mann**
Goethestraße 14, 4020 Linz
☎ +43-732-656078
Fax +43-732-942000
hotel@wildermann.cc
www.wildermann.cc
GPS: 48° 17' 49" N, 14° 17' 44" E
LinzLinien: 1,2,3/Goethekreuzung

Unterkünfte nicht kategorisiert

Herberge Linz
Kapuzinerstraße 14, 4020 Linz
☎ +43-699-11807003
herberge.linz@aon.at
GPS: 48° 18' 5" N, 14° 16' 56" E
LinzLinien: 1,2,3/Taubenmarkt; 26,27/Klammstraße

Hotel Kreuzwirt
Katsdorferstraße 16, 4209 Engerwitzdorf
A7-Ausfahrt Treffling, 1 km Richtung Freistadt
☎ +43-7235-62274
Fax +43-7235-65226
kreuzwirt@hotmail.com
www.kreuzwirt.cc
GPS: 48° 20' 7" N, 14° 23' 14" E

Hotel Sommerhaus
Julius-Raab-Straße 10, 4040 Linz
A7-Abfahrt Dornach
☎ +43-732-2457376
Fax +43-732-245739
hotel@studentenwerk.at
www.sommerhaus-hotel.at
GPS: 48° 19' 53" N, 14° 19' 25" E
LinzLinien: 1,2/Schumpeterstraße

Johannes Kepler Heim
Altenberger Straße 74, 4040 Linz,
Buchbar Juli, August und September.
☎ +43-732-244031201
Fax +43-732-252216
office@jkh.uni-linz.ac.at
www.jkh.uni-linz.ac.at
GPS: 48° 20' 14" N, 14° 19' 27" E
LinzLinien: 1,2/Universität

Jugendgästehaus Linz
Stanglhofweg 3, 4020 Linz
☎ +43-732-664434
Fax +43-732-664434-75
jgh.linz@oejhv.or.at
www.jugendherbergsverband.at
GPS: 48° 17' 35" N, 14° 16' 27" E
LinzLinien: Buslinien 45a/Stadion; 19/Froschberg

Junges Wohnen
Baumbachstraße 28, 4020 Linz
Buchbar Juli und August.
☎ +43-732-777861
Fax +43-732-777861-2222
junges.wohnen@caritas-linz.at
www.junges-wohnen.at
GPS: 48° 18' 2" N, 14° 16' 57" E
LinzLinien: 45,45a,46/Mariendom

Wienerwald
Freinbergstraße 18, 4020 Linz
☎ +43-732-777881
Fax +43-732-777881-30
freinbergstrasse@wienerwald.at
www.wienerwald.com
GPS: 48° 17' 55" N, 14° 16' 1" E
LinzLinien: 26/Freinberg

Youthhotel Linz
Wankmüllerhofstraße 39, 4020 Linz
☎ +43-732-342361
Fax +43-732-342361-75
youthotel-linz@accor.com
www.youthotel-linz.at
GPS: 48° 16' 48" N, 14° 18' 21" E
LinzLinien: 1,2/WIFI/Linz AG

Seit Jahren verzeichnet die **Stadt Linz steigende Nächtigungszahlen**. Daraus könnte man schließen, dass es auch viele Reiseführer für diese wunderschöne Stadt gibt. Weit gefehlt.

2009 war Linz zusammen mit Vilnius Europäische Kulturhauptstadt. Zu diesem Zeitpunkt erscheinen die Reiseführer von Gundi Grabner und Helmut Einfalt. Trotz des geringen Umfanges erfolgt dort eine ausreichende Beschreibung der Schönheiten von Linz.

2011 veröffentlicht **Lothar Schultes** seinen Linz-Reiseführer. Er bietet erstmals einem an der Kunst Interessierten auf gut 400 Seiten eine umfangreiche Übersicht. Dieses Buch geht sehr in die Breite, beschreibt also sehr viele Objekte.

Mein Linz-Reiseführer geht dagegen in die Tiefe: Weniger Objekte werden dafür umso ausführlicher beschrieben. Ich besitze weit über 1000 Reiseführer. Aus der Kritik daran entstand der Aufbau meines Linz-Reiseführers, stets „mit den **Augen der Benutzer** denkend“:

1. **Format**: Das Buch muss in eine äußere Trenchcoat-Tasche passen. Dadurch entstand das Hochformat 12 x 21,5 cm.
2. **Trennung Geschichte von der Beschreibung des Objekts**: Wer sich mit der Geschichte nicht aufhalten will, soll getrennt davon die Objekt-Beschreibung finden.
3. **Foto und Text** eines Objektes folgen unmittelbar aufeinander. Es soll nicht irgendwo das dazupassende Foto gesucht werden müssen.
4. Der **3-spaltige Seitenaufbau** ermöglicht das Zeigen von 2 777 Fotos. 88 % sind eigene Fotos. Dazu kommen noch 150 Grafiken.
5. Ein **Geschichteteil** führt in die Materie ein. Ein **Glossar** am Schluss erläutert die Kunstbegriffe.
6. **Seiten-Überschriften** zeigen die 53 Kapitel an. Der Benutzer soll möglichst schnell das Gesuchte finden.

Die **Texte korrigierten** Christl Danzer, Wolfgang Ehrengruber, Beate Eichelberger, Ulrike Floegl, meine Gattin Astrid und Johann Schlapschi vom Trauner-Verlag. Frau Karin Schuhmann war – wie beim Perg-Reiseführer – die Lektorin. Eine große Anzahl von Persönlichkeiten unterstützte mich bei meiner Arbeit. Ihnen allen gilt mein herzlicher Dank.

Allgemeine Sparkasse Linz
Schwabegger Martina
Aloisianum, Remes Michael
Arbeiterkammer OÖ,
Keplinger Sieglinde,
Dobersberger Gerhard
AEC, Bauer Michael
Botanischer Garten,
Veitl Barbara
Dom, Pichler Clemens
Elisabethinen-Kirche,
Kolb Günther
Fadinger-Schule,
Pichler Reinhard
Geschichte, Hohneder Josef,
Katzinger Willibald
Geschichte von Linz,
Dauer Cornelia
Herz-Jesu-Kirche,
Neubauer Dietmar
Jesuiten-Kirche, Hebeisen
Werner, Remes Michael
Kapuziner-Kirche, Fink Franz
Karmeliter-Kirche, Buchmayr
Michaela und Pater Benno
Kirche Barmherzige Brüder,
Hackl Heidemarie
Kirche St. Konrad,
Wimmer Walter
Kirche St. Margarethen,
Leonhartsberger Margarethe
und Mayr Josef
Kirche St. Markus,
Maislinger Johann
Kirche St. Michael, Danner Josef
Kirche St. Quirinus,
Kasberger Franz
Kreuzschwestern-Schule,
Dangl Gottfried
Kunstuniversität Linz,
Prillinger Regina
Landesmuseen, Assmann Peter
Landestheater, Aigner Viktoria
LENTOS Kunstmuseum,
Kirsch Nina
Magistrat Linz, Hagenauer Rene
und Ganhör Christian
Oberbank, Wizani Gerhard
Petrinum, Asanger Franz
Priesterseminar-Kirche,
Hintermeier Johann
Raiffeisen-Landesbank,
Kronsteiner Erwin
Skulpturenpark Forum Metall,
Gsöllpointner Helmuth
Stadtpfarrkirche Linz,
Kern Reinhold
Stadtpfarrkirche Urfahr,
Part Helmut
Stift Kremsmünster,
Patres Altmann, Daniel,
Klaudius und Maximilian,
Alexandra Hauzenberger
Stift St. Florian,
Reisinger Ferdinand und
Fürst Johann
Stift Wilhering,
Hemmelmayr Gottfried und
Winkler Gerhard
Touristeninformation Linz ,
Müller Gisela und
Steiner Georg
Universität Linz, Ardelt Rudolf
Ursulinen-Kirche, Beck Alois
Voestalpine Stahlwelt, Hagg
Arthur und Schwarz Ulrike

Meinen Eltern danke ich für das Fördern meiner Interessen, meinen Lehrerinnen Helga Mayrwöger und Dr. Hildegard Musil für das Fördern meiner Freude an der Geschichte.

Am 1. Jänner 2011 begann ich, dieses Buch zu schreiben. Von meinen rund **9 000 Linz-Fotos** „überlebten“ gut 7 500, geordnet nach Stadtteilen in 73 Unterordnern. Knapp 2 500 konnte ich für das Buch verwenden.

In den letzten 20 Monaten erlebte ich immer wieder unerwartete Entdecker-Freuden. Linz ist voller (unentdeckter?) Schönheiten. Die Stadt ist eine Reise wert. **Linz ist ein Juwel!**

Für jede Art von Kritik bin ich dankbar.

Mauthausen, 5. 9. 2012
eckhard.oberklammer@aon.at

20 Gute Jahre für Linz, Bürgermeister Franz Dobusch, 2008, Hrsg. SPÖ Linz Stadt

25 Jahre Linz St. Markus, 2003, Redaktion Christian Dörn, Johann Maislinger und Klaus Schobesberger

150 Jahre gewählter Landtag, 2011, Broschüre Amt der Oö. Landesregierung

550 Stichworte zur oberösterreichischen Zeitgeschichte, 2000, Harry Slapnicka

Alt-Linz, Geschichte der Stadt in Ansichten von 1594–1860, 1942, August Zöhrer

Alter Dom Linz St. Ignatius, 1994, Pater Heinz Urban SJ

Augustiner Chorherrenstift St. Florian, 1998, Karl Rehberger

Basilika Pöstlingberg Linz, 2003, Pater Josef Merz und Pater Josef Pichler

Benediktinerstift Kremsmünster, 2009, Hans Loinig

Bernhard von Clairvaux, 2. Auflage 1990, Adele Liechtenstein

Bibel in Ton, Broschüre der Pfarre St. Markus, 2003, Gerda Himmelbauer

Bibellexikon, 2003, 2 Bände, Hrsg. Otto Betz, Beate Ego und Werner Grimm in Verbindung mit Wolfgang Zwickel

Burgen und Schlösser, 2001, Gerfried Sitar und Anna Hoffmann

Burgen und Schlösser an der Donau, 2. Auflage 1977, Rudolf Büttner

Burgen und Schlösser in Oberösterreich, 2001, Ilse Schöndorfer

Burgen und Schlösser in OÖ, Mühlviertel und Linz, 1988, Erich Baumert und Georg Grüll

Das 20. Jahrhundert, Geschichte Österreichs, Band VI, 2003, Roman Sandgruber

Das Augustiner-Chorherrenstift St. Florian, 3. Auflage 1996, Otto Wutzel

Das Bilderlexikon der christlichen Symbole, 3. Auflage 2011, Eckhard Bieger

Das Linzer Landhaus, Tradition und Gegenwart, 12. Auflage 2011, Heribert Forstner

Das Linzer Schloss, Von der Burg zum Universalmuseum, 2011, Josef Simbrunner

Das Prunerstift in Linz, Altkatholische Gottesdienststätte, 1970, Vorabdruck aus dem Historischen Jahrbuch, Schriftleitung Wilhelm Rausch

Dehio Linz, 2009, Bundesdenkmalamt

Dehio Oberösterreich, 4. Auflage 1958, Bundesdenkmalamt

Die Apokryphen, Verborgene Bücher der Bibel, 1996, Erich Weidinger

Die Glasfenster im Maria-Empfängnis-Dom, 2009, Margarethe Böhm

Die großen Glasgemälde des Maria-Empfängnis-Domes zu Linz, 1995, Gottfried Schicklberger und Augustin Baumgartner

Die staatliche Übernahme des Primarschulwesens im 19. Jh., Vergleich Frankreich-Österreich, Dissertation 2010, Christine Donnermeir

Der große Ploetz, Die Daten-Enzyklopädie der Weltgeschichte, 32. Auflage 1998, begründet von Carl Ploetz

Die Habsburger in Lebensbildern, 2. Auflage 1984, Richard Reifenscheid

Die Welt der Babenberger, 1995, Hrsg. Walter Pohl und Brigitte Vacha

Elisabeth von Thüringen, 4. Auflage 2007, Thorsten Albrecht und Rainer Atzbach

Elisabethinenkirche in Linz, 2010, Hrsg. Konvent der Elisabethinen Linz, Text Reinhard Weidl

Entlang der Donau, von Linz bis Spitz, 2005, Gerhard Riedl und Silvia Zenta

Felix Austria, 1980, Stephan Vajda

Friedenskirche Pfarre Christkönig, 1989, Prälat Rudolf Bramerdorfer

Geerdete Hoffnung, Die spirituelle Botschaft der Krankenhauskapelle St. Elisabeth, 2011, Michael Rosenberger

Geschichte Oberösterreichs, 1987, Siegfried Haider

Geschichte Österreichs, 2002, Karl Vocelka

Gsöllpointner, Objekte und Plastiken 1955–1995, Hrsg. OÖ. Landesgalerie

Heilige und Päpste, 1983, Christian Fichtinger

Historisches Jahrbuch der Stadt Linz (erscheint jährlich)

Johannes von Gott, 1995, Werner Chrobak u. a.

Karmelitenkirche Linz, 2009, Hrsg. Karmelitenkonvent Linz, Redaktion Benno M. Skala

Kirchen in Linz, Hrsg. Dekanatssekretariat der Region Linz, Redaktion Christoph Freilinger und Martina Gelsinger

Kirchen, Klöster, Pilgerwege in Österreich, Band V, 1995, Franz R. Vorderwinkler

Kirchenbau im Mittelalter, 4. Auflage 1990, Dietrich Conrad

Kirchenführer der Stadtpfarrkirche Urfahr, Broschüre, Pfarrer Helmut Part

Kleine Linzer Stadtgeschichte, 2008, Willibald Katzinger

Knaurs großer Bibelführer, 1985, Hrsg. Marianne Mehling

Kremsmünster, 1200 Jahre Benediktinerstift, 2. Auflage 1976, Walter Rudolf Litschel

Kunst; Malerei, Bildhauerei, Künstler, Stile, Genres, 2006, Cheflektorat Debra Wolter

Kunststätten in Oberösterreich, 1977, Walter Rudolf Litschel

LandesChronik Oberösterreich, 1992, Rudolf Lehr u. a.

Lebenswerte Heimatstadt Linz, 1991, Alfred Scherer

Lexikon der Kunst in zwölf Bänden, 1987, Wolfgang Stadler, Karl Müller Verlag

Lexikon der Namen und Heiligen, 1988, Otto Wimmer und Hartmann Melzer

Linz Buch, 2007, Martin Heller

Linz Donau, Die Europäische Kulturhauptstadt 2009, Helmut P. Einfalt

Linz_Einst/Jetzt, 2010, Fritz Mayrhofer, Walter Schuster und Anneliese Schweiger

Linz entdecken und genießen, 2009, Hrsg. Peter Affenzeller

Linz Gehen, Sehen & Genießen, 2008 Irene Hanapi

Linz Gesichter einer Stadt, 2011, Lothar Schultes

Linz im 20. Jahrhundert, 2010, 2 Bände, Hrsg. Fritz Mayrhofer und Walter Schuster

Linz Kulturhauptstadt an der Donau, 2008, Toni Anzenberger und Christian Hoflehner

Linz, Merian-Heft 2008

Linz, Merian live, 2011, Bernhard Barta

Linz Rundgänge durch die Geschichte, 2009, Gundi S. Grabner

Linz Stadt der Arbeit und Kultur, 1997, Hrsg. Franz Dobusch und Johann Mayr

Linz, Stadterlebnis, 2008, Broschüre Tourismusverband Linz

Linz St. Margarethen, Broschüre der Pfarrkirche

Linz und zurück, 15 wanderbare Wege, 2003, Herwig Strobl

Linzer Priesterseminar-Kirche, 1999, Hrsg. Regentie des Linzer Priesterseminars, Maximilian Mittendorfer und Johannes Ebner

Maria Empfängnisdom, 2004, Eva Voglhuber

Mitteilungen des oberösterreichischen Landesarchivs, Linz 1971, Schriftleitung Hans Sturmberger und Herta Hageneder, Teil 10 St. Florian

Mitteilungen des oberösterreichischen Landesarchivs, Linz 1981

Mittelalterliche Herrscher in Lebensbildern, 1990, Hrsg. Karl Rudolf Schnith

Oberösterreich, Kultur, Natur & Freizeit, 2007, Barbara Sternthal

Oberösterreich, Vier Viertel – Ein Paradies, 2003, Joachim Klinger

OÖ. Museumsführer, 2002, Hrsg. OÖ. Museumsverbund, Redaktion Gerhard Gaigg

Österreich, Knaurs Kulturführer in Farbe, 1977, Hrsg. Franz N. Mehling

Pfarrkirche Linz-St. Konrad Froschberg, Broschüre der Pfarre, Pfarrer Walter Wimmer

Salzburg Salzkammergut Oberösterreich, DuMont Kunst-Reiseführer, 8. Auflage 1993, Werner Dettelbacher

Stadtpfarrkirche Mariä Himmelfahrt Linz, 2000, Hrsg. Stadtpfarramt Linz, Text und Fotos Reinhard Weidl

Stift Kremsmünster, Galerieführer, Hrsg. Stift Kremsmünster, Fotos Elfriede Majchar, Text Pater Benno Wintersteller

Stift Kremsmünster, Kirche und Kostbarkeiten des Stiftes, 2011, Redaktion Pater Maximilian Bergmayr

Stift Kremsmünster, Kirchenführer, Hrsg. Stift Kremsmünster, Fotos Elfriede Majchar, Text Pater Benno Wintersteller

Stiftskirche St. Florian, 1996, Hrsg. Augustiner Chorherrenstift St. Florian, Redaktion Wolfgang Katzböck

Stiftskirche St. Florian, 2001, Rupert Baumgartner

Studien zur Kulturgeschichte von Oberösterreich, Folge 6, Die Kunstsammlungen des Stiftes Wilhering, 1997, Hans Etzlstorfer

Ursulinenkirche Linz, 1997, Alfred Stifter und Peter Paul Kaspar

Wilhering Stift und Kirche, Hrsg. Stift Wilhering, 2. Auflage 1992

Wir Oberösterreicher, 2010, Roman Sandgruber

Dr.
Eckhard
Oberklammer

1945 geboren in **Mauthausen**.
1963 Matura an der **Handelsakademie** Linz.
1964–1970 **Bank für Arbeit und Wirtschaft** in Linz, zuletzt Leiter der Privatkredit-Abteilung.
1970–1982 Geschäftsführer der **Sparda-Bank Linz**.
1976–1980 Studium der **Betriebswirtschaftslehre** an der Johannes-Kepler-Universität Linz, spezielle Richtungen: Organisationstheorie und Wirtschaftsinformatik.
1979–1988 **Gemeinderat** in Mauthausen.
1981 **Bankleiter-Prüfung**
1982 Veröffentlichung von **zwei HAK-Lehrbüchern** mit Franz Strehl u. a. über EDV-Organisation.
1982–1984 Doktoratsstudium
1982–2005 **Einer von zwei Geschäftsleitern** der Sparda-Bank Linz. Das neue Kreditwesen-Gesetz verlangt die Aufteilung der Geschäftsführung auf mindestens 2 Geschäftsleiter.
1984 **Promotion**,
Gründungsmitglied und Mitglied im Vorstand beim **KUK Kulturkreis Mauthausen**.
Ab 1996 bis heute Obfrau-Stellvertreter.
1985 bis heute einmal jährlich **Reiseleiter**, vor allem in Italien.
1989 und 1990 **Lehrauftrag** an der Johannes-Kepler-Universität Linz (Allgemeine Betriebswirtschaftslehre).
1992–2005 Mitglied im **Verbandsrat** des ÖGV-Bankenverbandes.
2002 bis heute **Laienrichter** am Arbeitsgericht Linz, Ernennung zum Kommerzialrat.
2005 **Pensionsantritt** nach 35 Dienstjahren als Geschäftsführer/Geschäftsleiter der Sparda-Bank Linz. In all diesen Jahren musste nie ein Haus oder Grundstück eines Kunden versteigert werden.
An diesem Umstand hat sich bis heute nichts geändert.
2010 Buch-Veröffentlichung **Bezirk Perg, Kunst und Geschichte**.
Vorsitzender der Bundeskontrolle im Pensionistenverband Österreichs.

Verkehrslinienplan

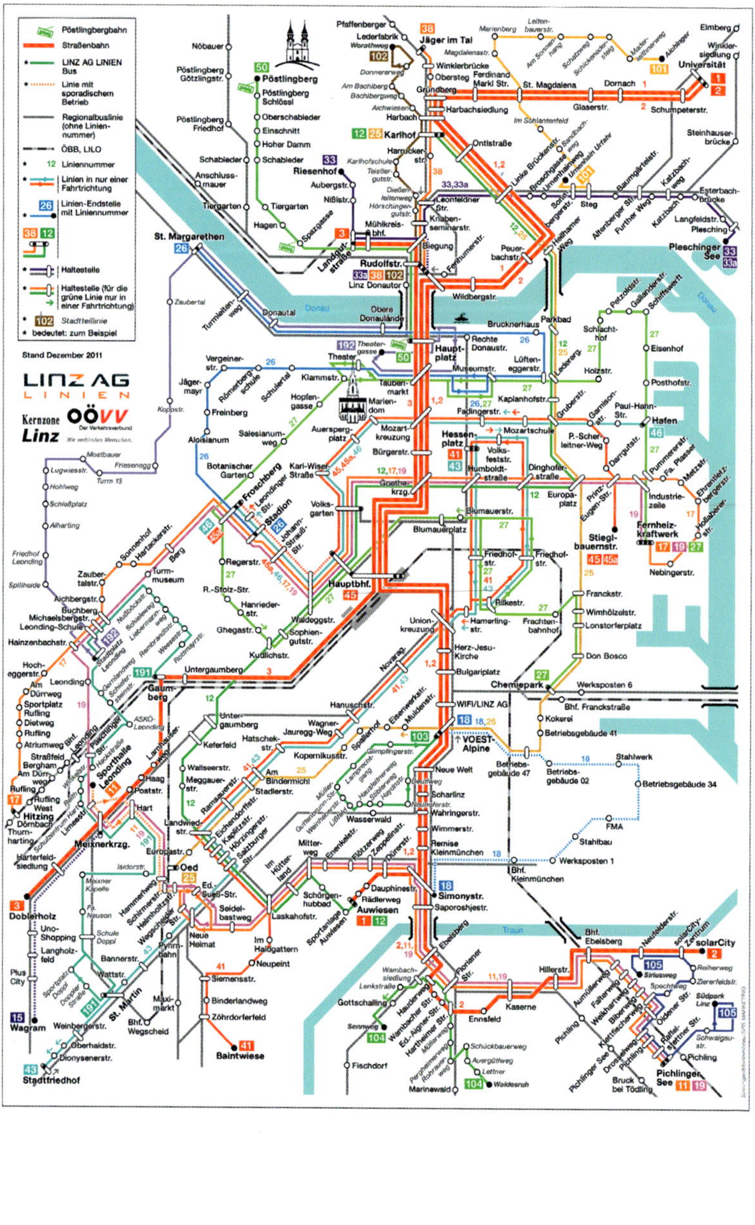